U0572400

国家社科基金重大项目"清代新闻传播史料整理与史料学建构"（项目编号：19ZDA334）
国家社科基金一般项目"清代新闻传播史史料学研究"（项目编号：19BXW008）
辽宁省社科基金重点项目"清代告示传播机制及舆论功能研究"（项目编号：L21AXW006）

《申报》
告示史料汇编

陈爽———编

辽宁人民出版社

图书在版编目（CIP）数据

《申报》告示史料汇编/陈爽编 . — 沈阳：辽宁人民
出版社，2024.11
（清代新闻传播史料丛书/程丽红主编）
ISBN 978-7-205-11057-4

Ⅰ．①申… Ⅱ．①陈… Ⅲ．①中国历史—史料—
汇编—1872-1911 Ⅳ．① K252.06

中国国家版本馆 CIP 数据核字（2024）第 050380 号

出版发行：辽宁人民出版社
　　　　　地址：沈阳市和平区十一纬路 25 号　邮编：110003
　　　　　电话：024-23284325（邮购）　024-23284300（发行部）
　　　　　http://www.lnpph.com.cn
印　　刷：辽宁新华印务有限公司
幅面尺寸：185mm×260mm
印　　张：39.75
字　　数：850 千字
出版时间：2024 年 11 月第 1 版
印刷时间：2024 年 11 月第 1 次印刷
责任编辑：阎伟萍　孙　雯
装帧设计：留白文化
责任校对：冯　莹
书　　号：ISBN 978-7-205-11057-4
定　　价：198.00 元

"清代新闻传播史料丛书"序言

程丽红

　　史料学是研究史料源流、价值和利用方法的学问，是治史的门径之学，历来为中外史学家所重视。西方史学自兰克起，将自然科学方法引入史学研究，尊重史料的客观性渐成为史学研究的基本准则。中国史学梳理、考证史料的传统源远流长，近代以降受西学影响，史料于史学研究之地位更趋被尊崇。综观中西，史料始终被视为研究的根基所在，即使强调历史研究主观性的史家也无不重视史料的考证与辨伪，相应的史料学研究蔚然可观。然而在新闻传播学科领域，尽管新闻传播史著述颇丰，史料的整理也始终为学界所关注，并已取得显著成效，但史料学的建构却仍不完善。

　　新闻传播史作为史学的分支学科，其独特的学科内容，应建立在有关新闻传播的历史资料及史料方法论基础之上。缺乏本学科的史料，尤其是处理史料的理论思维，等于失去自己学科的对象与特色，难免造成"本体的迷失"，成为其他学科的附庸。相较史学研究的源远流长，中国新闻史学的起步甚晚。如果以 1927 年戈公振的《中国报学史》为中国新闻史学正式诞生的标志，则中国新闻史学诞生尚不满一个世纪。虽然学科建立时间相对短暂，史料学的建构尚不完善，但在学界和业界的共同努力下，自 20 世纪 80 年代以来，新闻传播史史料的整理越来越受到学界关注，有组织系统化的史料整理工程陆续启动，硕果累累。近些年，新闻史学界立足回归"本体意识"，着眼于寻找、整理相关史料，强调做"个案"、打"深井"，更鼓励史料的搜集与整理，从有组织有计划的大型工具书、期刊目录的出版，到新闻事业文选、"丛书""史料汇编"、编年，再到报人年谱、文集等相关的史料著作陆续问世，如丁守和著《辛亥革命时期期刊介绍》、张之华著《中国新闻事业史文选》、方汉奇著《中国新闻事业编年史》《上海新闻事业史料辑要》《中国近代报刊史参考资料》等。特别是近年国家重大项目积极扶持大规模的史料整理，陆续有阶段性成果问世，如倪延年著《中国新闻法制通史》中的史料2卷、年表卷和索引卷，极大地丰富了我国新闻传播史史料学的研究成果。

清代新闻传播史史料最早见于清末时人撰写的报业发展统计性文章，其中较有影响力的是1895年李提摩太的《中国各报馆始末》。该文统计当时中国各报共有76种，含月报31种、七日报8种、日报21种，余者间隔1日、2日。同年北京《万国公报》第18期发表《报馆考略》，据何炳然考证系梁启超所作，为其第一篇新闻学文章，也是第一篇新闻史专文。1901年《清议报》刊《中国各报存佚表》，中国报界开始自觉清点新兴报刊，但其显非出于治史目的，尚缺乏自觉的史料意识。1920年以后，伴随着新闻教育的开展，"中国报学史"或"中国新闻事业史"成为一门必修课程，教学的需要直接推动了中国新闻史研究。其直接影响首先是一些有影响的大报纷纷出版纪念书刊，1922年《时报馆纪念册》《申报五十周年纪念》，1923年《新闻报三十周年纪念》，收录了不少当时报人的回忆性文章。1925年《时报》又领各家之先，出版内容索引。考虑到当时报人集教育家、研究者于一身的时代特点，可以将上述有意识的历史回顾与线索梳理，视为报界保存历史史料意识的萌生。

20世纪50年代初，一些史料书籍开始出现，如张静庐辑著的《中国近代出版史料》，挖掘、搜集了不少有价值的新闻、出版史料；阿英的《晚清文艺报刊述略》，对晚清大多已散轶的文艺报刊的内容、性质等进行介绍，具有极其珍贵的史料价值。这一时期，史学领域的史料整理成就尤为显著。中国史学会主持的大型资料汇编《中国近代史资料丛刊》共13部，3400多万字，其中涉及大量清末新闻传播史史料。1966年，海峡对岸的文海出版社开始陆续出版沈云龙主编的《近代中国史料丛刊》，目前计已出版正编一百辑、续编一百辑、三编一百辑，尽管并非新闻传播专史史料整理，却保存了大量晚清时期新闻传播活动史料。与此同时，新闻学界也着手史料的抢救工作，出版了一系列清末民国时期老报人如王新命、成舍我、龚德柏等的回忆性撰著，保留了一些晚清时期办报活动的一手资料。

随着当代中国学术规范意识的强化，20世纪70年代末，新闻史料的搜集整理开始受到学界的重视。自1979年起，中国社科院新闻研究所历时十余年，陆续出版了61辑《新闻研究资料》，以中国新闻史史料的搜集、整理和研究为主要内容，成为研究新闻史的重要参考文献。其他如魏绍昌辑《李伯元研究资料》《吴趼人研究资料》，提供了清末著名报人的珍贵的一手研究资料；杨光辉等编《中国近代报刊发展概况》，收录了一些在报刊史上具有里程碑意义的重要近代报刊发刊词和报人论述；徐载平、徐瑞芳的《清末四十年申报史料》，提供了清末最具影响力的近代报刊《申报》翔实的一手资料；史和等著《中国近代报刊名录》，对清末 1600 余种近代报刊的刊名、办刊宗旨、出版情况等作了简要分类和介绍。

20 世纪 90 年代以来，从 1980 年代就开始受到重视的新闻文献史料的搜集整理，呈现出新的发展态势，并且为本研究领域的学术发展及成长带来了许多根本性的变化。2002 年开始启动的"清史纂修工程"，目前已出版"档案丛刊"19 种 881 册、"文献丛刊"68 种 2221 册、"研究丛刊"30 种 35 册、"编译丛刊"67 种 124 册、"图录丛刊"10 种 10 册、"工具书丛刊"1 种 1 册、"清史论著目录系列"2 种 2 册、"清史译丛"11 种 11 册、"其他"15 种 61 册，成就斐然。尤在新闻传播专史史料研究上取得最新成绩：方汉奇先生主持的清史纂修工程子项目《清史·史表·报刊表》，纂辑了"国内中文、少数民族文报刊""海外华文报刊"和"外文报刊"各表及注本与考异，共收录清代出版的各种报刊 2678 种，对每一种报刊的刊名及其变化、创办时间、创办人、发行等基本信息都作了介绍，是目前最全面的清代报刊名录表。

总体看来，清代新闻传播史史料整理的系统性与完整性尚待加强。首先，当前的史料收集主要局限于报刊，对报刊之外的新闻传播活动史料发掘不足。如告示、流言、宣讲与讲报等其他新闻传播方式的史料尚未得到相应整理。作为清代新闻传播史重要内容的古代报刊，如邸报、京报、小报等史料也未进入梳理视野。其次，由于史料研究主要聚焦史学界关注的革命史、政治史、文化史与思想史等领域，致使史料的整理采取精英视角，注重主流媒介活动，忽略民众尤其是底层民众的实践；以新闻传播中传播主体、内容、功能等为主，对传播过程中起至关重要作用的读者、听众体验关注不够。与此同时，新闻传播与社会诸系统之间、传受主体之间的互动关系史料也未引起重视。近年来，随着新闻传播史研究向受众的偏向，如报刊阅读史研究的方兴未艾，相关史料业已引起学界注意，但有规模、系统化的整理尚未启动。史料是史学研究的基础，因而系统、完整、规范的史料整理，是新闻传播史学提升整体研究水平的重要内驱力。

"清代新闻传播史料丛书"力图在全面梳理已有史料的基础上，钩稽尚未进入学界视野的报刊、告示及口语传播等史料，绘制清代新闻传播史史料完整的知识谱系，为清代新闻传播史保存、传播其文献史料与学术建设，提供科学、扎实的史料依据。

前言

追溯告示的历史足迹，史料中记录最早的是"诰"这种公文，它是古代帝王用来对臣民进行告诫时使用的一种下行文书，汉代通常称之为"告谕"，宋代称之为"榜文"或"敕榜"。明代出现了"告示"一词，此时，告示不只是皇帝的专属工具，也是地方官府向民众告谕事件的手段。至清代，告示承担着官方公报的任务，是清政府向民众公布政令和上情下达的重要载体，其内容涉及吏治、钱粮、学务、军务、盐务、荒政、狱政、词讼以及社会风俗等各个方面。

作为从中央到地方各级政府广泛使用的新闻公报，告示与报刊、书籍等媒介形式并列，共同构建着清代的大众传播通道，理应进入大众传播研究的视域。然而，目前有关清代报刊的研究成果日益繁荣，对告示却缺少足够的关注。为了推动对这一领域的研究，杨一凡自20世纪80年代开始陆续进行告示的收集工作，后与王旭通力合作，查阅了大量古籍，梳理了古代榜文、告示的现存状况，对宋、元、明、清四代地方长官发布的有代表性的告示进行了整理和选编，出版了《古代榜文告示汇存》，共计10卷。至此，原本散存于地方档案、官箴书、公牍、地方志、官员文集中的告示得以汇总成集。其所收录告示数量多，种类全，时间跨度长，史料价值高。该套书中对清代告示的收录集中于顺治至嘉庆时期，嘉庆朝以后仅收录了一些有代表性的告示。因此，对晚清告示的收集与整理亟须推进。

从书于竹帛到书于纸张，从手工抄写到雕版印刷，直至晚清引进机械印刷技术，报刊媒介应运而生，传统的信息生产传播模式发生了根本性变化。遍贴于田间地头、通衢要道的告示，也开辟出了新的传播阵地——报刊。《申报》是中国第一份商业报纸，自1872年4月30日创刊，至1949年4月19日终刊，历时77年，出版时间长，社会影响广泛。《申报》于1872年5月

29日刊登第一则告示，此后，保持每期刊登不同内容的告示 1—2 则，有的告示遍贴通衢的同时，亦在《申报》上刊登。

《申报》告示详细记录着晚清以来的政治观念和政治活动、社会特点和社会状态。为了便于对其进行研究，本《汇编》收录了自 1872 年至 1945 年于《申报》上刊登的告示共计 1281 条。值得说明的是，有的告示由于连续几日刊登相同内容，故只收录了一条。有的告示由于受到影印效果的影响，字迹模糊不清难以辨认，故用口代之。有的告示原文中没有显示具体日期，只有"年月日"字样，本汇编中也遵照原文整理。

本书在编纂出版过程中，得到了恩师程丽红教授的指导，我的师兄刘洋老师也给予了很多帮助。我的学生刘影、郑言钊、陈丽宇、侯鑫彤、张瑞洁、陈禹成、刘栩彤、王芦、王予希参加了本书部分资料的收集和整理。在此，一并致谢。

目录

夏令施医告示

今日友人抄来道宪告示云时届夏令贫民染恙渐多无力延医每至不治殊堪悯惜历经由道施治在案兹本道定于五月初一日起仍在城内药王庙设局施治云云足见仁心善政可保天札无虞矣而城内各号口绅富又有捐资施诊送药之举在各家所损无多而贫民得益匪浅较诸官设之局固有相济而无相悖者也

《申报》1872 年 5 月 29 日第 3 版第 25 期

禁赌告示

照得开场聚赌例禁极严屡经出示严禁在案前访闻老闸北首念五保头唐家巷地方仍有棍徒金世太钱和弟开场聚赌地保周会知情不首又念五保四图八仙桥地方有周裕坤杨荣方保龙龙大头阿二等聚赌抽头斜党滋事地保高三宝容隐不报实属不法本即严拿究办第不忍不教而诛除饬差谕禁外合行出示晓谕为此示仰该处军民地保诸色人等知悉自示之后务宜革面洗心各安生业倘敢冥顽不灵仍蹈前辙一经拿获到案定即从严惩办窝赌之房主一并重处房屋入官该地保等敢再容隐先提究革决不姑宽各宜凛遵毋违特示此稿甫定尚未发贴

《申报》1872 年 6 月 26 日第 2 版第 49 期

工部局告示

晓谕事照得按出捐者三月二十九日聚会所定之意本工部现将管理大小车轿应照如何旁边路上可以往来行走之章程发出列后凡巡捕必须依此办理此示计开

一凡马车及轿子必于路上左边行走

一或马车及轿子于路上行走后又有马车或轿子行走如前之车轿走快则后跟之马车必须赶从右边过去

一凡轿子往来必由大路不许从旁路行走

一凡小车必由大路左边往来惟不许走旁路即由大路与旁路相近之路行走

一凡小车必在定规之处毋得于路上往来逗留

一凡马车自日落一点钟之后至日出一点钟之先必得点灯如违章程每车罚洋五元

一凡马车于十字路来必得走慢譬如地界内西至东为马路北至南为岔路如车由岔路上来必得谨防与马路之来车碰撞

一凡街道上跑马以及马车往来巡捕人必得照应不准过速

《申报》1872 年 6 月 26 日第 3 版第 49 期

工部局告示

为晓谕事照得上海洋泾浜各街道多搭盖席篷遮日每逢天雨时雨水浸渍席上滴落于地街道甚受损坏今晓谕各处行店知悉倘遇天雨居篷下者必将其篷卷开免致雨滴坏路毋违切切特示

《申报》1872 年 6 月 29 日第 2 版第 52 期

江苏藩臬二宪禁赌告示

严禁赌博以除民害而靖地方事照得赌博一事废时失业实为盗贼根源有害于风俗人心者极大甚至开场聚赌雇觅枪船名托博徒行同寇盗更为地方之大患国法所不容今本司等访闻各属地方近时复兴赌局于濒临太湖各处开场诱博以烟妓为钩饵以枪船为护符时往时来忽聚忽散必有不法兵役得贿纵容以致肆行无忌本不难督率水师密往搜捕惟念贪愚无识尚冀改悔自新不教而诛心殊不忍除通行各府州厅县饬将现访为首数名随时密拿惩办外合行出示严禁为此示仰各属军民诸色人等知悉尔等如知畏法立将赌局闭歇赌具销毁至于枪船久经严禁亟应赶紧改造拆毁肯还正业即是良民倘敢怙恶不悛抵死不悟只有立加掩捕尽法痛惩恻隐之心即穷劝诚之词亦竭前办卜小二父子前车可鉴后悔可追兵役得贿纵容必与同罪毋谓本司等执法之太峻也各宜凛遵毋违特示

《申报》1872 年 7 月 2 日第 2 版第 54 期

募充巡盐弓兵告示

今日又奉上海县陈出示转奉两浙盐运使司灵札查两浙盐引处所各州县向设巡盐弓兵用为缉私之责现在额缺应得募充饬县查详是以出示晓谕凡有愿充是项缉私弓兵造具年貌即由盐公堂商保结呈县转详请领腰牌承充云云

《申报》1872 年 7 月 2 日第 3 版第 54 期

上海县禁马禾田践告示

为出示严禁事据二十五保四图地保顾承熙禀称切有三图内一洞天地方鲍阿顺马棚内马约有三四十匹阿顺所备之马听人雇用马车讵因阿顺每于夜间纵放群马在田践食近处农田所种禾棉以及菜蔬约有三里之田尽食一光以致农民受害已极今二十日早有身图内之褚洪生等来称昨晚又被阿顺纵马在于伊等田内践食青苗牵获二马旋因阿顺向索故将阿顺及马二匹一并交身为将阿顺弄马带案求讯等情到县据此除讯供外合行出示严禁为此示仰该处地保马夫人等知悉嗣后不准将马纵放在田践食禾棉菜蔬如敢故违许该保等指名禀县以凭严办各宜凛遵毋违特示

《申报》1872 年 7 月 5 日第 1 版第 57 期

大法国工部局禁挑夫叫喊告示

为晓谕事据首善堂高司译禀称租界地面每有担夫脚夫出店等类肩担货物零星唱吆嚎呵喊不绝口实属啰唪之极前经英界禁止在案自应一律肃静为此示仰界内担夫脚夫出店人等一体知悉毋论昼夜肩担货物零件不准唱吆嚎呵如敢故违定提议罚勿谓言之不预也凛遵特示

《申报》1872 年 7 月 23 日第 2 版第 72 期

松江府杨太守禁捕青蛙告示

据上海同仁辅元等堂职董王承基江承桂费培增贾履上等禀称切农田以捕蝗为急捕蝗以养蛙为宜乃沪郊之间每交夏令辄有无知乡民捕捉青蛙盈筐贩卖借以渔利夫青蛙能啄食田间虫蚁实于护稻有益屡请查禁未绝等情据此查青蛙俗名田鸡又名护谷虫能食田间蟊虫实于农田有益乃敢任意捕捉渔利殊属可恨除饬属严禁外合行出示晓谕如违严究云云

《申报》1872 年 7 月 23 日第 2 版第 72 期

上海县奉行截取举人抄录部议晓谕告示

为截取事奉府宪札奉前升布政司恩札奉前抚部院张札开同治十一年六月初三日准吏部咨近省之道光己亥庚子两科举人截取其现任教职近省应截取道光丁酉己亥两科应令该

督抚详加验看择其精壮堪膺民社者给咨赴部核办知照等因到院抄粘札司即便转行知照仍录报爵阁督部堂查考等因到司奉此除录报外抄粘行府转饬到县奉此合行出示晓谕为此示仰合邑举人知悉查照抄粘事理应行截取者立即呈请详加验看咨部核办毋得观望切切特示计抄粘同治十一年六月十六日判行

　　吏部为截取事文选司案呈查定例各省举人远省会试一科近省会试三科愿就知县者于每科会试榜后概令取具同乡京官印结有无就教确实声明亲身具呈吏部拣选择其年力精壮者以知县注册如年力就衰者以教职注册凡拣选知县举人俟选期将届吏部将远省一科拣选之人与近省三科拣选之人较科之先后题请截取其现任教职例应截取之员轮届本科应选时行文截取除自揣不胜民社呈请就教并大挑一等引见奉旨以教职用及呈请改归二等暨亲老有志观光各项就教及业经加捐各项职衔并现任教职注销俸满保荐仍留本任以及由举人出身之教职降补训导并由举人改捐教职及亲老有志观光就教改入捐班人员均准其截取外其教习期满以教职用并举人挑选二等以教职用者至截取时一体按照科分名次截取诊督抚于接到部文之日为始定限一年内调取秉必验看详查该举人从前曾否就教及有无别项不合例事故均令据实具结声明其有年力尚健堪膺民社者给咨赴部悉照科分先后挨选或本人于绝取时情愿就教者亦准其在本省呈改俱停其给咨赴部至年力衰颓自问不堪供职愿就京衔者免其调取验看具呈本地方官转详督抚开列姓名年岁造册以京衔掣定题明请旨赏给此项人员将来毋庸入于绝取之内等语又道光二十五年十二月臣部奏定章程嗣后各省未经就教之举人及现任教职之举人凡例应绝取者各督府尹于接到部文绝取时传令该员赴省详加察看除情愿就教人员仍照旧例咨部注册铨选外如有请咨赴部候选知县在该督抚府尹务须择其精神尚健堪膺民社之员方准给咨赴部俟该员投文到部时由验看月官之大臣再加察看或以知县用或以教职用秉公酌拟交臣部附入月官之末带领引见恭候钦定等因奏准在案查绝取举人臣部于同治三年四月具题绝取远省举人己亥庚子两科近省举人乙未丁酉两科远省教职丁酉己亥两科近省教职甲午乙未两科现在绝取举人知县在部投供在人数无多转瞬轮用举人到班时势必不敷拟选现在云贵陕甘等省军务省分亦多办理防堵仍恐道途间有梗阻寒士跋涉维艰若只绝取一科恐人数仍属寥寥应按照上次绝取两科举人之案办理拟将近省之道光己亥庚子两科举人绝取其现任教职近省应绝取道光丁酉己亥两科应令该督抚详加验看择其年力精壮堪膺民社者给咨赴部核办等因于同治十一年四月初四日题本月初六日奉旨依议钦此相应知照可也绝字代用

《申报》1872年7月26日第2版第75期

邑尊给茅山殿门禁告示

为给示谕禁事据职举潘承湛江承桂沈大立朱长熠华伯宰周溶等禀称小南门外二十三铺地方茅山殿系城内西仓桥潘姓捐造庙宇并置器具向归潘姓为庙主又拟附近公正之人为护法庙董经理其事因有刘煜村近须驱逐已将庙内什物交还潘姓收管今议得安澜道院前道令司王涵老成妥当恪守清规堪以接管惟恐无知棍徒借端滋扰恃强借宿叩请示禁等情据此除批示外合行给示谕禁为此示仰地保居民人等知悉自示之后如有棍徒入庙借端滋扰恃强借宿立即指名禀县以便惩究云云

《申报》1872年7月27日第3版第76期

禁卖豆芽人把持生意告示

为出示严禁事据吴德南谈桂成谈三官张云泉夏福寿谈云南朱三官宋金和呈称身等均系做豆芽为业安分营生惟照豆价贵贱发售从无规条自咸丰年间各路兵兴客民来沪既多学做豆芽者不少伊等无非在洋泾浜以及四乡销售彼此皆无妨碍不料近有素不安分之陆三和夏春和串同盛德春等刊印传单聚集多人喝众如要业此照新立行规硬派出钱入行否则不许生意一时收存钱三百千文种种把持苛派渔利分肥昧良罔法微业难堪求赐示禁等情到县据此查各项生意人人可做卖菜尤属小本营生陆三和等创立条款苛派人钱大属可恶除密访查拿外合行出示严禁为此示仰诸色人等知悉嗣后如陆三和等再敢苛派捐钱把持生意许即据实禀县以凭提案究办各宜遵照毋违切切特示

《申报》1872年7月29日第2版第77期

造胡家木桥告示

出示晓谕事据同仁辅兀堂董土坤等呈称窃北门外二十三保头二图里虹口北里许胡家木桥东通引翔港西通真如镇北通江湾杨家行等镇实为往来要道今已倾圮理宜修造以便行人前蒙宪恩创首捐廉俾各善姓仰体乐输足敷经费谨择于六月二十六日祀土兴工惟是城乡较远稽察难周为情该图乡董胡行芳胡逢周邢桂芳陆林黄通理李心陶崔万成等在工常川照料务使工坚料实不致草率偷减诚恐无知棍徒在工滋事为敢呈请晓谕等情到县据此合行示谕为此示仰该处地保及诸色人等知悉尔等须知修造桥梁利济行人系属善举毋得在工滋生事端致干提究工匠人等亦毋得偷减草率致干重咎其各凛遵毋违特示

《申报》1872年7月30日第2版第78期

万福行宫善局禁约告示

本府杨为出示禁约事据现住上海县职员陈涛秦廷墉余治元文功呈称切职等于同治七年在上海西门内万福宫后殿设局雇工拾取道途遗弃字米等物旋于十年分复立扶颠专局为五方流离失业之人暂作栖身之所惟恐地方棍徒外来僧道借端生事节经先后禀蒙道宪暨县尊给示谕禁嗣有不守清规之道士张鹤峰蒙耸绅董保护送进恃蛮硬住又经职等将该道士素向不法各情禀县荷蒙饬差提究示禁在案伏念万福行宫原系各省诸善姓每年往茅山进香会集公所并非道院其后面添设善局自有司事经理更无容僧道主持第沪境地当杂处往来甚众良莠不齐难免复蹈前辙致妨善举环请一体出示严禁以杜地方棍徒外来僧道强占硬住借端滋事庶得善局保全穷黎感戴实为德便等情到府据此除批示外合行出示禁约为此示谕该善局司事及地方保甲居民僧道人等知悉尔等须知万福宫系办着公所一切事宜均归局董司事经理岂容僧道人等强占硬住自示之后如再有不法勾串地方强送硬占者许该司事禀送地方官究办均各凛遵毋违特示

《申报》1872 年 8 月 1 日第 2 版第 80 期

上海县奉行晓谕河工经费告示

遵奉札饬出示晓谕事照得六月二十三日奉藩宪札开太镇二州县协浚吴淞江河工案内支用各项钱文现据该州县开摺禀呈到司查核均属明晰抄发摺式饬将本县挑浚河工支用各项钱文体开报一面分晰榜示通衢明示民信等因查各处所用钱文皆系开销经费是以开摺报明并数晓示本县协浚河工地段较他县为多用款即较他县更大民间承挑河段费巨工繁遵照奉行将工赶竣费钱劳力实已重累吾民何忍再令津贴局用经费是以应支加增司事薪水书差饭食增加戽水不敷工钱开挑水线添夫需雇散夫筑堰工料一切花红银牌钱文犒赏置备工用物件等事经唐董事锡荣经手领去者计钱一千四百二十五千余文由本县自行给发者计钱三百九十余千文共享钱一千八百二十余千文皆系本县捐廉济用既不支用公款并未向地方津贴分毫不过了此公事亦复不求人知本可毋须示晓今既接奉宪札饬令榜示合行示谕通邑人等一体知悉可也特示

《申报》1872 年 8 月 7 日第 2 版第 85 期

上海道宪沈禁止盂兰盆会告示

为出示晓谕事据租地界会审委员禀洋泾浜地方每届七八两月有闽广宁绍等处民

人兴赛盂兰盆会哄动一时不逞之徒借以聚众滋事乘间偷窃流弊不可胜言历经禀请预期禁止在案现在兴举之期在迩禀祈照会各国领事并饬县谕知闽广潮惠宁绍各帮会馆董事并出示南北两市一体禁止以靖地方等情到道据此查迎神赛会本于禁例兹经各前道移行查禁在案据禀前情除分别照会并饬县转谕各帮董事查禁外合行出示晓谕为此示仰闽广潮惠宁绍等各帮董事并各该民人知悉自示之后不准兴赛前项盂兰盆会以靖地方云云

初二初四日两日所录长人法将军二条均系香港报中选出者兹特补书非敢掠美也本馆谨启

《申报》1872年8月8日第3版第86期

邑尊禁止盂兰盆会告示

上海县为示禁事奉道宪沈札开据租界会审委员禀洋泾浜地方每届七八两月有闽广宁绍等处民人兴赛盂兰盆会哄动时不肖之徒借以聚众滋事乘间偷窃流弊不可胜言历经禀蒙预行查禁在案兹查前项赛会在迩禀祈照会加饬府并饬县严谕闽广潮惠宁绍各帮会馆董事并出示南北两帮一体禁止不准赛会以靖地方等情到道据此查迎神赛会本干例禁节经照会移行一体查禁在案据禀前情除由道分别出示照会并预禁外合行札饬札县即便分别示谕并传谕各董严行禁止等因到县奉所查此案前奉道宪札饬节经分别照会示禁在案兹奉前因合再出示严禁为此示仰该处地保及江浙闽广各商民人等知悉如逢中元节期只准设坛诵经超度亡魂不准再兴兰盆胜会哄动众观致滋事端倘敢仍蹈前辙一经查出定即严拿到案尽法惩办决不稍贷各宜凛遵毋违特示

《申报》1872年8月10日第3版第88期

前上海县陈宪示谕钱粮赶紧截串告示

为据禀示谕事据职员李荣滋蒋忠仁等禀称本邑积习业户赴完钱漕不即截串或迟至十余日二三十日不等乡民讨串往追盘川殊多浮费职等距城较远更形艰苦并敢揩串滋弊后有差截蒙将自串径付图差下乡催返竟累重完查完清截串诚为易易何致耽延累民环叩谕饬银匠串书无论钱漕完即给串不准弊延并求出示晓谕等情据此查钱粮一经赴柜完清随即掣串交给粮户倘再揩匿滋弊准花户喊禀立唤责究除严谕银匠柜书遵照外合行出示晓谕为此示仰合邑花户业佃人等知悉凡属完纳钱漕一经自封投柜清交已谕饬银匠柜书随时截给印串登流送截至多不得过两日倘柜伙揩延弊匿准该户立时喊禀重从究办决不姑宽以肃功令尔

等乡民互相传知庶使家喻户晓也毋违特示

《申报》1872 年 8 月 13 日第 3 版第 90 期

租界会审分府陈宪严禁私铸小钱告示

为出示严禁事照得私铸小钱及贩累掺和行使均干例禁现经新任宝山县访得私铸处所拿获匠人伙犯究办在案并于各处地方严缉首犯不难就获以绝根株惟查租界铺户稠密居民繁庶诚恐无知之徒仍敢贪贱收买掺使并有等匪徒恃强挪用欺压平民均属大干法纪合亟出示严禁为此示仰各铺户居民人等知悉自示之后各宜安分营生公平买卖勿贪微利自贴伊戚倘敢故违再有收买私钱掺和行使以及强用情事一经查获或被告发定即从严究办决不稍宽其各凛遵毋违特示

《申报》1872 年 8 月 15 日第 2 版第 92 期

叶邑尊禁妇女扮犯跟会告示

为出示晓谕事照得每届清明中元下元三节本县牒请城隍神诣坛赈祭无祀孤魂所有随巡书役理应虔肃前有妇女装扮犯人涂脂扑粉身穿赭衣乘坐无衣小轿跟随入会引诱轻浮子弟逐队嬉戏大为风俗人心之害节经出示严禁在案兹届中元诚恐故辙复萌除委员查禁外合行出示谕禁为此示仰合邑保甲会首及诸色人等知悉自示之后如再有前项妇女装扮犯人跟随入会定提夫男究惩其各凛遵毋违特示

《申报》1872 年 8 月 19 日第 2 版第 95 期

叶邑尊禁随巡马会疾驰奔逐并不准深夜迎回告示

为出示晓谕事照得每逢合节本县牒请城隍神诣坛赈祭孤魂随从人役理宜处肃马执事人等亦宜缓辔徐行不准疾驰并不准深夜迎回以昭诚敬自应限于辰刻起马申刻即行恭迎回庙前经示谕在案兹届中元合行查案谕禁为此示仰保甲及会首人等知悉马执事不得疾驰一体遵照毋违特示

《申报》1872 年 8 月 19 日第 2 版第 95 期

叶邑尊严禁地棍讹诈告示

为严禁地棍讹诈以安生业事照得上邑五方杂处良莠不齐害民之事不止一端有所谓流氓者有所谓拆梢者或搭台滋诈或伙抢妇女或包庇娼赌或收取陋规虽名目不一而其鱼肉小民均为法所不贷本县重莅此邦愧无善政及民惟以除莠安良为念除访拿究办外合行剀切示谕予以自新自示之后果能痛悔前非本县亦不究其既往倘以本县之告诫视为履任之具文怙恶不悛行凶滋事扰害吾民则是其顽不灵夫何足惜本县当择尤严办三章约可为尔等告三尺法不能为尔等宽也各宜凛遵毋违特示

《申报》1872年8月20日第3版第96期

叶邑尊严禁聚赌告示

严禁赌博以除民害事照得聚赌抽头大干例禁轻则柳杖重则流徙邻保容隐均于连坐房屋棚座概行入官法律森严岂容尝试本县重莅兹土稔知境内赌风最盛浦滩一带多有游手之辈随地摆设摊场忽聚忽散是以十六铺地方时有委员获解之犯本即立拿究办未忍不教而诛合行出示严禁为此示仰军民人等知悉尔等嗣后务各安分营生勉为良善如敢仍前聚赌定将开场及同赌者一并严拿到案照例重惩并将徇隐之保邻房主分别治罪房屋封闭充公决不曲为宽贷各宜凛遵勿违特示

《申报》1872年8月21日第2版第97期

叶邑尊严禁讼棍告示

为严禁讼棍以警刁风事照得不平则鸣民固不能无讼而久心浇薄诈伪日滋阅其词状似有极枉奇冤及至提到质讯情真者十不获一如户婚田土钱债细故则必装伤蒙验服毒自缢等类必称谋命斗殴况上海为通商要口中外交涉事件尤多租界地方妓馆烟馆争讼之案百出其奇岂小民之尽好讼哉实缘有一种讼师拨弄是非从中渔利无知之人受其愚惑迷而不悟讼而获胜已难免废时失业讼而不胜转致受辱倾家其教唆之徒自立于不败之地两造则欲罢而不能此讼案之所以甲于他邑也本县重莅是邦所有著名讼师无不洞悉除另行拿办外合行出示晓谕为此示仰军民人等知悉尔等如有实在冤屈不能伸雪始许投知代书据实直书当堂呈递本县登时研诘以定准驳其余口角细故苟可理喻情遣务宜平心静气息事宁人慎勿受讼师之愚自取其害其教唆词讼者务即改恶迁善免犯刑章倘有玩法之辈仍敢逞其伎俩以刀笔为生涯以小民为鱼肉本县惟有执法从事决不任其漏网也凛之慎之毋贻

后悔

《申报》1872 年 8 月 23 日第 2 版第 99 期

叶邑尊禁蒲鞋头船借差勒费告示

出示谕禁事查接管卷内据陈胜记杨源顺陈亿顺姚明记许大顺胡德茂呈称身等撑驾闵
行至上海航船装载货客来往停泊大码头近遭蒲鞋头船户张天顺向身等帮船只借差搅诈勒
赎控蒙提究在案切念该帮船只甚多每借有差务即向民船勒索帖费稍不遂欲滋扰殴搅种种
受累环求谕禁等情据经前县批准未及出示兹本县莅任合行查案出示谕禁为此示仰船户埠
甲人等知悉自示之后尔等蒲鞋头船勿许再向航船户借差勒诈帖费滋事如敢故违一经察出
或被告发定提究办决不姑宽各宜凛遵勿违切切特示

《申报》1872 年 8 月 24 日第 2 版第 100 期

叶邑尊关防告示

出示关防以杜诈伪事照得本县借隶粤东服官吴会者十有余载兹奉宪檄再莅是旧地重
经凡地方之利弊风俗之厚薄无不了然于胸即本县之克俭克勤想此人富亦共闻共见惟沪江
为通商要口繁盛甲于大都五方杂处旅客之戾止如云一海延通广舫之往来若织用切再三之
告以为万一之防本县案无留牍事必亲裁不特严绝包苴亦且坚辞请托至于仆从无多仅司奔
走族亲在籍绝少攀援保无不法之徒逞其伎俩或捏称桑梓或谬托葭莩捉影捕风招摇撞骗除
密访严拿外合行出示晓谕为此示仰合邑军民人等知悉尔等务各安分守法切勿受感如有外
来匪类以及本署各色人等倘有在外撞骗许被扰之人禀究定即从严治罪断不姑息养奸本县
言出法随慎勿自贻伊戚其各凛遵毋违特示

《申报》1872 年 8 月 27 日第 2 版第 102 期

叶邑尊访获地棍招告示谕

为出示招告事案照本县访有地棍王宝春陈阿陇等在外讹诈滋事甚未经饬差拿获到县
讯供管押惟查该犯等讹诈之案恐非起必须查明严究以警刁风合行出示招告为此示仰阖邑
军民人等知悉尔等平素如有曾被王宝春陈阿陇讹诈扰害者许即据实具呈到县以凭核案究
办该原告一经质讯明确立予省释决不拖累其各遵照毋违特示

《申报》1872 年 8 月 31 日第 3 版第 106 期

叶邑尊禁止朔望宰卖羊肉以全物命告示

给示谕禁事据羊肉面店徐复兴徐德□倪万与陈顺奂赵隆顺杨福与顺兴馆高协奂蔡源隆朱源盛朱复兴张源盛朱源发宋万隆高源奂朱福兴奚复兴邹万昌朱顺兴等禀称切身等素业宰羊卖面虽逢朔望并未停卖今有辅元堂稽查猪业司事传谕猪业现已朔望停宰以全物命羊业事同一体亦应朔望停卖等因奉此邀集同业悉心酌议谨于八月朔日起每于朔望前一日如十四三十日情愿停宰朔望日情愿停卖缘猪业宰猪于本日故本日停宰羊业宰羊于前一日故本日停卖而停宰即在前一日也至大祭大节一如猪业照常承办恐城中添开店铺并写远乡店未能周知还求给示晓谕并谕饬稽查猪业司事兼查倘有阳奉阴违同业议罚并送究处以延物命等情到县据此查并奉府宪饬禁朔望屠宰并据鲜肉庄王元丰等议立规条呈请勒石节经发县分别出示勒石谕董稽查在案据禀前情除批示并谕饬猪业董事兼查外合行给示谕禁为此示仰城乡各羊肉面店人等知悉嗣后每逢朔望除大祭大节照常承办外其余一概不准宰卖以惜物命如有私宰情事许即指名到县以凭提究各宜凛遵毋违特示

《申报》1872 年 9 月 2 日第 2 版第 107 期

叶邑尊奉行勒闭群头寓告示

上海为五方杂处最易藏奸沈观察莅任之后即派委干员会县议办保甲事宜编查户口给发门牌十家立举甲长并分别庵观寺院烟间客寓城厢内外分段编查设局团防兹门牌业经造竣因客寓来往借宿虽向有循环簿册稽查必须严密现奉沈道宪派委候补盐大使许公候补县丞严公会同县委各员专查客寓并禁群头名目查群头者系小客寓也宿价极廉不问来历任意留宿最易混匿匪数是以叶邑尊出示晓谕城厢内外凡有群头寓所限五日内闭歇并由该保甲一律驱逐违延容隐均干究办云云

《申报》1872 年 9 月 11 日第 2 版第 115 期

新任海防沈司马严禁庵观寺院等容留可疑之人告示

善后案内海防分府衙门有稽查庵观寺院以及烟间客寓之责因上海为五方杂处匪徒易于混迹庵观寺院向不准容留来历不明之人如有形迹可疑者投宿禀候分别查提究办有案兹沈司马莅任留心民事查案严办亲自严密查访之外出示晓谕合邑庵观寺院住持以及烟间寓主如果面生可疑并无来历保人者立予禀报查提究办该住持等毫无拖累倘有容隐察出并干

重处云云

《申报》1872 年 9 月 11 日第 2 版第 115 期

叶邑尊惜字告示

出示谕禁事据监生舒永琴等呈称生等雇人收拾字纸经过街巷每于垃圾中检看抛弃鞋帮夹里俱有店号价目字样即便坑中间亦有之污秽不能收拾既请晓谕各鞋店改换花样为记以免污亵等情到县据此除批示外合行出示谕禁为此示仰各鞋店人等知悉尔等鞋上应用图记价目一概换用花样不得再刻字迹以免污亵倘敢故违查出提究其各凛遵毋违特示

《申报》1872 年 9 月 19 日第 2 版第 122 期

叶邑尊查禁匪人以符箓撞骗告示

出示晓谕事准大真人府张移开窃照敝府世受国恩掌理道教所有祖传符箓原为济度亡魂宣扬正教而崇道法近有一等不法之徒擅戴五品六品顶戴以符箓各项遍地引诱善信招摇撞骗不思符箓以传家印信为真印信属于敝府祖传从无假手如此符箓遍售难保不无伪造查有已经地方官讯明责革之官长吉罗保泰罗保和惟恐以伪符撞骗滋生事端请出示晓谕并烦立案等因准此合行示谕为此示仰该地甲居民人等知悉如有此等匪人将符箓撞骗情节许指名禀县以便提究尔等不得受其愚弄各宜遵照特示

《申报》1872 年 9 月 30 日第 3 版第 131 期

叶邑尊禁止弹业敛钱苛派告示

为出示晓谕事案据朱竹山陆叙山鱼兆隆等呈称切身等弹棉花业客籍来治向循本帮行规领单开店无如本帮向无公所亦无差使但只捐钱并无公事身等受欺现查本帮沈借小普陀为公所请示刊单复收规费惟思手业之伙多属穷苦日趁微几何忍再扣公用上年道署所用弹作除供饭食外每工给钱二百文并非差使已胜民工如再勒费莫怪人心难允生徒数年辛苦学成手业开店必要晏神戏席捐银弹花微业何能供诸巨数设立公所本帮已请示刊单应听本帮遵行身等客借另议司年司月挨查客伙来历住址登簿轮管各愿提捐公费以备顾恤就业无倚店伙周急之资粘呈行单求请示遵等情当经批示之后前复据呈明以本帮连向客帮派捐并不照顾客帮失业店伙致求晓谕免派等语具呈前来除批示外合行出示晓谕为此示仰客帮弹业店主帮伙人等知悉倡立行规敛钱苛派本干例禁尔等此后不准再有入

行名目务各循照旧章安分营生其本帮并不准向客帮苛派敛钱如再故违许即指名重究他如失业无倚客伙应如何助以医药资费之处亦听各帮自愿量力举办勿稍揸勒阻挠各宜凛遵毋违特示

《申报》1872年10月2日第3版第133期

叶邑尊禁止刊刻淫书告示

为出示谕禁事照得风俗贞淫阅于人心邪正欲端风俗先治人心乃有射利奸商将各种淫书小说刊板发售流毒人心经前县详蒙藩臬宪通饬各属严禁在案兹据绅董禀称各坊铺复蹈故辙殊堪痛恨除饬各巡查委员随时查察外合再出示谕禁为此示仰各书坊及画张店铺人等知悉尔等如有未缴各种淫书板片及淫画春册立即呈缴辅元堂给价销毁不准存留片纸以绝根株此后各书坊毋得再贩淫书出售沿街书摊不许刷印小说摆列出卖且画张店铺亦毋许描画春册以正人心而端风化如敢故违一经查出定将该店铺人等提案重究决不宽贷各宜凛遵毋违特示

《申报》1872年10月2日第3版第133期

叶邑尊为查案禁止妇女幼童私摘棉花告示

查案严禁事照得本境向来种植棉七稻三今届秋成访查各乡棉花将次开放收砟恐有无知幼童以及横泼妇女见田中将放之花硬行私砟致妨农业除饬差密访查拿外合行查案严禁为此示仰该图地保农业人等知悉凡田中未放花铃应听各业主待其开放收摘如有幼童妇女在田硬砟开放之花许该地保指名禀县以凭提其家长到案严究决不宽贷特示

《申报》1872年10月5日第2版第136期

叶邑尊查捐军饷请奖告示

为出示晓谕事案照金山上海南汇三县捐借军饷补请奖叙一案奉各宪行准部咨于一月内检齐印帖开单送部再行请奖等因即经转行饬据查复因一时未能取齐详经抚宪咨请户部展限并据该捐户郁熙纯禀请详奏展限给奖各在案兹据职员郁熙纯王承荣沈大立等禀称切职等兹于咸丰七年间奉宪借资助饷银十五万两嗣经呈请转详具奏作为捐输请奖历奉部复准予造册请奖各在案所有借资印帖送奉文催群缴并取请奖履历造册同送各等因嗣为催取未齐至今延望伏查本案捐生绅商同列居处不齐虽奉定章一时难于周悉为敢呈求俯赐出示

谕催各户将借资印帖一体送交领案职员郁熙纯处汇齐呈缴并饬各捐生将请奖履历指捐官阶即日遵例开报随备部饭工费例银一并汇交领案处造具清册呈请转详以期捐户咸知事归一律呈请分别出示给谕遵办等情到县据查此案现奉各宪节次行催均经转饬传谕该绅商郁熙纯等赶紧检齐印帖开造姓名银数清册汇送转群核节迄今日久仍未取齐据禀前情除给谕遵照外合再出示晓谕为此示仰后开各捐户绅商郁熙纯等一体知悉立即遵照各实行催迅将借资印帖一律送交领案职员郁熙纯处汇齐呈缴并饬将各捐生请奖履历指捐官阶即日遵例开报随备部饭工费例银一并汇交领案处造具清册呈请核明转详归案给奖毋任观望迁延自误特示计开 沈大本已故 今弟大立 严大生 严同春 萧云经 谢立奎 王二如已故 今子庆昌 章荣记张慎卿 陈芝舫 周研畲已故 今孙文奭 彭宝荣 郭长祚 蒋济川 王庆荣已故 今弟庆堂 施彝记 桑锦记 蔡吟涛 张履堂 李久大 郁松年已故 今 侄熙纯 孙芙汀已故 今子文弼 王承荣源记 周雪香已故 今侄志江 顾友忠 奚水芹

《申报》1872 年 10 月 19 日第 2 版第 148 期

清节堂竣工开局告示

出示晓谕事据清节堂职董郁熙纯朱其昂等禀称董等创立清节堂建造屋舍收养嫠妇兼收迈姑老母并准携带子女刻因经费未充暂定百名为限嗣后经费充裕再拟推广一切规条悉仿省章酌量增减兹查该堂创建经费甚巨幸赖官商之力鸠工举办今于八月二十四日告竣谨择九月十三日开办伏查收养嫠妇现年三十岁以内方为合例携带迈姑老母实在抱病不能自给或贫苦无依访明方许一并收养至开办伊始所恐无知之辈或有违例押送滋生事端禀求晓谕并请谕饬保甲凡有合例嫠妇无论客籍土著准其请保报堂查明收养等情到县据此除谕铺甲遵照外合行晓谕为此示仰诸色人等知悉凡有嫠妇贫苦无依查与定章相符者无论客籍土著准其请保报堂留养倘有违例押送生事滋扰许该堂董指禀以凭提究其各遵照毋违特示

《申报》1872 年 10 月 19 日第 3 版第 148 期

接管送子观音庵住持告示

为出示晓谕事据职董贾履上江承桂等禀称窃本邑大南门外二十七铺十二图地方口有送子观音庵一所建于前明崇祯七年俭徒住持已历久远载见邑志自去年裔僧小慧因病身故别无徒侣虽有徒弟振华原系同师先经延往邑南横泾庙住持相隔路遥不能兼顾致令送子观音庵屋宇空虚香火不继兼恐游荒无籍之流就空窝顿混集无稽或滋事故职等访有慈溪镇东

寺僧净月挈徒文林挂单来沪查该僧自幼出家兼习医道堪以住持募修拟将其徒文林嗣法振华继续庵宗即令净月挈徒文林住持送子庵事以新香火而专责成除访问地主庵邻及该地方耆民甲保佥无异辞外为敢具情禀请俯准出示晓谕并谕该图甲一并遵照等情到县据此合行出示晓谕为此示仰该处居民保甲人等知悉如有无籍之徒及江湖流丐硬行占宿者概予驱逐各宜遵照毋违特示

《申报》1872 年 10 月 23 日第 3 版第 151 期

代理租界会审分府张司马查禁租界地方搭盖草棚告示

为出示晓谕事据巡捕头禀称有等客民流踞租界空地搭盖草棚居住殊虞火烛有违工部局定章将搭棚之王建勋等解请谕禁押抵等情到公堂据此查租界地方工造事宜应归工部局经理曾奉总理衙门议准□□□案况草棚最虞火烛本宜禁止除当堂谕令赶紧自拆卸外合行出示晓谕为此示仰地保及各该草棚居民知悉咨自示之后如有未经拆卸者立即赶紧拆卸永远不准复盖如敢故违定即提案押拆责惩驱逐该草棚居民知悉勿谓言之不预也其各凛遵毋违特示

《申报》1872 年 10 月 28 日第 3 版第 155 期

劝捐办直隶棉衣告示

海防分府上海县为出示劝谕事窃照上年案奉宪行以天津河间等属大水一片汪洋哀鸿遍野住屋俱无啼饥号寒伤心惨目札饬劝办棉衣数万件运津交收散给等因奉经劝谕各业绅商富户广捐协济亿万灾黎得免号寒在案兹奉道宪面谕本年天津河间等属大水复涨而于保定一带尤甚较之上年情形更重所有施给棉衣等项必须照案劝办务于十月初五日以前解齐等因并蒙道宪首先捐银三千两及本厅县助钱四百千二千千文查上海为仕商辐辏之区而多乐善好施之户除致请各业绅董面商劝办给发钤印捐簿处合行出示晓谕为此示仰合邑绅富及各业商董人等知悉尔等务须轸念灾黎扩充善举见有捐簿均各踊跃乐输并望广为捐助以期多多益善依限于十月初五日以前捐齐送县听候掣给收票以便汇解天津筹赈局散给万勿观望迁延如有冒捐情事许即禀候究惩并即知照毋违特示

《申报》1872 年 10 月 28 日第 3 版第 155 期

道宪禁龙王风神庙前开设酒馆告示

道宪沈为出示谕禁事据船号商郁森盛等禀称商等素业沙船出入重洋专赖神祇默佑近年海洋不靖迭遭危险屡赴各庙祈祷以期安澜查南市十六铺八图地方向有龙王风神庙本系船商豆业捐建公举羽士住持庙事庙前照墙原有栅栏圈护不料该住持擅将照墙栅栏拆毁改造市房开设大量酒馆贪得重租但酒馆杀生最众紧对庙门实属亵渎神灵并查该庙历设海运总局出入人众一开酒馆难免不酗酒生事禀请示禁该庙门前勿开酒馆以免杀生并请札县谕饬遵照等情到道据此除批并札上海县外合行出示谕禁为此示仰该住持及地甲军民人等知悉所有该庙门前现开酒馆作速迁移他处免致杀生秽亵及酗酒滋事如敢不遵即由该号商禀县驱逐各宜凛遵毋违特示

《申报》1872 年 10 月 29 日第 3 版第 156 期

叶邑尊谕禁迎会积弊告示

照得清明中元下元三节本县牒请邑神诣坛赈济孤魂凡有随巡书役人等理宜虔肃前因有妇女扮犯涂脂抹粉身穿赭衣乘坐无衣竹轿跟入会内行走以致轻浮子弟逐队嬉戏大为风俗人心之害历经示禁在案兹届下元令节诚恐无知妇女仍蹈前辙除委员查办外合行出示谕禁为此示仰合邑军民保甲人等知悉自示之后如有妇女扮犯随会行走定提天男究惩决不姑宽各宜凛遵毋违特示

每逢令饬本县牒请邑神诣坛赈济乏祀孤魂凡有随巡书役理宜虔肃马执事人等亦应缓辔徐行毋许疾驰奔逐并不准深夜迎回以昭诚敬自应限于辰刻起马申刻即行恭迎回庙前经出示谕禁在案兹届下元赈济之期合行查案谕禁为此示仰保甲及各项会首人等一体遵照毋违特示

《申报》1872 年 10 月 30 日第 3 版第 157 期

邑尊开张家塘河工告示

上海县为出示晓谕事照得张家塘河工曾据职董许明大梅毓秀等议援浍河泾成案将同保邻近图田每亩贴钱四十文以济车坝局用等情当经谕饬协费之六图董保着令查明该董等所议贴费情形是否妥给禀复核办继又饬催未复昨经本县在工面谕各董保在案现查该河筑坝戽水次第举办开工在即经费事事必需预筹除出示晓谕外合行谕饬谕到该董保刻即遵谕将每亩贴钱四十文催令各业户照数交付由董保汇收就近缴局立等凑济工用不得稍任迟延

干咎速速

| 该处张家塘河 | 现已派段赶挑 | 出土定限十丈 | 不准贪近弃倒 |
| 凡尔差保夫头 | 传谕挑夫知照 | 倘敢玩违不遵 | 定予枷责不饶 |

又另示云

| 该处张家塘河 | 现已勘丈派挑 | 东段拦潮大坝 | 务须看管周到 |
| 设有怠忽疏虞 | 通工关系非小 | 凡尔霸夫地保 | 一体小心照料 |

《申报》1872 年 10 月 31 日第 2 版第 158 期

镇海庙重建告示

为出示禁约事据原办镇海庙工职董贾履上赵光禧赵豫升周志鸿周树莲等禀称大东门外镇海庙职等于同治元年环禀前邑廉给示筹捐起建后楼侧厢惟大殿山门未建现经树莲将僧超尘所抵庙基涨滩一亩五分划还转售得价施工禀蒙宪批应即照此办理在案复经志鸿雇工购料克日重兴诚恐无知阻扰及偷窃料物等情并查山门外旧有地场在三年分有沈姓借地起房出租取息行人往来甚形不便职等现著该僧向沈清理拆让合祈一体出示禁约俾庙貌重新行人方便等情到县据此除批示外合行出示禁约为此示仰该地甲居民人等知悉镇海庙重建大殿山门克日兴工如有无知之徒借端阻扰以及窃取物料情事该许职董等指名禀县以凭提案究惩再山门外借地起见房屋行人不变此番应由该僧清理拆让各宜遵照毋违特示

《申报》1872 年 11 月 6 日第 3 版第 163 期

邑尊查禁乡约犯科告示

出示晓谕事据乡约总局职董江承柱沈嵩龄等禀称历奉宪谕遵行乡约现查宣讲处所城厢六处各镇二十三处历时已久各董或有事故或有他迁若不查明请谕深恐废弛职等延访各镇董事慎择讲生专司其事倘有花鼓戏赌博牛场焚棺逼醮以及好讼好斗等事由董事讲生劝惩环求示谕等情到县据此除谕饬各镇董事遵照外合行晓谕为此示仰保甲居民人等知悉宣讲乡约原为化导人心尔等各静听不得喧扰更不得作奸犯科致干拿究该保甲务须于讲所弹压毋任滋扰其各凛遵毋违特示

《申报》1872 年 11 月 15 日第 2 版第 171 期

禁篾作行首苛敛告示

出示严禁事据沈士凤王士贵林永真陈荣三周全发李双庆张和朱聚隆张顺兴程永和金德兴等呈称窃身等均习打篾缆手艺微业籍隶乍浦缘此项篾缆专消于木行捆扎木植所用本在原籍营生因匪扰陆续来沪赖以糊口惟身等于同治初年始到申地削竹辫缆即有本帮专做篮筐竹器之吴德福来向身等称要入行规费方准动工否则混称同业不依彼时逃难余生甫到平安之地苟见天日无奈勉从计每人被索去钱共余千此外每年又派出宴神等小费讵今年九月初间吴等复又声言各作店司每人工钱内日提厘钱五文各为置办神衣等项需用五日一收向店主收笠如有违彼不出人众势横即要拉人吃茶讲理伏念彼业筐篮竹器身等专车篾缆劈竹虽同手艺各异始则勒索入行现复按日按工提厘事同苛敛情难忍受求请示禁等情到县据此查倡立行规敛钱苛派本干例禁除批示外合行出示严禁为此示仰篾缆店作人等知悉尔等手艺营生彼此守分工作其本地竹器匠亦不得向篾缆作提厘敛费如敢抗违许即指名具禀听候提案从严究办各宜遵照毋违特示

《申报》1872 年 11 月 16 日第 2 版第 172 期

邑尊开浚都台河工告示

该处都台河道	现已筑坝兴挑	出土十丈以外	就近不准弃倒	倘敢贪便倾卸
定即押令挑好	河夫黎明上工	勿许挨延缺少	薄暮停工时候	各开水线一条
各董差保夫头	传谕一律遵照			

《申报》1872 年 11 月 16 日第 3 版第 172 期

邑尊禁约船匠告示

出示禁约事据船号众商巨顺亨郁森盛桑锦记等禀称切商等均业沙船南北贸易并承运粮米查沙船上坞修理念缝一事最关紧要稍或粗懈即有发漏等弊向来念缝工匠皆凭船主自择从无把持等事匠作巴图主顾自能认真修念坚固可靠讵料近来船匠每有硬揽生意恃强霸艌之事倘船主因所艌欠坚欲换他匠辄敢斜众争夺斗殴滋事以致另换之匠不敢承修耽误时日如其不换则又潦草粗率不顾利害难免意外之虞伏念沙船放洋贸易出入风涛修艌之工拙实合船身命与合船货物所关迩来承运粮米之责更宜慎重似此硬揽把持霸艌贻误若不禀求出示严禁切恐刁风日炽互相效尤有误于贸易即有误于运务商船受害靡有底止为特其陈伏求俯顺商情准赐出示严禁倘敢仍前把持许即指名禀办从严惩以警刁风而重运务等情到

县据此除批示外合行示禁为此示仰合邑船号众商人等知悉此后沙船上坞需用舱匠应听船主雇唤不准把持强揽即使先经该匠来修祠因船主不合亦须任从另唤他匠修理倘有沿浦不安本分之人混称把作恃众硬揽仍前把持许该船主指名呈控定行提案从严究惩各宜凛遵毋违特示

《申报》1872年11月20日第2版第175期

邑尊奉行设立粥厂查禁乞丐露宿告示

为出示晓谕事十月十五日奉道宪沈札开现届冬令天气渐寒如乞丐夜间或坐卧檐下或竟至露宿饿寒交迫实为可悯业经前升道在南门外搭盖瓦屋作为栖流所准老弱乞丐前往住宿夜间给粥一碗本年仍旧照办兹派委候补知县李锡麟经理弹压定于十月二十一日开厂所有城内无归宿之乞丐夜间应一律前往厂所栖止不准再在城内沿街露宿如敢违遵必系不安本分之人逗留城内欲图为匪一经察出定即严究除出示晓谕并札巡查委员实力稽查如十月廿一日以后城内仍有露宿乞丐即行驱逐以杜逗留为匪之渐外合亟札饬一体示谕并饬丐头地甲认真查办照速等因到县奉此除谕丐头会同查逐外合行出示晓谕为此示仰各铺地甲人等知悉嗣后城内如有露宿乞丐即行驱逐出城毋许一名逗留倘敢不遵禀候拿究铺甲丐头不得稍事疏懈致干重咎切切特示

《申报》1872年11月22日第2版第177期

邑尊据报禁约滋扰明心寺告示

出示禁约事据职董黄紫垣等禀称切治西南乡北桥镇附近有明心寺建于唐世历今已及千年中间屡经兴废并多高僧驻锡原为该处丛林迩来殿宇僧寮渐皆倾记兼因围墙坍塌无可关闭致遭无知乡民纵放牲畜山门内外乞丐群栖地方凋敝募修为难经住持僧福山等查明该寺后面慧日堂破屋数间原系僧琴楼购地建造历年虽远载明山志可稽议将变易旧料借资重建围墙及修葺紧要工程因恐地方无赖相沿旧习强欲搬运料物借口滋诈粘呈山志禀求给示严禁等情到县据此除批示外合行出示禁约为此示仰该寺僧众及地邻保甲人等知悉僧福山等现将该寺后面慧日堂破屋旧料变易以抵修建围墙等项紧要工程之用俟动工后毋许歹徒强搬料物借口索诈并此后不准附近乡民纵放牛羊入寺作践糟蹋如敢故违均干提究地甲容隐察出并处各宜凛遵毋违特示

《申报》1872年11月22日第2版第177期

租界会审分府陈司马奉行禁止扎挂鸡鸭告示

为出示谕禁事奉道宪沈札开准英领事照会据工部局禀界内鸡鸭等铺每将活鸡活鸭用绳缚足倒挂街市观其形象甚觉苦楚请移示禁照请示谕鸡鸭铺户以后贩卖鸡鸭均须安置栏内切勿倒挂街市等由札饬示禁等因奉此合行出示谕禁为此示仰租界内鸡鸭各铺遵照自后贩卖鸡鸭务须安置栏内切勿倒挂街市即肩挑贩卖者亦宜装用篮筐勿得倒挂挑卖其各凛遵毋违特示

前因扛猪扎足哀号声不忍闻照会请禁今复顾及鸡鸭西人之仁慈于此具见矣

《申报》1872 年 11 月 26 日第 3 版第 180 期

工部局告示

本工部局已于苏州河面离大桥之西数十步地方设立义渡一座以便往来过客不费分文坦然行走甚为简便今已开渡惟此刻尽可使徒行之客免于迂道虽已不日制度大备则而高车驷马均可络绎过渡矣为此示谕各色目人一体知照可也

《申报》1872 年 11 月 26 日第 7 版第 180 期

粮道宪通行赶完粮佃告示

为剀切晓谕事照得赋出于田粮从租办业户应完漕米即在佃户应还租籽之中该佃户一俟秋成收获即当首先将租籽清完俾安农业而业户即应将所有租米拣选纯净圆洁者赶紧连仓完纳以副剥运交兑放洋期限均不容稍有迟误本年自春且夏雨泽虽觉稀少迨入秋以来旸雨应时收获登场又值风日晴燥米色定臻干洁高阜之区间有缺雨滋培稍形歉薄收成尚称中稔现届新漕自应力筹足额提前赶办由海运津况各属漕粮案经钦奉特恩汰减赋额凡尔绅民业佃人等应各激发天良当思漕粮为天庾正供刻不开仓伊迩正业佃完租办赋之时各宜踊跃输完俾安农业合亟剀切出示晓谕为此示仰该处绅民业佃人等知悉自示之后凡尔佃户应完租籽者赶紧清还业户应纳漕粮者各宜踊跃倘敢迁延观望自外生成则功令具在本道不能为尔等曲贷也其各凛遵毋违特示

《申报》1872 年 11 月 27 日第 2 版第 181 期

江浙运司灵都转查禁贩私告示

为剀切晓谕事照得江苏五属引盐销数日绌亟应严行整顿以期官引畅销前经奏前署司条议详请奏咨业奉上谕嗣后江苏苏松常镇太五属督销引盐处分照例复还并着曾国何严饬地方文武实力缉私以卫引地如敢仍前玩视及拿获盐犯有意开脱者即行从严泰办至商巡杀伤枭匪之案并准援照直隶山东例案免其议抵等因钦此遵经本司出示晓谕在案兹复奉部复准饬将水陆营泛定章分别劝惩并将各地盐匪之私窝私行及巢湖船艑船一律查拿净尽房屋入官船只锯截奉经本司查议详咨分饬江苏地方文武员弁限于文到两月内州县会同营汛督饬商巡雷厉风行将各地私窝私行私船私贩设法一律查拿净尽亦在案此系奉旨奉部查拿之件事在必行尔等须知我皇上威德所加无远不至御极十有一年中土已皆勘定边陲亦渐肃清况江苏克复业经十载百废俱兴岂有独遗盐务一任枭贩横行诚恐尔私枭等仍前玩视或致拒捕杀伤拿获严办不忍不教而诛合再出示晓谕为此示仰五属枭匪窝顿人等知悉尔等既有资本何业不可谋生何必贩私犯法拒捕者杀伤拿获者严办房屋入官船只锯截将谋利而反失利亦非计之所得自示之后务须革面洗心另图别业共为盛世良民毋再贩私窝私致干拿办后悔难追即各属绅士等仰沐皇恩当无不同心除莠协力查拿该民人等渥荷国家体养此后当无护私食私之人自干罪戾本司实所厚望焉

《申报》1872 年 11 月 27 日第 2 版第 181 期

河工告示

该处都台河道	现已集夫开挑	定章十亩出夫	毋许挨延缺少	岸口拆去涨滩
河面定能收到	如逢原坍田亩	不准逞意动摇	凡尔董保夫头	传谕各夫知照
倘敢玩违不遵	均当重责不饶			

又示

开河逢湾取直	水势始能畅达	该处新桥盘湾	现以照此办法	尔等逐挑实地
务遵应浚丈尺	各夫实力赶挑	更须加紧捞挖	应知工短土多	董保常川稽察
将来同来验收	方免参差究罚			

《申报》1872 年 12 月 2 日第 2 版第 184 期

邑尊准函禁止阻夺扛挑告示

为出示晓谕事准轮船招商局函以于浦东二十四图内置有栈房以备存储漕粮货物等项

昨经兴工修造业已呈请给示晓谕在案现拟起储货物所需扛挑脚夫人等均系由局中自行雇用惟恐该处脚夫借端攘夺滋扰情事致多掣肘请给示谕严禁等因到县准此合行出示谕禁为此示仰该处脚夫及地保人等知悉嗣后遇有招商局栈房起运货物均由局中自行雇夫扛挑该脚夫等不得借端阻挠拉夺倘有无知之徒抗违不遵恃强滋事许即指名禀县以凭提案究惩决不宽贷地保徇隐察出并处其各宜凛遵毋违特示

《申报》1872年12月2日第3版第184期

邑尊谕完吴会书院佃粮告示

为出示晓谕事据吴会书院董事禀称议设吴会书院众捐田二百六十余亩每岁取租以充院费现届秋收而捐办伊始各佃户未能踊跃输将因念此项除正供外有关书院经费恐佃户地保尚未周知环请晓谕还租等情据此除批示外合行晓谕为此谕仰佃户人等知悉尔等承种吴会书院田亩所有本年佃租务即赶紧耷米清还董事以济院费该地保一面迅速催佃扫数完租如有佃户坑欠即由董事等指名禀追其各遵照毋违特示

《申报》1872年12月4日第2版第186期

邑尊严禁溺女告示

出示谕禁事据同仁局职董沈嵩龄周昌炽等禀称前在十八保七八图伊字达地方设立向仁局专办保婴等事现查溺女之风较前尤甚不特溺女甚至生男亦溺职等偶有所知环求谕禁等情到县据此除批示外合行严禁为此示仰地保诸色人等知悉尔等生有男女婴孩如果贫苦无力养育立即报知同仁局照章办理或送城内育婴堂留养自示之后如有前项溺婴情事许该地保指名禀究其各遵照毋违特示

《申报》1872年12月5日第3版第187期

邑尊据禀令各佃赶紧纳租告示

为出示晓谕事据生监职者顾言等遣抱禀称生等畸有十六保二十六八九等图由亩每年体恤佃农减折收取不敢苛刻踊跃清还者固多乃有疲顽佃户每届秋成迁延观望挨至来春任意拖欠屡向摧追如蚁负石迨值开耕束之高阁历年尾欠陈陈相因伏念赋从租出租赖佃还漕米冬兑租耗春还且多挂欠生等措资垫漕殊形拮据今岁禾棉尚称丰稔特恐玩佃锢习已深仍旧刁抗为敢环叩出示晓谕俾各佃趁晴早耷照额还楚以租抵赋无误兑运如有玩佃锢抗生等

随时送案押追以禁刁顽而安儒懦等情到县据此除批示外合行出示晓谕为此示仰各地保佃户人等知悉尔等租种田亩所有应还租籽赶紧砻米照额清交俾业主得以完赋不得仍前延抗如敢故违许该生等开明田欠随时指禀以凭提案押追该地保催追怠惰并干究比各宜遵照毋违特示

《申报》1872 年 12 月 6 日第 3 版第 188 期

邑尊禁止毒药取鱼告示

出示晓谕事据卿约总局职董江承桂等联名禀称水族之类或钓或网取法不一然非竭泽而渔不致大伤物命奈乡间恶习每用毒药投河一切鱼类皆浮水面群相打捞就近居民出资平分一年一次投药之后竟无遗种此风各乡皆有而专桥一带尤甚况此药既能死鱼取食者亦必易致疾病环求晓谕并谕各乡约局董事劝谕等情到县据此除谕饬外合行晓谕为此示仰农民各色人等知悉自示之后不许再用毒药取鱼如敢故违一经查出定行提究该保甲亦当随时禁止毋得容隐十处其各遵照切切特示

《申报》1872 年 12 月 6 日第 4 版第 188 期

邑尊奉行查禁私刊时宪书告示

谕禁事本年十月十七日奉本府正堂杨札准苏州理问厅牒开民用时宪新书向准由厅造办钤盖钦天监印信设局发售便民兹因各坊铺私造日多混行贩售详奉本司宪恩通行各属一体查禁嗣后如有未经赴厅请领官样仍敢私造者严行究办等因奉此除遵照外牒请分饬各县一体示禁等由到府准此查此案前奉藩宪札饬即经移行示禁在案今准前因饬即再行示禁仍查明具复等因到县奉此查前奉藩宪札饬业经饬查境内书坊有无私刊时宪书发售情事未据禀复兹奉前因除催查外合行出示严禁为此示仰各书坊铺地甲人等知悉尔等须知时宪书系由官局发售便民该坊铺如欲售卖应即请领官样倘敢伪造一经察出定提到案究办不稍宽贷各宜凛遵毋违特示

《申报》1872 年 12 月 9 日第 2 版第 190 期

邑尊据报盖建靛业公所禁止借扰告示

为给示晓谕事据靛青行杨大茂等禀称业等均系在治开张靛行为生缘吾等一业未立公所偶有业中公事以及会议一切事宜集局汇商彼推此诿以致一无头绪现今延请熟谙靛行事

务之职员石惟寅诚实公正专司其事于今年夏间业等捐资凭中绝买刘姓坐落宪治小南门外十六图二十三铺茅山殿西首随屋基地五分五厘盖建修葺以为靛业公所遇有同行事宜以便秉公集议恪守成规以垂永久此系业等捐资购建众议佥同诚恐无知之徒借端滋扰事难逆料环求给示晓谕等情到县据此除批示外合行给示晓谕为此示仰该地甲居民人等知悉此系业等捐资盖建业公所以为集议之地毋许无知之徒借端滋扰如敢故违许该业等指名禀县以凭提究各宜凛遵毋违特示

叶邑尊严禁乡民易犯各条告示

为出示严禁事照得本县重莅斯土一月于兹凡作奸犯科有害吾民者均已分别示禁拿办第地方较广耳目难周访闻各乡镇仍有玩法棍徒不知敛迹本不难即行拿办惟念尔等愚民囿于积习一旦置之法网本县亦所不忍姑再剀切示谕为尔等自新之路所有应禁各条开列于后

一禁抢孀逼醮并诱拐妇女

一禁抢牛动勒并私宰耕牛

一禁开场聚赌并花鼓淫戏

一禁私铸小钱并窝匪窝娼

一禁教唆词讼并搭台串诈

一禁酗酒滋事并扰害善良

以上各条重则斩绞流徙轻则杖责枷号所有某乡某镇著名棍徒本县已默识于心此示之后倘能痛改前非亦不究其既往若以再三之告诫视为寻常之具文惟有执法从事决不曲为宽贷本县爱民如子疾恶如仇愧无善政可施惟以除暴安良为念尔等务各怀刑自爱慎勿以身试法是所厚望凛遵特示

邑尊查禁漆铺匠伙把持告示

为出示晓谕事据漆铺金源生等禀称切铺等皆系漆业生理因无公所把持居奇勒加工价拂即纠众停工拉吃讲茶武断滋扰无所不至铺户主顾受累不少是以去秋同业集议即在薛巷底地方捐建公所经铺等求蒙前宪陈给示晓谕工竣呈报在案现在伙友人等仍旧把持勒扰拉吃讲茶每至公所查开姓名著令约束伏思上海五方杂处而漆业良莠不齐循良者不敢滋事其莠者蓄意把持再三筹议非求示禁深恐不安本分伙友煽惑滋扰铺户主顾累何底止环求示禁

等情到县据此查把持居奇停工加价本干例禁除批示外合行出示晓谕为此示仰漆业铺户匠伙人等知悉嗣后凡尔得业匠伙务必各守旧章安分生理倘敢再有把持勒扰纠众停工情事一经指控定将为首滋事之人按例究办各宜遵照毋违特示

《申报》1872年12月18日第3版第198期

邑尊查禁河工浮费告示

为出示晓谕事案据地保谈会木控图董卫企堂等浮收吴淞江河工贴费钱文每亩二百五十文收过七成禀求提充公用等情业经本县提案查讯据卫企堂陈俊卿签供奉办吴淞江是按田挑土并无派收贴费至东工派土一百零四方经大户汤德增独挑谈会木系是旧时接充地保卯各今到案的是谈茂铨因兜揽包挑不遂挟嫌诬控等供据此除将人证省释外合行出示晓谕为此示仰该图乡农人等知悉卫企堂陈俊卿承办河工如无贴费尔等当守分安业不得妄控自取咎戾倘或实有浮收情事许即指明过付人证收钱确据明切呈候提案讯究各宜凛遵毋违特示

《申报》1872年12月20日第3版第200期

督抚宪会禁哥老会告示

为剀切告谕事照得军兴以来沿江各省有一等无赖子弟私立哥老会散给号布结拜弟兄到处蔓延无恶不作后经官府访拿辄复改称江湖会公论堂等名目招纳亡命作奸犯科大为地方之害此等恶习其初皆由应募从军随营打仗惑于小说桃园结义之事拜盟起会可以同心协力患难扶持及至军务渐平奉文撤遣游手无业好勇疾贫一二不逞之徒从而勾结煽诱既入会中即成死党或啸众山谷或混迹城乡劫掠公行爪牙四布一朝败露立正典刑如从前关文湉汪义隆近日王占汶罗淋保等只因一念痴愚无不身首异处前车可鉴国法难逃惟若辈实繁有徒虽经三令五申仍恐冥顽罔觉本署部堂本署部院体天地好生之德推朝廷法外之仁凡在兵民皆我赤子诚不忍令尔等始终迷惑一律骈诛是用披沥腹心苦口告诫为此示仰沿江沿海水陆军民人等一体知悉尔等如有曾经入会分受盟书号布等件自示之后即日全营销毁不准私藏片纸只字其在官在营兵役人等准其据实呈明该管官验据销毁详报立案如能转告同人互相劝诫痛改前非不独照自首例免罪并随时酌量奖赏以为改恶从善者劝将来即有同会之人犯案指扳或挟嫌奸发概免置议从此荡瑕涤秽共享升平何乐如之倘敢阳奉阴违执迷如故一经发觉国有常刑生死两途听尔自择本署部堂本署部院为尔等身家性命起见其各三思毋贻后悔切切特谕

《申报》1872年12月25日第3版第204期

学台彭公严禁淫戏告示

　　为出示严禁事照得本部院考试苏州时据苏提调详据试用训导吴振宗等禀称刨窃维风俗之厚薄系于人心之邪正视乎趋向趋向不端则风俗因之而坏近如淫书淫画二者固易荡人心志然其甚者尤莫如淫戏一端夫于千百广众之中为男女褻狎之剧无论少年血气未定意逐神驰即平素谨饬自持者至此亦不能制长淫风戕人性命莫此为甚盖忠孝节义之事千万人效之未必尽能感化奸盗邪淫之事一二人导之无不立见披靡迩来因奸谋命之案各属均有未始非荡检逾闲之说职为厉阶前年丁中丞抚吴时曾行查禁其贩淫书合淫药之流固已稍稍敛戢惟戏画至今未尽查道光中优伶徐秀龄等扮演葡萄架等淫戏当经绅士公禀郡尊桂公祖出示严禁现在戏园中无论文武京班大率以淫戏动人据为利搜甚至创造逍遥乐及串淫空欲等名目种种淫剧不可胜数其中因以溺者正自不少伤风败俗实基于此此次应请颁发示谕实贴戏园门首谕令梨园子弟嗣后此种不准再演违者绳以峻法至淫画俗名春工实为导淫之尤物近见洋广货铺中所售洋画春工居多如玄妙观中之西洋镜洋画摊亦不能免睹者如市廉耻尽亡此而不禁将何以整齐风俗敢请转详饬府广发示谕严禁务使净尽而后已庶人心日趋于正风俗因之而厚等情到院查所禀各情实属有关风化亟应出示禁止除出示札饬苏州府查禁外兹查该属上海县城系人烟聚集之所诚恐似此事件在所不免合行出示严禁为此示仰居民人等知悉尔等自念别人讲乡约送善书方欲大家成个好人何独售卖扮演此等甘为不肖且其所以为此者无非为利起见而究之此仍终岁穷困亦不知利在何处况尔等各有身家何可轻罗法网自示禁之后其各激发天良凛遵毋违特示

《申报》1872 年 12 月 26 日第 3 版第 205 期

邑尊捞浅城河告示

天旱城河淤浊	现经雇夫清理	凡尔柴粪船只	未便聚泊一处	应各暂移城外
船夫方可捞泥	粪牙船行保甲	遍行传谕勿遗	沿河铺户居民	莫将垃圾倾弃
大众各相警戒	庶几同沾水利			

《申报》1872 年 12 月 27 日第 2 版第 206 期

勒石永禁烟业刨匠私立行头告示

　　为给示勒石永禁事奉府宪陈札开奉臬宪蔚批发烟业大昌等呈称刨匠陈士奇自立行头聚众团勒喝令停刨虽蒙枷责貌玩如故另雇刨匠亦被阻挠请赐严办勒石永禁并差押开刨等

情词奉批陈士奇等胆敢把持烟业抗不开刨应即按例究办仰杭州府速饬仁钱两县查照前批押令该匠等照常开刨一面出示勒石永禁私立行头名目以安市廛切切抄粘并发等因转行下县奉此查此案前据烟业监生戴如连等先后禀控刨匠陈士奇私立行头名目勒索挂号等并串党沈八锦等喝众停刨等情当经饬提陈士奇沈八锦等分别枷责押令开刨嗣后该烟铺等节次控蒙抚府各宪批饬提讯究办等因又经出示晓谕一面节饬拿究在案兹奉前因除再勒提韩茂林等到案讯究按例详办外合行给示勒石永禁为此示仰烟业刨匠人等遵照须知私立行头有干例禁嗣后务各照常开刨安分营生永不准再立行头名目倘有玩法之徒故违禁令复蹈前辙许该烟铺指名禀县以凭严办决不姑宽各宜凛遵毋违特示烟业抄奉

《申报》1872 年 12 月 27 日第 5 版第 206 期

又开挑三林塘河工短句告示

该处三林塘河	业已堵坝兴浚	凡田一十五亩	派出一夫承应	客户无夫代雇
挑费切勿鄙吝	黎明上工挑挖	停手须到黄昏	河底子沟水线	务先一律开深
出土十丈以外	不准贪便倒倾	倘敢就近堆积	定即押令搬运	各图差保夫头
传谕众夫恪遵	限内首先完工	验明给赏不轻	逾延迟误不前	董保均干严惩
赏罚皆由自取	尔等各宜遵行	特先谆谆告诫	毋得视为具文	

按三林塘在浦东与南汇县境昆连河工共长二千九百七十四丈东西均筑大坝已于昨廿一日开工兴挑

归本境沾利之图分派夫集浚内派南邑五个图分协挑是役之监工委员系候补之高二尹元勋司董乃汤

君德增乔君永修赵君扬曾忱君学诗周君悟夫也叶邑尊重莅上海挑浚各处河工泽润生民不遗余力矣

《申报》1872 年 12 月 28 日第 2 版第 207 期

邑尊查禁渡船脚夫需索粮户告示

为谕禁事照得本年新漕现届开征各乡粮户挑运钱米来城或花布入市交易完粮晨出暮归必须过渡查渡夫人等或贪得多装或任意勒索致有倾覆之虞兼之码头脚夫把持硬挑此等恶习实堪痛恨除饬差查访外合行示谕为此示仰船牙渡夫脚夫花户人等知悉自后凡乡民载运钱米花布雇渡来城大船许装二十人中船只许十五人载钱米花布一担抵人一名每人许取渡钱五文其钱米等至码头悉听粮户自行捐挑如需雇人挑运脚夫毋许勒索硬霸倘敢不遵阳

奉阴违许即指名禀县以凭提究该乡民等亦不得借滋事端毋违特示

《申报》1872年12月30日第3版第208期

邑尊晓谕苏州航船移泊打狗桥告示

为出示晓谕事据航船户顾阿金徐阿纶曹阿安周阿金邹阿华许星福禀称切身等撑驾苏沪航船禀蒙苏总捕宪颁给执照示谕自苏元邑九都十九图白姆桥开载至上海老闸码头收泊轮流往来按日行驶趁搭人货并无贻误今缘老闸码头船只停泊倍多于前以致时有拥挤失物堪虞兼之潮水涨落上下货客甚为不便是以身等筹议将船移至洋泾浜打狗桥码头收泛河面稍宽往来较便并无挽越违碍情事若不陈求晓谕深恐客商未及周知抑有无知之辈借端滋扰检示具结呈求赐给示谕遵示等情到案据此合行出示晓谕为此示仰苏沪往来商买及船户人等知悉所有顾阿金等六船准其改移洋泾浜打狗桥码头收泊凡系往来装载货物过卡照例完捐不许偷漏夹带倘有无知之徒借端滋扰许即指名禀县以凭提究该船户亦毋得挽越索扰冒险多装致干并处不贷各宜凛遵毋违特示

《申报》1872年12月30日第4版第208期

邑尊晓谕查禁完粮浮费告示

为明白晓谕事案奉藩宪札饬征收同治十一年分冬漕所有折价奏定章程完折色者每石收钱二千六百文另加公费钱一千文完本色者于完米一石之外亦收公费钱一千文迟至年外无分本折一律加钱五百文其例定随漕脚费每石钱五十二文照章一并征收并奉颁发告示饬即遍贴晓谕催令各粮户无分大小户一律赶速完纳奉将发到宪示遍贴城乡晓谕一面示期启征在案兹查本年漕粮按照应完永减定无闰科则一律于易知由单内分晰刊载填明户名额数按图着保挨户分给所有柜收查号票费等钱业于上年漕务内革除诚恐不肖差保复萌故智苛取病民用特遵照通饬将上中下不等则田每亩应完米合钱数按照定价逐条科算准确明白晓示为此示仰合邑粮业地保人等知悉尔等各自查明管业田地科则高下遵照后开细数将本名下应完漕粮赶紧扫数清完听候掣串安业此外并无柜收重号票费等钱至呈缴折色或钱或洋悉听民便洋价仍照上届详准章程按钱市开报随时增减逐日划一条示倘有经费差保人等巧立名目暗地需索准即指名呈告或经本县访闻定即严提究办决不姑宽要知力裁浮费无非体恤吾民尔等既沾实惠务各激发天良踊跃输将争先恐后倘敢包揽刁抗贻误运限不论矜民亦必从严详办不稍宽恕其各凛遵毋违特示条目甚多繁不抄录

《申报》1873年1月1日第3版第210期

叶邑尊挑浚三林塘河工告示

为出示晓谕事照得三林塘河工业已定期开办曾经通饬各图集夫赶挑惟因离河较远之三逼三图等十二个图分前据禀求免派兹经本县谕饬众所信服之职董周惇大实力劝谕各图一律遵照集夫上工挑挖诚恐各农民尚未周知除通谕董保遵办外合行出示晓谕为此示仰该图者农保甲人等知悉所有应浚三林塘河工本县已给谕周董惇大督饬挑浚尔等务当赶紧集夫认按段挑挖倘有图中客户及家无壮丁者亦许各董保代为雇夫承值其应需工饭钱文自当照章算给不准吝惜贻误如有刁玩之户既不派夫又不出资代雇则是有心抗阻准董保据情指禀立提严究押挑各宜凛遵毋违特示

《申报》1873 年 1 月 1 日第 4 版第 210 期

邑尊奉行晓谕不准私贩铜铅告示

为出示晓谕事案奉苏府宪札派铜铅官牙焦济川来沪认真稽查戳验客贩运到铜铅锡斤填明印簿按季送请倒换等因奉经饬据该官牙焦济川拟具稽查铜铅详细章程五条当经陈前县查核批示嗣因各铜锡铺尚未到案照章具结亦经饬差查取未到兹据该牙粘呈苏府宪催令填验印谕求请先行给示查办前来除批示外并将前呈章程分别照录清折详请苏府宪立案核办外合行给示晓谕为此示仰阖境铜锡铺户司年月人等知悉尔等如有客贩运到铜铅锡筋或系买进镕消或系转相出售务先投明官牙焦济川验明担筋数目来历关税行票盖戳填簿始准分售倘敢私贩偷漏抗不投验一经查出定提重究并将货物查追充公此系省城向有定章现由轮船载沪起埠奉苏府宪专派官牙到沪稽查毋得藐视玩违干咎凛切特示

《申报》1873 年 1 月 2 日第 2 版第 211 期

叶邑尊开三林塘河查拆碍河占屋告示

为出示晓谕事照得三林塘镇市河逐渐驳占造房不少此次兴浚如果实在有碍水道应各自为迁拆以便河夫挑挖除饬经董亲至河干查看明确传谕遵办外合行出示晓谕为此示仰该镇沿河居民房主人等知悉尔等沿河房屋一经董事看明实在有碍水道应须酌量收进之处务即先自迁卸随听河夫挑挖以免守候之烦此次开浚后水势自可畅流农商同沾利益为一劳永逸之计各宜遵照毋违特示

《申报》1873 年 1 月 4 日第 3 版第 213 期

叶邑尊开三林塘河工查禁食物加价起衅告示

为出示晓谕事据三林塘河工经董汤德增等禀称窃查三林塘河开工后挑夫群集不下数千人一切镇上茶室面馆熟食点心以及肩挑贸易各项买卖难保无射利之徒希图加价致启争端求请示谕不准增价以杜肇衅等情到县据此除批示外合行出示晓谕为此示仰该镇大小店铺居民人等知悉尔等无论茶坊酒肆点心熟食以及肩挑卖菜等类均当照常公平交易不得因开河人夫众多即生居奇加价之心尔各图挑夫亦宜安分赶工万勿酗酒滋事如敢故违定当究办各宜遵照毋违特示

《申报》1873 年 1 月 4 日第 4 版第 213 期

邑尊奉行禁赌告示

为晓谕事奉本府正堂杨札奉按察司应札奉署抚部院张札开查赌博为地方之害且为盗贼渊薮拿办必宜从严札饬示谕同赌之人准其出首免罪仍照例追还所输钱文等因到司札府转饬下县奉此除密访查拿外合行出示晓谕为此示仰军民人等知悉赌博为地方之害盗贼之源非徒消耗资财抑且大干法纪自示之筏尔等务各安分谋生毋再开场聚赌有如匪徒引诱慎勿被其所惑其有偶尔失足者亦宜及早回头倘能据实出首凡明属实准免治罪并将所输之钱追还给领第不准无端诬控如敢怙恶不悛一经访拿到案定行从严究惩房屋发封入官地保容隐一并重办勿谓言之不预也其各凛遵切切特示

《申报》1873 年 1 月 8 日第 3 版第 217 期

邑尊晓谕鞋业禁用字样记号告示

为出示晓谕事据鞋业陆翔熊孙聚兴等禀称窃鞋业每于靴鞋帮内印用店号字样以别混冒由来以久然思靴鞋用敝弃之如遗帮内印字必遭同弃亵渎实甚今业等自知亵字改用花样为记以昭敬惜并邀同业劝令概用人物花样为记不用店号字样业已允从特恐店多人广未易周知为敢环求示谕鞋业各店凡靴鞋内禁印店号字样改用花样人物并祈给谕随时婉劝归于划一等情到县据此查各业印用店号牌记早经示谕一律改用花样免致亵渎字迹据禀前情除批示外合行出示晓谕为此示仰鞋业人等知悉嗣后鞋帮内务须一律改用花样人物各记不得再用店号字迹以免亵渎如敢故违一经查出定即提究各宜凛遵毋违特示

《申报》1873 年 1 月 22 日第 3 版第 229 期

邑尊查办捐职人员匿丧不报告示

为出示晓谕事案照有职人员凡有监底攸关乡试铨选倘遇丁忧事故均应遵例具结赴县呈明转报嗣因前项人员由监生加捐职衔或报捐实职往往有匿丧不报情弊历经各前县差查示谕在案兹恐此弊仍不能免除饬差稽查外合再出示晓谕为此示仰合邑各项捐职人员知悉尔等如有捐纳官职无论实职虚衔倘遇丁忧事故均应遵例备具供结赴县禀明听候核明转详请咨一经服满亦应报明详咨起复自示之后如敢隐匿不报一经察出或被告发定即照例详请参办切勿自误各宜凛遵毋违特示

《申报》1873 年 1 月 22 日第 3 版第 229 期

邑尊谕禁阻挠染业葬棺告示

为出示晓谕事据染业徐广汉等禀称窃身等在治开张染业生理同业中伙友适有患病身死亲属在籍致多不便是以身等于同治元年分在二十五保十图内置地起建□厂以便停棺之所陈明环请宪示禁约在案迄今数年未理厂内停棺颇多现届冬令正当掩埋之际今将在厂停棺先行厝葬日后议为两载掩埋俾安幽魂事为善举诚恐无知之徒借端阻扰环求示谕等情到县据此除批示外合行出示晓谕为此示仰地保及诸色人等知悉查办掩埋事属善举不准借端阻扰致干禀究各宜凛遵毋违特示

《申报》1873 年 1 月 22 日第 3 版第 229 期

苏松太道禁绝女堂官告示

沈观察出示晓谕内开查租界内之烟馆用无耻妇女为女堂官大为地方之害前据各绅商来道具呈当即照会各国领事严禁去后兹于正月二十五日准法总领事葛来函以女堂官一事业经查明情形已饬禁绝复请查照等因合行出示晓谕仰绅商以及军民人等一体遵县云云按租界之用女堂烟馆原以法界小东门外等处为总汇之所乃蒙葛总领事急公将事绅商莫不额手颂德也

《申报》1873 年 2 月 28 日第 2 版第 255 期

海参镇府叶镇戎禁止城壕余地盖屋告示

各处城壕余地有事之秋应得清野为防御之便在平静之时向准租给民间盖造房屋惟

不许升起楼房高屋而已按年完由营掣以印票其款为提督衙门随时操演犒赏之费年须提解是以虽例有不准建屋明文然无非屋不能高起坚实以期便于拆卸为法上海亦然故有责守之官时常示禁不过如是兹蒙叶镇戒谕以为既不便于巡防又碍兵民走定限一个月拆卸云上海之城壕地位极窄起先房屋固多匪扰时付之一炬在惟近门之处稍有几所然皆草棚为多既许建于先一令之下未免诸形掣肘然居官职守亦例所应当而叶公整顿营务之能执法可见一斑矣

《申报》1873 年 2 月 28 日第 2 版第 255 期

道宪查禁女堂二次告示

女堂官之禁前日已将道宪接到法领事会同准禁告示列入前报兹又于英美国租界晓告示内关查各国租地界内烟馆中之用年轻无耻妇女为女堂官大为地方之害前据各绅商来道具呈业经照请英美法各领事饬禁即据工部局饬令巡捕设法禁止在案诚恐各烟馆惟利是图阳奉阴违晓示各绅商军民人等如再有女堂随即指禀会审公廨饬差协捕查拿究办等因立法已严陈司马现复亲自密查并将宪示悬诸公堂门口昨于公堂会审之际陈公恐有未绝而饬巡捕头格外严查当时英国穆翻译在座亦深恶而称务宜禁绝若是观之可不患其再兴矣则古月东岩道人恐将复用之论毋烦防备耳今能各国领事具有同心实地方之深幸也

《申报》1873 年 3 月 3 日第 2 版第 257 期

大英工部局告示

为出示晓谕事查各国租地界内烟馆中雇用年轻无耻妇女为女堂官大为地方之害业经苏松太道沈照准英美领事饬禁在案兹经本局设法整理一律查禁合行晓示为此示仰租界绅商军民人等一体知悉自示之后如烟馆再用女堂官许即指禀饬巡捕解送会审公堂究办其各凛遵毋违切切特示

《申报》1873 年 3 月 18 日第 2 版第 270 期

陈司马禁攀折柳枝短句告示

时届清明　桃柳发坼　租界所种　素所爱惜　往岁士民　每多攀折
被获送案　致于惩斥　特此谕知　勿蹈前辙　倘敢故违　后悔莫及
按清明攀折柳条系招介子推魂寒食之故事无知者不顾树之老嫩任意摘取去年马路直

接静安寺一带西商布种树木尚未成阴为人攀折者皆为巡捕获送清明节送到公堂者不下百数十人陈司马会审以违工部局定章未便故意开脱遂分别申饬或令随意罚钱一二百或数十文充偿记得曾有堂谕谓东园杨柳却非塞北章台西国甘棠莫作江南驿赠等语语意文雅一时传为美谈今时先期晓谕亦绸缪未雨之一也

《申报》1873 年 3 月 26 日第 3 版第 277 期

邑尊催葬暴棺告示

为出示严禁事照得停棺不葬例禁极严入土为安人所共悉历奉各宪札饬催葬并禁火化在案兹查各乡未葬暴露棺木尚多不但风雨摧残更遭犬兽践食为亲属者居心何忍除饬差查催并照会善堂掩埋外合行示禁为此示仰合邑诸色人等知悉尔等如有未葬暴露棺木赶紧自行择地埋葬统限清明节一律净绝倘或子孙无力可即报堂代为掩埋查有火化情事定提严究过限之后仍有暴露未葬均由地保报归善堂义冢掩埋不得自误其各凛遵毋违切切

《申报》1873 年 3 月 31 日第 2 版第 281 期

邑尊查禁迎会告示

为出示严禁事照得迎神赛会本干例禁现当征漕吃紧尤属有碍催科兹本县访闻念二念四等保有集凑资财迎神赛会之与大为有害地方面碍催科除密查拿究外合行示禁为此示仰该处地保农户知悉尔等各宜安分营生毋得听耸迎神集资赛会一面各将本名下应缴上年漕欠赶紧清完如敢故违许该地保指名禀县以凭提究徇情容隐并处不贷各宜凛遵毋违特示

《申报》1873 年 3 月 31 日第 2 版第 281 期

邑尊奉行查禁妇女入馆吸烟告示

为出示晓谕事奉道宪札开各国租界烟馆中雇用年轻无耻妇女为女堂官大为地方之害前据各绅商来道具呈即经照准各国领事致复已饬一律禁绝由道出示晓谕在案兹查各烟馆中尚有妇女坐柜发烟及年轻妇女入馆吸烟并于隐混抄案札饬查禁等因并据绅董禀称烟馆中妇女坐柜发烟及有妇女吸烟最易混匿况烟馆中开店妇女亦应另处居住等情到县查烟馆之不准妇女坐柜吸烟久经查禁奉札前因除城外租界另移会审委员一体示禁外合行晓谕为此示仰城厢内外各该烟馆并地保房主人等知悉自示之后不准于烟馆中雇用女堂并以妇女坐柜发烟亦不准妇女混馆吸烟该店主如有家眷妇女应另行居住以杜隐混如敢故违定提究

办地保容隐并干惩处房主一经察出封闭入官各宜遵照云云

《申报》1873年4月1日第2版第282期

邑尊召充箩夫头告示

为出示召充事据箩夫头蔡荣春呈称咸丰十一年间因租界散夫扛挑货物时有遗失当奉示谕身与杨玉成为失头稽查约束致无遗误今杨玉成于去年病故有隔界之奚全全等强霸越挑呈请提讯剖断等情到县据此查所给示谕年份较远情形互异况杨玉成已于去年病故自应另行选举接充除批示外合行出示召充为此示仰合邑诸色人等知悉尔等如有愿充该处夫头者取具行号选举切结具情呈县以凭给谕点验着充毋稍观望云云

《申报》1873年4月5日第3版第286期

邑尊奉行查禁粪船粪桶不加紧盖告示

为晓谕示禁事案奉道宪札饬城河粪船应紧盖舱板粪桶挑行亦须加盖以免秽气蒸人业经示谕在案兹据张长顺禀以粪船挑粪用盖伊可传知遵照惟在城种植园地之人不能约束声请晓谕前来除批示外合行谕禁为此示仰种植园地人等知悉尔等种植菜蔬应用粪壅生发务向铺户挑买嗣后挑粪经由街市一律加用坚紧木盖以免秽气熏蒸如敢故违定提究处不贷其各凛遵云云

《申报》1873年4月5日第3版第286期

陈司马禁押小车告示

为出示晓谕事照得租地界内小车极多近来每有窃车押钱之案贫民推车借资糊口一经被窃往往哀号无措情实堪怜推原其故皆因近有端收木器之押铺并收车辆以致销赃既易窃盗渐多嗣后该木器押铺不准收押小车庶足以澄其源合亟出示晓谕为此示仰租界各押铺及车夫人等一体知悉自示之后凡遇有人到店质押小车无论其窃盗与否一概不准收押倘敢故违一经发觉定即吊车给还原主领回不追押本尔等车夫亦宜安分推运不得借端生事致干究办其各凛遵毋贻后悔切切

《申报》1873年4月5日第3版第286期

抢新闻枷示

天下事往往有不可理解者如前日会审衙门断抢新闻之案是也有某洋行出店诣外国印书馆领取新闻届时必有三十六家往取是时该馆之出店取出三十六张正将分授各人不料大众俱要先拿遂致不及逐人分领竟然抢夺虽各人仅取一纸而当时之东抢西夺落纸满地致莫知为何行已取何行未取也将为首之人交解公堂会凡因不成事体将来必致遗误于未领者争执难明是以断予枷号半个月示众噫携取新闻既经共发出不难逐人分取所待亦无几时也乃何故而急至于抢此正不可以理解耳

《申报》1873 年 6 月 2 日第 2 版第 335 期

邑尊谕禁借端索扰告示

照得起火延烧难辞失慎之咎官有常法固当罪坐所由第起火之家只能由官查此曾否延烧以及所毁房屋多寡绳之以法稍示薄警非可借为挟诈之资也兹本县访闻县境内凡遇火灾各衙门差役均向起火之家索扰使费由各该地保收取付给既遭祝融之虐可怜焦土复被虎狼之噬奚止倾家此等居心较诸盗贼情尤可恶合行示禁为此示仰铺户诸色人等知悉人烟稠密之处烟火万家各宜格外谨慎免遭失慎之灾如果偶出无心本县恻隐为怀必当宽为体恤倘有索扰即可密禀当即查拿到案照诈脏例坐罪决不使奸保蠹役视为鱼肉首告之人亦不拖累可毋畏葸云云

《申报》1873 年 6 月 3 日第 2 版第 336 期

代理川沙厅蒋劝民息讼告示

为剀切晓谕事照得息讼所以安民化争必先兴让野无豆觞犯齿之事嫌隙岂生庭少雀鼠争构之端和祥可致本府权摄斯土周历四乡民俗尚称醇朴民情不无刁顽间有渎尊凌长之风辄闻逼醮诱孀之习卜车以来每阅告词皆因细故口角结成讼端而架控砌词者尝十居五六抛有用之光阴斗无益之闲气每遇微嫌牵涉成案或去投绅士倚为护符或往诉讼师被其唆使第绅士各爱名誉若干外事岂尽端方讼师别具肺肠惟愿构凶因之渔利况胥吏相承舞弄不免恣其馋涎差保惯事朘侵窃恐肆其鱼肉尔等无知只以胜为得计不知讼则终凶尝因小利而累及身家为小忿而酿成祸患缘受人蛊惑既乃致悔噬脐与其受制于人孰若致谨于己与其追悔于后孰若能忍于先睹此愚顽亦堪悯恻为此示仰居民人等知悉自示之后尔等务各相安耕凿勿事惰游相戒桁杨勿逞健讼倘遇原呈枝节察出先惩访有讼师指唆立提严办本府为爱民起见

语重心长冀化莠而为良挽偷风于刑措既值兵燹劫灰之后永宜革薄从忠况处光天化日之中更可饮和食德厥土之膏瘦相错均堪各卫其身方里之版籍匪多犹可勉为善国毋贻伊戚跂予望之凛遵毋违特示

《申报》1873 年 6 月 7 日第 4 版第 340 期

上海县业邑尊查禁墙血谣言告示

明白晓谕事照得本月十三日晚间有沈双喜在侯家浜茶馆洗浴因与开茶馆者有隙潜以鳝鱼血洒污墙根捏造谣言阻其生理并有高四及等观看滋事业经本县查讯明确将沈双喜等重责示惩访闻有等好事之徒添捏情事骇人听闻情殊可恶合行示谕为此示仰居民人等知悉此事悉系棍徒捏造谣言如敢同声附和一并提究不贷毋违切切特示

《申报》1873 年 7 月 15 日第 2 版第 372 期

租界陈司马禁止中道行走告示

租界各处马路　原多车马来往　行人宜走两旁　庶免彼此碰撞
特谕老幼男女　各宜遵守莫忘　切勿中道冲行　临时不及避让

《申报》1873 年 7 月 16 日第 3 版第 373 期

宁绍台道顾谕完半税不准包办落地捐告示

照得洋商运入内地洋货照章完纳半税由关发给税单行运由来已久忽于本年六月初二日以后因有陈绅包定洋布等落地捐商人偷漏半税经本护关移查江海关运入洋货无论华商洋商实系进口洋货核与底簿相符均准一律完纳半税清单行运章程详请宪示兹奉抚宪杨批查落地捐一项系货到地头应捐之款出自铺户与海关应征半税出自行商者两不相涉据详开自本年六月初二日后洋商应完洋布羽昵洋绒等半税清单行运之案忽然截止由于陈绅改办包定落地捐以致不完半税等情闻之殊为诧异若因包办落地捐而不完半税直以半税为捐款无此情理仰侯札饬浙省牙厘总局飞筹该所董事将六月初二日以后漏完运入内地洋货半税查明逐起补缴清款以重课至华商准其一体请领连入内地税单之案江海关虽已关办浙省前未见明惟既据并详通商大臣察核应候批示并缴并奉通商大臣李北宁皮洋商运洋货入内地向在该关照完半税陈绅何得蒙混包捐致令半税不完自应查明漏完若干着令补缴若所包仅将省城落地捐则半税仍以应运乙商报完方能赴运至江海关所发运洋货入内地税单现

以华洋商人均可请领该关集郎遵照办理仍候浙抚部院批示缴各等因到关奉此除详请抚宪转饬省城牙厘总局通饬沿途各厘卡并照会各国领事并税务司一体遵照一面遵照钦抚二宪批示饬令洋布公所自六月初二日以后洋布等货半税逐起查明补缴清款外合亟出示晓谕为此示仰华洋各商以及关卡书巡人等知悉嗣后无论华商洋商运入内地实系进口洋货核与底簿相符均准一律赴关完纳半税领单行运凡遇沿途局卡关章将半税单呈验放行各该商遵照宪批半税悬由运货之商报实方能赴运自示之后如查有偷漏半税不请税单之洋货郎行扣留按章罚办以重税课各该商不得以执有落地捐票之分运单偷漏半税自取咎戾各宜凛遵毋违特示

《申报》1873 年 8 月 16 日第 2 版第 400 期

冒捐游示

前日法国租界有一华人两足拖带铁链一条派捕监押遍游租界询须游示两天再予责放系因在界冒称起建醮会持簿写捐勒派界内花烟馆等处出洋一元半元不等此人标名王姓似系宁波人年只二十多岁衣履翩翩行斯诓骗而受此羞辱殊为可惜是即所谓自作孽恐不可耳

《申报》1873 年 9 月 4 日第 2 版第 415 期

邑尊奉行查禁贡船索诈告示

为晓谕查禁事本年七月初三日奉松江府杨札奉江宁织造庆苏州织造毓巡抚部院张札开照得本部堂院访闻解送上用龙衣之船户水手每于沿途手执红棍遇有民船恣意讹索而于猪船更甚妄造秽名尤极不敬稍不满欲辄肆棍殴而良善小民坐受其诈亟应拿禁以警刁顽等情到府转饬到县奉此除随时密访查拿外合行出示严禁为此示仰船户及保甲人等知悉自示之后倘有不法船户水手再敢借端讹索一经察出定即严拿究办决不宽贷毋违特示

《申报》1873 年 9 月 9 日第 2 版第 420 期

叶邑尊查禁花市空盘告示

为查案示禁事照得本境土产棉花原由本地花营销售其外路各行与客交易每先议价立单客付定银行约交货并不银货两交待价长落花贱则行交货货贵则骤闭歇客受亏累缠讼不休且有花包内掺和水石渔利病商恶习历经示禁在案现届新花上市除谕该司年月查察外合行查案严禁为此示仰各花行客商人等知悉尔等务各现银现货交易毋得买空卖空掺和水石

诓骗掺杂小钱倘敢仍蹈前辙致有闭店吞银等事控告到官立提空盘买卖之徒按律严办其所吞银货概勿予追以示警戒本县言出法随毋贻后悔各宜凛遵切切特示

《申报》1873 年 9 月 11 日第 3 版第 422 期

示禁随路便溺

迩日会审公堂为巡捕解送小便被获者每日必有数人盖因近日别国行疫故工部局格外洁其道路以免蒸秽也陈司马因其不应任意作践量予申饬或管押一日半日始释岂知逐日押警逐日违禁曾经晓谕江西路等之气逼人致成沴癞处仍未周知是以再行遍贴短句告示未识能凛遵否其告示曰　现在天气尚热　触气易于染疾　倘再任意便溺　拿案定予重饬

《申报》1873 年 9 月 24 日第 2 版第 435 期

韩广文奉行录遗武生告示

为晓给事奉本府正堂杨札奉督学部院彭札开照得本年癸酉正科武闱乡试除本部院所取一二等武生准作科举外其余未经取录武生监应录遗兹恐各生误于文生录遗后接办预赴江宁徒劳往返合先预期通饬定限九月初六日齐集江阴候考等因行府转饬到学奉此合行出示晓谕为此示仰上届岁试未经录取武生知悉如有愿赴录遗者刻速亲自报名以凭备造册卷给文赴试务须遵照学宪定期齐集江阴候考均毋违误切速特示

《申报》1873 年 10 月 4 日第 2 版第 442 期

叶邑尊查禁拆梢党告示

示禁事案奉道宪札开查上海城厢内外人烟稠密向有不安本分之徒朋比为奸讹诈乡民名曰拆梢党或借碰为由或捏欠票硬讨讹诈取财甚至剥取衣帽白昼抢夺种种不法大为地方之害现经由道出示除行会审委员陈丞外合抄示稿札饬一体示禁并随时认真访拿严办等因到县节经示禁饬拿在案兹本县访得城厢内外仍有不法棍徒讹诈滋事为害非浅除饬派干役严密查拿外合再查禁案示为此示仰合邑军民人等知悉自示之后务各安分守法如有棍徒仍敢诈扰滋事许即扯送地保解县以凭究办倘地保得规包庇察出一并严究凛之切切特示

《申报》1873 年 10 月 13 日第 2 版第 449 期

叶邑尊谕禁私铸告示

照得私铸小钱大干法纪重则斩绞轻亦流徒亲属保邻均应连坐收买行使及租给房屋之人各有治罪专条房屋并须入官禁令森严岂容尝试本县访闻此种匪徒每于邻封接壤地方聚集开炉以冀彼拿此审因念愚民囿于积习未忍不教而诛是以再三示禁乃犹有吴俊夫等怵不畏法业经拿获多名分别详办以警具余风闻二十八保头图地方又有匪徒私铸并有捆保包庇情事正在饬拿间并据该图生监将恩等禀称本图西口娄邑王家同地方相接闻有愚民贪利将屋租给私铸之人以致延及邻图一时失察不包庇等情据此再严密察访设法搜捕并移娄县一体拿究外合再剀切示谕为此示仰合境居民人等知悉尔等以本求利何业不可谋生乃必为此大干法纪之事者或幸免于一时终久必被破获尺临头则性命身家胥归乌有如吴俊夫等之问拟城量尚系本县体上宪好生之德从宽办理尔等如敢抗违不悟则是宽典不足以示警戒本县惟有严拿首要尽法处斩尔时后悔已迟毋谓言之不早也凛遵特示

《申报》1873年10月14日第3版第450期

上海水利厅赵二尹准堂委查禁告示

出示严禁事案准县正堂关开照得民间挽用小钱有干例禁节奉各宪札饬稽查如有奸徒私铸贩售立即严拿究办等因历经遵办在案兹查市间行用钱文仍未能一律尽净皆由各铺户不将剔存小钱呈缴所致关委严密稽查务令各铺户一律行用通足制钱毋许掺和砂壳小钱如有剔存小钱谕令亲赍缴候秤收给价解销取结复核等因到厅准此除饬差查拿外合行示禁为此示仰城厢内外各铺户人等知悉自示之后尔等逐日行用钱文务使律制钱毋许掺和如有剔存小钱着即全数缴县听候秤收给价解局销毁倘敢故违仍行掺用一经察出定提解厅以凭移送究办决不宽贷毋违切切

《申报》1873年10月23日第2版第458期

上海租界陈司马严禁假茶告示

为出示严禁事照得做造假茶渔利害人有干例禁节经示谕禁止在案现在风闻仍有贪利之徒不遵示谕依旧做造殊属可恶除饬差协捕随时访拿外合再出示严禁为此示仰租界地保及诸色人等知悉自示之后再有做造前次假茶一经查获定予严办决不姑宽其各凛遵毋违特示

《申报》1873年10月24日第2版第459期

海防分府沈司马慎防火灾告示

为节交冬令风干物燥火灾宜先事预防以靖祝融事春秋纪司城子罕之御宋灾以备之有素而御之有方特书以美之未雨绸缪计可不讲乎查沪城人烟猬集门恭狭隘一有火患最易延烧且潮汐有时退潮之后城河尽涸设有火灾甚难朴救即使洋龙灵便而水无由取亦使有用之器废为无用呈积水为沪城第一要务也除本署旧存水缸二十余只督令满注外再捐廉备置十余只列存仪门外以备不虞其各巷大街务望于居人稠密之区每家各置太平缸一二于潮至之时令其担满并置回铺户人家天井随涸随添至夜必须查看不可有名无实其有内径狭窄难以置缸之处应于左近宽敞地方公择一置缸之处庙宇公所均无不可各分地段司事有人庶可行之永久在居民各有身家而商贾更关资本纵有所费亦属获益无穷早作曲突徙薪之谋无蹈燎原难向之祸众力易集虑远无忧是所深望于城厢内外居民铺户老成谙事之人共相勉成此要务无负本分府谆谆劝告也合行示谕为此示仰合邑居民铺户人等一体凛遵毋违特示

《申报》1873 年 11 月 18 日第 3 版第 480 期

邑尊奉行敬惜字纸告示

为通饬事奉本府正堂杨札奉布政使司恩札奉总督邵堂李札开据镇江府试用训导茅辛年等禀称切以积学以穷经为本读书以惜字为先近来纸坊诸多秽亵者莫如草纸董戳旧纸还魂为尤甚草纸之类不一其六而极粗者出于江西苏州亦时或造之俗呼为炕背纸只以供生育之用共滑而较小者亦出江西俗呼放西纸只以供混厕之用其粗而较畏者出自苏常及溧阳诸地安庆芜湖大通亦皆造是纸俗呼为纸筋以供墙壁纸脚之用此等粗料纸面纸边皆加字号戳记弃诸粪土污秽已极纸料大半出自江西所有不出纸料之地甚将旧书废帐重行造作名为还魂纸其粗者亦只以拭污秽江宁上元亦取书铺切下纸边聚齐重造虽属细纸居多然纸边皆有字迹亦多作践种种秽亵于心何安职等触目惊心已非一日为此奉乞赏准立案一面札饬江宁上元溧阳各府县查明各纸坊按铺给示禁止永远勒石禁止庶几士林感化同深敬惜之心商贾有知亦切钦崇之至等情到本部堂据此除批查字纸必应敬惜据禀各纸坊于草纸等项纸边均加盖字号戳记甚将废书旧帐改造还魂纸实属秽亵侯分饬宁苏安西各蒲司通饬各属一体查禁牌示外合行札节札司道饬各属一体查禁不准差役借端需索仍令各将遵办缘由具报等因到司札府转饬到县奉此合行出示晓谕为此示仰各纸坊铺知悉自示之后不准于草纸等项纸边加盖字号戳记更不许将废书旧帐改造还魂纸以免秽亵如敢故违一经察出定即提究倘有差保人等借端需索准其禀候究办其各凛遵切切特示

《申报》1873 年 12 月 3 日第 2 版第 493 期

遵江西官宪告示二件

今列江西官宪所出告示二件一则谕准华商仍用税单服买洋货运入内地一则晓谕地方洋人游历内地慎毋滋生事端两示之所以出者盖由英国钦差在京与总理衙门议妥而咨会江西所致也向来九江以内各卡每至百计刁难虽有税单诸商仍然视为畏途而不敢踊跃今江西各宪出示严禁杜除前弊想各商必将鼓舞争先江西贸易必能大有起色矣随理江西牙厘省局布政使司布政使振勇巴图鲁刘为晓谕事照得华洋各商请领税单贩运洋货运入内地发卖沿途概免厘金着有定章众所共喻该卡员人等固宜认真稽查不得任其包筋多少不符口岸彼此互异亦应秉公持正毋任司事巡丁有意刁难如系应行罚充并应查照前行解省复加秤验以示公平而昭慎重尔华洋各商界能恪守定章不致拆动包筋违误口岸各卡决不至有偏枯之事又何至于畏缩不前自碍生理合行出示晓谕为此示仰各卡司事巡丁及华洋各商人等一体知悉毋违特示

总理江西善后总局为晓谕事照得中外定约以来原许各国洋人通商彼此均有利益并许入进内地游历亦无碍于地方尔士民人等以其来自远方观看未始不可慎毋喧哗拥挤甚至滋生事端有失朝廷柔远之盛怀自干查究合行出示晓谕为此仰该士民人等一体知悉凛遵毋违特示

《申报》1873 年 12 月 26 日第 2 版第 512 期

上海倒账情形并道宪严禁各业借倒渔利告示

上海市面日形支绌一年之内统倒行号四十余家计银一百二十余万经钱业董事历情禀请道宪示禁洞达市情历历如绘兹将告示列出俾贸易中人触目警心不致借倒渔利欺诈取财以罹法网也为出示谕禁事据钱业董事等禀称职等开张钱庄生理缘与各业往来送遭倒空从上年十一月至今南北市共倒行号四十余家计钱一百二十余万两除控奉上海县追给外尚短数十万两自开海聚市以来所未有之事合市莫不寒心从前行号偶然倒空皆因实亏虽倾产归偿毫无匿吞情弊今相习成风迥非昔比其未倒之处先有预将资本匿置产业有运货往各码头散存有串使亲友出面诈为存项以图摊派入已甚至本非亏空故意倒歇种种狡狯愈出意奇一经控追辄讲折归款之外反有盈余故专以倒空为渔利之计不顾天良似此情形成何市面沪市大小经营向皆守信不欺中外赖此相孚商贾赖此辐辏银钱失信势必市面日衰有碍饷源钱往资本半出存项一朝被倒累及牵连其害何极现在倒者纷纷究其实在亏空不及十家其余无非借倒为名安心吞噬人心惶惶莫可为计市面大局攸关禀请剀切晓谕俾奸狯不敢萌诈倒之心市关整肃又据商船各帮董事等禀近人时有等行号诈称亏空

猝然倒歇所欠庄银客货存项概不理还及奉官追减拆归款之后复出经营沪上市风为若辈所坏以致达商裹足钱业寒心汇划款项紧促生理愈穷各业贸易往来全赖在家汇划贸易不通有碍厘捐钱庄迭遭倒空有收无放银钱路塞各业掣肘市面索然禀请晓谕如有诈倒图吞严加追究各等情到道查铺户并未亏本借倒渔利实属欺诈取财情殊可恶法亦难贷此等刁风必应严禁除批示并行上海县查办外合亟出示严禁为此示仰各业人等知悉尔等须知贸易往来全凭信实自示之后如再不知省悟仍有并未□本借倒渔利则是欺诈取财自罹法网国法森严断难曲贷勿谓言之不预也

《申报》1873 年 12 月 30 日第 2 版第 515 期

会审公堂惜字告示后附道宪饬定惜字章程

上海招贴沿途字之作践以极现蒙绅董禀请由同仁辅元各善堂催工揭取墙壁招贴并立章程惜字已由上海县并儒学移知会审外堂一例示禁并送到惜字章程一纸不日当由公堂示谕矣其告示并草程附列于后

为出示谕禁事昨上海县移准儒学移职举廪增附生郑恭寿等禀称同仁辅元各善堂惜字局雇工于街巷揭取墙壁招贴无如近年店铺尤多抛弃字迹莫此为甚呈请移县谕禁凡有店铺及医卜星相戏馆等招贴只准贴于各城门左右如仍贴在各街巷者请即饬善堂铺甲察看喝禁钉立木牌示止等情转移到县除出示谕禁并谕地相遵照外仍请一体示禁等由准此合行出示晓谕为此示仰租界内各店铺及诸色人等知悉自示之后凡有招贴等只准在于各城门左右张贴其各宜凛遵勿违切切特示奉道宪饬禁得字迹之在天地间与五谷并重不容亵渎兹将应禁各条开列于后各宜凛遵毋违

一绣货京货店所售枕顶手帕肚兜扇套钞袋各件草虫花鸟尽足娱目何必刺绣诗句况枕顶置之卧所肚兜手帕系妇女所用以及束腰带裤带等件一经绣字秽亵尤甚嗣后务须一律改用花样如敢再绣字迹定于提究至香粉店亦有兼卖绣货者亦须一体遵照禁用

一香粉店所售皮皂或印店号或印水麝二字洗衣擦体尤为亵渎即粉匣香皂匣上印有店号亦必随手抛弃嗣后均须改用花样毋违

一丸药店如怀德堂致和堂利人堂万年堂等名目不一其所用招纸一月必贴数次一处必贴五六张其所贴墙下有坑厕者居多一经被风吹落即入粪污实属忍心害理嗣后敢再任意编贴该药铺招纸上均有店号住处不难照招纸提究毋贻后悔

一鞋袜店每于鞋帮袜口盖印店号价目穿着之时已经亵渎敝坏之后更不可言如谓分别尺寸大小只须于包皮纸上注明不得印在鞋袜之上使人欲去不能嗣后务须一律禁用

一纸盒作坊内往往将有字纸张粘糊帽盒等项外加油漆又售卖妇女铺垫鞋底所用之蒲

包片亦用字纸粘糊尤属污秽嗣后须一律禁用

一花炮店每用字纸包裹炮心一经放碎飞扬践踏污秽不堪嗣后务须禁用

一药铺内售药一剂其总包大纸已印有许多字迹而每味小包上遇有价钱稍贵者又必逐加红戳实属无谓嗣后只于总包纸上印用字迹其余不得再用

一烟铺内每于包烟纸角上印用店号又于夹层内作有字号暗记买去之人并未知有字迹或致拭秽抛弃务须禁用

一茶食点心各店号往往于糕饼之上印有吉利字样并盖印招牌一经入腹秽污更不可言业经该堂董刊刻花样印予遍行换正如再印用字板定当提究

一染坊及刷染店每将有字绸绫洗去重染嗣后遇有字迹者一概不得再染

一名书坊糊表书籍俱用旧书致边上切不碎字随手抛弃至刻店镌下字边亦不得混于柴炭内作煨茶之用须送善堂字藏焚化

一裁缝及零剪店每将机头字号或剪碎作钮卷或衬作夹里嗣后毋许再用

一豆腐干作以及糖食各铺毋许将招牌印于腐干及糖上嗣后务须一律禁用

一香店每于封头上用招牌及各香名号凡入庙烧香者每被香火扯破抛弃以致践踏嗣后务须换用花样记识不得用招牌字号

以上各条惜字最重本即官为出示晓谕按铺绘贴诚恐地保差役借端滋扰是以改刊清单由善堂司事逐铺分给于警戒之中寓体恤之意难由善堂分给仍系官为禁止务须实贴店堂时时省览仍由道于数月之后派人抽查凡此应禁之款切勿再犯倘敢指善堂为多事反加非笑造卖如常一经察出定即传提掌柜之人到案枷责示众决不宽贷凛之切切

《申报》1873年12月31日第2版第516期

邑尊劝开公井以备不虞告示

出示晓谕事照得本邑城厢内外商民辐辏房屋鳞比河道运水无多时防失慎之患前经通谕各业董劝集捐资照会同仁辅元堂择地雇匠开挖宽大公井之处除照会董事估计工料克日兴办先由本县倡捐帘钱一千交并再谕雇各业董赶紧会同堂董劝捐济用外合行出示晓谕为此示仰合邑诸色人等知悉现在开挖义井系属地方善举所有看定地址一经董等饬匠开工毋谓据行拦阻至通市各段商应捐工费亦望赶紧输缴以济公用各宜遵照毋违切切持示

《申报》1874年1月6日第2版第521期

邑尊奉行严禁船户夜行告示

出示严禁事本年十一月初一日奉松江府宪杨札据华娄两县禀称切照时交冬令宵小易生水陆通途均须戒备此舟楫往来应行之所必禁也松属界连浙省中有郊湖黄浦匪徒出没其间兹查各信局所雇脚桨小船代人送信无不贪利顺带银洋货物任意夜行难保不遭劫抢在局主船户一经报案冀免赔偿置身事外而伤资失物者情何以堪况江河寥寂之区见证毫无非独失赃之多寡可以妄报亦劫抢之真伪亦属难凭罪名出入攸关其弊指不胜屈若不严行禁止贻害无穷惟卑二县毗连各属如非彼此咸禁恐难尽绝合无仰恳札饬各属一体禁止并由县谕饬信局凡信船赶送要紧空信必须夜行者亦不准携带银洋货物倘敢违抗致有失事责令该信局及船户照数赔还并治以违禁之罪似此立法稍严俾冒险之习可除而地方亦赖以安靖等情到府据此查该所禀实系绥靖地方保卫商旅起见事属可行惟松属地方与苏州太仓暨浙江之杭嘉湖等均属毗连所有苏属太属暨浙江嘉湖各属境内来松属递送信物之信班船只若不一律先行示禁恐若辈不知禁令仍前夜行致滋事端除禀请枭宪檄行苏州府太仓州并咨浙江枭宪通饬杭嘉湖三府转饬各属一律示禁嗣后凡有来往递送信物之信班船只概不准任意夜行致滋事端一面移知牙厘局宪通行各厘卡一体查禁以期周密外札饬示禁等因到县奉此合行出示严禁为此示仰各信局及信班脚桨船户知悉自示之后尔等递送信物仓船概不准仍前肆意夜行而致失事倘敢故违定提该信局船户治以违禁之罪决不相宽各宜凛遵毋违切切特示

《申报》1874 年 1 月 8 日第 1 版第 523 期

上海开仓并附告示

上海自兵燹之后□办清漕力除积弊拆价甚小是以历年每运漕白二粮大都抓买而开仓收兑只有名色已矣今年仍行每运漕米亦从民便干折并收□叶邑尊于昨初一日开仓启征廒仓向设南门之内所有完漕积弊则更列条约格外严密查禁现在额征漕米奏准永减又能力除积弊为民便者可谓至矣极已吾民具有天良想当从此踊跃将见争先恐后之繁矣晓谕事照得征粮为天庚正供例应各收冬兑应完海额钦蒙特恩永减裁除浮费各粮户具有天良自当踊跃轮将节奉太宪札饬现在京仓需米甚急本年海运漕粮格外提前攒办务于岁内一律征足除传□谕话先发易知由单按户催纳外兹择于十二月初一日开仓合行晓谕为此示仰合邑粮户绅民人等知悉速将本名下应完十二年分永减定实征漕粮及早清挈串安业倘有顽户拖欠定干详办比追俱各凛遵毋违特示

《申报》1874 年 1 月 21 日第 2 版第 534 期

叶邑尊查禁开仓积弊示谕并附收漕事宜告示

正堂叶谕在仓户书等知悉照得现在办理清漕诸求节省其从前一切虚靡浮费奉宪永远禁革惟实在所需办公纸饭方准核实开单请给不准稍有浮冒若非办事之人概不许入仓致滋弊混更访闻每届开仓有等抽丰及荐人帮忙等名目早已尽行革除倘敢阳奉阴违徇情容隐察出定干严咎各宜凛遵特谕为条列示谕事照得本邑应征漕粮自蒙特恩永减裁除浮费黎民既沾实惠自当照额踊跃全完现奉各大宪札饬仍由海运收兑事宜格外赶定限封仓从前积弊尽除自当恪遵功令办理清漕前届启征本折兼收诚恐粮户书役复萌故智仍蹈前辙除密访惩究外合行条列示谕为此示仰粮户书役人等知悉尔等务当恪守后开系约谨慎奉行倘敢违犯惟有执法重办其各凛遵须至条约者计开

一漕粮首重米色务须一律干圆洁净切勿掺杂潮嫩丑米混交自取煽筛发换之劳倘有疲顽粮户刁矜劣监包揽掗交短纳公费定予遵例拿办

一粮户运米到仓务将易知由单携带赴仓听候本县验明米色发廒复验即于由单内加用验米图戳粮户赍单先将每石公费钱一千文脚费钱五十二文投柜清完盖用收讫戳记该户赴候斛收每单再用收米图章付交倒串处登填流水随时戳给板串费使守候各公费未清不准收

一斛收未廒听石平斛挡各零星小户米数无多应用斗升量收不许浮多颗粒斛剩余米听粮户收回仓夫人等如敢抛散扫取许粮户扭禀以凭究处

一木斛斗升合筒均奉各宪较烙发用每晚吊存仓署本县将奉颁铁斛每日较准发廒收用并无合勺参差并收样斛架置仓门以便粮户较量不许拦阻提办白粮即在所收漕粮内拣选或采买另储春办并不别立名色如有借端须索许粮户扭禀以凭治

一生监包漕大干功令况自蒙旷典永减漕额又荷酌加赍区优减裁除浮费理清漕包户大户各目永远禁革当奉各大宪转行钦奉上谕家居绅宦并不肖生监再敢把持抗玩立即奏明按律严办以警刁风而肃漕政等因钦遵在案从此无论绅户居民一律均收尽除旧习未选纯净即有刁徒无可挟持倘敢滋扰定即严拿详办

一绅衿士宦为济民表率尤当守法奉公拣选好米首先运仓交纳前因常州乡绅宦赵廷彩等应完漕粮挺身抗挠奉宫保爵阁督宪奏明革职严办各绅士务须自爱约束防范毋任违犯

一粮户遵照藩宪领示完米一石随交公费制钱一千文费脚制钱五十二文毋许多索分文粮户亦不得摆搭小钱短欠滋漫致干查究

一本年办漕只用户书一名专司文移串书登流倒串收兑记数书六名在廒办公屏大堂设柜收缴公费脚费钱文斗级斛吏只用八名专管斛收其余一概不许入仓如违究处

一漕仓听差着皂快头选派谨慎差役数名守宿巡更止司启闭仓门并于出兑粮米时传唤人夫弹压挑选不许干预漕务及与粮户交谈需索如违究处

一斛收漕粮每日辰时发斛酉时缴斛不许深夜斛收以杜丑米混交之弊

以上各条均关漕务禁令粮户书差人等各当恪守奉公本县言出法随慎勿自罹严咎凛之切切特示

上海租界陈司马禁赌告示

为出示严禁事照得聚赌抽头最为地方之害例禁森严岂容轻试久蒙道宪会同客国领事严行禁止嗣因租界内仍有赌博匪徒属经巡捕获送究办并节次示禁在案前又据巡捕获送在于虹口地方搭棚聚赌逞凶之王四等到案实属悍不畏法除重责枷示并将起案赌洋充公外合再出示严禁为此示仰租界内诸色人等知悉自示之后如有不法匪徒再敢开场聚赌一经本分府访拿或被巡捕查获定干尽法惩办倘敢再有前项借地得钱聚赌情事即将该地分别查明入官决不稍宽其各凛遵毋违特示

《申报》1874年2月6日第3版第548期

照抄酬谢拾遗章程示

湖北汉阳县正堂姚为照案示禁永远遵行以杜讹兑事案据汉镇各帮绅董油腊帮文福太湖怡昌吴干元绸缎帮王恒昌刘律青阳松茂棉花帮章祥泰正大义干丰顺广福帮方福盛程天源匹头帮安吉祥振裕祥盐帮胡鼎丰熊豫顺郑同裕药材帮义祥德丰药土帮田裕顺洽记票帮天成亨志成信等同银钱帮庆生恒庆泰允升源同康太福顺复兴庆宏兴宏泰等禀称窃生等钱帮与各帮原共银钱生理通商便贸其银兑票往来向定章程悉记来历上家以杜诈骗惟失落期票一节每被拾票人讹兑同治元年元吉昌等禀案蒙前县宪前府宪周查照典例出示刊勒钱公所着令失票之家即赴出票钱将所失数目日月记号开明另挂失票因作废纸等因案示惶惶嗣至同治九年失票者以无警惕而益多检票者以无利息而不顾辄至争闹生等从复妥议不忍检票人之空喜并警失票人之多疏酌定新章于失银汇券内每百两扣除五两归给拾票人以作酬谢复蒙前宪濮赏示晓谕久经各帮遵行不料前月间振兴钱店失落万庆五十五两银票被金大文捡拾照章理酬不受竟敢藐不强讹生等缕具前情禀蒙批候再行出示晓谕可也恩批至理共仰甘棠理合公叩赏示晓给重刊永垂并恳详请府道宪照会洋商以归划一等情据此查此案前于同治初今已经迭示外合行再照案示禁为此示仰军民人等知悉嗣后各帮仍遵定章如银失落兑票之人即赴出票之家将数目日月号记开明另挂失票到期兑取其捡抬之人限三日内持票赴钱公所报验如无倒塌假票弊亦照九作定章每百两扣银五两不许格外诈骗如有不法

《申报》告示史料汇编

之徒串通痞棍勇丁强索滋生事端许该店同失票之家投同地保指名赴县具禀以凭掌案究惩
不姑宽各宜遵凛毋违特示

道宪晓谕美国赛奇开会告示

美国公使照会丙子年三月系美国定鼎开基百载之期会开赛奇公会请晓谕商民将土产
奇珍并制造精巧之物与赛兹已出示晓谕矣告示列出示晓谕事同治十三年正月十一日奉钦
差大臣办理通商事务两江总督部堂李札准总理各国事务衙门咨准美国公使属会称丙子年
三月系平国定鼎开基百载之期待开赛奇公会请咨行南北洋大臣晓谕工匠商民将土产奇珍
制造精巧之物官为经理运送本国并请派员赴贺咨询查照奥国成案饬关遵照办理等因奉此
查奥国设立聚珍公会事曾经出示晓谕有案奉札前因合行出示晓谕为此示仰各项工商人等
一体遵照毋违特示

邑尊惜字告示

查案示禁事案准儒学移据职举廪增附生郑恭寿顾谦林炳魁周善元曹耀圻谢允垮王宗
荣赵兰赵璜沈嵩龄毛锡鉴曹樵徐允临曾五樊鼎李安曾张刚曹勋等禀称同仁辅元各善堂惜
字局雇工于街巷揭取墙壁招贴无如近年店铺招贴甚多抛弃字纸莫此为甚呈请移县谕禁凡
有店铺及医卜星相戏馆等招贴只准贴于各城门左右如仍贴在各街巷者请即谕饬善堂铺甲
察看喝禁钉立木板示禁等情转移到县准经分别示谕在案诚恐日久玩生合行晓谕为此示仰
店铺以及医卜星相戏馆人等知悉尔等如欲粘贴招纸只准贴于城门左右已足共见不得照前
粘贴各处街若以及飘零狼藉倘敢故违一经查出定行提究各宜遵照毋违特示

华官谕台湾番社示

钦差帮办台湾事宜福建布政使司潘钦命布政使衔台澎兵备道兼提督学政夏为谕事照
得日本国因前有琉球国人遭风飘至牡丹社为该社生番杀害前在带兵前来报仇自三月至今
日兵未退兼以卑南等社亦有抢掠伊国遭风船只等事欲图报复等情本钦奉圣渡台前来帮钦
差沈大臣办理此事当查牡丹社生番杀害琉球国人固属凶恶第该处系中国管辖自应由中国

按律办理以符条约至于卑南等社上年日本国人遭风至此曾经该社头人陈安生等救护交官送回本国是卑南与日本不特无仇兼且有德揆情度理谅不至扰及无辜本司现会同本道乘坐轮船亲往面见日本带兵官西乡中将断不任其再及他社为此示谕番社人等务安本业本司道自当设法保护自不听其越及各社其各凛遵特示　初九日示

《申报》1874年7月9日第2版第673期

苏省总捕厅及长元和三县禁用小钱示

照得现奉大宪严禁私铸砂广铅铁小钱业经出示会董谕令各业自行汇议兹据某业禀于六月初一日合业遵示平价概用大钱合再给发禁约条示并颁禁用钱样外如有游勇差役地匪人等扪用硬买许即捆送由局解县惩治倘各业抬价私用一经查出并处不贷其各凛遵毋违特示

按苏垣禁用小钱本限于六月初一日各业当一例遵行第赴局具结者虽已有一百七十三行而尚有百数十业户未经具结盖惑于谣传谓日后颁发永禁告示时每张当索纸墨费千文也所以五月二十九日总捕厅复出示晓谕俾知现在所给条示及以后所颁发者概不准胥役索取分文并云以结未取齐业已申请大宪宽限十日自六月十一日起将小钱通禁行用苟犹观望不遵具结前来即饬差传提押令遵具云

《申报》1874年7月18日第3版第676期

江苏总补厅及长元吴三县禁用小钱示

为晓谕事照得市肆行用小钱前奉宪谕出示严禁商民均皆乐从惟就近兑换洋价较引不止九三扣之数房屋租息货物价值艺工将资未免多所争执又闻乞丐一项尚有扪用小钱之事要知乞丐囊无余钱其行用之钱文皆铺户之施舍是街而小钱尚未净绝可想而知难保市侩留此地步阴思阻挠若不择尤惩何以绝根株而重钱法除密访查拿外合行出示晓谕为此示仰城厢店铺居民及诸色人等知悉自示之后凡房租物价工资等项如本系讲定纹银洋钱者不计倘系通用钱款应自六月初一日为始

《申报》1874年7月29日第2版第690期

糖捐局告示条例

办理上海糖捐总局五品衔两淮补用盐运分司姚五品衔遇缺即补县正堂虞行办理籍捐

编查公所特用道江苏尽先即政府正堂张特用州江苏即补分府陈为院谕事案奉督办松沪捐厘总局司道宪相以糖包进口多有洋人报关以致进商捐饷大减实属不成事体应再力设公所按货编查糖入同栈以便收捐是该糖虽入洋行而由行转入华栈即可彻底查明后有着落即着该员等设立公所认与编查致期办有成效捐数畅旺毋任再知是为至要仍收设立公所日期具报查考等因奉此本府等遵于本年六月十三日暂在潮惠会馆设立公所协办编查事宜合行开列章程晓谕为此示仰糖业各栈号商人等知悉自经设立编查之后务各查明后关章程恪守遵办毋得紊越切切特示计粘立程六条今开

一准折包数以广招徕也查糖业厘款原属大宗糖栈商家夙称公正是历来捐输不少近因轮船装糖进口有用洋人报关货入洋行多方取巧以致糖栈业疲捐数短绌今蒙总局宪体恤商艰恩准闽广糖栈各色糖包作为六一五折收捐其筹防捐一款又奉道宪恩照向章减半核收其捐票内明折实包数合折实银数填以符成案如后来糖包改为加重接加斤两归折核加以杜取巧各该商等既邀恩折亟应守止急公在相劝勉出具切结以坚遵凛

一设立编查以便综覆也沪地进糖不少行店繁多从事稽查难期周另设公所专查某日某船运来某号某色糖包若干进入棋栈逐一编簿详晰登记具作开报总局道宪暨筹防局糖捐局备查将来原货出口若干庶无遗漏其前已进客糖宗存洋行今转进糖栈者务须逐一查明另簿登记以便转报准折收捐俾无旁混各该机等须将转进糖包据实开报编查公所会盖票印无得隐匿如有匿报查出照数估罚

一会盖棕印以便互核也回章各项糖包到沪应由糖捐局盖用棕印以稽包数今设编查应令该栈于提糖进栈日必先报明编查公所令同糖捐局各派司事各带棕印前往控明包数查点会盖各司事务须到齐同时会对毋令先后参差以从商家之便倘真进栈后查有无印糖包或局所棕印缺一即漏论

一酌予期限以便通商也向章闽广各帮糖包进栈缴捐票有定期今奉总局道宪格外展限准其原货出口恩免寿防糖局筹捐议目进栈日起至四个满户止凡有进栈糖包以六成明向章定期缴捐以四成予限统俟限满除原货出口免捐外余应扫数完缴无得逾限日报出口之糖系某号某色包数若干配某轮船运往某口必须报明筹防局糖捐局编查公所核与新关查验号簿相符即由编查所填给条据交诚栈商以便明票筹防糖局等捐庶无义射之弊

一乌船糖捐统归平允也向来闽广乌船艇船运来沪例由老关科税蒙恩减折与关按实在斤两数目科征者章程各异兹蒙宪恩准折包数收捐所有在老关报进各糖应按实在包数斤两起折纳捐以照公允而广招徕

一报买洋糖须杜隐漏也向来糖行置贾洋行之糖有以包数且报糖捐局现缴捐银并补报寿防局捐例应请糖捐局专派司事往盖棕印合议糖捐局于糖行报贾洋行糖时即会编查公所亦派司事同往明包数会盖棕印以杜贾多报少之弊倘有匿报一经查出糖包上无捐局编查双

印即是漏捐查明包数从严议罚

《申报》1874 年 8 月 20 日第 5 版第 709 期

示禁采花

公家花圃摘花案虽屡经陈司马训诫而尚多未悉仍有偶为折取者本馆前曾论及谓须刊华字告示晓谕庶几往游者得知警惕兹见工部局已颁示晓众诚恐未能周知故抄录一通以供众览谕曰照得此处花草树木例不准采摘搬取倘有人敢故犯者当即拿办不贷务愿来往游人勿再为采取诚幸甚耳

《申报》1874 年 10 月 3 日第 4 版第 747 期

禁拆稍党告示

正堂叶为示禁事案奉道宪札开查上海城厢内外人烟稠密向有不安本分之人朋比为奸讹诈乡民名曰拆稍党或借碰为由或捏欠票硬讨讹诈取财甚至剥取衣服白昼抢夺种种不法大为地方之害现经由道出示除行会审委员陈丞外合抄示稿札饬一体示禁并随时认真访拿严办等因奉经节次示禁饬拿在案兹本县访得城厢内外仍有不法棍徒讹诈滋事为害非浅除饬拿外合再示禁为此示仰合邑军民人等知悉自示之后务各安分守法如有前项棍徒仍敢诈扰滋事许即指交地保解具以凭究办倘地保得规包庇察出一并严究决不宽贷凛之切切特示

《申报》1874 年 12 月 22 日第 2 版第 815 期

江苏藩臬两宪示谕

为晓谕事照得各属冬漕海运由本县雇定驳船装米赴沪该船户水手人等一经承运官粮无不倚持欺压不服管束沿途商旅民船动辄受其讹诈索赔此等恶习实堪涌恨现当驳运同治十三年冬之际特此明白示禁之后驳船水手以及在官人役倘再有前项欺压以及索诈民船诸弊许受累之船即指禀地方官查拿到案凡明确实定照军船滋事例从严惩办本司等令出必行切勿以身尝试后悔莫及其各凛遵毋违特示

《申报》1875 年 1 月 2 日第 2 版第 825 期

正堂叶示

为再行示禁事照得城厢内外各铺烟馆良莠不齐节经示谕不准设复开兹本县访闻新开烟馆及烟膏店仍复不少除谕各铺地甲等禁止外合行出示晓谕为此示仰保甲人等知悉所有现开各店本县业经查明确数自示之后若再有新开烟馆及烟膏店该地甲务即严行禁止倘敢不遵禀候提究押闭并将房屋封闭充公该甲如敢得规徇隐定即提案究革决不宽贷其各凛遵毋违特示

《申报》1875 年 1 月 4 日第 1 版第 826 期

总办江苏海运沪局示

为出示晓谕事照得海运粮米雇用斛手每石由各州县核给辛工钱五文历久遵循在案不准私向沙剥各船需索分文乃近年以来有不肖斛手辄向受兑沙船及各属运夫剥船勒索使费以致斛兑粮米高下其手通同舞弊实属玩法除密访查办外合行出示严禁为此示仰斛手人等知悉尔等斛兑粮米务顺守法奉公不准私向沙剥各船需索分文以致斛兑之时高下其手通同舞弊倘敢仍蹈故辙一经访闻或被察出定提从重惩办决不宽贷切切特示

《申报》1875 年 1 月 7 日第 2 版第 829 期

客民禁入皖省宣城示

补用直隶州署汉阳县正堂加十级纪录十次为出示晓谕事奉本府札奉臬宪王转奉抚都院吴札准安徽抚部院英咨开据徽宁池太广兵备道李荣详称本年八月初十日据宣城县黄令祺年禀称窃卑境自兵燹后地广人稀田多荒废又毗连广建当时情形不得不借客民协力开垦旋以来者过多良莠不一即经前爵阁督宪分咨楚北并派炮船在沿江截回又出示楚北不准客民再来此诚思患预防之至意无如该客民因亲及友仍是络绎而来岁无虚日查宣邑民风颇为纯良而且畏事外来客民甚为强霸更喜多事在各省安居乐业与夫良懦之民岂肯安土重迁另图生业其肯远来类多无业强民或遣散勇丁又或在籍滋事不得安居者更有在籍犯案潜行逃出者纷纷而来名则开垦实则无事不作此等不安本分之徒共聚一处焉得不滋生事端即以垦荒而论并不问有无业主遇田地则插标强占遇房屋则盘踞不移自欲搭盖房屋则强砍入竹木使用更有不问荒熟以及宅墓任意霸占一经业主向阻或聚众行殴或反诬妄控即有肯归业主者则加倍讹索开荒之责甚有断结之案已当堂具结遵依者又复拖延月日仍是不遵虽迭经出示晓谕并随案秉公凡断而此风总不可遏实由于新来客民倚恃人众而更强也又有并不开田者居处无定所来去无定踪或为人放木牌或为人佣短工或肩担或手艺似亦自食其力之良民

乃或借端滋事或成群强夺或骗人财物或与人构讼诡诈百出难于防范虽遇事严惩宣人已时受其大累宣人实同为切齿在客民中未尝无各安各业自守本分之人奈明事者少滋事者多又自联为一党即于地保粮书须另由客民举充不受本地书保约束此虽渐积之势然界限过于分明宣人又因畏累而存自固之心所以客土难于融洽不免各存意见卑职身任地方自不能于客土之间稍分厚薄随时随事持平办理反复开导冀客土渐次相安于无事但恐来者日众其势愈强在宣民因受累而寒心在客民以强霸为得计日久恨深酿成巨祸现以通境而论惟湖北客民最为强盛河南客民少于湖北亦颇滋事查卑境荒田原属不少各业主陆续来归即一时无力开垦未尝不设法经营渐图复业实不愿外来者佃种伏查情形惟有仰恳详请湖北河南抚宪通饬所属出示晓谕楚北民人毋庸再来皖南垦荒俾免滋生事端以靖地方而顺舆情等因合亟出示严禁为此示仰县属农民及诸色人等知悉嗣后尔等务须各守故土仍理旧业毋得远州皖省垦荒滋生事端倘敢故违仍然络绎前往许该水陆保甲连船一并扣留按名拘带赴县以凭从重惩办决不姑宽各宜凛遵毋违特示

《申报》1875 年 1 月 18 日第 1 版第 838 期

总办江苏海运沪局示

为出示严禁事照得海运艚粮未沙船承运粮每石有耗米八升白粮有耗米一斗原为到津交卸恐有折耗短缺以之弥补侯交兑有余由津作价收买所以杜其短少而重正供定章最为周密因日久弊生耆舵人等往往私向州县解米丁胥商通折价或沿送各口私行籴卖又经严定章程留三成附入联单随正交兑由津局收买在案乃承运各船仍有将耗未私行仕卖成向不肖解未丁胥商通折价情事以后到津斛兑短缺实堪痛恨前有商船沈源茂胆敢沿途将米盗卖捏报遭风当经本省拿获耆舵人等解奉奏明从严究办今届新漕海运仍恐不肖耆舵仍蹈前辙除访查究办外合行剀切出示严禁为此示仰承运各船及耆舵人等知悉所有应得白之耗米珍须随正兑收一并运津不准颗粒短少倘敢私行售卖或色连折价以及沿途盗卖情弊一经访实定提船主耆舵等从严究办将船估变抵价决不姑宽宜各凛遵毋违特示

《申报》1875 年 1 月 19 日第 2 版第 839 期

汉镇厘金总局示

为出示晓谕事照得货到码头必光赴局尚完厘由本局司事查验方准起坡久经详定章程办理在案兹查汉阳月湖提一世所到货物并不完厘私行起坡希图偷漏实于厘金大有关碍除饬差严密查拿外合行出示晓谕为此示仰汉阳月湖堤一带商民挑夫人等知悉嗣后无论何货

到岸务先赴局完厘给予起票方准包坡倘敢故违偷漏定将货物照例罚办决不姑宽各宜凛遵切切特示

《申报》1875 年 1 月 23 日第 3 版第 843 期

叶邑尊严禁私硝告示

为出示晓谕事照得民间各项匠铺需用硝筋向章应向官铺承买不准私收私贩上海为滨海之区通商口岸恐有夹带洋硝各匠铺贪贱私买历经饬差协同铺保严查各该铺所用磺硝究竟得自何来饬着公举铺头请批采办在案兹据该官铺高玉丰以花炮匠程震泰店主程炳奎王复兴作主王志康久不赴官铺买用官硝向查恃蛮再有银炉匠施益泰等各户倾熔纹银非硝不可需用甚巨数年前各银炉自请采买洋硝百石曾奉道宪批饬不准近今不向官铺买硝间有住居租地更多恃势不遵开单求请示谕饬差查禁私贩并移会租界一体协查私买等情到县据此除批示外合行出示晓谕为此示仰合邑倾熔花炮药材颜料等各匠铺人等知悉尔等须知硝磺例禁极严此后需用匠硝议定实用若干前赴官铺承买不准再有贪贱私收私贩倘敢仍前违玩一经查拿到案定即从严究办决不宽贷凛切凛切特示

《申报》1875 年 1 月 28 日第 2 版第 847 期

署汉阳县正堂熊示

访闻县属恶习妇女上街买纱每于黑夜开市男女混杂喧哗保无不肖子弟趁势勾引良家其间奸拐偷窃多半由此萌芽谕尔棉纱行店不准黑夜贾花总以黎明为度方许买交加倘仍故蹈前辙定即余差查拿

《申报》1875 年 1 月 30 日第 2 版第 849 期

两江总督部堂李颁发各属晓告示

为示知事同治十三年十二月二十一日准礼部咨仪制司案呈准内阁交出本月初九日军机大臣奉朱笔圈出建元年号用光绪二字钦此钦遵交出到部相应移咨两江总督遵照可也等因到本部堂准此除钦奉恩认敬谨誊黄另行刊示外合先示知为此仰军民人等一体钦遵毋违特示 同治十三年十二月 日示

《申报》1875 年 2 月 11 日第 1 版第 854 期

长江水师汉阳中营游府王示

长江分防设汛原以缉盗安民现届严寒天气巡防当倍认真港汊逐巡须遍盗匪无处藏身倘有偷安疏忽参办决不姑徇至若客商人等雇船无自一人恐遇不良船户图财谋害无形总以凭行雇搭沿江庶可放心来往小船大舰务须酉泊辰行毋得贪风赶路自贻伊戚匪轻渡口渔船划只一体严禁夜撑为此出示晓谕各宜谨防恪遵敢违故犯不听查出定即重惩

《申报》1875 年 2 月 11 日第 3 版第 854 期

宝山县冯明府晓谕江海筑路工次不准扰事告示

为出示晓谕事照得本邑江湾镇南至上海比达吴淞向为来往通衢要道前经洋商议开马路因在各该图民田内起筑迭奉道宪委员会同前县躬视履勘并督同该处董事地总按图按亩丈量明晰分别立契给价群情允洽均已先后领价在案现在洋商兴工挑筑自应任听举淞不得妄图希冀有违前议查近有乡愚无知之辈听人煽惑甚至恃众肇衅实属不知自爱殊非辑睦中外之道合亟出示晓谕为此示仰该处业户人等知悉尔等当知田亩即经立契收价自当任听开筑马路勿得恃众阻挠妄生觊觎自示之后务各咸知警惕相安无事庶不负本县告诫之至意倘敢故智复萌再滋事端一经查出定即从严究办勿谓言之不预也其各凛遵毋违特示

《申报》1875 年 2 月 17 日第 2 版第 859 期

上海租界会审分府陈恭录遗诏告示

为出示晓谕事光绪元年正月十四日奉苏松太道冯札奉苏抚部院吴札开光绪元年正月十日准督部堂李咨开光绪元年正月初七日奉到大行皇帝用宝遗诏一道所有誊黄咨送钦遵等因到院本部院即于是日率同文武各员出郊跪迎齐集公所敬谨开读举哀成礼所有合属文武官员应以正月十一日为始穿缟素二十七日后释制服仍素服军民人等摘冠缨素服二十七日官员百日不嫁娶期年不作乐军民人等□月不嫁娶百日不作乐官员军民人等均以宫中大事之日为始百日不剃发各衙内发有公文暂行开用蓝印蓝笔标判亦以二十七日为止除出示晓谕外恭录札道移行一体钦遵等因到道奉此合就恭录晓谕为出示仰租界绅民人等一体钦遵毋违特示

《申报》1875 年 2 月 20 日第 1 版第 862 期

会审委员陈示

为出示晓谕事案准俄副领事聂照会查同治十年间本署租置二十五保三图虹口地基一段上年冬该地之西北角有曹良才造房伸出二尺有余兹本国兴工造屋请饬拆让等因准此查此项基地前经载入英册转与俄署原有一亩五分于同治十年九月初一日丈量仅止一亩三分零七毫至九月二十日复又清查只因东西之业户竹笆稍有占出兼以四址未定以致缺少当即丈实将南北二面各加二步东西两面各加九寸积成三百四十六步五分六厘台地一亩四分四厘四毫兹因曹良才造屋越占俄册西面之地屡劝谕拆让置若罔闻昨经本分府粤同俄副领车复勘并带原丈亭耆钱宝仁前往查见西路之南北两界石计十五步二尺六寸本系直径今被曹良才造屋凸出二尺许以致西路留出之巷曲而不直且查丈尺以及界石处所确有凭拢断不能任其稍有侵占有关洋商租地大局合行出示晓谕为此示仰该处地户人等一体知悉并着该图地保迅即督同该地户及建屋之曹良才定限一月内将所占俄册之地照址拆让以符印契尚再逾限藐视因循本分府定当亲临贤拆并干提究毋违特示

《申报》1875 年 4 月 2 日第 2 版第 897 期

总理汉镇厘金局示

为出示晓谕事照得货到码头必先赴局完厘谓领起票俟本局查人对票验货务要货色件数起票相符方准挑运上坡久经办理在案无如日久玩生每于货到码头先起上坡然后赴局完厘其中保无以多报少以贵报贱以及挑夫人等徇情故漏查汉镇各商奉公守法者固多而取巧图利者亦复不少厘金之不旺大半由此合行出示晓谕为此示仰各行铺商贾人等知悉要知厘金为军饷攸关不容偷漏倘敢仍蹈同辙一经局差查出定将货物充公照例罚办决不宽贷其各凛遵毋违特示

又示

为出示晓谕事照得各行铺所有下货向赴局攻单以查验又经办理在众自去年停给放单饬令各行铺具下货单赴局盖戳至下货码头处加戳放行近来各行铺下货不赴局盖戳其中不无以舟次驳货过载作为下货种种取巧舞弊兹本局仍照向章令各行铺所有下货先行开单赴局给发放单填明货色件数至下货码头事处加戳以昭核实而杜弊端合行出示晓谕为此示仰各行铺知悉所有下货务遵向例赴局请领放至不货码头加戳放行倘下货无放单或货色件数不符或无码头戳记即照偷漏罚办决不姑宽其各凛遵毋违特示

《申报》1875 年 4 月 9 日第 3 版第 903 期

上海县水利厅赵示

为出示严禁事准乡约局函开县署之照墙后茶馆内每夜于二鼓后弹唱倭袍书描摹淫殊属妄为请赐驱逐等因到厅准此查倭袍一书最为邪淫久奉宪禁在案今该说书胆敢复为弹唱实属藐法除饬差驱逐外合行出示晓谕为此示仰地甲及茶馆主人等知自示之后无论倭袍凡有淫书不准弹唱如敢故违定即立提也甲及该茶馆主详县严行究其各凛遵特示

《申报》1875 年 4 月 15 日第 2 版第 908 期

抄录浙抚宪杨二月初九日牌示

为晓谕事案准礼部咨开二十七日奉皇太后懿旨三月十一日辰时行大行皇帝百日致祭礼皇帝于巳时请发王公官等自大行嘉顺皇后崩逝之日起补足二十七日丧服仍百日请发等因钦比同日又准礼部咨开军民人等于三月十一日剃发后自大行嘉顺皇后大事之日起补足一月再行剃发至王公以下八旗兵丁闲散人等于三月十一日剃发后仍于大行嘉顺皇后行百日礼后再行剃发各等因行知前来除各行文武各衙门遵照外合行出示晓谕军民人等一体遵照毋违特示

《申报》1875 年 4 月 20 日第 2 版第 912 期

抄录浙抚宪杨二月十一日牌示

案准礼部咨开本部具奏光绪元年三月二十三日大行皇帝圣诞此日应照例虔诚斋戒不理刑名禁止屠宰所有是日致祭各陵庙俱行停止等因奉旨知道了钦此咨行遵照等行业经案行钦遵在案合行出示晓谕为此示仰合文武各官一体遵照是日敬谨斋戒不理刑名并传谕各屠户不得屠宰如违干咎切切特示

《申报》1875 年 4 月 22 日第 2 版第 914 期

会审陈分府遵制告示

为出示晓谕示恭照大行嘉顺皇后于光绪元年二月二十日崩逝现奉巡道宪行奉督宪刘札准兵部火票递到礼部咨开军民人等于三月十一日剃发后自大行嘉顺皇后大事之日起补足月再行剃发等因咨行饬遵口因奉此合行出示晓谕为此示仰租界商民人等一体遵

照毋违特示

《申报》1875 年 4 月 23 日第 2 版第 915 期

总办湖北通省监茶牙厘总局示

为设立银钱收票以便通商事照得咸宁嘉鱼蒲圻崇阳通城通山六县圻属地言暨兴国州所属之龙港等处均系产茶之区该茶商由汉镇携带银钱入山既劳且费更难保无风波之险盗贼之虞在来颇多不便兹由本局援照成案分别厘银厘钱两宗刊刷三联收票座银收票自十两起至一千两止厘钱收票自十串起至一千串止各按票编列号次加盖总局关防责成汉镇局招令茶商就近兑交银钱领取收票准其带赴咸嘉蒲崇城山及兴国龙港设局之处分投呈验完纳茶厘如零数或有不敷由该商另用现银现钱汇同凑缴一面由羊楼峒与国专局并所辖崇阳通山龙港各分局核明前项收票计银若干换给护票取执不准未见收票先填护票致启弊端亦不准各钱店有承揽担保情事仍随时由各该局将收票查验留存具文批缴赍解其钱以十足为准不得短数挽毛其眼以长沙平九九色荆沙银一百零四两八钱四分作为库平库色银一百两零数照此计所自倾熔火耗之费免其补交以示体恤除札饬汉镇厘局暨羊楼峒兴国两专局遵照办理外合行出示晓谕为此示仰该各茶商知悉立票为通用起见尔等经营辛苦跋涉维艰毋负本总局便商之至意切切特示

《申报》1875 年 4 月 24 日第 2 版第 916 期

牙厘局出示丝行

兹得苏友来函云日前牙厘总局出示谓所有零拆丝行不准照上年样代客成包收卖如成包丝者务须补纳大帖方准成囤卖买倘照前样售出后立即重办云

《申报》1875 年 5 月 12 日第 2 版第 931 期

英宫保惩治勇丁告示

太子少保兵部尚书两广总督部党二等轻车都尉铿僧额巴图鲁英为通行晓谕事照得本部堂自督军以来所莅之处纪律极为严肃尔在皖省马步水陆各营兵勇亦皆知恪守营规无敢滋事今本部堂莅任来粤随带亲兵八十名饬令驻札署外箭道屡经谕饬该管带官严加约束不许私毫骚扰乃近日访闻该勇丁有私自出外强买物件滋事之案并阅新闻纸所网十九等日因买食物斗殴及在衣店强拿衣物各节亟应从严惩办以肃营律除将约束不力之管带官记名提

督扬占元哨官副将周志安摘去顶戴勒限交出历次滋事勇丁从重惩办并严谕营哨悉照皖省旧章凡勇丁概不准无事私出具有出营买物之勇均令营哨官验明给签穿号衣回营时验签放入以示稽查外合行出示晓谕为此谕仰商民一体知悉以后倘有勇丁出外恃强买物滋事之案准事主及店商执持该勇丁号签或号衣来辕喊控听候严行查办具有未穿号衣之营兵假冒勇丁在外滋事商等即揪扭赴县交案讯惩本部堂令出惟行倘各勇丁再如前项骚扰情事定即按律从事决不姑贷毋违特示　四月初一日示

《申报》1875 年 5 月 19 日第 1 版第 937 期

租界陈分府恤禽告示

为出示谕禁事照得租界地方前有贩卖鸡鸭铺户将鸡鸭倒挂街市并有乡人挑卖鸡鸭亦皆倒挂行走殊非爱恤物类之道曾由工部局禀经英领事照会道宪饬本分府示禁其案兹据巡捕头送倒挂卖鸭之乡人请示禁前来除从宽斥释并移请上海县示禁外合再出示谕禁为此示仰租界内鸡鸭各铺以及挑卖鸡鸭之乡人一体遵照嗣后贩卖鸡鸭务须安置筐篮不准系足倒挂倘再故违一经巡捕获送定予重责不贷各宜准遵毋违特示

《申报》1875 年 5 月 22 日第 1 版第 940 期

苏松太兵备道冯示

为晓谕事时届夏令贫民疾病渐多其无力延医者往往成难冶之症殊为可悯历经由道设局施诊在案本年依旧照办本道定于五月初一日为始在药王庙照旧设局施诊合行出示晓谕为此示仰地甲人等一体知照无违特示　四月十六日示

《申报》1875 年 5 月 24 日第 1 版第 942 期

上海县正堂示

为谕禁事据果育普育清节堂职董郁熙绳李曾祜瞿世仁等禀称经办堂务蒙拨典捐充费昨据典商函开近年领帖开典控称小典各照下等认捐实与上等各典不相上下更有无帖无捐重利短期之押铺辄至增价招揽大典生意即城中陈市安桥地方之公益丰架本厚至四五万又化开代步干四牌楼地方非资本充足何能化开再马姚巷太平街唐家巷小白栅口等处资本二三万金此等押铺无帖无捐重利短期商等已捐生意寂寥捐从何山似非分允等情应否恳恩照函谕饬各押铺领帖认捐或令改作城中三大典之代步免致收捐借口等情到县据此除分别

谕饬各押铺遵照外合行出示谕禁为此示仰开设各押铺代步质栈人等知悉尔等须知私押无帖无捐重利短期本干例禁即创名质栈亦在应禁之列务各依限于十日内觅取同业大典环保切结赴县呈明领帖给示开张倘敢逾延定即押闭至代步向因城乡写远有所不便故有此名亦应赴县禀报照例纳税各宜凛遵毋违特示　四月二十二日

浙辕牌示

案照现准礼部咨开曾议五月二十四日辰时行大行嘉顺皇后百日礼致祭后已时皇上请发士公外臣官员及八旗人等俱行剃发所有现穿百日孝人员于致祭后均释缟素等因具奏奉旨依议钦此通行遵照前来除咨行钦遵大合行出示晓谕为此示仰阖省文武官绅等一体遵照毋违特示

金陵保甲局示夜行提灯

近闻金陵保甲总局刘公佐禹出示谕令居民铺户凡值夜行不准黑地往来务宜各提灯笼一盖且须分别字样如店铺买卖等人则用店号灯笼居民人等则用堂名灯笼并责令各段更夫以二更时栅栏上锁若遇有形迹可疑者细加盘诘由何处来到何处去问出去处便与其人同去问明所到之家是否来尔处者主人答应乃已否则便留下送局究办盖刘公此示实恐奸宄混迹间阎为民之害故不得不设此禁以为防盗御暴之一助也

上海县松示

为出示严禁事照得开场聚赌最为民害所以例禁极严无论良家子弟均易陷入初则思赢而偶博因输急而图翻卒至荒废本业耗败家资用温饱而至饥寒由饥寒而至盗贼势所必至其害何可胜言本县访闻城厢内外及乡镇每有不肖之徒聚集无赖开场诱赌抽头图利者比比皆是若不严加禁遏何以安民业而靖地方除选差严密拿解外合亟出示严禁为此示仰阖邑军民人等知悉自示之后尔等务各洗心革面痛改前非本县当不咎既往予以自新倘敢仍前聚赌贻害民生定即拿获到案从重究办决不宽贷各宜猛省毋贻后悔凛切特示

总督部堂示

为出示严禁事照得本部堂访闻省城翻摊馆赌风甚炽新旧城东西关竟有数十间之多实为地方之害现已札行文武衙门严拿查禁为此示仰军民人等一体凛遵如明知故犯定即重究不贷特示

《申报》1875 年 7 月 12 日第 2 版第 983 期

统带直隶督标亲兵营记名提督军门毅勇巴图鲁蔡示

为晓谕事照得本军门去岁奉江苏抚部院调至上海大南门外年余以来号令严肃军民相安惟上海地方五方杂处良莠不齐诚恐外来散勇冒充本营勇丁在外滋扰以致皂白难分查本营勇夫向不准无故擅出营门即探办食物仅准在大南门附近购买必须身穿号衣悬挂腰牌手持号签禀明挂号限与时刻方许出营并派有员弁在外逡巡随时查察营规严紧经晓示在案仍恐日久玩生合再出示仰军民人等知悉自示之后遇有本营勇夫在外滋扰许即捆送来营从重严办倘有外来游勇冒本营名目扰害居民捆送来辕以凭分别送县究办本军门言出法随决不姑宽切切特谕

《申报》1875 年 7 月 12 日第 2 版第 983 期

会审分府陈示

为出示晓谕事据英工部局水龙会董事唐景星禀称窃查洋广杂货各业每年应捐水龙经费银一百两自同治十一二三等年共应捐银三百两现将公启知单送向各店号收捐只有全亨广源亨两店照付其余置若罔闻恳请饬差催缴前来本应照办惟此项乐输非寻常善举可比既已允捐在先理按乐输之助各自照缴况查单开各号皆系殷实体面之家遇事向有急公好义之心或因事烦而迟延未付或因收捐者未便一再催促以致捐款仅收两户想非该商号之本意也据禀前情合亟出示劝谕为此示仰租界内洋广杂货各户知悉尔等须知洋商所设水龙一会有益商民实非浅鲜况华商捐数无多理应踊跃轮将共襄善举断不可令董值事为难自示之后尔等务于本月内各将本年应捐之费一律缴局共成大功如能各遵劝导各将争先恐后之心人事既尽定能感召天和合郡平安共享烽烟永熄之乐土也其各遵照特谕六月十六日示

《申报》1875 年 7 月 20 日第 3 版第 990 期

招告告示

晓谕事照得本邑地方有外来匪棍蒋阿幅金安和魏茂茂韩锡锡等结党成群无端肇衅凭空讹诈甚至捉人勒赎无恶不作现在本署县已将该匪棍等按名拿获自当尽法惩办以除地方之害尔等被累受害之人先因畏其凶顽复因虑其报复忍气吞声未敢告发者自必不少现在该棍等业已到案正是恶贯满盈之日尔等自可无庸顾忌平时为该棍等扰害未经出头申诉者均着赴县呈告以凭彻底究办合行出示晓谕仰阖邑军民知悉尔等曾受该棍等之荼毒无不欲申积怨而快私心即着据实具呈不得迟误毋违特示

《申报》1875 年 8 月 3 日第 2 版第 1002 期

上海县松示

为晓谕事照得妇人义当从夫夫可出其妻贵不得自绝于夫夫为妻纲弃夫从人人道绝矣是以律载背夫在逃者杖一百因逃而改嫁者绞监候律法何等森严有犯必当惩办本署县莅任以来每次接阅呈词控告妻背逃及逃而改嫁之案不一而足其中因蚂棍之勾串亦由奸媒之引诱以致无知妇女视夫妇大伦离合可以自便即得财嫁买为妾偶有不遂私欲聚散亦可听心此等恶习实堪痛恨除明暗访将蚂棍奸媒无论男女严拿究办外合行出示晓谕为此示仰合邑军民人等知悉尔等务各父诫其女翁训其媳主谕其妾夫勉其妻以后务当恪守妇道谨守闺仪毋许背夫在逃以及逃而改嫁如再有犯定提到案从重究处决不稍宽本署县言出法随勿谓言之不预也各宜凛遵毋违特示

《申报》1875 年 8 月 9 日第 2 版第 1007 期

禁止闹姓告示

广东巡抚部院张为革除科场积弊以肃大典事照得科场之弊以闹姓之赌为尤甚前奉谕旨禁奉当经严拿究追在案本年举行乙亥恩科乡试本部院职司监临亟应剔除积弊以维士风为此示谕军民人等知悉尔等务须恪遵功令即将闹姓各馆一律停歇不得私收私买如敢故违即定行严拿饬办无论收票买票银项一概追缴全数充公本部院言出法随决不姑宽其各凛遵毋贻后悔切切特示　光绪元年六月二十五日示

《申报》1875 年 8 月 10 日第 2 版第 1008 期

钦加同知衔补用直州署昆山县正堂刘示

为出示晓谕事照得昆邑西接苏垣东通上海为各国商人往来之地凡属军民有与洋商
交易买卖固须公平即遇游猎路过亦当和睦庶不失柔远之美意也前者洋商打猎误中乡民
致伤事出无心而乡民因伤竟向洋商滋闹衅起有意本县识司民牧一秉至公无心可恕有意
难宽照例严惩借示警戒诚恐僻壤偏隅未能家喻户晓合行遍示为此示仰合属军民地保人
等知悉自示之后尔等宜知揖让之礼远来者为宾近居者为主主宾相见务须相敬相亲慎勿
欺生欺异彼此无猜内奸一体各安生业共乐升平遇洋人有误伤乡民情事许赴县具诉不得
擅自争闹倘有无知之徒不守礼法胆敢阻挠洋商游猎争夺禽兽或逞强凌弱恃众欺寡致伤
和气一经察出定行重治再犯加等决不姑宽勿谓言之不预也其各凛遵特示　光绪元年七
月日示

《申报》1875 年 8 月 23 日第 2 版第 1019 期

海防保婴劝捐示

办理上海保婴局在任候补府正堂松江府海防分府沈为剀切劝谕事照得本分府奉委举
办保婴事宜于上海城内设立总局验华遵照章程悉心办理在案兹据总局董事禀称窃职等奉
劝办保婴旋于东南北乡之高行洋泾马桥闵行引翔浜等□劝设分局兼办陆行□镇十有余处
统辖一百三十余图总局具报者已及二百名之多分局其报婴户颇亦□少职等下乡时赉察情
形皆系子女林立赤贫如洗贯□啼饥号寒之因思溺女之故由于家计窘乏虑难养赡子女过多
恐妨工作出于不得已之苦衷已可概见是以保婴兼能济贫七邑地临海滨民生凋敝民多不事
农业大半客籍流民流离失所呼号无告保□诚为善举之首务实济贫之一大端也齐商贾聚于
城厢乡镇素无巨业分局经费唯赖城厢各业乐善捐助□资拨用无如书捐者仅有丝钱洋货酒
业首先劝助其除各参均未慨捐刻卜拟再添设□南一路分局而经费日形支绌婴户待哺嗷嗷
禀乞示谕劝捐等情据此□□婴经费官虽捐廉首倡仍须城厢各菜户量力捐输俾图永远除照
会各业董事妥速劝捐外合行剀切劝谕为此示仰合邑绅商人等知悉尔等务念人命至重各发
慈心或按贷或按月酌量捐助多多益善愈推愈赓草谓事属细微须知救人一命胜造七级浮屠
保全他人之赤子即栽培自己之子孙冥冥中获福无穷人特暂焉不觉耳其各襄成善举共结善
缘是所厚望切切特示

《申报》1875 年 9 月 6 日第 2 版第 1030 期

会审委员谢示

为晓谕事照得租界地方民繁类杂习俗嚣陵小有弊端动兴词讼□□视事未及四旬而控案已不堪胜数人之刁悍于斯可知夫百□诉冤为负屈也有□听讼平民情也除命盗案件非本州应管外其余如钱债地上讹雏斗殴以及豪强逞凶宵小行窃等情若非控官□理小民何能获安至于细故微嫌在所得已乃本人既罪安分奸徒且从而唆之遂致匐匍公庭听命于胥吏之手进退而为所束缚亦复何因原□构讼之初图泄胸中之忿晾不知一经具控贻曩无穷计自递呈候批以至叙稿签差已需时日其或差提集说而被告抗投两造俱齐而因公濡滞一审不结至再至三累月经年废事失□无谕情虚词屈反坐原呈就使理果获伸有何裨益而况诪张幻则枝节横生保无不逞之徒借此招摇撞骗稍不审慎辙堕术中皆健讼一念启之也本州权膺会审奚翅分防才不足以有为志实希平无讼为剀切晓谕居民铺户人等知悉尔等安分营生平心息事幸处燕□之日毋开雀角之风倘敢唆听肆行扰讼不戢一时小忿定干三尺明条凛之慎之切切特示　八月十二日

《申报》1875年9月13日第2版第1037期

抄录告示

署理江苏松江府上海县水利厅三级纪录五次平为出示谕禁事案据永和全盛实顺永义等信局船禀称切奉传谕身等各局经营脚桨划船向无编号造册遇事无从稽查奉谕编查造册等因奉经身等邀集公所司事暨各局主各船头等妥议查各局雇用脚桨划船是经选举船头四名专司其事向由身等四局议办并设长生善雷公所公请职员林崇志总理局务历有旧章禀奉道县宪出示晓谕只遵在案近来沿浦停泊外来划船日益以多并不由局经筹对客私揽其中良莠不齐自应酌议以示区别兹身等各局雇船惟造册一层时有增减船户亦时更换碍难造送请免其余承值公事仍由公所会集身等照章妥办给牌易于查认而散船停泊私揽遇事向局哓舌为害应请驱逐俾归划一禀求电鉴俯念身等旧章给牌免其造送一面出示谕禁私揽各船毋许停泊以安船业等因到厅据此余批示外合行示禁为此示仰该信船局主及各划船水手人等知悉自示之后如有前项散船停泊私揽者应即查明驱逐毋许停留为害倘有顽抗不遵向局哓舌情事许即扭获指名禀厅以凭讯明移究惩办决不姑宽各宜凛遵毋违特示　同治九年七月　日给示

在任候选道补用知府调补江苏松江府上海县正堂叶为出示晓谕事据各该信局永和全盛宝顺永义通顺协源鸿源通裕正源永泰丰等呈称均籍隶浙宁在沪开张信局历有年所凡行庄号栈交寄银洋货物音信等项向用桨船往还驶送事出便商任乃极重而沪地为中外

街衢实苏省总汇码头商贾辐辏迩来交寄日益增繁刻刻旅慎尚未免意外乏虞各局之受累层见叠出其故由于商局交接两无一定规约一遇事故每至繆辐不清不得已爰集同业再四等商详拟条约务期商与局两有所接则事得持久业可两安查身等前设长生善会原为业中或有贫病流难及死亡暴露等事济急起见早经禀奉道宪暨前宪并水利厅廉批准立案出示晓谕各在案兹复议于长生会中略加推广每信资百文内提钱一文按月结收并存会中以作设立信局公所经费遇有事端即齐集公所接照条约妥议办理方为详慎此系众情允洽并无抑勒提捐情事除在大东门外二十五保八图咸瓜街地方置地兴造公所外恐有不肖之徒煽言阻挠为呈条约环求立案等情到县据此查提钱存储据称实系众情允洽并无抑勒情事除批示立案外合行出示晓谕为此示仰各该信局以及地甲人等知悉现既设立公所遇有事端务宜按照条约秉公办理该信局等仍不得借端苛派如有不法棍徒阻挠滋扰许即指名禀县以凭提究其各凛遵无违特示　同治十二年十一月日给示

《申报》1875 年 9 月 13 日第 5 版第 1037 期

会审分府示

为出示晓谕事据陆家栋禀称窃身世居二十五保头图老闸桥东务农为业迩来常有洋行所畜乳牛散放田野践食杂物初无大损时驱逐今于十二日有英商老沙中庸等洋行内之黄牛四头来身田内践食禾稻一亩有零当经工人将牛拦住所知地保拟送饬禁被牧牛之王茂昌等纠夺殴辱并言必将等送押捕房等语求恩照会饬禁并乞出示晓谕等情据此除函请英领事饬知老沙逊等洋行不准牧人放牛践食暨禀批示外合行出示晓谕为此示仰该处农民地保人等一体知悉嗣后如有牧牛之人再将牛只散放田中践食禾稻杂物许即报明捕房请派巡捕查提牧牛之人解送究办尔等乡民亦不得无端多事致干并咎其各凛遵毋违特示

《申报》1875 年 9 月 20 日第 2 版第 1043 期

上海县正堂松示

为严禁事照得开场聚赌为害地方经出示谕禁一面节拿究办谅匪徒奸棍自必闻风敛迹不敢复萌故智矣惟赌博之中尚有开设花会名目又名标厂具情尤可恶其害实为更烈该匪徒等结党成群开设此会偶遇猜中之人厚其倍偿特此术为之引诱不特良家子弟一经堕其奸计无不荡产倾家知阃中妇女足不出户庭亦令身败名裂盖因不必其人身到会日一纸飞来即可令人猜打以赌输赢其实千百之中不能得一是以赢者绝少而输者独多祭知之辈受其愚惑为害不可胜言现经本署明夺暗口尚无此等不法之徒以身试此地人烟稠密良莠难齐恐有外来

游棍以及本地奸民或捏构亲戚故旧或偶然出入衙署在外造言簧惑妄言希开设花会从中射利不可不防共渐除饬差严密肖拿外合行出示谕禁为此示仰合邑绅民保甲人等知悉如有前项匪徒捏称走动衙门摇惑人心欲设花会者许绅民保甲捆送来县以凭尽法惩办倘敢故纵徇隐一并从严究处决不姑宽各宜凛遵特此切切

《申报》1875 年 9 月 29 日第 2 版第 1051 期

白日撞枷示

昨日会审公演据巡捕解送裘敬生禀称系升记丝栈出店因昨日栈中客房门半开有江北人余升在房内走出视其形迹可疑当即盘问并搜身尚有洋三元实系客人之物因洋有图记为凭也同栈见证之王四供亦相同质之余升狡辩不屈然据捕头以为余到捕房时曾供图飞不讳谢刺史与英国固翻译反驳诘余始俯首无辞谢公谕谓此等白撞物之徒幸而遇见当场拿获否则疑虑非浅此风殊不可长也未便姑容判责百被枷号一月以示惩警

《申报》1875 年 10 月 2 日第 2 版第 1054 期

上海县正堂松示

严禁私宰耕牛事据绅士王承基江承桂等呈称切农田半资牛力民间私宰例禁极严乡愚唯利是图或老病而忘力作之劳或被偷窃而逞售销之使最可惨开堂设锅熟烹生剥自秋至冬所杀奚啻盈千向来交秋开杀之时职等呈请立石并示禁在案无加外国人在邑食牛棍徒得以借口私行宰剥肆无忌惮殊不知外国人所食采牛并非内地耕牛岂容影射敢环求示禁等情据此查上海捕商各外国牛羊系日食所需平时牧养名曰莱牛并借其力作自应听其宰食内地民人平日借牛力以咨耕作应各遵照例禁不得宰食除严拿外合行出示严禁为此示仰合邑军民人等知悉自示之后毋得宰杀耕牛列肆摆卖如敢故违一经访实定即提案照律究办地保容隐一并究惩决不稍宽各宜凛遵毋违特示

《申报》1875 年 10 月 25 日第 2 版第 1073 期

上海县正堂松示

为查案严禁事照得各乡所种棉花每当将次开放收之际有等无知幼童以及横泼妇女任意硬咋私收实属有妨农业历经各前县出示严禁在案兹届收成合行查案严禁为此示仰该图地保开放收摘如有幼童妇女仍蹈前辙硬咋私收责成地保随时妥为谕禁倘敢

不遵准由该业主指明宽据鸣保禀县以遵提其家长到案既究地保徇隐察出并处各宜凛遵毋违特示

海防分府沈示

为出示晓谕事照得本分府奉委举办保婴事宜业经总分各局谕董遵明章程悉心办理凡有贫户生产无力哺养者准就近报局奋明给发衣等件以资赡养用意周密无微不至如私行溺者查例重惩剀切晓示在案兹据总局董事禀称下乡宁婴时访得高行马桥镇等处见有固能养赡之家将女溺弃甚将军物压死忍心害理莫此为甚本应请究录念乡愚无知既往小咎除总局常派司事各乡查察再有此等恶习立即禀请提究外仰乞再行晓谕等情查乡间愚氓溺婴之习久经劝谕尚未能除殊属顽梗残忍本应严办姑念小民无知从宽免究一面希令各盖传谕地甲捐牌周历详劝外合再出示晓谕为此示仰居民人等知悉尔等务宜痛改前非共相劝勉如敢仍蹈故辙经访确定印按律从严惩办以挽浇风地保隐匿不报并干重处本分府言出法随勿谓言之不预也切切特示 九月廿九日示来札

初八日展阅责报刊列松江府试古学题五古首咏松江人物内有赵无土一首适有府志累仆稽终日未得其人次早阅他报为贯报止误始知系顾野王于是大悟此固抄题者之误而贯馆诸君偶不加察也继而阅他报将竟见有咏史时二首署日本馆主人其题为陆钊南仆又寻思终日而不得其人因思贵馆误而他报正之他报懊而贵馆亦应正之用敢手笺奉询如诸君不知其误而不能改止则诚诸君之荒也专请着安惟祈明示不宜漫生谨启

上海县正堂松示

为出示晓谕事照得新闸桥梁闸座均形坍损关系行人舟楫往来业经饬匠确估蒙道宪委员监工并筹拨经费饬匠购料兴修惟一经开工损坏桥面必须先行起队行人往来未免不便除由地保权设渡船济渡外合行出示晓谕为此示仰地保闸夫及过往人等知悉现在修理闸桥桥面不能行走尔等往来行人或改由老闸过往或由船济渡均听其便至匠头王全胜运到切料物堆储桥旁地保闸夫务当妥为照管加意看守汛捕更夫尤应常用巡察俾免宵小窃取倘取怠忽疏虞定干着赔各宜遵照毋违特示 光绪元年十月初四日

苏松太道冯示

为晓谕事查市面银洋贵乎流通不容囤积居奇垄断渔利从前上海每有买空卖空恶习以致各庄受累纷纷倒歇自前道严禁后此风久息保全商民身家不少今本道访有外来市侩在沪收取现洋八十余万元以致沪庄收集纹银向洋行押洋数日之间银洋两项拆息骤增百货滞销于市面大有关碍其收洋之中谅系买空卖空所致实属故违禁令把持垄断本应查拿惩办姑宽出示晓谕为此示仰合市钱庄人等知悉尔等须知买空卖空有干例禁且能倾家荡产各庄安分营运亦可获利如再复萌故智则是冥顽不灵不知自爱自示之后市面银洋务须照常流通不准囤积居奇倘敢抗违定即查拿究办决不宽贷勿谓言之不预也

按日昨钱业董事俱齐聚于邑庙内园公议其所议者大抵以后银洋两拆须照市公平毋得故意上落云盖宪示煌煌当无不敬谨遵凛也

《申报》1875 年 11 月 29 日第 2 版第 1103 期

鄞县正堂孙示

为出示晓谕事据者民周重善朱禹良崔修浩汤玉秀郑宗商祝道修方允鲸周重尧应钦达庄元炳呈称伊等小皎孔童张长里方大皎长沙潭密严祝家许家严下朱汤梅峇章村街崔家峇郑家长潭岭下象严溪东后隆十九村地方沙瘠土薄不产五谷仅赖种卖贝母为生匪扰后奸贩设计把持商民均被扰害癸酉四月公禁包揽抛定等弊呈蒙前饬领牙帖开张干一牙行所有贝母由该行对客买卖以杜弊源伊等因念该处前被逆扰曾经举人方儒棠与现授编修陆廷黻及恤赠云骑尉世职生员范邦祚等在章村文昌阁招集义兵剿败贼卡数十垒次日发逆大队进山范邦祚及各村义兵拒战阵亡阁亦被毁现在尚未建复此外拟立义兵祠并新建药皇庙均因款无可筹无从建造今各村地户愿于贝母出售时每钱一千抽钱十文交干一行经管分存各村董事生息作为文昌阁义兵祠药皇庙等经费除文昌阁已由众姓纠集外约不敷钱四千串伊等十九村公议写立合同允据按货抽钱待成后即行请示停止一面开报工料捐数清折呈请委员验核先抄原议公明给示晓谕等情到县据此除批示外合行出示晓谕为此示仰该处十九村绅耆居民以及山客商贩人等知悉尔等须知修造药皇庙义兵祠两项工程酬资济用出自众愿自示之后务筹议定章程凡有贝母出售均由干一牙行按钱每千抽钱十文交该行汇收分存生息以便陆续兴工售卖之人勿稍吝延干一牙行亦不得从中另有弊混仍俟集数完足即行呈请停止倘有棍徒借端阻挠许该绅耆等公同禀究均毋违混切切特示

《申报》1875 年 12 月 8 日第 2 版第 1111 期

上海县正堂松示

为再行剀切晓谕事案奉藩宪恩札饬照得民间置买田房从前漏税之契无论年份远近示于三月之限检契补税概免究罚倘有逾违择尤提案详办通行出示晓谕一面设立循环印簿分发图甲册书按月查报倘敢徇隐并提究治仍将出示式处所禀复等因又奉札据南汇等县禀复民间之敢于漏税者实由于相沿成习视为固然今欲整顿诚宜立限择尤详办应于开印日起四月底止凡未税之契概令检呈投纳逾限之后查出白契未税者照例治罪追价入官倘册书保正通同弊混本人照例究治应罚银两着该书等各半分缴以警藐玩至词讼吊契据称已交税房有奉批后补税者是漏而又敢取巧即照临讼授税例追价一半入官并严饬图保查吊等情到司查所禀各情甚为严明抄粘条例札县立遵定限申明例案出示城乡务令家喻户晓凡置田房随时过割承粮依限投税倘敢观望抗逾或图保等徇庇立提究罚一面分发印簿挨户稽查刻将查办情形覆奏各等因奉经本县节次剀切示谕无如各业户罔知例案一味贪小隐匿以致投税终不起色兹查正月至今投税者甚属寥寥除摘传图书地保面询并抽吊收除底册稽考外合再抄粘例案申明晓谕为此示仰阖邑业户绅民人等知悉尔等速遵宪行凡有田房产业一律过割承限自出示日起半月内检契投税听候粘给司颁印契执业倘再有心抗匿或临讼投税蒙混取巧定即立提到案照例究罚详办图保等通同隐混一经查出即重究不贷此系屡奉宪通饬查办其各凛遵毋贻后悔切切特示计抄例契开单

一置买田宅无论是否在绝不税契者笞五十仍追契内价钱一半入官

一典买田宅不推收过割者一亩至五亩笞四十每五亩加一等罪止杖一百其不过割之田入官

一典当田房契载半年限至多以十年为率倘多载年份一经发觉追交税银照例治罪一临讼投税者罚追契价一半入官

一置买旧房分立找杜各契隐漏税课者照匿税例惩办　十一月初五日示

《申报》1875 年 12 月 9 日第 2 版第 1112 期

总办海运沪局示

为列榜晓谕事照得本年苏省各漕仍由海运应需承运商船业奉关道宪封港截留雇备饬据该税行将船户花名揽装米数开送前来恐有提前压后希图蒙混先装情弊本分府现今吊取各船牌照禀请关道宪饬发商船进口堂簿逐一核对应即按照各商船报关进口之先后挨次派兑以示公溥而免偏枯所有承运白粮船只必须拣选宽大坚固沙船首先装兑放洋以据绅董禀报择其尤为新健坚固各船送候验明酌派其中不堪承运之船应由委员秉公查验剔除俾昭郑

重庶无贻误除谕饬经报税行送照外合将先后进口船户花名排列榜示为此示仰后开各船商耆舵人等知悉尔等将船赶紧修验坚固铺垫整齐排泊浦江静候委员按船查验开摺呈送听候本分府核明挨派受兑毋得违延自误

《申报》1875 年 12 月 13 日第 3 版第 1115 期

宁绍台道英示

为出示晓谕事照得内关公署地本通衢人烟稠密关后围墙既低且薄贴近民房殊不谨慎本道履任后即饬加筑乃未及兴工于十月二十七夜关前民房火作虽关署幸而无恙亟宜将围墙坚筑加高以期有备无患惟查关后墙外竟有民房贴墙架屋凿隙穿梁胆玩已极除饬关书筹款兴工将周围墙垣修筑增高并清理旧址外深恐尔等未及周知合行出示晓谕为此示仰关署附近居民人等知悉凡有借贴关墙私行造屋及凿隙穿梁者着即自行砌墙添立柱子毋再仍前玩现自取咎戾倘敢不遵任意延挨借端滋事一经访闻或被指禀定即重严究办决不宽贷其各凛遵毋违特示　十一月初十日给

《申报》1875 年 12 月 14 日第 2 版第 1116 期

总办海运沪局示

为出示严禁事照得海运粮米沙船承运漕粮每担有耗米八升白米每担有耗米一斗原为到津交卸恐有折耗短缺借以弥补俟交代有余由津作价收买所有以杜亏短而重正供定章最为周密嗣因日久弊生耆舵人等往往私向州县解米丁胥商通折价或在沿途各口私行粜卖又经严定章程留提三成附入联单随正交兑由津局收买在案乃承运各船仍有将耗米私行售卖或向不肖解米丁胥商通作价情事以致到津斛兑短缺实堪痛恨前有商船沈源茂胆敢沿途将米盗卖捏报遭风当经东省拿获耆舵人等奏奉从重究办本届新漕海运恐不肖者舵仍蹈前辙除密访严究外合行剀切示禁为此示仰承运各船及耆舵人等知悉所有应得漕白二粮耗米务须随正兑收一并到津不准颗粒短少倘敢私行售卖或勾通折价以及沿途盗卖情弊一经访实定提船主耆舵等从重严究将船估卖抵偿决不姑宽各宜凛遵毋违特示

《申报》1875 年 12 月 18 日第 3 版第 1120 期

总办江苏海运沪局示

为出示晓谕事照得白粮为天庾玉粒由海运津尤当慎重向来装运北上饬令该船户堆架

中舱俾得透风而免变色历经遵办在案今届新漕粮米仍由海运通经交业饬慎选好三春三碾概用加厚紧密麻袋装储交兑该船户等自当愈加慎重照旧堆储中舱免致蒸变到津交卸于驳合行出示晓谕为此示仰承运各商船者舵人等遵照尔等承装白粮务须堆架中舱俾得透风干洁易于交卸切勿稍存疏忽致有霉变自取赔补重累倘敢散放中舱以致潮坏一经察出定提严究罚赔决不姑宽其各凛遵毋违特示

《申报》1875 年 12 月 20 日第 2 版第 1122 期

抄录浙抚宪告示

为严禁借命图诈事据同善堂绅董呈称奉办报验由堂备费以杜扰累业蒙刊发规条并通饬援办在案数载以来颓风渐息惟查报验各案以吞服洋烟自尽者为多洋烟遍于城乡数十百钱即可立致初经吞咽无甚痛苦或谋生路绝或拼命图报被累之家轻则厚偿棺殓重则牵连讼狱危疑惊恐破家伤生辄在意中其于烟毙之死丝毫无补徒伤身命甚可悲也可否仰乞札饬有司议详立案刊刷示谕遍贴城乡一面照摹勒石碑垂永久等情据此查吞服烟土自尽亲属借尸图诈此风断不可长亟应严行究禁饬据臬司督同杭州府查议具详前来除批示外合行出示晓谕为此示仰合属军民人等知悉尔等须知人命关重苟非素习游惰何致谋生路绝其细故微嫌亦听人劝解若逞愤而睚眦必报恐酿命而两败俱伤至若借尸图赖法所必究律载子孙将祖父母父母身死图赖人者杖一百徒三年期亲尊长杖八十徒三年大功小功缌麻各递减一等尊长将卑幼尸图赖者杖八十因而诈取财物计赃准窃盗论抢夺财物准白昼抢夺论例载妻将夫尸图赖人比卑幼将期亲尊长图赖人律夫将妻尸图赖人者依不应重律又将父母身装点伤痕图赖他人无论全两手足他物成伤者俱拟斩立决又无赖凶徒遇有自尽之案冒认尸亲混行吵闹殴打勒揩行诈者均杖一百枷号两个月又控告人命如有诬告情弊即照诬告人死罪未决律治罪其间或有误听人言情急妄告于未经验之先尽吐实情自愿认递词求息者讯明照不应重律完结如有教唆情弊将教唆之人照律治罪又律载故用毒蛊伤人因而致死者斩监候烟土与毒蛊无异嗣后本人并无自尽之心亲属劝令吞服因而致死或本人吞烟不多希图骗诈入手仍而得生亲属不行劝阻后因灌救不及以致殒命变假为真及以尸图赖抢诈财物冒认尸亲混行吵闹并诬告人命等事必当按照例律分别究办如有实系误听人言情急妄告务于未经相验立先递词求息讯无贿和等情准予从宽完结若执迷不悟以死尸为奇货讹诈为得计惟有执法严办决不宽贷本部院轸怀民瘼不惮苦口告诫愿尔民敬听无违特示

《申报》1875 年 12 月 22 日第 3 版第 1123 期

070　　　　　　　　　　　　　　　　　　　　　　《申报》告示史料汇编

江苏海运沪局示

为出示晓谕事照得历届海运粮米雇备商船饬令分帮排泊候兑一经装竣即行起椗开赴吴淞海口听候复验驶至崇明十滧守风放洋兹查本届新漕海运封雇商船甚多排泊处所窃恐水道狭窄轮船行驶致有碰撞应即设法分泊以畅水道除饬经报税行传令遵照外合行出示晓谕为此示仰承运各商船耆舵人等知悉尔等务将大东门码头起至久大码头一带现泊外帮各船即行移至浦面开阔处所停泊候兑其续到之船亦不得倚傍外帮俾得水道畅舒以免轮船行驶碰撞之虞该商船一经装竣即行起程开出吴淞听候复验驶赴十滧守风放洋切勿逗留浦口自误取咎各宜凛遵毋违特示

《申报》1875 年 12 月 23 日第 2 版第 1124 期

江苏海运沪局告示

为晓谕事照得本届新漕仍由海运业据各属纷纷运米到浦驳船停泊渡船以及官民船只时有拥挤争竞殊属有碍商旅自应分次排泊以利往来合行出示晓谕为此示仰各州县驳米船户人等知悉尔等驳米抵浦务须各择空档分牌停泊让开码头出入之路以使船只往来倘敢抗违不遵滋闹生事定即提案究办渡船人等亦不得任意刁难并干究惩各宜凛遵毋违特示

《申报》1875 年 12 月 25 日第 3 版第 1126 期

江苏海运沪局示

谕各州厅县解米丁书人等知悉照得现办新漕海运赴通经交米色尤宜干洁谨防偷漏舞弊尔等管解漕白粮米水脚等项银两一经驳运到沪先将文批样米投送本局内者并将别船花名开折呈送听候查明实到米数委员逐一按验米色如果干圆洁净并无潮嫩掺杂立即派船兑收倘有米行色次以及挟同驳船沿途掺水拼泥舞弊定行驳换禀办并将押解之该丁胥等从严惩治枷示河于驳船照章据截决不宽贷各宜凛遵毋违特示

《申报》1875 年 12 月 27 日第 2 版第 1128 期

孙邑尊示

为出示晓谕事案据举人徐志芬马亡梁水鸿飞贡生毛昌善毛佐生员杨为焕毛震职监祝启唐徐挺芝等禀称窃职等生长四明地多薮泽见夫居民渔户采捕日多或布巨罾或施毒

物蠢兹水族几于尽歼夫击情形实深悯恻爰集同人公议拟仿杭州西湖成式酌分城西月湖地段自西南十二图之月湖桥及十五图之湖心桥起迤东南至义庄庙止宽长约里许作为放生官河两头起讫处所均以竹篾编插俾杜侵越仍不碍船只行走惟该处久为渔钓之所一旦划分设禁虽一隅之地亦恐刁徒借口有意阻挠为特联名叩恩准于月湖内界分地段作为放生官河并请出示晓谕勒石河于永禁采捕倘有违抗私越情事准即指名禀究从此生机以育物命以全感戴鸿施实无既极再此事现议归郡城敦安公所经理所有分界立石各项事宜俟奉颁示谕后再行陆续举办合并陈明等情据此查该职等所禀于郡城月湖内分地设禁作为放生官河事属可行应准如禀办理除批示外合行出示晓谕此示仰沿湖居民渔户人等知悉尔等须知月湖地方分地设禁系为放生起见所有竹篾编围界限之内以后永禁采捕由该职等刊立碑石以垂永远倘有阻挠及违抗侵越情事一经指控定行提案究办决不宽贷其各凛遵毋违特示

《申报》1875 年 12 月 29 日第 2 版第 1130 期

督销苏松太官盐兼办岱盐总局浙江即补县林会审分府谢示

为出示晓谕事案据上南经商夏隆泰禀称窃商前奉宪谕以销数不能足额饬即实力整顿减价办销等因遵即于上海城厢内外招开子店量为减价以疏销路当经拟具章程并将各子店牌号地址禀请分别详拟在案兹商复于上海租界地方设法劝开盐店以广官销伏查开设盐店例应请烙现在暂行试办拟请援照前案俟办有成效再行禀请给烙以符定制乞赐分别详移等情据此查租界地方人烟稠密是应广开盐店以便民食而疏官引据禀前情除由局详明浙运宪并移上海县外合行示谕为此示仰居民铺户人等知悉尔等须知贩私食私均于禁令现在租界开设盐店减价销售每斤定价栈发二十二文店销二十四文盐色一律清洁务向官店买食毋再贪贱食私致干查究凛遵切切特示

《申报》1876 年 1 月 1 日第 2 版第 1132 期

统带直隶督标亲军右营记名提督军门巴图鲁蔡示

为出示晓谕事照得本军门奉两江总督部堂沈札调防守江阴北岸炮台于本月初二日拔队前往行至黄渡驻扎点验查有犯勇范全德一名胆敢拐带洋枪号衣在队脱逃经本军门亲复到沪人赃并获既照军法就地枭示明肃军政为此示仰军民人等一体知悉切切特示

《申报》1876 年 1 月 1 日第 2 版第 1132 期

会审委员谢刺史示

为出示谕禁事照得租界地方推运小车原系贫苦小民借资糊口前因有等不法匪徒窃车典押以致车夫哀号无措情实可怜推原其故皆由木器押铺贪利收赃所致业经陈前分府明晰晓谕在案兹查窃车押钱之案层见叠出且有一等外来车夫偶因乏用将车质钱及至无力取赎业随以废流落他乡尤堪悯恻合再行出示谕禁为此示仰租界内木器押铺知悉嗣后凡有人典押小车无论是否窃盗一概不准收押倘再故违一经查出除吊车给还原主领回不追押本外一面仍提押店主严行究处决不姑宽至该车夫等当念以车为业不可暂离纵有急需亦宜自顾生理毋因一时之便而绝养命之原实于身家有裨焉其各凛遵毋贻后悔切切特示

《申报》1876 年 1 月 4 日第 2 版第 1134 期

会审委员谢示

出示晓谕事照得租界五方杂处匪类潜踪纵令缉捕加严驱除不尽本州视事以来所有小窃案件率皆登时破获迹其变赃之处押店居多节经贼犯供承饬捕吊缴在案查窝赃窃赃厥罪同科姑念事出无心悉予免究顾一责可宥三尺无私在本州格外从宽该押铺亦宜敛迹毋谓案无必破法可幸逃也当其受抵之时是赃与否原不能一一辨别然亦有易觉察者如其蓝缕衣衫而持贵重物者在所可疑或将半领元片质钱显系剪点白撞至于积窃过犯枷责频频万耳万目之中岂无一二认识诸如此类柜伙苟能留意亦足令匪类慑心若一味招揽惟利是图势不致抵贼赃不止试思尔等将本营生畴不以无事为乐万一误受赃物无论事发株连干系甚重就使官府宥不深究而一经吊赃给领追价无缴本利全无又何取也本州不追既往欲警将来未忍不教之诛任愚民抱无知之感合亟出示晓谕为此示仰租界内押铺人等知悉现届隆冬正宵小窃发之际嗣后尔等受抵物件务须加意察看遇有形迹可疑之人不妨详细盘诘以期来历分明倘敢容受希图侥幸一朝破获贻悔噬脐本州言出令行决不少从宽贷特示慎之 十二月初五日

《申报》1876 年 1 月 5 日第 2 版第 1135 期

会审分府谢示

为出示晓谕事照得上海租界为五方杂处之区品类既繁良莠莫辨法令森严之下尚有匪徒衣冠济楚之中尤多败类如有著名恶棍张富泉者本无行业混迹市缠蜉蝣其身蛇虺其性甘为登徒之蒙垢而淫恶有加窃步郭解之后尘而结交无赖或恃强讹诈或倚势欺凌甚且设计害人起风波于平地纠众滋事视法纪如弁毛种种为非作歹更仆难数厥愆查同治十一年间该棍

因与孙阿助争殴案内经陈前分府讯明议拟禀奉前道宪批准发县监禁半年迨至期满释放后复于龚阿东等滋扰妓馆案内肇衅生事又经前分府拟管押三月原属格外施恩开其自新之路讵该棍怙终不悛又于本年十月间胆敢诱骗良家处女陈阿二藏匿不放反肆唆讼诬毋逼娼等情业经本州拿获讯究枷号一月限满详请道宪发交上海县衙门监禁一年以警其余在案惟查该棍羽党众多平日朋比为奸不知凡几诚恐遗风未殄依然积习相沿除随时访拿究办外合先剀切晓谕为此示仰界内棍徒人等知悉尔等各宜安分毋再犯刑须知鸡犬不惊人生最乐豺狼必剪官法无私孰非爱惜身家何致拘□岸狱本州不追既往用警将来苟能改行为良尚在可原之列倘敢安心作恶定于不赦之条速鉴前车毋贻后悔凛之慎之

《申报》1876 年 1 月 11 日第 3 版第 1140 期

上海县示

为出示晓谕事照得冬防之候谨慎盗贼莫妙于设立十家灯更之一法无论城厢内外按十家设立一灯输流通宵点着鸣锣支更严密巡防遇有盗贼窃发互相应援如此守望相助庶宵小无从托足闾阎得以安堵合行出示晓谕为此示仰城厢内外铺户居民人等一体遵照办理各宜凛遵毋违特示

《申报》1876 年 1 月 17 日第 2 版第 1145 期

上海县示

为出示晓谕事照得本州现奉关道宪冯札准日本总领事品川照会准外务衙门咨准开拓便咨商海带丝一物为日本出口大宗制于北海营业者颇多每用绿矾加于原物之上希图颜色苍翠易于出售殊不知绿矾一物嗜之大害于人自应从严普禁转请咨会中国地方官晓谕商民周知等因照会到道查海带丝一项为日本出口偿物大宗明通商税则既有加用绿矾之弊应即通饬晓谕除呈请南北洋通商大臣檄行各海关知照并札上海县出示晓谕外饬即一体示谕等因奉此合行出示晓谕为此示仰租界商民人等知悉嗣后买卖海带丝一物务择原质之优劣勿图颜色之新鲜免致贻害生民各宜慎之毋违特示

《申报》1876 年 1 月 18 日第 2 版第 1146 期

湖北藩臬两宪告示

为明切晓谕以励风俗以正人心事照得朝廷正教所施□惩并用化民无如劝善止暴所以

安良湖北省城迭遭兵火地方元气久已大伤牧民之官爱之不遑何忍加以严刑峻法无如离乱之后习俗日非目染盗贼之行凶耳熟官司之纵弛一切政令率用权宜百事乖违罔知法纪少年子弟不闻教戒于父兄市井小人遂结群邪于族类如上年之董五董六近日之王元王如意皆其尤也本署藩司前在臬司任内办理此二案非不欲稍从姑息只因关系人心世道不能不杀一儆百以冀渐换颓风惟念不教而杀则伤仁子以自新则迁善倘能改过即是良民若不怙终犹非稔恶合特出示晓谕为此示仰尔军民人等知悉如有行为不正亟宜悔过知非勿以漏网为可逃仍蹈覆辙而不悟如有再犯断不姑容为善则生为愚则死前车可鉴也本司爱民如子独不爱不肖之民疾恶如仇尤深恶弗悛之恶城内各街各巷皆有公正衿耆山后山前务必遍行劝戒到处善堂林立何不以宣讲圣训为劝善之宗且有开馆训蒙何不以严禁非为作正蒙之始教子在变化气质正家宜肃整闺门妇女出游最足以招灾惹祸匪徒生事多起于看戏观灯廉耻不生则何以知礼义良莠不除则害及嘉禾尔等亦有秀良非皆患鲁近朱者赤何甘以墨自污熏艾则香胡乃逐臭于市凡有惑人之邪教无非祸世之巨端倘能处处防闲自无荡检逾闲之事如果人人畏法焉有违条犯法之时我具苦心尔可观听切切特示

《申报》1876 年 1 月 19 日第 3 版第 1147 期

总办江苏海运沪局示

为出示晓谕事奉关道宪冯札准总理输船吴移开据管带测海等输船徐副将等会禀输船添煤修理必由吴淞进泊高昌庙制造局前每过大小东门至董家渡等处见漕船商船排泊至六七十号及四五十号不等所占浦面约有四分之三未拢帮者任意乱泊禀请移咨示谕各船进出之时务须格外小心不得任意停泊庶免碰撞之虞等情移饬出示晓谕等因札饬遵照办理等因到局奉此查本届海运粮米奉潘粮宪详定新章将船提帮验兑业经本局六帮签验监兑俾得便于照察遵照办理在案统计每帮至多二十号一经兑装齐全即令退出另移他处亦为恐碍浦面行驶兹奉前因除谕税行传知外合行出示晓谕为此示仰承运商船耆舵人等以及各属剥米船户知悉尔等船只务须格外小心停泊不得任意乱泊致碍河道以免输船出入碰撞之虞切勿故违自误各宜凛遵特示

《申报》1876 年 1 月 31 日第 2 版第 1152 期

钦命布政使司衔福建分巡台澎兵备道兼提督学政夏示

为出示晓谕事照得鸡笼各山向为产煤之区历年商民采运出口不下数十万担只缘在地民人采取不得其法以致煤块畸零用之轮船机厂不甚合宜迩来中国轮船日增需煤日多势不

《申报》告示史料汇编　　　　　　　　　　　　　　　075

能尽购自外洋亟须讲求采法以备防海要需前奉钦差大臣沈咨商总理衙门转饬赫总税务司在于英国觅雇煤师翟萨到台经本司道委员会同前往鸡笼产煤各山逐一查勘现据禀覆勘得附近鸡笼十余里之老礜坑等处出煤富足堪以开采并议购备机器拓开车路置用轮车辘轳转连所有工匠概用华民现雇外国洋工数名指引开取以期得法各等情业经本司道详奉钦差大臣会同军督抚宪附片奏奉谕旨准行在案惟是事属创始诚恐远近商民未能周知合行出示晓谕为此示仰该处绅董商民煤户人等一体知照尔等须知现议开采老礜坑煤炭原系由官动款自行办理雇洋工导使在地煤匠如法开采以备轮船驾驶之要需将来开出煤炭应准中外商民一律购运以广招徕并将现征煤山税杂费一并宽免以示体恤此外各山已开煤洞无碍设立机器处所准尔煤户人等照旧采运尔等勿得怀疑观望各宜凛遵毋违特示

《申报》1876年2月5日第2版第1157期

上海水利厅抄奉上海县正堂松示

为出示晓谕事松江府正堂杨札奉按察司勒札奉钦差通商大臣两江总督部堂沈札开本年十月初七日承准总理衙门咨具奏申明各国游历条约摘录咨行各属等因查各属正杂各官固已咸知条约之意而城乡市镇一切军民等尚有未悉洋人游历由诚恐猜疑生事不可不通行示谕俾得周知饬于该处地方照录游历专条遍行出示晓谕并于示内声明该处地保甲长遇有洋人到境随时禀报地方官查验办理等因转饬到县奉此合亟照录条约出示晓谕为此示仰合邑军民人等知悉尔等须知洋人领照入内地游历到境各当照约保护不得杠疑生事该处地保甲长并即随时禀报以便查验执照照章办理其各凛遵毋违特示计开一各国民人准听持照前往内地各处游历执照由领事官给由地方官盖印经过地方呈验放行雇船雇人装运行李货物不得拦阻遇执照遗失无以缴呈中国官员务准亡执照之人暂憩以待另请执照或护送其人至近口领事官收管亦可皆不得殴打伤害如通商口岸近处游玩地在百里游期在三五日内毋庸请照家眷可带往中国沿海通商及江口市埠地方居住工作平安无碍或长住或往来听其在附近处所散步动作毋庸领照一如内地民人无异其各凛遵毋违特示

《申报》1876年3月20日第2版第1194期

谨录宪示

凡物有成必有败此天地自然之理而祸福自取焉如谓邻有死者而即可祸人则邻有生者而当可福人矣但今之左右邻或有生青从未闻同里者因乏获福然则邻有新丧付柩未出焉能移祸于人哉查得嘉善地方风俗最坏每遇邻有丧车停柩在家近居偶染疾病遂借此讹诈并引

妇女登门寻骂逼勒迁移如或因病身亡竟敢毁口凶殴百般吵闹此种弊俗实为别处所罕见又或建造房屋邻居亦以为有碍风水为辞尽有料众面拆毁者所以讼狱繁滋民不安厥居官不胜其扰究其总山无非惑于风水而误听不肖地师之言现幸善邑尊中观察洞鉴情形出示严禁永杜陋习力挽颓风想自此后无识愚民定常畏法而不敢重蹈故辙也故谨将县示附录后辐俾共知邑尊之德政云尔鸳尔钧徒在任候选道浙江定海直隶应摄理嘉兴府嘉善县正堂加三级随带加一级史为出示严禁事照得民间遇有新丧或一时无力埋葬或一时实不得地暂行停柩在家固为例所不禁至阴阳家风水祸福乏说尤属杳渺无凭岂能取信近闻本邑地方每多或景风水听信堪舆乏言辍以邻居停柩在家有碍风水凡遇家人妇女疾病均归咎于邻里停棺或勒令迁移或借端索诈百般吵扰不遂不仅此等恶习实堪痛恨惟查善邑向有阻葬刁风历经示禁近甫稍息今复以停柩在家有碍风水领众登门寻衅不已其蛮横情形责与阴葬无异亟应一律禁止以通风化除随时密查提究外合行出示晓禁为此示仰合邑军民地保人等知悉自示之后凡邻里遇有新丧停柩在家奉不论何向应听其便毋得以有碍风水为辞勒令迁徙任意踞吵倘敢狃于积习阳奉阴违一经访闻或被告发定将诈扰之人照讹诈例治罪如系地师教诱将启诱之地师照教诱人犯法例治罪决不姑宽其各凛遵毋违特示　光绪二年二月十三日给

《申报》1876 年 3 月 25 日第 3 版第 1198 期

布政使衔湖北汉黄德道监督江汉关李示

为照章晓谕事照得同治十一年曾准英夫领事府照会各茶商临交大宗茶箱多与原样不符一案随经饬据各茶栈公同禀称遵查各茶商成本重大大箱到汉原与先发之样箱相符惟间有不符者致累大宗交易窒碍遵议嗣后各商各路茶叶应候大宗到时发样出售不得以样箱先发以免比对不符致多挑剔凡各茶栈遵谕严立栈规以副秉公通商之美意等情当经本道札饬各卡嗣后如遇并非大宗茶箱仅带样箱一二口过境即行截留不得放行所有各帮茶商公同会议章程五条出示晓谕在案嗣后各帮茶商禀称自奉谕禁止样箱立有成效但两湖虽一律奉行而江西之宁州河口两处仍复样箱交易尚觉先后参差查宁河茶箱大帮均在姑塘完厘运至九江将样箱报关附汉发售如大帮未到而样箱先寄者自恐有取巧之虞允宜禁止如果大帮确到有姑塘厘票可验者则不能不任其发样以便茶旅今议凡宁河茶样由浔到汉必须将大帮厘票呈关查验乃准附寄共矢诚信众情允洽等情前经咨会九江关转饬照会并照会各国领事府暨咨南北两省盐茶牙厘总局转饬各局卡如遇大帮自应照章放行凡有装运样箱一二口到卡即行截留其由浔寄汉宁河样箱如无大帮厘票呈验即扣留暨行南关及督收局严密查禁曾亦在案兹值商人进山之际除再咨行外合行查禁出示晓谕为此示仰各帮茶商茶栈人等一体知悉该商等以巨万资本经营子母自应信实相孚以免口舌既据

该栈等禀定章程仍应一律遵照办理凡商人运茶出山不许先发样箱应俟大宗茶箱运到再行出售如有先发样箱私行卖与洋商者一经查出或被告发定照违示谕论不准该商在口卖茶永远革除为私卖样箱者戒自示之后各宜遵守切弗阳奉阴违自干咎戾凛之慎之毋违特示计开茶商公议章程一汉口茶惟前各商在山办茶历系大宗合堆后随意先提数箱来汉出样成交大宗一到即行起栈过磅原无不符割价诸弊近因积久弊生间有先发样箱希图赶快者临时货色争差致贻减价退盘之累此则十之二三然洋商割价退盘之事大都由行市跌落借端挑剔迫至辩论不申含忍受亏居多今由杜除积弊必先正本清源自后各帮办茶公议永远不准先来样箱定以大帮茶到随抽数箱出样诚恐客众路远未能通知吁恳关宪行文通知各卡禁止样箱经过各卡毋许样箱挂号起被传谕茶栈非大宗茶箱毋庸经售如此则弊卖不塞中外商贾均获乐利一茶虽大帮发样犹恐洋商仍怀狐疑不能坚信与其争论于后曷若慎重于前兹议成交之时洋人自派一人随同经手栈家三面亲自船上大宗茶箱内随抽几箱或一二十箱均可起与洋商开看先行对样而后落簿以交价过磅为率如此则十分慎里毫无蒙混如落簿之后涨跌各无翻悔一茶落簿后限二天内即行交茶起栈过磅各无挨延以免行市涨跌借端生枝一交易银钱最关紧要汉口通商以来洋行售货定例先出银票后发货件行之已久华洋均便盖客与洋商声气不通经手转折虽保无中饱营私情弊兹议茶过磅后洋行将银如数先行交客然后客将厘票缴交洋行公恳关宪仿然洋商售货之例照会各国领事转饬洋商并传谕查关司吏凡茶如无原来厘票不准出口以顾大局一通商章和原期尽善尽美彼此利益各口交易从无平空罚银之事至于客请洋商公论一节无奈声气不通兹拟改请华商公正之人洋商亦未必相信以彼推此易地皆然总之今既不卖样箱随便抽箱开看又复酌定革弊章程从此永息争端矣

《申报》1876年6月13日第2版第1267期

江南苏松太兵备道冯示

为出示谕禁事查上海为商贾辐辏之区市面银洋贵乎流通所有囤积居奇空盘卖买恶习久经禁绝本年四月间有等市侩私做露水卖空买空以致洋价大涨当行上海县及租界谢委员并谕钱业董事传谕严禁嗣接苏藩司函请查办又经委员劝导洋价渐平乃近日忽又顿涨本月初六日每洋一元作银至八钱之多洋拆每千二元有余之重实属骇人听闻有碍市面顾系市侩做空盘囤积渔利只图肥己不顾害人殊堪痛恨除派员并札上海县暨租界谢牧一体密访查拿一面谕令南北钱业董事劝导外合行出示晓禁为此示仰钱业商贾人等知悉尔等凡遇银洋交易务须现银现洋不准空卖空买囤积居倚违例取利以期洋价早日平复贸易得以畅通自示之后倘仍执迷不误定当严拿到案照例惩办决不宽贷本道言出法随慎毋以身尝试其各凛遵

毋违特示

《申报》1876 年 6 月 30 日第 3 版第 1282 期

常镇通海道沈告示

为出示晓谕事奉两江总督部堂沈札准福建巡抚部院丁咨窃照福建省城骤遭水患民食艰难亟须外米接济以惠饥民查苏省为产米之区若能源源运闽裨益不少咨请转饬上海镇江两关道凡遇轮船夹板运米来闽者验查明确准其免税则商人有微利可图借资输转庶闽省不致有庚癸之呼矣望切祷切等因到本部堂准此合就札饬到关即便遵照办理并即出示晓谕等因并奉福建抚宪丁前因各到关奉此合亟出示晓谕为此示仰各商人等知悉尔等贩运米粮由轮船夹板运往闽省销卖者准其赴关呈照报明听候验查免征税课及时运济民食毋稍迟疑切切特示

《申报》1876 年 7 月 12 日第 2 版第 1292 期

鄞县奉督宪甲送伐蛟示

为出示晓谕事光绪二年五月初十日奉府宪边札开奉署藩宪灵札奉督宪李批发严州府甲送伐蛟说行令刊颁晓谕咸知遵办等因转行到县奉此合亟照录出示晓谕为此示仰居民农佃人等知悉尔等须知蛟水为害猝难抵御若不预为防维万一乘时而出其祸甚烈所有后开伐蛟良法务宜实力讲求随处留意遇有踪迹即行依法剪除以为思患预防之计勿稍漠视是为至要伐蛟说列后

月令季夏之月令渔帅伐蛟伐者何除民害也先王之爱民也至而卫民也周凡妖鸟猛兽之周无不设官以治之蛟之为害尤酷故声其罪而致其讨又著之为令以诏后世也往在江南蛟患时闻广源深谷之间大率数载一发其最盛者宣城石峡山一日发二十余处六安州干地水高数丈也江西缨山带湖本蛟龙所窟宅旌阳遗迹其来尚矣近世出蛟之事在元一见于新建在明一见于宁州再见于瑞州三见于庐山四见于双老峰五见于太平宫国朝一见于永宁皆纪在祥异志彰彰可考余来抚之次年适兴国等处蛟水大发漂没我田禾荡析我庐舍尽焉心伤思所以案验而剪除之未得其要领也书院主讲梁先牛博物君子出一编示余言蛟之情状与所以戡之之法甚详且核有土色之可辨有光气之可瞩有声音之可听其镇之也有具其驱之也有方循是则蛟虽暴不难剪除矣云蛟似蛇而四足细颈颈有白婴本龙属也其孕而成形率在陵谷间乃雄与蛇当春而交精沦于地闻雷声则入地成卵渐次下达于泉积数十年气候已足卵大如轮其地冬雪不存夏苗不长鸟雀不集土色赤有气朝黄而暮黑星夜视之黑气

上冲于霄卵既成形闻雷声自泉间渐起而上其地之色与气亦渐显而明未起三月前远闻似秋蝉鸣闷在手中或如醉人声此时蛟能动不能飞可以掘得及渐上距地面三尺许声响渐大不过数日候雷雨即出出多在夏末秋初善识者先于冬雪时视其地围圆不存雪又素无草木复于未起二三月春夏之交观地之色与气掘至三五尺其卵即得大如二斛瓮预以不洁之物或铁与犬血镇之多备利刃剖之其害遂绝又蛟畏金鼓及火山中久雨夜立高竿挂一灯可以辟蛟夏月田间作金鼓声以督农则蛟不起即起而作波但叠鼓鸣钲多发火光以拒之水势为退皆得之经历之故老凿凿有据者也余乃稽往验今征物辩义为之印证其说曰月令孟夏夏正之六月也今言蛟之出在夏末秋初其可信一也志称宏治十七年庐山鸣经三日雷电大雨蛟乃出今言蛟渐起地声响渐大候雷雨即出知向所谓山鸣即蛟鸣也其可信二也许旌阳镇蛟以铁柱今言蛟畏铁其可信三也兵法潜师曰侵声罪曰伐今震之以金鼓烛之以火光如雷如霆俨若六师之致讨与伐之义相合其可信四也夫以蛟之不难制若此而数千百年以来罕有言者盖田夫野老知而不能言文人学士鄙其事而以为不足言司牧之官又鞅掌于簿书而不暇致详也一旦横流猝发载胥及溺然后开仓廪以赈恤之则已晚矣天下狃于故常而忽于远虑贻害可胜道哉余故亟录其说广为刊布且悬示赏格有掘得者官给银十两使僻远乡村之地转相传说人人属耳目注精神先时而侦候临事而周防庶几大害可除此邦永蒙其福而他省之有蛟患者皆可踵而行之幸毋以为不急之迂谈也按此说乃陈文恭公任江西巡抚时所刊也

《申报》1876 年 7 月 17 日第 2 版第 1296 期

抄录津郡告示

海关道黎天津道刘出示晓谕事照得现奉督宪批据津郡阖邑绅商士庶人等禀称以闻督宪有赴山东烟台之行津民不愿暂离恳留旌节等情奉批所禀具见悃诚惟烟台之行系钦奉特派事关大局义不容辞此行本为息事保民审度情形必无他虑津东一洋之隔地方仍可兼顾不致贻误事机归期亦不能迟久该绅民应各照常安业勿稍疑虑摇惑切切正在示谕间又据合津水局众首事云庆亮等禀同前由复蒙批昨据绅民具禀批示在案兹据合郡水局众首事等禀陈各情实属忠义可嘉仰天津道府县查照前批传谕一体知照并明白开导勿任怀疑误会为要各等因奉此合亟出示晓谕为此示仰合郡绅商士民人等一体知照自示之后尔等应各照常安业勿稍疑虑误会勿违特示　光绪二年六月十六日示

《申报》1876 年 8 月 14 日第 2 版第 1320 期

上海县正堂松示

给示谕禁事据职董陈受益朱廷射李鸿都张刚胡行芳倪燮恭杨余朱芬卣李心陶孙廷璋叶兆祺刘宗海等禀称切治下新闸与宝邑真如接壤之通衢为两道商民往来要道久不修筑缺陷甚多且此路均沿吴淞江路旁田亩宜稻者多每至夏间秧田水足满溢路中往来不便天雨傍晚阴黑泥滑难行更形艰险小则有倾跌之患大则有性命才虞职等目睹情形殊深悯恻因议遍向两邑绅当极力劝募仿照宝城至吴淞口石路规模自治下新闸起至真如东市梢止计共工长三千余丈大约计需钱万余串惟治下新闸至宝芭界计共工长一千余丈悉将旧路一律铺石并有小桥损坏亦一律修整以为一劳永逸之计现在募捐渐有成数职等拟即购石动工诚恐好事之徒借口勒阻致碍要工除将宝山县示并募捐愿簿粘呈外环求给示晓谕等情并呈捐簿到县据此除批示并由本县书捐济用外合行出示谕禁为此示仰该处保甲及居户一切人等知悉尔等须知该董等现拟自本邑新闸起至宝邑真如东市梢止将旧路一律铺石并修理损坏小桥系为利益往来大道行人起见各殷户务宜量力书捐交工济用以成善举倘有无知之徒借口阻挠许即鸣保指名禀县以凭究办所有在事绅董固当任劳任怨以冀事在必成尤须大慎矢勤俾免捐户借口是所厚望工竣后仍将收支各款由该董等造册禀候列榜晓示工次昭征信各宜遵照毋违特示

《申报》1876 年 8 月 23 日第 3 版第 1328 期

冯道宪谕示

为晓谕事今届丙子科乡试所有上海前往金陵应试诸生若由内河行走不无濡滞且多盘费现经本道拟照成案派拨惠吉轮船送往金陵定于七月初十日由沪开行各士子如愿搭轮船前往即先期赴学报名届期由该教官率同登舟在船务须安分各人饭食由轮船备办俟到金陆起岸每人给轮船饭食及水手赏项共洋一元以资津贴不准轮船水手人等同该士子多索除分札外合行晓谕为此示仰赴试诸生一体遵照毋违特示

《申报》1876 年 8 月 26 日第 3 版第 1331 期

钦命江南江苏等处提刑按察使司总理驿务勒示

为剀切劝谕事照得左道必诛着明法令近日讹言四起谓有邪匪剪人发辫甚至以梦魇相惊其中倘百有一真此等妖人岂复可少宽刑典本司谬为臬使不能使异端慑伏贻累我民皆由忠信未孚智能太浅返躬循问殊愧素心惟是平生疾恶如仇断不姑息匪徒使善良蒙害顾有念

下民之孽非降自天人无衅焉妖不自作今禀功正亟劳苦倍常何堪在处喧嚣昏夜不能休息彼邪匪行同鬼蜮正欲使群情惶怖乃能乘为奸尔众民若望影生疑听风失措凭虚构妄是自堕其术中也为此亟行晓示一应军民人等知悉大凡人心克正阴慝难于恐妇孺村氓未明此理所赖衿耆儒士详明解释切戒其躁扰纷纭事定人安谣言自释即或有外来丑类无从混迹潜身侦缉到官自可讯明严办愿勿以此语为迂也切切特示

《申报》1876 年 9 月 1 日第 2 版第 1336 期

钦差大臣办理通商事务两江总督部堂沈示

为出示晓谕事照得近有匪徒以能用纸人剪人辫发为名妖言惑众迭经拿获正法枭示然皆查有实据凡有确供是以照例严办若仅因迹涉疑似不候官凡辄行聚众殴打甚至疑及教堂所为深恐借端滋事酿成巨祸合行出示晓谕为此示仰军民人等知悉此项匪徒向系白莲教党羽并与教堂无涉如果查有剪辫切实证据无论平民教民均应听地方官拿办不得捕风捉影遽行滋扰如敢故违定即严拿惩办切切特示

《申报》1876 年 9 月 4 日第 2 版第 1339 期

钦差大臣总理通商事务两江总部堂沈示

为晓谕事照得纸人剪辫系白莲教邪术中国未通商之前即有之与西洋各教原无干涉第获案邪匪每供出自教堂希图出脱亦难保其必无豫为破案地步挂名教堂者以致谣言四起为此示军民人等遇此等重案凭官研凡有证明确者无论民教均立予正法枭示该教士决不能袒护但须静候地方官审出虚实毋激一时义愤滋生事端致贻身家之累切切毋违特示

《申报》1876 年 9 月 14 日第 2 版第 1347 期

江苏巡抚吴示

为剀切晓谕事照得夏秋之交忽有邪匪或以纸人剪辫或幻黑物压人居民骤闻此异一夕数惊人人疑惧辗转传述不免讹以滋讹几至三人成众兼以莫测来由遂有疑友天主教堂者要知凡诸压魅邪术向属白莲红阳等项邪教所为与天主教无于是以条约列明许天主教租地建堂传习但入教者类皆乡里愚氓良莠不一难保无不守教规或先习彼教而旋为白莲等邪教所煽惑者亦有阴习白莲等教而阳附天主教为护符者更恐白莲等教匪党煽惑愚民传授邪法托称传自天主教堂施嫁祸之诡计使之民教失和群相争哄该邪匪乘机思逞为害于地方民生实

非浅鲜必宜严拿重惩迭经本部院与两司密饬各属随地侦缉现在江阴泰州等处先后报获邪匪奚保观朱大等均已就地惩办长洲县昨亦拿获冯阿兔朱永兴赵瑞胜业据审明禀经批饬就地正法察核各处获讯犯供或认剪辫或认压人诘其传授邪术之犯实系红阳等项邪教匪党远自贵州山洞流布各省与本年安徽省获办邪匪魏于谊等情大同小异即朱永兴赵端胜虽曾习天主教所供施放纸人亦系贪利而为红阳邪教所惹均无牵涉及天主教堂一语其与天主教无涉信而有征除再行枭司严饬各州县实力访拿前项邪匪悉获严办毋任潜匿以靖地方并移各关道照会该总铎一体约束教民毋令各项邪教混迹影附致坏彼教声名外今特剀切示谕为此示仰各属军民人等知悉尔等须知邪术压魅实系红阳白莲等项邪教匪徒已属饬地方官严密缉拿一经获案讯实无不立置典刑自来妖由人兴邪不侵正务各处以镇静毋得捕风捉影牵涉教堂自贻祸害设遇外来实在形迹可疑之人亦须投知图董乡保查明送官审问如果实系邪教确有证凭地方官断不致轻纵贻患自误考成至民间盘获匪徒若不送官自行殴杀纵使死者实在罪犯应死凶手即系被害之人定律以应科以擅杀之罪倘竟误杀无辜甚或因事挟嫌借端残害则是杀人者抵定当按律问拟法网断难幸逃本部院恐愚民不谙例禁误犯科案用是谆谆告诫其各凛遵特示

《申报》1876 年 9 月 30 日第 2 版第 1361 期

谕示行船

本埠新北门外之护城河本最窄狭然各乡之往来船只每多停泊于此潮水即退则皆胶于河底及上潮时始拔篙启行极形拥挤是以两岸为所冲激渐有倾圮之处前日经城守营金君履勘诚恐日渐侵损或与城脚有碍爰出示布告行船以后进出务宜各自留心勿再碰撞岸沿如违定即惩办云

《申报》1876 年 10 月 6 日第 2 版第 1366 期

照录告示底稿

为通行晓谕事准钦命总理各国事务衙门咨开照得洋人入内地游历各国条约载明凡有执持地方官盖印之执并前往各处沿途地方查验放行设有不法情事就近送交领事官惩办只可拘禁不可凌虐等语各该地方官均应遵照条约办理上年正月间有英国翻译官马嘉理由京请领护照前往云南回至腾越厅属界惜遭戕害奉旨特派湖广总督李前往查办并经本衙门奏申明条约请饬各省遵照于光绪元年九月十一日奉上谕总理各国事务衙门奏申明各国条约请饬各省遵照一折洋人入内地游历各国条约均经载明必须请有执照盖用中

国印信经过地方随时呈验放行倘有不法情事亦载明就近交领事官办理沿途只可拘禁不可凌虐如非体面有身案之人一概不许给与执照条约本极明晰地方官不难分别办理近有英国翻译官马嘉理在云南边境被戕一案其为何人戕害业派李瀚章驰往查办嗣后各省督抚务当通饬所属地方官细核条约本意遇有各国执持护照之人入境必须照约妥为分别办理以安中外而杜衅端钦此钦遵各在案本年六月复奉旨派大学士直隶总督李前赴山东烟台会同大英国便宜行事大臣威将马翻译官嘉理一案筹办奏结经钦差大臣大学士直隶总督李折称查同治十三年六月间经英国驻京大臣以印度派来官员由缅入滇并派翻译官马嘉理前往迎接商请总理衙门照案发给盖印护照并咨沿途各省及云南督抚一体知照旋经英国大臣声明翻译官马嘉理已于是年十二月由滇安抵缅甸新街地方迎接印度派来柏郎等折回滇境迨光绪元年正月十七日马翻译行至腾越厅属之蛮允地面遽遭戕害十八日柏副将等被人持械击阻等因五月间钦派湖广总督臣李瀚章前往查办并派前侍郎薛焕会同办理一面由英国驻京大臣选派参赞格维讷等往滇观审二年三月李瀚章等查明复奏据称英国翻译官被戕系因野匪索取过山礼不遂致被杀害其同行各员被阻系由已革南甸都司李珍国主谋案关中外交涉未便遽拟罪名请敕下总理衙门会同刑部议覆奉旨允准由总理衙门恭录照会英国大臣并将李瀚章等原折及供招信函等件一并抄送知照查该革员李珍国及各犯等各有供证可凭自应酌照中国定例分别科罪惟据英国大臣开送节略内称将参赞格维讷等所报情形逐层核对查湖广督臣李瀚章等原讯供证指出李珍国等为案内要犯虽按中国律例可作为定罪之据若按英国例法评议仍似难称信谳如将前项人犯治罪英国未能视为允协转恐更滋疑虑此案被戕被阻皆系英员因思西国理教所重倘仅责其既往莫若保其将来切请将现在带案候办之人毋致惩办等语臣钦奉谕旨驰赴烟台与英国大臣会商中西律例既殊办法亦异似应据情权宜拟结除署腾越镇总兵蒋宗汉腾越厅同知吴启亮业经革职毋庸议外其已革都司李珍国及匪犯而通四腊都等十一名可否仰恳天恩特施法外之仁俯如英国大臣所请酌予宽免罪名伏候圣裁第念翻译官马嘉理系我和好之国所派职员复经发有护照遭此戕害其同行之员并被击阻未免有伤两国睦谊朝廷笃念邦交自必深如惋惜拟请旨宣示中外俾释群疑况中国与各国早经立有条约彼此均当恪守上年九月间总理衙门具奏申明条约将各国人民请照游历保护之条通行各省务须细核条约本意分别办理应请旨饬下各省督抚臣凛遵上年九月十一日谕旨再行严饬所属仰体国家敦睦友邦之意嗣后遇各国执有护照之人往来两地于条约应得事宜务必照约相待妥为保护若不认真设法致有侵凌伤害重情即惟该省官吏是问并于各府厅州县张贴告示使之家喻户晓洞悉中外交际情形以后衅端自可不作如蒙谕允即由总理衙门拟定告示咨行各省照办等因光绪二年七月三十日内阁奉上谕李鸿章奏遵旨驰赴烟台与英国使臣会办滇案各折片英国翻译官马嘉理前在云南腾越边界被戕该处地方文武不能留心保护咎有应得本应分

别惩办既据李鸿章奏英国使臣威妥玛以为责其既往莫若保其将来请将案内各犯宽免等语着照所请除署腾越镇总兵蒋宗汉腾越厅同知吴启亮业经革职毋庸议外已革都司李珍国及匪犯而通四腊都等十一名应得罪名均着加恩宽免惟马嘉理系英国所派职员由云南前赴缅甸发有护照往返均应保护乃马嘉理猝遭戕害同行之员并被击阻殊失朝廷和好之意嗣后各直省督抚当凛遵上年九月十一日谕旨严饬所属凡遇各国执有护照之人往来两地务须照约相待妥为保护如有违约侵凌伤害情事即惟该省大小官吏是问并着总理各国事务衙门拟定告示咨行各省遵照办理各该地方官均宣讲求条约以期中外相安倘有外国官民被戕迅即查拿正凶勒限办结不得任意迁延致干咎戾马嘉理一案现已办结云南边界通商事宜俟英国派员到时即着云贵总督云南巡抚选派妥干大员前往该省边界查看情形商订章程随时奏明办理钦此钦遵应即咨行照录出示等因为此合亟出示晓谕一应军民人等知悉嗣后凡遇执有护照之洋人游历内地各处务须恪遵两次钦奉谕旨安为保护以敦睦谊而符条约毋得故违致干咎戾切切特示按此即颁行各府州县之告示故其中上谕奏疏虽前报已节次照登兹仍恭录于右本馆附识

《申报》1876 年 11 月 14 日第 2 版第 1399 期

会审委员陈告示

为严行示禁事照得制钱一项为通行之宝上裕国课下使民生以银易钱向有一定市价即有市钱制钱名目每两易钱若干亦不过数十文上下只缘皆系制钱无非有分数轻重之区别是以向来在所不禁惟近年以来钱色日渐低次查上海南北两市公正钱庄皆在会馆列名彼此认为同行均通汇划名曰钱庄实以银洋进出为主即有易钱兑换向称官正亦无提大掺小阴谋违法情事近来租界内有不入同行之小钱庄日渐增多有专门提出大钱另售者有买进小钱掺和者更有另买小钱做进出者虽非出自该店私铸来自乡僻倘于市上无人收买即无人私运来沪节经巡捕途遇获送到廨讯其来历均称途中代友分运其本犯一见巡获当即逃避不知何往供词如出一口且此种小钱式如风飘鹅眼之类迥非从通砂谷白板可比亦非上海城厢内外通用之钱而被巡捕迭次拿送者总计有百余串之多显见此中定有奸贩来沪私运别岸销售若不严行禁止势必大钱日见其少小钱日见其多非独大干禁令且干巾而有关本分府不忍不义而诛合先出示严禁为此示仰租界内各钱业一体遵照自示之后务各猛省自悟安分守业倘敢再有私买小钱提售大钱情事一经巡捕查获解案定即究明买卖各户照例惩办幸勿以身试法凛之切切特示

《申报》1877 年 1 月 8 日第 2 版第 1446 期

饬查告示

前因滇案经中西官在烟台议将保护西人之告示通行十八省城乡发贴示众复经西官在内地查阅迭经列报兹复奉南泽通商大臣沈制军飞饬各属以此示实关系大局须得众目观瞻在一二年内宜贡成各地方官随时查看弗任剥落损毁等因本县衙门复奉颁发多张分贴各乡村镇以期民间一体周知具见中西各大宪之郑重其事也

《申报》1877 年 1 月 9 日第 1 版第 1447 期

会审委员陈告示

为出示禁止事奉道宪札开本年十二月初七日接德国领事克来函据干泰洋行禀称本行凡有货物拍卖之时或代为拍者都将该货指明即以极小价目先行讨之迫各人互相争购如有渐次添价总以最多价目卖之似是公平不料现有一等开卖洋货华商每逢拍卖之时伊等则齐心勒价不许别人加增显系把持行市是属情理难容请按照律例于租界内出示谕知悉如违从严罚办并请缮示多张另给本国驻沪洋行实贴等因到道查拍卖一事系中国律例所不载惟买卖货物彼此总须公平交易无论卖主买主俱不容把持揞勒兹准前因队函复外饬即查明妥为办理具复等因奉此除谕饬洋货公所董事查明饬遵外合行示禁为此示俾租界内洋货各商一体遵照嗣后拍卖货物务须公平交易不准勒揞把持致干咎戾毋违切切特示 光绪二年十二月二十一日示

《申报》1877 年 2 月 3 日第 2 版第 1469 期

道宪告示

为晓谕事案奉南洋通商大臣督宪沈札光绪二年十一月初六日准总理各国专务衙门咨本衙门具禀上海租界洋赁免厘开办日期一折光绪二年十一月二十八日奉旨依议钦此咨行于光绪三年正月初一日遵办又奉宪行洋药一项条约内另有专条且有燕台定议是今日洋货免捐洋药不在免之之列应仍当缴捐以济饷需并奉南北洋通商大臣行知德国钦差大臣照会总理衙门内开洋药不在不应抽厘之内等因各到关奉此除移行外合亟出示晓谕为此示仰各行栈商民人等一概遵照毋违特示

《申报》1877 年 2 月 19 日第 3 版第 1476 期

鄞县告示

为遵札事光绪三年正月初六日奉府宪边札开光绪二年十二月二十日奉学宪黄牌开照得生童正场之日该提调官务须饬县多备灯烛一面大书某县第几排一面楷书该童姓名于考棚之外多置条凳靠椅实处鱼贯成列即将牌灯分置凳后每凳相距必须容坐五十人届期由提调派委干员数人带同派出郡县干吏各学书斗按照灯牌姓名逐一唱令其鳞比就坐不得转有参差亦不得起坐自由别写灯牌每牌十人只用一面大书某县第几牌一名至十名或某县第几牌十一名至二十名之类俟本部院开门时灯役取十人牌照会该管书斗令所管十人鱼贯鹄立于县门听知县点名大门听提调点名次第前进逐一应名该提调官饬县仍先于大门内用坚实文栏就甬道左旁曲折安置其中只用一人行走以免争先落后如左旁地势低洼应铺填木板或砖石以便行走其上用席棚紧扎以蔽风雨合行牌仰该提调官饬县预为备办一面出示晓谕如有故意拥挤及不遵约束者准该提调官即刻查明扣除庶几礼教肃清规模严整即可及早入场专心应试兼免拥滞喧哗及倾跌损伤之害诸生童等必能恪循法度也凛之慎之等因到县奉此合行示谕阖邑诸生童等一体遵照毋违特示

《申报》1877 年 3 月 1 日第 2 版第 1485 期

臬宪薛禁止昆新赌博告示

钦加布政使衔署理江南江苏等处提刑按察使司薛为出示晓谕事照得开场诱赌例禁极严诫以一堕术中则废时失业荡产破家为害实非浅鲜至于与贡生监以及有职绅衿尤当谨守卧碑恪遵宪典为齐民之表率兹本司访闻昆新两邑地方向有无业之徒勾串绅衿每于正月间借新春游戏为名租赁大家深房密室开场聚赌引诱良家子弟抽头分肥恃绅衿为护符贿差保以包庇地方官亦无从觉察为害日深实为弊俗除饬县密访查拿外合亟出示谕禁为此示仰昆新两邑绅衿士庶人等知悉尔等嗣后当痛改前非守正畏法倘敢仍蹈前辙或被访闻或经告发一经拿获到案定即从严惩办决不姑宽本司言出法随务怀刑而革面勿尝试以噬脐其各凛遵毋违特示光绪二年十二月　日告示

《申报》1877 年 3 月 5 日第 2 版第 1488 期

鄞县正堂戴示

照得本邑五方杂处往来商民络绎不绝其中良莠不齐深恐匪徒混迹其间且有江湖之徒或为医卜或业歌弹以及当街变弄戏法飞刀舞棍演唱木头之戏招看西洋之景此皆最易煽惑

人心滋生事端又有棍徒凶丐强讨硬案尤为间阎之害亟应一体叫绝以靖地方除会同城守营
督饬差保严行查禁驱逐外凡尔前项外来一刀江湖人等务于三日内赴紧出境不得再事逗留
倘敢故违不遵定即严提到县分别究办决不宽贷其各凛遵毋违切特示

《申报》1877 年 3 月 6 日第 3 版第 1489 期

会审分府陈示

为晓谕事照得租界商民打猎禽兽以及店铺取卖野味向于春令禁止俾资生养历奉道宪
札饬晓谕在案兹据总巡捕平福利禀称现将届禁猎之期于正月二十六日即西历三月初十日
为始一体禁止猎卖请即示谕前来合行出示晓示仰租界内各色人等一体遵照毋违特示正月
廿四日示咏山左李孝子事录清笼湫旧隐饭颗山樵鸳湖映雪生同作

李孝子古罕闻耳聋目瞽伫伈穷民一身并失聪与明能以孝养娱老亲一解孝子居日照里
蕴其名虞庠士早岁胸中博经史孺慕迈寻常天宜赐尔祉二解母瞽儿继瞽母聋儿复聋不问不
见忧心茕茕年复一年兮伴母于室之中三解母虽瞽子能视晨夕何伤供母使母虽聋子能听出
入犹可奉母命悲哉母子连何塞聋兮瞽兮并一辙以此全孝殊难得四解孝子目盲神不昏孝子
耳聋心独清时抚母身惟恐寒燠衣不匀频执母手必以甘旨亲相授分职非无子兴孙骨月虽一
体不若儿殷勤五解母寿登大耋儿年逾古稀寸心永答三春晖苦中能得甘聋瞽亦何病彼苍非
不仁玉成此孝行六解岁阳在柔兆孝子痛失恃呼天抢地欲从母于黄泉之底合窆事未终稍缓
须臾死七解平陵蔡二首倡诗篇中叙述无滥辞孝子耳目俱失司能弥缺陷真人师我为大书特
书遍告天下儿八解禾郡陈鸿诰曼寿稿次韵陈曼寿岁暮书怀二律

天涯沦落两人同差幸囊空腹不空短鬓临风欺雪白衰颜得酒照杯红羡君胸有千秋业
嗟我门无五尺童傲骨嶙嶒穷不怕凌云豪气吐成虹十年书剑困风尘白发无情老此身天地
间原多俗物菰蒲中乃有奇人才如江水波千叠心似秋空月一轮世事茫茫堪痛饮与君同醉
瓮头春

《申报》1877 年 3 月 8 日第 3 版第 1491 期

嘉善新设牛痘局告示

浙江嘉善县正堂梁为晓谕事据职员周士恒等呈称婴儿天花每感时气而发古方具在
医者参酌用之尚不能操万全之券惟外国牛痘之法应手奏功现在江浙省垣以及海平两邑
均皆设局施治民间称便今各绅富捐资设局自二月起延请医士开局试办凡有愿种牛痘者
均听如期赴局依法施治贫富一概分文不取似于保赤之道稍有裨益等情到县除批示外合

行出示晓谕为此示仰合邑军民人等知悉如有婴儿愿种牛痘者如期赴局施治其各知照特示

《申报》1877年3月14日第2版第1496期

鄞县正堂戴示

为出示严禁事照得地方失火乘机抢夺但经得财即照抢夺本例加等治罪专则骈诛轻则遣戍法令何等森严岂容轻身尝试兹查郡城内外人烟稠密屡次不戒于火竟有棍明目张胆乘机抢夺情殊可恶法不容宽除严拿惩办外合行出示严禁为此示仰诸色人等知悉尔等须知地方失火乘机抢夺罪名极重有犯必惩自示之后务各安分守业保全身家性命倘敢不畏法再有乘机抢夺情事定即严拿到案从重惩办不稍宽贷各宜凛遵毋违特示　光绪三年二月十三日给

《申报》1877年4月2日第2版第1512期

会审分府陈示

为出示严禁事据虹口各业广合隆广昌附广万源爱和堂广顺记汇安昌隆同发广利茂盛生利广益同珍升昌丙合公发广昌悦来生源升利兴合信记广恒宽记能记南合盛顺隆福利顺源财利煜记等联名呈称切照私铸小钱掺使市廛前蒙出示晓谕伊等概用制钱出入谓从此小钱可期敛迹讵有莫知法度行使照常以致殊难一律且有小工等辈更欲恃强捱用拂则肇衅实为有碍伊等遵禁之各店铺求赐晓谕严加禁绝务令大小铺户概以通足制钱进出如有棍类恃强捱用许各指送究办徇情并坐等情据此查使用小钱殊堪痛恨若不严行禁绝实为地方之害前因巡捕时有查获私铸小钱之徒送案惩办业经剀切示禁在案据禀前情除批示外合亟出示严禁为此示仰租界铺户居民人等一体知悉自示之后尔等贸易一律概用制钱进出毋许捱用小钱行使倘有不法棍徒恃强捱用滋扰情事许即随时禀候饬拿究办该铺户等务宜公平亦不得通融徇情致干并咎

《申报》1877年4月2日第2版第1512期

县正堂戴示

为出示晓谕事照得江北岸地方向设义渡船只利济行人闻有行走浮桥亦听其便现因浮桥须通商舶业经洋人开起中假木板有碍往来诚恐行人未及周知仍走浮桥致有失足之虞合行出示晓谕为此示仰诸色人等知悉尔等嗣后经过该处务各趁坐渡船以便往来而免不测各

宜凛遵毋违特示　光绪三年二月十七日给

《申报》1877年4月5日第3版第1515期

重庆府正堂告示

为晓谕事照得案奉各大宪扎开转准总理各国事务衙门咨称英国派员驻寓重庆原为查看英商事宜所派来之员翻译官已于二月廿五日到郡此次来渝驻扎不过为通商起见毫无别意与传教两不相涉为此示仰合属商贾居民人等知悉尔等见闻无得骇异自示之后倘有内地匪徒假借英员名目欺扰地方者准即来辕具控本府定当持平办理决不回护至于英员出入往来以及住寓之所尔等不得在彼侵欺扰害致启衅端倘敢不遵定予从重究治勿谓言之不预也切切毋违特示

《申报》1877年5月9日第2版第1544期

上海县正堂莫示

为出示晓谕事据职举廪附耆监钮世章张庆慈王平顾言钮世慎孙华清朱耀祖周之屏禀称切董等世居马北专荷各镇于前年禀建吴会书院文教大兴惟念士恒为士窃虑农难为农查西南乡各区图地鲜沃士人多困穷每见终岁勤劬所入有限租赋正供而外糊口无资春来种作方殷往往悬未而嗟辍耕而叹去年秋收歉薄爰于今春会仝城董江振声沈嵩龄谈国梁等援青邑贷米局仿照朱子社仓之法于青黄不接之时设法借贷春放秋收劝有绅富周昌炽顾寿松等捐有白米三百石作为始基应于冬间米价较平先为设局探办存储以俟来春开放董等自行量捐并设法推劝以期渐广拟章求给示谕等情据禀批示查捐储白米春放秋收略加息米仿照社仓办法以周贫乏事诚善举但全赖经理得人方免流弊所称另加息米分三限究以何时为一限每石实收息米若干应于创办之始逐条议定看再妥议章程禀候核明立案外兹据董等复称奉批禀办贷米缘仰见深思远虑伏查春放宜于三月秋收宜于九月收时分立三限每半个月为一限息米悉照前章局设马桥镇专司其事者即由职等任其责成自备资斧等情到县据此除申报府宪立案查考外合行出示晓谕为此示仰该处乡农保甲人等知悉尔等如有极贫之户不得已借领米石务须遵章觅保赴局承领亦当照议春借秋还以期入远各宜遵照毋违特示按贷米一节即朱子社仓之法苟经董得人行之久远农民自沾实惠既可免贪夫之盘剥而秋成有望则终岁无虞即偶遇凶荒亦可以有备无患现马桥镇等处蒙绅富周昌炽顾寿松二公慨助白米三百石即于今三四月开办由保人向马桥局董凭票借米凡在贫民无不颂声载道惟毗连四镇周围二三十里恐应急者尚属不敷倘能再为筹劝则多多

益善利泽无穷皆顾周二公创助之功德也世居南乡读示之余谨赘数言冀布之贵馆报中以志感佩海上懒农氏谨识

《申报》1877年5月22日第2版第1555期

汉阳蔡明府禁革私钱告示

严禁民间行使砂壳黑铅鹅眼各色私钱无论城乡远近市镇集场统限四月内悉数革除销毁尽绝一律遵用官板大钱期满之日即查取行店切结责令左右邻行店互相稽查不准仍前收用囤积如有私钱许彼此自行盘获禀究但不得挟仇妄诬致于反坐本县仍不时亲赴各行店查察倘经查获前项私钱不拘数目多寡即将该行店管事柜伙当街重责仍究明私钱来路交出私贩私铸之徒以凭照例惩办并将左右邻铺伙治以徇隐不首之罪保正差役敢于得规包庇或有地痞土棍冒充兵役借查私钱为名讹诈滋事许该行店人等捆送来县尽法处治决不姑宽本县遇事但求实济不尚虚文其各凛遵切勿以身试法后悔莫及切切特示

《申报》1877年6月4日第2版第1566期

办理上海会审事务即补分府陈告示

为出示严禁事照得租界地方迩来有等不肖寓所每将病客抛弃道旁转致速死忍心害理情殊可恶兹据地保巡捕查有新兴客寓私将病客弃路毙命将该寓伙送案并据地保谢春山张有德等禀请谕禁前来除押交新兴寓主讯办外合行出示严禁为此示仰租界内各客寓及地保人等知悉一体遵照自示之后凡有寓客患病如无亲属留者立即问明姓名年岁籍贯报知地保设法医治设或病故仍照向章报由地保办理日后尸亲查领棺枢易于稽考如再私将病客弃诸道路一经查出定提该寓主从重究办决不姑宽各宜凛遵毋违特示

《申报》1877年6月5日第3版第1567期

劝民切勿轻生告示

钦加运同衔补用同知直隶州本任孝感县调署汉阳县正堂加五级蔡为劝民切勿轻生以重躯命事照得虫蚁尚且贪生何况于人人死不可复生如因短见轻自舍生死后经官相验便有暴露之惨本县下车以来访闻乡间小民每因些小事故遽尔轻生在死的人心里妄想我只拼了一条命便可害他受罪害他破家且可借此诈索他的钱财抑知自己寻死谓之轻生孽由自作无人抵偿只当白死况律条内并无自己轻生凭白要人抵命之条何能害人受罪本县历任各邑下

乡相验一切都是自备书差不敢吓诈那被告及地主们并不要他花一文钱何能害人破家若尸亲借命讹诈打抢即照例究办重则流徒轻则枷仗不但不能借此索诈钱财还要连索受罪这等看来那死的人岂不是白送了性命愚民无知实在可怜此种恶习经本县劝惩兼施风遂息保全性命不少兹调任斯邑查阅案卷借命图讹之风亦在所不免合行出示劝谕仰阖属军民诸色人等知悉自后尔等务各父诫其子兄勉其弟夫劝其妻子谏其父遇有气忿不甘的事只要忍耐片时投入讲理切不可寻死轻生枉送性命本县不厌琐屑以俚俗之言苦苦相劝无非为爱惜人命起见凡乡间耆老仁厚之人谅有同心须将告示常常讲与他们听或有不懂的逐字逐句讲解开导使他们明白大义各惜生命切不可视为具文一看了事也勉之慎之毋违特示

《申报》1877 年 6 月 9 日第 2 版第 1571 期

会审分府陈告示

为出示严禁事奉道宪刘札开照得上邑华洋杂处良莠难分以致匪徒易于混迹诱拐视若寻常现据候补童把总以幼女被素识之龚三拐卖查明禀请提究等情到道据经差提拐犯及买主人等押发上海县从严讯办在案查此等匪徒诱人子女离人骨肉最为闾阎之大害若不严拿惩治何以肃纪网而靖地方除分饬巡查各员严密稽查外札饬一体访拿惩办等因奉此除传谕各巡捕房严密查拿外合行出示严禁为此示仰租界内商民人等知悉嗣后遇有匪徒诱拐妇人子女立即捆送来案听候讯明严办倘有挟嫌妄控情事一经讯实亦即坐诬决不姑宽其各凛遵毋违特示

《申报》1877 年 6 月 12 日第 3 版第 1573 期

禁用小钱告示

昨登浙江梅中丞准禁用小钱一批商民已深感戴兹闻仁和县邢明府钱塘县何明府又会衔出示严禁用即照登如左为出示严禁事照得私铸小钱掺和行使大干法纪历经严禁在案现奉抚宪梅面谕如有奸民行使小钱恃强挪用或各钱铺借通用名目兑换希图渔利严提究办等因除本县不时亲出抽查外合行出示严禁为此示仰各店铺人等知悉自示之后买卖贸易务须遵用官板制钱不得掺和小钱行使如敢故违定即严拿究办倘各店铺徇情通甲买卖并即责惩决不姑容各宜凛遵毋违特示　光绪三年四月二十三日给

《申报》1877 年 6 月 19 日第 2 版第 1579 期

劝民息讼告示

钦加运同衔补用同知直隶州本任孝感县调署汉阳县正堂加五级蔡为劝民息讼事照得士农工贾各有恒业朝夕经营犹恐不及何必以小事微嫌与人争讼本县下车以来批阅新旧呈词准情酌理固有不可忍恕之情亦有不必告状之事如户婚田土钱债及一切口角细故漫说理曲情虚不可告人就有十分情理也宜投入调处不告到官最好若一经告官便有许多难处在未告状以前进城盘费要钱托人做词要钱既告状以后书差开销要钱歇家保户要钱以及食用一切无一项不要钱钱花到了又等了好多日子才得一审带到堂上跪了许久官呵吏辱胆战心惊又吃了许多亏苦如能了结便好设或人证未齐案不能结又不知要候好多时才得再审若是理直官为明断不过出得一口气而对头人怨恨越结越深倘或理屈词穷或打或押身受苦楚人皆耻笑更是不值回头一想花了几多银钱卖了几多产业受了多少折磨误了多少工夫有何好处甚至坐狱沉牢囚系毙命披枷带锁桎梏状生无不缘争讼来也更有一种无知之辈口使妇女出头告人匍匐公堂抛头露面罔顾耻笑殊不知妇人犯罪罪坐夫男若是审输问罪更不值得至平空控词诬告以图害人律例内有加等治罪应得反坐之条如传审不到照例应拿原告专治以诬告之罪设有刁唆词讼依律与犯人同罪有赃者计赃以枉法重论本县爱民如子所以苦口相劝尔等如遇一切细故可忍的忍一刻可让的让一步若实在被他欺负只投诉亲族邻右大家讲论公道都是本乡本土的人何必认真就吃点亏犹比告状便宜如果调处不下必须经官两造就邀同中证一齐来案投审可了结的本县必定一堂了结当时放回各安生业免得出差又多一番搅扰若那刁唆之人必叫尔今日递一呈明日告一状只图告不图审他好从中串诈银钱明说替尔出气实是叫尔受罪万不要信他哄骗倘或诬告唆讼更应问罪本县为尔民计与其伺候公门废时失业何若优游乡里凿井耕田平得一分心积得满家福忍得一口气便省得几多财尔民其各思之毋负本县谆谆告诫之至意切切特示

按本报先后登蔡邑尊示谕三道言言金玉字字针砭凡有血气者皆可当作座右铭本馆附识

《申报》1877 年 6 月 20 日第 3 版第 1580 期

禁止越控告示

宁波府正堂李示仰合属军民人等知悉照得民间果有冤仰原听告官审理而越诉则律禁有干兹本府到任后批阅来告呈禀每有寻常细故未经县讯遽行上控或已经县断两造甘服复又砌词翻控拦舆鸣冤殊属违律逞刁除随时分别斥还外嗣后凡属户婚钱债口角小事只须赴县呈告倘县不受理威断不公平方准于三八日告期来府递呈不准拦舆其实有急切

重情如命盗诈赃等件仍准舆前控告如虚提责所有传呈名目即行革除概不收阅其各遵照毋违特示　光绪三年五月初三日给

《申报》1877 年 6 月 21 日第 3 版第 1581 期

禁止店铺倒骗银钱告示

　　钦加盐运使衔湖北汉阳府正堂加四级纪录十次严钦加运同衔补用同知直隶州本任孝感调署汉阳县正堂加五级蔡县为申明定例出示严禁事查例载钱铺无论新开旧设如收兑存钱文及存借银两侵匿逃走者立即拘拿监禁一面将寓所资财及原籍家产分别行文查封仍押追家属勒限两个月将侵蚀藏匿银钱全□并发完竣其起意关闭之犯加两个月杖一百折责释放若逾限不完照诓骗财物律计赃准窃盗论罪至一百二十两以十发近边充军六百六十两发远边充军一千两发极边足四千里充军一千两以上发遣黑龙江安置一万两以上拟绞监候等语例虽专指钱铺而论而各项店铺如有倒骗等事自应一律比照计赃准窃盗论罪分别拟军拟纹方足以警奸侩而肃市缠汉镇地处通衢商贾辐辏乃近年以来时有倒塌店铺之事其实因生意折耗者固不乏人而闭塌成家发财者闻亦未尝无之盖缘市侩每多先以些微资本张大门面诱入仔项生息及至生意畅旺字号通行遂即广出银钱汇兑各票人则以银易纸己则以纸易银累万盈千多多益善迫后欲壑既充暗将资财移运处先将货物寄顿他家乘人不防蓦然关歇其应付人之款密邀同帮人等或另挽出中正与该受害之铺户居民议折分期归还或以田地房屋重价议抵而受害之人深恐全行落空不得已勉允折让事寝之后彼闭歇者携带银钱或赴别处码头开张贸易或郎在于本镇倩人出名另易招牌重开店号前此受害之人虽明知其今日之资本即是前次倒骗之银钱无如前帐已了□可如何此等情形竟较强盗为尤甚盖强盗只害及一人一家而店铺之倒塌受害者比比皆是也汉镇自本年三月以来屡有倒塌店铺若不即为整顿市廛流弊伊于胡底今特申明例禁出示晓谕为此示仰汉镇各项店铺商民人等知悉尔等嗣后生意银钱往来务须各凭心地倘敢昧却天良致有倒骗等事一经访闻或被告发定将铺东及管事之店伙拿案监禁查明亏空银数按照诓骗例分别拟罪一面查封家产作变分摊欠如果实因折耗致□存借各项无力归还闭塌者市缠自有公论不必将店铺出入银钱帐簿呈案查核以察虚实其各项铺户生意既大银钱出入必多自不能不出汇兑期票取银自宜及期往兑不得以尚未到期之票往向索取致令措交不及倘敢恃强硬取及有滋闹情事许该出票铺户指名控究本府县为整顿市缠起见尔商民铺户切勿视为具文其各凛遵毋违切切特示　光绪三年五月初九示

《申报》1877 年 6 月 29 日第 3 版第 1588 期

会审委员陈禁用小钱告示

为出示谕禁事据鲜鱼摊陈文轩等鲜肉摊张茂高等咸货摊沈才照等素菜摊李阿虎等禀称民等向在大马路摆摊为业现因市面买卖小钱甚多民等小本经纪更属艰难进货者须要制钱光洋售出者多据砂壳小藏穷民暗地受亏不堪求恩示禁等情据此除批示外合行出示谕禁为此示仰租界商民人等一体知悉嗣后凡向各摊买物均须用大钱不准掺和小钱倘敢恃强抗顽准摆摊之人指名诉知巡捕送案究办尔等摆摊人务须公平售卖亦不得借端生事致干并咎各宜凛遵毋违特示　五月二十九日

《申报》1877 年 7 月 10 日第 2 版第 1597 期

苏松太道刘告示

为出示晓谕事光绪三年五月二十五日奉闽浙督福建抚文开闽省现遭水患较之上年更大哀鸿嗷嗷触目伤心亟须客米接济以惠饥民查苏省为产米之区若能源源运闽裨益不少倘有商船运米来闽者验明准予免税等因并蒙督宪沈抚宪吴准咨札同前由各到道奉此查上年闽省水灾奉文运米赴福州销售准予免税当经正任冯道出示劝谕凡各商自备资本采买米粮装轮船夹板船运往福州接济民食者即照米粮运津免税成案由该商取具保结禀道给照持赴新关验明由老关验放各在案迄今一年之久各商贩运不少闽省民食赖以接济现在复遭水患饥民待哺嗷嗷尔等应即赶办米粮大批运往福州救饥仍照章取具保结禀候本道填给新照由关免税验放倘有富商巨贾情愿捐资助赈以及运米平粜者亦速赶办禀候转报事关救灾恤邻务各踊跃源源转运毋稍观望迁延是所厚望除分饬各属一体剀劝外合行出示晓谕为此示仰商贾人等一体遵照毋违特示

《申报》1877 年 7 月 17 日第 1 版第 1603 期

汉阳县正堂蔡捕蝗告示

为剀切示谕搜捕事照得蝗虫发生为害最烈本年自春徂夏雨泽稀少前闻黄郡一带间有飞蝗过境近日江夏青山地方亦有飞蝗经过难免不蔓延入境至水草交际处所鱼虾遗子一经烈日蒸晒即变蝗蝻若不预为留心防范搜捕一经长翅飞腾为害实非浅鲜合亟摘录捕蝗成法剀以示谕为此示仰合属军民农柴人等一体知悉务即遵照后开成法认真防范遇有飞蝗入境立即协力随时扑灭并于卑湿及水草交际之处加意搜寻设有鱼虾之子萌动亦即立时捕除净尽勿留余孽慎勿怠忽观望致令蔓延为害勉之望之毋违特示计开捕蝗七条

一蝗蝻之种有二其一上年有蝗遗生孽种次年一交夏令即出土滋生其则低洼之地鱼虾所生之子附在草间水盈则复为鱼虾如遇水涸烈日蒸晒则变而为蝗凡湖荡水涯必须芟刈水草蕴积高处就地焚之以绝其根

一蝗虫下子多在高更坚硬之处以尾插入土中深不及寸

一蝗所下十余形如豆粒中止白汁渐次充实因而分课一粒中即有细子百余其地仍留孔窍群蝗生子多同时同地故形如蜂房易于寻觅务宜挖除以免滋生

一蝗子初生形如蛟蚁捕之之法宜用旧皮鞋底或草鞋旧鞋之类蹲地捆达应手而死且狭小不伤苗种

一蝗子渐大群行跳跃须开沟打捕就地挖沟深广各二尺多集人夫排列围扑或持扫帚或持打扑器且用一人鸣锣蝗闻金声则必跳跃渐逐近沟锣大击不止蝗惊入沟中势如注水众各用力扫者扫扑者扑尽驱入沟用火焚之再以土覆埋蝗至成翅能飞则尤为难治惟入夜露水沾濡体重不能奋飞宜漏夜黎明率众捕捉或于日午雌雄相配此时亦易扑打其清晨在田中禾稼稍上食露者宜用白布缝成尖底口袋上用篾圈为口系以长竿持竿左右抄掠自堕袋中庶免伤禾

一飞蝗最畏金声炮声闻之远举鸟铳入铁砂或稻米击之前行者惊而备飞后者随之而去若多用长竿挂红白布衣裙群然而逐亦不下也

一飞蝗最畏油食若以水和油遍洒禾稼之上可保无虞

五月二十日示

《申报》1877 年 7 月 19 日第 2 版第 1605 期

天津总镇天津道总理天津营务处会衔告示

为出示严禁事照得津郡水陆冲要五方杂处良莠不齐一种无业游民结党成群麕居伙食专事打降或因片言互角或因微利相争遂成仇衅动辄纠众持械肆意逞凶大为地方之害查定例天津窝伙匪徒聚众数十人执持火器军械杀伤人命审明后就地正法如被获时持仗拒捕格杀勿论煌煌国法何等森严前因窝伙罗仲义纠邀黑三等持械伤人经营务处拿获正法匪徒稍知敛迹嗣后故智复萌复经申明定例剀切晓谕在案近闻该匪徒等复敢纠集多人互相械斗且闻执持火器互相施放实属民不畏法本应拨兵兜拿立于正法惟念愚民无知狃于积习本镇道等病裒在抱不忍不教而诛除札饬府县都守并派员弁一体认真办理外合再申明定例出示晓谕自今以后务宜各安本分痛改前非立即撤去窝伙勉为盛世良民本镇道宽其既往予以自新倘敢仍蹈前辙聚众械斗一经拿获立即照例正法决不姑宽其各凛遵毋贻后悔切切特示 五月二十八日

按罗仲义纠党黑三等持械斗殴一案在李伯相初履直督任之时事也遇有斗殴案件正饬属从严惩办而罗仲义与北城根季四偏敢以身试法仇杀如故及至到案又目无官长称并将小的杀却天津打架终无已时所有城厢内外为首打架者均小的罗仲义也时在天津县过堂县尊将其供词面禀营务处潘公鼎新公嫉恶如仇谓伊既讨死如此莠民留之亦复何用况既奏明又奉中堂落嘱匪徒候众数十人至百人内外持械斗殴者均罪应骈首县尊犹以法浮于罪为之请命济公调杀一即以做百毋姑息于是解营务处请令正法嗣后稍为敛迹现在日久玩生所有斗殴案又无日无之故有此示也本馆附识

天津府正堂马示

为出示查拿事照得天津窝匪聚众械斗滋事定例森严重则罪应骈首轻亦应拟军徒太府回任后因闻近来窝匪故意蓬松发辫身穿大袖衣衫聚众械斗几致无日不有唯不忍不教而诛光经剀切示禁乃该匪等竟敢视告示为故套仍前横行滋事昨谕分饬四门河北河东西沽各派弁会同本府原派弁役兵勇拿获窝匪戴二等余匪陈二等多名凡供分别责惩并禀明各宪尽法惩治一面将房屋查封拆毁变价充赏暨饬缉在逃著名窝匪吴大嘴等务获兹蒙督宪批示近闻屡有窝匪滋事械斗聚众至数十人或数百人且不服弹压实为凶横蔑法为害地方该府现获十三人除情轻者已责惩结释外其戴二等三名挺刑茹供绝无悔过形状应即严审并勒缉吴大嘴等务获一并究明分别案情有无人命查明新例禀详惩办以戢凶顽并督县随时实力查禁勿再任匪聚伙为害切切缴日昨本府随同前道宪丁谒见督宪又蒙面谕嗣后窝匪如再敢聚集百人内外持械争斗无论有无人命即由营务处提案凡明禀请就地正法等因宪谕严切自应遵办除将戴二等严审究办并督县随时实力拿禁外合再开具逸匪姓名出示拿禁为此示仰合邑乡地军民人等一体遵照随时留心查察如查有后开窝匪吴大嘴等乘间潜回立即扭送来辕听候酌量给赏倘地邻容留不举一经访明或被告发定即一并治罪其民间房屋如被窝匪占住亦即禀明究治倘有贪图重利故赁窝匪居住一经访实除将房屋变价充赏外扔将该房主治以窝匪之罪本府言出法随决不宽贷嗣后窝匪聚集百人内外持械争斗无论有无人命定即恪遵宪谕禀请营务处提凡按照新例就地正法其聚集三人以上势持金刃伤人亦必照例问以军戍并不准声请留养以戢凶暴倘后开各窝匪能于一年内不再聚众械斗即被获到案本府亦必宽其既往予以自新各宜凛遵毋违特示

计查拿在逃窝匪西门外人吴大嘴西门内人陈玉庭任家胡同人韩玉春侯家后人郭天锡郝永庆刘老李永发东门内人马元三义庙西人万三张二刘添一河北关上人于永泉崔十马三陶恩涌关下人田六王六刘老周起发永丰屯人李金鳌昝八双庙南人张二庞三北城根人冯六关上人

耿三赵家场人高二关下人安三顾永太河北大胡同人赵三河东火神庙后人魏珍贾关帝庙人马立魏洛贺家胡同人王三斜薛一一太来号内人疾四张二水梯子人陈二小关人苑一刘雄小张二小刘二西沽人孙玉春尔老张升张瞎义张三辛庄人刘七陈宝龙　光绪三年五月廿九日示

上海县告示

为出示晓谕事照得飞蝗遗子萌生为地方最烈现从江北飞来恐有停留遗孽为此示谕各图地保乡民知悉激同农佃人等赶紧扑捕搜掘务须歼除尽净齐心保护稼穑本县设局收买每斤给钱二十文乡保办事认真奖赏从优酌给倘敢疲顽隐混察出定提究革毋违特示　六月十五日示

上海县正堂莫禁用小钱示

为出示严禁事照得私铸小钱大干法犯禁令森严节经示谕剔缴毋许掺和行使在案兹查市间行用钱又各铺户仍有收买挪用情事除本县亲自按铺抽查外合先出示谕禁为此示仰阖邑各行铺户及零兑钱庄居民人等知悉自示之后尔等务须一例行用制钱不得掺和私小如有剔出砂厂铅铁小钱一并缴县听候销毁倘敢挪用私小及有留作掺用情事一经查出或被告发定即提案严罚决不宽贷各宜遵照切切特示

宁波府李示

为出示晓谕事光绪三年六月十三日奉道宪瑞札开照得宁郡办理保甲每年于夏冬二季抽查前因时届夏令业经饬查在案因思清查保甲为地方至要之务若日久视为具文稍事怠玩则此举几成虚设宁郡地方五方杂处有无匪人藏匿必须确切清查而役保借索之弊更恐在所不免除札总查委员秦倅督同各委员认真稽查严禁需索并将门牌之损坏模糊者请领更换外合行札府等因奉此除移行秦分府各委员并饬鄞县派差伺候各员巡查外合行出示晓谕为此示仰居民铺户人等知悉尔等务将户口执业报用委员填给门牌毋得藏匿匪人倘有不遵一经查出定即一并治罪决不宽贷毋违特示　光绪三年六月十八日给

湖北汉黄德道何告示

为出示晓谕事照得武汉地方江面辽阔每当风狂浪涌之时贫民无力雇用大船一叶小舟冒险而行恒战倾覆即或雇坐摆江船而人数拥挤每年遭风失事亦不可胜计本道到任后目击情形殊堪悯恻武汉向设红船本系着与然皆拯救于既倾之后何如保护于未覆之先因仿照红船式样建造官渡船十号并酌章程十三条均经具禀两院宪核示在案合行出示晓谕为此示仰军民并舵工水手人等知悉各宜遵照后开章程办理毋违特示计开章程十三条

一官渡十只发给江面熟习之船户具呈保结承领驾驶每船须用舵工一名水手四名舵工由船户具结水手由舵工具保如准充当舵工每名月给工食钱四串五百文水手每名月给工食钱三串文此项舵工水手均应择强而有力如年在五十以上十六以下者概不准允

一官渡十只应于汉口之龙王庙停泊四只武昌之汉阳门停泊二只草湖门大堤口停泊二只平湖门一只汉阳之东门一只厅候渡济惟上不准行过鹦鹉洲鲇鱼套下不准行过红关通济门亦不准入小河违者重究

一本关向有红船二只由衡善堂派拨绅士二人驻关经理按月酌给薪资兹既添设官渡船拟即桨红船二号一并归入设立官渡局由本关派拨委员一员并酌派殷实可靠绅士一名驻局经理所有筹红船经费暨此次所筹官渡经费一并由该委员等核实收支按月开折呈报

一每船至多只准装二十人倘船上有十余人久候无续至者亦可开行每人取钱二文挑担加倍为贴补舵工水手添补篙桨之用如有需索情弊重究不贷

一此项官渡一年油舱一次隔年修理一次每遇油舱时只准上坡两只挨次油舱每遇修理时须禀请委员估验再行修理所有油舱修理之费及换置风篷绳索均于经费内发给如系篙桨等类应由船户添置

一此项渡船原为普济贫民而设不准拨运货物供应差使并不准官绅擅自借用如违定将水手人等究办

一江中如有行船遭风失水等事应即赴往救援或见木牌走缆亦应竭力帮忙不得坐视倘见有小船乘危抢物准其拿获送究

一此项船只若在江面救援活人捞获尸身应与红船一律给赏倘乘险抢夺应比民船加重惩究

一江面如有风浪水手人等应格外小心驾驶把舵挂帆均不得稍存大意倘遇大风黄鹤楼竖旗禁江之时亦应停渡

一每日黎明开渡至日暮而止不准夜渡惟除夕准渡至二鼓

一民间如遇大风有迎婚搬柩等事须用此项官渡者必赴局报明不准与船上私议过渡之后由事主酌给酒资不准舵工人等勒索

一官船水手等概归本船舵工约束倘有不安本分及不遵约束等弊准舵工禀明立时更换 六月十三日示

《申报》1877 年 8 月 9 日第 2 版第 1623 期

押铺闭门定时告示

会审分府陈为出示谕禁事据工部局平总巡禀称迩来租界窃贼甚多且大小押铺不下数十家以致易于销赃夜间尤甚请谕各押店务于每夜十点钟一律闭门不得收押等情据此合行出示谕禁为此仰租界内各押铺一体遵照自出示之日为始定限每晚十点钟闭门无论是否赃物一概不准收押如敢故违一经巡捕查报定提究办决不宽贷各宜遵照毋违特示

《申报》1877 年 8 月 10 日第 2 版第 1624 期

上海县正堂莫禁止盂兰盆会告示

为示禁事本年七月初三日奉苏松太道刘扎据租界会审委员禀洋泾浜地方每届七八两月有闽广宁绍等处民人兴赛盂兰盆会哄动一时不肖之徒借以聚众滋事乘间盗窃流弊不可胜言历经禀蒙预行查禁在案兹查前项赛会之期在迩禀祈照会各领事并饬县严谕闽广潮惠宁绍各帮会馆董事并出示南北两市一体禁止不准迎神赛会只准设坛诵经以靖地方等情到道据此查迎神赛会本于例禁节经照会并饬县一体查禁在案行县分别示谕禁止等因到县查此案奉各前县节次分别照会示禁在案兹奉前因除分别照会谕禁外合再出示严禁为此示仰该处地保及安浙闽广各商民人等知悉尔等如逢中元节期只准设坛诵经不得再兴盂兰盆会哄动众观致滋事端倘敢仍蹈前辙一经查出定即严拿惩办决不稍贷各宜凛遵毋违特示

《申报》1877 年 8 月 20 日第 2 版第 1632 期

督办城厢内外总巡松海防分府沈告示

为出示晓谕事照得锄莠以安善良除恶先惩横暴沪上华洋杂处江海兼通宵小最易潜踪匪党因之匿迹此拿彼窜逃避实多除闽广及本地人不法外访得近有天津流氓因本处查拿极严成群来沪动辄借端诈骗群隙生风或竟持械斗殴甚且拔刀相向间阎畏其凶顽铺户亦皆隐忍莫敢谁何实堪痛恨为此示仰铺户知悉尔等凡遇此等棍徒即行捆送来府以凭从严惩治绝不有累尔等除分局逐段严拿外本分府密派差勇按段缉拿务绝此风该匪等无由寄身则地方

自可安静各务本业本分府言出法随断不宽贷也各宜凛遵特示

《申报》1877 年 8 月 24 日第 3 版第 1636 期

上海县正堂莫告示

晓谕事照得现奉藩宪札檄下忙地漕钱粮迅速接征当此库储支绌需饷浩繁各宜急公报效速将本年下忙条银及早开征完解以资接济等因奉此除遵札传保谕话赶紧催输外兹择于八月初日设柜起征合行晓谕为此示仰合邑绅民粮户地保人等知悉速将本名小应完光绪三年分下忙条银并各项杂税钱粮即速亲自赴柜速完击串安业尔等急公之户谅各踊跃争先倘有玩户刁矜借词抗欠定即提追许办决不宽贷各宜凛遵毋违特示

《申报》1877 年 9 月 10 日第 2 版第 1650 期

鄞县正堂戴告示

为出示严禁事照得挑花渡浮桥业经绅士劝捐集资向外国商人买归以济行人不取分文洵属善举兹查有小船户每于桥下两旁系缆风潮冲撞易致损坏又有小民在桥上搭竖篷屋设摊卖物糟蹋不堪且有不法棍徒于桥堍左右开设赌摊滋生事端均于浮桥大有妨碍除随时查究外合亟出示严禁为此示仰军民人等知悉尔等须知劝捐买桥大非易事自示之后倘敢仍蹈前辙许该桥厂绅士扭送来县从严惩办决不宽贷各宜凛遵毋违特示　光绪三年七月二十日给

《申报》1877 年 9 月 11 日第 2 版第 1651 期

署汉阳县蔡明府告示

为出示严禁以杜将来事案准戎厅牒称湖南省湘乡县船户曹俊福具控帮船水手谭仕明朱得胜等刁恶扰害等情前来当经研讯实情分别究惩旋据船户张清友廖永胜切结保释并取具谭仕明等悔结在案兹据湘乡会馆首士禀恳出示严禁以杜将来词称汉阳为湘帮船只湾泊之所军兴以来宾馆废帮规紊刁风日炽偶一口角无关轻重水手人等动辄啸聚勾通河岸无赖痞徒会议沿江茶馆每饮茶值至十余串之多任痞等颠倒是非信口武断胁令该船户照价再听轻重处罚有口莫辩习以为常有不遵者齐拥到船强搬划船锚索等物押交茶馆听白取偿帮中被害者历历可稽尤可恶者船帮水手或以病故或失足落水事所时有情虽可悯究于船主何辜乃不幸偶遭其水手之同姓与不同姓者蜂拥偕来同帮水手及近地痞徒从傍挑剔茶馆出酒馆

入烟馆横排议棺木议超荐必致暴尸数日各遂所私而事乃寝病故者贻累尚轻至落水与尸不起者为祸尤烈此间和息及回乡复为棍徒唆使其父兄亲故借端寻闹甚至船卖家倾而后已种种恶习实为湘帮风气之最坏窃念宾馆为维持梓里而设若不禀恳示禁良善难安且恐激起事端害胡底止伏乞俯赐查察赏准据结出示严禁毋任各水手各痞徒各茶馆人等仍蹈前辙以安善良再查宜昌湘潭各公所公议船帮各规凡水手不幸身故者分别酌给钱文并备案遵行以示矜恤今汉岸公同酌定仿照湘潭各处条规石勒湘乡宾馆永为杂炭船帮定例病故者船主助钱十二串文落水尸起者助钱十六串文落水尸不起者助钱二十四串文为尸亲领尸搬回安理超度之费此外棺木另由船主谅情备办该尸亲不得借词丰俭计图诈索倘水手身有余资不得累及船主第帮规不经晓谕终恐窒碍难行更乞俯如所请并备文移知原籍湘乡湘潭各县一体严禁晓谕等情据此合录前案牒请出示严禁并恳备文移知原籍等因准此除移知湘乡湘潭各县一体出示晓谕外合行出示严禁为此示仰该船户水手及茶馆各色人等知悉嗣后尔等船帮如有大小事故只准船主或投鸣同帮船户理论或邀及本帮会馆公所平情理处以正帮规不准无知水手遇事生风勾通无赖匪徒哄入茶馆武断是非并谎报茶账从中分肥该沿江茶馆各宜安分生理不准引留招买借图射利痛剪刁风此外凡遇水手不幸准照该宾馆勒石条规定例病故者船主助钱十二串文落水尸起者助钱十六串文落水尸不起者助钱二十四串文以为尸亲领尸搬回安理超度之费此外棺木另由船主谅情备办该尸亲不得借词丰俭计图诈索倘水手身有余资不得累及船主第帮规不经晓谕终恐窒碍难行兹准如所请并备文移知原籍湘乡湘潭各县一体严禁晓谕等情以杜将来自示之后务各遵照倘敢故违不遵一经访闻或被告发定即从严惩办决不姑宽各宜凛遵毋违特示

《申报》1877 年 9 月 13 日第 3 版第 1653 期

苏松太道刘示

为出示晓谕事本年七月十七日奉督宪沈札光绪二年七月十一日准兵部火票递到军机大臣字审两江总督沈光绪三年七月初四日奉上谕何等奏闽省水患频灾仍请劝谕准沪各商捐赈等语闽省复被水灾筹办赈需款甚巨何等请照从前天津赈案劝谕淮沪各商酌捐助赈以资接济自系万不得已之举着照所请由沈斟酌办理并准照天津成案奏请奖励原片着抄给阅看将此由四百里谘令知之钦此遵旨寄信前来因查此案原奏前准闽浙督部堂何福建抚部院丁抄片咨会业经转行遵照在案钦奉前因札道钦遵办理并奉抄片内开上年闽省水灾幸赖两江督臣沈饬属劝捐源源接济此次函商设法劝淮沪各商捐输已充分饬劝办从前天津赈案上海绅商共捐棉衣并米约银十万两此次沪捐能照天津赈款三分之一已于闽省有益一切请奖事宜统照天津成案办理各等因到道奉经分饬一体劝谕并札委前办赈捐之褚守兰生暨

海防厅沈巫上海县莫令等设局劝办在案查本年闽省水患照从前天津赈案酌捐三分之一请奖事宜亦照天津成案办理业经奏奉俞允况救灾恤邻义无可诿想各商富素称急公好义定能踊跃输将除饬褚守等择日开办外合行出示晓谕为此示仰商贾富户人等一体遵照务各赶紧捐输俾得早集成数克日解闽以救倒县之急切勿稍事观望迁延是所厚望切切特示

上海参镇府王示

为出示严禁事据同仁辅元堂绅董呈称切董等经理堂务每于乡镇往还见有恶棍开设盆堂私宰耕牛生烹熟割摆列摆肆而于浦东南为尤甚此等刁风实有碍于农田工作董等伏思私宰耕牛素干例禁历奉各大宪通饬严行查办禁绝并由绅董等呈请邑尊勒石永禁各在案现届秋令正设盆堂私宰之时诚恐不法棍徒仍蹈前辙胆设盆堂肆行宰割但图重利罔顾农田为害殊烈为敢环呈出示严禁并请通饬各汛弁兵一体访拿禁绝以警刁顽而裨农田实为德例等情据此查私宰耕牛久干例禁除通饬弁兵实力查拿外合行出示严禁为此示仰汛巡目兵捕甲人等一体知悉自示之后如有不法棍徒宰杀耕牛贩卖情事立即拿解移究毋稍疏纵倘敢徇庇察出并究不贷切切特示

《申报》1877 年 9 月 22 日第 3 版第 1661 期

发售煤铁告示

钦加布政使衔候选道魏为出示晓谕事照得本道奉北洋大臣直隶爵阁督部堂李会同湖广督部堂南洋大臣两江督部堂湖南抚部院札委赴湘开采煤铁自去秋设局以来先后择得八方及常宁兴宁等处开窿设炉挖煤炼铁在所出甚旺经本道详明各大宪在于湖北汉阳属之南岸嘴设立官栈存储销售除招商轮船机器各局定销外本局存栈存河煤铁听商购买合行出示晓谕为此示仰商民人等一体知悉即便赴栈购买毋得观望自误切切特示

《申报》1877 年 9 月 25 日第 3 版第 1663 期

上海县正堂莫示

查案严禁事照得本邑西南乡蟠龙莘庄梅家巷之横塘湾碍北马桥等镇向有刁民合成毒饵入河毒鱼不及书时满河鱼鲜大小中毒皆死尽浮水面几无遗类该刁民等于是施网打捞俗名汤江清伤生害物莫此为甚且水中饵毒不问可知若民饮此毒水难免疫疠吐伤之病人命攸

关为害非浅据耆民何静远等禀奉府宪札县示禁续奉桌宪札据武阳绅士请禁药铺售卖雷公藤以除毒恶习又经取结谕禁各在案诚恐日久玩生合行查案严禁为此示仰乡民保甲人等知悉须知设捕鱼供口腹之需此后务当共体好生之德痛除药鱼恶习不准伤残物命乡图董保亦当转相劝戒如敢故犯定提严究保甲徇隐并究不贷切切特示

《申报》1877 年 9 月 26 日第 2 版第 1664 期

会审分府陈告示

为出示晓谕事照得租界地方人烟稠密宵小固多失窃之案层见叠出居民养犬自卫者十有其半惟饲养之法殊为不善凡西商所□之洋犬出则必有犬夫照料入则另有卧棚安置食物洁净不使自觅野食毒物是以鲜有恶疾亦无咆哮之声其华民养犬喂食无时往往听其跑者野地荒郊吞食毒物以致每届夏秋染患疯疾华洋商民皆所深恶本年疯犬更甚于前巡捕之严加防范岂不宜乎甚至七月下旬有奥国洋人华思治竟被华犬咬伤因毒殒命闻殊可惨合行出示晓谕为此示仰租界铺户居民一体遵照嗣后凡尔养犬之家务各妥为服料按时给食勿使自觅秽毒之物更不得任其常在街衢咆哮狂吠致碍行人倘有恶犬伤人情事一经巡捕查拿养犬之人解送到案定即从严究办勿谓言之不预也

《申报》1877 年 9 月 26 日第 3 版第 1664 期

会审分府谨示

为定限晓谕事照得租界内东洋车辆每因涂改号牌隐漏捐款致被巡捕拿送公堂断令车主自赴捕房缴付罚款方准领车现在巡捕房内未据车主缴洋领出之车积聚甚多合亟出示晓谕为此示仰各该车主一体知悉所有前项未缴罚洋之东洋车辆统以出示之日为始定限一个月内自赴捕房缴洋领回倘再迁延即由捕房拍卖充公嗣后续有此等所罚扣留之车定以两个月为限如有逾限不缴罚洋即行拍卖决不姑容毋贻后悔切切特示

《申报》1877 年 9 月 29 日第 2 版第 1667 期

提右营傅示

为出示严禁事照得城壕基地系官道行走之处前因有堆积柴薪业经示禁在案兹本府查得大北小东南门一带壕基仍有地积柴薪有碍官道实属不成事体现届秋令正当风燥之时设有疏误为害尤为匪细除从究严饬城讯弁委一律押迁外合行出示严禁为此示仰该处居民人

等一体知悉自示之后不得再有堆积柴薪倘敢仍蹈前辙立即饬派弁兵拿送究办决不宽贷各宜凛遵切切特示　八月二十三日示

《申报》1877 年 10 月 2 日第 4 版第 1669 期

上海县儒学正堂韩示

为招募事照得本学西路门斗朱华一名前因误公业经斥革在案现今办事乏人合行招募充当为此示仰合邑诸色人等知悉如有熟悉西路学务情愿充当此差者遵即备具投充切结并央保其状呈学以凭验夺谕充切毋观望迁延切切特示

《申报》1877 年 10 月 3 日第 3 版第 1670 期

上海县正堂莫示

为查案示禁事照得本邑城厢乡镇向有斗蟋蟀斗鹌鹑赌钱物者其旷工废业败产倾家无异赌博历经示禁在案现届秋令恐有游惰子弟仍蹈前辙为害非浅合亟查案示禁为此示仰阖邑军民人等知悉尔等务各安守本业勿事游荡凡斗蟋蟀鹌鹑等类事虽近于游嬉而废时失业贻害无异赌博嗣后毋再故犯倘敢玩违一经访闻或被告发定将为首及同赌之人一并严办决不姑宽凛切特示

《申报》1877 年 10 月 5 日第 3 版第 1672 期

上海县正堂莫示

为示谕事本年七月廿九日奉本府正堂赵札奉布政司恩札奉苏抚部院吴札开光绪三年五月十五日准兵部火票递到吏部咨所有江苏上海县丝茶十四十五十六次请奖各案内王廷桢等执照一千零七十张相应填写封发查照转给各该员收执可也计轨照一千零七十张接到执服即行知照本部备查十四次请奖案内唐廷桢徐元璋程錾边沦慈孙宝树唐敬修萧世信王理朱礼宾吴学澄汪锡嘏郭日章除成名冯景彝等执照十四张已在部承领十五次请奖案内徐泽之万来同李联睦谢邦颖宋效璟等执照五张已在部承领十六次奖案沈铸荣启周以易陆荣可俞鸿钰陆荣熙胡孝涛陈景濂冯全薰胡敏祥韩荷仁胡瑾凌瀚邱兆燮谢联宝徐德遐胡敏旦等执照十七张已在部承领相应一并知照可也等因到本部院准此合执开单并终执照札司即便查收核对明白饬取该捐生等年貌籍贯三代履历由司核填送院加戳盖印饬发领执照录报督部堂查考等因到司奉此合就抄单转饬到县奉此除移知外合行开单示谕为此示仰各捐员

即便遵照迅速检同原给司收开明年貌籍贯三代履历专属赴司呈请填照详院钤印饬发转给只领毋稍观望迁延切切特示计开抄单十四次方文炳刘钰珊奚元良刘家桢王耀灯十五次沈文治刘至安杨书诚杨德贤张梓徐亮龚荣会王应澄沈汝福严尚洙凌玮金兰馨唐尊轻秦增杰沈家珍陈云龙薛凤池孙诗薰周善成胡利民赵增烜项荣徐一元杨洪年范文彬姚福安十六次许承需顾文藻叶承□杨德涵瞿家桂杨书诚以上均上海县人

《申报》1877 年 10 月 11 日第 3 版第 1677 期

汉阳县正堂蔡告示

为申明定例出示晓谕事查例载典商收当货物自行失火烧毁者以值十当五照原典价值计算作为准数按月扣除利息照数赔偿等语兹查崇信坊洪泰质当铺于本月十一日晚自行失火当经本县会营督率兵役驰诣扑救业已人力难施铺屋货物概被焚毁无存所有该当铺被烧收当衣饰铜锡器皿一切物件自应照例赔偿其烧毁之金银铜锡各物亦应厅候当商自行挖起除派拨兵役看守并传该当商照例惩办外合亟出示晓谕为此示仰各当户人等知悉尔等如有在该质铺内典质一切衣饰什物被火焚烧者不必慌忙俟该当商定期在于何处分设公所先赔何字号当票钱文届期即持当票前赴该处听候照例分别扣息赔偿毋得借端争执滋闹致干查究其应扣息资均截至本年八月初十日为止以后无庸算息如当限业已期满之字号当票本系废纸即不在应赔之列亦毋得安生觊觎其各凛遵毋违特示

《申报》1877 年 10 月 15 日第 2 版第 1680 期

上海县正堂莫示

为再行剀切晓谕事案奉藩宪恩札饬照得民间置买田房从前漏税之契无论年份远近以三月为限检契补税概免究罚倘有逾违择尤提案计办通行出示晓谕一面设立循环印簿分发图甲册书按月查报倘敢徇隐并提究治乃将出过示式处所察覆等因又奉札据南汇等县禀覆民间之敢于漏税者实由于相沿成习视为固然今欲整顿诚宜立限择尤详办应以开印日起四月底止凡未税之契概合检呈收纳迨限之后查出白契未税者照例治罪追价入官倘册书保正通同弊混本人照例究治应罚银两着该书等各半分缴以警蔑玩至词讼吊契据称已交税房有夺批后补税者是漏税而又敢取巧即照临讼投税例追价一半入官并严饬图保认真查报等情到司查所禀各情甚为严明抄粘孙例札县立遵定限申明例案出示城乡务合家喻户晓凡置买田房随时过割承粮依限投税倘敢观望抗逾或图保等徇庇立提究罚一面分发印簿挨户稽刻将查办情形覆夺各等因奉此经本县节次剀切示谕无如客业户罔知例案一味贪小隐匿以

致税课终不起色兹查正月至今投税者甚属寥寥除摘传地保图书面询并抽吊收除底册稽考外合再抄粘例案申明晓谕为此示仰合邑业户绅民人等知悉尔等速遵宪行凡有田房产业一律过割承粮定限自出示日起一月内检契投税听候黏给司颁印契执业倘再有心抗匿或临讼投税蒙混取巧定即立提到案照例追罚详办图保等通同隐混一经查出亦即重究不贷此系屡奉大宪通饬查办之件其各凛遵毋贻后悔切切特示计开

　　一置买田宅无论是否杜绝不税契者笞五十仍追契内价钱一半入官

　　一典买田宅不推收过割者一亩五亩笞四十每五亩加一等罪止杖一百其不过割之田入官

　　一典当田房契载年限至多以十年为率倘多载年份一经发觉追交税银照例治罪

　　一临讼投税者罚追契价一半入官置买田房分立找杜各契隐漏税课者照匿税例惩办

《申报》1877 年 10 月 16 日第 4 版第 1681 期

保护出洋华人告示

　　署辅政使司师为奉宪晓谕事兹将新加坡督宪寄来告示新章刊录于下俾众咸知此示大英国钦命管理新加坡槟榔屿马六甲三州府督宪部堂及定例局为晓谕各色人等知悉兹照一千八百七十七年第二章保护唐人新客之法律除第六第七第八第十数条以外此章各条法律本督宪及定例局准定实添末月二十四号即唐八月十八日起务要举行去至利暹未月一号再补第十条施行其余六七八数条暂且停歇俟他日欲举而行之就先出示通知尔众须当遵依英一千八百七十七年第二章之法律列明于左

　　第一条由本督部堂权治主裁可在此三州府各埠头委任一正护卫司一副谨卫司并吏人役以保护唐人新客兼施行此法律各条之款式

　　第二条各唐人新客自唐山到此三州府当由本部堂准令登岸起山或搬移过他船必照一千八百七十七年所设立此三州府各港口之法律禁不许从别港口登岸搬移须照此各条章程以施行

　　第三条凡载唐人新客之船如到此三州府咨港口之时船主伙长必立即报知船头官然后船头官通传护卫司该司即预备落船查验各唐人新到之客

　　第四条由本督部堂权治主裁可在此三州府设立妥当公局以为唐人新客暂居歇宿另可设立规矩则例料理此公局内事务即新客逐日伙食费用之数目然此律有限定若新客船租所未清还者其入公局例费每名客不准取银过一元

　　第五条凡船载唐人新客到此三州府各港口之时其正副护卫司第须询问唐人各新客有完清船租抑否也

　　第六条凡唐人新客其船租早经还清或船初到港时方清完即当将各新客带来公局护卫

《申报》告示史料汇编　　　　　　　　　　　　　　　　　　　　　　　　107

司审问他有与人立约佣工之字否或将立约必详解说合约如何期限之情形与各新客明白知悉然后由他自离公局

第七条凡唐人新客如船到港之时二十四点钟无还完船租必将此新客带入公局而护卫司可以照顾他待有做工抵还船租方可放去倘非新客自愿住居公局断不准阻留过十日之久

第八条凡唐人新客与人立约佣工之合同字必照本部堂因时制宜命立款式俱宜齐备登设上簿凡人犯此立约合同之罪必照英一千八百七十六年四十五条至四十九条并五十条第一节之法律以拟罚

第九条凡此法律内有明示唐人新客其意盖谓凡人自唐山塔船到此三州府各港口系非在船中一号二号之房间即属是唐山初到之新客又示明载唐人新客船不论何船只来到此三州府各港口其中若载唐人新客多至二十名即属是载唐人新客之船

第十条凡人擅带新客登岸或委他人带新客登岸或任从新客自登岸者若敢违上第二条之法律倘被查出按每名新客拟罚该人之银至二十五元凡船主伙长管理唐山之新客船如到此三州府之时新客未离船登岸以前倘无立即来船头官衙门报明新客若干或被察出定罚大银五百元

第十一条本部堂若偶不在此三州府则此章之法律权柄可付托新加坡辅政司或槟榔屿或马六甲各抚院大人代理施行

第十二条本部堂及定例局有权能自主随时可出令嘱咐三州府或一州府则此章某条之法律宜暂且停歇免行又可决意将所停歇之条规再复施行亦可也

第十三条前一千八百七十二年第十章之法律现今尽废除不用

第十四条此章之法律可号曰唐人新客之法律由本部堂及定例局何时欲出令施行则可以施行 英一千八百七十七年实添末月二十二号丁丑年八月十六日告示

《申报》1877 年 10 月 18 日第 3 版第 1683 期

禁止赌博示

钦加四品衔即用总捕府正任钱塘县调署鄞县正堂加六级纪录十二次沈为出示严禁事奉府札开据五品封职陆学显禀称城西五图年例八九两月春祈秋报各庙尊神挨巡各堡八月十五十六等日驻札在乙未坊地方演戏讵有无赖之徒贿嘱地保并各厅署差役人等胆敢摆设赌摊引诱愚民赌博输钱剥衣扰害叩求饬拿等情除批示并札鄞江巡检严密查拿外札县遵照一体出示严禁拿办并各图保取结具报等因下县奉此除饬差查拿外并传各图地保取结申报外合行出示严禁为此示仰合邑诸色人等知悉尔等须知聚众赌博例禁森严自

示之后务须痛改前非各安生业倘敢再蹈前辙一经查拿到县从重究办决不宽贷毋违切切特示

《申报》1877 年 10 月 19 日第 2 版第 1684 期

暂禁神戏示

钦加四品衔即用总补府正任钱塘县调署鄞县正堂加六级纪录十二次沈为示禁事照得现奉抚宪按临宁群校阅管伍各处弁兵均须奉调操演云集府城所有民间演唱城厢内外神戏无论在庙在街均应暂行停止以免喧噪拥挤致生事端除传谕各戏班遵照外合行出示晓谕为此示仰城厢内外军民人等知悉自本月初十日起至宪驾起程日止凡尔等应行雇演街庙各戏一概暂停演唱俾免喧扰滋事倘敢故违定行提县究处决不姑宽毋违特示

《申报》1877 年 10 月 19 日第 2 版第 1684 期

禁开戏馆示

钦加四品衔补用总捕府正任钱塘县调署鄞县正堂加六级纪录十二次沈为遵札示禁事查接管卷内光绪三年八月十六日奉府宪李札开照得本府风闻戏子蔡宗明串同劣绅郭诗丞等在江北岸地方托名洋商开设会春戏园查上年开设戏馆经前府严禁中止详请道宪永禁立案并札知该县嗣后永不准复开旋又移址江北开设据监生李庆瑞禀奉道宪批府转饬该县查禁各在案兹则故智复萌仍蹈前辙殊堪痛恨札饬迅速示禁不准开设如敢抗违即提该戏馆首事从重惩办仍将遵办缘由具报备案等因下县示禁在案兹奉前因合再出示严禁为此示仰合邑商民诸色人等知悉自示之后务各遵照宪饬不准托名洋商再行开设戏馆倘敢故违定即严提戏馆首事及该班头到县从重究办决不姑宽各宜凛遵毋违特示 光绪三年九月初九日

《申报》1877 年 10 月 20 日第 2 版第 1685 期

汉阳县蔡告示

为出示晓谕事照得洪泰质当铺被焚前经示期九月初一日开赔业已饬令该当商备齐钱文本应按期设局赔偿惟现据该当商黄春谷呈奉藩宪批示量予变通减折赔偿无论金缎首饰及一切衣物概照每票本一串作为值十当五照例应赔钱一串连票本共计二串酌减一成钱二百文除已得过钱一串文应赔钱八百文仍扣除失事以前利息等因兹据地方绅耆日禀质当衣物与金银首饰估值多寡不同赴县公恳将赔偿钱数分别加减现已据情转禀应候批示遵办

所有原定开赔之期赶办不及自应暂行展缓合行出示晓谕为此示仰当户人等知悉务须静候
奉到藩宪批示另行示期开赔尔等切弗怀疑各宜凛遵毋违切切特示

《申报》1877 年 10 月 23 日第 3 版第 1687 期

海防分府沈示

照得时交冬令巡防尤且认真如有宵小混迹更夫报局责成各处巷门栅栏必应加意留神
逐栅亥正落锁查明来历放行尔等烟馆客寓着令二更闭门如有窝留匪类察出封房严惩兼值
干风日燥火烛格外留心沿街凉棚竹架拆尽不许留停谕饬地保遍晓居民均各凛遵倘敢有违
示谕提甲究办不轻

《申报》1877 年 10 月 26 日第 3 版第 1690 期

两江总督部堂沈告示

为剀切晓谕事照得尽孝非徒观美厚殓适以召殃近来两江盗棺之案层见叠出推求其故
由于民间无不以厚殓为孝仕宦之家珠玉金银尤多被害尤酷非所谓中有可欲虽锢南山犹有
隙耶然则厚其亲者不适足以残其亲耶昔朱文公讲学于闽教民勿厚殓邑有巨猾混缙绅之列
隐为推埋魁公易箦时遗嘱以礼请其视殓俾亲见附身衣饰无生人可用者故公坟特完于是吾
闽咸遵公训至品官朝珠里棉花为之朝服蟒袍中有金线者抽去之妇女首饰以竹木代之故自
宋迄今从无发冢之案夫公岂肯率天下以俭其亲哉良以慢藏诲盗即使有犯必获□法痛惩而
破棺毁尸何补终天之恨是必慎之于始务求万全无弊而后尽于人心本部堂习闻父老流传合
行剀切晓谕为此示仰合属绅民人等一体知照嗣后切勿以金银珠玉入棺使盗贼无从生心庶
子孙不留后悔则公之流风善政不独吾闽被其泽也本部堂有厚望焉其各凛遵毋违特示 九
月二十日示

《申报》1877 年 10 月 29 日第 2 版第 1692 期

总会办洋药捐局即补府正常禇张海防分府沈上海县正堂莫告示

为出示晓谕事照得本局向设缉私巡丁二十三名各给腰牌在外梭织巡查并派勇目专司
稽察约束凡有起获走私洋药川土俱凭眼线通知为私贩趋利若鹜机巧百出竟有将私土装入
衣箱行李并竹筐藤篓以及捆扎两肋及胯下络绎运送巡丁间有查获亦无不由眼线指引每届

冬令诚恐有等游手无赖之徒黑夜拦截商民乘间攫夺财物口称查缉私土贻害商民历经示谕凡有前项冒称巡丁身无腰牌托名查私希图窃夺者立即扭解来局送县惩办在案本局现经访闻有冒称本局巡丁滋扰生事查本局原派巡丁俱由勇目遴保岂敢妄为且缉私皆凭有的线查拿时必佩带腰牌真伪立辨无许滋扰合再会衔出示晓谕为此示仰城厢内外商民及地甲人等知悉自后凡有检查私土身无腰牌即系冒称巡丁并有假冒查私希图窃夺者概许扭解来局送由本县从重惩办决不稍宽该民人等亦宜自爱毋得夹带或有腰牌之巡丁上前问询亦不得违抗不服借名诬冒另滋事端各宜凛遵毋违特示

《申报》1877 年 10 月 29 日第 2 版第 1692 期

上海县正堂莫示

为出示晓谕事照得瞬届冬令宵小易生自应严密巡防庶匪徒无从窥伺业经查照向章分别谕办查城厢内外各烟铺良莠不齐最易藏奸节经前县谕令各烟铺除旧开者宽免押闭以后不准添开其闭歇者亦不准复开并谕妇女不许掌柜挑烟居民房屋毋许租开烟馆如违立将房主及开馆之人一并提究并将房屋封闭充公出示谕办在案兹届冬令尤宜加意严密预防除照案将各烟馆查明按铺发给条示外合行晓谕为此示仰各烟馆地甲人等知悉自示之后务于初更后一律关闭不准留人住宿如有面生可疑以及来历不明之人即行禀究并遵示谕不准添设复开及妇女掌柜挑烟情事所给条示一律贴于门首以备稽查倘敢隐匿故违一经察出定即严惩决不宽贷铺甲容隐并干究革切切特示

《申报》1877 年 10 月 30 日第 3 版第 1693 期

鄞县正堂沈示

为出示严禁事照得民间买卖应用官板大钱不得以小钱掺和行使迭经各前县奉宪谕禁在案兹查嘉湖杭绍等处一律禁止独本邑行用如前殊违禁令更难保无刁徒私铸私贩情事亟应严加禁遏以重圆法除密访查拿外合再出示严禁为此示仰合邑军民铺户人等知悉尔等一切买卖务各遵用制钱概以本年十月初一日起不得再以小钱掺和图利自此次示禁之后若再阳奉阴违仍蹈前辙及有不法刁徒私铸私贩一经访确或被告发定即严拿到县尽法惩办决不姑宽其各凛遵毋违切切特示

《申报》1877 年 10 月 30 日第 3 版第 1693 期

严禁船户弊端告示

　　署理汉阳分府陈为严禁船只以肃江面而安商贾事照得汉镇地方水陆通衢商贾往来船只蚁集本分府访闻沈家庙新码头流通巷接驾嘴等处码头有等不法之徒私造夹舱名曰干渡空脑壳匪徒预先伏藏舱内带有撬箱糊口器具如遇由汉他往办货或因帐齐回里客商携带重资该匪等见知必雇小划转递大船多方拦接上划客商重箱落匪船排等问客大船湾泊何处说此荡彼指东到西支延时久务使舱内赃物尽数偷窃或装以沙泥石块于其中仍将锁饰封条一概妆点如故容商失于检查迨抵他省始知被害追悔何及此外更有南岸嘴一带不法巨匪宽大座船名曰水泄多方诱客上船行至中途或离汉口不远诱令赌博稍不遂欲即加以黄酒迷药设谋毒害此种恶习深为行旅之害言之殊堪发指若不设法整顿何以申法纪而靖江面除饬差督令水保正逐一造册编号备查外合行出示严禁为此示仰前项不法之徒知悉自示之后尔等务各痛改前非勉为良善本分府执法如山除恶务尽如敢再蹈前辙一经查获或被受害之人指名告发到府立即拿案置之重典决不姑宽各宜凛遵毋违特示

《申报》1877 年 11 月 2 日第 3 版第 1696 期

广东通省厘务总局告示

　　出示晓谕事案奉两广总督部堂刘牌行准广西抚部院涂咨开准贵部堂公函因广东生齿日繁加以外来商民辐辏本地所产谷米不敷口食全赖广西及外洋接济本年广东各属水灾极重满地哀鸿嗷嗷待哺应将广西运来谷米经过浔梧厘厂免抽厘金俾得源源而来以应目前之急候本省晚稻丰登外洋贩来谷米渐多仍请照旧办理等因仰见贵部堂矜恤灾黎之至意应即照办富集司道会同筹议西省抽收谷米厘金实为军饷大宗减厘恤民当与筹饷赡军并行不悖且查赴东谷米多自上游左右两江桂林府河而下尚有南蜜柳州等卡应抽厘金亦应酌减以归划一兹定议自八月初一日起将通省各卡应抽谷米厘金停减一半按原抽十成之数只抽五成仰照十月晚稻登场为期至十一月初一日起照旧抽收俾东省民食有济而西省军饷不致无资除札厘金总局通饬各卡一律遵照并示谕商民知悉外合就晓谕查照等因本部堂将此合就檄行仰局即使移行查照并出示晓谕商民知悉等因到局奉此除移行遵照外合就晓谕为此示仰各商民人等知悉现在广西谷米贩运来东经过西省厘卡自本年八月初一日起将应完厘金减半统照五成抽缴仍候晚稻登场于十一月初一日起照旧抽收仰赖两省大宪悯恤灾黎广筹民食尔商贩成本既轻获利自厚于八九十三个月源源贩运踊跃乐输毋得囤积观亏折各宜凛遵毋违特示

《申报》1877 年 11 月 3 日第 2 版第 1697 期

申禁私行买卖旧铁告示

钦加同知衔署江夏县正堂加十级纪录十次钟为特再出示晓谕遵章请照贩运事案奉藩宪札准江汉关监督咨覆请饬示谕各行店凡遇贩运废旧等铁责令各行店呈由地方官详请给照不准该行店私行买卖以杜流弊等因当经出示晓谕并饬令各行店遵办在案兹奉藩宪札以迄今年久请照仍属寥寥诚恐内地奸商买铁搭附洋商轮船运赴口内各处销售并不请给司照贩运得以私行买卖希图偷漏济匪以及改造改铸军械之弊饬即严行稽查等因奉此除谕饬各行店遵办外合再出示晓谕为此示仰合属商铺人等知悉尔等嗣后贩运废旧等铁务须一律遵照定章邀同邻佑投行出具互保互结赴县呈投以凭加具印结详请给照贩运城铺商等慎毋故违致干详办各宜凛遵毋违特示

《申报》1877 年 11 月 5 日第 3 版第 1698 期

会审分府陈告示

为出示晓谕事本月二十七日奉道宪刘札开本年九月二十一日准法领事葛来函据英美工部局暨本国公董会议募工开疏洋泾浜河道自九月二十六日起约须四个月可以完工所有在河来往各船不得照常行泊等因到道札饬示禁等因奉此合行晓谕为此示仰船户人等知悉自示之后毋许在洋泾浜内停泊以及装卸货物有碍工程如违提案究办决不宽贷毋违特示

《申报》1877 年 11 月 5 日第 3 版第 1698 期

劝戒吸烟告示

头品顶戴两广总督部堂刘兵部侍郎广东巡抚部院张为剀切劝谕事照得本部堂本部院现准军机大臣字寄光绪三年四月初二日奉上谕郭嵩焘奏鸦片烟为害中国拟请设法禁止一摺官员士子兵丁等吸食鸦片烟例禁极严近来视为具文吸食日多为害愈深该侍郎等请以三年为期设法禁止着各直省督抚斟酌情形妥筹具奏等因钦此查鸦片烟一物产自外洋其初运入中华不过仅充药品迨后吸食者日众贩卖者日多内地川滇山陕之区亦有种植罂粟制成烟土者销售愈广患害无穷不问贤愚不论贫富一被所误百无可为匪惟失业废时滋身家之累抑且疲神损气有性命之忧此非痛与湔除视同蛊毒何以拯兹沉溺保我芸生现既钦奉恩纶申明例禁凡在臣民之列岂无悔悟之萌本部堂本部院念切恫瘝志除积痼用特申夫告诫冀振觉夫沉迷合就出示晓谕为此示谕闽省绅士军民人等知悉尔等须知鸦片烟一物为害甚深自示之后未吸者万勿误入迷津已吸者务即力图改辙狂澜可挽惟心力之同坚症病有寥虽膏肓而亦

起至于地方田土切勿贪图征利改种洋烟致缺民食从此人登仁寿世乐雍熙本部堂本部院有厚望焉其各凛遵毋违特示

《申报》1877 年 11 月 6 日第 4 版第 1699 期

上海县正堂莫示

示谕事案奉松江府正堂赵札奉布政使恩札奉总督部堂沈札开准直隶爵阁都堂李咨光绪三年六月二十八日准兵部咨议功所案呈所有前事等因和应抄单行文该督可也等因准此查宋汝贵江苏上海人除行营转饬各故员家属遵照外相应抄单咨请查照转饬各该故员原籍传知家属遵照等因并抄单到本部堂准此抄单札司转饬该故员原籍传知案属遵照仍报明抚部院查核等因到司札府奉此合就抄粘转饬札县即使遵照毋违等因到县奉此合行抄粘示谕为此示仰该故员家属遵照毋违特示计抄粘谨奏为遵旨议恤汇奏事内阁抄出大学士直隶总督李奏查阵亡花翎游击张文举等四员遭风落水淹毙记名总兵王必胜等四员在营积劳病故记名提督刘凤翔等十员理合一并开单恳请各按原衔分别照例议恤等因十二月二十三日奉旨张文举等均着照所请交部分别议恤单并发钦此钦遵到部除殉节绅民妇女人等议族之处由礼都核议外今据该督先后奏奉谕曰交部议恤臣等谨按定例章程议给恤银世职缮具清单恭呈御览其现经议恤银世职之武职应将敕书祭葬银两及文职应得袭荫移咨吏礼工三部办理应请将直隶总督李奏阵亡病故官员请恤一折各原衔照在营立一二等军功后病故例议恤之尽先都司宋汝贵照副将与三四品官军营立功后病故例给恤银五十两一二等军功例给予伊子七品监生遇有把总缺出该督抚拣选拔补如未仕而故者准其补给一次其监内有情愿应试者准其应试情愿随营食粮者准随营食粮如有另案办理议恤此次重复开折错误者应令该督抚等随时报部更正扣除等因于光绪三年六月初三日具奏本日奉旨依议钦此

《申报》1877 年 11 月 9 日第 3 版第 1702 期

会审分府陈告示

为示禁事照得开场聚赌例禁极严即经出示严禁并饬据巡捕房随时获解分别罚办在案兹据巡捕头禀称今查得大马路二马路红庙对街并租界等处又有以猜千字文为赌博即向来之白鸽标声请示禁前来除已往不究饬令刻日一律停止并移请上海县一体示禁外合行出示晓谕为此示仰诸色人等知悉自示之后务各安分营生不得再有赌博情事如敢故违一经巡捕获案定予从重究办决不宽贷凛之切切特示

《申报》1877 年 11 月 9 日第 3 版第 1702 期

鄞县正堂沈示

为出示劝捐事查接管卷内据花翎三品衔江苏补用府陈绅政钥禀称江北浮桥业经分捐股商行号铺户捐集巨资向洋商购买作为义桥所有修葺补且仿甬东浮桥规式筹存巨款以资经费现近设法劝捐外惟雇备船夫以救不测铺草毡以防天雨点天灯以照夜行经费一无所出兹查西乡一带广织草帽运销洋商每顶价值数十文由本地股商开设庄号各乡贩户向领资本按户零收汇缴庄号或交江北洋行或径运申江售卖而各贩户领本买卖颇获盈余现拟每千捐钱五文责成贩户缴出即由收运之庄号洋行按敷扣除按月汇缴义桥公所为浮桥济生船夫及置备草毡灯笼之用此项捐款既与织户无涉更与洋行无干各贩户稍出利余亦属轻而易举惟捐户贩户必须随时稽查议归义桥公所绅士范炳熙一手经理以专责成禀请示谕并给谕劝办等情当经前县批准照办未及晓谕卸篆本县抵任接准移交除接谕劝办外合行出示劝捐为此示仰西乡一带收买草帽各贩户及地保人等知悉尔等须知江北浮桥为往来要道现经绅商铺户捐资购买得以利济行旅而所需救生船夫以及草毡灯笼自应长年筹备以垂久远今该绅请饬该贩户每千捐钱五文以作经费洵属轻而易举自示之后尔等务各遵照定章踊跃捐交以济公用而全善举毋违特示

《申报》1877 年 11 月 15 日第 3 版第 1707 期

除暴安良告示

南海县正堂杜为密击事照得粤东盗案广府各县为多而南海尤甚固由民情贪悍游闲匪类之繁亦为地方文武防剿难周而各乡村堡绅富衿者不能同心协力平时未筹弭盗之方临时毫无御盗之策故也本县承之南武前后五载于兹犹忆辛春初著稔悉弊端遍悬长示将弭盗御盗情事为吾民谆谆言之只缘绅富衿者各存意见迁延观望贻误至今本县首剧重膺安全无术俯仰皆咄咄何言伏查命盗重情地方官责成本重吏议极严然一邑之大安能即一乡一家而保卫之且瓜代有期一经去此便同局外而吾民则钓逝桑梓聚族于斯祖父子孙久居安土今乃寇盗横行时虞劫掠宵不安枕是乌可长谅民等应亦早虑及比如是则平日弭盗之方临时御盗之策可不讲欤本年大水淹禾米价颇贵时交冬令急则治标姑先为吾民言禀益之策举盗之策奈何亦无非如孟子所云守望相助而已历观盗案禀报盗匪之来少则一二十人多亦三五十人止耳最小之村即丁壮亦必倍之何至直往直来如入无人之境任其饱属从未闻乡人闻警尽出而能捉获一贼格毙一匪者盖缘一乡之中绅富衿者每因小故不和甚且各怀仇恨故一家被盗有自重身家惧其报复者有忌人富厚幸其祸灾者更有一等谓我赤贫本不忧盗盗亦不以我为意人之不幸于我何干我胡为轻性命结怨警乎凡此存心天良澌灭尽矣诗曰兄弟阋于墙外御其

侮同邻共并恤兄弟也讵可挟小嫌而贻大害问盗何恩于我既能劫人即匪劫已不必待其报复藏富于民无事相依有事相恤固当救其祸灾其未贫而为盗不以我为意者是必子子孙孙累世长贫永无小康之日斯可耳人孰不欲富贵设尔子孙克家上达今日荣归明日倾尽尔亦何乐乎兹为吾民计各乡村堡不论大小必有绅富衿者公举四五人或二人为董事遵照本县所定御盗章程会商举行如省城水车会之救火也者一闻有警立时齐出其法绅富衿耆之家以及地保更练于床头各置铜锣一面有警连击自近及远闻即应之乡内居民下户出一人中户出二人上户出四五人店铺亦分上中下出人灯笼器械乡村自有无庸另制贼来唯恃火器则御之者火器亦为紧要且必精良一时大众齐来如救火者之直前勇往炮鸣钲响潮涌雷奔人畏虎虎畏人先声夺人未有不望风逃窜者即或盗众胆粗竟敢抗拒御之以藤牌为先诱其发枪避彼锋锐火器继后切勿未见贼而施放凡未兑贼先施枪者胆怯也非徒无益既费火药另装又费工夫步步上前心专目注见贼渐近度枪力可及然后打号齐发发必命中亦必有绅耆在后督之不许见盗先逃逃者有罚且盗有来路必有去路择善火器者先伏去路隐处俟贼去时暗中觑定施枪毙之亦属妙妙即使盗得窜逸必有落窝之赃之所亦应预选一精细人令其在后一箭远暗地迤逦随行勿使盗知看明何处落窝倘村民勇敢有胆即时率众驰往围捕定能得手否则服官指缉亦有着落易办此虽为盗已得赃脱身后之下策较之虚作声势盗去后送者稍觉有益盗已逸去甚不必扬威追赶非但与盗无伤徒贻笑柄要知御盗虽起临时而其策非临时可办必先联络知会选派停当各家应出人者只须书一条粘其门上不必设局致多糜费属内劫案频仍具禀来报唯言来则禁吓不准出声去则尾后追捕不及百口雷同直是印板父字未见有设一谋以备盗之来定一计以窥盗之去者殊可哂也本县既言御盗之策又必明定资罚以示劝惩有能当场获盗犯一名者讯实赏洋银四十员二名八十员格杀验真亦如之奋勇当先被盗拒伤验明给与药资外加奖赏准轻重以定多寡误为盗毙抑或伤重殒命赏给殓埋银四十员其人尚人父母妻寡儿孤无靠者另加四十员以示体恤银存县库事后由该管巡司偕绅耆查确即时给领断不食言既议赏矣罚亦不可无也所定上中下居民店客出人之数临时有一家不出者每一人下户罚银二员中户四员上户八员二人倍罚已出矣遇盗畏葸退走亦宜事后稽察确实照不出人减半罚银由该管巡司偕绅耆秉公查核如敢不遵禀知本县按户究处罚银存近村当押以为价备器械火药之用禀官备案每村共储火药若干亦着报官记籍存查绅富衿者异常出力办有成效详请大宪奖励此皆御盗之策实为目前之急务也若夫弭盗之方则尤应讲于平日乡村中或生败类敢作窝主而分赃又有临材易入下流而犯法俨然为绅富衿者者畏其韬韬恐其挟仇噤不敢言已足诧怪又其甚者私心窃幸以为乡有窝主处彼肘下承奉顺从庶免飞祸子弟不肖交结外匪断不肯勾引同类抢劫本宗暗地从容恃以无恐而窝主及子弟为盗者亦借此绅富衿者为护身符捕急则设法庇藏获案则联名结保非入盗党实同盗踪岂无公正衿读书明理纯良耆富安分保家深知若辈所为而心不和同动多顾忌是诚不可解也本县思为窝主者类多职监功牌棍徒土霸非有声

名势望者而为匪之人亦复易查民间各姓比族而居非为此家之子姓即为彼族之儿孙乡间见闻所及纤悉尽知欲绝盗源安良于各乡村自查保甲之法各乡自办分击易理非比实办难周而仍由官总成其事见有窝盗之家为盗之人先向劝诫禁约若能改过恕其既往否则绅耆刀能擒之即行捆送不能即禀请文武兵差指引往捕务获严办必置重典以儆效尤以上除盗之方正本清源贵于平日留心行之年余自然根株净绝可期永安而本县之汲汲不遑者则尤以御盗为切要之图盖盗案层见叠出民至今日不聊生久矣大宪听夕焦劳不安寝馈本县责无旁贷忧心如焚用特亲历各乡会同邓协戎开督兵差四围兜办缉捕之余继以劝谕夫盖将兵者人自为战兹则人自为守傲古坚壁之法但得一二乡御盗有效使盗来无所得日有所亡自然势渐溃散日久奉行不懈可冀长享承平是在各乡村堡绅富衿耆同体苦心永导定法实心实力行之耳为此密论俾各周知如议速行实深厚望万勿迟疑切切特论

《申报》1877年11月17日第3版第1709期

宁波府正堂李示

　　为出示严禁事照得宁属各县临山滨海耕读之民固多强悍之民亦复不少本府访问有等不肖之土豪武断乡曲包揽词讼每逢民间细故播弄是非擒人勒诈或以人命诬赖率先毁捣行凶且有土匪借之掳取更乘地方官赴乡勘验胆敢依恃人众挺身插讼当场混闹或不候提审浮捏虚词动辄越控种种恶习扰害地方若不按法严行惩办良民受累伊于胡底除饬札各报一体严密查拿外合行出示严禁为此示仰该县唆讼人等知悉当思尔等各有身家各宜自爱须知犯法到官噬脐莫及设有冤抑亦应本人据实呈县静候听断不容外人挑唆插讼图利扛帮自示之后倘敢仍蹈故辙一经该县访闻或被告发到府必当从重照律惩办决不宽贷本府言出法随各宜谨遵毋谓言之不预也毋违特示

《申报》1877年11月19日第2版第1711期

湖北分巡荆宜施兵备道孙奏办湖北下游滇捐总局盐运使衔分发先用道诚勇巴图鲁汤告示

　　为出示晓谕事照得滇省因边土未安饷源告竭迭经云贵督部堂刘云南抚部院潘会同奏请开捐援照甘肃捐米成案核办准其捐纳道府州县各项实官至封典职衔贡监等项仍照常并案收办仰蒙朝廷轸念边陲得邀俞允业于川广湖南江浙闽豫山东等省次第设局开办所有湖北滇捐事务檄委本局道与云南候补道杨前来分府劝办议以荆宜施三府属之本局其余各府仍可互委行劝以广招徕并令会同地方司道妥商办理本道等自应会同出示以昭信从合行出

示晓谕为此示仰士绅商民人等知悉凡有愿自报捐者或经赴本局或就近在各分局及各行劝委员处上兑一经兑收银两填给执照本局即随时详请奏咨俾严穴迅庆冠弹而军旅军不空筹唱其捐项于正项部饭照费之外不准需索丝毫以示体恤此邦素敦古处生其地者类多慷慨激昂之气必有输将踊跃之情纳粟成名于层霄而直上积资充饷助边地以澄清跋予望之富有济耳切切特示

署黄陂县正堂戴告示

为悬赏缉拿事案准孝感县移准云梦县移送据中竹会保正徐景升具报民人徐立洪管业田边有一不知姓名男子受伤身死查无失物情形一案当经验伤填格通报在案兹据应山县民夏之有呈称伊弟之发携带银两赴汉行至中竹会地方被族侄孙夏幺杀伤身死等情前来除选差勒拿并关邻封邑暨原籍一体协缉外合行悬赏为此示仰合邑人等知悉如有拿获此案逃凶夏幺送案者赏银三十两查知踪迹报信送案者赏银十两此银现封存云梦县库决不食言须至赏格者

会审分府陈告示

为出示严禁事准江苏布政使司理问厅张移开窃思民用时宪新书例由敝厅承造设局发售使民严禁坊铺私造以昭慎重历奉藩宪通饬各属一体查禁在案现届戊寅年新书业已造竣仍在沪城设立分局便民就买惟查租界游民杂处深恐日久玩生复有伪造私售并不钤盖钦天监印信情事移请出示严禁并饬拿办等因准此除饬差查拿外合行出示严禁为此示仰租界内书坊铺户人等知悉如有将戊寅年时宪新书伪造私售一经访闻或被告发定即提案从严究办决不宽贷各宜凛遵毋违特示

广州府正堂冯告示

为晓谕事照得匪徒树党会结兄弟其初则聚众逞强其继即横行滋事若不及早严惩必致酿成巨患省城为五方杂处余民众多风气浮动各行工作人等动辄拜会结党恃众行凶本府屡经示禁罔知后改兹闻西关地方有匪徒创建新花子会名目改立堂名每遇民间婚丧勒索讹诈

不堪党羽众多凶暴昭著现经院宪严饬管县拿获花子会匪梁亚就等四名发交本府明讯各犯
创立始安堂名目各伴伙党编发行签设立会馆种种不法属实该匪梁亚就号称二哥迭次拐骗
妇女卖良为娼逞凶聚赌抗拒官兵情节尤重罪大恶极已禀奉院宪批余先行就地正法以昭炯
戒其吴光等三名仍严批按纪惩办查巨匪既明正典刑余党应及早解散合行出示晓谕为此示
谕各行人等知悉尔等曾否入会切应各安本分食力营生不得动辄联盟结会集众逞凶各大宪
保民若赤本府尤嫉恶如仇法在必行网无或漏自明示之后各宜猛省毋再入迷途毋听人煽惑
如再执迷不悟一经拿获立置典刑决不宽贷此外各处花子只准照常乞食不得恃众妄为自干
纪律各宜凛遵毋违特示光绪三年十月初六日示

《申报》1877 年 11 月 23 日第 2 版第 1714 期

上海县正堂莫示

为剀切晓谕事奉本府赵札奉署按察司薛札奉总督部堂沈札开照得民间呈报命盗案件
必应听官勘验照例办理即有勘验不实亦应明晰呈诉听候核办乃近来州县勘验之时每有棍
徒唆使尸亲事主借端扰闹挟制甚至辱官殴差此等恶习关系风俗人心颇巨案查上年九月署
江宁县陆令赴城外相验命案有棍徒谢胜芬哄闹尸场经本部堂批饬立即正法良以犯上为作
乱之渐棍徒肆行无忌良懦何以安生地方官一味养夫岂闾阎之福亟应通饬示谕周知便凶顽
之徒知所警惕合就行司即便遵照通饬各属一体遍贴晓谕等因到府转饬到县奉此合行出示
晓谕为此示仰诸色人等知悉嗣后逼有命盗案件尸亲事主呈报勘验切勿听信主峻在场哄闹
以身试法倘有棍徒唆使闹场定行查拿严办不贷其各凛遵毋违特示

《申报》1877 年 11 月 29 日第 3 版第 1719 期

严防火患告示

钦加运同衔补用同知直隶州本任孝感县调署汉阳县正堂加五级蔡为出示晓谕严禁事
案据汉镇循礼坊职员刘同仁等禀称职等向住汉镇沈家庙上广福巷及正街一带各贸生理八
月十四十五夜梅姓棚屋油捻放火烧燃经更夫扑灭三十日夜半江同盛烟馆楼上起火经隔壁
凌姓烟馆知觉喊叫邻右扑息公恨驱逐此除差拘被控之开设烟馆邱燕亭到案勒令改业外
合行出示晓谕严禁为此示仰军民保甲人等知悉嗣后凡有空住房屋应实成保甲邻右认真稽
查如有匪徒潜藏放火酿成巨祸许即拿获捆送赴县定即从严惩办凡开烟馆各户务于黄昏时
即行收灯不准容留匪类倘敢故违不遵亦即严办决不姑宽各宜凛遵毋违特示

《申报》1877 年 11 月 30 日第 2 版第 1720 期

大英工部局告示

为悬赏拿犯事本局近将小树栽种于从泥城外至静安寺之马路查英历本月二十一日夜有人故意折毁如有人可有信而能寻着该犯本局即愿给赏至多洋一百元特此布告大英经理工部局人苏柏告示

《申报》1877 年 12 月 1 日第 7 版第 1721 期

冬防告示

钦加同知衔江夏县正堂加十级纪录十次钟为出示晓谕事照得省城街道辽阔道路分歧人烟丛杂安设栅栏以防奸匪混入久经通饬在案其栅栏经费一概免捐所有十家更牌时届冬令宵小易生自应举行轮流支更以资防范合行出示晓谕为此示仰居民铺户人等知悉一体轮流支更庶盗贼无以托足闾阎得以安枕纸张经费皆由本县捐廉自备并不取及于民免致扰累其支更之人皆由自行雇请如有愿自行支更者亦听其便毋违切切特示

《申报》1877 年 12 月 3 日第 3 版第 1722 期

海防分府沈告示

为出示晓谕事照得十六铺地方系众商聚集之区并南北往来要道其外滩马路业经劝谕铺户修砌在案现据该铺董事禀铺内逐段遍设路灯以便人行及油壶均书十六铺字样诚恐宵小偷窃销卖求请示禁等情据此除传知地甲讯捕外合行出示晓谕为此示仰小押店旧物摊人等知悉尔等须知创设路灯系属善举设有匪徒窃取赴滩抵押变卖不准收受倘敢故违一经察出定行提究不贷毋违特示

《申报》1877 年 12 月 3 日第 3 版第 1722 期

禁绝传递示

调署鄞县正堂沈为明切晓谕事照得国家抢才大典关防巡查均宜严密以昭慎重本县访知每届局试之时沿近试院束园墙鼓楼北及西园墙黄岳害院一带之民房店户为暗通传递之径闻之实堪痛恨合行出示晓谕为此示仰该处附近居民人等知悉务各扫除积弊痛改前非倘敢故犯一经本县访知或被巡差拿获非特将通同传递人等概行从严究办并将该房屋封锁入官决不少贷该商民等各有身家毋因一时通融致受无穷牵累其各凛

《申报》1877 年 12 月 6 日第 2 版第 1725 期

正任钱塘县调署鄞县正堂沈告示

为遵札晓谕事奉府宪李札开转奉道宪瑞札开奉闽浙督宪何福建抚宪葆牌开光绪三年八月十九日据英国驻扎福建领事官星察理申陈顷准新到巡海测量纳后兵船管驾官讷咨开现于下礼拜内须由福建沿海一带暨浙江沿海一带各傍山洋面测量水石沙礁以知深浅所在惟测量之法人须在岸上标插小旗以为准度留志半月之久诚恐海边居民少见多怪致起群疑别生事故烦代陈请给与护照并预先通饬闽浙两省沿海一带管县塘讯文武员弁沿途一体保护暨出示晓谕近海居民概行知悉系为测量而来不致惊扰骚动等因前来领事官准此理合转代译陈贵督部堂贵署部院请即一面通饬晓谕福建浙江沿海一带文武员弁俾近海居民周知此项纳梭兵船系为测量而至别无他故毋庸惊扰其沿岸所插标志之旗勿得妄行拔弃一面给与该纳梭兵船管驾官讷转附来给付以便下礼拜内可以开驶启行是为至祷等由到本部堂本部院据此查沿海测量试探礁石乃便利舟行大众受益之事惟查轮船测水深浅向无标插小旗留志半月之久诚如来文所云恐海滨居民少见多怪致起猜疑是应照所请通饬闽浙两省沿海地方文武员弁一体明白晓谕留心保护惟纳梭兵船驶行迅速现在檄行各处文到计期总在轮船之后并应如请缮给照牌札覆英领事转给讷管驾官收执遇有应行量水验照之处先与居民阅看俾众咸知不致因疑滋事前颁切致讷管驾官此项照牌因恐此次通饬札文后到示谕不及民间未能周知权子缮给以示居民专为闽浙沿海一带探水查礁而设与游历执照不同未便即持以到处停泊巡行尤未便于陆路乡村等处执以游历盖虑乡民愚蠢或有触忤务嘱讷管驾官约束水手人等切勿饮酒登岸恐致别构衅端其标插小旗暨虞乡间幼童视为玩物顺便取携且维持须半月之久其间保无遇风雨漂摇损失亦并商之讷管驾官自于本船择一老成可靠明干晓事华工一二人专司看视庶语言可通易于照料免致遗失别生枝节一俟事竣照牌仍祈照还注销除移给照牌札覆领事并分行遵照外合行饬遵为此牌仰该道即便转饬沿海各管县一体遵照如遇该船到地务当妥为防护并晓谕沿海居民概行知悉其岸上标插小旗系为测量水道毋得拔弃惊扰仍将该船到地及开驶各情形随是驰报察查毋违等因奉此除分别咨行外合亟札饬等因奉此合行转饬札到该县即便遵照如遇该船到境务当妥为防护并示谕沿海居民概行知悉其岸上插标小旗系为测量水道毋得拔弃惊扰仍将该船到境及开船各情形随时通报等因奉此合行出示晓谕为此示仰合邑军民人等知悉尔等须知前项洋人兵船到境其岸上标插小旗系为测量水道所用毋得拔弃惊扰致干查究其各凛遵毋违特示　光绪三年十月廿六日

《申报》1877 年 12 月 12 日第 2 版第 1730 期

悬示招告

调署郑县正堂沈为出示招告事照得闽匪李阿三与土棍杨黄狗拐匿沈姓幼孩希图贩卖一案业经护犯以证质讯明确犯供认实王法无亲讵有狱生李庆瑞直入衙门为伊兄李阿三包庇喧堂逞刁挟制实属胆大妄为除分案详革究办外查李廖瑞李阿三以外来痞棍虐我良民闻其平日狼狈为奸讹诈扰舌久为绅民切齿因该匪等恃有护符性被犷悍致唇害者畏其凶锋不敢告发太县访悉前情正拟密拿群办为地方除一大害今已事犯到官其从前劣迹必须彻底查惩无虞报搜合取出示召告为此示仰合邑军民及寄寓人等知悉尔等如有曾被李庆瑞弟兄峻讼诈扰含屈未伸许即叔明被诈被累实事及赃证过付年月期域实呈县以凭讯明重治为尔雪冤别无拖累切勿疑虑徘徊亦勿诬告干咎其各遵照毋违特示

《申报》1877 年 12 月 14 日第 2 版第 1732 期

严禁遏籴告示

钦加盐运使衔广州府正堂卓异侯升随带加五级纪录六次冯为米价日长严禁渔利居奇以裕民食事照得本年早稻收成虽云略为歉薄而谷米来源甚旺商贩甚多并访闻花地谷埠等栈谷米亦伙若非奸商固持渔利囤积居奇米价何致日昂一日以此抬价网利实属小民之害闾阎贫民何以为生言之殊堪痛恨除严密查拿米蠹究办外合行出示严禁为此示谕内外商投铺户人等知悉尔等赈买谷米务宜随时发售持平定价不得仍前把持行市垄断居奇如有买仔谷米立即平价出粜毋许囤积致妨民食倘敢故违一经访闻或被告发定即严拘究办并将所囤贮之谷米封变充公各宜凛遵毋违特示

《申报》1877 年 12 月 20 日第 2 版第 1737 期

江苏按察使司薛江苏抚标中军参府韩告示

为奉饬勒石永禁摊派事照得练军两营奏定章程每月散放官弁兵夫薪水口粮按名唱发逐款缮榜晓示营门向无丝毫朋扣名目历经遵办在案兹据调补江阴营守备左营中军守备沙通禀内开因同治九年五月十三日武圣诞辰敬备音乐款待费用过多数将盈百奉前代理秦中军拟将朋派练兵口粮经卑弁禀商一开朋派之端即萌克扣之渐请由左右两营官弁俸薪项下摊捐奉准有案今蒙调补江阴行将他往诚恐日久弊生不避斧钺仰祈给示勒石以垂永远禀奉抚宪吴抄禀批开中军守备沙禀勒石永禁朋派兵丁银两由奉批营中费用朋派兵丁口粮本属应禁陋习所请给示勒石永禁应准照行仰苏防营务处核缮告示移行各营一体遵照勒碑永禁

将碑文榻摹通送备查并报明督部堂查考仍候批示缴禀抄发等因到营务庭伏查绿营朋扣积习最深练军章程较为严密有无影射朋扣全凭营官之贤否为转移今调任中军守备沙禀请给示勒石永禁摊派兵粮系为杜渐防微起见除呈报移行外合亟核缮告示会衔禁约为此示仰各该营官弁兵夫一体知悉此后无论完愿酬神年节庆贺一概不准摊派丝毫以肃营规而绝流弊各宜凛遵毋违特示

《申报》1877年12月21日第2版第1738期

浙江宁绍台道瑞告示

为出示晓谕事照得宁波自江北岸至镇海口一带河道为轮船往来出入要区每因轮船船身过大驶行甚速内河船只不及趋避致有磕碰之虞甚至酿成人命自宜防患未然庶内地民船知所趋避现经本道会同英国领事固公同酌议以镇海至江北岸往来江面东西两边为民船停泊往来之路中间三分之一留为轮船往来庶分别行驶不致再有拥挤磕碰等事除札宁波府转饬鄞镇二县一体示谕外合行出示晓谕为此示仰轮船及民船人等知悉尔等须知中路为轮船往来东西两边为民船行泊之区不得任意旁驶该民船两边停泊亦当顺排整齐不得横乱致因磕碰而起讼端自示之后务须恪遵示谕切勿再蹈前辙致有拥挤不测之虞各官凛遵毋违切切特示　光绪三年十一月十三日给

《申报》1877年12月26日第2版第1742期

劝赈告示

钦加同知衔署江夏县正堂加十级纪录十次钟为出示晓谕事案奉府宪转奉督部堂李札开光绪三年九月十八日准山西爵抚部院曾咨开窃照山西本年荒旱异常饥黎待赈孔急前奉谕旨准留京饷银两嗣经祁阁学夏少司农温洗马奏请部拨各款以资赈济天恩已极高厚惟被灾太甚为日太长现计成灾州县七十余属之多应赈户口四百万之众需费过巨前项仍不啻杯水车薪无济十分之一不得不广劝捐输以期多救民命查晋中富户大半携资外出贸易营生是以本籍存者有限若仅恃本地捐款为数几何刻下待赈饥民全省皆是若不变通筹办必致接济为难辗转思维计无所出因思湖北之武汉襄樊宜荆沙市武穴等处为商贾辐辏之区晋人或亦不少当盐票号生意畅旺且地大物博各省不乏好施济众见义勇为之士集四方之财以纾三晋之灾何难登诸衽席之上出之水火之中但办理甚不容易夙钦贵部堂救灾恤邻无分畛域相应咨恳俯赐允准札饬潘藩司王臬司蒯道惮道汉黄德道荆宜施道湖北督销局程道同念晋艰悯百万之哀嗷赐遥天而援手即日劝各省士商之好义急公者多为捐助庶众擎之共举俾民困之

易苏至于捐生应得奖叙只候贵部堂赐示即当筹照办理所收银两俟有成效或汇兑银两至晋省转交司库或径解天津李爵阁部堂所设山西赈捐局接济赈费深为德便等因到本部堂准此合就札行备札行司即便遵照各就地方现有绅富商民妥为办理一俟捐有成数即行解交上海招商局转解仍将捐生姓名及所捐数目造册详咨汇案请奖切切等因奉此合亟札饬札到该府立即遵照刻日督饬所属各就地方现有绅富商民妥为办理一俟捐有成数即行禀缴以凭解交上海招商局转解仍将捐生姓名及所捐数目造册呈候详咨汇案请奖毋违等因奉此合亟札饬札到该县立即遵照刻日即饬所属各就地方现有绅商富户妥为办理一俟捐有成数即行禀解藩库以凭转解仍将捐生姓名及所捐数目造册具文详请汇案请奖毋违此札等因奉此合行出示晓谕为此示仰县属军民绅商富户人等知悉尔等务各量力乐捐共成善举如有急公好义之士刻即开具姓名籍贯及所捐银两赴县禀明呈缴以凭汇解请奖再由军输局饬发浮图一律凑捐亦属集腋成裘之举仰各绅民人等务各踊跃捐赈以济时艰而全隐德毋违特示

《申报》1877 年 12 月 27 日第 2 版第 1743 期

示禁跨河造屋

署理苏州府常熟县正堂郭为出示晓谕事照得本邑西南一图有慧日寺向遇万寿圣节各绅设为朝贺公所自遭兵燹仅存大殿寺僧募修据绅士禀经前县给示并蒙熊镇宪拨兵挑去沿墙瓦砾以冀渐复旧规讵于前月二十四日夜该处失慎就地居民将瓦屑堆积寺基而推起火之由皆由跨河架屋私潜河面以致琴河梗塞不通一遇火灾无从汲水殊失御灾之道合行出示晓谕为此示仰该处居民房主人等知悉自示之后该处琴河不准跨河起造房屋慧日寺基不准堆积瓦屑已有堆积者即行搬至别处倘敢故违许该地保及住持禀送讯究各宜凛遵毋违特示

《申报》1877 年 12 月 28 日第 2 版第 1744 期

示禁江面抢劫

江南补用协镇长江水师汉阳中衡游府翌勇巴图鲁加三级钟为出示晓谕事照得江面往来船只务须辰开酉泊不得贪风夜行且靠炮船收停不得单泊孤洲野峰历经出示晓谕在案近有不法匪徒每逃商船收泊失宜或遭狂风或漂荡江心或顺流不淌该匪即将划船荡拢借口救护实系乘危抢窃丧心昧良莫此为甚本游府现今会同汉阳县分饬弁兵丁役拿获数名严审收押除俟定谳惩办外合亟出示晓谕为此示仰商船渡划及红船人等知悉嗣后务遵诰诫切勿昏夜开行且傍晚收泊时须靠炮船左右如有夜行单泊形迹可疑一经拿获即作盗船惩办至偶遭

风暴拔橛出帮应责成红船妥速救护此外渡船小划不准乘风冒混借圈抢窃即心存拯溺近便扶危止准挨舟渡人不准登船搬货倘敢妄登客船即属名救实抢大干法纪许尔客船捉获登时扭送炮船讯官问明实情备文送县从严治罪设遇匪徒逃遁或敢逞凶抗拒仰即报明附近炮船派兵迅驾飞划登时追获勿使漏网各宜凛遵毋违特示

《申报》1877 年 12 月 29 日第 2 版第 1745 期

开浚城河告示

上海县正堂莫为出示晓谕事照得现奉道宪札饬会勘开挑城外河道自小东门十六铺桥起迤西北至西门吊桥止定期二十三日集夫开工先行堵坝车水所有该处城河内往来停泊船只以及两岸居民堆积柴草竹木等物一律移往别处免致有碍挑工合先出示晓谕为此示仰居民保甲船户人等一体遵照毋违特示

《申报》1877 年 12 月 29 日第 2 版第 1745 期

宁波府李告示

照得本府考试鄞县正场点名时考童任意拥挤喧哗即其入场亦谈笑放肆不守场规似此狂妄何堪备学校之选当经择其尤者丁懋宸等二十九名即予扣除不送院试兹因各禀保再三恳求姑念此中不无佳士未必尽干犯功令之人现为该童生等专开一场复加考试如能安静守法一并送考为此示仰该童等即赴本府礼房报名填册即邀同认挨各保将册卷内画押齐全于二十九日听候考试毋得自误切切特示

《申报》1878 年 1 月 2 日第 2 版第 1748 期

减收米税宪示

头品顶戴兵部尚书硕勇巴图鲁两广总督部堂刘示合省商民人等知悉照得本年东省迭遭水患米价高昂灾民困苦先经咨准广西巡抚都院将西省米谷厘金停减一半经因晚造收成歉薄米价仍形昂贵复经会同广东巡抚部院咨商西抚部院再行减半抽收以资民食兹准复自本年十一月初一日起至明年正月底止将四省各卡应抽谷米厘金再按原抽十成之数只抽五成等因除札行外为此示合属军民人等知照特谕

《申报》1878 年 1 月 3 日第 3 版第 1749 期

申禁遏籴告示

钦加盐运使司衔广州府正堂加六级纪录五次冯为出示晓谕事照得现年粤东水患甚重民食维艰已奉督抚宪拨帑款十余万两委员雇用轮船前往上海镇江采买米石运回平粜兼招商给照前往江南买办米石回粤以裕民食经奏咨准所过关卡暂免厘税以期源源接济各甚踊跃现在所有官商采办谷米陆续赶紧运回平粜乃闻近来米价依然未减日见增长推原其故大抵富商之采运未能到齐且预料晚造收割不甚丰稔故囤积之殷商不肯平售意欲垄断网利居奇以病贫民为害匪细理合出示谕商贩人等知悉尔等当思谷米为民命攸关思获一己之厚利不顾百姓之嗟怨非徒国法所难赦亦天理所不容倘经查出或被告发定必严拿究办决不宽恕倘有殷商富户如能出其所积持平发售以惠济穷黎则损于己者无多而惠于人者甚众本府更为企而望之也各宜凛遵毋违特示

《申报》1878 年 1 月 3 日第 3 版第 1749 期

稽查客寓告示

钦加运同衔署汉阳县正堂加五级蔡为出示晓谕事照得汉阳崇信坊一带地方人烟稠密时届冬令宵小易生所有饭馆客店落寓往来行人保无游勇匪徒混迹为害亟应循照向章设立循环簿扇以备稽查除札行捕衙会同委员认真办理外合行出示晓谕为此示仰各饭铺客商人等知悉尔等务各造具循环簿扇注明招牌件客姓名人数以及何项生理自何处来往何处去并年貌籍贯按日循去环来送交捕衙以备稽查自示之后如敢不遵或查有窝匪情事即由该委员等一并拘拿解县惩办决不姑宽各宜凛遵毋违特示

《申报》1878 年 1 月 5 日第 2 版第 1751 期

苏松太道刘告示

为出示晓谕事案奉督抚宪札准山西爵抚部院曾咨晋省荒旱异常成灾七十余州县之多应赈户口四五百万之众前奉谕旨拨款赈济皇仁已极高厚惟灾民费巨咨请广劝捐输以期多救民命札道遵办等因奉经派员设局劝办虽据各商富分别轮助为数无多因恩租界内华商铺户林立若各随愿乐助即可集腋成裘现派委员张丞志均谢牧国恩等妥为劝输合行出示晓谕为此示仰租界中商民人等一体遵照务各量力慨助共襄善举是所厚望特示

《申报》1878 年 1 月 8 日第 3 版第 1753 期

署理江南苏州等处承宣布政使按察使勒告示

为剀切晓谕事照得各属应征冬漕粮米攸关天庾正供例应岁内全完不容观望蒂欠现届征收光绪三年分新漕各属被毁仓廒尚未一律建复自应查照成案分别有仓无仓或本折兼收或全征折色各就地方情形妥为办理所有今届征收折价因本年晹雨愆期秋收减歉兼之苏省客米稀少转须协济他省赈需以致目下米粮市价比较上年昂贵前项折收价值不得不酌核加增现经本署司督令海运省局委员体察情形秉公议定完本色者除照章交米一石外另收公费钱一千文其完折色者每石收制钱三千文随收公费钱一千文迟至年外无分本折一律每石加收钱五百文又例定随漕钱五十二文仍应照章无分本折年内外一律随正交纳除另行会同苏粮道详请各院宪具奏并声明如有粮户抗欠以及完纳本折短交公费有误漕运仍应比照抗粮例从严惩办外查苏省额漕先蒙皇恩永减继又议裁津贴革除浮收凡所以体恤民艰者已极优渥现当京仓支绌需米孔亟在深明大义之户自必踊跃输将争先完纳断不致稍有抗欠致误州县兑运特恐疲顽之户任意锢抗或因禁革包户无所取盈或因裁除陋规无从需索因之怂恿把持相率效尤甚至拥挤仓场挜交丑米或短欠公费倚众滋事并有不肖生监从中恃符阻挠借端捏控种种恶习均难保其必无除委员明查暗访一经得实即行从严惩办外合亟剀切晓谕为此仰合邑绅民粮户人等一体知悉尔等速将本名下应完光绪三年分漕米遵照定价数目无分大小户一律依限清完勿销蒂欠如完本色者须将公费费脚钱文先行赴柜交清然后拣选圆净好米运仓斛收其完折色者亦应按数核明随正交纳不准任意短欠包揽延抗自示之后倘再查有前项情弊或经征地方官吏敢于定价之外私自浮收分文一经察出或被告发定即指名提解来辕照例从严惩治本署司言出法随决不姑宽其各凛遵切切特示

《申报》1878年1月11日第3版第1756期

署汉阳县正堂蔡告示

为严禁痞棍以靖地方事照得本邑民情素称朴实乃近年以来城乡市镇良莠不齐每有游手好闲之徒不务正业三五成群横行酗酒打降扛帮唆讼或无端扰害乡民平空讹诈铺户或诓骗往来客商引诱良家子弟甚至略卖妇女开构窝娼以及庇盗销赃聚众斗狠种种恶习指不胜屈保甲畏其强悍莫敢举首乡邻虑其诬扳隐忍不言本县莅任数月已访实城乡各处地方痞棍姓名住址刀宽其既往棍予自新除再犯定即严拿惩办外合行出示晓谕为此示仰阖属军民人等知悉如遇前项不法痞棍在各处借端讹诈扰害乡愚许保甲地邻及被害之人指名首禀定行拿案重办决不姑宽倘有外来游荡形迹可疑之人在境逗留责成地邻保甲随时驱逐出境如敢

抗违亦即捆送赴案尽法惩治断难曲宽其各凛遵毋违特示

《申报》1878 年 1 月 15 日第 2 版第 1759 期

会审分府陈告示

为出示晓谕事案奉道宪转奉各大宪札以山西本年荒旱异常被灾州县已有七十余处之多应赈户口共有四五百万之众需费过巨饥民待哺嗷嗷情殊可悯兼有人自相食实属惨不忍闻抄粘章程饬即劝办并在沪城设局广为劝捐以资汇解济赈等因并蒙发不捐簿又准赈捐局移道按铺三联捐单各到廨奉准此除由本分府在于租界之内自行随时劝捐外合先出示晓谕为此示仰界内铺户人等知悉自示之后所有手艺微业一概免捐其余铺户务各量力输助随收随缴掣给收单为凭总期多多益善以便汇解接济幸勿观望切切

《申报》1878 年 1 月 16 日第 2 版第 1760 期

津郡出示劝捐

津城十月二十日粥厂已开贫民就食者其人数较去年几多一倍所费既繁筹款更急爰设局筹办赈务所有章程与向年津账一律告示列后筹办助赈总局直隶布政司孙长芦盐运使如津海关道黎天津兵备道刘为剀切晓谕事照得本年直省旱灾穷民觅食维艰前经详明循旧设厂以资养恤在案兹查现来人数较去年加倍不止虽经本司道拨粮分发各属半耀并出示截留而贫民仍纷纷沓至啼饥号寒推原其故实因室如悬磬家无升斗之粮冻地封河更无生计实未便置而不问其如经费支绌所筹款项又属不数不得不量予劝捐共襄善举现蒙钦差爵阁督宪面谕先行倡捐银三千两棉衣在外一面饬在城各官一律捐助用资表率并劝谕绅商广集捐资等因本司道久闻津郡绅商素称好义凡遇善举类皆踊跃现在贫民嗷嗷待哺睹此情形自必倍加怜惜不必再三谆劝定必量力捐输所捐银两仍准照章请奖实职虚衔封典等项除由本司道等督同在城各官倡捐银两外合行出示劝谕为此示仰合郡绅富商民人等知悉各宜量力捐输共成善举济贫即以保富不特灾黎不致失所尔绅富亦功德莫大本司道有厚望焉切切特示

《申报》1878 年 1 月 17 日第 2 版第 1761 期

调署汉阳县正堂蔡告示

为申明例禁剀切示谕事查例载强盗行劫邻佑知而不协拿者杖八十如邻佑或常人或事主家人拿获强盗一名者官给赏银二十两多者照数给赏等语人右为佑字取义已寓辅佑之意

集镇村庄之中一家遇盗各家协拿盗贼探悉某乡缉捕同心畏有防备必不敢来窥伺是则邻佑声气联络非但救人即系保己抑己弭盗之一法也如果他家有警邻户裹足不前不但有失守望相助之谊且亦有干例禁尔不助人人谁助尔欲保自己身家须先保人身家合亟出示晓谕为此示仰该乡居民店户人等知悉嗣后避有盗劫之事不分雨夜各该左右前后紧邻各宜立时赶赴被害之家协捕盗贼他如前后左右远邻闻知某处被抢亦宜共往救援以助声势如或比邻已知彼邻未知猝递传信不及许击铜器为号闻声共起帮拿捕获强盗照例赏给银两多者照数给赏协拿之时盗贼倘有持械拒据情事准予格杀勿论至于住店客商既在客店住宿店主与该客商即属一家客商如遇盗劫店主及该店邻亦宜协力救护一二行路之人携有包裹银钱如遇盗贼拦路劫夺地方或与该村相距非遥或系在于村外道旁该乡民等或望见其被劫形状或远听其喊救声音均宜赶往救援跟踪追捕获盗送案亦照例给赏自示之后左右前后邻佑知而不往被劫之家协拿盗贼及客商被抢店主不为帮捕者定将该左右前后近邻及开客店之人照例从重惩治决不姑宽其各凛遵毋违特示

《申报》1878 年 1 月 22 日第 2 版第 1765 期

鄞县正堂沈告示

为出示勒石晓谕事据成衣柱首任廷元等呈称伊等成衣一业向有裕成公所设在天封寺轩辕殿内匪扰被毁无力建复现查同业中有身后贫苦丧葬乏资妻子无依冬至罹于冻饿者青春无以保其节黄口莫得遂其生言之恻然伊等忝居柱首目击心伤爰集同业图复奋章各愿踊跃乐助抽捐微资工司则每日按人出钱一文作场则每日按桌出钱二文开设店铺者则每日买卖按贯出钱二文延请公正绅衿董理其事每逢月底汇集柱首并司事人等公同督算仔放以备斟酌施给前项同业中之身后棺木及其孤儿寡妇衣食之需诚恐日后废弛公叩给示勒石等情到县据此除批示外合行给示勒石晓谕为此示仰成衣人等知悉尔等须知该柱首捐仔公顷切勿阻挠悭吝致废美举是为至要切切特示

《申报》1878 年 1 月 23 日第 2 版第 1766 期

上海县正堂莫示

为出示晓谕事据绅士王承基郭儒栋贾履上郁熙绳张益廷瞿世仁张佳楼朱征镕梅益奎叶茂春等呈称窃照前故抚宪太康刘公保境安民民怀其德当经绅等环请在上邑地方捐建祠奏奉谕旨允准转饬遵行在案绅等即刊分捐单册普劝城乡绅商业户量力捐资缴中同仁辅元堂出票归工倏经三载只因祠址未定工作未兴捐款亦未拢数留心已久今秋始觅得城四南

半泾园址为乡先达曹公一士讲学处中有四焉斋已废仅存门屋数楹及山石林泉旧迹绅等商之曹氏后人估价并让归公并唤匠估计现造刘公祠屋宇门房旁舍及四周围墙工费颇属不资全赖捐输早集但据形家言来岁山方不利宜于今腊动工兹择于月之十七日祀土兴工打桩定请赐给示晓谕该地甲里邻人等知悉禁止到工践扰偷窃物料等情一面劝谕城乡绅商业户未出者速出未缴者速缴俾得源源接济滴滴归工等情到县查此案前据该绅士等具呈即经前县出示劝谕在案据呈前情除批示外合再出示晓谕为此示仰城乡绅商业户人等知悉现在刘公祠择期兴建所费甚巨如有未出之户即速量力乐输未缴者即速缴清以济工用勿再稍存观望至该处地甲里邻人等毋许到工践扰以及偷取物料如敢故违提究不贷各宜凛遵毋违特示

《申报》1878 年 1 月 25 日第 3 版第 1768 期

督办城厢内外总巡事务升用道候补府松江府海防分府沈告示

为出示谕禁事准上海县移准统领武毅营提督吴移奉两江督宪沈札开奉上谕郭高寿等奏鸦片为害中国拟请设法禁止一折官员士子兵丁吃食鸦片例禁极严近来视为具文为害愈深着斟酌情形妥筹具奏等因钦此业经本部堂分别转行钦遵在案复查鸦片为害较鸩毒尤深当此时事恐难国家不惜帑金选将练兵倚为干城资其御侮一经沾染纵贵获复生欲不怠惰废弛而不可得亟应认真整顿力挽颓风各管弁勇人数多者或数万人似难一一查究然营官为统领所委任哨官为营官所举措什长为哨官所识拔散勇亦什长所选募者也如身使臂臂使指不难层周责成今本部堂先向各统领取结各统领只查明营官所属营官有无吃食鸦片有则据实请撤不特宽统领既往失察之咎即本营官亦曲全其功名无则具结以后该营官有沾染嗜好由统领毕发者止治本营官之罪由他人举发及本部堂访闻则出结者与之同罪偶有迹涉疑似者许项目报明限一个月察看再行具结不准借延其统领向营官取所属哨官之结营官向哨官取所属什长之结哨官向什长取所属散勇之结均照章办理如一人所稽察者不过数十人耳目易周无从推诿矣合行札饬札到该提督即便遵照办理毋违特札等因到营奉经通饬各营遵办在案查敝部前营驻扎贵境除饬该营官一律遵办并出示晓谕各勇外相应移知等因到县转移一体查禁等因到厅准此查鸦片一物为害匪浅现奉定章查办自应遵照办理合行出示谕禁为此示仰各营弁勇兵丁人等一体知悉自示之后亟须遵照定章概不准再行吃食鸦片倘敢阳奉阴违潜赴烟馆吃食者一经察出定即严拿解营照律惩办切宜自爱务勿轻身尝试毋违特示　光绪三年十二月二十日

《申报》1878 年 1 月 26 日第 3 版第 1769 期

广东布政使司杨通省厘务总局告示

　　为晓谕事光绪三年十一月十九二十等日先后奉两广总督部堂刘广东巡抚部院张檄开光绪三年十一月十四日准兵部火票递到户部云南司案呈本都议覆御史张道渊奏筹运仓储暂免米厘禁止囤积以平市价一折于本月二十日具奏本日奉旨依议钦此相应抄录原奏恭录谕百飞咨两广总督广东巡抚饬各属一体遵照可也等因到本部堂院准此查米谷厘金一项广东厘厂向免抽收准咨前因合就檄局会同广东布政司照依准咨奉旨及抄录原奏事理迅即刊刷告示除移各道府厅州县及各处厘厂委员一体遵照如有私抽讹索把持囤积等弊立即严拿究办计粘抄原奏一纸内开本年旱潦为灾粮米昂贵迭经各直省督抚先后奏请免收米谷税厘钦奉上谕灾黎待食孔亟凡有商贾连赴米石经过地方着各该旨抚饬属暂免抽收税厘期于商贩畅行借资接济等因钦此钦遵行知照办现据核御史所奏应请除移谕旨遵饬各省无论官商办运凡米粮入境出境概免抽厘定照一年为期俟明年十月后照章办理并严禁厂卡讹索私抽绅商把持囤积等因奉此除分利移行钦遵外合行出示晓谕为此示仰通商贩运氏人等一体知悉现在各省米谷厘金仰蒙朝廷悯恤灾黎允准一年停收俟明年十月照章办理尔商贩等务宜趁此减厘之际筹集资本源源贩运以济民食毋得迟延观望倘有讹索私抽以及绅商把持囤积定即查明从严究办决不姑贷各宜凛遵毋违特示

《申报》1878 年 1 月 28 日第 2 版第 1770 期

上海县正堂莫告示

　　为月食事奉本府正堂赵札奉署布政使司勒札开承准礼部照会精缮司案呈准祀祭司付称钦天监具题光绪四年戊寅正月十六日望月食江苏江宁府月食八分八秒初亏酉初二刻二分食甚酉正三刻十四分复圆戌正一刻十二分等因到司札府转饬到县奉此除移行遵照外合行出示晓谕为此示仰合邑军民人等知悉届期一体救护毋违特示

《申报》1878 年 2 月 8 日第 3 版第 1774 期

钦加运同衔署汉阳县正堂加五级蔡告示

　　为出示晓谕事奉府宪严转奉学宪梁札准抚部院咨开准礼部咨开内阁抄出吏部给事中郭从矩奏士习嚣陵亟宜整顿一折光绪三年五月十一日奉上谕给事中郭从矩奏请饬整顿士习一折殿廷考试宜如何整齐严肃谨守礼法乃本年殿试竟有贡士争取题纸任意喧哗实属不成事体嗣后着礼部先行出示晓谕务期恪遵禁令毋得再蹈覆习如有不守规矩者即着指名严

办至本年会试之人甚至斗殴近各省乡试及府廪州县童试亦有借端滋事等情均应实力整顿
嗣后遇有此等案情务官从严惩办毋稍宽纵并着各省学政于按监各郡时督率教官认真约束
以端士习钦此钦遵到部相应知照湖北巡抚钦遵办理可也等因到本部院准此合亟通行备札
行府即饬所属各州县暨各学官出示晓谕俾士子一体遵照毋违又奉巡宪札同前由等因奉此
合就札行札到该县即便遵照移学一体出示晓谕外合行出示晓谕为此示仰县属文武生童一
体钦遵一经事文查拿定即遵札惩办不稍宽纵其各凛遵毋违特示

《申报》1878 年 2 月 14 日第 3 版第 1779 期

钦加运同衔署汉阳县正堂加五级蔡告示

为出示劝谕事准汉川县邵移据士民钟天祥等禀称缘职等前修敦善堂勉行善功□念溺
女风俗随在皆有均业另建育婴总局情因愚夫愚妇忍心害理有伤天地好生之德曾于同治八
年全省各宪颁示覆核定于另行刷印成本通颁各属一体办理在案职警见得救婴新章一书字
字剀切真言金玉实为胡妥皆思仿照□行呈请出示晓谕畅行等情□粘呈所议收育章程前来
除批示救婴本属善举而日前邻境尤为切务所议章程亦均妥善准如禀出示劝谕兼移邻封各
邑一体劝办并谕该士民等广为劝办勉行以感天和俟办有成效再行申详立案可也出示劝谕
办理外拟合备文移请烦查照章文呈理即日示谕绅耆一体实力劝办等因计粘育婴堂六文章
程纸准日查此项章程曾奉各宪发经备县移行劝办在案兹准前因合再出示劝谕为此示县属
绅耆军民人等即便查照后开章程体认真劝办毋违特示计开

一六文救婴法创自前丰城刘明府其法每境立总首士一人先邀散首士十人又由散首士
九人各邀十人共得百人人数邀齐后揭帖通知开明某处自某处起自某处止现设育婴妇总育
士某人散首士某人凡境内家贫不能育女者赴局报明每报一口每月每人出钱六文计一月分
助足钱六百文十个月为止共公助足钱六千文以资养育其抱养为媳者于十个月内即由抱
养之家接算支领按月给钱总诏每月每人出钱六文即可救一婴之命救至十命每月每人亦只
出钱六十文即百余亦不过六百文用钱少而活命多不费之虑莫便于此其需用照票簿据及杂
项费均由总首士一人捐办

一生女贫而难养必先就近报明散首士由散首士验明报单注明姓氏里居及年月日时交
女家持赴总局由总局换给照票每月持票向局领钱六百票刻十个月字样某月交过钱文即于
某月下注明发满十个月将票收回如该婴不育而伤由散首士报明总局撤销仍发给一月钱文
以示怜恤报单到局总首士换给照票尚有各处散首士不知即仰其报信之人将照票送至各处
逐一登簿仍责成各首士按月收齐六百文先期存放总局以便给领此钱为数不多不得支展如
违坐取

《申报》告示史料汇编

一总局另刻图记一颗六簿十本分交散首士将所邀九人登注簿内其某月报育某婴亦随时注簿以便按月照派收钱仍由总局预印空白报单交给散首士收存应用其报单须验有图记方换照票总首士须择身家稍裕好善而耐烦者为之其总局或在总首士家或另择公所悉听其便至费须随收随给不存局中以免日久侵挪之弊

一总首士另立总簿一本每年育婴孩若干助钱若干随时登簿每到春正约齐散首士将所收满照票逐一算核查明仍揭帖通知如十人内有不愿办者另邀补入切不可因一二人裹足致费全局

一此局或于十里或七八里内邀集同志举行各首士相距不远查察易周即送单收钱亦极近便十里以外者另劝另行

一育婴美举或有仁人义士岂愤田亩立碑志远其有稍裕之家不肯育女者大都因世上奢华日后以嫁奁择婿为难殊不知男女贫富皆由儿女之命苟为父母者不作刻薄之事子令虽不发达而大小自有报应嗣后各地方嫁娶酌议三等礼又于三等中议为九等量力而行切勿踵事纷华听行溺女致干天怒

《申报》1878 年 2 月 15 日第 3 版第 1780 期

钦加市政使衔署理广东等处提刑按察使可按察使兼管全省驿传事务督粮道随帝加二级纪录四次金告示

为出示严禁事照得粤东赌博之风甲于他省所有各项赌匪首从各犯先经加重罪名准部议覆并奉两院宪及各前明迭次出示严禁在案立法如此森严为容轻于尝试随处各属查封开赌房屋及拿获赌匪敛办者均属不少此属稍觉敛戢近来访问附近省垣地方仍有匪徒开设各项赌博情事即如南海属之西南二关各赌馆旋禁旋开而西关为尤甚番禺县属之东关以及各处亦有匪徒相率效尤实属明目张胆忌惮毫无查赌为盗之媒若不是禁赌博则被诱同赌之人荡产倾家必致流而为匪赌博愈炽斯盗贼愈多大为闾阎之害本署可不忍不教而诛合先出示告诫除札饬南番二县认真拿办外为此示谕诸色人等知悉尔等开赌博之人年强力壮各宜回头猛省痛改前非安分守法勉图正经事业食力谋生慎勿以身试法自蹈刑章惟思名赌匪必有兵差从中得规包庇始敢公然开赌禁赌者不将包庇兵差痛加惩办总非拔本塞源之道如果兵差人等再敢得规包庇知法犯法尤当破除情面从重斥革治罪勿稍宽纵此外在场同赌之人须知赌博有干例禁勿觊觎非分之财即或偶尔赢钱断不能起家立业而况输者十居八九何苦执迷不悟将自己钱银送与他人受用迨至被获科罪不特玷辱祖宗抑且贻羞乡里总宜及早归正以保身家其有将自置房归出租与入者切勿贪利租给赌匪致被查封入官倘有尤不知情后经查出不妨据实出首亦勿徇情容隐自干咎戾本署司为保护子民起见用特剀切晓谕经此次出

示之后倘敢怙恶不悛复萌故智一经获案本署司执法如山即从严惩办决不宽贷勿谓言之不预也其各凛遵毋违特示

《申报》1878 年 2 月 16 日第 2 版第 1781 期

宁郡劝捐助饷牙厘总局告示

为晓谕事照得药材一项为进口一大宗前由各药材行每年认缴捐钱一千八百千文历经本总属收解在案查近来货件繁多销路颇畅间有进口之货借认捐名目蒙混取巧办理殊难划一自应酌量变通饬令按货完厘以归核实查川广闽汉各货均由洋广捐局查验抽收进出口厘金该营销售药材亦系于川汉等处贩运进口应并饬归洋广局办理以专责成其各药铺所缴业捐仍照旧章核收外所有核行商贩运各项药材进口自光绪四年正月初一日为始一律改归洋广局按货抽厘以免景戲弊混每年认缴之一千八百千文可以无庸来局投缴除由报省局并饬令洋广捐局遵照外合行出示晓谕为此示仰该药行董事并各药行商人等一体知悉自光绪四年正月初一日起所有进口药材即行遵赴洋广局报验按货完厘倘有影射偷漏等弊一经该局查明定行照章从严究罚该行董事亦应协同查察务使涓滴归公毋得任意蒙混同干未便凛遵特示

《申报》1878 年 2 月 18 日第 3 版第 1782 期

钦加盐运司衔卓异候升广州府正堂加五级纪录六次冯告示

为严禁事光绪三年十二月二十八日奉广东捐输总局宪札开现据广东滇捐局委员鹿守傅霖禀称窃卑府于光绪三年十一月十八日奉云南藩宪云南捐输局宪札开光绪三年八月十六日奉云南督部堂刘抚部院潘札开据办理苏沪滇捐李道禀称请饬令湘省撤回来沪劝捐委员并请通饬各局各就奏定省分劝办以免紊乱等情到本部堂据此当经批示据禀湘局委员携照来沪折捐有碍大局请饬回各就省分劝办等情已委候行云南捐输局会同布政司查核移遵并移各省捐局均就原定省分照章劝办毋得越界折捐庶期实效工切仍候抚部院批示缴除印发外合就札行为此札仰该同即便会同布政司查核迅移各省捐局均就原定省分照章劝办毋得越界折捐其各省局派出邻省收捐之员速即撤回庶期实效等因奉此除呈缴及移各省滇捐局遵照宪札办理并移知湖南滇捐局赶紧将越境折捐之员撤回各就各省劝办外合就札行等因奉此卑府伏查分省图利之人携带部照来粤托交银号暗折收捐并有银号赴湘兴贩部照回粤减折收捐等情当经禀奉督抚宪批示禁止并蒙宪局出示严禁并分行各府札饬地方官随时认真查拿驱逐并禁各银号不准掺收私捐在案仰见体恤滇饷维艰无微不至惟近日在外减

折收捐者不一而足省中清风桥祐兴隆店兴贩尤多信孚银店到处包揽甚有公然在司后街设局照滇局捐章九折收捐等情殊属不成事体合无仰恳宪恩再行通饬遵照并饬各地方官严拿究办以免紊乱而济饷源等因到局据此除移六巡道通饬遵照外合就札饬札府立即遵照出示严禁私捐而饬传清风桥佑兴隆信孚两银店司事到案谕令嗣后不得包揽私捐倘敢故违即行拿究并访查在司后街设局照滇章九折收捐者究系何人有无假冒情弊分别查拿究办具报毋违等因奉此除转饬南番二县遵照外合行出示严禁为此示谕城厢内外银号遵照嗣后不得包揽私捐倘敢故违定即查拿究办切切特示

《申报》1878 年 2 月 19 日第 3 版第 1783 期

宁波府告示

为遵札事光绪四年正月初七日奉学宪黄牌开照得生童正场之日该提调官务须饬县多备灯烛一面大书某县第几牌一面楷书该童姓名于考棚之内多置条凳靠椅实处鱼贯成列即将牌灯分置凳后第凳相距必须容坐五十人届期由提调派委干员数人带同派出郡县干吏各学书斗按照灯牌姓名逐一唱名令其鳞比就坐不得转有参差亦不得起坐自由别写灯牌每牌十人只用一面大书某县第几牌一名至十名或某县第几牌十一名至二十名之类俟本部院开门时灯役取十人牌照会该管书斗令所管十人鱼贯鹄立于辕门听知县点名大门听提调点名次第前进逐一应名该提调官饬县仍先于大门内用坚实文栏就甬道左旁曲折安置其中只用一人行走以免争先落后如左旁地势低洼应铺□木板以便行走其上用席棚紧扎以蔽风雨合行□仰该提调官饬县预为备办一面出示晓谕如有故意拥挤及不遵约束者准该提调官即刻查明扣除庶几礼教肃清规模严整既可及早入场专心应试兼免拥滞喧哗及倾跌损伤之害诸生童等必能恪循法度也凛之慎之等因到府奉此除饬县备办外合行示谕合属诸生童等一体遵照毋违特示

《申报》1878 年 2 月 22 日第 2 版第 1786 期

严禁烟摊示

鄞县正堂沈为出示严禁事照得学宪按期考试各厅县应试童生纷纷聚集郡城查城内大街小巷每多开设烟摊难保无匪徒混迹滋生事端为此示仰军民人等知悉自示之后一律闭歇倘敢故违定即差提到县从重究办地保容隐一并究处其各凛遵毋违特示

《申报》1878 年 2 月 22 日第 2 版第 1786 期

示期考试

上海县正堂莫为科考事现奉署本府正堂赵札奉提督学院林札开照得该属童生定限于二月初一日县考等因并准华亭县移知遵照限期同日考试等因过县准此除移学遵照外合行出示晓谕为此示仰合邑与考文童知悉先期赴保结亲填公座清册集赴书院听候本县扃门考试均毋迟延自误切切特示

《申报》1878 年 2 月 23 日第 2 版第 1787 期

弹压粮船告示

上海县左堂孙特授上海县水利厅赵为示禁事准浙江海运沪局照会内开照得浙省光绪四年起运三年新漕奉文提前赶办仍由海运津所有上海一切交兑事宜业奉浙江海运省局宪详委敝府等赴沪设局总办惟查开兑后商驳各船云集浦江在在均须弹压自应查照向章添委苏省地方各官常川照料弹压浙运以专责成照会压弹等因各到厅准此除会同亲赴浦江弹压外合行示禁为此示仰商驳各船户及耆舵水手人等知悉尔等务各安分在船听候装粮起运毋得上岸酗酒滋事致干查究如敢故违一经察出定提重究决不宽贷其各凛遵毋违特示

《申报》1878 年 2 月 23 日第 2 版第 1787 期

山西巡抚部院曾劝赈告示

为胪列救荒利弊剀切晓谕被灾各属官吏士民知悉照得一谷不升谓之嗛二谷不升谓之饥三谷不升谓之馑四谷不升谓之荒五谷不升谓之大祲今者晋省饥荒几于大祲矣连年亢旱民不聊生困苦流离道殣相望本院忝任封疆不能感召天和遂致斯民罹于涂炭目不忍睹耳不忍闻此本院无德而居高位之罪也然天时之荒歉已成人事之补救难缓古者有荒岁而无荒民以其预备于未荒之先耳今不备荒而谋救荒已为下策况救荒一如救焚拯饥切于极溺稍缓须臾民命终莫能保救之恐无及矣现在各属稽查极贫次贫若干户大口小口若干名分设赈厂计已就绪所当群策群力早作夜思靡计不到凡力之所能为事之可以有济者亟宜上下一心仔肩力任加意抚绥万众乃不失所多方防范百弊乃不丛生斯民幸甚地方幸甚今将各条开列于左计开

一劝富室修理房屋以利贫民口食荒年物料既贱工料亦轻富者整修房屋营修土木及一切应兴之工较之丰年省费尤多而贫民则可借工资为糊口之计此贫富两益之道莫便于此仰各属官绅极力劝谕倡率为之毋以一二悭吝之民偶有不愿遽尔中止况借工赈贫大有阴德受福不浅

一出地方公项杠资接济赈款晋省民俗各村社好为善会赛神演戏历有积年旧存香资时值荒旱救人急于事神应劝令各村社首或将旧存香资悉数陈出或酌留三分之一出其三分之二会同村众分派各村各社饥贫或仿以工代赈之意各村社桥梁道路等项有应修者即以香资为兴修经费令村社有气力能肩负之贫民借工糊口

一劝捐输以敦任恤之事众擎易举亟应劝谕城乡市镇富户殷商各自量力或捐银钱或捐米粟以助赈费俟事竣查明捐数多少分别请给内奖外奖赏给旌善匾额以示鼓励或官捐资以身先劝之或剀切陈言以福报劝之或历举往事覆辙以恶报劝之或多方赞扬以名誉劝之或备陈祸患以利害劝之则听从者多矣

一广为称贷之法以通有无富民行息放债贫民借钱生活乃人己两便之事仰各属官绅劝谕民间有无相通或刊刷印历分给城乡绅耆存执无论绅商士民有放债者或银钱或米粟或货物准绅耆为中为保将贷者放者姓名与行贷时日及银钱米粟货物数目并几分行息一一填写印历之中交放债者收执待丰稔之后将所有本息一并按月算还不许贷者短交分毫如贷者或有抗赖准各放户执印历禀官官为押追至息之重轻与时之久暂仍听放者贷者自行商定

一缓印契以便置买时值饥馑民间多有买卖房田等事自目下荒歉日起至明年丰熟日止其置买房田之家准其待丰熟之后随时过割印契不准奸胥勾报漏税示罚

一省礼节以早完嫁娶凡男女先己定婚年至十四五岁以上者应令减礼婚娶以节民财其十二三岁以下至三五岁者若翁家富母家贫应听其将女送至翁家作童养之媳

一不减米谷之价以广招徕大凡米价腾贵之时地方官乐于施恩动辄减降米价以博小民一时之欢心不知米价减则富户不乐粜而四方之客米亦不肯来惟当听民间自消自长米贵钱贱人争趋前米价不降而自减也

一不籴附近之粮以平粮价各属办赈凡属官籴均宜前赴远方分头采运俾本境之粮逐渐加多不可就本境及附近之地购买转使地方粮价增昂有妨民食

一多设赈厂以恤老疾或赈粥或赈粟或赈钱若专设赈厂于城厢大镇恐远乡老幼残疾之民跋涉而来疲于道路所得不偿所失且虑人多拥挤疫气熏蒸应多派公正绅士令于各乡各社就多设赈厂或定期五日一放或十日一放务使贫民至期就近赴领一则可免拥挤之患一则可省奔走之劳

一慎择办赈之人主管放赈救荒最要得人须绅耆之公平廉能者方可属以赈务每厂择一善者主之又听其各择一二人为副万不可令衙役与事

一设医药以救疾病荒年天气毗于亢阳民食秕糠及草根木叶等物生病者多应多设治疫等药分给四乡绅耆以救民间疾病并于各厂放赈之日分别男女不许混杂无纪防避疫气

此稿未完

《申报》1878 年 2 月 25 日第 2 版第 1788 期

接续山西巡抚曾告示

一纳赎谷以资赈务地方案件凡有罪犯不重而情理可原者准公正绅耆就近和释按照情节断令理之屈者酌量纳谷备赈庶犯者可脱微罪而赈会借以充裕

一弛禁令以济民艰周礼荒政五日舍禁凡山泽川原种植之物及一切市货可以获厚利而法有宜禁者值此大荒之际权宜暂行弛禁以广小民营生之路必待丰稔数载地方元气尽复方能照旧悬令禁止

一重强籴之刑以遏乱萌例载闭籴自百石以上者籍谷于官如有不依时价强籴自一升以上者即行枭首良以安富乃救荒之要道时方大饥民易生乱不禁强籴必至抢夺偶有抢夺必多杀戮杀一人乃可以生众人此着令之深意也倘有不轨之徒嚣然不靖恃众逞强借籴为名抢夺富户者准其就地正法枭首示众如富户任意闭籴过于高抬时价者亦准借谷于官添助放赈

一严巡缉之法以安良善除盗贼为十二荒政之一凡一切贼情案件除平日本系良民一时迫于饥饿偶蹈一窃情可原者量从未减准令保释外其余积窝惯贼怙恶不悛者一经告发拿获即行照例严办不得稍存姑息仍当随时督饬捕役及四乡社首甲长等严行踩缉稽查以防萑苻啸聚之患如有盗首称乱讯明情节确实惟其立即正法如敢拒捕格杀勿论

一禁扰累以安间阎凡各官劝捐查灾及相验等事因公下乡所带丁役人等均应自备夫马饭食时值荒旱不许传令地保事主供给支应违者定干察议一制衙蠹以去民害蠹役奸胥以小民为鱼肉时值大祲或胥役因公下乡或小民因事赴案均不得纵令需索分文如有恃符逞刁吓诈钱文等事应准小民据实臧禀立予究追责革以儆奸蠹而恤灾黎

一惩奸暴以卫良民刑乱国用重典古有明文凡一切凶棍土豪奸民恶丐如有借端生事欺讹良懦吓挟富民等情立即从严究治决不稍宽庶几惩一警百恶党不敢肆扰而人心借以稍安

一查流痞以靖地方外来饥民日聚日多恐有匪徒混迹乘灾滋事不可不预为防范如查有外来无业游民及游方僧道一概不准容留立即驱逐出境其有外来灾民成群乞丐准其酌给口粮资送出境令其各回原籍

一印委各员下赴查灾切宜力禁骚扰查赈员绅随行夫马力役所得饭食不敷往往或责之经保乡保不能支应则又摊派花户暗地取资是办赈本欲救民而反以扰民此等恶习断不可有仰该印委各员毋许纵令随行人役丝毫累民致干查究

一杜捏报贫户之流弊委员下乡不知道路或不谙土音多借随行书役引导传语书役往往与乡保勾结助滋蒙弊或妄报贫户或捏增口数或空屋无人村邻代称外出或携挈妇子自称远道归来种种弊端不可枚举应于下乡时传各村社公正绅耆谕令认真核实举报再证以甲保底册可免此弊

一议办赈绅者之赏罚其公平廉能者则重赏之或优以冠带或旌以牌匾随其功之大小可

也其奸贪克扣者则重罚之或罚以钱或罚以谷随其过之轻重可也至于无他过失仅止才力不济不能处分条理者则无赏无罚下次不复签用一定救荒官吏之功过所开各条关系民命大小各官若能以民命为重实力奉行者定当给以优奖其承办不力或假手胥吏者定当予以参罚决不瞻徇以上各条实为今日之要务亦属地方之亟需但求有济于民生不必稍徇乎瞻顾仰各官绅实心实力任怨任劳迅速兴办慎勿迟回干咎其各凛遵毋违特示

《申报》1878 年 2 月 26 日第 2 版第 1789 期

浙江提督军门黄告示

为晓谕事照得营中勇丁或经销差或已革去自应速归原籍各务正业本军门现经访闻部勇有不守营规陆续革去者尚有逗留此间诚恐为非作歹滋生事端亟应严如驱逐查各该革勇羁留非居饭店即匿烟馆甚至居民小户希冀该勇甫经出营手中尚有银钱故为容留亦所不免宁郡地方辽阔查察势有虽周本军门除派弁梭访烟馆饭店毋许停留并咨请宁绍台道饬县派差严密查访不许居民容留外合亟出示晓谕为此示仰饭店烟馆及居民铺户人等知悉如遇本军门营中销革之勇不许居信即各该革勇务各早自回籍不得逗留境内游手好闲自示之后倘敢仍前羁留一经查出即以游匪论如有容留者即以窝匪论均当拿解地方官严加惩办决不姑宽其各凛遵毋违特示

《申报》1878 年 2 月 27 日第 2 版第 1790 期

会审分府陈示

为出示晓谕事照得租界商民打猎禽兽以及店铺贩卖野味向于春令禁止俾资生养历奉道宪札饬晓谕在案兹据平总巡面请现在将届禁猎之期议于二月初三日即西历三月初六日为始一体禁止猎卖请即示谕前来合行出示晓谕为此示仰租界内诸色人等一体遵照毋违特示

《申报》1878 年 3 月 1 日第 3 版第 1792 期

特用直隶州调署松江府上海县正堂莫告示

为科考事案奉署本府正堂赵札奉提督学院林札开该属童生定限于二月初一日县考等因当经晓谕在案兹准华娄两邑移开现在办理漕尾吃紧之际会衔禀请改于二月十九日考试等因过县准此除移学知照外合行出示晓谕为此示仰与考文童一体遵照毋违特示

《申报》1878 年 3 月 1 日第 3 版第 1792 期

体恤生童告示

浙江补用道调补宁波府正堂正任严州府加三级纪录三次宗为疏通拥挤事照得考棚外面地势甚窄倘头门点名一不得法则生童必受拥挤之苦本府回明学宪凡正场提调点名每点一学一县之名于头门暨东西辕门悬挂某县某学字样大灯笼俾听点之人一望而知点毕某县换点某县即悬挂某县字样灯笼譬如鄞县灯笼未换则慈溪等县之人尽可从容在后无须上前拥挤彼此有益其头门内本府点名每人给竹签一枝再由文栏到二门缴签给卷无签者不得阑入俾各鱼贯而进于做文写字皆宜矣此本府体恤生童起见前在湖严等府屡年行之有效者为此示仰应试生童人等一体遵照毋违特示正月二十七日给

《申报》1878 年 3 月 6 日第 2 版第 1796 期

整顿漕务告示

钦命浙江通省等处地方督理粮储漕务道加三级纪录十二次胡为晓谕事照得沪局兑运漕粮以米色干洁为第一要义本届米色固属限于天时然认真稽查分别风晾或择尤退换尚不至十分掣肘访问德国坐兑家人凭升自称总局门丁与各县船户勾通一气以丑米包交招摇撞骗无所不至各处友丁船户堕其术中已复不少此等漕蠹若不从严惩办必致贻误全局除饬发锁对派差守提外合亟示谕为此示仰各属押运来兑友丁船户人等知悉尔等嗣后务干洁好米挨次验兑如有冒称总局名目在外包揽勾串情事许即指名禀究如敢通同舞弊与受同科一并究办决不宽贷凛之切切特示

《申报》1878 年 3 月 9 日第 3 版第 1799 期

扣考牌示

示谕定海学教官知悉该学考试古学生员励锡状在场言笑乱号当饬承差提到讯问并查出夹带字片虽所夹带尚非诗赋场所用均属荒谬姑念初犯从宽免其斥革应不准考试正场以示薄警以后倘再不守场规胆敢有言笑乱号等事定行严办不贷特示

《申报》1878 年 3 月 11 日第 3 版第 1800 期

浙江海运沪局示

为晓谕事案照海运漕船到津自大沽进口至东门外上园地方计程一百八十里系属逆流

须用人夫纤挽方能前进浙省历届海运漕船系将纤夫工食折给该商船自行雇给今届仍循案
办理天津海口向有硬沙商船乘风疾驶每有阻碍业奉海运省局饬知循案详请直督宪转饬大
沽海口文武员弁一俟商船进口有期仍照减派成案饬拨哨船于拦江沙内外迎护导行俾商船
进口免致疏虞等因奉此除将折给纤夫钱文由本局照章给发另行晓示外合行出示晓谕为此
示仰承运各商船耆舵人等知悉该商船运粮北驶行抵大沽海口自应雇夫纤挽不得虚应故事
并各遵奉宪派哨船导引进口免致疏虞其各凛遵毋违切切特示

《申报》1878 年 3 月 11 日第 3 版第 1800 期

调补松江府上海县正堂莫告示

为出示晓谕事有职人员凡有监底攸阙乡试铨选倘遇丁忧事故均应准例具结赴县呈明
转报嗣因前项人员由监生加捐职衔或报捐实职往往有匿丧不报情弊历经各前县差查示谕
在案兹恐此弊仍不能免除饬差稽查外合行查案出示晓谕为此示仰合邑各项捐职人员知悉
尔等如有捐纳官职无论实职虚衔倘遇丁忧事故均应准例备具供结赴县禀明听候核明转详
请咨一经服满亦应报明详咨起服自示之后如敢隐匿不报一经察出或被告发定即照例详请
参办望勿自误毋违切切特示

《申报》1878 年 3 月 13 日第 3 版第 1802 期

酌减代书费告示

宁波府正堂宗示谕告状人等知悉照得本府履任伊始考定代书悬牌放告据代书禀向来
每写一呈需纸笔费一千二百余文查为数过多必致穷人不能告状本府大加裁减每张纸准收
钱数百文其贫苦者即无数百文亦各听其便不准稍有阻难倘该代书任意多索于有力者索至
七百文以外无力者亦阻难多取许尔等拦舆投控立提代书责革各宜凛遵毋违特示

《申报》1878 年 3 月 14 日第 3 版第 1803 期

上海县莫告示

为晓谕掩埋事照得停棺不葬例禁极严入土为安人所共悉历奉各宪札饬瘗埋并严禁火
化在案兹查城厢内外仍有暴露尸棺风雨摧残殊堪悯恻为亲族者于心何安除分别饬查并照
会堂董经理掩埋外合行晓谕为此示仰合邑军民人等知悉如有未葬尸棺即行择地掩葬倘子
孙无力即报知同仁辅元堂代为埋葬统限清明前一律葬尽再有逾期不葬悉归堂内义冢收埋

至于无主之棺责成该保甲查明具数报堂埋葬若有刁徒借端诈扰并违例火化许堂董指明禀县以凭提案究治决不姑宽各宜凛遵毋违特示

《申报》1878 年 3 月 16 日第 3 版第 1805 期

严禁买良为贱告示

钦加盐运使衔湖北汉黄德道加三级纪录十次何为出示严禁事照得晋豫等省连年被灾所有灾黎扶老携幼纷纷逃至楚境所属地方哀鸿遍野本道访闻汉镇地方竟有灾民卖鬻女孩该处地痞勾结游匪私开囤户买良为贱大为地方之害闻之深堪痛恨若不出示严禁何以安灾民而维风化除谕饬汉阳府县选差密拿外合行出示晓谕为此示仰该灾民及保甲人等知悉自示之后如有无依穷民卖鬻女孩只可卖与良民之家倘有匪类诱串卖与娼妓为贱并辗转贩卖等弊许该灾民及保甲人等立即禀送地方官拿案照例从严惩办决不稍宽其各凛遵毋违特示

《申报》1878 年 3 月 20 日第 2 版第 1808 期

上海县莫示

为示谕事陆福祥等禀控鲜鱼行金合顺等八家议立行规每百钱加添行用一文求请谕禁等情业经提讯在案兹据该鱼贩等纷纷求免前来合行示谕为此示仰该鱼行遵照仍照旧章九五交账至应否酌加之处听候本县提讯明确体察情形再行核示饬遵该鱼贩等各安生业毋得怙众滋事致干重咎切切特示

《申报》1878 年 3 月 22 日第 2 版第 1810 期

天津招商局运米告示

钦差大臣阁爵督部堂营务处为出示晓谕事案奉阁爵督宪李札开接据前甘凉道李鹤章函称奉札开钦奉寄谕广招南省商贩运米赴津以便晋豫直各省灾区商民赴津运籴以资接济遵即广为招劝各商户多以道远亏折为辞况竭力代担多方劝导函商招商轮船局议定凡商户购运赈粮赴津即照代运兵米章程连包绳一百五十斤为一石保险栈费上下扛力在内每石水脚银湘平四钱二分候正月底开冻即可陆续运镇上载拟先试运二万石如不至亏本久囤续来尚多惟将来派人押解到津人地生疏请饬天津营务处筹赈局山西赈捐转运局员代为照料指示遵办等情查北省麦多未种冬无大雪直境春荒缺食大属可虑晋豫早荒情形尤重非多招南省商贩运粮北来无以接济民食此项商米起运时应饬镇江上海天津各招商局妥速运载起卸

并令天津各局员及署津海关丁道妥为照料代照北省各处商户公平籴买期速脱手而免亏本庶南省商贩不至裹足北省市价不至居奇民食不致缺乏洵于荒政大局有裨除分行外合行札饬札到该处即便遵办等因蒙此查北省冬无大雪荒旱地多晋豫两省情形尤甚麦既未能播种粮食正虞缺乏现经南省试运粮米二万石价值极为公平又经本处咨饬各营防妥为护送中途不虞疏失即便民而便商洵于荒政大局有裨除详明并咨札外合行示谕为此示谕各处商民人等知悉河道现已疏通前项米石指日抵津尔等赶措资本来津购运毋得观望贻误切切特示

《申报》1878 年 4 月 2 日第 2 版第 1819 期

调署汉阳县正堂蔡告示

为申明定例出示严禁以正人伦而端风化事查例载娶同宗无服姑侄姊妹之亲及无服亲之妻男女各杖一百若娶同宗缌麻亲之妻及舅甥妻各杖六十徒一年小功服以上之妻各以奸论自徒三年至绞斩若兄亡收嫂弟亡收妇者各绞等语诚以事关伦纪有犯即应照例分别科罪离异若收兄弟之妻则灭绝伦当非复人类其情至重故例禁尤严本县调任斯邑访闻无知乡愚不无违例婚配近来亦有女家控告者虽所控未必尽实而不免地方囿于见闻以致误蹈渎伦重罪情殊可悯本县不忍不教而诛合亟申明定例出示严禁为此示仰合邑士庶军民人等知悉凡有前项违例婚配者速即自行离异免究既往此示之后敢再仍蹈前辙或不离异则是明知故犯一经访闻或被告发定即照例分别究办决不宽恕各宜凛遵毋违持示

《申报》1878 年 4 月 5 日第 3 版第 1822 期

示禁烟摊

宁波府宗太守示谕各烟灯至二更后一概息灯闭门如二更后仍开门出入即由保甲委员立提责惩如夜间有人从烟摊走出准保甲委员六时报县重办地保容隐并干重咎凡烟摊闭歇后不准有人顶开亦不准新增云云如此办法想以后匪人或可敛迹也

《申报》1878 年 4 月 12 日第 3 版第 1828 期

汉阳县正堂蔡告示

为示谕事照得代书之设原为民间控诉事件代做呈词依口直书不准添砌情节即有自来之稿亦须问明控者所告何事被告何人如与来稿相符方准代书仍于词尾载明来稿盖用戳记凡系户婚田土钱债细故均须遵用状式三八告期投递乃汉阳地方多有不遵状式拦舆与喊禀

实属非是嗣后情节重大事件仍准循旧随时递禀但所递之禀之及告期新词均应投明代书依口代笔或有自来之稿亦须问明情节注载来稿分别盖用戳记图章以便稽查否则概不收阅该代书亦不得借端需索致干重究切切特示

《申报》1878 年 4 月 13 日第 2 版第 1829 期

上海县正堂莫示

为科考事本月初九日奉署松江府正堂札奉学宪通饬考试文童等因奉经转饬在案今本府择于光绪四年三月二十八日开考所有华奉娄金上南青七县文童应饬于三月二十六日齐集郡城厅候分场考试饬即晓谕等因到县奉此合行出示晓谕为此示仰合邑与考文童知悉遵照未期齐集松江听候府宪分场考试慎勿迟延自误切切特示

《申报》1878 年 4 月 18 日第 3 版第 1833 期

悬示扣考

本年科考上邑与考生童共育二百九十余名兹有文生阮启新等禀攻冒考文童张全瀚周本培蒋同寅周之冕等四人系属冒籍莫邑尊准词移学查询今闻韩广文移覆该四童的系冒籍咨请扣送故县署立即悬牌扣考惟上海一邑每逢考试时冒籍者竟居其半向来攻者自攻考者自考固由本邑人大公无我亦由各官宪之善于维持也今一旦雷厉风行后来者或稍知警畏

《申报》1878 年 4 月 25 日第 3 版第 1839 期

严禁拆钞党告示

署理苏松太道褚为出示严禁事查上海城厢内外人烟稠密向有不安本分之徒朋比为奸讹诈乡民名曰拆钞党或借碰撞为由索赔捐物或欠款硬讨讹诈取财甚且剥取衣帽白昼抢夺种种不法大为地方之害除饬印委各员密访查拿外合行出示严禁为此示仰军民诸色人等知悉自示之后务各安分守法如该棍徒等不知敛迹仍有前项诈抢情事许即就近扭交该处地甲巡丁送官尽法惩办倘地甲巡丁得规包庇一经访闻或被告发定即一并严究勿谓言之不预也其各凛遵毋违特示

《申报》1878 年 4 月 27 日第 3 版第 1841 期

崇俭黜奢示

苏松大道褚为出示谕禁事照得上海为通商总汇之所商贾云集之区人烟稠密兢尚奢华实属于风俗人心大有关系至于民间一应服饰宴会以及婚丧仪制会典载明不容占越是于同治四年曾奉颁发崇俭禁奢规条通饬各属晓谕在案现当豫晋等省遍地灾黎道殣相望甚至以人为食尤宜心存恻隐凡有血气者应即省此无益之靡费以助有用之赈需既博乐施之誉复邀奖叙之荣且可以上感天和下积阴德岂不一举而数善得哉合亟出示谕禁为此示仰合属军民诸色人等知悉自示之后尔等务当居乐土而念苦境行乐事而思苦况日常一应服饰宴会均须恪遵定例总以节俭朴实为主切勿奢华靡丽好胜争妍果其囊有余金亦可福田广种毋再仍前挥霍逾越致干咎戾本道实有厚望焉其各遵照毋违特示

《申报》1878 年 4 月 29 日第 2 版第 1842 期

禁逼再醮示

苏松太道褚为剀切晓谕事照得青年孀妇矢志栢舟其志可嘉其情堪悯里邻乡党宜共表扬乃有不法棍徒罔知理法贪其财礼夺其情操或诱以巧言花语或加以威势强暴甚至百计千方纠众抢夺不特有关风化实属贻害闾阎查诱卖妇女强抢孀妇重则斩绞轻则军流定法何等森严岂容以身尝试无如各前道迭经谕禁而此风仍未稍息本道不忍不教而诛今再申明定例剀切晓谕为此示仰合属军民人等知悉嗣后务各互相劝诫以全节操该棍徒等倘敢仍前诱骗改嫁或贪财礼强逼再醮许即捆送地方官衙门照例从严究办地保容隐并究不贷本道言出法随毋谓言之不预也其各凛遵毋违特示

《申报》1878 年 4 月 29 日第 2 版第 1842 期

鄞县正堂沈告示

为出示严禁事奉本府宪宗札开案查前府任内因郡城赛会每有妆饰妇女或雇用流娼扮演杂剧于风俗人心大有关系札饬示禁并严拿为首之人照例惩办毋稍宽纵等因到县奉此查是案前奉札饬节经前县示禁差拿在案兹奉前因除饬差查拿外合亟出示严禁为此示仰合邑军民及诸色人等知悉尔等须知迎神赛会理宜诚敬何得妆饰妇女并雇娼女扮演杂剧亵渎神明自示之后务各恪遵禁令如敢故违定提为首之人到案照例惩办决不宽贷各宜凛遵毋违特示

《申报》1878 年 5 月 2 日第 2 版第 1845 期

鄞县正堂沈示

为出示晓谕事照得上年各被灾凡属难民过境无不妥为资遣乃现经本县访有外来匪徒冒称湖北难民混行入境强富滋扰暗算偷窃无所不为殊属大干法纪除密查拿外合亟出示晓谕为此示仰城庙铺户居民及地保人等知悉嗣后如有前项匪徒敢再冒称难民入境当扰即行投保倘敢故违许即扭送禀报以从重究办决不宽贷毋违特示

《申报》1878 年 5 月 4 日第 3 版第 1847 期

永禁开设戏馆示

鄞县正堂沈为遵札示谕事光绪四年三月二十六日奉道宪瑞札开本年三月二十一日准英领事固照会据向在本口之英商包尔斯禀称拟在此处开设戏园一所如蒙道署允准或四月半年除亲自照管外再当雇用稳干买办决不滋生事端每夜于子正停演并愿捐资助赈等情禀祈照会前来据此本领事查该商素称妥练相应照会照请酌夺等由准此查此案前于光绪二年八月间有华人在东门外开设戏园当经前署宁府孙守饬令闭歇详道立案嗣十月间法商贝鲁爱在江北岸演即有医生李庆瑞以戏园滋事等词来道具控复经本道公别照会谕饬禁止而上年八月间美商会理复往该处开设又据绅士陈政钥等禀以事属无益民实有害等调联名公禀请禁复经本道札府督县出示永远禁止在案兹准尔由除照复固领事并抄案分别札饬暨此次照覆领事文稿一并札发详报外合行札饬札县即使查明前项告示如因未曾贴晓谕以致该商在本口尚未见短复有此举务再声明前案出示多为缮发遍贴晓谕永远禁止俾可周知免致再生觊觎切切计发抄案并照会复稿等因下县奉此查是案前奉宪札示禁不准开设戏馆戏园倘敢故违定即严提为首之人及班头戏子到县从重完办决不姑宽各宜凛遵毋违特示

《申报》1878 年 5 月 7 日第 2 版第 1849 期

饬办团练告示

两广总督部堂刘广东巡抚部院张为筹办团练以靖盗匪而安闾阎事照得粤东岁饥盗起地方在在堪虞唯有认真团练庶足以资守望倘遇风鹤之警官军亦得借助声援即如此次佛冈厅城被盗匪闯入正存遣将调兵分途进剿而相距较远未免鞭长不及非得各堡乡团进攻安望于五日内即能克复万一旷日持久岂特盗匪滋扰不堪将来大兵云集之时何能安枕该厅及各堡训戒有素子弟各知守法地方无一从逆之人盗匪盘踞孤城遂成坐困之势由是所团同仇皆作一鼓而告成功歼豺虎以秋锄奠扮榆于磐石民气壮而贼胆寒本部堂院实嘉赖之业经据实

奏闻所有最为出力绅勇一百七十名应俟查明分别从优保奖并先发给花红银三千两颁给各
匾额以昭激劝而示来兹夫吾粤风气刚强人心忠奋前此道光咸丰年间屡次举行团练为国御
侮建立奇勋固已名动九重声闻四海际此岁歉民饥难免宵小窃发且毗连江楚更恐伏莽明孽
其间官兵既难节节设防全赖团练相为捍卫所望该绅民各就地方情形妥为筹办自为一团或
数村合为一团签派壮丁制备器械并设立团总团长以任训练督率之意无事则安耕凿有事则
习战攻果有成效可观本部堂院定行破格奖励凡此皆为各保身家起见决不抽调远征勿听无
稽之言稍涉疑阻至于平时居乡务须讲信修睦切勿恃有团练动辄启衅寻仇勇于公战怯于私
斗将见小戎驷铁之风免置于城之寄即在于是是本部堂院之所厚望也除札各州县督饬筹办
外合行出示晓谕为此示绅民人等一体遵照办理切切毋违特示

《申报》1878 年 5 月 9 日第 2 版第 1851 期

两江总督部堂沈告示

为通行晓谕事照得市廛行使洋钱必须公平交易本部堂访闻近来钱庄兑用本洋每因戳
痕略多强指为烂板碎花名目故意挑剔希图折价渔利以致各业生意为之里足殊不知本洋当
年所加戳痕犹之现在各铺加盖图印于银色毫无出入岂可因此折减转瞬丝茶上市本洋行使
较多若不急筹流通必致官私交困嗣后无论何项贸易出入本洋如果铢两合格并无夹铜等项
情弊仅只戳痕较多者应各照旧持平行使准完厘金搭放勇饷合行出示晓谕为此示仰合属各
色贸易铺户人等一体遵照倘敢仍前故意挑剔欺略商民即由所在地方官从重究办其各凛遵
毋违特示

《申报》1878 年 5 月 9 日第 3 版第 1851 期

署汉阳县正堂蔡告示

为申明定例剀切示禁以维风化事查例载诱拐人妇女卖钱或自为妻妾如妇女知情者充
军不知情者绞监候又孀妇自愿守节母家夫家抢夺强嫁以致孀妇被污自尽者分别徒流充军
又抢夺妇女嫁卖或奸占为妻者斩立决并奉大宪通饬就地惩办诚以事关风化有犯即应分别
科罪三尺具在任何等森严兹本县访闻汉阳地方每有孀妇夫故守节其规属人等始则计诱继
而逼胁甚至捆卖强嫁且有素无瓜葛之人入室强夺改嫁以致柏舟矢志陡失厥初莫可如何而
地痞棍徒并有强抢孀妇嫁卖及奸占为妻各情事种种不法实属令人发指除饬差访拿有犯必
获遇案惩办外合行示谕为此示仰合邑军民人等知悉尔等须知孀妇再醮例所不禁所以顺人
情也他如翁姑至视尚不准诱逼强嫁而旁人何可过问诚恐地方囿于见闻不知禁令森严误罹

申罪自此申明定例示禁之后务各知所戒惧痛改前非倘敢仍蹈前辙则是明知故犯一经访闻或被告发定即拘案照例分别究办决不姑宽至买娶孀妇之家亦宜问明来历以免人财两空并干重究切切特示

《申报》1878 年 5 月 10 日第 2 版第 1852 期

恤灾告示

广东布政使司杨按察使司金盐运使司国督粮道孙为晓谕事照得本月初九日未申之交大雷电以风大雨雹西关一带顷刻间被风吹倒民房铺屋兼之本料倾覆燃着未熄炉灶因而失火延烧省河船只同时被风伤毙男妇丁口极多当经爱育堂绅董分派司事夫役并经本司道等禀商督抚宪等筹款另于文兰书院保甲局遴委各员会绅分段协查死者备棺殓埋伤者设局医治其被灾贫民并查明分别抚恤据广州府会督员绅详查禀报吹倒房屋约一千八百余间压毙大小男妇约一千四百余名口受伤者约五千余名口复溺大小船只约二百余号溺毙大小男妇丁口约三百余名当此疮痍载道实有目不忍睹耳不忍闻者因思天降之灾民惨懼此厄岂本司道等政事多有阙失僚属未尽贤能以上干天怒欤抑因民俗浇漓风尚奢靡致有此劫欤所当官民交警恐惶自修以期转祸为福合行出示晓谕为此示仰合属人等知悉尔等遇此天警各宜痛自惩艾及早修省以迓祥和致被灾之人亦当各安天命勿被匪徒勾结别滋事端自取罪戾当与吾民同勉之以挽回天心各宜凛遵毋违特示

《申报》1878 年 5 月 11 日第 2 版第 1853 期

晋捐告示

钦命署理苏松太兵备道褚钦派办理江浙等省晋赈新捐转运局三品衔户部正郎姚为出示晓谕事照得晋省大旱成灾待赈户口甚众必须及时广劝捐助以裨急需业经各宪奏准推广捐章收捐道府州县等项及花翎蓝翎其余实职衔封花样均照黔章一律办理统由直隶爵阁督部堂随时咨部核奖并请先颁执照到直已在天津设立总局劝办在案并蒙钦差稽查山西赈务前工部右侍郎阎山西爵抚部院曾奏调本部郎与津局司道商办前往江浙等省会同各司道广集捐输筹运粮食遵即出都由津航海来南查上海商贾辐辏素多急公好善之人自应推广设局借助赈需兹在四马路地方于四月十五日设局劝办除分别申报移行知照外合行出示晓谕为此示仰绅商人等一体知悉凡志切弹冠情殷报效者捐纳京官郎中员外主事笔帖式外官道府直隶州知州知县以及京外杂职实官文武升衔职衔花翎蓝翎贡监生封典等项即开年貌履历三代籍贯赴局照章报捐以便当时填照给执所有捐生奖案听候随时由轮递津附入专咨达部

极为迅速尔等须知晋省奇荒流亡遍野嗷嗷待哺望赈情殷务各踊跃输将共襄善举毋稍观望切切特示

《申报》1878年5月21日第2版第1861期

总理汉镇牙厘专局府正堂周知府衔署理汉阳督捕清军府陈告示

为示谕事照得厘金军饷攸关不准行栈商民包揽偷漏违者分别罚办定章极严本府等现奉江汉关牙厘局宪札饬会筹整顿变通厘务事宜并详奉湖广总督部堂李湖北巡抚部院邵批示如详办理转饬会衔示谕各等因奉此合行出示晓谕为此示仰汉镇各行栈商民人等一体知悉本府等访闻汉镇行户多有无帖私充并有绰摸经纪专于包揽厘金行用之弊是以有帖行户屡次禀请禁止此后应饬各行户赴厘局呈验帖示并请领进赁出赁印簿各一本遇有起货将进赁簿呈局报明完厘领票遇有出货即将出货簿呈局报明登簿发领放单仍候厘局一月一查如进赁少出货多其中显有偷漏情弊即照簿中所多数目照章罚办至栈房本系堆存货物向不请帖应由该行户请凭承保方准一律领簿以凭出进货物其余无帖私充行户无保栈房及绰摸经纪一概不准包揽起货漏匿厘金如有不遵即由本厘局随时访查就近送交本分府衙门从严惩办决不宽贷近访闻有商贩每有下局查获则赴上局蒙领起票上局查获则赴下局蒙领起票意在取巧偷漏并查洋街出货多有不先完厘领票竟自出货及至查问则以退货样货为名希图蒙混瞒厘嗣后亦应遵照定章先行赴局领票方准出货本府等奉各大宪谆谆会筹整顿局章为裕厘济饷力除积弊起见该行栈商民人等务各一体遵照新章办理慎毋再有隐匿包庇重蹈前辙致干未便其各凛遵毋违特示

《申报》1878年5月22日第3版第1862期

署苏松太道褚观察观风三郡告示

为晓谕观风事照得灵区毓秀应时生桢干之才太史陈诗从古重輶轩之典按归昌而较律自辨真声临吴会而搜才昔称文薮观夫苏台景古笠泽波清机山本二俊所居娄水亦群才屡出入栖鹤市承言游学道之风地号鲈乡咏张翰散金之句映声名于陆瑁碧水湖澄焕著作于希冯丹篇玉耀张亨父沧州托与三凤同飞王世贞诗坛主盟一变已足凡此前贤之典则洵为后学之津梁继复社几社而与奇才竞献看大冠小冠之至丰草斯呈被饰星云早信群贤之苍莘涣扬风教允宜在位之主持本署道宪檄新膺大邦为翰风慕吴中之学行久知海上之人文兹当始下辂车初颁令甲观民设教讵忘往哲之经问俗采风亦属监司之战佐圣朝之至治愿振斯文鸣盛世

之和声惟期诸彦尔多士等云霞腾采笙磬同音俱怀画日之心克奏弥天之响长沙年少能策活安司马才高早工辞赋八叉手敏诗心与绮绣同披九对学宏文笔共琼瑶并忧吐群玉山头之语秋露飞毫运琅环洞里之书春蚕落纸此则金针巧度堪觇士行于文章玉尺细量敢失人才于眼底也为此特颁谕示爰定试期于五月初拾日观风于前五日由敬业书院监院上海县学填册汇送凡尔举贡生童等务各一体知悉先期赴院自书千佛之名至日领题请试万言之策场非扃试典异抡才恐同号召风檐纂青太促不必权量晷影战白益工计限分程定期半月听胜人于少许尤属望于多文其各进字约绳敛情翹短九天珠玉早经给札而成一片宫商合听敲铜而奏擅扬子云之学虫亦工雕成李义山之词獭休效祭庶几因文见道遍窥海甸珊枝依古立言可入天家玉篋各抒夙蕴毋视具文卷新披千人互赏从此鸿才入贡成多士济济之风会看鹤俸同分抵束帛戋戋之咏副予厚望式各勉遵特示

《申报》1878年5月23日第3版第1863期

甘泉县徐邑尊告示

为剀切劝谕即行严禁事照得人性本善直道而行古今一理所患者习俗移人畏贫贪利日汩其天良而不觉耳当其旁论他人是非清夜扪心自问即为恶者岂不了然惟临事之时初则明知为恶忍心为之继则积久相忘习惯成性遂致以非为是反与善类为仇乡党恨之官府惩之自觉为众所不容益多方自护其短作孽犯法不思改辙如此之人其恶可恨其愚可怜扬州为人文鼎盛之邦风良美夙所仰慕本县自去岁摄篆以来相处已久士大夫不弃迂拙教我良多俾得收父事兄事之益农商工买日见亲爱官民而有家人之谊欣慰殊深其中偶有多事刁民土棍或因访事或因控案随时随事劝惩处施幸多改悔由此善良者益勉为善良顽梗者改过自新由勉强而自然各勤职业安分听天蔚成善俗鄙人不德快慰何似但现经密访严查殊有所闻忝宰斯土不忍坐视该邑近日学中人词讼日稀士风可谓美善矣而闻尚有恃衿好事者邮里豪侠屡经劝惩幸多安静矣而遇事恃强尚有武断乡曲刁唆词讼者痞棍无赖窝贼窝赃借端讹索向曾敛迹矣今闻尚有故态复萌渐肆鸱张者此等恶习不除良民其何以安倘后生小子从而学之莠民日多良民更何以安本县亦一乡民耳每见乡间有一多事之人则一乡之人不安一乡无刁民劣衿土棍则一邻无词讼一乡有一息事明理之人则一乡之人皆薰炙善良阅历数十年其理不爽局外焦虑假手无由常深太息今忝膺民社忍听风俗之坏而不思救正忍见吾民戾法获咎而不详为告诫忍以姑见养奸听恶民害我良民而博忠厚宽大之名试思上天好生和风甘雨何以忽有雷霆春夏长养何以有严寒冰雪孔子圣人何以有少正之诛子产惠人何以有火烈之喻大抵教民养民非义不足成仁非威无以成爱本县接见宾朋虚心求教是咨询风俗人情非能徇情可干以私也讯断之际不惜委曲劝谕曲体民情是不忍不教而加惩创也切勿恃本县待人忠厚愿人

改过遂销认为书懦可欺以为不忍重办刁民致自取咎戾甘蹈法网也本县拘拙之性不肯糊涂不肯偷安不计利害不计得失只知居官一日即当尽一日职守耿耿苦衷可誓天日为此详谕愿毋视为老生常谈如示谕之后尚有刁唆词讼武断乡曲抗粮抗租聚赌逞凶抢孀逼醮窝贼窝拐各种不法其罪均有专条或经访闻或经控告定照例重办以期挽回恶习安此良民言出法随凛之慎之毋违特示

《申报》1878 年 5 月 25 日第 3 版第 1865 期

严禁娼赌告示

钦加盐运司衔卓异候升广州府正堂加五级纪录六次冯为出示严禁以垂永久事案奉两广总督部堂刘广东巡抚部院张宪行牌照得省城西关洪恩里向为狎邪之区妓馆娼寮鳞次栉比间有余地则开设赌博洋烟各馆罔顾有干禁令借此渔利谋生以致匪徒混迹其间呼朋引类遇有细故动辄纠集多人持械寻斗甚敢窝赃匿盗坐地分肥大为商民之害兹遭三月初九日风灾洪恩里并附近一带房屋倒塌甚多悉成瓦砾之场未始非由污秽郁积戾气熏蒸以致上干天谴现经委员丈量地假开通街衢道路并将被灾人口设法抚恤嗣后各业户如将倒塌房屋重修建造不得仍为娼寮赌博烟馆倘或阳奉阴违不知悔悟一经访闻或被告发即将该房屋查封给交文澜书院变价作为膏火之需或充受育堂办公经费以除陋习而靖闾阎除札南海县遵照办理合出示剀切晓谕绅众咸知并随时实力稽查毋得仍蹈前辙是为至要外合就札饬府即便一体转饬遵照毋违等因奉此查省城西关洪恩里一带开设娼寮几成市肆更有冒称住眷名为私寨诱骗良家妇女勾引少年子弟附近并设赌场聚集匪徒实属藏垢纳污之区最为人心风俗之害现遭风火奇灾该处房屋悉成瓦砾未始非污秽郁积戾气熏蒸以致上干天谴现奉大宪谕饬严禁目前或不敢得开第年湮日久难保不故智复萌亟应出示勒石永远严禁合就示谕为此示仰该处居民地保及诸色人等知悉嗣后西关洪恩里并相连之瓮菜塘蜜居甲曾巷龙光里蟠龙南居仁里等处一带所有倒塌房屋各业主建复只准开张正业生理及租给良家居住不得仍前开设娼寮赌馆倘敢阳奉阴违仍蹈故辙一经访闻或被附近邻保人等告发定将该铺屋住房查封交文澜书院变价作为膏火之用或充爱育堂办公经费并查拿包庇之差役匪徒从重惩办言出法随决不宽容即将告示勒石永远遵守各宜凛遵毋违特示

《申报》1878 年 5 月 30 日第 2 版第 1869 期

宁波府宗示

得政平讼理知府之责是以本府于遵式期呈并拦舆递诉无不准收然必亲传递呈人问取

大概以便按脉切理亲肇批断自后凡拦舆递呈者如是乡间外县来府须写明现寓城内何所如是本城人须写明现居何处以便饬传问话如不写明一概不收特示

《申报》1878年5月31日第2版第1870期

劝办社仓积谷示

宁波府正堂宗示为劝办社仓积谷事案奉抚宪梅札开劝办社义仓积谷为防荒要政必须未雨绸缪今有江西积谷章程一本制度妥善行之已效浙省亦宜仿照举行等因奉经札行各县并照会绅董劝办在案王制三年耕必余一年之食九年耕必余三年之食近岁西北各省连岁奇荒饥民至数百万之多死亡枕借人至相食前车可鉴殷鉴不远岂得不思患预防宁郡五方杂处人烟繁密可谓食之者众而各县山乡错杂产米不广恒赖外贩以自给海滨以鱼盐为业种棉为利者多不事稼谷罂粟之种尤害民生可谓生之者寡一旦岁祲其乏食必甚于他郡虽曰江海通津米有来源然使邻省亦歉来路即艰数倍之价贫民何赖贫不能保富于何安旧志谓地多风潮又多咸水害禾之患市价一项居奇数倍穷黎升斗几至告粜无门不可无先事之备诚笃论也明时郡中本有义仓本朝乾隆年间亦有社仓今皆荡焉无存本年二三月间邸报三次钦奉谕旨社义仓所以济官仓之不足劝谕绅民次第兴举各乡责成公正绅耆经理水旱偏灾何时蔑有全在悉心筹划各等因仰见国家垂历民生谆切谕办凡我绅民何可不跃然兴起图匮于丰除另刊小纸说帖详叙办法并捐谷与劝办者各有好处广为散布以期必成外合亟出示晓谕为此示仰绅商士农人等知悉积谷防饥安贫即所以保富或有田之户按田捐谷或殷宝之家量力捐资各乡各庄立仓存储公举公正绅耆司其出纳其给匾给奖章程详载说帖有利无害速宜举行切勿观望迟延有负朝廷并大宪爱民忧民之至意本府尤拭目观成焉毋违特示

《申报》1878年6月13日第2版第1881期

会审分府陈上海县莫告示

为会衔示禁事照得上海为通商口岸五方杂处华洋交涉良莠不齐兹本分府等访得租界地方有等天津地棍俗名流氓不事生业习于游荡每向优伶人等讹诈索扰稍不遂意动辄挟恨寻仇持械纠伙白日伤人种种不法实属可恶前据伶人徐玉亭控流棍刘三等因向伊侄借钱不遂砍伤一案所有案内未获各犯业经分别严拿正在示禁间兹据潘寿等以棍党甚众报复堪虞联名呈请会禁前来合行剀切晓谕为此示仰该流棍等知悉尔等须知斗殴杀人律应拟抵伤人成废以及持械斗殴重则军流轻则徒杖各有应得罪名定例极严岂可以身试法自示之后务须革面洗心各谋生业如再仍蹈前辙不知悛改一经访拿到案或被告发王章具在断不能为尔等

曲为宽贷也凛之切切特示

《申报》1878 年 6 月 19 日第 4 版第 1886 期

禁逐佛店告示

　　会审分府陈为出示谕禁事奉道宪札开上海五方杂处良莠不齐近有不肖棍徒假充僧道尼姑在于租界赁屋装塑佛像讽经礼忏号称佛店借以敛钱有等无知妇女被其愚惑入店烧香不顾妇廉实为地方风俗之害札饬查明禁止倘有不法重情查提移县究办等因奉此除饬差查传谕禁外合行出示晓谕为此示仰租界居民人等知悉自示之后倘再有假充僧道尼姑即日一律禁止毋得再有前项情事倘敢故违定即惩办勿谓言之不预也其各凛遵毋违特示

《申报》1878 年 6 月 25 日第 3 版第 1891 期

劝息讼事示

　　钦加知府衔补用直州江夏县正堂宗为劝民息讼事照得户婚田土钱债及一切口角细故原是民间常事莫说理曲情虚不可告人就是十分情理也宜调处不告到官的最好若经官未告状以前进城盘餐要钱托人做词要钱既告状以后书差开悄歇家搅用及选请中证无一项不要钱费钱费事费心费力到得一审带上公堂屈膝低头官呵吏骂如能当时了结方为万幸设或人证未齐案不能定又不知要候好多时才得再审父母妻子家中悬望胆战心惊亲戚朋友事外拖累荒工歇业若是理正官为明断不过出得一口愤气而仇人怨恨越结越深岂肯干休须防报复倘或理屈词穷或打或抑身体发肤受之父母吃此痛苦怨着谁来待到此时回头一想花了多少银钱卖了几多田地受了几多折磨误了几多生活甚至将祖父千辛万苦所积家资大讼一场顿然花尽当年富户今变穷人借贷无门亲朋不齿始悔一时之失足然而现矣更有奸刁之辈不顾伤害天理要想诈人钱财架词捏控陷害良善一经审出照诬告例加等治罪或枷责或羁押或笞杖或徙流妻子悲号乡邻耻辱身家倾覆性命攸关这绕是吃亏不小太县疾恶如仇爱属如子除将刁棍积匪严拿到案立置重典并访拿讼根之伪吾民害者从重惩治凡尔乡民加遇前项一切细故可忍的忍一刻可让的让一步若实在被人欺负只要投告亲戚朋友大家讲论公道都是本乡本土何必认真就吃点亏便可省钱省车省力省心一家平安无事为福此中好受用不尽如果调处不下万不得已必要经官两造就邀了中证一齐来县投审本县严禁书差压搁毫不瞻徇情面秉公审办当时放回免得出差各安生业亦是息讼之一法若那认棍刁唆必教你今日递一状明日诉一词只图告不图审他好串通差役从中讹诈明说替你出气实是害你受罪事到临时务须忍耐思量万勿信他哄骗本县为尔等身家起见

苦心劝导毋负良心自贻伊戚切切特示

《申报》1878年6月27日第2版第1893期

两江总督部堂沈除蝗保稼简明告示

照得上年飞蝗遍野所遗蝻子既广且多迭经通饬各防营及地方官实力搜挖计自上年冬间以迄于今已据呈缴蝻子二百余万斤搜挖不为不力收买不为不多乃近据各处纷纷禀报仍复遍地萌生小者如蚁如蝇大者已能跳跃转瞬长翅为害胡可胜言现经统领庆字军直隶正定吴镇留心访求蝗性畏油亲督勇丁用油一石和水分洒有蝗田内蝗即立毙其有秧之田油浮水面蝗即不到惟桐油颇虑害稼不堪适用其余各油皆足杀蝗而以麻油为上本部堂复查徐氏牧令书中所载永城捕蝗事宜亦云蝗最忌油以油和水遍洒禾稼之上可保无虞今既据该镇亲验有效亟应通饬仿办尽人力以迓天和合行出示晓谕为此示仰军民人等一体遵照赶紧多用麻豆菜棉等油和水遍洒秧田以除蝗害而保田畴切切特示

《申报》1878年6月28日第2版第1894期

钦加二品衔奏办江苏全省滇捐总局江苏前先即补道李告示

为出示晓谕事案照开办江苏全省滇捐前于上海扬州二处分设南北总局其苏松常镇太等处隶归南局江宁淮扬徐海通等处隶归北局分境委员劝办籍收成效现奉云贵督宪云南抚宪札饬将扬州江宁各属事务并归北局本道一手总办等因业经接收开局督饬委员劝办并于各处择要酌设分局在案查云南奏开相例原为边防紧要军饷支绌苏省大江南北素多急公报效之人每逢开局无不踊跃输捐争先恐后本总局各项新照司收均各齐全且捐案达部系按月奏咨尤为迅速缘恐未能周知合行出示晓谕为此示仰绅商士庶人等一体知悉尔等当念云南边垣重地军饷奇绌务宜共济时艰凡有志切弹冠欲捐京官郎中员外主事笔帖式外官道府直隶州州县以及京外各项杂职实官文武升衔职衔贡监生封典等项即开三代履历年貌籍贯赴局捐纳听候当时填照给执按月详请奏咨给奖须知开办此项捐输接奉特旨谕允遵照部定章程分省设局各有界限不准外来越境招揽本局早在上海北门城内川心街设立江南总局又在扬州城内丁家湾设立江北总局此外各府厅州县设立分局亦均悬挂局牌并会同地方衙门联衔出示原期捐生信从而防诈伪近闻本省各地方仍复有人暗中将来历不明之假照伪札减折收捐招摇诓骗弊混多端往往捐生受其愚弄此等情节固由捐生取巧自误然若辈居心奸险妄图意外之财误人功名大事情法俱所不容实与捐务大有窒碍除督饬委员随时严密访查外嗣

后如再有前项暗中收揽不法情事一经本局查出定即移送地方官究办并许捐生指明报局当援照浙江广东整顿捐务之案详请督抚宪从重惩治合并谕禁其各凛遵毋违切切特示

疏浚城河示

浙江补用道特调宁波府正堂宗为出示晓谕事据郡城绅董张恕卢杰王世溶马永廉华志青董慎成舜五等禀称窃宁地滨江海商贾环聚居民稠密其水派源流排系甚大更一律疏浚使其流行无滞查郡城城河及环城河激曾于咸丰年间轻前任值府各宪劝相修浚颇费工资近因年久失修淤汀浅隘停十日不雨河水即涸之处每遇大灾水龙所取之水柄内尽是泥浆甚全无水可以实为闾阎之大患城中日月两湖为水利之潴蓄现在虽未梗塞而岁久湮淤侵占不少且东城水喉浮泥垃圾必须逐日淘汰食喉喉口淤塞已久如咸塘汇桥以上各河为水食气三喉来源而河口均被垃圾堆积甚至高于道路亟宜逐一清理现奉设局先清垃圾即为防淤河道起见筹垫经费雇夫打扫添备车船搬运俟垃圾办妥即当挑浚河道此举实为地方水利攸关不特有补地脉抑且惠泽无穷惟工巨费人必须借资民力方能全此美举因查照咸丰年间浚河章程除铺户捐输外抽捐房租每千文交租五十文现拟从减定数俾更轻而易举拟城厢内外铺户房屋不论会产祀产每租钱千文捐钱三十文业主六成租户四成抽捐归入河工局作为城河水利之用应请一律出示劝谕俾各踊跃输将共成善举庶几河喉通而舟楫可资水源清而风火无虞等情据此查水利为地方要务郡城河道更为城内外来源去委之所系每遇夏日久晴河辄见底于居民汲用及水龙取水尤为不便实民生利病之大端本府下车以来设局清理街道垃圾即为疏浚纠道之发端而官绅筹垫业已不支现在清街未竣浚河已不可缓据禀照咸丰年间疏浚城河办法劝办房捐月按每千捐五十文之数减为三十文洵属轻而易举简便可行除禀批示并札鄞县河工局员董分段查数收捐外合亟出示晓谕为此示仰绅民铺户人等知悉尔等各该处铺户业主租户一体遵照自本年夏季起如数捐助此为民生利病起见成案既有可循数目又复轻减谅无不乐从倘有不肖之人阻抗美举准该局绅董指名本府提究各宜凛遵切切特示

禁遏骚扰告示

督办城厢内外总巡事务升用道候补府松海防分府沈为出示严禁事照得上邑为五方杂处华洋交涉之区良莠致多不齐奸徒务须防范近本分府访闻有外来恶棍土著游民遍入茶坊酒肆每以假造事故勒诈良民兼有假装斯文之辈手执扇对笺纸挖送向各店铺勒取钱文稍不

遂意寻衅扰诈种种恶习非止端实属有害市缠若不严拿究办何以惩刁风而安良善除密饬差勇随时拿究外合行出示严禁为此示仰境铺户地甲丐头人等一体知悉自示之后如有前项棍徒再向铺户人家索诈者许即扭送来府以凭从重究办决不稍宽保甲知情故纵并提究处不贷切切特示

《申报》1878年7月2日第3版第1897期

委办晋豫赈捐如皋分局特用府即补府左堂署如皋县正堂梁知州衔候补县正堂周告示

为晋豫奇荒古今罕有出示剀切劝捐助赈以拯邻灾而积阴功事盖闻水旱偏灾地方荒歉自古及今原属世所恒有从未闻如近今山西河南被灾之重失收之广饥毙之多有若是其甚者父子不相顾兄弟妻子离散逃亡乞食转乎沟壑者不知凡几途中饥饿难忍逢人剥食食尽生人之肉便磨死人之骨争吸尸骨之髓岂但易子析骸而已者此等伤心惨目实属闻所未闻仰蒙皇上不惜帑金截漕拨银至再至三已逾百万朝廷之深仁厚泽无以复加而灾重民多不敷赈济于是有各省凑捐之举所谓宝塔图铁泪图木桶捐四处劝行无法不备甚至寒士典衣服以助者有之妇女质钗环以助者有之彼二省饥民受此恩惠未有不感激涕零者也无如零星捐助为数不资待赈饥民何止千万国家经费有常焉能筹此巨款惟冀东南数省绅富商民共集巨捐以救垂毙之饥民不啻起死人而肉骨之也查如皋地方富厚物力丰饶好义急公者不乏其人从前南北粮台劝捐军饷金陵劝办善后大捐共计不下数十万金所以十余年之巨劫十数省之县危惟理下河一区独邀天眷幸免兵灾连年以来屡称丰稔未始不由于人心之好善也今邻省奇荒至此待救如火想仁人义士闻之无不恻然须知从前军饷善后先捐后奖照例止减二成上年初办晋捐查照天津赈捐请奖止减四成绩经奏准仿照黔捐章程准捐花翎蓝翎道府州县按例定银数减而又减核之从前奖数大相悬殊而且随时填给部照实收毫无需索留难之弊上宪之体恤周至捐生之报效必殷卷查上年如邑劝办晋捐解银有限本年奉办豫捐前任虽已示谕尚未捐定今本县等奉金陵劝办赈捐总局藩宪孙道宪张会委劝办晋豫赈捐并归一局解至省局统捐分解凡晋捐案内已捐者为数无多仍应从优捐助未捐者尤应从速报捐此系接济千万众灾黎善举援人之急既积无量阴功成己之名可下前程远大不但一身邀福兼之后世其昌昔范文正公遣子忠宣公南归收麦五百斛途中助友葬亲到家侍立良久公曰东吴见故旧乎曰石曼卿为三丧留滞公曰何不以麦舟与之曰已付之矣父子有此存心因而相继为相可见上苍之报施善人毫发不爽今赈济乃救人之命较之助友葬亲不更重耶果能乐善好施源源捐助其食报固无穷期本县等奉委劝办但求多捐一分多救一命早捐一日早救一人用是不惮烦言苦口相劝并邀请本城公正绅士广为劝捐以期众擎易举合亟出示晓谕为此示仰本邑绅富商民人等知悉务

各量力筹措速赴城内广福寺本局报捐填给照收若竟观望延误有负大宪救灾恤邻之至意则是为富不仁恐坐拥厚资者未必能长享其福矣幸细细思量重义轻利早日解囊勿谓本县等以阴骘无凭之词虚加恐吓焉是所厚望特示

《申报》1878 年 7 月 4 日第 2 版第 1899 期

汉口重修八角亭示

钦加运同衔补用同知直隶州调署汉阳县正堂加五级蔡为出示严禁事据职员卢瑢铺陛上达王焕章刘选臣盼典权拔贡范轼附生徐道洪监生胡春山肯楚臣温新奎冯耀庭李锦顺黄宗理王玉华许秉烘原牛驯寿昌耆民睦万晨擘称缘大智坊八角亭向系抬南禅林左余地数十丈为居民枢棺之所自兵燹灰炉尸骨暴露至惨遭兵杀尸骸亦堆积如斯初虽庀土掩埋其苦实属难堪近居各作坊以该地为伊等晒货厂并将所蓄牲畜亦在该处牧放践踏竟成似地一遭阴雨壅积则枯骨水浸又何异在沟壑中耶职等久欲收殓安葬重修寺院复理寺规无如经费不足难以支持兹幸有培心堂局董候选通判范成芸在该处讽诵皇经全部共计两月余添设天灯竟挖山枯骨数架芸当欲收殓奈其中尸骸甚伙如不概行收殓于心不安是以相商职等凤知芸实心为善公正廉明堪以胜任职等亦踊跃从公倘不预为禀明恐有无知之徒从中阻挠则寺院终归荒朽枯骨必致暴露公叩赏准示谕等情据此除批示外合行出示晓谕为此示仰该处附近居民及各作坊人等知悉尔等须知八角亭石院之内尸骸暴露甚多既有培心堂董首职员范成芸经手概行清检收埋并欲典修寺院为停枢厝屋之所均属善举嗣后不准在于该处晒晾牛皮牛角牛毛羊毡羊毛猪毛油纸各色纸张染坊及山货土果各物而碾坊磨坊宰户亦不得纵放牛马猪只蹂垸践踏附近居民切勿堆积渣草粪秽自示之后倘有不法之徒仍蹈前辙许该首投同保甲指名具禀定即拘案从严究办绝不姑宽各宜凛遵毋违特示

《申报》1878 年 7 月 4 日第 3 版第 1899 期

严禁抢孀逼醮示

三品顶戴即选道江苏松江府正堂博为严禁抢孀逼醮事照得守节为伦常所重青年妇女不幸痛失所天寡鹄怨歌靡它自矢其情可悯其志可嘉亲族乡邻宜如何体恤如何保护乃本府下车伊始访闻松郡各属有等棍徒或贪礼金身价哄诱多方或谋田地房屋逼追备至甚且纠众强抢致令穷嫠弱质欲含忍则半生之节操何存欲守志则顷刻之身家莫保非特风化攸实为地方大害除分别移行密访查拿严办外合行出示晓谕为此示仰各属军民人等知悉自示之后如有不法棍徒仍敢抢孀逼醮许家属邻佑人等捆送地方官尽法严惩以警凶暴而肃法纪保甲得

规容隐一经访闻定提加等究治本府言出法随务怀刑而革面勿尝试以噬脐切切特示

《申报》1878 年 7 月 8 日第 2 版第 1902 期

洋药巡勇换牌示

洋药税捐总局出示晓谕事照得本局所派缉私巡勇前经分给谕单腰牌佩执以杜假冒索扰之弊兹据巡勇郑长修禀称四月二十五日晚在浦巡缉出入船舱所带三十五号腰牌绳断遗失等情实属疏忽已极当即斥革补充深恐漂浮浦江为奸人捞取冒充巡丁借端生事且查其余各巡勇腰牌亦因带用日久字迹不甚清楚自应一律更换新牌以昭慎重现于五月起统行换给新制腰牌其本年四月以前所给旧牌一概吊销以绝弊端合行出示晓谕为此示仰诸色人等知悉自示之后所有本局查货巡勇均以五月新给腰牌为凭如有执持四月以前旧牌及并无牌谕之人在外冒称巡勇借口查货需索客商招谣滋事许即扭解来局从严究办以警刁顽而安商旅其各遵照毋违特示

《申报》1878 年 7 月 10 日第 2 版第 1904 期

松江府关防告示

松江府正堂博为关防诈伪事照本府籍近帝乡凤承家学翻摹日下自惭蠡测管窥简守云间雅抱冰心铁面凤秉四知之训常怀三字之箴幕友则尽选鸿才莲帏习静亲族则罕通雁字梓里迢遥至于仆从家丁约束常严于左右吏胥差役防闲首嫉夫奸欺凡尔七邑士民谅所共见者也惟是下车伊始一时远近难知立法极严三尺科条具在诚恐外来匪棍内地奸民或假托亲朋或冒称故旧希图撞骗妄肆周章除移行各属一体密访查拿外合行出示晓谕为此示仰合邑士商诸色人等知悉本府临民出治悉出亲裁剔弊除奸责无旁贷自示之后切勿妄生侥幸轻试刑章倘放作奸犯科定执如山之法尚尔改过迁善庶邀解网之仁凛遵无违切切特示

《申报》1878 年 7 月 13 日第 2 版第 1907 期

禁种罂粟告示

兵部尚书两江总督部堂沈为剀切晓谕事尔等知天心之仁爱乎唐俗勤俭播诸诗天所以福山西者宜加厚于四方之民何为赏以奇荒荒又如是其久且酷也盖非种罂粟不致此当其趋利若鹜告以粮之宜储彼曰我有积金何患无食今则所积之金依然无恙而食于何求抱珠玉而转沟壑悟乎否也父母之于子也提撕之而不悟则警觉之警觉之而不悟则惩创之惟天亦然其不可以顺

致其仁爱者必曲致其仁爱而后已秦豫之种罂粟次于山西其荒象亦较轻于山西天心大可见矣本部堂闻徐州各属渐染之习丰县最甚他州府亦或不免牧令视官如博舍冀幸钱粮之易征曰我自顾考成耳且目前足以悦蚩蚩之氓他日流右民自取之我何责也故虽奉札饬禁未有不阳奉阴违者现尚未届播种之时合先晓谕为此示仰军民人等知悉务各屏除非种并力农桑本部堂不时密派干员越陌度阡躬亲履勘如仍有播种罂粟怙恶不悛者除将本户加等重惩田园充公外纵容之地方官并予参处以仰体天心之仁爱而慰九重宵旰之忧法在必行其各凛遵特示

劝民息讼告示

补用总捕府署理鄞县正堂加六级纪录十二次石为出示晓谕事照得州县为亲民之官必日与民亲方足以通民隐而除蠹弊本县莅任以来留心咨访舆情凡可力图整顿无不次第举行惟检阅旧牍未结尚多而新控者又复踵至亟应赶紧清理以冀讼息民安若不先立章程尚恐频烦守候今与吾民约除三八收阅呈词分别准驳按期批发并将已准告词勒限差提不拘时刻随到随讯外诚恐书差听嘱捺搁内外串通一气多方阻隔壅于上闻本县定于七月初一日为始如非公出赴乡准在午后一点钟起至三点钟止每日亲坐大堂尔等倘系负屈求伸实被弊搁尽可届时面诉以凭究比限催庶不致瞒隐欺蒙而积牍可期速结倘投递控词必须遵依状式盖用代书戳记注明做状之人以防虚捏倘临讯避匿即着代保跟交本县体恤民瘼不惮辛劳系为事易完结期无拖累起见尔等投告事件亦宜事实情真如因口角细故即邀乡邻理处倘或架砌浮词希图拖累频来琐渎亦当究诬以警刁告总之士农工商各宜勤务正业行善最乐无事为安讼则终凶古有明训因恐乡愚无识以为官勤审断轻入公门特此谆切示谕为此示仰合邑军民人等一体知悉嗣后慎勿率启讼端自贻伊戚其各凛遵毋违特示　光绪四年六月三十日给

严禁拆稍告示

钦加运同衔办理上海租界会审事务江苏即补分府陈为出示谕禁事照得租界地方人烟稠密良莠不齐每多无类棍徒结党成群百端索诈名曰拆钞党大为地方之害兹本分府访闻有地棍老白相即吴老谷等聚众在老闸之万福楼茶馆或吃讲茶平空寻衅或借碰撞讹索为生种种不法已极本应提究姑念不教而诛有所不忍合先出示谕禁为此示仰后开人等知悉自示之后尔等务当革面洗心安分守法倘敢怙恶不悛仍有前项讹诈情事一经访拿或被告发立即提

案严惩决不宽恕本分府言出法随勿谓言之不预也凛之切所特示光绪四年七月日示计开

老白相即吴老谷　长脚桂华　马夫阿四　浦福全　木匠鹤祥　小辫子　断连环沈以德　小连环渭生　阿春　阿胜　阿兰　长桂　阿祥

《申报》1878 年 8 月 6 日第 3 版第 1927 期

整顿风化示

　　鄞县正堂石为出示严禁事照得宁郡地临海滨五方杂处商贾云集良莠不齐访有无业之徒设局搭棚窝娼聚赌引诱良家子弟一经堕其术中大则荡产倾家小则废时失业种种祸患不可胜言若不严行禁遏殊为风俗人心之害本县下车伊始欲以正教化为先除随时访查外合行出示严禁为此示仰合邑军民人等知悉尔等须知窝娼聚赌均干例禁自示之后务须洗心革面痛改前非自保身家各谋正业倘敢故违仍蹈前辙一经访闻或被告发定即饬差立拿到县从重究治决不宽贷告诫在先勿贻后悔各宜凛遵毋违特示

《申报》1878 年 8 月 7 日第 3 版第 1928 期

严禁开设烟馆告示

　　盐运使衔升用道署苏州府正堂钱为严禁事照得烟馆之禁谭前府立法于先本署府踵行于后善言劝诫至再至三迫不得已而用法犹复以宽济猛万劝于惩尔等生计甚多回头是岸弃之即为安分之良民不弃则为怙终之罪犯法网恢恢何曾疏漏乃百方巧避阳奉阴违其计愈工其发愈速尔等不知羞耻独不知敲扑之痛楚乎尔等身未到案独不见示众之枷犯乎何苦以身试法甘为败类尝闻天下无不可化之人岂开设烟灯者独非人类乎言之可叹更不解执管产业者自有房屋何不招租齐类独租与开设烟馆之人贪图重价旋即被封虽则备价回赎而必费己资矣通盘筹算似亦不值尔等好为犯法大抵法令尚宽犹思侥幸之故现在本署府更定章程所租开烟馆之房屋一经讯实无论士宦绅民各户何人管业是否祭产其不遵例犯禁者发贴官封一概封发善堂永为公业不准回赎除严拿照办外诚恐未及周知或犹思于犯事后求恩乞情希邀宽典合再出示晓谕为此示仰执业房产之人及军民诸色人等一体知悉自示之后尔等务即赴紧清理自产如若租出之屋有明托别业之名目暗设烟灯者本署府格外施恩宽期再限半月为止许于七月二十日以前据实首发免其入官允公过此以在倘被访获定即一律封发善堂断断不准回赎本署府言出法随勿再尝试致贻后悔凛之特示

《申报》1878 年 8 月 9 日第 2 版第 1930 期

申禁拐带妇女告示

署苏松太兵备道褚为出示严禁事照得本道访闻现有轮船载来妇女甚多均系山西河南人氏难保非奸徒乘其饥馑诱骗到沪希图贩卖渔利除饬上海县并函致税务司随时严密稽查如有形迹可疑及贫苦无依者即行由县设法留养勿使失所外合亟出示严禁为此示仰合邑诸色人等知悉尔等须知贩卖妇女重则斩绞轻亦军流知情故买者照本犯减一等科罪定例何等森严岂容以身尝试嗣后务各安分守法倘有外来棍徒带有妇人子女转卖与人并形迹可疑者立即投保送究如敢通同留匿与犯同科地保得规容隐察出并究不贷其各凛遵毋违特示

《申报》1878 年 8 月 14 日第 2 版第 1934 期

重修刘猛将军庙示

补用直州特调江南苏州府吴县正堂加十级纪录十次汪为出示谕禁事据家属潘升禀称家长布政使衔记名开放道潘绅曾玮暨布政使衔前浙江宁绍台道顾绅文彬二品顶戴前四川盐茶道彭绅毓纷按察使衔江西遇缺酌补道蒋绅嘉棫翰林院庶吉士吴绅郁生侍读衔内阁中书彭绅祖润道衔候选员外郎吴绅嘉椿内阁中书王绅伟桢道衔候选知府程绅肇清五品衔内阁中书冯绅方植因台治北利一圈宋仙洲巷向有刘猛将军庙创自宋代乾隆八年前府宪觉罗重修碑碣俱存旋经兵焚毁圮同治间经郡人顾元根等募捐修理仅将大殿完葺此外屋宇头仪门等处均未竣工顾元根招僧永林看守嗣因该僧募有粮道宪英捐洋二百元当时交瑞记洋货铺收存未交顾元根遂致口角该僧现已告退此项捐洋业经程绅肇清发交洋货公所收存以备工作之用家长因思上年苏郡飞蝗入境仰赖神佑保全田禾今庙貌未整实无以答神庥亟应一律修造完竣以复旧规惟查顾元根以募捐修庙为名从中取利非止一次现因他事经长洲县宪提案管押此次庙工未便再令与间家长等公同商议拟先倡捐凑集经费诹日兴工修复另招妥人看守诚恐地匪人等借端阻挠为特遣身禀请出示谕禁等情到县据此除批示外合行出示谕禁为此示仰居民地保看庙人等知悉尔等须知该处刘猛将军庙现由郡绅倡捐凑集经费择日兴修另招妥人看守如有地匪人等借端阻挠以及窃料妨工情事许即指名禀县以凭提究地保容隐察出并处各宜凛遵毋违特示

《申报》1878 年 8 月 15 日第 2 版第 1935 期

苏抚院收赎妇女告示

兵部侍郎兼都察院右副都御史江苏巡抚部院吴为出示严拿事照得豫省被灾以后闻有奸徒乘荒捎贩妇女自正阳关以至周家口沿途船只运档东驶大都略卖他省虽经豫省出示严禁并派队截拿务使悉数弋获惩办惟道路分歧恐多漏网已经苏浙绅士于归德陈州开封怀庆等处分头设局收赎一面由沿途各州县关卡遇有卖运河南妇女南不者不论是否拐贩一体盘查如果系恋室家即行截留送局凡在三名以内买作女媳者由局每名给赎价钱二千文幼孩一并收赎三名以外由地方官将拐贼照例从严惩办妇女送局资送回籍获贩兵丁差弁按照妇女口数由局给赏钱二千文深恐未能周知合行出示晓谕为此示仰沿途各州县关卡军民人等一体遵照协力查拿倘有前项匪徒拐贩人口经过立时拿获送官惩办听候由局给赏其各凛遵无违特示切切

《申报》1878 年 8 月 21 日第 2 版第 1940 期

严禁城壕积薪告示

钦加参府衔两江补用游府江南提右营副府傅为出示再行严禁事照得城壕基地系防范之所前因有堆积柴薪业经本分府谆切示禁押令搬移在案兹查各门外一带壕基仍有积聚柴薪高堆数处现交秋令天气亢阳更当防慎殷有疏虞为害匪浅除再严饬各门巡防弁委押令搬移外合行出示严禁为此示仰该处居民人等一体知悉自示之后即将柴薪赴紧搬移净尽不得再有堆积倘敢仍蹈前辙立即移县究办决不宽贷各宜凛遵切切特示

《申报》1878 年 8 月 23 日第 2 版第 1942 期

定期业户更名告示

补用府候补直隶州特授苏州府长洲县万为出示晓谕事照得地漕钱粮定例于本年二月启征四月完半八月接征完足苏城自克复后因清粮延缓以致近年上忙银两迟至八月开征迭奉上宪严催提前征解现届浩册之际各业户承办本年钱粮如有必须更正推收者务于八月初十日以前检同契卷凭据禀请更正其有补报承办粮赋之户务即切实具禀听候入册办粮倘逾限期未据请更册串业已造齐则该户应完本年钱粮即赍田单仍照原户完纳俟来年再行更立的户以杜纠缠而示节制合行示谕为此仰合邑城乡各业户人等知悉尔等如有田亩应行更推完办以及补报者务须遵照示期一律于限内分别检据禀请更办毋得因循自误切切特示

《申报》1878 年 8 月 28 日第 3 版第 1946 期

宁波乱事余闻附饬纳酒捐告示

前月二十七日鄞奉民人合将三法卿河工局拆毁此事节经列报今间遗失捐钱三百余千故宗太守刻下饬令严拿鄞民志在必得而甘心焉宁谚有云捉臭虫不着打草荐谅哉斯言至宁波道宪瑞观察闻警后调取卫安勇一百五十名出南门驻防复调入署中自卫今闻以乱事粗定于前月二十九日赏给该勇等英洋三百六十元举欣欣然有喜色分受而归至牙厘总局之示则因鄞县慈溪镇海三邑酒户闻奉化象山定海等酒户停办缸捐亦一律申请裁撤以免偏枯今阅其示云督办宁波府属牙厘总局为出示晓谕事本月初十日奉省城厘捐局宪批发鄞慈镇三县酒户张信茂费升记宋万丰等联名禀称以该业酒捐偏苦受困力竭求免叩恩准予同免以昭平允等情奉批查奉象定三厅县或僻处山陬或孤悬海外地情瘠苦酒业细微从前绍属之新嵊两县亦以酿酒无多停办缸捐与鄞慈镇三邑情形迥异何得借口率请所有酒业捐款既经迭予减免已属格外体恤饷需攸关未便全数邀免仰宁郡局迅即传谕该酒户循旧随时完缴毋再观望切切抄附禀抄发等因奉此查此案前据该业等具禀即经本局据情详奉批示当经示谕在案兹奉前因除谕知酒捐绅董遵照外合亟出示晓谕为此示仰各酒户一体知悉所有该户等应缴酒捐自应照节次悉批循旧按缸输捐赴局完缴毋再观望致干未便切切特示是则免捐一事终成画饼恐该业不无向隅之叹也

《申报》1878 年 8 月 30 日第 2 版第 1948 期

提前完粮减价告示

上海县正堂莫示谕各花户地保知悉照得完纳本年下忙条银每两二千二百文今于七月二十八日八月初六十一等日起八月初五初十五日止每两让钱一百文七十文五十文实收钱二千一百文及二千一百三十文二千一百五十文切切特示

《申报》1878 年 8 月 30 日第 3 版第 1948 期

申明河工局捐原委告示

宁波府宗为晓谕通知事照得本府今正下车后见街巷之间垃圾龌龊塞路满街行人几难驻足支河亦多壅塞遂与故绅陈政钥即鱼门筹议清理移二三十年来旧设之河工局于三法卿地方道宪发洋五百元本府发洋三百元陈故绅垫洋四百元造车雇船打扫城厢内外街道盖欲事民事而初未尝取民财也三月间陈故绅即云既已清街即须浚河可仿咸丰年间成案收取铺户房捐其时本府以民心未孚未可轻言置之四月间三品封职张恕等又以水利为亟公禀请收

房捐仍酌减其数询访诸绅佥云众愿本府仍迟之月余至五月间始出示劝收房捐六月间发簿写收城厢各铺户居然踊跃乐从本收夏季乃有预缴秋冬季者从未出一票签一差勒一户而捐数已收至三四千余间有小户欠缴本府已面谕委员停缓以恤民力此固可以共喻者又有清街项下用款存款数目现已饬据员董开具清折呈送房捐存款本拟先浚东渡灵桥两门水食气三喉并南水关等浅处择要开工员董已屡经勘量只以本府必须得暇亲勘并妥立规条以免草率而案牍填委每出则赴诉盈门以致将开之工尚未动手不意七月廿七日奉化乡民聚众拆烧厘局后本城棍徒知河工局内存有现钱借奉化人为名入局拆抢幸被抢无多存款在而收捐之印簿亦在收数尚班班可考也现将收簿票根另行详请道宪派员稽核以杜收多报少之弊夫宁城街道之龌龊与河道之浅塞历有年矣本府履任缠数月耳乃不自揣而骤欲图之是固老成持重者所不为念我绅商士民居然同志于拮据之余争出房捐本府虽不肖亦岂忍堕于半途惟闻此局拆抢之时附和不一且妄播谣言本府不厌闻过自当再询于众除另抄收用存各数榜示通衢外合录通禀奉到各禀批示晓谕为此示仰绅商士民知悉现存房捐应否仍行浚河或浚河无益另作别项美举尽可于数日之内只须耆老数人出名赴道府县衙门具禀察办如无人具禀自当仍行料理开局浚河也其垃圾善后事宜已饬河工局原董自办特示

计开河工局收取房捐濬河通禀奉抚宪梅批据禀郡城清理街道集捐浚河缘由已悉仰即督饬妥为经理认真举办务期事归实济费不虚糜为要仍俟定有开浚监督章程另禀察夺并先报藩司查照缴

又奉藩宪任批查清理街道为水利发端实为公务之急信而劳其民宜乎房捐踊跃不烦言而解矣如尚有应办事宜可以实惠及民者务即次第为之官尽一分心民受十分福正不拘事之巨细也仰即遵照仍将所收房捐数目及应开之河道工料实数逐一开折送候查核一面督饬妥为办理毋稍抑勒一俟河道开浚即行停止具报仍候抚宪暨臬司巡道批示缴

又奉道宪瑞批据禀已悉仰仍谕饬员董将浅淤支港各河道赶速雇夫一律疏浚深通以清水源并将开浚章程及开工日期申报查考仍候抚宪暨藩臬两司批示缴

《申报》1878 年 9 月 6 日第 1 版第 1954 期

土货免捐示

宁绍台道瑞为出示晓谕事照得奉化来郡之货皆系山乡所产以本地之货销之本地并无大宗是以本道因郡绅之请体恤民艰不得已而出示免捐而抚宪藩司能否允行尚无把握此外各捐局及濠河盐局各形迥不相同务各凛遵国法踊跃报捐倘有不肖商民相率效尤希图幸免定予严拿惩治决不宽贷各宜凛遵切切特示　光绪四年八月初三日

《申报》1878 年 9 月 7 日第 2 版第 1955 期

劝办社仓示

　　鄞县正堂石为出示晓谕事照得案奉宪行劝办社仓积谷业经议定章程自五亩以上捐谷五斤设局邀绅照章妥办并谕饬庄首领催协同催收在案惟查前奉府宪定章如有捐户愿缴折色者准其每谷五斤易钱八十文由局绅代为买谷缴仓今本县访查现在谷价稍低面禀府宪并会集局绅公同酌议每谷五斤改收钱七十五文较原定价值每斤减钱一文合行出示晓谕为此示仰合邑捐户庄首领催人等知悉如有图内捐户愿将应捐仓谷缴完折色者概照此次核定新章每谷五斤缴钱七十五文以昭划一该捐户不得丝毫短少经理之人亦不得蒙混多得各宜遵照毋违切切特示

《申报》1878 年 9 月 7 日第 2 版第 1955 期

招抚流亡示

　　宁绍台道瑞为晓谕衢山流亡事照得衢山一岛为海中弃地居民悉在化外光绪二年间蒙前抚宪杨俯念岛民不忍化外弃之奏奉升粮编户使尔等共为熙朝赤子本年又蒙抚宪梅札催员史永妥速办竣亦系期望岛民早日归化由官保护大宪之恩可谓至高至厚该岛共计十口尔等九口之人始终不为金匪所惑各能仰体恩将田地一律报丈殊堪欣许至培荫口金屺兰一匪通盗有年鱼肉乡民亦非一日地方文武限于重洋僻远不及周知又未据岛民赴各衙门控诉昨据该匪逐一供明始悉平日恶迹不一而足已堪发指查该匪有田二十余亩按则升粮每年应完粮银不过数钱为数其少定欲众抗丈其意何居七月初九日定标员兵会同差役前往该掩捕该匪父子等胆敢率党抗拒定兵中伏被挫经提督军门及本道委员赴定查验被杀之营弁二员兵丁数名游击守备千把受重伤者八员兵丁受伤至九十九名之多军械洋枪号衣概被夺去可谓穷凶极恶犹不知自敛以悔祸乘标兵厅员回定之后复勾结黄阿四等盗党纠合夏大金等悍匪具备大炮洋枪旗帜赴各抢掠勒诈愈无忌惮致尔等流离失所九逃徙一室尤堪切齿七月二十二日奉大宪调拨水陆诸军为尔等除害该匪竟先踞紫金山之险口党来扑兵勇受枪子伤多名幸将士极力击散生擒六十余名夺获大炮两尊洋枪数十杆旗帜三十余面二十三日始将该匪金屺兰搜获二十四日获到匪子金阿迷二十五日始将杆党夏大金缚到该首要各负重伤经文武讯明将盗首黄阿四等四名及阵擒之刘大炮等七名正法金屺兰一犯解由本道凡办其余九十余名讯系被匪胁从取保开释合岛一律肃清惟查访九口居民当金匪猖獗之时荼毒不堪纷逃宁波镇海及岱山东沙角等处实堪悯恻除饬印委各员悉心抚循外为此示仰衢山流亡人等知悉现在该岛巨祸已除地方安谧尔等各自携家回岛收地利以长子孙至升科之事尔等虽已欣然报丈尚未办理妥帖本道业已专委廉明之员会同厅员迅速妥办完竣如书役兵丁及

各色人等敢有向尔等需索分文即赴印委各员并本道衙门指控立予重惩决不少贷尔等如前被金屺兰勒诈出有洋票昨在该匪身边搜获数纸已经毁销难保该匪不另有遗失或已用出嗣后如确系被诈之票不须再付分文敢有持票索讨准尔等指控察办各宜凛遵毋违特示

《申报》1878 年 9 月 9 日第 2 版第 1956 期

会衔安居告示

前任杭嘉湖兵备道梁宁绍台道瑞宁波府正堂宗为出示晓谕事照得台州宁海地方于八月初六日聚众多人执持兵器抢去勇营军装火药形同化外现在抚宪震怒特派楚军左营前往宁海会同地方官查办统兵之罗总镇向来纪律严明秋毫无犯去年秋间在淳安县查办聚众之案洁己爱民仁声远播此次专赴宁海路经鄞县奉化地方断无骚扰凡有市肆居民务各照常安业切勿惊疑尤勿误听谣言自贻伊戚为此示仰经过地方铺户人等一体遵照毋违特示　八月二十日给

《申报》1878 年 9 月 21 日第 2 版第 1967 期

舍药救疫示

宁波府正堂宗示现在急病甚多凡腹痛吐泻转筋者俗名吊脚痧往往不及医药闻惟熨脐方有效本府现亟依方制就膏药分存府县经厅县丞并东门外驿丞衙门暨在城六柱保甲委员并火神庙医局试行凡有患上项急病者就近赴各衙门各局领取膏药一张包上有字如法试行无病人不得多取占数倘能效验再当榜示药味劝有力人广制广散以延生命特示

《申报》1878 年 9 月 24 日第 2 版第 1969 期

查办洋烟告示

广东善后总局布政使司杨二品顶戴两广盐运使司何二品顶戴按察使司觉罗成布政使司衔督粮道金盐运使衔高廉兵备道孙候补道顺为剀切晓谕事照得光绪四年八月初四日奉头品顶戴两广总督部堂刘批本局呈详核议职员冯灿光等禀恳准予试办设立广属查膏公所按年完缴经费详请示遵缘由奉批如详办理仰即移行遵照给谕开办仍将该职员冯灿光等开办日期具报察核至客商售卖洋药例不准开设烟馆聚众吸食今广属各烟店既经定章给照开张应即由局示谕各烟店等不得借以影射致干查办仍候抚部院批示缴折存又于是月初八日奉广东巡抚部院张批同前由奉批如详办理仰即移行遵照给谕开办至客商售卖洋药例不准

开设烟馆聚众吸食仍由局出示晓谕各店遵照现定章程领照开张不得借端影射开馆聚众吸食致干查究并饬将开办日期禀报察核并候督部堂批示缴折存各等因奉此查洋药一项流弊滋深迭奉通行本应查办近来烟膏店铺开设实繁有徒其中品类混淆防闲不易诸如走私窝匪作奸犯科贻害闾阎有干法纪上年钦奉谕旨予限三年亟宜禁令重申及时整顿本司道深维时艰俯念大局叠奉督抚宪谕饬严查均已转行遵照昨据广州府属职员冯灿光黎耀垣关锦光陈金镜周玉湖钟有荣等禀称窃广府属地当省会烟户星罗商贾云集五方杂处查察难周其烟膏店中品流愈杂匪徒时思托足宵小尤易潜踪每致滋生事端此拿彼窜十余年来烟店窝匪走私之案层见迭出一经败露闭户潜逃案既空悬无由踩缉闾阎受害贻患滋深良由统摄不专防闲未至当此烟店林立若欲概行封禁转恐游手好闲之辈无路谋生若一任混充则作奸犯科之徒又肆行无忌况烟土入口已久奉抽厘税而宽期三载禁戒已奉恩纶原期于稽察之中仍寓告诫之意无使滋蔓釜底抽薪即奉宪札饬清查亦为爱惜民卫地方起见但欲稽办清查必得按府分县设立公所选举殷实谙练承办耳目较周伏思广府属下各行生理均有公所会馆选择老成董事经理即行店中稍有匪杂处斥逐维严独烟膏店既无行长稽查又未设立规条相为控制若不慎选行长设立公所按店给领牌帖随时防察必将流祸日烈藏匪日多欲令勿长此风端在未雨绸缪应请设立查膏公所以专责成但按府分县设所巡查必得经费裕如方能办理现当度支奇绌断难费给自官各属地方又无闲款可拨再四思维惟有于各屡熟烟店中选殷实安分者给领牌帖着缴经费以资办公而清盗薮现职等情殷报效先从广府属试办三年为期所有广府属下大小各熟店择其安分营生者将该店主伙伴的真姓名年岁籍贯填注册籍始行按发牌帖约计其本之多寡酌抽经费之重轻除公所一切应用外每年报解经费洋银一十四万圆重一十万两分作六期解缴此后设法编稽以归专责一律查缉不致分歧该各熟店既领有牌帖填注册籍当不敢容留匪类伊戚自贻即间有潜匿匪徒按址可索职等惟有随时稽察实力奉行上裕库储下清盗薮安良除暴绥静地方理合取其铺邻甘结并议章程八款呈请察核伏乞详明院宪给札开办并请饬札广府合属地方文武官员及各厂各关查照办理并求局宪先行批示谕饬催缴经费以便遵办计附缴章程一扣甘结一纸等情据此当经本局批核据所拟章程各条均尚周妥该员等志在急公洵堪嘉尚仰候据情详明院宪批示即行给发示谕遵照开办可也清折保结附等因揭示在词并据情详请示遵在案兹奉批行前因亟应转饬遵办除分别移行广属地方文武查照既给谕职员冯灿光等遵照开办外合亟出示晓谕为此示仰广府阖属军民人等知悉嗣后售卖各熟店各宜安分营生不准开灯聚吸有违例禁自蹈愆尤并即遵照议定章程开其店名方向及主伴姓名年貌籍贯取具以实保结酌备照费前赴本属公所转城总查公所领印照应令届满一年缴换一次其在一年期内迁移处所更易店名均准随时报明另行换给照示倘未届满歇业即将印照缴销果能实力奉行庶免有所影射至于应需经费自应设法变通即在该店所卖烟膏时价之内每两抽银三分完缴公所存储俾作办公费用尔等须知此次设立公所编查不仅为缉匪

防奸起见将寓默化潜移之用于抽薪止沸之中倘敢违抗阻挠定予从严惩究其各凛遵毋违特示　光绪四年八月十八日示

《申报》1878 年 9 月 27 日第 2 版第 1972 期

僧道挟术惑民示

钦命布政使衔署江南江苏等处提刑按察使司按察使总理驿传事务薛为严禁外来游僧符咒惑众以正人心事照得左道异端类皆邪术书符咒水罪应骈诛设此峻法严刑杜其惑民酿乱也吴俗崇信鬼神好尚奇异不法僧道假降神佛捏造符咒妄诞不经之事非止一端而治疾病救苦难佯奏效以征信逞邪说以哄骗一唱百和尤足以煽惑乡愚原彼初心止为敛钱之计极其流弊即为肇乱之阶近有华亭县亭林镇游僧涌灏妄称治病施散符水往来百数千人酿钱至数千串殊属骇人耳目经县访闻拿获该处乡民求释不准竟敢聚众放火几至戕官夫百姓岂肯以一僧之故自罹法网必系不逞之徒无从争利因而构衅情殊可恶法不容宽苏省民俗相同浙僧到处皆有诚恐效尤生事波累良民若不严行查禁何以杜邪教而正人心除通饬各属一体查拿外合行出示严禁为此示仰各属士庶军民人等知悉须知圣水神符无非图骗财物诬民惑世必至身罹典刑慎勿随同附和被其株累土著僧道务各潜心焚修恪守戒律亦毋复萌故智自贻伊戚本署司不忍不教而诛谆谆告诫倘敢故违即由地方严拿照例惩办断难曲为宽贷也地保甲长纵容徇隐一并从重治罪各宜凛遵毋违特示

《申报》1878 年 9 月 30 日第 2 版第 1974 期

法界重修丁册告示

大法钦命驻扎福州领事调署上海总领事事务李为出谕晓谕事据本国公董局禀称界内人烟稠密本局人丁总册年久未修现拟重为修订凡在界华人无论铺户居民大小人口必须挨户注册以核实数诚恐各商民等心怀疑虑禀请示谕等情到本总领事据此合行出示晓谕为此示仰界内铺户居民人等知悉尔等须知公董局现修人丁总册系照租界定例只为计核界内人口多寡起见并无加捐改章之意自示之后如有公董局派令司事人等持册到门尔等各将人丁实数填注入册不得稍存疑虑致难核实各宜遵照毋违特示

按此示已登入告白内诚恐阅者未及周知故复照录在报本馆附识

《申报》1878 年 10 月 2 日第 2 版第 1976 期

饬遵地亩回赎示

钦差大臣太子太保文华殿大学士兵部尚书直总督部堂一等肃毅伯李为出示晓谕事照得民间置买地亩例应时值估价此次旱荒过重贫民谋生无计遂贱售于富户往往值十之价仅得二三借济一时之急该富户乘贱广购固属常情但念贫民惟赖地亩营生今既短给其价又绝其产使百年基业一旦无余此后旸雨应时亦将无地可耕束手待毙该富户心必难安且置产必计久长贱入者亦恐贱出何如就此矜恤乡邻准其回赎一举两得查嘉庆十年清丰县武生于丽盼呈控回赎地亩一案钦奉谕旨于丽盼祖遗地亩灾年贱卖若不准回赎适以起富豪乘灾图利之渐准其回赎等因钦遵在案本阁爵部堂于去年十二月间已通饬灾歉州县劝谕富户遵办惟今年麦又失收直至秋后始有转机其间青黄不接为时甚久贱卖者更复不少贫民遭此大灾皆已筋疲力尽自应宽展期限妥定回赎章程应将光绪三年夏季至四年秋季此六季内所有各属灾民贱卖地亩概自四年十月初一日起以六年为限限内不拘何时准按原卖价回赎该买主既得地中花利无庸再收利息如回赎时适种植之后应令认还籽种工本其有已经过割投税者并令将过割投税之费一并认还照旧过割原地主名下不另出费投税若限内该富户欲行转卖应先尽原地主回赎如不能赎或外出未回准其照原价转卖倘加价转卖将来原地主回赎之日其所加之价由转卖者退还如逾六年之限不赎永作绝产不准再赎此等贱卖地亩既听回赎不宜葬坟倘未奉示谕之先已经管葬应按时值另估地价找给原地主以昭平允至本系当地如原定当限过浅一时力不能赎者应自本年十月初一日起三年为限三年内随时听赎不准当全勒令照原限回赎三年后不赎亦应找价方作绝契其原定当限本宽仍照原限回赎不拘三年之限如此办理在大户本既无亏又得地中花利实属有益无损小户灾后耕获有资亦不致流离失所本阁爵部堂为地方久远之谋民生衣食之计安贫即以保富处置悉秉大公殷富绅民谅能共谕此意勉为善举尤望官绅转相劝勉共成其美倘有书吏保董从中舞弊勒索或讼棍借端讹赖冒赎定行严提重办不贷为此示仰灾歉各属衿民人等一体遵照毋违特示

《申报》1878年10月3日第2版第1977期

禁止拦江捕鱼告示

候选府遇缺即补州特调汉阳县正堂加三级纪录八次林为出示严禁事奉府札奉臬札开照得武汉滨临江河为船只往来紧要之区兹访问有等渔户在于大江之中以划船数只或数十只上钉木板拦横江而撒网取鱼名曰拦江网又名虎头霸王曾排列成行只图渔利罔顾行船每有下行船只隔数里之遥即转舵远避方保无虞稍涉疏忽即杀撞覆伊等坐视不救任其溺毙似

此肆行无忌大为行商之害若不出示严禁何以安商旅而警地方除札饬江汉两县并饬各汛员随时禁止外为此示仰商买渔户保甲人等知悉嗣后倘敢仍前排列成队拦横江面致碍行船定即严拿惩办决不姑宽各宜凛遵毋违特示

《申报》1878 年 10 月 4 日第 3 版第 1978 期

林学宪取齐苏属生童告示

长洲县万元和县阳吴县汪为出示晓谕事业奉府宪札奉提督学院林札开照得该属童生业经通饬取考在案今本部院按临苏属科考定限于九月十五日齐集听候示期考试并晓谕贡监生如有自愿应乡试者由地方官起具文结送府加结盖印连照呈验送考等因转行到县奉此除移儒学知照外合行出示晓谕为此示仰合邑与考生童及愿应乡试之贡监生知悉届期听候学宪示期考试毋得观望自误切切特谕

按前日本报据苏沪传言科考展期一事凭闾臆测心固疑之今接苏友抄来长元吴三县会衔告示一纸知前说果属子虚用亟登之以志吾过且告苏台士子之角胜风詹者本馆附识

《申报》1878 年 10 月 7 日第 3 版第 1980 期

申禁串诈告示

补用直隶州吴县正堂汪为出示谕禁事照得苏城阊门内中市一带据绸缎庄洋货铺各商人等禀称苏城本五方杂处小窃扒手甚多而阊门热闹之区为尤甚更有乘隙伙串局诈变幻百出防不用防大为市缠扰害现于八月间有湖南口音四人到中市干号绸缎庄买物随带兵勇反穿号衣不见号衣上有某营某处水陆官军字样内有蒋姓一人自称军门大人者在柜上挑拣绸缎正当包剪之际突云失去手巾包一个内有英洋一百四十元零又散钱一百文顿刻大肆咆哮吓逼赔偿经干号店主呼保韩润生着令查缉而蒋姓以在店遗失与保无涉等语着该店主速即赔偿又呼集兵勇势将用武乾号店主恐其生衅当即隐忍劝阻自愿照数赔偿而散查蒋姓来办绸缎绸缎并未买去干号当即派人到绸缎行中打听本日可有此等相貌口音随带兵勇至同行者来店买物否自中市西大街直至东大街俱云并无此等人来店因疑其人不知是否军门其勇不知是否营兵手巾包是否遗失均难分别真假猝遭诬害冤抑莫伸更恐匪党效尤无所底止联名叩请示禁等情并据地保韩润生同禀到县据此除分别批示外合行给示严禁为此仰绸缎洋货等产贾各铺户诸色人等知悉一体留心如有匪党混迹设法赚窃滋扰百出必须各店处处留心地保随时照料自示之后如有匪徒结党成群纠众为首装扮假官串诈财物以及捏称被窃勒索赔偿情事许即指名禀县严提究办地保徇隐察出一并究革各宜凛遵毋违切切特谕按此即

前登苏事中贼出关门而所请之告示也今据苏友抄来爰照等之

《申报》1878年10月9日第3版第1982期

宁波府示

宁波府正堂宗示照得府署后墙临河紧对学宫并无土山万目共睹所谓土山者在署中后园载在志书至今巍然万无挑理至于照墙东边瓦屑高堆紧贴渠河有碍居民汲用河工局曾淤本府自发二百元内动款挑去二三分与民捐毫无干涉早经榜示通衢为绅商士民所共悉并无议论惟一二被访之徒因别无可说常以此事寄信远处以欺人闻尔商民颇以本府受谤为不平不知本府颇当学问不以毁誉动心事非地方利害受谤何伤如有关民生或风俗人心之害自为查办毋违特示前传得宁人偏张匿名帖致宗太守阅之恨极立誓辞官云云昨悉实无此事即前报登宁海人冒挑军火及官军纵火烧房□人迎拒半被官军杀戮转语亦系宁地谣传本馆语不厌详既知传者失实亟为更正诚不欲以先入之言为主也

《申报》1878年10月12日第2版第1985期

宁波府奉抚宪严禁胥役积弊告示

宁波府正堂宗为出示晓谕事本年八月二十日奉抚宪梅札开照得为政之道首重安民而安民以清讼为先然欲清理讼狱全在听断精勤而其中仍难免因循淹滞者非尽由本官之不勤实由于书差之积弊太深从中间隔有以致此也浙省吏胥之权重于本官大抵皆然盖由府县书役皆有缺底卯名均系伪托私议轮班值日规矩井然官欲更张牢不可破即遇革退只须另易卯名依然如故县则差役之权重于书吏故一切使费有役二书一之说府则书吏操权遇有提审之案索取规费衙役未能得半亦事势然也若辈盘踞日久善于揣摹工于迎合凡身任府县者必有一二亲信家人派令司阍管理出入稿案一任刁猾书役诱之以利百般串唆无不代为弥缝以遮掩本官之耳目该胥役又外结讼棍及刁劣衿监兴波作浪孥乱是非颠倒黑白以乡愚为鱼肉视讼案为利薮虽有精明强干之员亦难保不受蒙敝堕其术中甚可概焉但向推若辈之敢于把持舞弄者锢习固难枚举而平日所恃为牙爪耳目者其弊有二也其一各属点充代书须给戳记原为愚民不谙文义令其依口代书而设并防讼师作状以杜刁唆乃府县考充代书者皆胥役之心腹徒党凡写状用戳县则必须值日头役府则必由承行书吏知其招呼听其指使如原告进呈而被告具词投诉必须托人先向值日差役讲明规费视控情之大小家道之丰啬任意取盈索许到手方令代书盖戳递状否则即嘱代书捺戳不行经年累月不能呈诉虽有奇冤无能上达一经出票县役之拘提被告无异捕盗私押凌逼窘辱多端以致小民争占原告一语睚眦先向值班头役

关白挂号因之讼案日多如案已提府原被投审该承行书吏索费不遂亦嘱代书捺戳原告用费轻而先已投案被告人证则按数多寡恣意勒诈不满其欲频札催提或委员守催急于星火县差恃上司文提恐吓诈扰更肆毒焰乡民畏攫书役之怒又不敢揽与呈递红白面诉本官兼之本官往往听信丁胥谗言以滥收红呈必启刁告之风多因代书无戳或不遵呈式掷状不收以致乡曲愚民畏役如虎懦弱搢绅亦无可如何往往一讼倾家本官之面目未亲小民之脂膏已尽古人谓苛政猛于虎岂一行作吏者不知警戒良由若辈瞒官作弊如狼似虎张牙舞爪动则噬人故也本部院前因原设代书有勒索之弊是以将戳记吊销准各属士民于三八告期投递红呈委员查询接收并准揽舆呈递迄今已阅一年而州县为亲民之官郡守有表率之责与其日近书差仆从何如时亲绅士庶民况呈词准驳可以随时自行裁酌又何必一定凭代书之戳记状式方准收理徒为书吏丁役刁难讹索地步此固理之所最不可解者也其二各乡地保本应责成各乡绅耆人等公举保充择其身家殷实平生端谨之人责令勾摄公事催征钱粮以期呼应得灵乃认充代保者皆系游手无业之徒先须拜认县中头役为师听其指挥号令每遇乡间出有命盗等案正犯逃逸半由差役得贿卖放地保即偶有送官必须细向头役知会方许递禀是以十不获一本官审理词讼两造人证须候差役吩咐方许地保带案或有本官批饬地保查复之件亦须听差役之教令不问曲直是非惟胥役之欲壑曾否填满为断即本官因所覆含糊或人证不齐责此地保亦复甘心忍受不敢明言是地保几为胥役之奴隶以致各乡民视为畏途往往悬缺无人接充此又积习相沿其害甚大所宜痛革者也是代书与地保二项名为官役实与胥差表里为奸蠹害一日未去则胥役之权一日不除以上弊窦各府均不能免而惟浙东宁绍二府为最绍属之山会诸萧等邑为尤甚是以前年山阴县查办蠹役数名虽投畀远方而此风仍未能少息也兹本部院访闻萧山县有蠹役蔡老五名连及并王小二者倚恃总头诈扰良民悯不畏法尤为彰明较著已另札饬拿解府严究惩办在案惟各属衙蠹似此者正复不少且恶习多端深为民害必须严加裁汰重立约束条规以杜扰累所有代书地保二弊易除而易行尤宜先为整饬借可少清蠹弊之源合亟通札饬遵札府立即督饬所属查明书役中有多年盘踞积惯舞弊及为众所深嫉痛恶者立即拘案解府讯办并将现在差役者取其真名的姓互保互结不准捏造诡名如再有犯诈扰不法之事一体连坐所有各府县已充代书亦即查明串诈情弊分别革退如无妥人不必另充每逢三八告期由该府县亲自出堂收呈不必凭代书保戳无论红呈白纸均准受理其拦舆递呈者亦不准掷还该管本府或有紧要公事准令委员代收不准阻抑刁难勒索各县平时不准接收传呈固已早有明禁如有因案投诉投审之人亦即按期收状并准随时拦舆投呈有应行保候者亦令保人投递保状当堂书押均无须代书保戳一经悬牌示审准令随堂投案州县寻常词讼并准悬牌示谕地保带同两造人证投诉不准书役拦阻亦不必出示差提至各乡地保亦即出示晓谕各处绅耆人等秉公选举有应行革换者即令连名具保妥人接尤不准再认头役为师令其循分当差遇有命盗等案应拘人犯立即管带送案如有编审词讼责令地保唤集两造依期投讯倘有私自卖放人犯及

不安本分生事扰民出同衙役从中勒索者即由原保绅耆禀称斥革另保接充倘有差役勒掯阻挠不令地保递呈亦由绅耆公同具禀以凭查办并由各属虚衷探访如有积弊虽多而情形不符者不妨因地制宜各抒所见连将遵办缘由妥议章程禀复察□勿稍含混徇延再切讼案如有凶犯贼盗以及犯罪显著之人准于票内注明投案字样其余概用传字即呈批差禀亦止须用候传案唤案集讯字样不得笼统率用提案差提等字各省公牍惟上司亲提及提省提府方用提字在州县固无所谓提而以一提字不分拘传是明假书差以挟制宪吓之权不知累及几千百户倾家荡产何皆习焉不察良堪浩叹并即一体幡然更改凛遵勿违亦不可再听书隶之言谓向来如此阳奉阴违仍蹈故辙是为切要凡尽心民事愿为好言者当不以本部院之言为河汉也各该府有纠察之责亦宜认真督饬随时查考力除积弊至于佐杂擅受民词滥出差票陷害平民尤为恶习明知干犯功令亦复上下欺蒙互相袒庇毫不为怪更属可恨嗣后应责成该府县严行禁饬如再不知自爱借口缺苦以收呈出票为赡养身家之计不顾伤天害理等或挟制县官干预多事亦即由府密禀揭参勿稍姑贷等因奉此合亟示谕为此示仰合属各色人等一体遵照毋违特示 光绪四年九月初七日给

驱逐游勇告示

兵部侍郎兼都察院右副都御史江苏巡抚部院吴为出示晓谕事照得江阴浦口等处各路防营现议酌裁营勇咨遣回籍江苏省城五方杂处闻各营散勇络绎而来其中良莠不齐若任逗留混迹必致滋生事端亟应严行查逐除檄营务处转饬客营派弁酌带勇丁严密逡巡凡遇外来散勇一律驱令出境如有违抗立时拿获捆解严办外合行出示晓谕为此示仰各营营官哨弁散勇人等知悉尔等既经裁遣且已各有本营优给饷需应即作速回归乡里各谋正业勉为良民如不早图归计在外游荡为非作歹甘蹈法网必致自领莫保徒悔噬脐人谁不顾身命一念及此足可寒心本部院为保全尔等起见特先谆谆告诫倘敢自恃桀骜不遵查逐一经获案定即处以军法决不稍贷其各凛遵切切特示

夫价章程示

黄陂县正堂刘为出示晓谕事据举人张安庆武举晏占鳌知州衔孝廉方正周恒渠五品衔宗汝彬经历衔李文铨州同衔李文锦六品顶戴按察使司照磨李鸿禧贡生陈均藻选用从九袁瀚章武生陈锦生员杨镜清等赴县呈称为公请示禁以剔积弊以彰德政事窃县城以及附郭系

商贾毕集车辆装卸之地亦系男妇坐轿来往之所前于道光十八年因夫头勒索经武举陈梦先等由县控经臬宪批准仰府饬县出示严禁当即遍立碑石碑尚可查迄今案冷积弊复萌一遇差事办车夫役不体宪德恃差吓诈上侵仁宪夫价下虐四路行车所以差事过境每每用少拿多借为索利之阶以致车辆裹足商买不通如照旧章民雇量路之远近定价之多寡则凡推车营生者无不踊跃差事何致掣肘至拿轿之夫头亦借端勒索无论男妇坐输中途甚至轿内扯出有乘体面恳恩一并严禁宪天爱民如子利无不兴弊无不革似此积弊目击不忍只得抄呈前案石碑公台前俯念民瘼剔清积弊准再出示勒碑严禁仍归旧章以彰德政万民沾恩甘棠永戴行见口碑与石碑同垂不朽矣等情据此案查陂邑夫头每每借差过境以少拿多已经前县出示在案兹据前情合行剀切示知为此示仰县属军民人等知悉嗣后遇有一切差事过境需用车轿各夫均照定章给发以期无累于民有益于公此示之后倘再有夫头人等以少拿多借端勒索及克扣饭食等弊一经访闻或被告发定即从严惩治决不稍宽毋违特示

计开车轿夫价永定章程　一银鞘至孝感县百二十里每鞘九九钱四百二十文一小轿至双庙站二十里每乘九九钱一百五十文至滠口站四十里每乘九九钱三百文至孝感县百二十里每乘九九钱一百文　至汉阳县八十里每乘九九钱六百文　至黄安县百二十里每乘九九钱一千一百文

《申报》1878 年 10 月 17 日第 3 版第 1989 期

禁士吸食洋烟告示

钦加五品衔拣选县江苏松江府上海县儒学正堂韩为晓谕事准本县移奉府宪札奉提督学院林札关照得民生畅遂世运隆盛所由关士习振兴风俗敦庞所自始本院恭承简命视学来南孜孜以培教化厘积习为务而害马不去毒鸩未除非所以厚民生端士习也慨自鸦片烟流入中国贻患闾阎尝见富者食之而贫壮者食之而槁勤者食之而惰廉者食之而贪使人变易性情怠弃日月莫此为甚国家申明烟禁特于官与士加严诫以胶庠之士出则为官乡里之所式瞻处则为师子弟之所则效如沾染嗜好不自爱惜坐耗壮盛之精神甘为庸流之暴弃欲望后来振作岂不难哉夫难治之疾瞑眩方瘳不调之琴更张乃奏今本院核定戒烟章程通饬各学与诸生约如因循怠玩不肯实力振刷一经学官详报立与谪惩于已犯者宽与限期于未犯者尤严豫教诸生务各涤虑洗心力改前辙于以扶植世运裨益民生保此有用之身上翊升平之治本院有厚望焉札府饬县转移到学准此除谕饬各廪保外合行抄粘晓谕为此示仰合邑诸生童等即便遵照毋违切切特示

章程列后计开

一学官为诸生表率其有因病犯瘾年在六十以上者准其吸食非在比例限以一年革断如

期满不革即以疲软论随时列入计典

一生员年在三十岁以上吸食未久烟瘾已成者限六个月断净如期满不断由学详请注劣不准预试

一生员年五十岁以上吸食多年烟瘾甚深限十个月断净如断而未净由学汇详再展限四个月期满仍未断净即注劣不准预试

一生员年六十以上气血两亏烟瘾难断者准其吸食已补廪者停饩扣保其入学年份已深者即由学汇详不准预试

一生员吸食并未成瘾第私与烟馆往返或友朋聚会私开烟灯者即以行止有亏论由学暗访详请革惩

一应试童生于报考结内须注明并无吸食洋烟字样其有实犯烟瘾查实即于府县试册内除名或有蒙混入学者准廪保禀明扣除不得徇隐

一学官平日留心察访随时详报如察访不实任意详报者一并参处其极力开导俾诸生涤旧染以自新一年见有实效者候奏请特加优奖以示鼓励

《申报》1878 年 10 月 18 日第 2 版第 1990 期

重立濠河捐局告示

督办宁郡牙厘总局彭宁波府正堂宗鄞县正堂石示为出示晓谕事案奉抚藩宪札饬以奉化船户于七月二十六日聚众毁局一案必须严拿首要各犯并奉特派前署杭嘉湖道梁驻宁又奉督办浙江通省厘捐局司道宪札以奉化与宁海毗连七月十九日宁海匪徒将西垫厘局烧毁旋有濠河之事未满一旬两出巨案显系闻风附和若不严惩恐开他处效尤之渐厘务将不堪设想宁巡道出示为权宜安抚起见而通省大局攸关未便停收过久札饬会拏首要各犯按律惩办一面整复厘卡各等因查宁海之案奉抚宪札调统兵文武各员查办已于九月初四日照旧设局收捐所有奉化之案经本府札县查提倡事之大桥各船埠而该船埠周恒和等先已悔罪干提宪派驻奉化之袁游府营次具结乞恩情愿集资建复厘局照旧认捐唐斋萧王庙大埠头等处一律具结并据奉绅一品封职周序英举人蒋子蕃周锡龄武举张祖斌邹安澜岁贡方镜澄监生江忠舜生员张树周江方袁洲孙士奎孙士镇王文开等禀称世居奉邑共荷生成七月间奉化船商水手与濠河局巡丁偶相口角纷纷上郡恳求免捐是时绅等外出读书谋生闻信赶回垂涕开导国家设局抽厘实属不得已之举虽法久弊生亦应具禀申诉不宜纷纷赴郡该众等悚惶无地哀求绅等转乞复设捐局愿照同治八年后上水不捐下水减半旧章上纳虽道宪出示免捐系格外体恤之意而商民恳复复局亦微伸报国之忱公同代求俯念乡愚业经悔悟予以自新出示免罪等情据此查濠河局应照同治八年定章收捐七月中旬节经本府会同本局明晰出示乃该乡愚忽

效定海之尤致有七月二十六日之事是时本府在城面谕奉民江良茂等三次上下宣示于众应免者免应捐者捐断难全免此次又据具结愿捐本府特亲赴大桥萧王庙处察看民情并询各船商水手均称愿捐且焚香跪道悔罪出于至诚虽藐玩于先尚知法于后本府已在奉出示凡属胁从一概施恩免予究治即奉饬查拿首犯如大桥船埠首先悔罪具结尚与自首免罪之例相符亦拟代求大宪网开一面倘再有造谣煽惑者仍遵札严密查拿并与本局商定悉照同治八年定章上水各船货一概免捐下水各船货照旧章减半仍约法三章一免留难之苦航船各有码头此后饬司巡就泊船码头查货收捐给票不令水手赴局免致守候误潮一免零星之捐凡肩挑背负零星小贩捐章不载及捐章虽载而货少捐数不及百文者概行免捐一免重复之捐如唐岙纸张向由纸行认捐鄞奉土药材贝母当归药铺业捐之类过卡时概免重捐并谆切局员约束司事巡丁不准勒索苦累除通禀各大宪一面择期复设濠河局并妥立局规俟办定后再将各项捐数刊刻榜示外合亟出示晓谕为此示仰商船水手人等一体遵照完捐此后如有司巡勒索苦累准赴本总局本府县衙门控告倘船户水手或无暇赴官并准开具节略亲交各该埠头代诉均必分别查办切毋再事聚众干犯王章自害身家性命至奉邑各小镇与鄞县各航船本非首祸之人谕令各埠头传谕遵照一体认捐免其取结以防扰累各宜凛遵毋违特示九月十九日给

《申报》1878 年 10 月 19 日第 2 版第 1991 期

刘道宪关防告示

为关防诈伪事照得法网极严宜家喻而户晓人心叵测须杜渐以防微上海地方华洋杂处良莠不齐时有伪托官长亲朋设计诈骗兹本道恭膺简命补授苏松太道任重监司政严功令事无巨细悉本亲裁关说营求破除情面曩日在沪督办局务旋又权篆海关从无亲故朋从在外妄为生事为远迩所共悉此时再任巡方防闲愈宜严密深恐有不法匪徒假托与本道向有瓜葛遇事生风无知者致被愚弄堕其术中尚不自觉除密访拿办并饬属一体查拿外合行剀切晓谕为此示仰道属军民商贾人等一体知悉嗣后遇有冒称本道亲戚族友因事招摇希图撞骗许即扭送地方官押解来辕以凭亲讯究办原送之人免其备质以省拖累如有受愚请托或勾串生事一经访闻立即并提严究本道言出法随决不宽贷各宜凛遵毋违特示

《申报》1878 年 10 月 19 日第 3 版第 1991 期

饬毁圌混告示

钦加提督衔记名简放总镇江南提标里河水师右营参镇府王为出示严禁事准苏松太道刘函开查今夏西北各省疫气盛行往往不可救药据医者云是疾皆由触秽而起而秽气之重无

过粪坑其气由鼻孔而入脑门直抵脏腑以致受毒较重此弟在京时众口一词迨抵上海因公出城秽气触鼻目击沿城一带官地坑厕林立小南门暨老北门外为尤甚因思沿城官地不准造房久奉明文各前道移请贵前任饬禁只缘前守备不肯认真奉行殊属非是现在饬据各委员查复自小南门起至大南门西门老北门新北门小东门而达大东门共计坑厕四十三处皆在沿城脚官地之内亟应一律将厕屋拆除坑池填平以免秽气熏蒸行人致病用特修函奉恳即祈执事严谕各该管备弁于半月内全行将厕屋坑池拆毁填成平地是为至祷等因到营准此查城壕基地所设坑厕前于本参镇莅任时即经札饬严禁在案乃日久弊生仍复坑厕林立实属玩违已极亟应一律拆毁填平以重城防兹准前因除饬备一体查禁外合行出示严禁为此示仰该门弁兵百总及搭盖坑厕人等知悉自示之后所有沿城一带坑厕统限于本月内一律拆毁填成平地再不准任意排设倘敢阳奉阴违一经逾限定即重究决不宽贷其各凛遵切切特示

《申报》1878 年 10 月 22 日第 3 版第 1993 期

征粮科则告示

特用直隶州调补松江府上海府正堂莫为明白晓谕事案奉藩宪通饬各属征收地漕钱粮如有柜收票费查号等钱名目一概裁除启征之时开列科则核明应完银合钱数大张晓谕等因奉经遵办在案嗣因银价骤减奉宪核定奏明从光绪三年下忙为始每两折收钱二千二百文不论衿民一律均收业先晓示兹本县择于七月二十八日设柜启征下忙钱粮诚恐不肖差保复萌故智苛收病民用特遵照通饬将各项田地科则核出本年下忙应完正耗银粮按照定价科准钱数逐一开列照案明白晓谕为此示仰阖邑地保业户人等知悉尔等各自查明管业田地科则遵照后开细数将名下应完本年下忙钱粮赶紧赴县扫数完纳听候挈串安业别无查号票费等钱总之每两二千二百文之外不复多取分文缴洋缴钱悉听民便倘有经书差保人等巧立名目暗地需索即准尔等指名据实呈告或经本县访闻定即从严究办决不姑容要知力裁浮费无非体恤吾民现在饷需紧急待用孔殷尔等既沾实惠务须激发天良踊跃输将争先恐后倘敢迁延拖宕贻误军需不论衿民定即提案详办三尺具在亦不稍从宽恕焉其各凛遵毋违特不计用光绪四年分无闰下忙条银分别科则每亩应完串银及折钱实数上折田每亩应征下忙正耗银七分一厘六毫合钱一百五十八文上折准田七分二厘七毫合钱一百六十文下折准田七分二厘七毫合钱一百六十文下乡护塘外准熟田七分二厘七毫合钱一百六十文上乡田五分七厘一毫六丝合钱一百二十六文上乡得业荡田五分七厘九毫八丝下乡护塘外准熟田四分二厘三毫合钱九十三文下乡柴草塘准熟田五分七厘九毫八丝合钱一百二十八文城壕官地五分五厘三毫合钱一百二十二文新升上则田五分六厘五毫合钱一百二十四文以上各则田地应完本年下忙串银按每两二千二百文核算实在折征价钱此外并无丝毫浮费各知照钱收通足不

准另有补底补串名目洋价因本邑钱市日议价值均系九八九九且须暗扣串底现在仍照前任
禀奉藩府宪核准章程照钱市每日开报钱业大盘数目每元一律减钱二十五文以补缺串串底
每日条示柜前秉公均收逐日更换缴洋缴钱听民自便并即知照又奉抚宪札饬本年下忙每亩
带捐积谷钱十二文于条银串内加戳带收宜即遵照

《申报》1878 年 10 月 24 日第 3 版第 1995 期

广东奉行查膏示

广州府冯南海县袁番禺县冯为剀切晓谕事案奉善后总局宪札开据职员冯燥光等禀称
拟设广州府属查膏公所按店编稽以结领牌抽缴轻看等情详奉督抚宪批准即行分别移行谕
饬遵册并奉饬派委员设立公所九月初一日开办各在案现查各烟膏店成已遵领牌照或尚还
疑案经详奉大宪批准饬遵事在必行合亟出示晓谕为此示谕合属各烟膏店知悉此次设立查
膏公所系为保卫地方起见尔等须各安生业卖力奉行毋得观望自误生意各店如另有禀商下
情尽可赴公所缕陈听候官为酌核妥定章程总期于公事舆情均臻允协毫无窒碍兹特予限十
日务须赴领牌照一律遵办倘再迟延则是立心违抗其中显有匪棍把持阻挠定即查拿究办其
逾限抗不领牌各店一概不准复开倘有私卖烟膏情事即予查封从重罚办毋违特示

《申报》1878 年 10 月 25 日第 2 版第 1996 期

赛船禁止舟行示

上海县正堂莫为出示晓谕事车道宪刘札准英领虫达来函九月三十日并十月初一等日
乃各国商人正吴淞港赛船之期是日自十二点钟起至七点钟止凡自大桥直至新闸一带大小
华船皆须响进以免碰撞请札县示禁等因到道除函复并盼大关书舍外札饬出示晓谕等因奉
此合行出示晓谕为此示仰来往客商船户人等知悉至期切勿入港免致碰撞毋违特示

《申报》1878 年 10 月 25 日第 3 版第 1996 期

冬防中禁烟馆告示

督办城厢内外总巡事务升用道候补府松江海防分府沈为重申严禁事照得上海为各
省通衢江海交汇最易藏奸匿匪为害地方迭经严密查办以靖闾阎现届冬令尤宜格外巡防
查烟馆盗贼极便潜踪城厢内外烟馆比户且有以妇女掌柜动辄深夜开灯曲巷招客留宿过
夜不问来历实为匪盗渊薮合行严禁为此示仰烟馆人等知悉尔等烟馆以初更为断一律关

斗并不许留客住宿及妇女掌柜如有故违一经查出定行重惩除饬差勇地甲巡缉外本府不时亲查如有前项情事无论赁屋自产一体发封入官并将该犯枷责地甲差勇徇隐一并严办决不宽贷切切特示

《申报》1878 年 10 月 31 日第 3 版第 2001 期

下忙银价告示

钦命江南苏州等处承宣布政使司布政使勒为出示晓谕事照得各属折收上下忙地漕等项钱粮银价上年十月间奏明减价案内声明本年为始每届二月八月查明市价奏报一次现届八月下忙开征之期查该市肆银价与本年上忙时不甚悬殊自应照案每两折收钱二千二百文无论花户完纳先后照价一律征收以昭平允除详请院宪附片具奏外合再出示晓谕为此示仰各粮户人等一体知悉尔等须知银价仍照上忙每两折钱二千二百文系属因时体邮务当激发天良将光绪四年下忙钱粮照例自封投柜踊跃扫数清完挈串安业倘观望迁延任意迟误定由府县提案追办决不宽贷其各凛遵毋违特示

《申报》1878 年 10 月 31 日第 3 版第 2001 期

严禁匿契漏税告示

鄞县正堂石为剀切晓谕事照得民间田地山荡房屋等产契不税割者笞五十仍追契价一半入官定例极严岂容尝试前因有等业臣置买产业往往匿契不税或将契价以多填少短完税银并有族中进出之产私自商通混为归并允兑字据妄图免税种种恶习不胜枚举业经前县出示晓谕在案兹查近来前项诸弊依然如故更有一业分立正找两契价则找倍于正税则完正而不完找实属有意取功殊不思人心难测中代亦有事故他往出主明知并兑之掳及找契未税万一指为捏造或称契价未足挟制讹诈彼时虽有执凭真伪难分无可剖辨即使官为审明则漏税情真仍应究罚种种利害岂不虑及耶除谕饬庄书查办外合再出示晓谕为此示仰合邑绅富业户人等知悉尔等须知契必投税原为执业起见白契不足为凭漏税并应究罚嗣后凡有置买产业无论正找两契均应一律赴柜投税即有远年未税各契既往不咎统限一月内检出补纳税银如系归并允兑亦与绝卖无异并即准收税割切勿图省小费致贻日后无穷之累自示之后倘再执迷不悟仍前弊混隐漏一经察出或被庄书指禀定即照例究办决不宽贷各宜凛遵毋违特示九月二十八日给

《申报》1878 年 11 月 1 日第 2 版第 2002 期

赈晋捐数示

湖北承宣布政使司布政使王监督江汉关湖北汉黄德道何窃办湖北军需局为晓谕事照得昨岁山西旱魃为灾赤地千里户鲜盖藏哀鸿遍野饿殍载途甚有不忍见闻迭未各宪谕饬广为劝捐俾资济等因辞分饬各府州县剀切劝捐在案兹查汉阳汉口各帮绅商先后捐银共计七千六百十二两七钱二分洵属不分畛域好善乐施深可嘉尚业经将此项银两已陆续按批解晋发赈除一面造具清册详报外合亟出示晓谕为此示仰合邑绅商即便知照特示

又示复另附书杂货油盐绸缎布匹茶号棉花木植银钱汇票丝粮食铜铁等各帮商买以及绅实花户所捐银数逐项开明约计百余十户并同粘贴大张晓谕共得征信云

《申报》1878年11月2日第3版第2003期

重禁台基告示

苏松太道刘为出示严禁事照得人心之邪正端在教化为转移风俗之贞淫悉本廉耻为维系兹本道访闻沪上有不法妇媪串通无耻棍徒引诱良家妻女骗入暗地任意媒孽图奸借以取利有所谓台基名目者寡廉丧耻莫此为甚败俗伤风大为地方之害除饬县及租界委员严密访拿外合行出示晓谕为此示仰城厢内外居民人等知悉尔等须知奸徒设计诱人一朝失足终身有玷凡在家长慎勿纵令年轻妇女好作浪游以致堕其术中败名丧节自示之后如有被诱之人或左右邻近得知窝留之处准即告官立予提究尽法惩办倘差保人等知情纵庇一并照例严办务期痛挽恶习永革浇风本道令出必行决不宽贷其各凛遵毋违特示

《申报》1878年11月2日第3版第2003期

筹办团练经费告示

钦加同知衔署南海县事番禺县正堂加十级纪录十次袁为出示晓谕事现奉府宪批行据西关团练总局绅士兴人梁肇修等赴府禀称伊等奉委办西关团练总局自开办以来与各分局讲求团务凡会哨分巡缉匪解犯均认真办理现又兼委会办保甲更见严密惟办团必先筹费其议捐房租抽埠租或提尝及劝捐股户均恐难以常久闻各分局因团费难筹间有撤团之议绅等因冬防在即尤富亟为筹划以免团务疏虞爰集各分局妥筹熟商窃调筹费之方经久之法必出之微取之寡然后简便易行拟仿靖海龙王五约局例每月每家大户签银五分小户签银二分五厘铺屋一律照签所签团费仍归各局约内自行收支盖签抽薄则取既不厌烟户稠则少亦见

多在各约既设有团自应照所签之资联办冬防兴情百多允洽除仁威西村清平四庙藻圣城北新基七约十三行等局地当冲要必当厚集团资广招练勇不计外其能宽筹团资者听其自便其经费支绌仍欲酌筹者仿照现议章程办理揆时度势似尚合宜等情奉批据禀酌筹团费章程尚属简便可行仰即出示晓谕督饬诸绅讲求团务联办冬防持久不懈以卫桑梓等因奉此除谕饬该绅等遵照外合亟出示晓谕为此示谕该处铺屋街邻人等知悉尔等务须遵照所禀章程案户遵抽以资团费而卫桑梓毋得阻挠抗抽致碍团务疏虞其各凛遵毋违特示 光绪四年九月三十日示

《申报》1878 年 11 月 7 日第 3 版第 2007 期

科试松属告示

上海县正堂莫为科考事本月十四日奉本府正堂博札奉提督学院林札开照得该属童生业经通饬考取在案今本院试毕太仓即按临该属定限于十月二十六日齐集松江听候示期考试并飞行所属晓谕贡监生如有愿应乡试者由地方官起具文结该府加结连照呈验收考等因转饬到县奉此合行出示晓谕为此示仰与考文童知悉遵照示期齐集郡城听候学宪按临考试如有贡监生愿应乡试者刻即取结呈县以凭加结转送取考均毋迟延自误切切特示　光绪四年十月十七日

《申报》1878 年 11 月 14 日第 2 版第 2013 期

晋捐告示

钦命布政使冲分巡江南苏松太兵备道刘钦派办理江浙等省晋赈新捐转运沪局三品衔即选道户部正郎姚为出示晓谕事光绪四年九月初九日奉直隶爵阁督宪札开光绪四年九月初三日准户部咨开捐纳房案呈内阁抄出山西巡抚曾奏请将推广捐输再予展限一年附片一件光绪四年七月初四日军机大臣奉旨该部知道钦此相应咨行直隶总督查照可也等因到院札局查照等因到局奉此查晋赈推广新捐一案前奉山西爵抚宪曾以晋省岁遭大侵人民逃亡过多即此次所募新军饷源一无所出防务赈务均关紧要奏请将推广捐输一案于上年十二月二十日奉到部文之日起扣至本年十二月二十日一年期满后再予展限一年所有乐善好义之士自当共体时艰踊跃输将俾得源源解济并迭奉直隶爵阁督宪李山西爵抚宪曾札饬所有各省绅富业户捐输晋赈银两由地方官设局劝办掣发印收者无论缴捐先后以捐票请奖移奖一律照天津捐成案核办如请奖衔职每例银百两以六成实银核给奖叙不准叙翎枝暨京官郎中员外主事笔帖式四项外官道府州县正印五项实官及指分免保举监生从九衔等项此系绅富

业捐本属义举原不计及得奖之厚薄邀荣之迟速应照常例奖励所收新捐奏奉特旨允准悉照推广章程办理以顾赈务防饷要需若不示以寻常推广判然两途则徒有推广之虚名而无推广之实惠饬知分别遵办各等因奉此合行出示晓谕为此示仰绅商士民人等知悉凡欲报捐翎枝道府等正印以及京外实官衔封贡监等项迅速开具履历赴本局上兑勿稍观望自误其各凛遵毋违特示右谕通知光绪四年十月日示

《申报》1878 年 11 月 16 日第 2 版第 2015 期

保甲总局松海防分府沈示

为晓谕事照得南市钱庄均开设厢人烟凑密之处各庄送银多在夜间每有流氓假充各局巡丁缉访私货在冷静地面即行强夺实堪痛恨迭经缉拿惩办并明定章程凡送银以一更后二更前为度不得再迟并令手持灯笼以防不虞除巡员逡巡及严饬十六铺勇丁地甲严密照料外合行晓谕为此示仰铺户居民保甲人等知悉如有假冒巡丁名目借口查私图便行窃该勇丁地甲立即严拿送究毋得疏忽干咎现届冬令该钱庄务宜格外留心其各凛遵毋违特示

《申报》1878 年 11 月 22 日第 3 版第 2020 期

钦命湖北汉黄德道监督江汉关管理饷捐事务何告示

为出示晓谕事照得据劝办豫捐委员禀称前奉札委以豫省灾荒亟须筹款助赈饬令会同前汉阳县令在于汉镇各帮照大捐派捐一成以助董赈督饬总首劝捐各帮均皆乐轮经前汉阳县令谕饬录吉钱店代收呈缴并奉发给豫捐印收一百张亦交谦吉于各帮呈缴捐款时陆续填给计票号典当茶栈以及广福各帮共收捐银一万二千三百九两六钱三分填给印收十六张该店于初四日倒避所存银两印收一并卷逃理合将收过各帮银数并填出印收数目开具清折呈请俯赐查核并请饬县差缉该店主杨述到案追缴以重公款等情据此查各捐生所缴银两均经陆续填给收票由第一号至八十四号其数目号次均有底簿可查尚有自八十五号起至一百号止空白捐票系谦吉店私行窃逃此项空白之票应即立案注销其已填之票现在亦应开具清册详报查考兹将已收各捐列榜晓谕限一月内由各捐生自持捐票据赴茶捐局禀请劝办委员许令转呈查验以便将捐生姓名年貌履历籍贯以及银数开造清册再者捐输将来应照天津赈捐章程查明实系捐生本人照章给予奖叙一俟清册造齐即使汇案详请河南抚部院批示核办本道风闻近有射利之徒鼓惑众人竟谓此项捐票可以依照茶捐章程准其以捐票来局报捐倘有捐生受其愚弄甚至以捐票展转售卖希图蒙混请奖殊不知善捐票据只可作为本人捐银若干实据与茶捐章程迥然不同慎毋误听自贻伊戚凛之慎

之切切特示

《申报》1878 年 11 月 23 日第 2 版第 2021 期

抄粘告示

钦加三品衔即选道提调松江府正堂博为晓谕事现在学宪林因病出缺除将关防文卷一律封固详请抚部院核示外所有各学教官以反与考生童望各在寓静候抚部院核示办理毋违特示

《申报》1878 年 11 月 30 日第 3 版第 2027 期

督办上海闽晋豫赈捐核奖局告示

为出示晓谕事照得上年豫省奇荒需赈浩繁迭奉各大宪札饬劝捐解济等因奉经委员设局分投广为筹劝据各业绅商富户劝缴银两分批解候转运济赈在案查各捐生乐善好施踊跃输将自应早得奖叙以昭激劝兹奉河南巡抚部院涂札饬遵照部定黔捐填照章程实银核收给奖等因亟应遵饬开办定于十一月初四日设局办理并呈报移行外合行出示晓谕为此示仰豫捐各户绅富人等知悉尔等各捐生执有前项捐票者即行开具三代履历指明官阶统限三个月内一律赴局备具应缴公费银两并候核明上兑先给局收一俟限满即行截数汇造奖册详办均毋观望延误其翎枝一项俟续奉河南抚宪饬知另行核办其各凛遵特示

《申报》1878 年 11 月 30 日第 3 版第 2027 期

上海租界会审分府陈告示

为出示晓谕事照得上海与牛庄天津烟台三口往来递送士商信件现系福兴润全泰盛协兴昌三信局专办俱由轮船代寄抵口后由江海新关拨派捍手提验信包如无私货随查随还已于本月十六日定意开办原严防偷漏起见岂至二十日该信局纠人到关并赴华洋书信馆喧闹业经本分府传讯申斥本应惩办姑念该信局一经到案各愿嗣后照章候验不敢再有滋闹是以免予深究第恐各信局日久玩生合亟出示晓谕为此示仰信局福兴润全泰盛协兴昌等一体知悉嗣后凡有轮船寄至北洋三口各商信件均各遵照定章候关查验不得稍有争闹自霸时刻倘查出夹带私货由关照章入官充公该信局等如敢抗违立予严办决不姑宽各宜凛遵毋违特示
光绪四年十一月初六日

《申报》1878 年 12 月 2 日第 3 版第 2028 期

严禁假冒捐照告示

鄞县正堂石为遵札出示查禁事光绪四年十月十四日奉府宪宗札开本年十月初二日奉晋豫赈捐总局札开案奉抚宪牌开准直隶爵阁部堂李咨开据筹办晋赈推广新捐总局详据本局劝捐委员禀报有人携带晋省翎照在扬州一带减价揽售与津局大相悬殊禀请查禁等情并蒙发下护理江苏抚宪公函内称沪上新旧各捐局有减数之议并闻花翎一项较新章收数更减有违定章殊乖政体等因接阅之下诧异良深沪局减收捐款虽未经苏抚宪指明何局何员然上海逼近苏垣传闻必有由来私减抢售实属不顾大局详请分咨各省转饬晋豫滇黔各委员一律恪守详定章程不准擅减分毫倘敢阳奉阴违即予参究等情到本爵部堂据此咨请随时查禁惩办等因到院行局查明遵办等因遵奉在案兹本局风闻外省有携带赈捐执照暗地来浙私行减价抢捐如果属实成何政体且难保无假公济私情弊实于捐务有碍除出示严禁外合行通饬查究等因到府转行下县奉此除密访查拿外合亟出示严禁为此示仰合邑士庶军民人等知悉自示之后倘有人携带前项外省赈捐执照暗地来甬私行减数抢捐者许即指名禀县以凭严拿究办慎勿贪图减价轻听揽售致滋自误各宜凛遵毋违特示

《申报》1878 年 12 月 4 日第 2 版第 2030 期

驱逐营勇告示

鄞县正堂石抄奉浙江补用道宁波府正堂加三级纪录三次宗札发奉浙江巡抚部院营务处二品顶戴按察司衔候补道唐三品衔候补道王为严行晓谕事照得现在奉文酌裁营勇以节糜费凡在水陆各营勇丁尚应量为裁减何能另补新勇查有由各本籍来浙不能投营充补日久不去者有由各营准假浪将领到口粮花销净尽不能归去者三五成群逗留滋事大为间阎之害现届冬防紧要亟应将游勇严行驱逐以靖地方余由本处多派员弁到处查拿惩办并移保甲总局暨通行十一府分饬各县会同水陆各营亟切查逐外合行出示严行晓谕为此示仰各游勇知悉尔等试思久留此地断不能充补勇丁若不赶紧回籍各谋生业势必游荡犯法自取罪戾自示之后仍敢逗留不归定非安分自爱良民一经拿获定即严行究办毋贻后悔至各店寓民居以及烟馆茶室毋得容尔游勇滋生事端查出并究决不宽贷其各凛遵毋违特示

《申报》1878 年 12 月 7 日第 3 版第 2033 期

汉镇整顿冬防示

候选道即补府汉阳督捕清军府张钦加同知衔汉阳粮捕府其为示谕汉镇各防保甲人等知悉照得汉镇各街道栅栏现奉本道宪发款估修经本分府督同仁义礼智两巡司传饬一律修整齐备应自十月份为始由该保甲率同更夫逐街逐段常川看守严加启闭以资防范其僻街小道幽静之处人踪稀少最易藏奸定于每晚十一点钟即行闭栅上锁至天街市面往来人多定于每晚十二点钟后一律关锁倘遇有紧要事件问明行人来历随时启闭该更夫不得远离违误倘街道辽阔栅栏较多之处原派更夫照料难周即由该保甲酌量添雇帮同逻守庶栅栏不致虚设盗贼无可潜踪自示之后如遇查夜经过栅栏并未关锁无人看守启闭定提该更保从重究惩决不宽贷再时届冬令天气渐寒凡穷民乞丐毋许路宿街衢以致良莠不分碍难稽查如敢故违亦惟该保甲是问本分府为弭盗安良起见其各凛遵特示

《申报》1878年12月10日第3版第2035期

冬防告示

湖北武昌城守营参府即补协镇樊为晓谕事照得顷奉两院宪面谕现当隆冬之际省垣各城门理宜认真盘查以免匪人混入而靖地方兹昨十月二十八日城内横街头蔚长厚票号被窃一案虽然拿获破案究竟由保安望山二门混入以后凡有夜间各官因公留城亦或送递公文限留文昌平湖两门其余各门薄暮下锁不得任意便留等因奉此遵谕之下合宜谕饬为此谕仰各城门兵役人等知悉自此以后无论各门均以薄暮闭锁即有因公便留文昌平湖两门者亦须问明确情随时禀明该门文武委员再行来署禀发钥匙万不可徇情私行启闭倘再有懒惰疏虞或访闻或查出定即从重革责断不宽贷凛之遵之切切此谕

《申报》1878年12月14日第2版第2039期

奏办湖北晋捐总局告示

为剀切晓谕事照得晋省久荒民不堪命虽捐租发帑迭沐皇仁推食解衣久资邻谊讵意大暑后甘霖缺少重阳时大雪缤纷不惟偃禾害稼颖实歉收而且冻冽寒凝生机愈蹙死亡相继待哺孔殷前经曾爵宪奏请晋捐展限一年奉旨允准在案现值重遭大祲生民更加凄惨譬诸久病时籁复侵不及诊援曷延残喘幸得捐输展限一年凡有诚心者必能及早推诚以讶天和以回厄运合将晋地重遭大祲待赈实殷各情形剀切出示晓谕为此示仰合省绅商士庶人等知悉共体朝廷轸念民瘼凡别局有不能捐者此次并准晋局推广收捐足征圣恩优渥拯救灾黎之至意鄂

省素称好义急公务各推博施济众之怀宏救灾恤邻之德匪特策名箓仕群钦光耀先人定当作善降祥早卜庆余后裔实于尔等有厚望焉切切特示

《申报》1878 年 12 月 17 日第 2 版第 2041 期

严禁赌博示

钦加布政使衔花翎安徽徽宁池太广兵备道督理芜湖钞关监督新关恭为出示严禁事案据永顺行于光绪四年十月十三日夜有刃伤人命一案即于二十四日由南洋大臣营务处拿获凶犯解送前来当经讯取供词系属因赌起衅除将该犯发交地方官凡明照例议拟详办外查杀人固有刑章聚赌尤干法纪况洋行乃远商贸易之所岂容作博徒藏匿之区于各国洋商声名大为有碍全地方有开设赌场该管官失于觉察处分极严洋行航海几万里而来正须地方官安为保护乃华民反在洋行公然聚赌因赌刃伤人命地方官按例究办岂能因洋行置若罔闻致失保护之谊业经本道晤见大英国领事官韩询商如何办理当准面称赌博一事中国固有例禁在所必惩外国亦有条规岂容姑息自当会同一律禁止除由领事官继发英文示谕外合亟出示严禁为此示仰军民商贾人等知悉嗣后如有敢在洋行内开场聚赌一经访闻本省照会大英国领事官立即禀票严拿如系外国人即拘送领事官治以外国应得之罪如系中国人即予按照中国定例从严惩办决不少贷凛之切切特示

《申报》1878 年 12 月 18 日第 3 版第 2042 期

呈请县示

月初有魏永兴盛永福等十二人赴英会审署呈称身等籍隶淮扬在沪经营者不乏其人而同乡贫人病死无棺无冢现欲创始义举在虹口地方设立尚义堂公所凡同乡船只到沪时每船每次捐资若干轮船佣工亦每次捐资若干冀集腋成裘买地作为义冢请给示谕陈司马未经批准魏永兴等即赴上海县署请示经县核准纷示魏等将县示裱挂派人持票向同乡船收捐而该船等以向无此例不肯捐钱遂致互争遇捕带至捕房昨捕头将淮扬公所县示贴簿捐票并一起入送英公堂请讯船户赵立保等供在江北贩柴到沪数年来并无此例陈司马阅县示与定章捐例毕阿副领事调虽有县示并未照会租界一体准行仿若辈擅自收捐显违向章情同讹诈此案须俟本副领事将簿据县示带回商议下礼拜三再行办理司马允之随饬将魏盛二人带回捕房候讯

《申报》1878 年 12 月 19 日第 3 版第 2043 期

会审分府陈告示

为出示晓谕事照得现有科国马尔弍即马大夹板船主肯色欠缴新关钞银并欠美商普乃登德商载生洋行华人竺生昌三盛篷店及食物各项银洋共有二万数千两之多业会讯定于今日将马大夹板船一只及在船物件一并拍卖分别照缴摊偿惟恐此外尚有被欠之户未能周知合亟出示晓谕为此示仰诸色人等知悉如有曾被该船欠银未经呈控者准限五日内开赈具呈以凭质对明确并案公拟毋稍迁延自误切切特示　光绪四年十一月廿七日

《申报》1878 年 12 月 21 日第 3 版第 2045 期

裁革杂税告示

宁波府正堂宗为出示晓谕事照得经历衙门向年征收门肆商税露天秤税向来如何征收府中并无旧案可稽本府饬据现任周经历开呈清册所设门肆商税竟自城乡各行号店铺摊派册列花户有八百八九十户之多大属不成政体而地保书差更难免不因缘为奸任意多索东西南各乡露天秤手亦有五百八十户前府之所以饬收此税者因有年额解司府地丁暨马械银两以此抵解而经历解府者不足百金以不足百金之解款遍征城乡千数百户之商民扰累纷烦实为弊政况门肆税非定例所有露天秤多穷苦小民本府现已通禀各大宪自光绪四年起合行裁革其应解府地丁银两照案饬鄞县加额捐解马械一项禀请豁免如不准免将来亦由本府捐廉措解不以此区区解款累及遍氓合亟出示晓谕为此示仰城乡行号店铺露天秤手人等知悉自本年起无论大小何项衙门不准再有征收门肆商税露天秤税名目倘书差地保暨向来之包户再向尔等需索分文准即赴府指名禀控立予提究决不姑宽凛遵特示　光绪四年十一月十六日给

《申报》1878 年 12 月 25 日第 2 版第 2048 期

浙江海运沪局告示

浙江海运沪局为晓谕事照得浙省光绪五年起运四年分漕白粮米钦奉谕旨仍由海运所有上海交兑事宜业奉浙江海运省局宪详委本府等赴沪设局开办兹择于本年十一月二十七日开设浙江海运沪局合行出示晓谕为此示仰阖属各役并船商耆舵人等一体遵照特示

又示

浙江海运沪局为出示晓谕事奉省局宪札饬章程内开本局泊船处所仍勘定南码头陆家浜地方作为兑验水次并在该处竖杆设旗以作标准所有宁船按进口之先后沙船按松海防厅

移送次序俱令排泊码头之北仍按十船为一帮挨次排列各剥船挨号受兑先尽第一只商船兑足开放后方准接兑第二只商船其余仿照办理俟十船兑竣开行再将后帮提至前帮仍挨号受兑其各属剥船均在码头之南聚泊候验倘有四散停泊者即以未到水次谕概不验收其派拨轮船局兑运之米应于水次验收后即饬各剥船开赴轮船栈房码头停泊交兑中途不准逗留等因历届遵办在案查该剥船每有四散任意停泊浦江风汛靡常殊堪深虑本届自应派委干练之员乘坐巡船带令勇丁驻扎浦江往来周历逡巡遇有前项四散停泊船只即严行押令归次聚泊候验以昭慎重除照会宁沙船绅董并札饬委员遵办外合行出示晓谕为此示仰商剥各船人等一体遵照办理毋违特示

《申报》1879 年 1 月 1 日第 3 版第 2054 期

浙江海运沪局告示

浙江海运沪局为晓谕事奉粮道宪胡札开照得各属拨运到沪米石商拨船只历届向在上海南码头陆家浜分排停泊该处浦面与商船相近拢兑较易本届商拨各船仍应照章停泊避免拥挤除行各州县传谕押丁米胥照竟排泊听候验兑外行局立即遵照一俟赴沪即会同江省印委各官勘定地假插立标杆一面出示晓谕商剥各船一体遵照等因奉此查南码头地方河面宽阔停泊商剥各船最为妥便本届应仍在该处竖杆设旗作为验兑水次除移会松海防厅上海县派差照料外合行出示晓谕为此示仰商剥各船耆舵水手人等一体遵奉宪饬照章仍在南码头水次排帮停泊听候验兑不得散泊各处致难拢兑倘敢违误定行提究不贷其各凛遵特示

《申报》1879 年 1 月 2 日第 3 版第 2055 期

查办庵尼告示

上海县正堂莫为出示晓谕事奉臬宪札饬查造尼庵清册酌量办理等因到县奉此正在饬查间闻有各庵尼僧纷纷惊避搬移杂物无赖游民即乘机闯入庵院抢夺物件并将门牌毁坏等情实属目无法纪当即饬拿诈扰之林阿咸许王毛丁阿狗等到案讯供属实除分别责押查办外合行出示晓谕为此示仰诸色人等知悉自示之后尔等毋得乘机入庵借端滋事倘敢故违定行严拿惩办该尼僧等亦不得轻举妄动致启衅端静候本县酌量办理其各凛遵毋违切切特示

《申报》1879 年 1 月 3 日第 3 版第 2056 期

会审分府陈告示

为出示谕禁事照得租界地方五方杂处良莠不齐向有无业棍徒每于年终之际成群结党需索规费滋扰不休迭经查禁在案迩来闻有复在戏馆辱处轮日邀集娼妓借演强分戏资致有打野鸡之名目年终恶习情殊可恶据巡捕房声请谕禁前来合行出示谕禁为此示仰租界诸色人等知悉自示之后尔等务宜革面洗心各安本分如果再有前项恃强索诈借演情事一经访拿或被告发立即提案重究决不宽贷其各凛遵毋违特示

《申报》1879 年 1 月 4 日第 3 版第 2057 期

谕赴博览会示

苏松太道刘为晓谕事本年十一月十六日接天津海关道郑来函十月杪晤日本理事官池田谈及明春长崎开设博览会请谕知绅商届时备物前往等语当经禀奉北洋通商大臣李面谕津河冰冻在即北洋恐赴不及想上海商人必有赍货赴会者应由上海道出示等因照抄博览会规则函请核办等因准此查泰西各国开设聚珍等会中国商民每有将各物寄往会中者曾经奉文出示晓谕有案今长崎离沪较近时有轮船往来中国商民在长崎贸易者不少寄物入会极为便捷今将长崎会规照录示谕为此示仰绅商士民人等一体遵照办理毋违特示

《申报》1879 年 1 月 9 日第 3 版第 2061 期

申禁钱铺吞银倒闭告示

兵部侍郎兼都察院右副都御史巡抚浙江等处提督军务节制水陆各镇兼管两浙盐政梅为严禁奸侩吞骗以安商业事照得定例京城钱铺无论新开旧设如将兑换银钱侵蚀并存借银两聚积益多遂萌奸计藏匿现银闭门逃走者立即拘拿监禁一面将家产查封勒追限满不宗数在一百二十两以下者照诓骗财物律计赃准窃盗论罪至一百二十两发附近充军三百三十两发近边六百六十两发边远一千两发极边足四千里充军一千两以上发遣黑龙江安置一万两以上拟绞监候等语诚以奸商诈骗人财甚于盗贼是以特严其法凡在外省有犯向均仿照办理至杭垣为省会重地物阜民繁全赖市廛周转内钱铺一业实为各行买卖之枢纽与官民交易互权子母乃见存款较多顿生奸计或预先抵盗借口亏空或骤然倒闭席卷而逃多则数万少亦数千顷刻之间归于乌有事无殊于局骗心实等于虎狼言之实堪痛恨今访闻钱塘所管之新宫桥地方有协丰钱庄因负欠同业洋银至四五万元之多于九月二十一日通店之人挟资而逃被其害者尚思跟追清理未及控究而月余来迄无端绪不数日即有仁

和所管之成衙营地方养源钱庄亦亏巨万黑夜潜逃无从追获若不赶紧严究禁止则纷纷效尤为害伊于胡底除行司并札饬仁钱二县作速查明两店闭歇逃避情形及有无告发即行按例究办外合亟出示晓谕为此示仰合属士商军民人等知悉嗣后凡开设钱店者须查根底互保方可与之交往银钱如街市中再有存心不良吞骗多银或托词亏折乘机闭歇卷逃者计被害人立即告发到官拘提该铺伙人等监禁查抄严究追办轻则军戍重则缳首断不稍予轻贷各宜猛省自爱毋再以身试法凛之切切特示

《申报》1879 年 1 月 11 日第 3 版第 2063 期

申禁枪船告示

兵部侍郎兼都察院右副都御史江苏巡抚部院吴为出示谕禁事照得江苏浙江两省交界地方昔有匪徒卜小二等私置小枪船携带军器火炮等禁物抢掳扰害经两省会拿先后捕获首要各犯审明正法并经奏明出示严禁永远不准再有枪船名目所以杜弊混而安民生法至善意至美也自谕令改造之后有等无识愚民贪其驾运便捷不肯一律改造年复一年匪徒恃可影射遂致潜滋暗长仍复肆行无忌兹本部院访闻浙江之湖州及苏之太湖汉港等处近有前项枪船什伯成群结队横行恶撞倏聚势散桀骜之徒雄踞其间或包送贩私盐枭或掳人欺凌勒赎甚或乘间勾党抢劫为害居民行旅者大非浅鲜若不及早认真禁革拿办倏将养痈贻患除咨会浙江抚院提督军门分饬地方官并营讯文武员弁一体密访首要各匪党严拿务获尽法惩办外合行严切出示谕禁为此示仰诸色人等知悉尔等须知枪船一项早经会同奏明禁革断难再容复此名目如从前置有此船者统限尔等于两个月之内各将船只另行改造迁业为良听地方官编查验核给照编号设立牌甲随时稽察并将旧日置存枪炮军器各赴所在地方官衙不准再行违禁私藏此次谕令改造枪船呈缴军器业已宽予限期事在必行果能猛省前非依限遵办即有从前罪犯概予宽免倘敢玩抗不遵迟至两月之后仍有枪船在于太湖乌镇河荡汉口并江浙两省交界等处冒称厘卡查哨假扮文报代马等船借端抢掳扰害往来船舶则是怙恶不悛不论有无为匪人则拿获惩办船则锯截示众断不曲贷各宜凛遵毋违特示

《申报》1879 年 1 月 18 日第 3 版第 2069 期

出示招告

前报天津武进士讹诈陈姓一事所以未书名姓者存厚道也兹悉已由天津县出示招告并奉上谕着即行革职究办钦此则事已形诸丢牍无容曲讳矣按武进士佟姓名树棠行四其兄名在田中式同治辛未科武探花挑取汉二等侍卫现居侯家后陈氏一役闻实在由主之云

告示附列如左天津县正堂王为出示招告事照得本县访闻侯家后同治辛未科武探花汉二等侍卫佟在田有干预公事架护流娼捆人勒赎等事被害之人畏其势力不敢控告种种恃符妄为殊为地方之害除详请奏革外合行出示招告为此示仰合郡军民人等知悉如有被佟在田讹诈扰害畏势不敢呈告者即行开明被害情由据实来县呈告以凭严肇究办以除强暴而安良善毋违特示

《申报》1879 年 1 月 27 日第 2 版第 2071 期

宝山县禁地保索扰示

为出示严禁事照得本邑吴淞至上海一路电线铁条屡有棍徒偷窃节据公司洋人控奉道宪札查遵经饬提该处地保解凡在案兹本县访闻该地保等借口失少电线向吴淞赴沪一路铁店以查缉为名从中需索如不遂意即图诬陷以致正贼真赃一无破获似此玩缉累民殊堪痛恨除密查名姓提案重究外合亟出示晓谕为此示仰吴淞各处铁铺人等知悉嗣后如有以电线铁条来店售卖许该铁铺等即将人货指交地保一面许自来县呈报本县定当酌给赏款以示激劝倘敢私自收买熔销一经告发定亦照例严办如有地保人等借端索诈钱文许即指名禀究立予尽法严惩决不稍贷毋违切切特示

《申报》1879 年 1 月 27 日第 2 版第 2071 期

禁绝当铺积弊告示

宁波府正堂宗为晓谕事照得典铺所以便民而贫户必应体恤本府风闻各典遇有以洋取赎衣物者往往每元必令贴水数文否则虽净光之洋典伙亦多方挑剔又限满无力取赎向有上利展期从无加费之说近来各典于各户上利间有令加费钱借以剥削穷民典商皆有力之人必不图此小利昨已节据鄞县呈阅典商公禀情愿先除以上二弊除本府饬令加展典限俟定议另行出示外合先出示晓谕为此示仰各典暨质当诸人知悉以后进出洋钱一律净光不准再有贴水名目上利展期亦不准有分文使费典铺暨各户亦均不得以低洋挪用各宜凛遵毋违特示

《申报》1879 年 1 月 29 日第 3 版第 2073 期

饬领牌照告示

同知衔署南海县正堂袁同知衔署番禺县正堂冯为出示谕遵事照得开办广属查膏一事

原为绥靖地方起见迭奉大宪札行谕饬遵办案经详定事在必行嗣据查膏公所职员冯灿光等
遵再垫缴两个月经费银两并据沥情禀准示遵等情又奉善后局宪刊定章程按照卖膏之数认
抽即由本行互相稽核并令遵办者依限领牌歇业者出具切结俾无扰累冀可遵循明晰谕知勒
限遵办各在案查洋药烟膏一节较之别项生理不同定例极严本应查禁乃以相沿日久因之设
法变通酌理准情期无窒碍各该烟膏店尤富激发天良分别遵办兹查奉谕勒限以夹已据顺记
泗记燕喜堂恒安详三十一家遵办领牌连前陆续遵办益寿隆永昌隆等一百一十五家综计领
牌铺店共一百四十六家此外各店仍有不遵限领牌又未具结改业迁延推诿迹近阻挠当此功
合森严限期届满所有各店自应照章遵办合再出示晓谕为此示谕城厢内外尚未领牌具结烟
膏店等知悉尔等务宜恪守宪章克日一律遵办慎勿自贻伊戚误蹈愆尤倘再阳奉阴违希图充
赚是则有心违抗实为法所不容定必严密查拿并准领牌各店指明禀报提讯确实查核从重惩
究所获烟膏五成充赏一面截定间数先行定期开抽其余概不给牌以示限制事经再三晓谕并
非不教而诛令出法随决不稍予宽贷也其各凛遵毋违特示

《申报》1879 年 1 月 30 日第 3 版第 2074 期

汉阳林邑尊禁赌示

为再行出示严禁事照得汉镇大智坊一带地方前有痞匪开抓钱摊聚赌曾经前县饬差查拿示
禁在案兹据大智坊保正刘庆余禀称甲内小关帝庙前吴干益与蔡家巷范妇胡妇居屋租人开设抓
钱摊聚众赌博寅夜滋闹禀请查封房屋拘究等情前来除批示饬差查封房屋严拿赌犯务获究办外
合再出示严禁为此示仰军民人等知悉尔等嗣后务须痛改前非勉图正业倘敢仍蹈前辙许该绅耆
保甲随时扭禀赴县以凭讯明惩治保甲徇隐玩纵查出并拿治罪决不姑宽各宜凛遵毋违特示

《申报》1879 年 2 月 6 日第 3 版第 2080 期

上海县悬赏缉盗告示

正堂莫为悬赏缉拿事据家人邹福禀报家主江苏候补知县倪祖谦奉委闵巷厘卡主母眷
口在镇赁屋居住于正月初七夜三更时分盗匪明火执械用石撞门进内劫去衣饰开单报请勘
缉等情到县据此除会营勘缉外诚恐赃盗远扬合行悬赏缉拿为此格仰军民诸色人等知悉尔
等如能首先拿获此案真赃首盗者赏洋三百员拿获真赃正盗者每名赏洋一百员知风报信因
而拿获者赏洋五十员此系本县捐廉给发决不食言特示

　　按此赏格前经本报略录今又将县示录之于左俾众周知云本馆附识

《申报》1879 年 2 月 11 日第 3 版第 2084 期

运漕照章备物示

　　浙江海运沪局为晓谕事奉根宪胡札开照得承运商船放洋应服定章每船预备白色大玻璃灯一盏悬挂桅杆之上一至黑夜即行点亮并备号炮一尊铜钲两面如有洋船远来先行放炮渐见逼近再行鸣钲并于船牌内分别注明以免遗漏历届承运商船均经饬令遵办在案本届自应循旧办理以昭慎重行局遵照于封雇时传谕各商船仍旧照办并于船牌内分别注明勿稍遗漏是为至要等因奉此除照会沙宁各船绅董传谕遵照办理外合行出示晓谕为此示仰承运各商船耆舵人等一体遵奉宪饬循照旧章办理事关漕运勿稍遗漏切切特示

《申报》1879 年 2 月 12 日第 3 版第 2085 期

漕船领缴军械告示

　　浙江海运沪局为晓谕事案照浙漕海运商船放洋系援江省章程仿照闽广商船赴津贸易之例准令各带军器仍于入口时呈缴出口时给领以备稽考而资防护历经遵办在案本届海运业奉海运省局宪饬知循案详请抚宪咨明直隶督宪转饬天津道府暨大沽协镇查照办理并饬委员随时实力稽察毋任稍滋流弊等因奉此合行出示晓谕为此示仰各商船知悉尔等承运粮米务各遵照宪饬将所带军械于驶到大沽入口时呈缴将来出口时再行给领以资防护毋许稍滋流弊其各凛遵毋违切切特示

《申报》1879 年 2 月 13 日第 3 版第 2086 期

运漕照章雇纤告示

　　浙江海运沪局为晓谕事案照海运漕船到津自大沽进口至东门外上园地方计程一百八十里系属逆流须用人夫纤挽方能前进浙省历届海运漕船系将纤夫工食折给该商船自行雇给今届自应循案办理天津海口向有硬砂商船乘风疾驶每有阻碍业奉海运省局宪饬知循案详请抚宪咨明直隶督宪转饬大沽海口文武员弁一俟商船进口有期仍照减派成案饬拨哨官于拦江沙内外通护导引俾商船进口免致疏虞等因除此奉将折给纤夫钱文由本局照章给发另行遵办外合行出示晓谕为此示俾承运各商船耆舵人等知悉该商船运粮北驶行抵大沽海口自应雇夫纤挽不得虚应故事并各遵奉宪派哨船导引进口免致疏虞其各凛遵切切特示

《申报》1879 年 2 月 15 日第 3 版第 2088 期

宁波府示

宁波府正堂宗为出示晓谕事照得郡城设立感存公所专恤儒门孤寡法至善也原定章程凡孤寡子弟设塾授读乃因经费不敷致未举行本府现以感存公所屋旁之定香庵修为义塾由府力筹经费延经蒙二师教读以期教养并施扶持士类合亟出示晓谕为此示仰儒门孤寡凡无力读书之子弟速尽正月内赴感存公所绅董处报明姓名年岁籍贯并父兄仕履由公所开抄呈府以便择期开塾仍妥立章程晓示遵守切切特示

《申报》1879 年 2 月 17 日第 2 版第 2089 期

增设辨志文会示

浙江补用道宁波府正堂加三级纪录三次宗为出示晓谕事照得通经所以致用服古乃可入官原国家养士之本意必须敦崇实学除孝廉堂月湖书院仍循旧月课时艺外本府特增设辨志文会自本年二月起发题于郡城暨外县各儒学凡各属各县之人皆可与课已刊列章程散给照办合先开列示谕为此示仰各县举贡生监人等遵照凡愿与课之人自本年二月初一日起在郡城附近者即各赴孝廉堂月湖书院领题在外县者即就近赴各学领题按照定章自备课卷依期呈缴逾限不收切切特示计缘起章程国家万几百度博通人而理天下人心风俗以士类为归朝廷养士以储用士之卓然有所表见者其根抵必在学术出为公辅处为儒生一也学必视其所志姚惜抱之论学分考据义理词章三途曾文正益以经济以配孔门四科近日上海求志书院分经史掌故算法舆地词章以课士为学之途虽不一而范围曲成不外乎是功令虽以时艺取士而五经策问非淹贯者不能夺席自末流务趋便捷遂若四书文外司以束书不观者我朝硕辅魁儒大半出自科目其进身未尝不以时艺而其所以称物望而垂不朽者必别有安身立命之地非然者朝荣夕悴泯没无闻白发苍颜阴悔不学始自伤其与草木同腐盖已晚矣四明为文献渊薮通才硕彦彪炳前代程畏斋之读书分军日程王伯厚之困学纪闻导引来哲纲举目张流风所被国朝鄞县万氏一门经学全氏博闻兼综后来徐柳泉亦渊雅该博镇海之刘氏乐氏慈溪之姜氏裘氏象山之姜氏定海之黄氏皆通经训能文章彬彬焉不愧儒林之选而议者乃谓今之甬士不能如昔吾观勇士之掇科第能文章者岂少也哉其切劘睥睨亦岂有所自画而不欲大过乎人哉而卒似未尽称造物生才之意曥国家求才之心毋亦守土之责乎今于孝廉堂书院月课时艺之外取学记办志之语别为辨志文会分六斋仿考据义理为汉学为宋学取经济致用之意为史学兼掌故为舆地为算法而华之以词章焉夫此数门者由精求精推本极末举非空文衍设所能穷其微妙况所谓宋学者研求性道尤重躬行岂区区文字所能蹈袭顾非文无以为课非课无以见志亭林顾氏好古敏求而其精神所注则在行已有耻吾党之士由博返约必有确于其不可拔之操

而后有泛应无不至当之学矫世励俗嚼然不淬庆历五先生淳熙四君子之流风余韵不又当于吾勇求之耶源瀚谫劣蚤岁以糊口而废学泪乎从军速化又终日困于案牍此生殆无复仕优而学之时自愧无以为诸贤引伸六斋斋长必访求扳地通博有守之人以相观摩俾知吾勇自有师资亦庶乎取行不速之意昔河南吴公得一贾生遂为治引第一他日四明群哲踵起山处皆有以自立不肖如源瀚且将附诸贤而彰焉岂非厚幸与辨志文会章程

一文会分六斋曰汉学曰宋学曰史学兼掌故曰算法曰舆地曰词章每斋延专精是学者为斋长校阅课卷每斋每课三题仅作一题者不录

一文会无论举贡生监俱准与试与试者各习一齐尽其所长不必求多鸿才博学能兼各斋者听其兼作但卷须每斋一本不得并写

一每年课朔二三四五七八九十一月闰月如之逢岁科试乡会试酌停每月朔日发题郡城即贴于孝廉堂月湖书院外县均邮寄各学交教官收掌题到即饬门斗将题纸粘贴儒学头门并各城门远乡僻壤当时分送每课一次每学门斗给工食钱一千文

一课卷各人自备用白折纸六行二十格卷面自书肄业某斋某县举人某生年几岁略似乡试卷面试

一每课每斋俱分三等超等十名第一名花红六元第二三名各四元第四五六名各三元七八九至第十名各二元特等十名每名一员一等不拘名数不给花红俟斋室造成经费充裕住斋肄业再议膏火

一每月限二十五日缴卷郡城即缴孝廉堂月湖书院二处监院外县均缴儒学定限二十五日申刻收齐次日邮寄至府署逾限不收收卷时各给收票一纸票式附后由各学照式刊刷填用

一出案除贴府照墙外各学仍各发一纸同花红并发即贴儒学门首与试者持卷票领取花红并课卷

一每课佳作各斋选数篇刊刻以备观摩斋长即于题首印选刻二字作者于领卷后即誊一通次期与课卷一并交学汇送违者花红扣给

一各学寄至府署饬礼房将卷面姓名弥封钤印分送各斋长阅定甲乙送府拆封填案

一屡列前茅行己有耻者当岁时延见聆议论察志趣期得学行兼优之儒访明乡里远以论荐大府近亦备斋长之选光绪五年正月十八日给

《申报》1879 年 2 月 18 日第 2 版第 2090 期

运漕缴耗告示

浙江海运沪局为出示严禁事案照商船装运漕粮每石给耗米八升白粮每石给耗米一斗此项耗米原备抵补该船折耗及到津盘量短缺之用俟正米交卸全完后再将漕粮余耗交足二

成白米余耗交足三成听津局给价收买留抵正漕之不足此向办之旧章也本届奉又仍饬各属将剥耗食等米折价解运收买余米抵补前项商耗尤须尽数呈缴不准称有短绌乃开向年各属押米丁胥竟有勾通商船私自折乾并有商船沿途私卖情事殊堪痛恨除饬监兑巡察各员于交兑时认真严密稽察外合行出示严禁为此示仰承运沙宁等船各耆舵人等一体知悉该商船等受载浙粮务将前项耗米以本色全数带津俟交足正供之后照章将漕粮余耗交纳二成白粮余耗交纳三成听候津局给价收买倘不足数即着落该船买补呈缴至各属押运丁胥倘敢勾通折干及商船私卖等事一经察出定照盗卖漕粮例从严究办决不宽贷其各凛遵特示

《申报》1879 年 2 月 19 日第 2 版第 2091 期

饬尼僧还俗示

前述金陵尼庵一概封闭饬令还俗兹闻已由上江两县抄奉宪谕出示在案令各尼僧蓄发还俗凡有家属亲丁情愿领回者准其具领至无人具领而又立志不嫁者准其蓄发还俗收入清节堂或普育堂内抚恤其贫以成其节所置衣物听其随身携去变卖至庵内房屋入各堂善以作业产县示所谕大略如此特未知各尼僧果否遵谕焉耳

《申报》1879 年 2 月 20 日第 3 版第 2092 期

查验官船新章示

长洲县正堂吴元和县正堂陈吴县正堂汪为出示晓谕事奉本府正堂钱札奉布政使勒札准金陵厘捐总局咨饬各省文武官弁无论赴任回籍等情应有家属官眷坐船船户无不夹带货物横行闯越关卡计自大河口迤下各卡实属大受其累经本总局详请督部堂抚部院分咨各省严饬司道镇将以下各员弁随时告诫官亲家属人等凡遇雇船前往何处毋任船户带货抗捐并饬地方官晓谕船行一体遵照等缘由一案兹奉两江总督部堂沈批开厘金涓滴均关军饷近来借差带货闯卡抗捐几成漏卮亟应认真整顿以裕饷源候分咨各省督部堂抚部院通饬所属又武及地方官晓谕船行一体遵照仰即由局颁发各局卡遍贴晓谕嗣后无论何项官船尽行停泊听候查验倘有仍蹈故辙即将船扣留照章禀请惩办毋稍瞻徇亦不得任听丁役苛索留难致干参咎仍补群漕抚部院查考缴等因到局奉此除由局出示分发各局卡遍贴晓谕外抄粘咨烦查照希即转饬所属各府厅州县晓谕船行一体遵照并请转移苏松两厘捐局一体转饬查禁认真办理等因到司抄粘札府奉此合就抄粘札县立遵督宪批示晓谕船行一体遵照毋违又光绪四年十一月初五日奉本府正堂札奉署按察使薛札准金陵厘捐局咨奉苏抚部院吴批查总局详各官船过卡毋任丁役带货均应停泊伺候查验倘有奉差坐船内有官眷船只照公办理等因由

各卡局奉督部堂并抚部院藩臬两司通饬札准藩宪准咨札同前由到府奉此查此案前奉藩宪抄黏行知即经通行遵照在案今奉前因除抄黏毋庸重录外合行转饬札县即便遵照申详松常太镇四府州饬属一体晓谕船行各船户遵照毋违等因到县奉此合行出示晓谕为此示仰各船行船户知悉嗣后凡遇外来大宪赴任回籍坐船横行闯越关卡立即查获扣留不论船只有货无货不服盘查者即由卡员详禀总局将船货扣留照章禀请惩办经雇船行同干严究凛之慎之切切特示

赎遗被灾童妇告示

兵部侍郎兼都察院右副都御史总督淮扬等处地方漕运海防军务兼理粮饷文为出示晓谕事准苏抚部院吴咨据绅士前任陕西臬司王承基等禀称窃查豫省饥荒自正阳溯流以至周口沿途捎贩妇女船双连墙东驶虽经豫省出示严禁悉数查拿现已弋获惩办惟道路分歧再得筹赎资遣自更周匝禀请饬派绅董分派赴清江徐州及归德开封怀庆等处择地设局妥为查办等情到本部院据此除分别咨行外相应咨请查照等因到本部院准此旋据员外郎衔刑部江西司主事宗俊附贡生严宝枝就职教谕乙未科副贡生孙传扈分发江西试用县丞何其坦同善堂董事候选知县祝铭勋候选同知董威等禀称奉江苏巡抚部院吴札委清江设局收赎灾省童妇资迁回籍并设分局在将坝一带收养禀请行知各属一体截留并发告示前来查称贩妇人子女例有明条况被灾之处民物凋残虽经竭力抚绥犹恐未能生聚乃匪徒胆敢乘危略卖散之远方稍有人心何忍出此今不治以兴贩之罪已属格外从宽若再不遵截留潜行绕越则是显干国纪为患灾区按例问拟无可幸逃合亟出示晓谕为此示仰军民人等知悉自示之后凡有在灾区买得灾妇子女均听清江豫赈局遵照苏抚部院章程办理听候送回原籍免其兴贩之罪如敢违抗截留闻风绕越惟有执法从事决不稍宽各宜凛遵毋违特示

上海县莫示

为出示晓谕事案照有职人员凡有监底攸关乡试铨选倘遇丁忧事故均应遵例具结赴县呈明转报嗣因前项人员或监生加捐职衔或报捐实职往往有匿丧不报情弊历经各前县差查示谕在案兹恐此弊仍不能免除饬差稽查外合行查案出示晓谕为此示仰合邑各项捐职人员知悉尔等如有捐纳官职无论实职虚衔倘遇丁忧事故均应遵例备且供结赴县禀明听候核明轻详请咨一经服满亦应报明详咨起服自示之后如敢隐匿不报一经察出或被告发定即照例

详请参办切勿自误切切特示

《申报》1879年2月25日第3版第2096期

勒限筑圩示

长洲县正堂吴为剀切晓谕事照得农田水利上关国计下系民生前奉宪札内开苏省各属低洼之区雨水过多即虞泛浸在田禾麦最易受伤况河道底水大于往时修筑圩岸实属当务之急诚能实心举办即偶逢淫潦未尝不可障御无碍秋成所谓农功固借乎天时地利必资于人力也惟乡曲细民苦无远虑筑圩良法视若寻常或因工巨堤长惧难倡率或因己田无害姑便偷安迨至水涨淹禾始叹无方救何如先事图功有备无患之为得乎上宪告诫谆谆极为肫诚恳切州县为地方父母保卫田畴固属分内应为之事尔等有田之家种田之户衣食全赖乎田宪札有云水利修而后无水旱之虞地利尽而后无饥荒之岁苏属水乡泽国沟浍皆盈早则费工画㽥犹可图存潦则一望弥漫莫可挽救堤集岸系尔等业佃切己之事本应不令而行查上年春夏之间经前县刊发章程督饬办理本县莅任正当农隙之时业经节次谕办不啻三令五申竟至置若罔闻兹本县揣度情形难保非圩田地保人等在乡敛费所致思之实堪痛恨现经本县邀集各区董到县劝令遵照前县所定章程修筑圩岸定于正月二十八日开工限于三月二十八日告竣并禀请上宪委员周历各乡督催克期蒇事第一不准敛钱按亩派工通力合作勤者给予酒肉花红惰者量予责惩枷示各区董按假分派督率稽查贤明能事者给予对联衣料以示鼓励其有不谙事务甚或妄生议论阻挠观望者立即斥革永不准预区图之事以示惩创本县仍不时下乡亲历察看分别赏罚所有委员薪水以及奖赏区董圩民等费悉由本县捐廉给发于县境乡村秋毫无犯合亟剀切晓谕为此示仰合境业佃区图董事地保圩田人等一体知悉自示之后务各遵照章程将有圩之田力加高厚无圩之田设法补筑必须工坚料实切禁草率敷衍依限一律开造完工每圩工假若干高厚若干造具细册听候本县亲诣察看并请上宪委员查勘倘有业户悭吝佃户玩违董保人等催办不力以及借端派费希图肥己者一经察出或被告发定即提案重办此系奉各大宪勒限严饬举办之件期在必成慎勿视为泛常自取咎戾其各凛遵毋违特示

《申报》1879年3月1日第2版第2100期

重禁小钱告示

鄞县正堂石为严禁事照得民间买卖交易应用官板大钱不准以小钱掺和行使历经奉宪谕禁并奉藩泉宪将私制私销各罪名颁发告示通饬一律查禁各在案兹查市面行用钱文仍有小钱掺和殊属故违禁令更难保无刁徒私铸私贩情事除密访查拿外合再出示严禁为此示仰

合邑军民铺户人等知悉尔等须知私铸小钱掺和行使定例何等森严前经奉宪刊颁罪名告示
实贴通衢尔等众目共睹不能借口无知即本县谕禁谆谆亦何啻三令五申乃尔等违玩如前殊
堪痛恨本应饬差押禁姑念时势艰难经营非易再为宽恕自此次示禁之后尔等一切买卖交易
以及完纳钱粮务各遵用官板制钱不得掺和小钱行使敢再阳奉阴违仍蹈前辙及有不法刁徒
私铸私贩一经访确或被告发定即严拿到县尽法惩办决不宽贷其各凛遵毋违特示

《申报》1879 年 3 月 6 日第 2 版第 2104 期

告示

奏办湖北晋捐总局二品顶戴广西补用道程二品顶戴荆宜施道孙布政使衔盐法武昌道
蒯二品衔署按察使司按察史恽承宣布政使司布政使王按察使衔记名简放道署督粮道李盐
运使衔汉黄德道何二品衔安襄郧荆道李三品衔山西补用道唐为出示晓谕事案奉山西爵抚
部院会札开光绪四年十二月二十五日准河南巡抚部院涂咨开光绪四年十一月二十八日会
同河东总河部堂具奏豫省赈济抚恤各事业将陆续办竣虽善后一切用款尚多不如晋省赈务
紧要请将外省推广豫捐均于光绪五年正月三十日截止以后统解晋省借济晋省急需等因
光绪五年正月十八日复准河南抚部院涂咨开光绪四年十二月二十七日承准军机大臣奉
旨着照所请既由豫省分咨各省将所收豫捐统解晋省以济急需钦此相应恭录咨送钦遵等
因准此合亟札知札仰该局即便钦遵知照等因奉此合亟出示晓谕为此示仰即一体知照切
切特示 光绪五年二月 日 右仰通知实贴晓谕

《申报》1879 年 3 月 18 日第 5 版第 2114 期

饬兵垦荒示

武昌城守营江夏汛戎府李为出示晓谕遵办事案奉本守府方札奉本参府樊札开照得省垣
城外沿濠空基绵长前奉抚宪潘饬令查明城濠地势能否开荒耕种免其外来游民搭盖茅棚居住
诚恐良莠不齐借端窝藏等因奉此遵谕之下随即亲督凡弁查看保安门以下至平湖门止虽濠地
窄小而绵长数百余丈可开荒播种不致外来游民借音搭盖棚屋居住惟城濠之地乃城守专管之
责既属空基抛能不如由营择选得力稳妥兵丁惯于耕种之人兴创开基以重城垣而免盗风等因
转行奉此除选派兵丁刻即兴工开创并谕地保挨户饬令一律搬外合行出示晓谕为此示仰现居
棚屋居民人等知悉兹本戎府现奉择期兴创开种合先示谕尔等务各凛遵刻即拆毁搬迁限日空
基倘敢任意抗违延迟把持定即移县究办决不姑宽勿谓言之不预也其各凛遵毋违特示

《申报》1879 年 3 月 21 日第 3 版第 2117 期

禁卖幼孩示

候补府遇缺即补州汉阳县正堂加三级随带加二级纪录八次林为照案出示严禁事案奉府宪转奉监督巡宪札饬奉准刑部咨以大学士直隶总督李据津海关天津县会报诱拐幼童卖与洋船之民人江柱鲁二禀请严办等情均饬于讯明后立即正法奏明嗣后诱拐人口案件无论是否卖于洋人并与拐幼孩能否即时承工但卖与外来海洋船只借称做工果系诱拐已成审实照例为首斩决为从绞决先行正法如中国之水手人等勾串贩卖亦分别首从严办其情甘出口者仍照约毫无禁阻寻常拐卖人口非卖于海外及非卖于海洋船只者仍照常例科断等因抄单咨行到县奉经前县示禁在案诚恐日久玩生合再出示严禁为此示仰各船水手暨合属诸色人等知悉尔等须知诱拐幼孩勾串诱卖罪于重辟例禁森严不容违犯嗣后务宜各安本分务习正业慎勿贪利拐卖致罹法网念前车之可鉴免伊戚之自贻自示之后倘有不法之徒故蹈前辙一经访闻或被告发定即拿案照例严办决不稍宽其各凛遵毋违特示

《申报》1879 年 3 月 22 日第 2 版第 2118 期

告示需钱

前报苏州府钱太守严禁妇女入肆啜茗饮酒诚为维持风化起见故不惮三令五申刊印告示颁发茶坊酒肆乃近闻各差所派告示每店一张每张需钱数百文百十文不等差役索之地保地保索之店铺辗转相需是以善政而反还口实也吾知太守闻之当必严加整饬云

《申报》1879 年 4 月 2 日第 2 版第 2127 期

示禁烟馆

鄞县正堂石为出示严禁事照得郡城地方滨临江海人烟稠密商贾纷纭奸宄最易混迹巡防务宜谨严前因烟馆小押等店往往深夜开张甚至窝留匪类开场聚赌抽头渔利售押窃赃贻害地方不可胜言历经各前县暨本县示禁在案诚恐示久禁弛复前故智滋生事端除密访查拿外合再出示严禁为此示仰城厢内外烟摊小押茶坊酒店人等知悉尔等小本营生务各安分守业不得窝匪聚赌售押窃赃于犯法纪自取重咎自示之后各于二炮关闭不得彻夜擅开以靖闾里倘敢抗违定即严拿到县押闭严究决不姑宽各宜凛遵毋违特示

《申报》1879 年 4 月 4 日第 2 版第 2129 期

江苏夏学宪关防告示

兵部侍郎江苏督学部院夏为严密关防车本部院儒素传家廉隅自励兹承恩命督学江苏惟有矢勤矢慎严密关防以期无负重任因思本部院籍隶浙江与江苏接壤相通一水来往匪遥诚恐有无耻匪徒假托亲族交游或称门生幕友在外招谣撞骗最为试事之害合行出示晓谕为此示仰各属生童知悉本部院事必躬亲破除情面家乡亲族朋友不准一人在外逗留至署内巡捕家人书差各役每日稽查弹压约束维严倘有不法棍徒妄称署内人等与有素识可以暗通关节者许该生童扭禀提调或径赴本署首告本部院必量加优奖该生童亦宜义命自安慎勿为其所惑是所厚望也特示

《申报》1879 年 4 月 7 日第 2 版第 2131 期

松属取斋考试告示

上海县正堂莫为取考事本月十一日奉本府正堂博札开光绪五年三月初八日奉督学部院夏札开照得林前院上年科考该属童生因病开缺以致试事中辍今本部院莅任首先接考该属除生童轻古以及头伤生员业经发案招覆免其重试外全科考二场生员应候本部院将原卷覆加衡校酌取榜示定期同头场生员严行覆试其所试之奉贤金山上海南汇一场童生仍应听候本部院示期重试以定去取而昭慎重合饬遵办所有取考日期一并札知札府即通饬各县各学晓谕与考生童定限三月二十三日齐集松江听候分别示期考试并飞行所属晓谕贡监生有愿应乡试者由地方官起具文结该府加结连照呈验方准收考等因到府飞饬到县奉此合行晓谕为此示仰与考生童一体遵照务于三月二十三日斋集郡城听候学宪示期考试毋违特示　三月十六日示

《申报》1879 年 4 月 8 日第 3 版第 2132 期

整顿士习告示

上海县正堂莫为通饬严禁以广文教而端士习事奉本府正堂博札开光绪五年二月二十八日奉督学部院夏札开本都院风闻江苏各属颇有劣生妄童往往于例准考试之文童因其祖父以来未列胶庠俗所称为荒籍者辄以冒籍诬之多方需索稍不遂意横加阻折以致草茅崛起之士登进无由不知此等童生其祖父或务农业或事工贾大都安分守已数传之后始能诵读诗书以图上进正朝廷雅化涵濡亟欲裁成而收之庠序者乃竟欺凌之抑勒之使莫遂其观光之志匪特例之所无抑且于情何忍其借端讹索尤属大于功令嗣后如有前项情弊定即照例惩

办不贷为此札知等因到府转饬到县奉此除移学外合行出示晓谕为此示仰合邑生童一体遵照毋违特示

禁止临试攻讦告示

上海县正堂莫为出示晓谕事三月初四日奉本府正堂博札开光绪五年二月二十八日奉督学部院夏札开照得童生考试为士子进身之始其身家籍贯自宜清查不容冒滥定例设立认派两保以专责成该廪保果能于府县考前实力奉行互相稽查何致复有冒滥情弊本部院颇闻江苏各属童生已过县府两考及至院试临场复有身家籍贯不清等情纷纷攻讦者甚至临点阻挠实属有干禁令嗣后如有实系违碍考试童生该认派保失于觉察亦宜在县府考时禀请扣除本部院按临考试总以该府申送册卷为凭倘有临试攻讦者本部院断不进行合先通饬等因到府转饬到县奉此除移学外合行晓谕为此示仰合邑各廪保及考试童生一体遵照毋违特示

培筑土墩示

钦加三品衔补用道候补府汉阳督捕清军府分防水利事务总察汉镇加二级纪录十次张为出示晓谕事照得本镇后湖由大智门至接进河一带乃通黄孝大道每逢夏秋盛涨周围百余里内尽成巨浸一片汪洋茫无边岸凡往来商船中途骤遇风暴无处停泊时有倾覆之虞性命鸿毛殊堪扼腕昨经本分府会同委绅亲诣履勘禀奉本道宪何谕令在于唐家墩刘案墩十八挡长集墩查家墩高马墩等处修筑土墩六座高三丈余宽广二三十丈不等以备上下行船抛锚寄桩随地可停永免风波之险所有此项经费皆系本道宪何筹款拨给不派民间分文至所用之土方在附近荒地内挖取将来工竣准该业主迁移其上盖屋居住自成村落随时培补以垂永久除由道宪遴派委绅督饬工匠择吉兴修外合行出示晓谕为此示仰商民一体知悉如有土棍奸徒借端科派影射渔利以及阻挠把持滋生事端定即拿案惩办决不姑宽其各凛遵毋违特示

倡设蚕桑局示

浙江补用道特调宁波府正堂加三级纪录三次宗为教导蚕桑事照得蚕桑与稼穑并重

鄞境傍山滨海田亩高下不齐高既虞旱低复患潮播种较他处为难地密人稠田地值贵赋亦
较他处为重闻佃户租田一亩耕种牛力约需钱千文雨旸时若早晚尽登计可得谷五石除丢
应完大小业租三石零终岁勤动仅余两石无论偶逢荒歉资本全虢即年岁顺成以所入之粮
核新禾之价已无异籴米而炊力稽不足自赡因为谋生变计男子则操贾捕洋妇人则佣工跴
屉舍本逐末之日多致风俗人心之益下比闻近年乡民亦知蚕桑美利有意兴作而所栽之桑
半系荆樠甚多叶稀饲蚕尤不得法试办之家或反遭折阅致已种之桑旋即毁锄愿学之家望
风裹足不知教养之未善群疑物土之不宜附和同声牢不可破本府前莅严州曾刊广蚕桑辑
要一书按法教导颇着成绩自抵任宁波访闻民间疾苦即思为民兴利而因势利导之举尤以
蚕桑为目前之急务养蚕以江苏溧阳为最能耐苦蚕具以湖州所制最为合宜现特由府筹款
延雇蚕师蚕妇购备蚕具于三月望后遴委谙悉蚕桑之员在鄞南蔡郎桥设局立教导蚕桑局
分别男女认真教导以期渐推渐广合郡通行为此示仰诸色人等知悉凡有桑饲蚕之户可赴
诚处蚕桑局观法效成悉心学习数年之内将见墙下皆桑比户知蚕衣食既足礼教可兴实于
尔民有厚望焉特示

《申报》1879 年 4 月 10 日第 2 版第 2134 期

晋赈新捐局告示

钦命布政使衔江南分巡苏松太兵备道刘钦派办理江浙等省晋赈新捐转运总局三品
衔候选道前户部正郎姚为出示晓谕事光绪五年二月二十八日奉官保山西爵抚宪曾照会
本年二月初一日准户部咨本部具奏停止捐输一摺奉上谕户部奏遵旨停止捐输一摺肃清
仕途自以停止捐纳实职官阶为要该部业将京捐局银捐等项及各项实官并常例未载条款
火器营章程均行停止即着有捐省分各督抚将筹饷事例条款概行停止以昭划一并一面迅
速设法筹款一面将捐务赶紧清查造册报部所有照根空照分别截清数目咨部缴纳统限于
本年五月悉数截止该督抚等自能仰体朝廷澄清吏治之意不致轻听局员率请展限希图延
宕余依议单并发另片奏请饬将支用捐款开单报部等语捐款均关国帑自应详晰报部着各
督抚各将办捐以来所收捐款入于何年何月何项册内无论已未奏销均逐款详查开单报部
其收受捐款省分并着一律咨报以凭查核钦此除照录原奏章程由四百里飞咨办捐各省知
照外相应行文山西巡抚知照可也等因奉此查晋省在各邻省开办赈捐本非常有之局其一
切收捐款项皆系拨充漕粮运费及赈济紧要之需今因钦奉特旨停捐经户部议奏统限本年
五月一律截清报部悉数停止其出咨虽在五月以前到部在五月以后者亦即议驳等因奉旨
允准自行钦遵办理所有贵局为晋省筹办捐输亟应趁此数月之中赶紧清理其有各捐生情
殷报效捐款未清应即设法筹劝催缴在晋省赈务未竣借众力以藏全功在捐生有志功名得

及时以图上进停捐在即自能踊跃输将则此数月中集款较多可收后劲之效庶赈务借以支持一面将捐生履历清册及应办各事宜饬令局员赶紧截算如期报部如有经劝未缴者严饬赶紧缴清并咨晋省查照除分别咨行外相应照会贵局查照转饬筹办等因到局奉此查晋赈捐输前因晋省被灾较广待赈甚殷业轻奏奉谕旨设局开捐所有各捐生陆续报捐各项实职衔封翎枝贡监等项均经本局随时造册详咨给奖在案今钦奉特旨停捐经户部议奏统限本年五月一律停止等因自应钦遵办理所有本局收捐事宜定于闰三月底一律停止俾得造册咨津以符五月之限惟查各捐生前次所捐实官双月未捐三班指分者或已捐同通应捐免保举者如有志切功名自应赶紧赴局上兑俾得依限咨报一经停止或欲加捐万不可得其双月人员几同虚衔未免稽迟上进诚恐各捐员未能周知合行出示晓谕为此示仰绅商仕民一体知悉如欲加捐补捐等项亟应趁此本年闰三月以前赶紧赴局上兑俾得依限报部毋稍迟延自误切切特示

《申报》1879 年 4 月 12 日第 2 版第 2136 期

禁扮纱船台阁示

为遵札示禁事本年二月二十九日奉府宪札开照得郡城赛会每有装饰妇女或雇用流娼扮演杂剧于风俗人心大有关系兹值赛会届期合亟查案饬禁等因到县奉此查是案节经出示严禁查掌在案兹奉前因合再出示严禁为此示仰合邑军民及诸色人等知悉尔等须知迎赛社会理宜诚敬不得再雇青年女子流娼装扮纱船台阁亦不得拟摆聚赠酗酒滋闹自示之后如敢仍前抗违一经访闻或被指告定提为首人等照律惩办决不宽贷毋违特示

《申报》1879 年 4 月 17 日第 3 版第 2140 期

严禁串客示

邮县正堂石照得本县访闻鄞邑各乡屡有无耻之徒搭台扮演串客又有开场聚赌昼夜不休以致匪类潜踪无由觉察殊十风俗人心大有关碍亟应严行禁绝以清匪源除饬传地保具结并密访查拿外合行出示严禁为此示仰该处居民及诸色人等知悉尔等务须各安正业勿事无益之游戏自示之后倘敢再有扮演串客以及聚赌情事一经查拿到案立即从重究办地保容隐一并究惩决不姑宽各宜凛遵毋违切切特示

《申报》1879 年 4 月 17 日第 3 版第 2140 期

江苏甘黔皖统捐沪局告示

督办江苏上海统筹甘黔皖饷捐务布政使衔前陕西按察使司按察使王为出示晓谕事照得甘黔皖饷捐输前奉江苏督抚宪奏派在沪设局统筹分济奉经设立总分各局督饬局员办理所有各捐生陆续报捐各项正印杂职衔封贡监等项均经本局造册按次详咨给奖在案今钦奉特旨停捐经户部议奏统限本年五月一律停止等因应即钦遵办理所有本局收捐事宜定于闰三月底一律停止截数造册咨送以符五月限期合行出示晓谕为此示仰绅商士民一体知悉如有志切功名情殷报效者务各趁此本年闰三月前赶紧上兑俾得依限报部庶饷需广济仗后劲以蒇全功而志士有为得及时以图上进本局有厚望焉切切特示

《申报》1879 年 4 月 21 日第 2 版第 2143 期

钦加盐运使湖北汉黄德道监督江汉关何示

为出示严禁事照得案奉钦差大臣办理通商事务两江总督部堂沈札开据芜湖关道详称洋药一项照约只准华商运入内地外风商人不得护送自准轮船在沿江五处起卸货物有等刁猾华商将洋药由上海改箱装运轮船运卸进口经过内地常关既无从征收税项迨到所卸之处又只收厘金不问关税借轮船为漏卮弃条约于弁毛实于大局有妨等情详经批示来详明晰确当所见极是洋药只准华商运入内地洋商不得护送与各洋货办法迥不相同久经定有专条烟台款大通安庆武穴陆溪口沙市等处准轮船暂停上下货物并声明均系内地是各该处既属内地洋商且不能起卸洋药岂能转准华商将洋乐混作洋货影射装轮报运各该处起卸致漏沿途税厘且开洋商护送之渐应如详通行各关并饬各该处一体严查等因行关奉此查条约内载洋药进口该商民只在口销卖一经离口即属中国货物只准华商连人内地外国商人不得护送其如何征税听凭中国办理敢违此例所运货物全罚入官等语历经遵照办埋虽烟台条款准轮船在沿江五处暂停起货各该处究系内地洋商自不得护送洋药至各处起卸亟应严行禁止以重税课而符约章除饬武穴陆溪口沙市各该委员严密稽查外合行出示严禁为此示仰商贩人等一体知悉嗣后不得将洋药装载轮船运至沿江各处起卸希图偷漏自示之后倘敢故违一经查出定照条约将全货罚充入官仍将该货主拿案从严究办决不姑宽各宜凛遵毋违特示

《申报》1879 年 4 月 22 日第 2 版第 2144 期

永禁淫戏串客示

宁波府正堂宗为严禁串客淫戏事当本府前经访闻宁属各县地方有花鼓戏名曰串客男

女合演丑词淫态极其不堪村镇中每演一次辄有寡妇失节闺女败检诸事伤天害理莫此为甚曾经由府出示严禁并札各县饬令各地保出具遵禁切结在案诚恐日久玩生除饬各县认真访拿惩办外合亟出示严禁为此示仰诸色人等知悉如有前项花鼓戏串客在乡立刻驱逐不遵驱者立时拿送到县倘有雇演之人一并提案究惩凡村镇中明理解事之人尤宜自相禁约永远不准演唱有违禁者准绅耆士庶速赴本府或县署指控拿究倘地保人等见而不禁别经本府访闻或有赴府县指控定先将地保提府责惩仍由各县一体留心访查禁遏特示

《申报》1879 年 4 月 24 日第 2 版第 2146 期

湖北汉黄德道何示

为出示晓谕事照得上年豫直两省荒旱异常需赈孔亟本道迭奉督部堂抚部院札准直隶爵阁督部堂李河南巡抚部院涂先后咨请转饬劝谕汉镇各绅商合力捐助以惠灾黎其一切奖叙均照昔年天津赈捐章程办理等因当经本道派员劝谕该绅商等深明大义踊跃输将殊堪嘉尚除陆续收到捐赈银两分别报解外其余未清各款送次谕催迄未扫数完缴以致造报稽延现奉部文停比捐输所有办理赈捐省分照章准予奖叙者统限于五月内造册报部方准核给等因查前项欠缴之款为数无多未便因此再事延宕其已捐各户亟应造册详报转谓给奖以符定限合行造录章程出示晓谕为此示仰汉镇各帮行栈茶商人等知悉尔等愿请各项奖叙其部饭照局各费仍照茶捐向章随缴现银一并赍赴本道衙门以凭汇册报解分别详请奏咨核奖限闰三月初五日以前截止倘逾限未据呈请概不核办该绅商等弗得观望自误切切特示计开直隶筹账总局奏准捐输请奖章程筹捐事例奉部覆照新章除道府直隶州州县五项不准外捐续奉部文议定新章即中主事员外即三项亦不准外捐

一京外实职官阶按照例定银减四成核算实银给奖

一京外实职官阶由贡监生请双月不论单双月选用并分先分间尽先等项选用者均准于本案内核奖其京外各官有应补足监生四成实银者随册声明另赴捐铜局补交

一京外各实职既准捐双月三班再捐分先分间尽先各班补用者再于本案均准其减四成捐请捐免试用然后必须随册声明分发及捐省银两在捐铜局或甘黔推广各捐局补交

一由俊秀报捐官阶职衔准于本案内随官随衔一律减四成捐请各监生及专捐监生仍不准收捐

一贡监生既准随官随衔减成报捐其京外各官由俊秀报捐有应袖交监生四成实银者亦不准于本案内不减成以十成例银作为奖银报捐足监生递捐实职即可随册声叙监生十足捐足毋庸补交四成实银

一各项小京官分发行走及教官分发准随本案减四成报捐一即中员外即主事三项现奉

新章外省捐案不准请奖现奉常例奉部照新章除捐复加级纪录从九衔监生五项不准外捐

一捐请封典按例银减四成递减二成核奖随封加级准于本案内捐请亦减四成递减二成惟外省不准捐一品封

一各项文武职衔准于本案报捐

一贡生准于本案内减四成报捐再所捐银两应分清各帮各行栈按照捐票分清奖叙不得牵混以昭核实

《申报》1879 年 4 月 25 日第 3 版第 2147 期

上海县正堂莫示

为出示严禁事准筹防捐局移据靛业正源长太和隆合利傅益泰同生杨大茂庆丰盛邱吉昌曾公顺等禀称开张靛行任客投营销货报捐兹有失业无赖揽销客货名曰白拉私取用钱偷漏捐项曾经禀县给示饬缉无如日久玩生去岁十二月白拉钲大偷漏靛捐查获有案惟白拉利在漏捐市面有碍应请曾县饬缉严禁等情并将白拉人名开呈前来除饬巡丁稽查遇有白拉句货漏捐即行禀究外移请出示严禁密访查究等因到县准此查此案前于同治十三年据该业等赴县禀请严禁白拉前纵前县示禁饬查在案兹准前因并据该业及职董石惟寅具词前来除饬差密访外合行出示严禁为此示仰该业人等知悉自示之后如果再有白拉兜揽客货私取用钱偷漏捐项情事许即指名禀县以凭究惩决不姑宽务各凛遵毋违切切特示

《申报》1879 年 4 月 27 日第 3 版第 2149 期

钦加盐运使衔湖北汉黄德道何告示

为晓谕事照得武汉地方江面辽阔每当风狂浪涌之时贫民无力雇用大船一叶小划冒险而行不无可虑即或雇坐摆江而人多拥挤亦恐失事本道建造官渡船十号拟定章程禀请两院宪核准在案诚恐日久弊生除饬委员认真经理严密稽查外合行出示晓谕为此示仰军民人等及舵工水手一体知悉如有违背章程一切情弊定即分别惩办至渡江渡河划船亦不准多装勒索并由局员随时查办本道耳目甚周言出法随尔等均宜凛遵切弗以身试法自贻后悔切切特示

计开摘录章程

一此项渡船原为普济贫民而设不准拨运货物供应差使并不准官绅擅自借用如违定将水手人等究办

一每船至多只准装二十八人倘船上十余人久候无续至者亦可开行每人取钱二文挑担加倍为贴补舵工六手添补篙桨之用如有需索情弊重究不贷

一原设官渡十只现有五只正值修艌应将现未修艌之五只由该局委员酌派于龙王庙汉阳门大堤口三处码头停泊倘湾停别处即偷安怠惰立予重究

一开船泊船均应如法舵工水手各宜安分如敢恃系官船欺侮别船任意拥挤碰撞立即究办

一江中如有行船遭风失水等事应即赴往救援或见木牌走缆亦应竭力帮忙不得坐视倘见小船乘危抢物准其拿获送究

一此项船只若在江面救援活人捞获尸身应如红船一律给赏倘乘险抢夺应比民船加重惩究

一江面如有风浪水手人等应格外小心驾驶把舵挂帆均不得大意倘遇大风黄鹤楼竖旗禁江之时亦应停渡

一每日黎明开渡至日暮而止不准夜渡惟除夕准渡至二鼓

一民间如遇大风育迎婚搬柩等事须用此项官渡者须赴局报明不准与船工私议过渡之后由事主酌给酒费不准舵工人等勒索

一官船水手等概归舵工约束倘有不安本分及不遵约束等弊准舵工禀明立时更换

一倘有地痞游棍冒充在官人役拿船应差或在局滋闹或殴辱船夫许其立时禀明定即拿案重办

《申报》1879 年 4 月 28 日第 3 版第 2150 期

上海县抄禾通饬严办店铺亏闭示

上海县莫示为出示晓谕事光绪五年三月二十四日奉本府正堂博札开光绪五年三月十六日奉布政使司勒札奉总督部堂沈批据苏州府禀嗣后店铺倒闭如有亏短款项照例监追治罪倘还不足数及身改号重开仍准告理由奉批奸商讦名倒闭隐吞巨资最为高缠恶习据请照例监追治罪名节具见力图整顿使市偕无可冀幸仰苏州布政使司核明并移江藩司各通饬所属一体出示晓谕遵照仍候抚部院批示缴又奉苏抚部院吴批开所议甚是仰苏藩司通饬所属一体遵办仍候督部堂批示缴各等因到司饬府抄粘转饬出示晓谕等因到县奉此合行抄粘出示晓谕为此示仰合邑人等一体知悉毋违特示

《申报》1879 年 4 月 30 日第 2 版第 2152 期

汉镇劝捐告示

钦加盐运使衔湖北汉阳府正堂加四级纪录十次严为出示晓谕事查汉镇各商帮素称好

义急公自同治四年设有捐饷局与夫地方一切工程各商帮无不踊跃解囊集成巨款现在奉到宪札裁撤捐饷局饬令传知各商帮减半收纳不给奖叙诚以本省善后事宜以及地方一切用款万分支绌即如河工一项尚有应还巡宪垫款本郡积谷城工亦未告竣经费浩繁不能不钦遵谕旨设法妥筹合行出示晓谕为此示仰汉镇各商帮人等知悉尔等以懋迁之有余供支用之不足积之于众取之无多当无不慷慨输纳除河工积谷城工等项前此已捐未缴之款应仍照常办理此次于劝谕之中不可不寓体恤之意所有捐饷局历次派捐款内尚有余欠银共五万数千余两应令一概豁免另自本年三月起酌令贸易较为畅旺各帮按将从前认捐银数减半缴由牙厘局带收解交善后局支用该商等务各遵照将前项银两迅速如数呈缴以济要需仍俟经费充足即行停止想该商等素明大义际兹筹款维艰当必能力图报效无待本府之殷殷劝谕也其各凛遵毋违特示

《申报》1879 年 5 月 2 日第 3 版第 2154 期

禁发样茶示

　　钦加盐运使衔湖北汉黄德道江汉关监督何为出示晓谕事照得同治十一年曾准英美领事府照会以各茶商卖茶临交大宗茶箱多有与原样不符一案随经饬据各茶栈公同禀称遵查各茶商成本重大大箱到汉原与先发之样箱皆传符合惟间有不符者致累大众交易窒碍遵议嗣后各商各栈茶叶应候大宗到时发样出售不得以样箱先发以免比时不符致多挑剔凡各茶栈遵谕严立栈规以副秉公通商之美意等情当经前李升道札饬各卡嗣后如遇并非贩运大宗茶箱仅带样箱一二口过境即行截留不得放行所有各帮茶商公同会议章程五条出示晓谕在案嗣据各帮茶商禀称自奉谕禁止样箱立有成效但两湖虽一律奉行而江西之宁州河口两埠仍复样箱交易尚觉先后参差查宁河茶箱大帮均在姑塘完厘运至九江将样箱报关附汉发售如大帮未到而样箱先寄者自恐有取巧之虞允宜禁止如果大帮确到有姑塘厘票可验者则不能不任其发样以便商旅独是汉浔辽远到否无从确悉今议凡宁河茶样由浔寄汉必须将大宗帮厘票呈关报验乃准附寄共矢诚信众情允洽等情前经咨会九江关转饬照办并照会各国领事府暨咨北南两省牙厘总局转饬各厘卡如过大帮自应遵照放行凡有装运茶叶样箱一二口到卡即行扣留其由浔寄汉宁河样箱如无大帮厘票呈验亦即扣留暨行南阅即堡防局严密查禁亦在案兹值商人准山办茶之始除再分别咨行外查案出示晓谕为此示仰各帮茶栈茶商人等一体知悉该商等以巨万资本经权子母白应信实相孚化免口舌暨据该栈等禀定章程仍应遵照一律办理凡商人运茶出山不许先发样箱应俟大宗茶箱运到再行出卖如有先发样箱私行卖给洋商者一经查出或被告发定即照违示论不准该商在口卖茶永远革除为私卖样箱者戒自示之后各宜遵守切弗阳奉阴违致干咎戾凛

之慎之毋违特示计开茶商公议善后章程

一汉口茶业从前各商在山办茶历系大宗合堆后随意先提数箱来汉出样成交大宗一到即行起茶过磅原无不符割价诸弊近因积久弊生闻有先发样箱希图赶快者临时货色或差自贻减价退盘之累此则十之二三然洋商割价退盘之事大都由行市跌落借端挑剔迫至辨论不伸含忍受亏居多今欲杜除积弊必须正本清源自后各帮办茶公议永远不准先来样箱定有大帮茶到随抽数箱出样诚恐客众路远未能周知吁恳关宪行文通知各卡禁止样箱经过南卡勿准样箱挂号起坡传谕茶栈非大宗箱无庸经售如此则弊窦永塞中外商贸均获乐利

一茶虽大帮发样犹恐洋商仍怀狐疑不能坚信与其争论于后曷若慎重于前兹议成交之时洋人自派一人随同经手栈家三面亲至船上大宗茶箱内随抽几箱或一二十箱均可起与洋行开看先行对样而后落簿以交价过磅为率如此则十分慎重毫无蒙混如落簿之后涨跌各无翻悔

一茶落簿后限三天内即行交茶栈过磅各无推延以免行市涨跌借端生枝

一交易银钱鼓关紧要汉口通商以来洋行售货定例先交银票后出货件行之已久华洋均便盖客与洋商声气不通经手转折难保无中饱营私情兹议茶过磅后洋行将银如数先行交客然后客将厘票缴交洋行公恳关宪仿照洋商售货之例照会各国领事韩饬洋商并传谕查关司吏凡茶如无原来厘票不准出口以顾大局

一通商章程原期尽善尽美彼此利益各口交易从无凭空罚银之事至于客请洋商公评一节无奈声气不通兹据改请华商公正之人洋商亦未必相信以彼推此易地皆然总之今既不窦样箱随便抽箱开看又复酌定革弊章程从此永息争端矣

《申报》1879 年 5 月 3 日第 2 版第 2155 期

催补捐银示

钦加三品衔会办两湖晋捐总局山西补用道唐为出示晓谕事照得本总局自开办以来计共造报清册一十四卯曾将七卯以前所驳四人列于前示嗣奉部驳八卯以后应补监贡四成实银者十一人应补叔履历者三人应补交三班四成过班及带往省分五成暨免试用银两方准将候选花样带往所指省分候补者一人应照办章由附生保举训导不准加捐班次所捐银两准另请奖者一人相应出示晓谕为此示仰一体知悉凡告示未指名核驳者本总局有言在先既出示后必浦赴局呈请办妥庶不致稽延自误现因捐册太多每月造报详请奉咨三次有志功名者并宜及早上兑以图显荣停捐之后追悔已迟本总局实有厚望焉切切特示

《申报》1879 年 5 月 4 日第 4 版第 2156 期

武昌府正堂方示

为出示严禁事照得造作赌具大于例禁前有等不法之徒将上大人文字造作纸牌轻亵圣人尤为谬妄曾经前臬宪刘通饬严禁在案兹访闻仍有上大人造作赌具卖与民人赌博实属违玩除札饬江夏县查禁拿究外合行出示严禁为此示仰军民人等一体知悉嗣后务各安分守法勤习正业慎勿造卖赌具以及上大人纸牌亦不得买用赌博倘有存留赌具应即一律焚烧如有仍前违玩一经查获无论军民及各衙门兵丁书役定即从严究办决不稍宽各宜凛遵毋违特示

《申报》1879 年 5 月 17 日第 3 版第 2169 期

钦加三品衔会办两湖晋捐总局山西尽先补用道唐告示

为出示晓谕事照得上年倡捐棉衣以施山右灾民两湖捐簿有捐衣者有捐银钱者统由本总局采置寒衣将出入实数分别详咨并请援案奖叙在案凡两湖承办委员皆各兢兢惕惕毫未假手于人惟弹花匠人舞弊旋遭阴谴会经揭示为戒查本总局无论捐数之多寡概给有骑缝关防印票当交来人领回如已捐棉衣及相银钱者务各回经手索取骑缝印票倘能邀准分别援案奖叙必须有印票方能核办合行出示晓谕为此示仰一体知悉切切特示

《申报》1879 年 5 月 17 日第 3 版第 2169 期

鄞县正堂石示

为出示晓谕悬赏严拿事照得郡城旬月之间迭受火灾虽赖水龙救御不移时而扑灭然已遭焚毁之处实为惨目伤心固由失火之家不知慎防自害累人莫可辞咎亦难保无匪徒图抢赍财放火故烧情事查律载凶恶棍徒纠众商谋计图得财放火故烧官民房屋抢夺财物者均照强盗律不分首从拟斩立决杀伤人者枭示若本非同伙借名救火乘机抢掠财物者照抢夺律加等治罪立法森严岂容尝试除随时访拿并饬差保逯巡密查有犯务获究办外合亟悬格晓示为此示仰合邑军民人等知悉尔等当思曲突徙薪古有明训际此春夏之交风高物燥尤宜互相警惕戒慎小心倘有凶恶之徒放火抢掠当场拿住众证确凿及事后捕获审有赃据者各赏洋银一百元探得商谋放火抢夺财知风报信因而捕拿把官确有显迹证据者赏给洋银五十元此系本县为息灾杜患除暴安民起见信赏必罚令出惟行倘敢怙恶不悛仍蹈前辙犯即严办以昭炯戒异日后悔难追莫谓告诫之不早也各宜凛遵毋违切切特示

《申报》1879 年 5 月 20 日第 2 版第 2172 期

查办乌石山教案告示

钦差大臣丁福将军庆闽新总督何福建巡抚李为剀切晓谕事照得各口通商以来无虞无诈久已彼此相安乃上年八月初三日会勘乌石山公地骤建洋楼一案无知愚民激于公忿竟敢不候官断哄然四集有肆行拆毁之事独不思该处公地无论如何界限不清既已禀宫总由官会同秉公讯断百姓岂有擅拆之权乃竟如此轻举妄动殊属可惜可恨查条约第十八款载凡英国民人中国官宪自必时加保护令其身家全安如遭欺凌扰害及不法匪徒放火焚烧房屋或抢掠者地方官立即设法派拨兵役弹厌查追并将焚抢匪徒按例严办等因条约业经奉旨准行定例何等严切乃该愚民胆敢逞忿妄为若不参酌律例分别惩办何以警厥将来除将不候官断擅自主使及携取砖块并擅自毁屋之武生董经铨等办以斥革徒流等罪傅诏尔等九名不候官断擅自随同毁拆亦照例科罪教官林应霖虽无主使之据然临时不能劝止亦应摘去顶戴停委三年其余单厌不力之文武也方官均已分别摘顶撤委记过其洋楼如何界限不清之处将来彼此勘明自当按照实情秉公定断断不偏徇合行出示为此示谕各色人等知悉自谕之后尔等凡遇外国交涉事务当遵照条约按理而行切勿逞忿妄为致于国法即遇有彼此应行争论之事亦当酌情度理平心和气呈明官宪听候会商妥办若仍不遵国法动辄恃众挟制一经查出为首之人定即按例严办尔时悔之无及勿谓言之不预也切切特示

《申报》1879 年 5 月 23 日第 2 版第 2175 期

严禁偷漏漕粮告示

直隶爵阁督部堂李总督仓场部堂继毕为严行谕禁事本爵阁部堂本部堂风闻南粮由津兑剥运通每有奸民土棍串通船户沿路掺和抵盗偷相买卖如盐关下之小刘庄则以黑米抵换好米盐坨一带以稻皮抵换金家窑上下以水麸抵换北河口西沽丁字沽等处以稻子抵换穆家庄至北仓地方则偷卖抵盗米石北仓上天津武清所管之马家口则以坏稗子抵换杨村有卖碎砖上船者河西务有抵盐卖米者土门楼与香河码头一带有卖土瓣与船户掺杂者通州所管之桥上则以礓石抵换好米刘各庄以土予换米通州河口外或以回舱坏米或以回舱稻皮及淤渣偷卖掺杂河口内外至北关一带时有盗买盗卖情事船至河口外罗家口等处则又掺糠使水进河顶验种种弊端皆系就地土棍勾结串通所致并有富实奸民视为利薮相率效尤天庾正供岂容若辈如此暴殄本年转运伊始合行出示严禁为此示仰各该处军民人等知悉试思身家性命所值甚多偷米盗漕罪名极重务各洗心涤虑实力湔除倘悃不畏法一经访拿定即奏交刑部加等治罪彼时身家性命皆不能保本爵阁部堂本部堂不忍不教而诛先行示谕仍一面派员密访并饬沿河各段委员实力查拿拿获之后就近先交地方官收禁一面具禀以凭从重治罪以肃漕

政本爵阁部堂本部堂言出法随勿谓言之不早也凛之切切特示闰三月给偷盗抵换使水各节灿若列眉天庾正供弊端至于如是毋怪有南新仓米石霉变一案也亟抄录之以供众览

《申报》1879 年 5 月 25 日第 2 版第 2177 期

禁赌告示

钦加同知衔署南海县事番禺县正堂加十级纪录十次袁为出示严禁事照得匪徒开设花会字标害及妇孺殊堪痛恨录经先后获硕黎灵川陆细才即何细才并访问在籍绅士吕元勋武生霍应麟等胆敢在其屋内包庇匪徒开场挂字确有证据业奉大宪拟奏详革究办吕元勋之蓬莱新街住屋查封在案可见花会字标及各项赌传例禁极严岂容轻试吕元勋身列缙绅罔知顾忌竟与其甥霍应麟等开场聚赌以致身家莫保实属咎由自取除饬差拿获吕元勋霍应麟及案内匪徒务获究办外合出示晓谕为此示谕军民人等尔等务宜守分营生切勿开设花会各项赌博自罹法网倘敢抗违一经访闻或被告发定即严行究办并将屋宇查封入官决不宽贷各且凛遵毋违特示

《申报》1879 年 5 月 27 日第 3 版第 2179 期

严禁窃茶示

钦加盐连使衔湖北汉黄德道江汉关监督何为出示严禁事光绪五年闰三月二十五日准英国代理领事府布照开据公易太平等商公禀以每年茶箱在汉装船出洋皆被偷窃即于去年计算偷折之茶值银七万两有奇其弊不但由于偷者之众亦由于销者之多所有销赃铺户等人自花楼以至蔡家巷一带河街正街之间各巷内分住如蒙出示谕禁俾知敛迹则商受益良多等情查商等所禀本系属实相应照猜出示前来查洋商茶箱在汉装茶出洋竟有不法夕徒肆行偷窃实属有商旅殊堪痛恨亟应禁止以安商贾除饬差严密查拿外合行出示严禁为此示仰驳船水手挑夫人等一体知悉尔等务须各安本分凡遇洋商茶箱装船不许稍有偷窃亦不许小贸铺户收受窃赃自示之后倘敢再蹈前辙一经拿获除将本犯从重究办外并追究受赃之铺户拘案惩治本监督言出法随决不姑宽毋贻后悔

《申报》1879 年 5 月 28 日第 3 版第 2180 期

松海防分府关防告示

尽先补用府署理松江府海防分府加二级纪录十次吴为关防事照得本分府荷奉宪饬署

理松海防事务兹于闰三月二十一日到任查上每为通商总汇之区众商云集良莠不齐本分府籍隶浙杭离沪较近所带仆从仅止数人素经约束谨慎当差不准私自出外即本署米盐食物亦皆现铁交易从未赊欠分文惟恐不肖之徒冒充亲友族人在外招摇撞骗合行出示关防为此示仰合邑铺户居民人等知悉如有冒充本分府亲友托名族人在外招摇生事或向店铺强赊硬买许即扭解来署以凭从严究治尔等慎勿受欺其各凛遵毋违特示

《申报》1879 年 5 月 29 日第 3 版第 2181 期

申禁私开烟馆示

特调江南苏州府正堂毕为出示严禁事照得开设烟馆易于藏奸实为法所不宥历经各前府查拿究办严行示禁在案本府前守常郡时迭经谕禁查拿遇案严办谅尔等亦已闻知今当莅任伊始访闻城乡市镇各处烟馆仍有明歇暗开情事殊堪痛恨除密访查拿并移行厅县一体示禁拿办外合亟出示严禁为此示仰合属军民及地保房主人等知悉自示之后尔等私开烟馆务即赶紧歇闭别图正业倘再执迷不悟一经访获定即照章惩办所住房屋无论租赁自业祭产一概封发善堂充费地保规庇徇隐一并革究倘有并无印票混称本府家丁差役在外查拿索诈者许开馆之人扭获送府以凭从严究办其开灯之人出具嗣后不敢违禁私开切结免予治罪后再有犯定即倍处本府言出法随毋谓言之不预也各其凛遵切切特示

按前报谓新任苏州府毕太守以政体违和新政未见施行今闻署中首发禁止妇女入茶馆啜茗告示继发申禁私开烟馆告示盖二者皆苏城最大之陋俗也毕太守首禁及此亦可谓知所本务矣今将禁开烟馆一示先登余俟苏友抄来再录

《申报》1879 年 6 月 1 日第 3 版第 2184 期

禁小车入城示

钦加四品衔特用府即补州署江夏县正堂加一级纪录十次陆为出示严禁事照得省城街道狭窄与马往来已形拥挤所有大小车辆向不入城嗣因饷鞘厘金以及军火军装人夫挑抬未能负重致远不得已改用车载原系一时权宜之计乃近来城内商民因车价廉于夫价招来黄陂孝感一带小车凡货物砖石米煤曲糟等项悉用装载出入往往一车当道万足不前不特拥塞街衢有碍行人抑且车轮震压石裂土崩坦道之途变为坑坎前经王前县通禀出示严禁在案乃日久玩生近查城内尚有车辆往来拥塞街道实堪痛恨合亟出示严禁为此示仰居民铺户以及车夫人等知悉嗣后凡饷鞘厘金军火军装准其照章车运外其余货物砖石米煤油糟等项概不准

用车装载出入以保街道而免拥塞倘有不肖车夫敢再装运许地方保甲随时扭获送县以凭惩办决不姑宽各宜凛遵毋违特示

《申报》1879 年 6 月 1 日第 3 版第 2084 期

催科告示

上海县正堂莫示领办两班总头头役并额外各役人等知悉照得光绪五年分上忙正杂钱粮现奉各大宪札饬提前征解刻不容缓业已设柜启征传保发单谕催外合行立即查比该总头督令各差认真赴办遵照后开示期齐集听候本县当堂按名查比均各遵照毋违特示

计开承催本年上忙钱粮限一六日查比承催本年杂税银两限一六日查比

《申报》1879 年 6 月 4 日第 3 版第 2187 期

防火告示

候选府即补州汉阳县正堂椑三级纪录八次林为出示晓谕事据举人李清佐闻道远职员沈达刘在玉胡鸿慈监生田维新朱继善附生杜瑞琛等禀称缘生等世居汉口循礼坊延寿庵左近延寿庵巷内向有火路一段设水缸十余口围以竹院原以防火灾之警第历年既久竹院每遭折毁水缸时有损坏职等屡经培补兼之蓄水无多仍难济用职等居近街邻情愿量九捐资即就置缸之处开浚深池易竹院为墙垣以图久远为有备无患之谋作一劳永逸之计诚恐无知地痞借端阻挠堆积木石渣草有碍出入致令废兹公举为此叩赏给示俾无知敛迹公举有成等情据此除批示外合行出示晓谕为此示仰该处居民人等知悉当知开浚水池系防火患并将竹院改修墙垣期垂永久倘有无知之徒借端阻挠以及堆积木石渣草有碍出入许该地邻投同地保指名赴县具禀以凭拘案究惩决不姑宽各宜凛遵毋违特示

《申报》1879 年 6 月 9 日第 3 版第 2192 期

招认落水女尸告示

上海县正堂莫为出示召认事据地保乔曹许具报吴淞港周大仆庙厘卡对岸港内见有无名女尸一口查元尸属出认理合报验等情到县据此业经前诣验明该尸委系落水身死饬即棺殓发坛浮厝在案合行示召为此示仰诸色人等知悉尔等如有亲属出外不归查照后开年貌服色相同许即具词赴县以凭讯明给棺领理毋得观望切切特示

计开无名女尸一口面色发变年三十左右上身无衣下穿蓝布单裤左足赤右足缠有脚带

外穿蓝布袜套无鞋

《申报》1879 年 6 月 9 日第 3 版第 2192 期

严禁恶丐告示

苏州府正堂毕为出示严禁事照得苏州城乡内外五方杂处最易藏匿每有江湖恶丐淤方僧道沿街硬讨强索甚至潜踪檠头下处庵观寺院为匪历经各前府示禁在案兹本府莅任访闻外来游方僧道勾串丐匪时在街巷铺户居民强讨硬索不服丐头管束实属目无法纪除饬差查拿究办外合行出示严禁为此示仰各铺户居民及地保丐头人等知悉如有前项恶丐及游方强讨滋事务须实力弹压随时禁止查有私设檠头下处并即禀明押闭倘敢怙顽不服许即扭解禀府究办地保丐头得规徇隐察出并处各宜凛遵特示

《申报》1879 年 6 月 10 日第 2 版第 2193 期

准人出洋佣工示

西班牙前与中国议妥准华人出洋佣工所以福州将军闽浙总督福建巡抚现已会衔出示晓谕其告示之大略云照得西班牙近与中国议定条约计共十六条约中有准华人赴古巴佣工一款已由总理衙门移咨到本部堂凡华人或止自身或带家眷赴古巴须由水人情愿匪徒不得引诱如中西人有违此约即照两国律例惩办其情愿出洋者先到海关报名入册由关道给予执照转送西班牙领事盖印然后将执照发给该佣工及到古巴再由古巴地方官验照转送驻札古巴之中国领事存查凡有船只将载人出口须由海关道会同西领事诣查如见华人身无执服当即扣住设到古巴而其人无执照亦由中国领事会同地方官办理云云为此合亟出示仰出洋工人知悉务须各出情愿勿为匪人诱骗致悔噬脐无违切切特示

《申报》1879 年 6 月 15 日第 2 版第 2198 期

申明缉私告示

钦加游府衔江苏抚标左营营务处中军守府兼办缉私陈为出示严禁事照得苏城缉私自归本守府兼办以来均系招募妥实之勇编发号衣烙给腰牌遴选诚笃勇目督率安分缉私不得干预他事倘或借端诈扰及得规卖放准许诸色人等指实禀究先经会县示谕在案查现今官引销途日见起色而外间谣诼纷传谓巡勇索诈卖放此等积弊易犯易诬切中巡勇之病加以巡勇

性质不齐见利忘义亦难决其必无但苏城系属省垣巡勇不过数十名另有勇目约束有本守府亲自稽察若于耳目易知之地为执法营私之举巡勇虽愚计亦不出于此推求其故皆因本守府平日办公不避强梁不徇情面有私必缉有犯必获巡勇亦积率认真利于公者必不利于私以致私贩匿怨簧言蜚语冀以摇动似在意料之中更或无业地痞外来光棍在于城外一带三五成群遇事生风见有私盐行过或即冒充巡勇吓诈卖放因之张冠李戴巡勇横被恶名更属意中之事若不严加防察势必真假难明除将巡勇严加管束并密拿冒充之痞棍移县究办外合行出示仰城厢内外诸色人等并查盐巡勇盐快捕役地保知悉尔等须知巡勇缉私向有号衣腰牌为凭注明苏城缉私字样一望而知当场就知真假自示之后如无号衣腰牌之人胆敢冒充巡勇索诈银钱以及痞棍向来往船户人等借端索诈许即鸣保捆送到署立时严办至各城门上所派巡勇于认真缉私之外不准丝毫滋事倘有向私贩人等得规卖放自属大干法纪本守府一经访闻立当重办即尔等诸色人等若有实据可凭准许禀究不但无所回护并当于以重赏经此次明示之后诸色人等各安本分毋再造言生事巡勇等仍当照常办公始终认真巡缉勿以浮言之夹遂致畏首长尾有所疏懈转为私贩得计也其各凛遵切切特示

《申报》1879 年 6 月 20 日第 2 版第 2203 期

奏办江浙晋赈新捐沪局布政使衔江南苏松太道刘三品衔山西候补道前户部正郎姚示

为出示晓谕事本年四月二十八日奉直爵阁督宪李札开光绪五年四月十六甘准户部咨开捐纳房案呈本部具奏停止捐输办理常相谨将未尽事宜遂款开单奏明立案一揩光绪五年四月十三日具奏本日奉旨知道了钦此刊录原奉飞咨遵照等因到本爵阁部堂准此除分行外札局查照办理计抄粘原奏并奉粘单内开一报捐免选免补本班一项与常例内捐离任相同此项人员本系实官应令附入常例捐离任条下办理自本年五月以后悉令呈缴宝银由部库兑收至此项银数有已满三年未满三年之别所有报损此项人员在五月限内报部之案尚未扣满三年准其俟扣满后递呈声明查核银数相符仍予核准以示体恤此外报捐试俸历俸人员亦请照此办理自水年五月以后无论京外各官一律照例定实银数目由部库兑收等因到局奉此查报捐免选免补本班一项向有未满三年不准过班之条今既奉大部复经奏明此项人员如于本年五月限内上兑报部者准其俟扣满后递呈声明查核银数相符仍予核准后属体恤捐员起见奉札前因合亟出示晓谕为此示仰各捐员知悉本局现在造册核奖尚有以捐银存局先给收条如愿报捐免选免补本班人员趁此五月限内赶紧赴局呈明官阶造册报部俟年满后递呈声请核准照章序补惟为期甚促毋稍迟延自误再本局现于五月初一日移至后马路福绥里口所有上兑换照核奖等项事宜仲即到局呈办务各一体知照合并谕知毋违特示　光绪五年四月

二十九日右仰通知

《申报》1879 年 6 月 21 日第 3 版第 2204 期

禁止水嬉告示

钦加三品衔候补府汉阳督捕清军府分防水利事务总察汉镇加二级纪录十次张钦加同知衔特授汉阳粮捕府分防汉镇总察事务加十级纪录十次其为先期出示严禁事照得汉镇乃九省通衢五方杂处端节水嬉最易滋生事端况滨阳一带停泊中外船只密如繁星尤恐有碰撞沉溺之虞是以叠奉巡抚檄饬永禁上年有痞棍王丙刘兴仁等违示敛费打造龙舟当经本分府会同营县分投查拿惩办锯毁各在案现在又逢端节诚恐日久玩生该痞徒等复蹈前辙希图尝试除饬差保传禁外合先出示晓谕为此示仰居民人等知悉自示之后如有不法棍徒仍敢违犯禁令有科派商民出钱造划龙舟之事该管地保即行禀报以便拿办该地保知而不举定先责革枷示决不姑宽尔商民等亦不得听从出费助料同于未便本分府言出如山其各凛遵毋贻噬脐切切特示

《申报》1879 年 6 月 22 日第 3 版第 2205 期

劝民息讼示

好讼之风各处皆然昨得川友来言重庆府属似较甚于他府自上年新任重庆府沈镖青太守履任后出示晓谕劝民息讼凡遇弟兄宗族控案靡不提府审讯立予断结并当堂剀切劝导此后各宜敬宗睦族万勿骨肉相残自取咎戾近来民间颇知感悟上控之案逐渐稀少云云是则文翁化蜀古今人亦未必不相若也兹故将告示照录如左为剀切示谕劝民息讼事照得川省好讼之风甲于各省而重庆各属为尤甚实缘地方富庶风气嚣凌小民好胜争强些须小事就听讼棍摆布经官告状须知词讼一事无论曲直输赢终是有损无益口岸讼费要花多少银钱候批听审要误多少活计交结书差要失多少身分屈膝低头官呵吏骂要受多少委曲还要连累家中父母妻子人人着急个个担心这种苦况就是理直情真也不能免若增减情饰轻事重报或捏词诬告陷害善良轻则责打重则流徙不但家破人亡还要被人笑骂事到其间追悔无及本府爱民甚切嫉恶如仇除访查讼棍并将诬告刁徒遇案严办外合行出示劝谕为此示仰合属军民诸色人等知悉尔等嗣后凡遇户婚田产账债口角等事总宜化大为小化小为无小者忍耐一刻认吃点亏免得缠讼取累身家不保若事情稍大实在忍耐不下吃亏不起宜邀团邻戚族自相理论城厢场镇都有公正绅耆断不能颠倒是非混淆黑白纵然明中委屈自占暗里便宜且你居心仁恕忠厚待人不但神明佑你乡党敬你重你即匪类也不敢欺你切不

可听讼师刁唆主摆轻于涉讼自贻伊戚若有人劝你告状就是要你花钱你须想到遭殃惹祸这一边不可存了出气报仇的妄念拿定主意自不致被人愚弄至于诈财诬告尤为不可就是法纲幸逃天理断不容恕试观健讼之人其子孙有昌炽者否本府轸念民隐期在除暴安良苦口婆心谆谆告诫各宜凛遵毋违特示

《申报》1879 年 6 月 24 日第 2 版第 2207 期

奉查告示

滇案议结后曾奉上谕各直省遇洋人偶入内地军民人等勿得欺凌着一律晓示在案现悉复接总理衙门移咨以此案告示系奉谕旨遵行各地方官务须于晓谕处所如见告示或有破损应须粘补今计原议晓谕之期已满理合咨查云云可见道在睦邻甚郑乎其事也

《申报》1879 年 6 月 27 日第 3 版第 2210 期

严禁女摊告示

钦加盐运司衔卓异候升广州府正堂加五级纪录六次冯为严禁女摊以端风化事照得粤东赌博叠奉大宪奏准加重罪名饬属严申属禁力挽颓风剪除恶习近日访闻城厢内外仍有不法之徒私设女摊赌馆开局抽头引诱良家妇女败俗伤风莫此为甚除饬差密访查拿外亟行出示晓谕为此示谕军民人等知悉尔等各安本业守分营生切勿开设女摊贻害闺阃倘不悛改一经访闻或被告发定必从严究办至绅商士庶亦当约束妇女谨守闺门以为巾帼完人切勿任其往外嬉游以贻亲邻之口宝此次叠经告诫如有仍蹈故辙无论绅衿富商编氓小户均从一律治罪其开设赌馆之妇女夫男严拿到案务照新例究办屋宇查封入官倘有地保知情不报及书差受贿包庇亦即革究决不宽贷各宜凛遵特示

《申报》1879 年 6 月 28 日第 3 版第 2211 期

严定载客渡江告示

头品顶戴兵部尚书兼都察院右都御史总督湖广等处地方军务兼理粮饷李为出示严禁事照得武汉滨临大江湖河港汊分歧向来大小渡划每有勒索多装致为商旅之害迭经本部堂出示严禁在案现值江水泛涨访闻江干渡划人等仍有任意勒索多装只图有利于己罔顾波涛之险亟应示禁以安商旅而全生命除饬江汉二县武汉城守营督饬汛员认真稽查外合行出示晓谕为此示仰水汛保甲及外江内湖渡夫人等一体知悉自示之后务遵向章凡头号渡船可装

载客货八十石者只准装客民十二人二号渡船可装载客货六十石者只准装客民八人三号渡船可装载客货四十石者只准装客民六人每人只准索钱五文以上系指汉阳门大堤口塘角曾家巷四处大小渡划而言至望山门与新桥码头各距江稍远如头号渡船可装货八十石者只准装客民八人二号船可装五十石者只准装客民六人三号船可装货四十石者只准装客民四人每人均只准索钱八文文昌门码头头号二号三号渡船及平湖码头三号渡船装人数目索钱数目悉与望山门新桥相同惟平湖门另有大头号船一只文昌门另有大头号船一只均可载货三百石每船每次准装客民十六人每人只准索钱八文倘敢故违任意多装勒索多钱许该保甲商民扭送就近地方官文武衙门从重究办如有差役保甲受贿徇纵情事察出亦即提案重惩决不宽贷凛之慎之切切特示

《申报》1879 年 6 月 29 日第 3 版第 2212 期

访拿匿名揭帖人宪示

湖南抚都院邵为剀切晓谕以端风俗事查匿名揭帖大干例禁乃湘省习以为常事无大小动粘告白肆口证诬实于人心风俗大有关系自本月以来不知民间凭何谣传不经之谈布满城市地方官长任意呼名指斥甚至科场罢考罪干骈首之事亦不难勇于自任以图快其口舌凡此悖礼乱常之语迥不在人情天理之中本部院初以为狂悖之词不过出之痞棍借以摇惑人心近日详加访察始知身列胶庠亦竟有甘心为此者尤堪骇异闻各书院肄业诸生有因此畏累纷纷迁避可见声名文物之邦原皆束身自好之士其托身士林不安本分者原不过一二人簧鼓虽工亦何能淆乱黑白惟若竟不加查究恐士林之真伪不分而士习之朴纯日改为此明白晓谕各士子只砺儒修勉图上进其有妄播谣言不知自爱者仰各书院监院各学教官详加访察之闻并该府县各该营随时巡察如有前项情事无论士民均即立拿禀请惩办以消鬼蜮而肃纪纲毋谓本部院言之不先也凛切特示

《申报》1879 年 7 月 7 日第 2 版第 2220 期

通行限期填写亲供示

上海县正堂莫为出示晓谕事奉本府正堂博札奉外提调江藩宪孙札开光绪五年闰二月二十八日夺署总督部堂吴札开查接管卷内光绪五年闰三月二十日准礼部咨查定例各省乡试揭晓后中式士子地方远者限两月近者限一月赴学政衙门填写亲供照限解礼部以备磨戡字迹其未经填写者不准会试至亲供不能与试卷一同解部者以试卷解到日期为始地方远者限两月近者限一月开拼到部如逾限不即送部将学政照例题参议处各等语定例甚严遵行已

久从未有客省中式士子不赴学政衙门填写亲供经行赴部补填者咸丰初年军兴以来士子中式后或有因贼匪滋扰道路梗阻不获赴学政衙门填写不得已径行来京呈请在部补填亲供本部核其所呈各节系属实在情形并非该士子自误始据情奏准在案今各省军务告竣所有考试事宜自当确遵定章不容稍涉迁就相应通行各省督抚学政严饬该士子于揭晓后亲身赴学政衙门填写亲供由学政按照期限解部如逾限不到者照例题参如士子仍有不在本省填写来京后借他故呈请在部补填者概不准行以符定制又定何新中举人有已在本省填写亲供尚未解部准其取结呈明先行会试仍由部行查该省将所填亲供送部核对如未轻填写捏称已填早该举人蒙混取巧应罚停会试三科出结官照例议处近年以来外省士子竟有在本省未核亲供捏称已核经部查明后罚停三科者在该士子不谙例禁希图侥幸一时孰知查出后竟至三科不能应试后悔何及应一并由该督剀切晓谕无使该士子等仍前玩忽自误功名可也等因移交到本署部堂准此札司移会苏安两藩司一并遵照办理仍报明护抚学院查考等由到司奉此除移行呈报并俟届期由司揭示晓谕应试士子遵照外合就通行等因到府转饬到县奉此合行出示晓谕为此示仰应试士子一体遵照毋违特示

《申报》1879 年 7 月 8 日第 2 版第 2221 期

水禁捉船示

嘉兴船埠已改船所勒石永禁捉船免致扰害行商刻因若辈故智复明郡尊特刊颁六言告示禁止照录如左

船埠改为船所　水禁借差封捉　窑货津贴未筹　遂起逢船需索　现照峡镇米市　已由行铺补足　业经谕禁巡船　革除船票名目　诚恐日久弊生　支票另行颁式　为此出示晓谕　如远定提究革

《申报》1879 年 7 月 11 日第 2 版第 2224 期

朔望禁屠告示

特用直隶州调补江苏松江府上海县正堂莫为遵札晓谕事奉本府正堂博札开据刑部贵州司主事沈莲候选教谕举人王曾玮岁贡邸榭垄副贡沈葵职员王焕卢献葛禀称窃念天灾示医惨莫甚于杀生浩劫虽过情何忍于回首所以吊屈原之溺竟渡端阳恤子椎之补禁烟寒食古人悯人之厄尚历久而勿渝今人身遇其难岂逾时而不省盖自来天道本属好生其奈世人罔恤物命厅屠刀于夜午到处哀鸣闻刲血于庖丁每多活剥物无辜而就死人纵欲以戕生鸣呼厉刃先张酿成劫运求生无路尽陷凶锋往者发匪之乱蹂躏六百余城蔓延一十六省

震地杀机漫天峰火遇害者脂膏刀斧斛棘悲号殷据者血溅疆场仓皇毕命甚至肉饱凶残之腹骨为燔炙之薪何异于烹羊炮羔脍鲤屠豕哉幸赖天兵戡乱庶物咸熙出水火而庆更生抚疮痍而有余痛诚宜常深敬畏回溯艰危宏推已及物之心作一日百年之举为敢环求通饬凡逢前次贼至陷城之日禁止屠宰岁以为常庶几居安思危体天地生成之德顾名思义存庶民修省之怀是亦风俗之攸关非等释氏之咸杀谨陈悃款上乞施行等情到府据此查郡城朔望久已停止屠宰据禀心存恻隐事属可行饬即遵照办理等因到县奉此合行出示晓谕为此示仰猪羊肉店及地甲人等知悉嗣后务须遵照宪饬每朔望日一体停宰以惜物命各宜凛遵毋违特示

《申报》1879 年 7 月 11 日第 3 版第 2224 期

钦加三品衔督标毅字营楚军江苏补用道王告示

　　为重申谕禁以绝盗源事照得烟馆赌场素为藏匿匪徒之所例禁极严本统带奉两江督部堂札饬查禁迭经示谕几于舌敝唇焦自移防以来所有拿获违禁卖烟之犯已枷责示警并取具各犯改业永不卖烟切结在案查现在遵谕改业户口固多而观望徘徊希图弛禁者仍复不少且访闻小街僻巷私行新开烟灯并有借客栈为名开灯卖烟聚众吃食者实属胆大貌抗为此重申谕禁自示之后如有仍蹈前辙初犯则枷责不贷倘系曾经犯案出具切结之户一经访查得实定行从严究办并将所住房屋无论租赁自业公产均封查归入善堂充作公费地保扶同徇隐除革去不准复充外一并从重惩办至本营派出查访之勇均有号衣可凭倘有游勇流民冒充本营勇丁借故滋扰情事准被扰之家或地保邻右扭送来营定即立子究办本统带因思除暴即所以安良而赌场烟馆不清盗源终无而自绝故不惮反复丁宁谆谆告诫如再不悛则是自罹法网惟有尽法惩处不能再事姑容其各凛遵毋违特谕

《申报》1879 年 7 月 12 日第 2 版第 2225 期

申明会试定例告示

　　补用府即补直隶州代理江南苏州府长洲县正堂吴为示谕事奉府宪毕札奉署布政使薛札奉护理巡抚部院勒札开光绪五年闰三月十一日准礼部咨查定例会试举人直隶限于前一年十二月山东山西河南陕西甘肃限于十一月江南浙江江西湖南湖北限于十月福建广东广西四川云南贵州限于九月各省如期起送如司府稽迟违限听礼部查参直省举人会试责成顺天奉天府府尹各省布政使将举人欠粮缘事已经斥革及现在议处未结与罚科丁忧等项确实查明不准申送等语又乾隆二十九年奏准嗣后会试举人俱照旧例申送藩司由司核明详院请

咨发司转给其应造各册一体送院咨部等因在案令查光绪六年庚辰科会试各省厅试举人应照例详查造册并给发文批亲赉赴部其到部投文日期自庚辰年二月初一日起至三月初一日止本部据文查明合例准其会试相应行文江苏巡抚转饬所属照例办理其文批务勒限各府州县逐名给发各省举人亲赉赴部会试毋得迟延违限可也等因到院札司转行各府州通饬所属一体遵照出行示谕等因到司札府奉此合亟转饬札县即便遵照出示晓谕逐名取造册结详请给咨毋违等因奉此合行示谕为此仰应会试举人知悉嗣后务各依限预请文批亲赉赴部会试切勿迟延自误特示

《申报》1879 年 7 月 13 日第 2 版第 2226 期

申禁私销私铸告示

长洲县正堂吴为出示严禁事奉本府宪毕札奉署按察使沈札奉总督部堂沈札开光绪五年闰三月初七日准刑部咨江苏司案呈所有前事等因相应抄单行文该督抚转饬臬司并各州县查照办理可也等因到本部堂抄单行司札府转行到县并抄单内开内阁抄出江南道监察御史郑溥元奏请禁私销私铸等因一折光绪五年二月十二日奉上谕御史郑溥元奏请饬禁一摺私销私铸本干例禁近来各省奸商往往销毁钱文制造器皿并敢串通吏役开炉私铸实属不成事体着各直省督抚饬令各州县严行申禁毋得视为具文钦此抄出到部相应恭录谕旨行文该督转饬遵照严禁可也各等因转行到县奉此除密访查拿外合行出示严禁为此示仰各商民暨各衙门书吏人等一体知悉尔等须知私铸私销例禁森严自示之后倘有不法之徒敢再销毁钱文制造器皿以及串通吏役开炉私铸情事一经察出或被告发定即立拿到案从重惩办决不宽贷其各凛遵毋违特示

《申报》1879 年 7 月 14 日第 2 版第 2227 期

关防告示

署监利县正堂石为关防诈伪以肃功令事照得去伪除奸乃有司之要务防微杜渐实立法之大端本县世继书香家传清白任事则实心实力与人则无诈无虞墨客山人从无妄通干谒家丁胥吏绝不稍假事权遇奸宄而必惩除良莠而务尽平心断狱总期一秉至公乘暇临池此外更无他好所恶者瓒缘钻刺最重品节文章请托不行罔知瞻顾簠簋自饬愿矢深渊此本县清夜焚香所质诸鬼神而无疑也兹际下车伊始端以抚字伪先诚恐不法棍徒或诈作新知或伪为旧仆或冒托芝□之契或谎称桑梓之亲遇事招摇指官撞骗纵正人能知其妄恐愚民莫测其奸除随时严密访拿从重惩办外合即出示晓谕为此示仰合邑军民诸色人等知悉本县励精图治

砥行维风端首务于关防政与心一特先伸夫告诫言出法随俏谓纸上空谈官场故套仍敢枉法一以尝试竟至怙恶而不悛是诚自蹈顽愚不堪教训一经发觉孽自作于瓮中三尺森严仁难施于法外各宜猛省毋得故违特示

《申报》1879 年 7 月 16 日第 2 版第 2229 期

奏办江浙晋赈新捐转运沪局布政使衔分巡苏松太兵备道刘三品衔山西候补道（员）前户部正郎姚示

为出示晓谕事据前会办江苏黔捐局候补知府李积琳等禀称车府等于同治八年奉贵州抚宪督办四省黔捐升任臬宪葆宪札委会办黔省捐输饬于江苏设局劝办当蒙札发翎枝实官各项部照遵经照章办理嗣奉大部议并捐输黔捐并人统捐惟时收相条例核与黔量稍有参差卑府等黔捐尾卯所收捐银内有捐请花翎四名蓝翎一名及蓝翎捐换花翎一名先已遵竟填照正在汇案造送履历呈请核咨适奉行知翎枝已在停收之内该捐生等上兑虽在停捐之前而造册转辗已励奉文之后自应归于驳案现在各省相输钦奉谕旨停止捐输应即妥为清理伏念宪局奉准章程可以捐纳翎枝所定银数比诸黔捐有增无减卑府等会同商议拟将该捐生等六名捐请翎枝前匀捐银由卑府等查照赈捐章程代为加足开具原交履历及前给黔相照根呈解宪局作为现收晋赈新捐填齐部照咨送道宪衙门收存并祈出示各捐生赴局换领一俟该捐生等领换新照将黔照缴齐即由霸局详请送部核销以清档案等情并据解交规银四千两七钱到局据此查该府等于前办黔捐收仔翎枝六名嗣因翎指停止不及造册详送核咨现在钦奉特旨停止各省捐输有应妥为清理俾清档案拟将前收黔捐末经核准银两查照晋省眼捐报捐翎枝章程补足汇解兑收给照前来核其所禀尚属可行于赈捐不无小补据禀前情除详直隶爵阁督宪先行咨部查照外合亟出示晓谕为此示仰单开各捐生等一体知悉即日赴道换领俾清档案再捐生赖堃苏宝瑜二名捐监生加捐实职业已填照存局入册咨报现在造报完竣即行报撤仰即赴局领照至陆宗云一客尚须补缴银两迅即如数补足领照毋稍再延自误切切特示 计开顾寿松刘正孝朱之栴郭熙光李芝李灿宗以上六员名现据李守等呈缴黔捐照根补足银数呈由本局换给账捐新照应即检同前捐黔照赴局倒换

《申报》1879 年 7 月 19 日第 2 版第 2232 期

停止晋赈新捐告示

奏办江浙晋赈新捐转运沪局布政使衔分巡苏松太兵备道刘三品衔山西候补道前户部郎中姚为出示晓谕事照得本局奉委筹办江浙晋赈新捐业经会同设局劝办并遴选委员

分投招徕以期集腋成裘借资急需所收各捐生捐款银两均经随时造册分批汇解兑收济用兹于本年二月间钦奉特旨停止各省捐输并奉山西爵抚宪曾饬令一律依限停止其所收各捐生捐款履历统限于五月内悉数报部各等因当经分别示谕在案查本局晋赈捐输自上年四月十五开局至今已届一年虽按月按卯将履历清册随时咨报并无积压而本年捐需更旺名数甚多历时既久清理非易惟定限极严不得不漏夜赶造随同照根详送至本月十六日先后造送清册共二十一次详情直隶爵阁督宪李覆核于限内咨部核奖本局所收履历一律造送完竣所有捐务即于五月十六日停撤改为晋赈新捐文案处将期年以来收解银两并收给部照数目均须按名分晰造具四柱清册详送一俟清理告竣本道即行回津除呈咨外合行出示晓谕为此示仰绅商士民一体知悉所有本局经收捐款履历现已统案造册报部并无一名遗漏各捐生应得执照皆由本局随时填给本无空白部照实收发留在外亦无经手未了事宜务各知照切切特示五月　日

《申报》1879 年 7 月 20 日第 2 版第 2233 期

斥革差保示

宁波府正堂宗为晓示事照得甬东地保固易生事而甬东司巡检衙门弓兵差役习气尤坏遇有殴打滋事往往司差在场而从未见其获一贼办一公留此等恶劣之徒无益于公有害于民自应严行汰草如收费钱纵容娼赌之孙宝生私借拿赌讹索之凌阿如吴照心程小高滋事助势之大阿福装伤图赖之丁小暴人又积惯生事之林本立仇连等阿友杜曾贵任汝银唐阿树均难姑容已经本府陆续因案革办并该巡检自行斥革诚恐该革役仍然在外冒名生事除开列名单札饬鄞县并该巡检不准改名蒙充外合亟开列名单晓示为此示仰诸色人等知悉凡在名单之甬东司差役悉已惩办斥革倘再假差生事许尔等军民人等或指告或捆送来府究办毋违特示计开名单任刚即汝银张镐即阿毛章金吴茂即阿茂吴标即锦才唐华即阿树凌潮即阿如吴俊即照心程镐即小高翁福即福寿陈浩即阿荣茅升即阿友张安即阿测万钏即三士保名通训杜荣即增贵孙顺即宝生李祥即祥茂叶清即大福钱泰即锡铭祥盈即阿四林涛即本立仇升即仇连张耀徐春即金水丁高即小暴仁钱生即小顺富赵宝即加顺胡晋即顺保

《申报》1879 年 7 月 23 日第 2 版第 2236 期

添设分卡告示

头品顶戴兵部尚书湖广总督部堂李为晓谕事照得武昌厂关征收船料钱粮攸关国课不

容稍有偷漏现值江凡水势泛涨江面宽阔汉港纷歧船只易于偷越亟应择要设立分卡严密稽察以杜偷漏而裕课项本部堂现饬于五月初一日查照旧章在于蔡甸金牛港地方分设卡所认真稽查俟江水稍退即行裁撤合行出示晓谕为此示仰商贩军民人等知悉尔等务须恪遵功令无论大小空闲船只一经入卡概行赴验即行应完船料税银赴关照例完纳亲身登填账簿验票放行毋得抗违倘敢闯关偷越借端滋事定即严拿究办该卡巡役人等亦不得任意指勒如有额外苛索许该商贩据实禀究本部堂言出法随决不姑容各宜凛遵毋违特示

《申报》1879 年 7 月 28 日第 2 版第 2241 期

开浚城河示

鄞县正堂石示照得郡城内外河道由何工局会同各永龙会次第修浚其三喉总闸以及喉口等处已经先行兴工凡搭盖河棚应行拆卸之处即由局勘明饬令随时拆让以资挑浚倘有阻扰不忽立提究办自溶之后如敢再以垃圾瓦砾任意倾入河中准各铺户及地保指名禀送即予严惩地保徇隐不报查出重究不贷切切毋违特示

《申报》1879 年 7 月 30 日第 3 版第 2243 期

劝拿枭首犯告示

代理提标右营参镇府上海右营副府傅钦加总镇衔两江补用协镇都督府署淞南营游府廖为出示剀切劝谕事照得盗匪乔洸潆一名前在金泽地方胆敢聚众械斗白画杀人目无法纪本府等奉督抚提各大宪严札责成督带水陆弁勇缉拿务获已于黎里镇拿获党羽八名夺获枪船五只军械多件经解松江府从严讯办各在案查正犯乔洸潆虽属暂逃法网终必明正典刑指日就擒可想而知现奉浙江抚宪严饬水师不分畛域一体会拿本府等会同留防太湖水师六营四面兜剿师船云集不难指日歼渠前此发匪数百万蹂躏十数省尚且一鼓荡平久昭显戮何况乔匪跳梁小丑岂能螳臂当车第念该余匪等原属无知小民始而迫于饥寒随同饮食继而畏其威势流为胁从若竟一概诛戮玉石不分本府等体好生之德心殊不忍须知正犯仅不过乔洸潆一人尔等余匪出于无知其心可原本在可赦之条急需悔悟自新洗心革面如能将乔匪捆送来营本府等当即禀明大宪不独赦其前罪亦当褒其新功况松江府现今悬出赏格银洋一千元即予给领断不食言倘或该首犯自投来营归案亦即量材录用妥为安置如邵邦杰来营投劾亦复不咎既往施恩录用此明证也尔等具有天良亦知惜命试思与其同戮于将来曷若解体于今日孰得孰失不卜可知诚恐未能周悉合亟出示晓谕为此示仰该余匪人等一体遵照如或始终不悟甘心为匪者一体拿获

不论军民人等如见乔匪余党不分首从扭解随地芝县讯确定罪听候发给赏银并禀请立予正法决不宽贷各宜凛遵切切特示

禁屠求雨告示

松江海防分府吴示天时亢旱日久田禾待雨孔殷现在设坛祈祷默求速雨甘霖尔等居民铺户各宜斋戒虔诚一体禁止屠宰如违提案究惩本月十一日起十三日止

示谕农民

宁波府正堂宗鄞县正堂石示谕各乡农民各图干首人等知悉久晴不雨田禾民命所阅本府等日夜焦心不待各乡民申报已先在城中设坛求雨断屠数日尔等谅有所闻盖官之心比民更急也劝尔农民不必似往年成群结党来城一则求神先要神喜数十里往退烈日之中恐神灵不安更不降雨二则车水耘田农功要紧暑往来荒废田功三则十里数十里奔波吃茶吃点心也要花费官纵赏几文钱自己仍要赔补且防受病本府县既忧旱又爱民故特劝谕尔等知悉官在城求民在乡求各虔诚自然有雨乡民如必要进城只须耆老柱首干首数人来城见官面诉情形足矣何必多人第一件劝尔等尤要各存好心行好事天受好人方肯降雨赐福故欲求雨先须自求也切切特谕

上海县正堂莫示

为出示谕禁事据举人张佩珩钮世章职员丁承模监生康变生丁承霖曹锡三武生潘达声杨本立禀称住居西南乡曹行马桥等镇该处地方自五月初旬至今未见甘霖一经亢旱必致枯槁各农民已于上旬纷纷救两缘未沛甘霖为亟环请禁屠等情到县据此除示外合行出示谕禁为此示仰该处猪羊铺户地保人等知悉自示之后毋许屠宰猪羊得能速沛甘霖即□开屠倘敢阳奉阴违定行查究不贷具各遵照毋违特示　光绪五年六月　日示

严禁漏税示

钦加盐运使衔署湖北武昌府事德安府正堂陈为出示严禁事照得武昌厂关税丝毫均关国课不容稍有伦漏久经前府出示在案乃昨日江关新河地方竟有不法之徒串通船户偷关漏税当经关役追获船户谢德胜并拿获驾划之王四柏天鹏唐才解府业经分别从重责惩枷号示众诚恐各关附近痞从包关漏税亟应严行禁拿以重税务除饬差严密查拿外合亟出示严禁为此示仰商民船户及诸色人等知悉尔等须知船只例应完纳税项现在各关巡缉严密万难偷越该船户等纳税后便可扬帆行驶无虞盘诘若误听痞匪诱惑偷关漏税一经拿获身罹法网税课仍不能免情稍重者般货入官后悔何及自示之徒各船户务当赴关照例完纳给票放行毋俐受人愚卉偷越关津其有附近地痞各宜安分守法早白敛迹毋得希图渔利包揽瞒关倘敢故违一经拿获定即从重究办该巡役人等务当随时严密稽查有犯立即拿送不得徇隐卖放仍不准格外苛索借端扰累致于重咎其各凛遵毋违特示

《申报》1879 年 8 月 3 日第 3 版第 2247 期

申明渔例示

湖北武昌城守营江夏县旱汛戎府李抄奉湖北武昌城守营参府补用协镇都督府樊为剀切出示晓谕严禁事照得本参府顷奉督部堂李札开照得江河捕鱼原所不禁惟不得阻滞水道有碍行舟前经本部堂通饬严禁在案兹当夏汛泛涨之际沿江一带恐有不法渔户在于急流顶冲石几险要之处密布桥木私设埂坝高罾纲罩任来殊多窒碍一经碰触即群集勒诈甚或船户失于驾驶或遇风狂浪涌偶有事故即乘危抢夺种种为害实堪痛恨若不严行查禁何以清江面而利舟行等因奉此查此案本参府久经出示严禁在案近闻又有不法渔户仍在急流石几险要之处密布椿木高罾纲罩有碍舟楫往来设遇碰触群集勒诈甚为可恶札饬所属各泛弁亲带兵丁严拿禁止外合再出示晓谕为此示仰沿江湖河港汊渔户人等知悉自示之后痛改前非如有不法之徒仍蹈前辙许该保甲一体查拿送交地方官从重惩办毋稍宽纵该兵役保甲等亦不得借意勒索安拿无辜有干例禁是为至要切切特示

《申报》1879 年 8 月 3 日第 3 版第 2247 期

告示

钦命二品顶戴布政使衔署理湖北武昌等处承宣布政使司印务按察使司按察使总理通省善后牙厘各局姚奏办湖北下游滇捐总局盐运使衔分发尽先补用道诚勇巴图鲁汤为出示

晓谕事照得本局光绪五年四月十一日奉湖北抚宪潘札开光绪五年四月初三日准兵部火票递到户部咨开捐纳房案呈本部议覆云贵总督刘等奏停止捐输酌加新饷并预计造报期限一折光绪五年闰三月二十三日具奉本日奉旨依议钦此相应刊录原由五百里飞咨湖北巡抚可也计刊原奏等因到本部院准此札局即便查照计单钞户部议覆原摺内开本年正月二十一日钦奉上谕户部奏停止捐输一折即著有捐省分督抚将筹饷事例条款概行停止将捐务赶紧清厘造册报部统限于本年五月悉数截止等因钦此业经通行遵办所称五月截止者即指造册报部而言该督等奏请滇捐总分各局限至本年五月底停止收捐似属误会谕旨应令该督等于接到此次覆奏部文之日无论总分各局立即停止收捐不准再行含混渎请至于奖册展限送部一节查滇捐总局设立本省此外分局则有湖北湖南广东广西江苏四川浙江江西福建山东河南等省除江西滇捐业据江西巡抚奉报停止外其余各省若准其造册推展则局员倒填年月限外仍可蒙混收捐殊非核实办法拟令于接到此次部文停收之日即将业经报捐捐生姓名及所捐官职先行开单赶于五月内报部备案嗣后奖册到部即以单报为凭滇省总局中臣部飞咨云南督臣等饬属遵照各省分局亦由臣部径咨各该督抚转饬遵照其湖北等省向由云南奏咨者由臣部径咨湖广总督等转饬滇省分局局员一面详报一面先将清单呈送到部毋得逾五月之限以省往返而期迅速核计报部时日尚属宽舒且但开捐生姓名宫职较造册大为简易自不得更行借词推诿其造具奖册无论总分各局一律推展三个月于本年八月底止等因奉此本局即遵于奉文之日停止收捐并飞饬原设各府局及各行劝委员一体遵照停止收捐将业经报捐各捐造报到局办理在案查本局自光绪三年八月十八开局日起历年所收各捐已八次汇造奖册详请奏咨其此次奉文停收以前业由本局报捐各捐及各府局各行劝委员报到奉文停收以前业经报捐各捐均将各捐生姓名及所捐官职一律开具清单遵于五月限内呈报大部备案现仍依名赶造奖册详请奏咨以完局事所有本局原发各府局各行劝委员空白照收其未经填用及笔误填废者均经一律追回开造四柱清册详请咨销并未遗留空白照收在外此时亦断无再敢收捐之理合行出示晓谕为此示仰绅士商民一体知悉捐输业经奉停功名另图进取切切特示

《申报》1879 年 8 月 4 日第 4 版第 2248 期

特用直隶州调补江苏松江府上海县正堂莫告示

为出示严禁事据二十四保二十四图业户张端堂庄念祖庄念劬地保为悦楼呈称身等图内烂泥渡陆家嘴吴家厅等处有洋商栈厂工匠人等每日下午结伴游行一言不合或拉吃讲茶或纠众行凶又有无业流氓酗酒滋事强赊硬买彻夜游行聚散无常皆因烟馆茶坊酒肆深夜未闭以致匪类混杂更有一种贪利房主遇有外来客民不问来历甚至蚁媒诱卖良家妇女种种恶劣不特风化攸关实属目无法纪求赐示禁等情到县据此查前据该业户等具禀节经示禁在案

据呈前情除批示外合行出示严禁为此示仰该处地保居民以及烟茶酒馆工匠人等知悉自示之后尔等务各安分守法毋许纠众行凶酗酒滋事强赊硬买以及诱卖妇女致于重究其烟茶酒馆定于二更闭门不得深夜开张客寓留住外来客民必须查明来历方准借给居住倘敢仍蹈前辙一经访闻或被指禀定即提案从严究办决不姑宽各宜凛遵毋违特示

抽捐定章示

钦命长江水师提督衔湖北汉阳总镇督府随带加三级许为出示晓谕事照得前奉彭部堂钧谕创议兴修衡州会馆于汉阳东城郭外深幸同颖众姓踊跃轮将集成巨款次第告成凡捐户名以及进出账目兹已截算清厘不日刊碑石永寿负珉后前船捐名自业经停止虽间有零星次户一概勾销以清界限惟会馆告成之后演戏祀神岁修并司库薪水火食等项无有出处复经合帮公谨按货抽厘以济长远公用议得米粮每石出钱二文煤炭每石山钱一文茶叶每箱出钱二安小箱七析除抽货厘外每年再抽船户派费一次如一丈口内者每年出钱三百文一丈外者每年山钱四百文归春秋二季分收由汉经过之船每年派费亦同此系永远定章经汉阳武昌两府县同时存案出示晓谕通衢一并勒石本镇现因公事浩繁不能往下经理自从创议开捐购地鸠工庀材起造以至今日落成固赖同乡众姓之力本镇虽竭蹶从公从未偷安取巧实因力有未逮不得不首先引退凡本镇所办工程捐项班班可考自今以后本镇概不与闻合行出示晓谕为此示仰合郡各船帮人等知悉嗣后由尔等公举绅董分任其事如各条章程有窒碍难行之处任凭随时公议变通总期尽善尽美勿替前功事垂久远本镇实有厚望焉自示之后倘遇有不肖之人假冒本镇声名妄加捐费舞弊招摇致滋物议者许即来辕指禀以凭究惩决不姑宽毋违特示

整顿水利告示

上海县正堂莫为出示晓谕事案奉关道宪札派委员会县查勘十六铺桥起迤南至海关南卡一带之南码头止划定浦岸填驳限制等因业经会委勘明议立木桩以示界限兹定于十九日开工赶办诚恐沿浦居民尚未周知合行出示晓谕一体遵照毋违特示

申禁试士带盐示

钦命护理江苏巡抚部院勒为出示谕禁事照得苏松常镇太五属例食浙盐自归商办以来私枭不净销数短绌每逢大比之年更形滞销揆厥由来皆由文武各生被私船户所感借考试之大典为贩私之护符应巡兵捕莫敢顾闲直五属内外巡务前经札委赵道邓副将等办理督率员弁严密逡巡销数渐有起色兹届本年乡试在即诚恐各该生复蹈故习违例庇私有碍官引据督销局杨守葆铭等会详到院吴部院未及核办移交前来除札枭司通饬各府州责成县学先行严切谕禁外合行出示晓谕为此示仰文武各生一体遵照该生等赴省乡试不准夹带私盐务将船只停泊听候查验放行倘查有私盐及不服盘查者定即分别扣留严办不贷切切特示

《申报》1879 年 8 月 16 日第 2 版第 2260 期

严禁车主私刑示

钦加运同衔办理上海租界会审事务江苏即补分府陈为严行谕禁事照得东洋手车与江北小车曾因日渐增置有碍行路经工部局议定照限逾额不给凭照迩来车夫时有将照卖与他人在车主前捏禀称遗失者固属不合然其间亦有实在失落以到不能辩白兼有画夫欠租人车俱避一经车主寻见面该车主并不将车夫送案讯究辄敢私刑吊打殊属藐妄缕经巡捕查悉将车全解案究罚乃敢仍蹈故辙情形极为可恶昨据巡捕房将私刑吊打车夫江川川蔡洪川解送到案讯验属实除再从宽罚缴养伤洋钱给领外合亟出示严禁为此示仰该车夫主人等知悉自示之后如有车夫将照盗卖以及被欠租钱不能自理者应即指交巡捕解案讯究不准再有私刑吊打憾事如敢故违一经巡捕获送或被告发定子从重究办决不姑宽其各凛遵毋违特示

《申报》1879 年 8 月 17 日第 2 版第 2261 期

申明贡监录科条例告示

长洲县正堂吴为出示晓谕事光绪五年六月十四日奉府宪札奉督学部院夏札开案准礼部议覆祁前院奏各省贡监游幕随任起文录科请明定限制一折内开嗣后贡监无论游幕本省外省实有不及回籍起文者准照顺天乡试例由幕所取具印文开具贡监姓名三代籍贯清册加具并无项名冒替甘结申详督抚加具印文申送本省应试凡籍隶省会建设贡院之处即照籍隶顺天贡监不准取具游幕文书之例办理其随任贡监如系正印官胞兄弟子侄准取具本官印文

册结申送教官佐贰由所任地方正印官加具印文申送倘游幕文书不加督抚印文随任文书不加正印文结或非胞兄弟子侄该学政查出将该贡监扣除并将申送职官姓名送部议处等因历经通饬遵照在案兹届录遗恐各属贡监未能周知定例合行查案饬遵等因到府奉此合亟转饬札县即便晓谕贡监如愿录遗者即由本籍地方官起具文结申送考试不得率用学文其游幕随任之贡监务宜遵照定例办理倘有不遵定即扣除均毋自误切切等因到县奉此合行出示晓谕为此示仰愿赴录遗贡监诸生即便遵照毋违特示

《申报》1879 年 8 月 17 日第 2 版第 2261 期

查验水缸示

上海县正堂莫为通谕遵办事照得城厢内外所设太平水缸水桶原期常储清水以备不虞现查各段水缸均未逐一挑满合行通谕遵办谕到该地甲速将铺内太平水缸水桶雇夫一律挑满禀候给予各片转请巡防委员逐段查验明确一面仍取各委员验明回条呈县以凭核结夫价嗣后前项缸水水桶如有损坏渗漏情事亦即随时禀请修理毋稍违延切切特示

《申报》1879 年 8 月 21 日第 2 版第 2265 期

署理江夏县正堂陆示

为示谕事案奉府画转奉抚部院札以炎暑将临监卡焉聚人多恐滋病累饬将自理词讼克日傅集藩释等因车此查本县准理一切调讼均系随到随审除结原无积维之件惟检查案卷尚多夫结或系原杀告日久不到或标原般告俱到原差延未带审或原告屡控被告避汇或被告已到原告匿不投审情形不一亟应逐细清厚以期速结而省拖累除将朱到之案分比催注销外合行晓谕为此示仰原被讼民人等知悉自示之后尔等即速投审毋得仍前宕延自取拖累该原差人等一奉签票尤宜节速带审倘敢玩延定即比革不贷其各凛遵毋违特示一原告屡控而壳告不到者经承开单送比一被告已到而原告规避者注销一原被告俱到而原书不带审者经承开单送比一原被告均久不到者应将差票撤回

《申报》1879 年 8 月 22 日第 3 版第 2266 期

署理江夏县正堂陆示

为示谕案奉府惠奉携部院礼以炎暑将临卡鹏聚人多恐滋病累的将自理松划日傅集客释等因奉此春木准理一切同均保随到随密随结原熊植型之件惟检查案卷尚多未结成像原

被告日久不到或原被告供到原差延未带密或原告展控被告避或被告已到原告不投情形不
一垂惠逐研清厘以期速结而省拖累除将未到之案分比催注销外合行晓谕为此示仰原被民
人等知自示之后等即速投密毋得仍前容延自取拖累原差人等一率善票尤宜即速带害倘敢
玩延定即比革不贷其各凛遵毋违特示

　　一原告控而被告不到者承开送比

　　一被告已到而原告规避者注销

　　一原被告俱到而原差不带客者承开里送比

　　一原被告均久不到者膺将差票撤回

《申报》1879年8月22日第3版第2266期

通饬录遗示

　　上海县儒学正堂韩为通饬事准本县正堂莫移奉本府正堂博札奉督学部院夏札开照得
本年己卯科女闱乡试所有各属未经取录生员贡监例应录遗合行通饬为此札府文到即转饬
各县各学晓谕贡监生员定限七月十五日齐集江宁省城听候示期考试其试卷俱用浮票点名
各册由该府钤印汇送并饬各县于贡监起文时调验部监各照如报捐在一年以内准照例执持
实收录遗其在一年以外不换照之贡监不准起文免致临时扣除仍饬各生于点名时将部监照
实收呈验并饬传知各贡监务于七月二十日概行投文过期断不收试如生员内有暂革及注劣
未销之生不得蒙混送试均毋违误等因到府饬县转移到学准此合行晓谕为此示仰应试各生
一体遵照毋违特示

《申报》1879年8月23日第2版第2267期

通饬各督模练示

　　钦命署理浙江全省提督军门节制水陆各镇统领内河外江水师强勇巴图鲁喻为剀切
晓谕重照得国家设兵可百年不用不可一日不备若不训绅于平时何以劝力于临事浙省营
制自裁兵加饷以来该兵等饷倍于前优邮备至应思重饷厚糈以赡身家原翼各兵身戎行勤
操技艺即营设千把外额各队百长原以督华训练栽习各兵亦不容尸位素餐滥竽充数至操
练各技不仅讲求架式如枪炮弓箭则以有准为优刀矛跳舞尤在运用全身实劲若仅徒饰外
观是具操练虚名练与不练伺异更查马步战守各兵例有兼习各校如弓箭兼小枪藤牌兼刀
矛台炮马检并兼刀矛各械弓按部定六力靶亦例有尺寸水师各兵更应谙习水操娴知水性
遇有召募余丁即先责合击习考铺之时必挥余丁之年力精壮者方予补充守粮知有马战缺

出即就战守各兵分别考妆所遗守缺再以余丁拣称均不容稍有迁就似计实力讲求始望得成劲旅兹本着军门莅任未久瞬届秋令开操合先出示晓谕此示仰本操各营守备千把外委等遵照立即转谕各该队目兵丁知悉务思身受朝廷豢养之恩自当励六业建功之志于开操后逐日劝操披艺队目等悉心教习毋稍怠延即启千把外额责在换防尤应认真将事如拙本署军门校阅果有牧艺超群勇敢出众者定于从优赏拔即督教得力之弁自亦必破格保奖倘各兵有懒惰操练技艺不娴者准该弁目立时禀革若该弁目不能正已率人弛于训练经本署军门考有校艺生昧除将本兵责革外其督饬不力之弁目自亦难辞其咎该兵等列身行伍原图进取功名果能勒于模练试艺精则胆气壮即大戏当前亦自有恃无恐设遇有事既可立业建功即此承平之时亦望赵枚保奖古来名将皆由行伍郝家公在奋志图功以期上进务宜自爱其各勉协凛之特示

《申报》1879 年 8 月 24 日第 2 版第 2268 期

禁止买卖空票示

钦加布政使衔署理江南苏州等处承宣布政使司布政使薛为出示严禁事照得苏城钱铺向有买空卖空之弊名曰露水以银价洋价之长落为贸易之盈亏累万盈千仅以一纸为凭据设遇市价长跌折本过巨无计弥缝即行倒罢重或酿成人命轻亦倾家荡产殊为地方之害历经各前司严禁出示并饬令于金闾中市通衢及钱业会馆内勒石永远禁止在案兹闻近来狡点之徒仍敢暗中买卖故智复萌若不从严查禁此风渐炽贻害无穷除仍饬府县随时查拿严行惩办外合再出示严禁为此示仰各钱庄店铺人等知悉自示之后务使一律公平交易不得再有买卖空票以及洋拆名目情事如敢故违定提该店主及经手之伙到案照例从重严办决不宽恕勿贻后悔凛之切切特示

《申报》1879 年 8 月 25 日第 2 版第 2269 期

示令投税

田地房产买之者例应投税不得逾限一年乃趋巧者往往迁延不报近闻甘泉县主调取官牙经办底册查得未缴之税银业已盈千累万实属有意迟延此外不由官牙经手者其匿漏更可想而知因特出示谕令民间凡有未经投税者限以时日照例呈缴逾限即罚盖国家定例极严未便令刁民随意也

《申报》1879 年 8 月 26 日第 2 版第 2270 期

禁城河浮浸木牌示

鄞县正堂石为出示禁事河工局绅董暨各水龙会请郡河淤塞已久奉防照旧由各水龙会分段典办现已渐次浚深并奉谕禁自浚之后垃圾瓦砾不准倾入河中在案弦兹得已浚各处竟有竹牌浮侵河中上堆泥草碎石取用时泥石落水为害尤深且水龙取汲尤多不便屡饬地保傅论玩忽不遵查甬上水利志乾隆五十年脩复三喉条禁中载河身浮浸木竹往往上堆土石取用时土石落水最易填淤深为水利之害嗣后如有复蹈前辙许邻保至控责处并即押令淘深禁令严明载在志乘乃日久渐弛浮浸益多亟宜开单公叩严饬差保逐一查明押办并请示禁等情到县据此除饬差保传论速将竹排起岸安放外合行出示严禁为此示仰该处居民店铺及地保人等知悉尔等须知郡城河道现已一律开浚深通凡有河内浮浸竹排勒限五日内一律起运上岸觅地安放毋许仍在河中浮浸上堆泥石致取用时将泥石落水填淤河道有碍水利自示之后如敢再蹈前辙有心抗违许就地居民及地保人等指名禀县以凭提究地保容隐并究不贷各水龙董事仍随时查察其各遵照毋违特示

《申报》1879 年 8 月 26 日第 3 版第 2270 期

严缉火匪示

钦加同知衔署怀宁县正堂加十级纪录十次陆为遵札出示严禁事本年六月十二日奉府宪札开照得省城内人烟稠密五方杂处亟应严密巡防以免宵小潜匿滋事兹本府访闻近有外来匪徒串通本地奸民在于城乡各处草房乘隙放火迨经房主知觉呼集邻佑扑救该匪则又混迹其中乘乱扒抢衣物被害者虽协同救火人等设法兜捕无如人多易混且马在黑夜仓促难以辨认执补该匪遂恃为得计此处救熄他处复燃以致民间终夜奔波意难安枕似此鬼蜮伎俩扰害闾阎若不设法悬赏严拿重办奚足以靖地方除饬巡查委员巡拿外合丞扎饬札到该县立即遵照迅速出示严拿并悬立重赏一面选差干捕协保密击仍移营派兵一体严缉前项匪徒务获尽法严办毋稍轻纵致干咎戾等因到县奉此除选差干捕协保密拿并移营派拨干目一体严缉前项匪徒务获尽法严办外合行出示严禁为此示仰居民铺户人等知悉尔等务宜遵奉宪札一体留心严拿果能拿获前项乘隙放火匪徒本县赏银陆两如有本地奸民勾通外来匪徒滋害闾阎查获送案者赏银五两倘知情容隐以及匿不禀报一经查实定立严拿到案从严究办决不姑宽切切特示

《申报》1879 年 8 月 27 日第 2 版第 2271 期

劝戒洋烟示

钦加同知衔建平县正堂加五级纪录十二次汤为出示劝戒事照得鸦片烟一项最是害人的凡人每为除病助力吸食几口自觉好的不知久食成瘾病照常了力亦败了在有产业的人荡产失业无产业的人流为匪类至手艺肩挑等人有力时趁的钱只够吃烟一到无力多致失瘾而死这种情形实堪怜悯查建邑人多吸烟本县力图挽救合集良方出示劝戒为此示仰合邑军民人等一体知悉尔等凡有瘾者可速查照后方配服其无瘾者切勿谓可除病助力遽行吸食俾免祸患而乐安康如有能书识字者即将此示各方多录传人辗转劝戒亦莫大阴功也各宜遵照毋违特示

戒烟方不一而有验有不验且有烟虽戒净而百病丛生者故有瘾者皆因疑而生惧惟林文忠公所定之戒烟验方极云极稳传之数十年行之十八省无有间言近来黔藩林方伯已取是方汇刻行世今春重庆罗星潭观察道出沪上复嘱本馆用活字版刷印数千本随处分送盖实见此方之有益无损也现汤明府示后所开之戒烟四物饮及瓜汁饮即文忠公之所定者惜字数太多未能照录入报然是方到处可□有志戒烟者正无难访求也本馆附识

《申报》1879 年 8 月 28 日第 2 版第 2272 期

禁开烟馆示

建平县正堂汤示照得烟盘一项业经谕禁闭歇在案尔等各速另营生计切勿再行开设倘敢故违一经查出定行究办不贷其有房屋之人如再租给烟盘者并行封锁入官亦不稍宽其各凛遵毋违特示

《申报》1879 年 8 月 30 日第 2 版第 2274 期

饬防火灾示

办理上海租界会审事务江苏即补分府陈为出示晓谕事照得今夏雨水稀疏屋料干燥城厢内外叠见火灾小东门外一片荒凉尤足骇人耳目闻得租界内连日亦有失慎之处幸皆即时扑灭未致燎原虽云天时使然究由人事疏忽而烟馆者虎灶失事尤多更为可虑合亟出示晓谕为此示仰租界铺户居民人等知悉尔等须知火烛所开实非浅鲜各宜小心毋疏防范至烟馆老虎灶室小而低尤应格外谨慎自示之后倘有仍前疏忽一经巡捕查送或被邻保指控定即提案严惩勿谓言之不预也其各凛遵毋违特示　光绪五年七月十二日示

《申报》1879 年 8 月 31 日第 3 版第 2275 期

查禁假票示

特用府即补州署理江夏县正堂陆为出示晓谕事照得省城地方五方杂处有等不法之徒捏造各钱店花票行使诳骗深为地方之害已据贸民程正茂等获送行使假票之闵德明到县严办在案现值乡试伊尔各路士子云集诚恐疏于觉察保不滋生事端除请总查局并移管一体饬查严拿外及札饬捕衙督带捕役在于省城内外常川逡巡遇有行使假票匪徒立即拿究外合行出示晓谕为此示仰县属军民人等知悉嗣后买卖交易接收花票务须立刻照验毋稍延缓致被欺骗远扬各宜凛遵免贻后悔切切特示

《申报》1879 年 9 月 5 日第 2 版第 2280 期

公请建复神庙示

特授宁波府正堂宗为晓谕事据职员祝启唐马永廉胡凤钊职监余世恩江宗海举人施念祖谢骏德章鏊马恩黼附贡华志青杨为焕禀贡叶钟骅刘孝眉拔贡黄家来监生刘景祥廪生励振骐生员张祖衔等禀称窃盐仓门内报德观乃唐明州刺史伙飞黄公有德于鄞后人建观奉祀名曰报德而观内官殿洁净向招诚实道士住持每日焚香顶礼以祈国泰民安凡邑中求雨禳荧驱疫诸大举各大宪诣观开坛诵经礼忏有求无不立应自丙子年被卫安局失火焚烧殿宇一空仅剩头门三间余皆焦土历经道十住持募化至今未能建造遇有祈祷等事以致无处供设本年夏天旱不雨蒙恩宪轸念民瘼与各宪虔诚祷告郡庙邑庙未沛甘霖旋蒙饬发纪慎斋公遗书在敦安局立八卦坛某绅士僧道等如法奉行果于十三日起连日下雨如注职等思报德观内亦立坛祈雨屡着灵验是此地乃吁求上帝为合邑万民请命之所有其举之莫敢废焉且黄公遗迹亦不忍其湮没爰集同人公议拟捐资建造奈经费浩大力有难支求恩给示劝谕庶几众擎易举殿宇得以重新为此备情禀明公叩恩准给示捐建以复旧迹而妥神灵至纪公遗书并求刊发存观以备祈雨奉行等情据此查报德观为郡城祈晴祷雨禳灾驱疫之所自被焚后仅剩头门三间至今未能建复该绅等公议捐建因经费浩大禀请给示劝捐修复应准示谕除禀批示外合行出示晓谕为此示仰殷富士民商业人等知悉尔等务各量力乐助俾得观成至所请刊刻此次祷雨有效之纪慎斋先生八卦方位坛遗书并云轮经存观亦应照办各宜遵照毋违特示

《申报》1879 年 9 月 11 日第 2 版第 2286 期

湖北巡抚部院潘示

为出示晓谕事照得文闱乡试例给士子三场鱼肉饐果等物原系圣天子嘉惠士林之

至意必应仰体皇仁俾诸生均沾实惠查鄂省向来食物由供给所备办初则假手丁胥继又门吏号军从而分蚀士子所得之物多系陈腐馁败而照例之开销如故是圣主有体恤之隆文而多士无袄领之实惠也前次属居卿试均经彷照湖南省以应试士子三场食物除例给钱贰百零西文外又优加体恤连捐办秋节梨饼等项食物再行筹加给钱九十六文定为士子三场每名共析给钱三百文由各鹰试士于目行制备食物不许经手人等扣分文亦不准毛钱短数出示遵办在案兹本居己卯科文闱乡试所有例给士子三场食物本部院任照历届折给钱三百文旧章办理由供给所委员武昌府同知李佐宸汉阳府同知张开运折给钱票该应试士子投卷之时赴卷局领取钱票自到票内所开钱铺支取临场自备食物不许经手人等扣亦不准毛钱短数庶从前陈腐馁败之弊可除应试诸生均沾实惠以期仰副圣朝典重宵典恩周多士之至意除供给所照办外合行出示晓谕为此示仰省应试诸生一体遵照毋违特示

《申报》1879 年 9 月 12 日第 3 版第 2287 期

严禁放火示

特用道调署江南安庆府事宁国府正堂加十级纪录十次高为劝谕联户支更力行保甲查拿放火奸匪以除民害而安地方事照得本府前因访闻省垣城乡有外来奸匪放火抢掠当经饬县会营并督同各段巡查委员实力查拿有犯必获嗣奉抚宪札饬督县会营分派兵役设法兜拿前项奸匪悉获解县惩办不准擅杀等因又经行县并密加亲访各在案兹本府复访闻外匪得以混迹为奸罔知忌惮实由就地匪棍贪利结伙受其指使或容留窝顿坐地分赃威瓒夜引路放火随同劫夺甚至假扮虎狼警扰闾里实为民害若不严密查拿何以遏乱萌而安乡里因思此等不法匪徒非混迹市廛即潜藏乡僻或酒肆烟馆茶坊或庵堂寺院客寓亟应力行保甲昼则挨户稽查互相举发夜则联户支更守望相助其聚族而居者责成户尊城厢散户责成房东店主以及地保人等各宜留心体察遇有前项奸匪或本即棍徒受匪嗾指为害者许即鸣保兜拿有犯必获如能拿获真正奸匪讯供确实者由县酌量重赏本府因除民害起见有获即不吝赏总之获犯必须送官不准擅杀倘敢故违刑章俱在亦不能稍贷焉合行出示晓谕为此示仰军民人等知悉尔等务各随时查拿遇有前项奸匪立时擒获送官究办不得擅自拷打以杜挟嫌栽诬之弊倘果获送真正放火奸匪照竟饬县给赏决不食言倘敢容隐徇纵并不实力访拿一经察出或被告发定提重究不贷其各凛遵毋违特示

《申报》1879 年 9 月 14 日第 2 版第 2289 期

申禁匪徒放火示

钦加同知衔署理怀宁县正堂加十级纪录十次陆为札饬事奉抚部院傅札开本护院风闻近日省城外各乡纷纷被火居民往往见有面生之人自相惊疑防范此必有游荡匪徒希图放火乘势抢劫若不严密查拿不足以遏乱萌而安乡里除行营务处保甲总局一体查拿外合亟札饬札到即便遵照选差干役于城乡严密查缉并饬城乡保甲自行联络密为缉查务期弋获匪徒由府县先行审讯确并具禀本护院仍当亲提复讯严行惩办以昭炯诫惟差役保甲人等如有弋获送官惩办不准先行私为拷问致启挟嫌栽诬之衅倘敢擅自拷打一经查出定将差役保甲人等照例究办事关严拿奸宄毋得视为具文空言搪塞如查获有真正被火匪犯其查拿之差役人等仍当着于重赏以示鼓励其即遵照办理毋违等因到县奉此除饬差分乡严密查拿外合行出示晓谕为此示仰军民人等一体遵照严密缉拿放火之匪送官讯办不准先行私自拷问致启挟嫌之衅其有获送真正放火匪犯讯供确实查拿之人无论是否差役一体着予奖赏其各凛遵毋违

特示

《申报》1879 年 9 月 15 日第 2 版第 2290 期

苏府饬办猪捐示

特调江南苏州府正堂毕为再行出示晓谕事案照省城育婴堂经费竭蹶异常经各绅董议以劝办猪捐接济业已酌定每肉一觔收捐钱二文每只扯计捐九折钱八十文由行缴齐会馆分拨济用给示晓谕遵办在案乃该肉业等辄以业微力艰求请免捐一再赴司府具呈实属有意抗违阻挠善举现奉抚藩宪批府再加核议复夺等因查从前每猪相钱十文系内业设立敬业公所自行捐助致众心参差事不果行现拟劝办猪捐系令买肉一斤加收钱二文出自买户由散而聚轻而易举且苏市肉价长落悉听各铺自定从未闻买户稍有较量岂反因善举加捐即存吝惜之心该肉铺收聚汇总诚如宪批不过一举手之劳既与民间事无窒碍更与生业无关出入自应仍照前议一体举办惟须定以年限庶不致漫无底止现经本府细加复核酌定试办二三年后育婴堂经费得能借此充裕或另筹款项即议停止除再照会育婴堂绅董暨谕饬毗陵敬业各董遵照详复名宪立案外合再出示晓谕为此示仰各行肉铺反买卖人等知悉自示之后务各一体遵照该肉铺等仍将收集捐款由行收缴会馆分济各项善举一俟三年为满察核停止毋再观望致妨善举大于未便倘有匪徒阻挠许即禀究地保徇纵并惩不贷均各凛遵毋违切切特示

《申报》1879 年 9 月 17 日第 2 版第 2292 期

钦加布政使衔督办安庆省城保甲局总理巡防候补道丁告示

为晓示事照得省城乡间前此纷纷火警一经焰起明见放火有人追赶转无踪迹以致惊疑群起横生议拟岂知实系无赖棍徒纵火为殃希图抢劫因见民间惧讶胆敢愈壮而滋害愈多久经会营及府县委员并奉抚宪转饬严密查拿现于北门外适值火起之时拿获一名金幅提讯口供直认不讳并非邪教会匪亦非江湖剧盗所供放火地假月日皆与被害之家相符恶贯满盈法无所宽业经抚宪亲提讯明后就地正法传示在案自此可保千村明日万井清风矣特恐未能一律周知更虑有稽诛余党甘蹈覆辙尔民前疑未释罔敢捕追仍然昼夜惶恐废时抛业殊为闾阎之害本总局不时密派员弁格外严拿外为此大张晓示自示之后尔民务即各安生业联络村庄互相保卫倘有无业游民滋扰乡井者禀官提究或再有放火等事切勿疑惧尽可跟迹追赶有获即行送官远逃则禀明在于何处以凭拿获到案尽法惩办但不得妄拿无辜留难行旅私相诘治致于重究毋违特示

《申报》1879 年 9 月 18 日第 2 版第 2293 期

申禁客寓窝留匪徒告示

钦加同知衔署怀宁县正堂加十级纪录十次陆为出示严禁事照得怀邑为南北往来大道护解饷鞘人犯并过客官商络绎不绝近年以来原不恒有被劫之事而在行商过客总宜时刻提防乃有一种惯好僻静之人专投荒村小铺住宿抑或贪赶路程转不能宿于集镇大店以致失事要知该处既无墩铺防兵又无更夫巡夜羁踪落落胡可恃耶查育怀邑北至桐城南至东流东至贵池西至潜山中途均有镇市客店及安设汛铺地方皆可歇宿至于山村小铺饭店往来投宿之人察其形迹可疑又无行李者务须细加盘问其来历不明立即交保送案查讯不得漫不经心转令奸宄有所托足即如月前有过客刘姓在沿山保小地方被劫一案勘讯之后不得不将该店主暂行管押试问所得房饭几何而已深受拖累除此案勒捕严拿务获究办外合行出示严禁为此示仰往来客商以及护办饷鞘解役人等知悉须知各有身家不可稍涉大意嗣后务在镇市及有汛铺地方投宿其护送饷鞘及解案差役尤须鸣地保凡地多雇更夫督令彻夜巡更共保无虞所有各饭铺遇有形迹可疑又无行李到店投宿者务须细加盘诘如果来历不明立即投保送案不得漫不轻心行路人等切勿赶路程务须于集镇大店及有汛铺地方投宿藉资保卫自示之后不得故违示谕自贻后悔具各凛遵毋违特示

《申报》1879 年 9 月 19 日第 2 版第 2294 期

申禁揽货漏捐示

特用直州调补江苏松江府上海县正堂莫为再行示禁事据靛青业职董石惟寅太和隆合利傅益泰曾公顺广丰盛邱吉昌同生大茂呈称请帖开张靛青行因歇业恶伙在外兜揽漏捐消货名曰白拉前已禀请禁止并蒙防局移请严禁业等复行具禀示禁饬拿在案讵自奉禁之后非惟不知敛迹抑且结伙愈多又串王少斋丁德源等更无忌惮各处揽货任意漏捐以致业等有帖之行绝无生意无帖之白拉转为获利不求究办市缠攸捐项短少联名求赐提究等情到县据此查此案前经筹防局移请查禁当经出示严禁一面开单饬差密访在案据呈前情除再饬差密访查究外合再严行示禁为此仰该业人等知悉自示之后如敢再有白拉揽货漏捐私取用钱许即指明禀县以凭究惩决不姑宽其各凛遵毋违切切特示

《申报》1879 年 9 月 22 日第 2 版第 2297 期

严禁教演拳棒示

候选府遇缺即补州特调汉阳县正堂加三级随带加二级纪录八次林为出示严禁事照得例载游手好闲不务本业之流自号教师演弄拳棒教人及师学习者本犯杖一百流三千里随同学习之人杖一百徙三年如坊店寺院容留不报保甲人等不行查拿均照不应重律治罪本县访闻汉镇地方有等痞棍习打皮拳于后湖一带摆场教演射利惑民甚至较胜相争斗殴滋事除饬差查拿外用特申明定律出示严禁为此示仰汉镇诸色人等知悉富知游手弄拳有干法纪务谋正业守分营生其曾习打拳之徒但能敛迹不复辗转教师自应免予惩办仍照将容留之店徇隐之保一并均拿究治决不姑宽各宜凛遵毋违特示

《申报》1879 年 9 月 24 日第 2 版第 2299 期

谕禁士子勿得欺凌远人示

头品顶戴兵部尚书湖广总督部堂李为出示晓谕事照得湖北省现届乡试大典士子云集省城恐有各国洋人来省游玩该士子等见其异言异服指示笑谈甚或欺凌滋生事端又恐该士子等于场期前后送考人等赴汉游玩或买什物见洋人服色不同致有嬉笑欺凌情事亟应出示严禁除札江汉关监督照会各国领事传谕在汉洋人于乡试期内毋庸来省游玩外合行示谕为此示仰应试文武士子及送考人等一体知悉尔等如赴汉镇遇见洋人务与中国之律看待俾知楚北文学之士皆以礼节自持从不欺侮外人朴厚之风传于外域亦属美谈焉各宜凛遵毋违特示

《申报》1879 年 9 月 28 日第 2 版第 2303 期

禁止书役需索示

钦命崇文门监督兼营各关口税务宗拿载师为钦奉上谕事照得光绪五年七月十六日有上论御史郎纯缎奏关夹需索价离请饬严禁等语本年值乡试之期多士云集乃揽称舆化门东顶门等卢书役竟敢有任意需索留难等情实属不成事体着崇文门黝督申明旧章出示晓谕等因钦此抄行到务遵即出示晓谕在事差役人等凡遇来京乡试士子应须按照定章查验放行不准任意需索留难一经出示晓谕后倘再有来京应试士子被尔等任意需索留难致士子来务申诉或经本监督访问定将委员书役人等参革决不宽贷各省应试士子到门亦应停车听验如带有应税货物即宜呈验纳税不得以差役人等不敢搜查径行匿货不视更不可误听奸人未带货物以期免税倘一经发觉多方争累有误功名各宜自爱除齐化东便两门遵旨出示晓谕外恐此外各门亦有需索留难之事当即一体出示晓谕仰各门差役人乡知悉自此次晓谕后务宜恪遵定章不准任意需索留难各宜凛遵毋得自误特示

《申报》1879 年 9 月 29 日第 3 版第 2304 期

示禁淫画

特调宁波府正堂宗示卖西洋景者胆敢以春宫淫画照影活现陈于街市最足以伤廉耻而导邪淫如不速行毁灭定予驱逐拿办毋违特示

《申报》1879 年 10 月 4 日第 2 版第 2309 期

展缓捐谷示

代理绍兴府萧山县方为晓示展缓谷捐以纾民力事照得前奉上宪札饬劝捐积谷以备凶荒一案经龚前县会商绅董定章劝办随粮带收沙牧各地一律捐输原议分作五六两年上忙一串收齐本县莅治兹土时值旱歉念切民艰现据沙牧居民纷纷报荒禀求免捐积谷等情查积谷章程原以捐丰稔之盈余备凶荒之不足民捐民办积储于民非比他项捐输亦不准别作动用意美法良实为地方善政各大宪轸念贫黎因视晋豫之奇荒补救莫及作未雨之绸缪以期有备无患惟劝办积储之际设遇水旱偏灾小民完纳正赋尚虞竭蹶若再劝令捐输未免力有未逮披阅禀词尚属实在情形除禀批示外合行出示晓谕为此示仰沙牧各地居民及诸色人等知悉尔等要知劝捐积谷无非以本邑之粟备将来本邑之账所捐无几获益匪浅遽请捐除势难照准况劝捐缘由业经与前县定章通禀在案本县凡可为民计者靡不曲尽筹维为民请命今拟稍作变通暂尔展缓商诸绅董金亦云然兹定将沙牧等地应捐积谷缓至明年启

征仍照定章办理权缓急以纾民力捐固无减于毫末民得喘息之纾徐事诚两裨尔民具有天良自宜感发奋兴明岁输将亦必踊跃恐后本县为苏民困起见诸绅耆当亦晓然共谅耳其各遵照毋违特示

《申报》1879 年 10 月 4 日第 3 版第 2309 期

谕武生监照章录遗示

上海县莫示为通饬遵照事本年八月十三日奉松江府正堂博札奉督学韶院夏札开照得武生监录遗除江宁一属向于文生录遗后就近考试外其余各属概归江阴考录历经通饬遵照有案可稽查上届乙亥恩科录遗有金山武监生周国祥等并不遵限赴江阴本部院衙门考录遗才率行禀由江宁府代录实触不遵令案准囚场期瞬届姑准照办兹本年己卯科武闱乡试录遗恐仍有似此不谙定例之生合行查案通饬等因到府奉此立即遍行晓示录遗武生监务各遵照定例如期齐集江阴听候考录毋得仍前玩忽切速等因到县奉此合亟晓武生监等一体遵照定例如期齐集江阴听候考录其各凛遵毋违特示

《申报》1879 年 10 月 5 日第 2 版第 2310 期

教诫农民示

浙江补用道特调宁波俯正堂宗示谕城乡各图干首柱首绅殷种田农民人等知悉本年自五月以至七月连值亢旱川泽枯竭为二三十年来所未有本府督同各县随同各宪祷雨虽屡有应而总未一律沾足七月十二日本府亲诣太白山往返一百二十里恭请龙神于十三日来城为五县祈祷是日即有雨点当夜即雨十六十七雨势遂大二十二日大沛甘霖二十四五等日连雨不止城乡均沾河水渐涨秋稼可望所有应行教训农民各事合亟详列于后俾各晓然凛遵此后或遇旱年各农民得除积习而迓神麻乃吾民万世之福也凡识字人皆宜细看而绅衿耆民士子尤宜详细解说使不识字人无不了然得以化民成俗是所厚望特谕

一自六月以来各都各图干首宗房率同农民请龙来城与未来城者不下十起或雨或不雨总未能一律普沾何以本府躬自请龙后遂获沾足则本府请龙之仪式必应逐层说与尔等知悉

一尔等抬神请龙向来积习要挨家出一人无壮丁者虽老幼亦须奔走于酷暑之中累百成千汗气熏蒸人声嘈杂甚至语言无状气习嚣张此等情形莫说请神即寻常请客客亦预辞不赴临席而逃何况神居清虚之府肯降临乎本府请龙只本府一人随从十人斋宿虔祷绝无人多不静之患所以有效

一官府祈雨所以素服缨冠者所谓因灾而惧不敢御吉服期以感动神灵即隐寄自责自吊

之意也试问自责自吊之素饰可以加之神灵乎乃尔等农民动辄以白色蓝色布绕结神龙之座而升之甚至敬神之烛亦必要黄色绿色不肯用红其不敬莫大乎是本府请龙是用金红彩亭红绸围绕往返百二十里众人目睹所以有效

一尔农民误以素饰加之神龙固犯慢神之罪矣况亢旱多在六七两月而此两月皆值万寿庆贺之期尔等乡农无知往往以白与蓝轿抬放各衙门大堂又或遇国家忌辰不应开中门之时亦因抽神从中而入更犯大不敬之罪今年祷雨之初绅董因盼雨请仙乱笔判云众人不忠不孝致犯天怒而不雨试思农民耕凿不仕何以斥为不忠盖即指此等无知误犯处也若静听官府祷雨不必自出主意使无此等遇犯

一尔等农民抬神请龙要用祝念要许多花费开销故未曾请龙先就敛钱既遇俭岁当惜锱铢何可滥费或谓请龙便可减租此等滥费仍出殷户身上与种田人无涉所以种田人最喜为此呜呼此等心肠先不可以对神矣相之应减不应减总管年岁好不好年岁好大家不减岂能一图独减乎年岁镇不好大家要减岂能一图独不减何必请龙之减租地步总之劳民伤则而犯押恶不如静听官府祷雨不必自出主意便无此等过犯

一今者雨已沾足秋收虽不无减色总有可望今年再无求雨之事矣本府亦可以省心矣乃仍向尔等哓哓者缘尔等种种过犯非有心如是乃苦于见不到知不得耳当未雨之时人心未定无暇为尔等细说今得雨后若又不说水旱偏灾何时蔑有此后遇有旱年尔等仍踵谬沿讹误蹈过犯则岂非本府不教之过且本府何德何能神乃有求辄应者明是要本府教诫尔等神不能言要本府现身说法而言之也本府若不详细教诫上何以对神明下何以对百姓

一官有养民之责水旱为灾为万民祈祷非为一己求福是理直气壮之事神明不肯不听且得据其情词而转请于上帝与农民之自己求恩迥然不同故尔等须知凡为官者皆能为民祈福非独本府然也本府岂能常在宁波做官惟愿尔等此后无论何时何官总要晓得官是为我作主之人遇有灾年要格外敬重官长俾得心地耳目清净无嚣一心为民祈求大抵上策是各图中自己不必请龙中策即使请龙亦断不可挨户出人成千成百喧嚣入城尔等既蹈故犯又使官之心地耳目不能清净遂不能感格神明即尔等自害自也牢记牢记

一宁郡各县城乡无处无庙本府此次示谕最好是用满浆牢贴庙中墙上其有心解事之人或贴于自家清静处所墙壁以冀触目知戒而不忘再有能勒石庙中永远遵守者更望于贤能之柱干宗房矣

《申报》1879年10月6日第2版第2311期

条禁淤塞城河示

浙江补用道特调宁波府正堂加三级纪录三次宗为先行示禁事照得此次大浚城河大家

小户各出房捐不下巨万而司董人夫冒暑触秽大费气力监视挑浚始得处处深通水波环绕凡尔居民铺户试思挑浚何等艰难若以为夜深之后倾倒垃圾推弃砖石瓦砾更为顺便而无形迹任意倾弃致令不久复塞则是丧尽天良为天理所不容即律条所必究除严谕各图地保认真查察外为此示仰铺户居民人等知悉凡示内例禁各条有违犯者铺户定提店东管事居民定提家长究办地保不留心查报经本府路见或访闻并局绅会董禀报者地保一并重惩不贷凛遵特示

一严禁垃圾及修造之瓦砾砖石抛弃河内凡前后门临河之家幽僻之处家长尤宜严诚仆隶

一严禁棕铺之棕屑席铺之草皮石作店之碎石块屑猪肉店猪毛包菜店鸡鸭鹅毛倾入河内并禁止牛皮入河浸泡污秽

一城内各河并水气喉外一带濠河均不准有人淘沙

一严禁竹器等店以竹木浮浸河内上堆土石

一严禁擅于岸旁钉桩填占河水占寸亦必严究其桥上摆摊之人亦不准于河打桩接盖桥棚有犯者无论新旧着地保概押拆除

一除旧有河棚现饬局董会议章程另示外无论何处严禁新搭河棚

一有新搭除立押拆卸外仍提擅搭之家究惩

以上各条有犯必惩本府已谕饬绅董妥议善后章程另行出示勒石永远奉行

《申报》1879年10月8日第2版第2313期

禁扰教堂示

钦加四品衔特调江南苏州府吴县正堂汪为出示谕禁事照得泰西教士在苏垣设立教堂按日讲书系备载条约之事应由地方官保护兹本县访闻郡庙前及养育巷内两处教堂内每逢讲书竟有等无知之徒有意入堂寻衅口出狂言实属谬妄好事除饬拿惩办外合行出示谕禁为此示仰军民地保人等知悉自示之后尔等各安本分不准在于教堂寻衅滋扰倘敢故违定即提案从严惩办毋贻后悔地保有照料之责倘再容隐徇庇察出并处不贷各宜凛遵切切特示

《申报》1879年10月9日第2版第2314期

申禁烟馆赌博示

钦加同知衔署怀宁县正堂加十级纪录十次陆为遵札严禁事奉抚提部院总理营务处吴威吴札准安庐道移准两江总督部堂营务处总办皖岸督销局黄移准管理两江营务处江苏候补道洪移奉督宪沈札开照得各路劫案皆以烟馆赌博为线索地方官奉饬禁止往往以为多事

抑谓苛以所难迫事发而费全力追求已无及矣即如此次高淳以唱戏而赌博烟馆麇集数日遂有迭劫之案其明验也合行札饬遵照分别移行各防营会同地方官查明如有烟馆赌博限文到十日内一律严禁驱逐净尽倘该管员弁漫不经心仍前开设藏垢纳污为害闾阎立即严参勿稍徇纵尤不准兵役人等借端诈扰仍饬将遵办缘由通报查考等因下县奉此合行出示严禁为此示仰诸色人等知悉尔等须知洋烟赌博为害最深亟宜互相劝诫各务正业所有城厢内外大小烟馆以及私行开赌之处务各遵照定限一律闭歇如敢抗违定即提案分别严究驱逐以靖地方各宜凛遵毋违特示

《申报》1879 年 10 月 9 日第 2 版第 2314 期

申禁花行示

上海县莫查案示禁事照得本境棉花原由本地花营销售其外路各帮等商与行交易往往先立价单预付定银约期交货迫至花贱则行家交货花贵则将行闭歇遂致客商等受累而缠讼不休并有掺和水石妄希斤重渔利此等恶习言之实堪痛恨历经各前县示禁在案现届新花上市除谕限司年月查察外合行查案严禁为此示仰各花行客商人等知悉尔等买卖务各银货现交毋得买空卖空掺和水石并不准掺杂小钱如敢复蹈前辙致有闭歇吞银情事一经告官到县立提空盘之徒按律严办其所吞银货概勿予追以示警戒各宜凛遵免贻后悔毋违切切特示

《申报》1879 年 10 月 10 日第 2 版第 2315 期

禁开烟馆示

庆府正堂高示为严禁开设烟馆以绝盗源而安闾阎事案奉宪行转奉督宪沈札饬以盗案迭出由于赌博及烟馆窝顿所致饬即一体查禁等因奉此转行各县并督城厢查街委员认真查拿严禁各在案诚恐愚民无知或狃于近习视为具文或不谙禁令仍前开设此皆在所不免今本府与尔诸民约凡在皖省城厢内外开鸦片烟馆者限十日内一律闭歇改归正业如违严究不贷除派亲信丁役密访并一面严禁赌博外合亟出示晓谕为此示仰合郡诸色人等知悉尔等务须各安正业有仍开设烟馆者遵示依限闭歇倘敢逾限仍然开设一经本府访出或被他人告发除将本犯严惩外地俱及房东皆干重责本府令出法随事在必行慎勿身试其各凛遵特示

《申报》1879 年 10 月 14 日第 2 版第 2319 期

总办上海筹饷货捐局示

为出示晓谕事照得砖厼等货向本责成各行店责力稽查不准收买无票漏捐之货出具遵结呈卡在案签样该业合记永隆泰盛同典生感源记等公禀议立稽查公所凡有投卡报捐者即令执持卡票再至公所挂号方准起货倘有执持一票影射数船及有票货不符者即于单内注明押赴南卡补捐窑户如或故违察出从重议罚瑑求给示等情前来查议立公所稽查自是因公起见事厉可行除佮南卡照办外合即查案示谕为此仰该行及商贩人等知悉凡运砖厼夹沪赴卡核实报捐给领相票后务印前赴公所挂号方准起货倘查有无票之赀以及票货不符者立即由该公所报卡补捐如有不服稽查及挟同隐匿查出一并从重凛遵毋违特示

《申报》1879 年 10 月 14 日第 3 版第 2319 期

缓收积谷捐告示

特用直隶州调补松江府上海县正堂加十级纪录十次莫为出示晓谕事本年八月十七日泰藩宪批本县详本年不忙应捐积谷请缓至来年上忙举行带收缘由奉批此案现奉抚宪批示另札饬遵矣仰即知照缴又奉另札内开奉苏抚部院吴札县详本年下忙应相积谷请缓带收由奉批如群办理仰苏藩司核明转饬遵照示谕停缓仍俟来年开征十忙时再行察看禀办并令将出过示式通送查核毋迟缴等因到司奉此并据该县具详前来除批示外合就转饬札县遵办等因下县奉此除照会绅董外合行出示晓谕为此示仰合邑绅耆将农保甲人等知悉所有本年下忙应收积谷捐钱业经详明大宪批准缓俟来年上忙启征时再行察看禀办各宜知照毋违特示

《申报》1879 年 10 月 15 日第 2 版第 2320 期

禁私宰耕牛示

即补都图府安庆营城守细司代理左哨分府黄为出示晓谕严拿私宰事窃照本总司莅任以来查有无知之徒贪图利倍私宰耕牛皆有定例叠经示谕严禁在案并经土宪勒碑例禁仍有不法狠徒任意玩违仍蹈前辙殊不知耕牛系农民之要畜一经典种能济众人不思恩报反以宰杀又闲有等匪徒窃取耕牛以为宰户销赃又访闻有官身人串通私宰格外恶极惟宰杀耕牛者仁人不忍不教而诛其中难保无窝藏勾串偷宰情奠实堪痛怅现值秋祭在迩诚恐利徒借此纷纷伦宰除诊队目协保密查外台行出示晓谕为此示仰城乡诸色人等一体知悉自示之后如能知情查出私宰耕牛之徒真正实据及窝家一并获送夹营移县究办并给奖赏决不食言其各凛

遵特示

《申报》1879 年 10 月 17 日第 2 版第 2322 期

核减浮收示

代理绍典府萧山县正堂方为晓示遵照减浮定章征收粮赋以昭平允事照得前奉爵阁部堂左札行核咸浮收一案蒙奏定章程萧山县正杂钱粮每两正银准以一正一耗外加平除钱四百文参牌粮拒一律照章征收如系折钱完纳者银则查照时价计算贵贱长落随时牌示俾众咸知是粮户虽分大小粗赋原无重轻成法韶垂法良意美本县甫莅兹土体察情形采访舆论金以定苇为便现定以本作下忙开征为始严禁浮收无论大小户一律办理以息争端而昭公道诚恐各粮户未及周知合亟遍行大张晓示为此示仰合邑粮户人等知悉尔等须知本县本至公无私之意清安民和众之原一秉定章并无偏向况减浮章程曾经吴前县奉行有效今特再申前令并详明大宪永免纷更庶几弊绝风清无上下交争之患诸粮户食毛践土具有天良当此库款支绌之时凡有应完粮赃宜如何感发奋兴赶先投纳以济饷需勿待迫呼副于厚望其各遵照毋违特示

《申报》1879 年 10 月 17 日第 2 版第 2322 期

兵部侍郎广东巡抚部院裕告示

为晓谕事照得案准部咨新科举人亲供饬令亲赴学院衙门填写依限角部其硃墨卷照例子揭晓之日即印封解部又准部咨各士子亲赴学院衙门填写亲供按照限期解部其有仍未在本省填写来京后借口他故呈请在部补填概不准行又中式士子未经填写捏称已填取结先行会试查明罚停三科各等因本年举行己卯科乡试业据藩司具详移咨学院严饬各学教官务令新科举人副榜子揭晓后亲赴学院衙门填写亲供依限发司详咨在案今三场已毕合就出示晓谕为此示谕应试诸生知悉凡于揭晓后中式者速赴学院填写亲供无得逾限不到及赴京后借口他故在部呈请补填并捏称已填取结先行会试致干罚停各宜凛遵毋致自误特示

《申报》1879 年 10 月 18 日第 3 版第 2323 期

劝修马路告示

尽先补用府署松江海防分府加二级纪录十次吴为出示劝办事照得十六铺外滩马路为

众商云集之区行人最多自小东门界桥迤南至万裕码头街道年久损坏由该铺假董劝令按门面妥为修筑在案兹查是处马路被小车行走过多逐渐碾坏行人颇为不便亟须速为修补需款有限仍循案各按门面修葺以利行人为此示仰铺户居民人等一体遵照自行赶紧雇匠修砌完整庶道涂平坦而利往来万勿迁延观望切切特示

《申报》1879 年 10 月 18 日第 3 版第 2323 期

谕捐员补交银两示

尽先补用府署江苏江海防分府吴特用直隶州调补松江府上海县正堂莫为出示晓谕事八月二十三日奉道卢刘札奉督宪沈札开命院札开光绪五年七月二十三日准兵部火票递到户部咨捐纳房案呈本部议复两江总督沈等奏江苏上海商富捐资助赈援照天津赈捐章程请奖一摺光绪五年七月初四日具奏本日奉旨依议钦此相应抄录原奏清单谕咨两江总督查照可也计单等因到本部常准此札遵照又奉抚宪吴札同前由各等因到道转饬到厅县来此合行开单示谕为此示仰单开各捐员一体遵照补交银两并明违切切特示计开徐承祖广东试用县丞沈锡双单月县丞以上二名各捐银二千五百二十八两均请以同知双月选用俱应捐免保举及补缴谕生四成实银再行核办汪述铭篮翎双月布理开捐银七百四十两请以通判双月选用该员悬补交捐免保举银两再行核办温善成双月县丞捐银一千五十九两请以通判双月选用胡培基同知衔捐银一千四百九十六两请以通判双单月选用以上二名俱应捐免保举及补交监生四成实银再行核办金杰布经历衔捐银一千三百两请以通判双月选用该员布经历衔系在何省局报捐入何案报部应令声明并令补交免保举及监生四成实银再行核办羊殿材布理闻衔捐银六百十一两请以布理问双月选应文澜监翎五品衔江苏试用巡检捐银一千一百二两谓以州同双单月选用周纪常附贡生捐银一千一百九十四两请以州同双单月选用冯沄同知衔监生捐银七百四十两请以州同双月选用王尧阶保举五品衔捐银七百四十两请以州同双月选用以上五名俱应补交血监生四成实银再行核办李视降俊秀捐银一千五百四十五两请作为监生以通判双月选用该员听捐免保举及补交监生四成实银再行核办周长吉监生捐银一千二百九十六两请以盐大使补用试员捐免保举及补交监生四成实银再行核办武生捐银三百六十两请给予守备眎衔令该员指定营卫一项再行核办黄翼臣同知衔捐银三百八十四两请给予曾祖父母父母正五品封典该员曾祖父母应令另行加倍报捐计欠例银四百两应令补交

《申报》1879 年 10 月 22 日第 2 版第 2327 期

例禁朔望屠宰示

鄞县正堂石为遵札出示晓谕事光绪五年八月十六日奉府宪宗札开本年八月初五日奉抚宪梅札开据杭州府具详据该府学教授范樾等禀称每月朔望两日请饬各府属循照旧章一体禁止屠宰转请通饬等情到本部院据此除批示外合行抄详札饬等因到府奉此除移行外合行札饬札到该县立即遵照出示晓谕于朔望日禁止屠宰以符向章毋任差役借端纷扰是为至要毋违计粘抄详等因下县奉此合行出示晓谕为此示仰城乡各肉铺暨屠户人等知悉自示之后尔等务各恪遵宪饬于朔望两日一体停止屠宰其各遵照毋违特示

《申报》1879 年 10 月 25 日第 3 版第 2330 期

严禁左道惑人示

钦加二品衔江南江苏等处提刑按察使司按察使总理驿传事务许为剀切谕禁事照得民间茹素诵经原所不禁而妄立教名聚众烧香左道惑人则大干法纪乃吴俗佞佛每遇佛诞之辰僧道人等设立会簿邀约做会或名三茅会或名无为教或糍团教称名不一佯修善事实则借以敛钱取盈肥已愚夫愚妇堕其术中妄冀禳灾邀福一唱百和群相信从甚至结党横行侵凌孤弱大为风俗人心之害殊不思作善降祥稔恶降殃天道昭然岂烧香念佛所能禳解适足以罹法网而破身家除饬各属密访会首拿究外惟念蚩氓无识不忍不教而诛合行出示晓谕为此示仰合属军民人等一体知悉尔等须知循分安常即是眼前福地切勿被诱入会妄冀身后生天其首事之人果能及早回头解散尚可宽其既往如敢故违一经访实定即按名立拿到案照左道惑人例治罪入会之人与容隐之保甲一体严加惩办本司言出法随决不宽贷其各凛遵切切特示

《申报》1879 年 10 月 29 日第 3 版第 2334 期

谕洋药各商示

钦命布政使衔监督江南海分巡苏松太兵备道刘为照中外通商全凭信义市面交易公平上海为通商繁盛之区商买云集彼此贸易相安历年已久从无把持包揽情事镇江亦系通商口岸东洋商人在彼各做买卖向极辑睦乃近有镇江洋商告上海潮帮商董把持洋药销路一案节次会讯事无实据本应究因洋商人互相交易素来和好今洋人怀疑涉讼姑置不论从宽完案此后务须各安生业照常运销公平交易永相和洽勿稍疑把持任意妄告等弊定行按律严办决不宽贷除照会英领事饬知外合行晓谕为此示仰洋药各商一律遵照毋违特示　光绪五年九月十二日示

《申报》1879 年 11 月 1 日第 3 版第 2337 期

崇文门监督示

钦命崇文门监督管理商税事务宗室灵公爵照为晓谕事现当本督爵莅任之初凡有各项货车箱只驮马等来京经过各门桥向为书役人等拦阻任意需索并将行客物件行李全行翻倒搜检致商旅视为畏途啧有烦言以上情形早经历任监督出示禁止乃近闻各城门及芦沟桥等处书役仍有索诈翻箱倒箧任意搜刮之事兹莅任伊始为此示仰各门桥书役人等知悉如遇有各项商旅来京不准任意翻索若有必须到务上税货物随到随送不准迟□并注明□门时刻以便查察尔等当照示办理毋得视为具文各宜凛遵如违重究不贷特示

《申报》1879 年 11 月 2 日第 2 版第 2338 期

禁娼告示

钦加同知衔署南海县事番禺县正堂加十级纪录十次袁为出示晓谕事照得西关洪恩里街道向有匪徒开设娼寮滋生事端自去年春间风火焚毁之后叠奉出示晓谕勒石严禁在案乃匪徒胆敢阳奉阴违开设如故实属悍不畏法兹奉督宪面谕将复开娼寮概行封禁毋得徇情合行出示晓谕该处人等知悉尔等自当洗心革面痛改前非限三日内将家私什物尽行搬迁听候本县查明封变此次出示之后如有故意抗违及诈作并未开设娼寮字样以图粉饰实属冥顽不灵不足姑息一经查出将房屋充公变价外并将该匪按律惩办决不宽贷其各凛遵毋违特示

《申报》1879 年 11 月 7 日第 2 版第 2343 期

武闱乡试期示

钦加二品项戴湖北承宣布政使司布政使王为出示晓谕事照得本届已外正科武闱乡试业经详奉主考巡抚部院定于十月初七日开考转瞬即届场期仍恐各士子未能周知合行出示晓谕为此示仰合属应试武生监生及荆州驻防旗生知悉届期各备弓箭于五鼓时齐赴阅马厂按照名次挨顺听候较试毋得搀越争先自误切切特示

《申报》1879 年 11 月 9 日第 2 版第 2345 期

苏松太道刘告示

为出示晓谕事案奉宪行上海浦江码头林立易于淤塞饬即勘明设法挑拆并以华船停泊界限挨次排泊以免碰撞札饬议章保卫等因遵查南黄浦江建造码头出浦丈尺漫无限制以致淤塞

日甚当即由道委员查勘并于浦西自沪城小东门外十六铺桥南首起至南码头止一带沿浦岸边钉立界桩示以限制对岸浦东亦另丈量划定界限其自十六铺桥迤南至龙华一带水道系居上游现经本道酌议章程设立水利总局归上海厅县管理其十六铺桥以北法国租界起至美国租界止界傍水道议归理船厅管理禀奉南北洋通商大臣批饬照办转行遵照在案兹据上海厅县暨张丞志均禀称奉委设局保卫浦江水道现拟暂租大东门外洞庭山码头西面楼屋两进作为总局办公之所定于九月二十五日开局请出示晓谕并请刊发局用钤记以昭信守等情到道据此除禀批挂发外合将章程开列示谕为此示仰各船户该处地甲人等一体知悉嗣后码头出浦丈尺以及泊船处所务各听候局员照章指饬倘敢抗违立予严究不贷其各遵照毋违特示　九月二十四日示

计开章程十六条计开

一现设水利局派员会同厅县管理南黄浦水道并指泊华船一切事宜浦西自沪城小东门外十六铺桥南首起至南码头止计路四里已于沿浦岸钉立界桩示以限制对岸浦东亦另丈量划定界限其自南码头起至制造局及龙华一带路约八里浦江之内如有淤浅并局员所管浦江两岸支河汊港或有阻塞等事一并设法疏通

一局员所管界内浦西码头现已查明丈尺绘图立案其有长出界桩之外只准于界桩外接造浮水空心木码头长以八丈为度不准逾越亦不准于界桩外填筑实心码头违者立即拆毁

一华民有在沿浦修造码头砌筑驳岸及填涨滩等事无论界桩内外及有无关碍水道总须先行绘图赴局报明俟局员勘丈核准之后方准动工违者立即拆毁惩办

一浦岸界桩之外如有涨滩应挑及浦内有积泥应除者由局指定地假晓谕出海商船准在该处挖泥作压载之甲不取泥价

一局员查勘如有阻塞水道妨碍行船之码头等项应行拆除挑去者一经谕知业主限三日内遵饬开工拆挑如逾限不办官为代拆代挑仍追拆费挑费归款

一局员所管浦内华船林立沙宁建广东卫等船吃水较深不能傍岸停泊皆在中流下椗抛锚参差不齐有碍官局轮船行驶之路应由局员划定泊船界限择老关附近及浦面宽阔处所谕令各船分帮分段挨次排泊某帮之船应泊某段每段泊船以十只为一排应泊几排并前排与后排相离若干丈尺可免碰撞均由局预为酌定饬遵违者由局担究

一外海内河所来各船驶入局员所管界内即由局派人指引令其停泊某处不准任意乱泊倘敢不遵立提船户讯究其各项渡船航船向有泊船一定码头且有义渡委员等专管悉循其旧毋庸由局指泊其各乡各镇所来小船能靠岸停泊者住泊何处亦听其便

一浦江昼夜两潮泥沙流动水势深浅亦变迁无常由局专派熟悉水利之人随时分段测量丈尺绘图登注报局晓谕各船知照遇有淤浅妨碍行船之处竖立标杆为记务使众目共睹以免搁浅

一浦东杨家渡南首现有空地数十亩可以堆积泥石垃圾由局插标为记如商船有压载泥石及居民铺户有垃圾等项均应装入驳船运至该处堆在空地之内倘敢不遵仍有将泥石垃圾

抛入江中者以船只之大小定罚款之轻重罚银自一两至十二两为止如有抗违不缴者由县分别笞责枷示仍追罚银归局充公

一局设巡船四只管理浦边界桩指引泊船及稽查各船抛弃泥右沿浦私筑码头等事遇有违犯之人报请局员查办巡船不准拿人及擅自义罚生事违者重究

一沈都司春山现带炮船四号巡缉浦江承应解饷等差本有船少事繁之虑若再分拨两船专归局用必致有误差应令沈都司赴局帮同局员办理巡查弹压诸务倘遇局中需用炮船之时酌量派拨以免顾此失彼

一上海救生小火轮船及洋舢板本系专为救生巡缉而设每遇风潮猛烈民船难以行驶浦内各船有移锚碰撞倾覆等事轮船驰往救援并缉捕奸匪甚为便捷现在局设巡船四只恐不敷用应令管带救生小火轮船委员赴局帮同局员办理巡查等事以资得力

一上海各码头渡船众多历经由道派员稽查管束在案渡船长年在浦水道最熟现在局中办理指泊等事恐巡船四只不敷分派应择妥当渡船令其兼办由局酌给辛资以示体恤渡船系派汪令兆麒专管有年情形熟悉应令汪委员赴局帮同局员办理遇有需用渡船之时即由汪令酌派以期呼应较灵

一局内所管界内各船如有不遵定章及水手人等恃蛮滋闹斗殴生事并有形迹可疑为盗为匪船只均应由局选派县差酌拨炮船人等前往分别弹压查拿送县讯办

一局内所用司事及巡船炮船小轮船人等不准向商家索取分文如有违犯准被索之人赴局喊禀立提究追重办

一局员但管浦江上游与理船厅所管下游水道接连一线如遇上游与下游彼此有关涉于碍之处局员与理船厅随时妥办务须一气贯通无碍行船虽局员与理船厅各管各界仍当和衷共济以期与公有裨

《申报》1879 年 11 月 11 日第 3 版第 2347 期

开设粥厂日期示

钦加布政使衔江南分巡苏松太兵备道刘为出示晓谕事现届冬令天气渐寒各乞丐夜间或坐卧檐下或竟至露宿饥寒交迫实为可悯业经前升道在南门外搭盖瓦屋作为栖流所准老弱乞丐前往住宿夜间给粥一盅本年仍旧照办除派委拣选知县夏礼经办弹压定于十月初一日开厂所有城内无归宿之乞丐夜间应一律前往厂所栖止不准再在城内沿街露宿如敢不遵必系不安本分之人逗留城内欲图为匪一经察出定即严究除札县委各员外合行出示为此示仰乞丐人等一体知悉务各届期前往毋再逗留城内致于严究切切特示

《申报》1879 年 11 月 13 日第 3 版第 2349 期

催领捐照示

钦加布政使衔江南分巡苏松太兵备道刘为晓谕事光绪三年晋省旱灾饥民待赈孔急上海奉交劝捐解济所有各商富捐助晋赈并原捐闽省赈款改解河南济赈银两前在沪城开局照章给奖填写局收并移由苏藩司详奏在案兹准苏藩司咨送实职衔封等项空白部照二百二十五张请先由道填给尚少衔封执照四十四张贡生照三十七套俟奉部补颁到日再行移送等因到道准此除将空白点收俟捐生持局收请换时由道加印填给并行县委各员外合行出示晓谕为此示仰各捐生知照毋违特示

《申报》1879 年 11 月 13 日第 3 版第 2349 期

城门启闭限期告示

钦加布政使衔江南分巡苏松太兵备道刘为出示晓谕事查上海为五方杂处商贾辐辏之区奸宄最易混迹各城门为保卫地方而设启闭本有定时惟华洋交涉每有深夜出入之事故各衙门设有对牌即委员遇有公干亦准请给照会开城现届冬令尤宜严密查察嗣后各城门务须按时启闭除对牌照会外一概不得放行如有外来紧要公文不及待至次日者由城门员弁派人伴送以昭慎重除移提右营转饬各城门汛弁遵办并饬各委员随时严密稽察外合行出示晓谕为此示仰军民人等一体遵照毋违特示

《申报》1879 年 11 月 14 日第 3 版第 2350 期

信局新章告示

钦加连同衔办理上海租界会审事务江苏即补分府陈为出示晓谕事照得租界地方信局林立良莠不齐其专递浙宁等处信件各局吞没银洋家信之案层见迭出均经分别追办现据浙宁信局永利等作户联名禀称伊等皆遵宪章各由公所归帮入行出具连环保结守规递送兼有集资仔公以备一局失误七船摊赔迨后新开信局皆不入行且不相识此外尚有虚挂局名并无局基沿街撞骗者以致侵吞客洋潜逃无着寄信之人日向伊等追查求饬押闭等情据此除查明未经入行之浙宁各信局再行核办外合先出示晓谕为此示仰在沪商民人等及后开同行各信局一体遵照嗣后凡寄银洋家信以及紧要包封物件均须送交同行信局嘱令赶速寄递照章付给酒资倘有领贱信力寄交未经入行各信局被其骗吞逃逸来案控追者系属自误概不准理该信局等亦各按照向章收取信资依期寄送不准妄自增减勒索积压稽迟致干提究各宜慎之毋贻后悔切切特示

《申报》1879 年 11 月 14 日第 3 版第 2350 期

新金山赛会示

为出示晓谕事本年九月十七日奉南洋通商大臣沈札准总理各国事务衙门咨光绪五年六月初七日准英国威大臣照称接本国总理各国事务丞相萨文开现在新金山省时利益省城于明岁末后岁初拟行赛会请将章程转达中国查核等因札行总税务司通知各口华商知悉咨行转饬各开监督谕知各口华商如愿助送赛奇物件出口时准免纳税札关遵办等因奉此除分别咨行外合就出示晓谕仰绅商士民人等一体知悉如有愿将货物送会比赛者出口时一律免税其各遵照毋违特札

《申报》1879 年 11 月 15 日第 3 版第 2351 期

冬防告示

上海右营王为冬令严防事照得战盗安良曾为地方首务查奸诘宄全赖稽察巡防查本营所辖境内为五方丛杂之区宵小易于混迹现届冬令亟应加意防范庶不逞之徒无从托足以安闾阎除本参镇随时亲历稽查并行中军督饬汛巡各弁委一体严密巡防外合行出示晓谕为此示仰门弁兵丁及保甲人等知悉自示之后务须实力稽查倘有奸匪混入以及形迹可疑之人立即拿懈究办门须依进启闭不准过早逾迟凡出入城厢各宣意特警察亦勿得借端禁阻其各凛遵毋违特示

《申报》1879 年 11 月 17 日第 3 版第 2353 期

查私告示

钦加参镇衔即补游府江苏抚标左营营务处右营守府兼办缉私陈为出示晓谕事照得案奉督销浙西盐引总局杨移据长元吴三县内有引商潘宏昌潘宏封叶芬祝祥等禀称窃商辱前因私盐充斥滞销禀蒙设立六城门稽查巡盐勇丁以来盐商稍有起色而终不能畅旺良以苏城省会船只繁多良莠不一往往有等不法之徒冒充官绅悬挂官衔灯旗闯越关卡城厢不服盘查口称某宦某大人直闯而过刻下又值秋禾登场乡民完租载米入城以及各乡宦开船下乡催租名曰帐船无不悬挂灯旗虽则业户俱是富宦乡绅断无营私之理惟是私贩狡滑百般夹带偷越早在洞鉴诚恐冒充乡宦帐船或扮串催甲佃户隙漏私情事兹值各乡镇并城厢盐菜将兴不得不及时整顿等情禀请移会出示等因除谕六城门水陆巡勇巡船认真细察一体查验外合行出示晓谕为此示仰私枭私贩窝主人等知悉尔等须知盐引国课有关何得私藏夹带以身试法倘敢执迷不悟冒充帐船或有假扮催甲佃户名目乘隙漏私者一经查验

察出夹带定即移县按律惩办并将私船只锯截示众后悔无及莫谓言之不预也其各凛遵毋
违特示

《申报》1879 年 11 月 18 日第 2 版第 2354 期

劝置路灯告示

上海县正堂莫为出示劝谕事照得城厢街道夜间悬点路灯以便行人洵为地方善举前经
善堂董事劝办南门内一带已有成效无如所悬之灯辄被小贼窃去地甲讯捕更栅各夫漠不关
心实堪痛恨除通饬各甲捕实力巡缉外合行出示劝谕为此示仰铺户居民人等知悉凡须路灯
街巷务各互相劝勉速行置备至僻巷小街更宜高点路灯以杜宵小乘隙偷窃之患如有路灯被
失即责成讯捕小甲赔补倘敢玩延不赔许善堂董事指名禀县重究各宜遵照毋违特示

《申报》1879 年 11 月 18 日第 3 版第 2354 期

建寺谕禁滋扰示

特用直隶州调补江苏松江府上海县正堂莫为给示谕禁事据举人哈贤招廪生金祖培耐
生金尔珍联名禀称于同治年间在老北门内穿心街地方公同捐资置置房屋建为清真寺供奉
龙牌并设立务本堂清真义学蒙前县宪叶示禁滋扰在案近因屋宇倾颓拟捐资重建择日兴工
诚恐棍徒借端阻挠以及偷窃木料砖瓦公叩示禁并饬地甲妥为照护等情到县据此除饬该地
甲妥为照料外合行给示谕禁为此示仰该处居民地甲人等知悉尔等须知清真寺现经举人哈
贤招等损资重建嗣后如有地棍借端阻挠以及偷窃料物情事许即指名禀县以凭提究决不姑
宽各宜凛遵毋违特示

《申报》1879 年 11 月 19 日第 2 版第 2355 期

拨派渡船告示

上海义渡局示谕各渡口夫头船户知悉照得本局现奉苏松太道宪刘札委邦办水利局务
查南黄浦江各口渡船有二百余只务须挨次停泊各码头毋得参差不齐有碍轮船行驶并各项
舱只碰撞等情如遇有水利局需用渡船之时听候本局拨派并遵照宪章酌给辛工以示体恤先
此谕令知之毋违特谕

《申报》1879 年 11 月 20 日第 2 版第 2356 期

禁止深夜开城告示

钦加提督衔记名简放总镇江南提标里河水师右营上海参镇府加三级纪录三次王为出示晓谕事准苏松太道刘移开现届冬令各城门禁止深夜出入依时启闭除出示晓谕外移烦转饬一体严密稽查等因准此查前因上海地方五方杂处良莠不齐奸宄易于混迹当经饬令各城门限时启闭不准私行开放在案现届冬令尤应加意严防实力遵办除札饬遵照外合行出示晓谕为此示仰门弁兵丁及各项人等知悉自示之后如无对牌照会无论何项人等一概不准私行开放凡出入城南厢亦须早为进出切勿自贻禁阻设有外来紧要公文刻不及待者即由门弁派人伴送以昭慎重倘敢故违查出定将门弁撤差兵丁斥革不贷其各凛遵切特示

《申报》1879 年 11 月 22 日第 2 版第 2358 期

谕挑拆驳岸示

保衔浦江水利总局为晓谕饬遵事照得本总局奉道宪札委清理浦江水利业经抄奉宪示章程晓谕在案所有沿浦自十六铺桥起至南码头止已经丈量钉立界桩划分界限凡在界桩之外各驳岸及过八丈之码头均系碍水道必须挑拆以便展宽江面免致淤积日甚有害水利现今本总局遵照宪定章程次第举办惟界桩之外各商民所筑驳岸码头亟宜挑拆净尽以畅水道为此出示晓谕商民人等知悉凡有填筑驳岸出于界桩之外以及界桩外空心码头有长逾八丈定章者统限于示出后三日内迅速动工各自挑拆酿还江面如有逾限不遵即由本总局派夫代为挑拆追缴费用归款倘敢置若罔闻定提惩办尔等须知此乃乎水利大事令在必行切勿意存观望希图苟免致干究罚是则自贻伊戚勿谓本总局言之不早也各宜凛遵毋违特示

《申报》1879 年 11 月 22 日第 2 版第 2358 期

停止捐输告示

钦加布政使衔办理湖北黔捐册报总局贵州遇缺即补道陈为晓谕事照得各省捐局前奉谕旨一律裁撤并经户部议奏统限于五月截止如有限外投册到部者虽出咨在前概行发还不为核办嗣因两湖协黔捐局开办多年分局行劝数十处相离写远势难依限册报复经署贵州缫抚林奏蒙特旨准推展两个月以六月初一奉旨之日起截至八月初一日止不准再有逾违并附片陈明所有鄂湘两局捐册请就近由湖北湖南抚宪先为咨部存案以免延误各等因行局饬遵本道奉委总办湖北协黔捐务遵将各分局册报已收捐生扫数归入四十卯造册呈请湖北抚宪赶七月二十六日依限咨送到部一面具详贵州抚部院覆核补具奏咨请奖随

将各分局一律裁撤在案第恐不法之徒捏称奏准展限以伪造假照冒名黔捐欺骗乡愚捐生
希图减省不察虚实堕其术中合行出示晓谕为此示仰绅商士庶军民人等知悉所有湖北协
黔捐局业已遵旨停撤如有持照劝办者系属假冒许即扭禀地方官从严惩办毋为所愚致受
欺骗后悔勿及切切特示

《申报》1879 年 11 月 23 日第 2 版第 2359 期

查验牙帖示

运同衔特用直州即补县熊候选府遇缺即补州特调汉阳县正堂林为出示严催事照得本
委员县奉藩宪扎饬查验汉镇各行牙帖前八月初一日开局以中秋为限现已逾限将及匝月未
到者甚多各该行是否帖已遗失抑系有心抗违实属玩延姑再严催勒限五日如各该行再行延
不呈验即由本县另签干差挨户严查追还部帖勒令闭歇并禀明各宪将此次未经呈验各该帖
注销以作废纸无用嗣后如有奸商仍凭不验各帖开设牙行私抽行用准该处保甲及同行邻里
人等指明禀究即照无帖私充例严行惩办合行晓谕为此示仰该行户一体遵照毋违特示

《申报》1879 年 11 月 24 日第 2 版第 2360 期

悬赏缉犯示

鄞县正堂石抄奉台州府临海县正堂杨为悬赏缉拿事九月初九日准绍兴府嵊县函开
本月初二日接准前途递到解省绞犯李阿四一名照例移拨兵役护解去后现据解役张兆等
以初二日夜船至梓树潭地方该犯李阿四至船头出恭翻身落河未知逃脱或溺死等情具禀
前来当经提讯长解罗兴等供亦相同除选差悬赏缉拿打捞外函请一体缉拿等由过县准此
查李阿四系本邑人氏因殴伤冯阿英身死拟绞监候解省审勘之犯兹准前由除选差干役勒
限严拿外合亟悬赏缉拿为此示仰诸色人等知悉尔等如能拿获是案逃犯李阿四送案者赏
给洋银四百元通风报信因而拿获者赏给洋银二百元本县储银以待犯到即发决不食言须
至赏格者计开李阿四现年三十八岁身中面赤无须左手大二三四指斗五指箕右手大二指
箕三四指斗五指箕

《申报》1879 年 11 月 26 日第 2 版第 2362 期

储水防灾示

松海防分府吴为出示晓谕事奉道宪刘扎开查上海五方杂处人烟稠密民间屋宇檐枅相

258　　　　　　　　　　　　　　　　　　　　　　　　　　　《申报》告示史料汇编

连而城厢河道又系乘潮落每虑失慎取水为难于城厢内外各铺要道捐置太平水缸储满清水上用木盖并饬巡防委员责成该处地甲随时添水照料以备不虞嗣经查有水浅盖缺又经示谕并札饬各委员督率保甲查明一律添满修整各在案现届隆冬风日干燥更宜格外加慎合亟札饬稽查等因到厅奉此除传谕外合行出示晓谕为此示仰各铺保甲人等知悉尔等须知捐设太平水缸以备不虞起见自应永久贮水不得浅缺着令各该保甲认真礼查限三日内如有水浅盖缺之处务须一律修整储满清水毋稍玩延切切特示

《申报》1879 年 11 月 27 日第 3 版第 2363 期

禁贩私盐示

钦命二品顶戴两浙江南等处都转盐运使司盐运使加三级随带加五级记录四次王为严禁事照得商运官盐攸国课私盐侵扰律所不容轻则徒流重则斩绞本司到任不久而早知浙东西各地往往有不守本分之文武举监生员及殷实之户在地接贩私盐一经缉拿或当众拒捕或架捏反诬种种玩法良堪痛恨若不严拿究办将至官引不销现届冬菜上市正值需盐之际除通饬随时查拿讯究外本司不忍不教而诛合行剀切晓谕为此示仰贩私及接贩人等知悉尔等将本求利何业不可谋生且举监生员尤当顾惜前程殷实之户亦应顾惜身家何苦贩私以取咎戾自示之后幸各痛改前非毋再贩私如敢不遵一经巡役拿护或风闻指告定即照律严办断不姑息其各凛遵慎勿尝试切切特示

《申报》1879 年 11 月 29 日第 3 版第 2365 期

水利局示

保卫浦江水利总局为出示晓谕事照得本局奉道宪札饬清理浦江水利业将应办事宜次第举办在案所有十六铺桥以南沙宁建广束卫等船拥挤林立前后停泊参差不齐不但有碍官局轮船行之路抑且于往来客载驳渡各船出入船当危险可惧实于水利商情大有窒碍兹酌定停伯章程六条定于本月二十五日由局派令巡船挨次指引排帮除谕税行并号商知照外为此示仰各帮号船户人等知悉凡每排停泊有逾十只以外之船以及前船与后船相离不满二十丈远者务于是日一律起桩听候本局派令巡船指泊展宽江面嗣后续到船只统须听巡船指引不得任意乱泊倘有不遵定章立提该船户究办决不宽贷凛遵毋违切切特示计开章程六条

一各船每排如逾十只定章者即将停泊在外之船动移如前后有不满十只之处将指移之船并入此排倘前后均无空处统须指往南段空处停泊

一每帮船只如在十五只以外者分作两排二十五只以外者分作三排再有多者以此类推

一前船与后船以相离二十丈为率倘前后相离近促不满二十丈远者统须挨次推移将船当展宽俾出入驳渡各船便于行驶且免前后排遇风潮涨激时碰撞之虞

一沿浦码头为各船驳货起岸之所凡沙宁建广东卫等船于停泊处所须将紧对码头浦面让出水道一条作为船当俾驳船便于起岸免致绕越

一嗣后外海内河船只驶入本局所管界内统须听本局巡船指引不得随意停泊违者提究

一续来之船倘遇潮汛不便不及进帮暂时单抛在外者至傍晚时即于前后桅杆上悬点玻璃灯两盏必须彻夜光明至天明方熄俾他船知所趋避违者究罚

《申报》1879 年 12 月 5 日第 2 版第 2371 期

禁私买茶砖示

钦加盐运使衔湖北汉黄德道监督江汉何为出示严禁事光绪五年九月十八日准俄国领事府李照会以阜昌恒宝顺顺丰恒昌等洋行制压砖茶栈内屡被贼匪偷窃砖茶迭经获送地方官惩办而茶砖栈内偷窃之弊尚未杜绝且查此项砖茶中国人向不买食难保无人收买运往口外发卖或代贼销赃分肥情事应请严禁以警将来相应照请严行禁绝并请饬派捕役在于洋街附近地方访查系何铺户买往口外发卖及代贼销赃分肥之人务要访实立即拿究并严密巡缉窃匪务获惩办等情前来查洋商在汉镇制压砖茶屡被贼偷窃难保无不法之徒收买运售或代贼销赃分肥实属有害商旅殊堪痛恨亟应严禁以安远商除饬汉阳同知派捕访拿外合行出示晓谕严禁为此示仰铺户人等知悉尔等务须各安本分嗣后凡有零星砖茶售卖如系来路不明不得私相效买运往口外发售亦不准代贼销赃分肥并将售卖砖茶之人扭交保正禀送究办倘不法铺户人等仍蹈前辙一经查觉定即追出售之人到案一并从严惩办本监督言出法随决不姑宽勿贻后悔其各凛遵毋违特示

《申报》1879 年 12 月 7 日第 2 版第 2373 期

普善堂粥厂告示

特授南城兵马司右堂候选正堂管理街道事务加七级纪录五次张为普善粥厂定于十月初一日开厂放粥诚恐无知匪徒在彼搅扰酗酒滋事并男女乞丐三五成群拥挤喧哗等情均未可定为此示仰粥厂人等知悉务须挨次出入不得聚众拥挤并仰尔甲捕等日往弹压如有不法情事立即锁擎赴司以凭详讯按律究办决不宽贷毋违特示

《申报》1879 年 12 月 11 日第 3 版第 2377 期

中城察院告示

    钦命巡视中城察院为出示晓谕巡夜铺民以安闾阎事照得中城各铺户居民巡夜值宿无不踊跃从公兹届冬令天寒夜永宵小易生稽察尤关紧要谕首事等务须仍照旧章实力巡查勿得始勤终怠以致废弛公务为此出示谕首事人等督率各铺伙居民轮流巡更值宿不得互相推诿庶闾阎可期安静谕首事等好义急公勤劳可嘉本院无不深知具有非分妄为者亦当立为惩创决不宽贷各宜凛遵毋违特示　光绪五年十月初八日示

《申报》1879 年 12 月 11 日第 3 版第 2377 期

水利局示

    分帮指泊船只　原为清理水道　既便船只往来　且免碰撞争闹　凡属在浦各船　悉听局巡指导　倘有借本局名　需索船户钱钞　准尔被索之人　指名来局禀告　定行立提到县　从重杖责枷号

《申报》1879 年 12 月 12 日第 3 版第 2378 期

永禁庄户书勒索过割浮费示

    宁波府正堂宗为出示永禁事照得民间买卖田产例应过割即所谓推收也定例有不过割者田即入官所以清户名而重粮赋第本户不过割罪在本户而庄户书恣意勒索致本户不得过割则罪在庄户书同治六年宁绍台道文曾经申明浙省前抚宪批定旧章刊入治浙成规推收户粮纸笔费田产每亩给钱十文地山荡每亩给钱五文准由买户出给不许向卖户需索出示通谕乃本府访闻宁属各县书于推收仍任意浮索每亩或百或千有营造坟墓及屋宇基地更无底止查业户不堪其索于契买后粮不过割私自帮贴仍寄原户完纳年深日久忘其所自子孙凋零致成赔粮贻害通庄摊赔今宁属无一县无一庄不有赔粮之累者其造端半由此大弊一也契税攸课赋买产者登时过户按照粮册催税本不费手乃因浮索致推收不时而县催税契致有税书下乡硬派横催多方逼扰者大弊二也定章推收纸笔费不准向卖户索取乃自庄户各书多索致买主预将此款缩抵买价仍与取之卖户无异而贫民售产愈难大弊三也有此三大弊而田赋之混淆更无论矣除札各县加意稽查严禁浮费并饬取各书遵结送府有犯必惩外合亟出示永禁为此示仰各业户暨庄户书人等知悉推收纸笔费历年以来各大宪三令五申自应凛遵定章田产每亩十文地山荡每亩五文不准稍有浮多倘有书吏浮索逼勒准买卖户抄录此示立赴府县衙门将该庄户书斥革治罪如卖户再有私留原户匿不收除者

一经查出或被告发田产即照例入官各宜凛遵此示准绅衿耆民勒石县前邑庙并乡间庙宇凉亭永远遵守特示

《申报》1879年12月12日第2版第2378期

清理江苏慎捐册报照收总局示

为晓谕事照得各省捐局前奉谕旨一律裁撤并经户部议奏统限于五月截止先行八月送册到部如有限外投册者虽出咨在前概行发还不为核办等因行局饬遵本道遵将江南北上海扬州等处总分各局所收捐生按数依限造册呈送大部核奖一面将分设各局概行裁撤在案兹恐不法之徒捏称展限伪造照收冒名慎捐欺骗乡愚捐生不察虚实堕其术中合行出示晓谕为此示仰绅商士庶军民人等一体知悉所有江苏沪扬慎捐各局均早停撤如有持照招徕者系属假冒许即扭禀本总局移请地方官从严究办各捐生毋为欺骗自贻后悔切切特示

《申报》1879年12月12日第3版第2378期

上海县莫示

为出示晓谕事奉苏松太道刘批发益善堂董事朱紫佐等禀司事王翔云等招摇勒索请示提究由奉批据禀司事王翔云等招摇勒索收捐肥己各情如果属实殊干法纪仰上海县立提一面出示捐可也禀抄发等因到县查此案先据该堂董禀称大南门外益善堂自同治十二年经董事头铭照等建设以来义塾及施医药衣米等项均系实心任事节经呈明在案迄光绪三年八月移交顾麟接管顾铭照会将前后收支各款开造细册会同等赴案报销业奉批示惟该堂自顾麟接管之后所有一切事物董等概不与知顾麟专任司事王翔云王电初邓古泉徐云溪等诸人假工作弊绝不觉察如仿刻贡士朱紫佐名片四出招摇随地勒索又包揽别人钱债作为堂捐归董禀追及其得之则又任情吞没公费毫无裨益债主受其诈骗又每人怀挟捐票各收各用种种形同无赖不可枚举外间物议沸腾董等岂能终置不顾再思筹商惟有据情禀请先行出示晓谕该堂各捐户无论总捐月捐等项均着即行截止自示之后如有仍称益善堂司事冒收捐项者许该捐户立即捆解究办一面饬董顾麟查明各捐收数及如何支用核实开报并求严提王翔云等着将仿刻朱紫佐名片呈出严办吞捐情事庶该堂积弊一清再俟董等各量己力自出捐资输年值管专于惜字一项认真筹办以费不虚糜功归实在环求晓谕停捐等情即经批示在案兹奉前因除饬提王翔云等讯究详办并着该堂董顾麟将收支各款开册报销一面移知川沙厅南汇县一体晓谕停捐外合行出示晓谕为此示仰合邑铺户居民人等知悉自示之后所有益善堂捐款应即一律停止如有持票勒索情事即据实禀县以提究办

决不宽贷各宜凛遵毋违特示

《申报》1879 年 12 月 18 日第 3 版第 2384 期

禁挑剔市钱抬价示

钦命南城兵马司右堂张为晓谕铺商事兹于十月初十日接奉本城院宪牌开本院访得前斗外左右一带有不法匪徒私将当十大钱故意挑剔以致钱价长落不定若辈得以居奇并勾通钱店抬高市价多开票存或竟借口挑钱将钱铺关闭甚至逃匿无踪国家园法所关奸商得操其柄实属不成事体为此牌仰出示晓谕俾各安心生理如有不法之徒将票取钱故意刁难恃强寻闹准其扭禀详城惩办其有摆骰钱摊击开铺任意将票存现钱价参差以及买卖交易故意挑钱并仰多派干役巡拿毋得纵放至各钱铺向有连环互保业亦查明再具切结如有关闭责令均赔并传钱经纪具结如有擅将银价长落情由送部治罪等因奉此为此出示晓谕军民人等一体咸知并谕令各该甲捕等不时前往各该地面认真巡查如有前项不法之徒立即严拿解司以便群城从重究办决不宽贷各宜凛遵毋违特示

《申报》1879 年 12 月 20 日第 2 版第 2386 期

严禁挑剔小钱示

御史克王为严行禁止事照得各城近因街市挑剔钱文致钱价长落不定钱店渐有关闭于民间生计殊有关碍曾经钦奉上谕令步军统领等衙门妥为弹压等因旋据步军统领衙门将借端滋扰抢夺之犯及有意牟利潜逃之奸商拿获治罪在案现闻各市面又有前项情事固由奸商借端图利亦由棍徒故意挑剔以致钱价无定势必至钱铺仍复纷纷关闭致累闾阎生计不可不严行禁止除各城另行出示严禁外为此示谕军民人等知悉尔等须知私铸人犯经各衙门随时严拿自应治以应得之罪至市面现用钱文非尽由于私铸亦不可故意挑剔致多纷扰其各铺商均应照常贸易以期市肆安帖自此次示禁之后倘仍有棍徒等借端挑剔即按名查拿惩办决不宽贷各宜凛遵毋违特示

《申报》1879 年 12 月 21 日第 2 版第 2387 期

海运封关验船告示

钦加布政使衔监督江南海关分巡苏松太兵备道刘为出示晓谕事案查江浙两省今冬新漕仍办海运需船甚伙自应照章封雇兹本道定于十一月初四日封开除谕饬大关及各牙行查

明在浦大号沙卫船只堪以承运漕粮者现有若干先行吊照封雇并将续到大号沙卫船只随到随封一面移行沿海营县实力查探如有回南大号沙卫船只饬令迅速来沪受载毋任逗留外合行出示晓谕为此示仰在浦及进口沙卫商船船户人等知悉尔等如愿承运官粮速将牌照呈缴听候封雇派装漕米如有船身渗漏即行赶紧修舱其船身较小以及不堪运粮各船准即报由税行开送大关委员会同海运局员先行查验放行照常留易以示格外体恤其各凛遵毋违特示

《申报》1879 年 12 月 21 日第 2 版第 2387 期

保卫浦江水利总局示

为出示剀切晓谕事照得本局奉宪委指引浦江停船国属为清理水道亦所以保卫商民盖十六铺桥以南帆树林立不但浦东一面水道日窄于官局轮船行驶之路碰撞堪虞即浦西之大船裹当一面为内河各客载货往来要道几于拥阻断取货难行且大船之前后排相离紧促小船出入船当往往于风潮涨潮时逼于看缆舰救无从此皆南段浦江要害今本局指引排帮无非为展宽浦东西水道暨中间船当乃为便利舟行起见惟在各船户向来任意停泊令忽限于局章正如人之平昔放浪形骸一旦约以礼法未有不厌其苦者且人情无不喜近而恶远好逸而怨劳本局照章指引今各船起椗移泊势必愈推愈远此皆素所未经见之事未必不怒谤交兴而试思大关左近江面能容几许船只使各船皆须近此一段将必阻断江面而后止口思无知愚民希冀就近停泊致被奸人舞弄违背局章除严密访查外合再出示剀切晓谕为此示仰各号商船户人等知悉尔等须知本局系遵奉各大宪核定章程务须遵章挨次停泊慎毋希图近使致被人愚倘有本属巡丁水手以及假贾本局人等借端需索许即指名禀告定提从军究办前已示明在案诚恐远来船户不及适知故本局不惮烦实用再谆谆告诫该船户等亦不得违背梗阻白取愆尤致于究罚其各凛遵毋违特示

《申报》1879 年 12 月 24 日第 2 版第 2390 期

上海县莫示

为出示晓谕事奉松江府正堂博札开光绪五年十月十七日来署布政使司薛札未总督部堂沈札开照得投标人员前轻明定量程应由原伴夫臣咨送扔由木员呈验牌札成由各该员呈由原籍地方官取其族邻甘结加具印结声明并无眼胄顶替弊检齐牌札群送核办其自行真禀一概不准在案定量非不周密乃由县详送者前由上元县详送击用正邦以中改周假员顷替山镇协呈送考有督中读副将等详送之庚俱胜长庆描摹捏冒均轻立予是虽由管县转送仍不能杜弊端现在军务早已肃清果真投效军得保之人应早旱请归标其延至近日始行陆续由转请

264　　　　　　　　　　　　　　　　　　　　　　　　　　　　　《申报》告示史料汇编

收标者大都买得奖札冒名蒙混希图侥幸以致年岁籍贯及管分名字种种舛错及应设法杜弊以肃军政除札饬标中军通移江安各镇协营一体晓谕遵照嗣后如遇投标人员均须饬合享由各原保大臣及现仍统兵原保之统领管官明从前投入何管在何管员客下充当何差实无冒隍情弊分别咨送仍候查明历保各幸必顺均各相符方准开标由管送请收标及自行具禀者一概不准外合行札司即便通饬各府州县一体晓谕遵州倘再将来不明之人率行送请收标定行据实杨参照例议处本部堂今山惟行决不姑宽仍将遵办绿由先行呈复煎报明漕部堂抚部院提督查考毋违等因到司奉此除报明外合就韩饬等因到府奉此合就转饬札县遵照毋违等因到县奉此合行出示晓谕为此示仰投标人员一体遵照毋违切切特示

严定贩烟则例示

香港辅政使马为出示晓谕严禁私贩烟膏事现奉钦命总督香港等处地方兼理水陆军务水师提督御赐佩带三等宝星燕札开按在本港国家征收承充洋烟饷项为款甚巨经遵戊午年第二条则例及已卯年第一条则例立颜珍沔即万合为洋烟承充人准有全权业于本年正月初一日刊在本港辕门报遍为晓谕照该则例除当时承充人及由伊转领牌照者外不得在本港水陆等处将各色烟膏煮熟预备无谕全售零沽抑或招买摆卖照该则例又严禁煮熟烟膏除由当时承充人及由伊转领牌照者买来之外均不得擅带入香港水陆等处亦不得在港保守管理凡违此则例者定必严究重罚倘若有人仍以私贩烟膏为合例者应由该人立明凭据盖犯洋烟则例厥罪非轻可以当堂立断或判输罚或制监禁所有缉获烟膏尽行入官现在有人禀称匪徒故违本港则例擅携烟膏入港私相买卖等情在案为此特仰辅政使司先示晓谕警觉提撕倘仍胆敢藐视故意玩犯洋烟则例定必从严究办决不姑宽毋违等因奉此合亟出示晓谕商民人等各宜凛遵毋违特示

召领招工牌照示

香港船政厅兼理招工出洋事务谈为晓谕给领经纪牌照事照得本厅遵依一千八百七十四年第五条则例谕知凡欲领一千八百八十年之招工出洋经纪牌照者须依期到本署领取自本月十一日起限领至本月三十一日止又凡领此牌照者须详开拍保人姓名住止现将该则例第六款开列俾凡领经纪牌照之人可知除领该牌照者外别人断不得发卖转批华人搭客船位单为此示谕俾众周知计开凡有人欲作船位经纪或欲觅人附搭或发卖批出华人搭客船位单

必先与合招工出洋事务厅所准之担保人二名同立五千大员之保单缴呈皇后及继嗣定位者
照依该则例格式第一所列者无异不论何时领牌均要换转该单交招工出洋事务署亦应先领
发卖批出船位单之牌照又该牌照不得愆期取戾倘某行店有伴人作经纪事业者必须每人各
遵此款所立定者　一千八百七十九年十二月初六日示

《申报》1879 年 12 月 29 日第 2 版第 2395 期

收浚河亩捐示

特用直隶州请补江苏松江府上海县正常莫出示谕奉照得咸塘河道业经堵坝丈量分段
派挑所有议定承浚图分内傍河田每亩捐钱六十文亟应赶收以工用未便稍事延除岁饬图差
地保赶造户额清册呈候发局照收外合亟出示晓谕为此示仰各图耆农保甲人等知悉所有前
项工费自本月十月起分作三卯务须月内一律缴清不准稍有蒂欠须知今届议提经费比较旧
章格外酌减该农民等事切已慎勿观望迁延是为要其各照毋违特示

《申报》1879 年 12 月 30 日第 3 版第 2396 期

择期开仓收漕示

特用直隶州调补江苏松江府上海悬正堂晓谕事照得漕粮天庾正供例应冬收冬兑况应
完漕额钦蒙特恩永减一切浮费业已裁除净尽各粮户具有天良自当口轮转节奉大札饬现在
京仓需粮甚殷本届海运漕粮格外提前攒办务于岁内一律征完交兑除传保谕话先发易知由
单按户催纳外兹择于十一月二十八日开仓合行晓谕此示仰合邑粮户绅民人等知悉尔等速
将本名下应完光绪五年分永远减定实征漕粮务各及早完交听候掣串安业倘有顽户抗欠定
干详办比追均各凛遵毋违特示

《申报》1879 年 12 月 30 日第 3 版第 2396 期

禁渡船脚夫勒索示

特用直州调补江苏松江府上海县正堂莫为谕禁事照得本年新漕现届闻征各乡粮户挑
运钱米来城或花布入市交易完粮辰出暮归必须过渡查渡夫人等或贪利多装或任意勒索致
有倾覆之虞兼之码头脚夫把持硬挑此等恶习实堪痛恨除饬差查访外合行示谕为此示仰船
牙渡夫脚夫花户人等知悉自后凡乡民载运钱米花布雇渡来城大船只许装二十人中船只许
十五人载钱米花布一担抵人一名每人许取渡钱五文其钱米至码头悉听粮户自行捎挑如雇

人挑运脚夫毋许勒索硬霸倘敢不遵阳奉阴违许即指名禀县以凭提究该乡民等亦不得借滋
事端毋违特示

《申报》1880 年 1 月 1 日第 3 版第 2398 期

谕解米丁书示

总办江苏海运沪局示谕各州厅县解米丁书知悉照得现在办理新漕海运赴通径交米色
尤宜干洁押运交兑自应严加照料慎防船户沿途偷漏舞弊尔等管解漕白银米一经到沪先将
文批样米投送本局并将驳船花户开折呈送听候查明实到米俟委员逐一按验米色如果干圆
洁净并无潮嫩掺杂立即派船兑收倘敢扶同驳船沿途舞弊定行驳换禀办即将押解丁胥人等
从严惩治枷示河于驳船照章据截决不宽贷其各凛遵毋违特示

《申报》1880 年 1 月 3 日第 3 版第 2400 期

县试武童外场示

上海县莫为出示晓谕事准华亭县县移奉府宪札奉学宪札行该童生举行县考等因
奉经移订同日考试文童在案兹敝二县择于本年十一月二十八日考试武童外场移烦一
体出示同日考试等因过县准此除分别移请会同监试外合行出示晓谕为此示仰合邑与
考各武重知悉尔等务于即日赴县报名仍赴学填明三代亲供保结由廪保认识画押至期
各带弓矢齐集演武场听候本县会营考试其余一切内场事宜另择日期考试悉照文童例
遵行毋违特示

《申报》1880 年 1 月 5 日第 1 版第 2402 期

召买封房告示

钦命广东提刑按察使司张为出示招承领事照得洪恩里地方娼寮栉比鳞次凤为藏垢纳
污之所自上年风灾之后当奉院宪札饬出示勒石永禁方冀涤瑕荡秽积弊一清乃各匪徒畏惧
毫无冥顽罔觉为时未久又复潜回开设至百有余间之多以致败坏风俗滋生事端种种为害不
胜枚举前据各绅士联名公禀吁请查办即经札发封条委员会同南海县前往按户查封并拨兵
役严行看守在案因思该处娼寮既经查封入官自应候官变价召领惟现在各绅有请拨归大路
围经费者有请拨入文澜书院各处者议论纷纭各存意见兹经本司酌中定议委员确估变价以
示公允而杜纷争合行出示晓谕殷富商民人等知悉尔等如有愿领前项封过娼寮者即行遵照

委员所估价值照数呈缴此外毫无花费毋容顾虑仍须本户出具切实甘结并缴左右街邻公具连环保结声明以后示远改作正业不敢再行开设娼寮并另开赌馆将价银呈缴兑收以凭给照管业既领之后内除查系各书院庙宇地基确有契据可凭者仍照旧交纳地租外其余屋宇基地概由业户永远承管不准旧业主及旁人觊觎争夺至此项价银应作何项公用并候禀请督抚两院宪核示提拨本司一秉至公丝毫无取总期污秽涤净风俗有转移之机庶几涓滴归公地方获挹注之益尔商民其共谅之毋违特示

《申报》1880 年 1 月 8 日第 2 版第 2405 期

谕催完租告示

特用直隶州调补江苏松江府上海县正堂莫为晓谕佃农赶紧还租事照得光绪五年漕粮现奉宪行饬照减定有闰科则核算应征漕白等米照额赶紧征收兑运等因除择日晓示启征外所有佃户完纳租籽亟应及早砻米交还以便业户完征不容稍有拖久本县深念不肖佃户难保无借词抗欠情弊合亟出示晓谕为此示仰各图农佃保业人等知悉尔等须知粮从租出租由佃元务各速将本名下应完田租赶砻干洁好米交纳业主完漕在业户既奉减则征收于佃户亦当量子体恤以昭平允自示之后如有抗欠佃户延不上紧全完一经业户指禀定即提案押追决不宽贷凛遵毋违特示

《申报》1880 年 1 月 8 日第 3 版第 2405 期

禁止讹言告示

头品顶戴兵部尚书两广总督部堂硕勇巴图鲁刘为出示晓谕事照得粤东地方通商日久外国洋人来东贸易传教均系照定章程办理历久相安兹本部堂访得近日颇有谣言称法国天主堂拟开河道直通码头将附近铺户拆毁或称汕头地方杀害外国领事官花县地方杀害传教等语以绝无影响之事任意讹传显系不法匪徒妄造谣言希图生事亟应严行查禁以杜淆惑而靖闾阎除札饬各属文武严密查拿妄造谣言之人外合就出示晓谕为此示仰合省士商军民人等知悉尔等须知中外和好历久相安即各府州县地方其华洋商人等亦彼此公平交易并无异言一经示谕之后倘仍讹传谣言煽惑人心实属有意故违希图生事定必查拿到案从严惩办决不宽宥各宜凛遵毋违特示

《申报》1880 年 1 月 9 日第 2 版第 2406 期

官渡告示

钦加盐运使街汉阳府正堂严候选知府汉阳县正堂林示今将汉阳设立官渡议定章程胪列晓谕一体遵照特示计开

一官渡两只发给熟习江面之船户具结承领驾驶每船用舵工一名水手三名五六七三个月水涨每船添水手一名舵工由县考验着充水手由舵工具保舵工月给工食钱三千六百文水手每名月给工食钱三千文按月由县提取存典生息支发此项舵工水手均择熟习驾驶强而有力之人如年在五六十以上十六岁以下者概不准充亦不准以手艺人等滥行充数

一官渡两只应分泊汉阳朝宗省城平湖汉阳等门码头轮流渡济过江饷鞘人犯差使以及往来之人不准行泊他处拨运货物如违定提舵工水手重惩倘有地痞游棍冒充在官人拿船应差许其立时禀究

一此船除装饷鞘人犯不准取钱外无论十庶兵役每人取钱二文挑担加倍四人大轿每乘取钱四十文中辆小轿每乘取钱二十文为津贴舵工水手添补篙桨绳索之用如有格外需索定提重惩

一每船装渡以二十人为率如船上只有十余人无续至者亦可开行不必久待

一开船泊船均须如法装人抵岸先必照顾登岸者后再照顾上船之人凡遇大小船只往来随时避让不得恃强磕撞拥挤如违重惩

一舵工水手均宜各安本分不准私行上岸非有紧要事故不准告假雇人代替违者责革水手人等应听本船舵工约束如有滋生事端准该舵工禀究更换倘舵工徇私不法亦许众水手公同禀究

一江面如有风浪水手人等应格外小心驾驶把舵挂帆均不得稍涉大意倘遇大风禁江之时亦应停渡江中若有行船遭风等事立即赶往救护或见木牌走缆亦当竭力帮忙不得坐视倘见小船乘危抢物准其拿获送究

一民间如遇大风有迎娶送柩等事过江须用此项官渡者每次给予酒资二百文不准舵工水手任意勒索

一此项船只若遇行船遭风救得活人每名赏钱一千文捞获死尸每具赏钱五百文倘乘机抢夺应照民船加等治罪

一此项官渡两只每年先后油艌一次隔年先后修理一次不得同时上坡所有油艌修理等费友换置风篷随时由县估定在于存典息钱项下支给如系篙桨绳索等类应由船户添置

一各船器具篷索等件舵工水手经营不慎致有损失者贵令照赔舵桅在三年内损坏者亦令公同赔偿

《申报》1880 年 1 月 12 日第 2 版第 2409 期

贵州征粮告示

调署遵义府遵义县事独山州正堂加五级纪录十次窦为晓谕事光绪五年八月二十三日奉藩粮宪会札开照得各属经征钱粮应行照例征收以符定制黔省自军兴以来地方均遭兵燹流离困苦民不聊生现在逆匪虽平元气未复全在良有司洁己爱民加意抚恤于征收钱粮之时将额外浮收等弊痛行革除以纾民力兹奉抚宪函谕饬令各府厅州县每收银一两向有随征耗羡银一钱五分至一钱八分不等各照旧章加收以库平足色为准此外再加银四钱作为办公之需似此除解库外尽可敷用若任意加多一经查出或被告发即行从严参处等因仰见抚宪于轸恤民瘼之中仍寓体谅下僚之意应各勉力从事下济民艰合行会饬为此仰该县遵照俟开征时务须谨遵院谕尽心办理不得于定章之外任意浮收致干参咎并须严禁书役人等毋许借端需索是为至要毋违等因奉此本署县查县属各里花户完纳丁粮向有定章每正银一两随征耗银一钱五分外加平余银二钱以作解款针平使费及一切办公之需必须敷足库平库色以便批解此外并无格外加收历照旧章办理在案兹奉各宪札谕议定新章每收正银一两加耗羡银一钱五分外加收库平足色银四钱作为办公之需在大宪于轸恤民瘼之中仍寓体恤下僚之意前本县接收去年尾数本属无多均照历来旧章征收从未格外需索现在开征之际如照大宪新章加收不惟旧章更改抑且苦累良民除申覆外合行出示晓谕为此示仰十三里绅民花户人等知悉尔等现值完纳之际务须激发天良赶紧自行投柜完纳所收丁粮仍照旧章每正银一两随征耗银一钱五分加收余平二钱以作解款针平办公之用必须库平库色兑收方足批解不得借端抗纳致干究戾各宜凛遵毋违特示

《申报》1880 年 1 月 12 日第 2 版第 2409 期

严惩窝赌示

宁波府正堂宗示照得考童皆有志向上之人断无不自爱之理宁郡积习每逢考试出租考寓之房东有于考寓中开赌诱害生童者有开赌窝娼假称考寓者有包租考寓之人租就房屋备齐器用人工而暗中窝赌者支年春闱考试之时本府曾经拿办多人应各知戒惧现仅考期将届本府分派员弁亲信密查如有房东向赌包租人开赌以及赌棍假托考寓定必按名提拿严办保甲局与地保知而不报者各于重咎各该童生尤宜体本府爱士之心慎择良寓切毋为其陷害致干扣考查办毋违特示

《申报》1880 年 1 月 15 日第 3 版第 2412 期

查案示禁

医所以济世未便不论贫富一律自高声价也乃近来扬城之以医为业者每遇人家延请诊视或须千文八百文不等甚有早门早早门晚门晚晚门名目则其数即由此递加上年黎太守署理扬州篆务时深恶此等恶习出示禁止并明定价目口准收轿钱药金共二百四十文其就诊者至多不过百文如或任意需索一经访闻定即提究兹又来扬复查案示禁盖太守痌瘝在抱故不惮谆谆以告诫也

《申报》1880 年 1 月 16 日第 2 版第 2413 期

禁绝传递示

署宁波府鄞县正堂石为剀切晓谕事照得考试为国家抡才大典关防巡查均宜严密以昭慎重本县访得每届局试之时沿近试院东围墙鼓楼之北及西园墙黄岳等院一带之民房为暗通传递之径闻之实堪痛恨合行出示晓谕为此示仰该处附近商民人等知悉务各扫除积弊痛改前非倘敢故犯一经本县访知或被巡查拿获非特将通同传递之人等概行从严究办并将该房屋封锁入官决不少贷各该商民等各有身家毋因一时通融致受无穷牵累其各凛遵毋违特示

《申报》1880 年 1 月 16 日第 2 版第 2413 期

新造桥梁告示

特用直隶州调补江苏松江府上海县正堂莫为出示晓谕事据同仁辅元堂绅董王承基张益廷贾履上曹骧郭学汾梅益奎等呈称窃邑治西南龙华港内百步桥之西北一支流上承蒲汇塘下合西顾浦诸水以入于浦迢迢数里水陆交冲除百步桥外更无别桥向由该处居民设立东西义渡霜天雨夜唤渡为难同治初年西渡口添设木桥往来利便其东渡未能集资仍用渡船不料迩年西渡木桥损坏又港西即制造局工匠杂沓计惟于港东萝浦浜口左岸脚另添木桥一道自北而南北通陆家堰南通计家湾仍其旧路并照西渡败桥当经地方好着之十踊跃集捐并嘱堂代办等因到县据此除批示外合行出示晓谕为此示仰该处士民保甲人等知悉尔等须知善堂绅董添建木桥系属利益往来行人起见自示之后如有棍徒借端阻挠以及窃取料物情事许即据实禀县以凭提究该地方保甲亦当小心照料倘敢玩误并予重处决不轻贷其各遵照毋违特示

《申报》1880 年 1 月 18 日第 2 版第 2415 期

剀切关防告示

统带江苏抚标亲兵水师营两江补用总镇都督府董为剀切晓谕事照得本统带移驻胥门原为保卫闾阎安民乐业起见乃访有不法棍徒胆敢口称同姓宗亲倚势欺凌贻害不浅意谓本统带只能约束勇丁整顿营务专守训练名分不能越俎干预地方公事以致明目张胆鱼肉良民闻之实堪发指但本统带族大支多良莠不一不安本分招谣诓骗者有之好勇斗狠遇事兴波者有之甚至兴贩私盐流为匪类此种不肖子弟即其贤父兄尚且深恶痛绝必须首官究治何况本统带不过一本之亲同宗之义平日既不往来临事自无偏袒诚恐该不肖等怙恶不悛尔居民受其愚骗合亟出示剀切晓谕为此示仰居民铺户诸色人等知悉嗣后如有棍徒游民妄称本统带兄弟叔侄谬托至戚密友招摇撞骗滋生事端者谚云职官犯法庶民同罪尔等即行捆获投保送县究治或送该处巡查总局亦可倘若呼朋引类狼狈为奸尔等众寡不敌难以就获许即来营禀告当派营弁带同勇丁前来帮同捆捉解县惩办首告之人决不干运拖累万勿隐忍吞声畏首畏尾其各凛遵切切特示

《申报》1880 年 1 月 20 日第 2 版第 2417 期

禁斛手需索告示

总办江苏海运沪局为出示严禁事照得海运粮米雇用斛手每石由各厅州县核给辛工钱五文历久遵循不准私向沙驳各船需索分文乃近年以来有等不肖斛手辄向受兑沙船及各属运米驳船勒索使费以致斛兑粮米高下其手通同舞弊实属玩法除密访查办外合行出示严禁为此示仰斛手人等知悉尔等斛兑粮米务当守法奉公不准私向沙驳各船需索分文以及斛兑之时高下其手通同舞弊倘敢仍蹈故辙一经访闻或被察出定即提案从严惩办决不宽贷其各凛遵毋违特示

《申报》1880 年 1 月 20 日第 2 版第 2417 期

王粮道关防告示

钦命督理江苏苏松常镇太粮储道兼巡视漕河王为关防诈伪事照得本道家传耿介素寡交游由银榜而分仪曹号冰应而高流品廉隅时凛矩步式箴兹奉恩纶来苏转运差信抱同月朗总期毫绝风清不寄耳同于属员不授事权于丁吏非谓如此可勤职守庶几夙夜无玷官方惟是苏省通衢五方杂处贤愚不一皂白难分诚恐不法匪徒捏称夙好更虑无借口棍假托乡邻暗地招摇瞒人撞骗均未可知合行出示晓谕为此示仰各属军民人等知悉如有借端影射大声势以

鼓煽乡愚遇事生风幻□张而恫吓官府许即拿解务究根株尔等既免堕诓局于术中本道亦不托空言于纸上如有妄希举援容隐不首事发一并究处决不宽贷凛之慎之毋违特示

承运漕粮扣费示

总办江苏海运沪局为出示晓谕事照得苏省海运粮米前奉宪行近年司库奇绌向来水脚项下每石发银四钱又续加银一钱五分本甚宽裕饬议照章在于正项四钱运脚内除局用经费照扣一分外另提三分以资弥补等因业经饬据船号众商等集议禀复遵照提扣并求裁减各捐等情现奉苏松太道刘札准署藩司许咨奉护抚部院谭批既据该商等愿于运脚内照章提扣诚属急公请在沪常年捐款酌量裁减惟名目众多究竟何项可以裁减何项难于短缺自应确切查明俾照允协等因到司除将提扣三分水脚一节详咨列入章程转行遵照办理并将前禀各捐分别应裁应减应留逐一核议复夺等因到局奉此除遵照提扣一面饬将求减各捐会议禀复核办外合行出示晓谕为此示仰领运各船商耆舵税行人等知悉尔等承运粮米本届于正项四钱运脚银内查照向章扣回局用经费一分外另提银三分解到弥补其各遵照毋违特示

禁听谣言告示

上海水利局示　本局但清水利　并非设局收捐　近闻南市驳船　谣传本局捐钱　尔等照常驳渡　切弗听信讹言　倘有奸民煽惑　许即扭禀来前　正月日示

严禁考寓开赌示

宁波府正堂宗示照得转瞬府考五县生童云集考寓更多所有向借考写开赌曾经本府拿之张上宾张阿仁吴锦兰唐尧大谢鹿得王福生周鹤亭革役胡镌朱宝成傅友生营兵回子阿冬即吴邦魁以及奉化武毕邬兆奎把总戴熙武生戴宇钧毛来及邬纪勋邬有瑞陈阿令俞记位奉差孙方鄞差裘阿金虞娘子屠宗湖周振声尸芝槐李阿介王阿福以及山北之馄饨阿礼聋子阿祖唐阿宝任阿建与兴花包阿四等人各房东断不准租屋与伊等同赌倘有不知误稍者速行退租另招妥户违者立提房东究办房屋封销入官其向来租开赌寓之房东如赵元邦陈永坤然四林吴炳文卢永兴丁阿毛朱阿双等人尤宜革面洗心力戒租赌水府现饬保甲委负挨查凡租开

考寓之房东均饬取具不敢和开赌寓切结送府查核如不畏法即属有心蒙混贻累考客定干提办毋违特示

《申报》1880 年 2 月 19 日第 2 版第 2441 期

府试示期

署理江苏松江府上海县儒学正堂徐为岁考事奉本府正堂据札奉举宪通饬考试文童等因奉经札饬在案今本府择于光绪六年正月二十日开考所有华奉娄金上南青七县文宪应饬正月十八日宝学郡城听候分场局试除出示晓谕并饬县备造册卷送试外合行札饬等因到学奉此合行出示晓谕为此示仰阖邑国保及与考文童知悉务须遵照府宪定期于正月十八日齐集郡城听候分场考试均毋自误切切特示

《申报》1880 年 2 月 20 日第 3 版第 2442 期

福建南台税厘总局示

为示谕事奉总督部堂何批据福州府延守楷等会禀浙宁太王明照与恒德等号互控奉札查讯核议详复请示遵办等由奉批所议新章是否平允应否准行仰福建税厘局即日秉公核案妥议详得饬遵仍候抚部院衙门批示缴另单并悉又奉兼署巡抚部院何批仰税厘局司道确核妥议详复饬遵仍候督邵堂衙门批示缴另单存各因并据福州府延守等会禀称案蒙札据浙宁木商王明照等与两浙木商恒德等号互控一案遵经节次研讯其互争客号船供仍各执故曾禀称暂行停用报单饬令一律丈量仍声明候复讯确情另议章程分别详办随移续闽海关查复借钞光绪三四等年分丈量征收客帮木商即数底簿逐细核算客号每年运木出口实系小木居多中木次之大木又次之其完过大小厘金匀并奉算核与两之丈量完数大略相同藩客号完厘难系按根而仍分杉木二连段三连段木段桶木等五项与船帮同而每项之中并掘分出一尺上一尺五上其年运之木则又以一尺至二尺上居多三四尺上至五尺较少配搭完厘以其多而盈者补少而绌者漏遗足于证之海关查钞丈量收税细数匀算大致吻合自属确切可凭拟请嗣后客帮中办运杉木等五项内自一尺上至三尺上仍准照旧单按根点根免予丈量以资节便其五项内之四尺上五尺上之大木按根与丈最完数参差过巨亦一律照海关量数开摺呈局照人口析丈量厘以摺避仍先行试办一年由各局吊核海关总数比较如全年无甚出入即永远饬令遵办报单既已吊销不能再准行用查纳关税曾奉军机颁结清汉文木商自报图记饬由客帮各木商查明现在海关挂户者尚有若干字号开明住址清摺命名互结送两台税厘局立案中局移查果与关簿挂户号数相符给照凭执定为客帮如有新添字号由该帮联结保领照倘有停歇回籍报

局缴销查混亦惟结保之通帮是问至王明照等既非客号即属船帮应请饬令循旧丈量办理等
因奉据此查抽厘务宜均亦岂节恤现在号船帮应如该商所议先行试办一年由台局吊核海关
总数比较各征数仍复相等即饬定案永远遵办至芝记等八号既查明系船帮应饬循旧办理以
符定章详复奉批如详饬遵仍候抚部院衙门批示缴等因奉此除行福州府谕饬遵办外合特示
此仰浙宁客号各木商如悉尔等务须遵照现定章程先行查开字号住址命名互结分禀呈送本
总局以悬移查给照立案嗣后顶运杉木五项木植自一尺上至三尺上仍准照旧章按根点报免
予丈量其四尺上至五尺上各项大木应照海关量数开摺呈局照折纳厘银先行试办一年由局
吊核海关总数比较如全年厘金征数仍复相等自应饬令遵办该客帮若有新添字号及停歇回
借署仍应随时禀分别结保缴销倘有混惟结保通帮是问至芝记等船帮各商仍循旧章丈量完
厘其各凛遵毋违特示

《申报》1880 年 2 月 21 日第 3 版第 2443 期

浙江海运沪局告示

　　浙江海运沪局为出示严禁事案照商船装运漕粮每石给耗米八升百粮每石给耗米一斗
此项耗米原备抵补该船折耗并到津盘量短缺之用俟正米交卸全完后再将漕白余耗交足三
成听候津局给价收买留抵正漕之不足此向办之旧章也本届奉文仍饬各属将经剥耗食等米
折价解津收买余米抵补是前项商耗尤须尽数呈缴不准稍有短绌乃闻近年各属押米丁胥竟
有勾通商船私自折干并有商船沿途私卖情事殊堪痛恨除饬监兑巡察各员于交兑时认真严
密稽查外合行出示严禁为此示仰承运沙宁等船各耆舵人等一体知悉该商船等受载浙漕务
将前项耗米以本色全数带津俟交足正供之后照章将漕白余耗交纳三成听候津局给价收买
倘不足数着落该船户买补呈缴至各属押运丁胥倘有勾通折干及商船私卖等事一经察出定
照盗卖漕粮例从严究惩决不宽贷其各凛遵毋违特示

《申报》1880 年 2 月 22 日第 2 版第 2444 期

上海水利总局示

　　为晓事照得本局奉宪委清理浦江水利业经照奉发办禀报各在案查浦西大船当一而为
米货客及驳渡等船来停泊要道乃有等住家屯船聚泊浦西水而该船又非梗阻不但估货船地
位且多窝赌窝娼藏垢纳污又中流有涨沙一段亦多屯船聚其上致愈涨兴大有关碍均应遵宪
批饬令屯船等一律移无碍处所停泊以疏水利而便舟行除谕饬船埠外合亟出示为此仰船户
遵照自示之徒统限十日内一律移泊浦西南码头左近界椿里面暨空处小港无碍舟行处所停

泊倘再仍前阻水以及沙之上定提屯户送县究办如有巡役人等借端需索许即指名禀究各宜凛遵毋违特示

楚索元宵残烛示

符用直隶州调补江苏松江府上海县正堂莫为出示张振拜禀称每年元宵有等游手之徒向头门外俗名石狮子党至邑庙大殿讨取残斛合多人去而复不甚衅理恃禀求示禁等情历经示禁在案现届元宵台行查案示禁为此示仰邑庙住持及地甲丐头人知悉之各遵照法毋许强索残结队拥挤寻衅如敢狃于积习复蹈故辙许该住持地甲丐头据实指名禀县以凭提究各宜凛遵毋违特示

饬领执照示

尽先补用府署松江府海防分府吴补用府即补直隶州松江府上海县正堂写出示晓事奉署布政使司许札奉护抚部院谭札开光绪五年十二月初七日准兵部火票到吏部咨所有苏省海运粮索内管执照十三张填写替发转给各该员收执等因到本护院准此除咨复外开单札司查收谕令各该员赴可领照由司核明编号印发给等因升奉发执照十三张到司奉此开单札饬谕令各员知照赴司请领等因奉此旨行出示晓谕为此示仰吴晋等各员闻刻日赴司具禀请领听候核明详院编号钤印发给收执毋稍迟延切切特示计开

援案劝捐示

总办江苏海运沪局为出示晓谕事案奉宪行奉宫太傅直隶阁爵督宪李札间顺直所属武清任邱安平等二十余州县早荒之后继以水灾小民荡析离居情极可悯浙江各船商等心存恻隐自必情深推解据筹赈局详请查照同治十年水灾助赈成案砌令承运漕粮各船商按照今届运津米数每石仍捐制钱三十文由海运局一律扣捐解接济仍俟事竣按照部章请应准饬行遵照劝谕提捐解济等因行局奉此查此案前于奉饬后业已分别移行劝办现当兑放运粮水脚之际各船商所领银内捐络绎本府等亦深知腾转之难弟顺直武清等处被早之后继以水灾小民流离失所性命在乎呼吸若于运米每石水脚内提捐钱三十文济赈在各商究尚轻而易举而集

胰成裘哀鸿之赖以存活者已不啻生死而肉骨各船商乐善为怀好施素着凡此实惠灾黎之款无不慷慨乐从赈捐待济甚急已奉大宪酌定应即于给发水脚时按数核舞掣给捐票俾期迅速合行出示晓谕为此仰领运船商者舵人等知悉今届兑运粮米应发水脚银两奉宪饬照同治十年天津水灾助赈成案每石提捐直赈钱三十文解直接济一俟扣全解竣许请照章给奖尔等稍节往来度用之次以拯饥啼寒号之惨朝廷明有奖叙冥漠阴资福报必不负此苦心其各遵行毋违特示

劝捐直赈告示

尽先补用府署松江府海防分府吴补用府直隶州松江府上海县正堂莫为出示劝办事案奉宫本傅直隶爵阁督部堂李函开直隶地瘠民贫连遭灾歉上届旱荒特甚幸蒙集捐济助全活甚多乃今又值水灾饥民情形极苦亟须筹款接济南省绅富士商救灾恤邻勇于为善仍乞集捐协济庶穷黎胥免流亡始终成全功德益无涯涘所有捐款拟即奏明循照部定新章请奖等因转饬到厅县奉此查沪地各商向来从善如流凡遇他省灾荒无不解囊协济此次畿辅被水自必更为关切共相劝勉乐与有成奉饬前因合行出示劝办为此示仰合邑绅商各业人等知悉尔等务念畿辅水灾甚重小民荡析离居情极可悯赶紧踊跃集议量力输捐缴候转解协赈仍俟事竣详请照章给奖毋须观望切切特示

《申报》1880年3月1日第2版第2452期

禁烟告示

钦命护理江苏巡抚部院谭为出示严禁事照得民间开设烟馆为害最深本护院前在道府任内曾经出示禁止在案就常郡而论自禁之后每日各土栈少卖洋银五百余元通年核计已可节留浮费至十七八万元其他开设最多之区更不可以数计当此物力维艰之时为民间留一余资即可培一分元气而况引诱子弟藏匿匪徒种种为患不可胜言乃有司既视为故常而渔利之徒因之愈开愈多毫无忌惮若再不从严申禁将何所终穷除明定章程札饬府厅州县一体出示严禁并密访查拿外合亟开列章程出示晓谕为此示仰诸色人等知悉自示之后凡开设烟馆之户立即一律闭歇各图正业倘敢阳奉阴违本护院不时派员察查一经发觉即予照章严办并将查禁不力之地方官立予撤参本护院令出维行法不宽贷毋违特示计开

一凡查获烟馆地方官立将开馆之人枷责示众烟具当堂销毁其房屋无论何人之产俱封闭入官蛮充地方善举

一凡举报烟馆无论军民人等俱准密封投署俟查得实地方官立即赏大钱十千文但须将开馆姓名住址及本人姓名住址以便分别查拿赏给不实者不究

一凡乡镇烟馆地方官须就该处选择公正绅耆二三人给予谕帖互相稽查随时密报

一凡闭歇烟馆后复设一灯一榻捏称自吸暗中实替换售卖者如查至二三次并非本人即以私开论

一凡私开烟馆房东地保及左右贴邻最易觉查如先行密报查实后照前一律重赏房东之屋并免入官如私兼容隐别经发觉房东之屋立即发封地保重惩左右贴邻酌罚充赏保房屋封闭变充善举

严拿串客

前报波南卿串客演戏乡民又聚众殴差兹悉宗太守已传该处地保至署重责五百板即派绿头勇与湖南勇数十名押同地保往拿当获串客三名到案各予重责发交鄞县管押外又饬选派差役四出访提间宗太守痛恨已极俟岁试事毕若非治以立笼之罪恐不足以昭炯戒并严谕属一体示禁务期官民同心共除此害或不能自己拿捉尽可访明姓名密禀拿办所有告照录如下宁波府正堂宗示串客淫戏备极丑态引诱男妇败坏风俗一概严禁有犯者无论地保图差宗房干首村民仍准捆送有连同戏具获送府县衙门者每获一名赏给一千文能获十名赏十千文以次递加其借庙会开赌之赌棍连赌具捆送一名亦赏钱一千十名赏钱十千文以次递加务各官民齐心严禁获拿为地方除害如地保屋主地主等通同徇隐者一并拿办毋违特示

《申报》1880年4月5日第2版第2487期

禁止教会告示

知府衔补用直隶州江夏县正堂陆为出示严禁查办事案奉臬宪札开前奉前抚院郭札准礼部咨钦奉上谕各省莠民竟有传习灯花教白莲教青林教诸名目蛊惑愚民亟应随时查禁有犯必惩等因钦此钦遵到部咨院行司久经前司刘通行在案兹本司访闻近来有等不法之徒常日茹素燃灯诵经甚至于敛钱聚众男女混杂奸邪淫侈肆无忌惮难保非教匪斋匪蛊惑所致实于地方风化大有关系亟应查拿惩办以除根蒂而安闾阎合行通饬札到该县立即遵照先行出示严禁一面会督营汛严密查拿前项匪徒务获从重惩办如有愚民茹素讽经即传案饬令当堂悔教闻斋免其深究倘有执迷不悟者亦即治以应得之罪切勿任听差役借端扰累妄拿无辜仍将遵办缘由先行禀报查考无违此札等因奉此除饬差查拿外合亟出示严禁为此示仰诸色人

等知悉自示之后如有愚民茹素讽经者立即开斋悔教宽免深究倘仍执迷不悟一经查获或被告发定即拿案从严惩办决不姑宽凛之慎之勿违特示

《申报》1880年4月12日第2版第2494期

绥靖海盗告示

鄞县正堂石抄奉浙江补用道特授宁波府正堂加三缴纪录三次宗为出示晓谕事奉头品顶戴兵部尚书巡抚浙江部院节制水陆各镇谭札开照得宁台温州各属内外洋面时有行船被劫之案迭经札饬严缉报获者甚属寥寥若不设法严杜盗踪何以靖海面而安商旅夫盗匪不生于海中必借船只驾驶出洋方能伺劫前据温处道以领照出洋船只往往影射为匪请饬各属勒令讨篷烙号俾资查察等情即经通饬遵办恐未实力奉行查沿海各邑渔船多于商船其中良莠不齐较商船更难稽察定例沿海一应采捕及各色小船地方官取具澳甲邻佑甘结一体印烙编号给票查验方准出口立法本极周详现在盗风不靖自应申明定例认真编查一次以清盗源除委员前赴各属会同查办外合再札饬札到该府立即转饬管辖洋而各属遵照会同委员查照定例出示晓谕将境内所有一应商船大小船只刻日拘集查验询明船户籍贯姓名造册登记编定字号一律于篷上船旁大书某号某船及籍贯姓名字样以备稽考而资辨认毋任匿漏抗延以及新造船只一体报官编写方准出洋采捕营运使匪徒无从影混缉捕易于得手仍责成巡洋舟师及守口兵弁认真查察如无编写字号者即以匪船论本部院为绥靖海洋起见该府务须严饬各属实力遵办勒限半月内查编竣事造册申报本部院当于查阅海口之便亲访抽查验视毋任草率违延及纵书役需索滋事等因奉此并奉抚宪扎委三品衔升用道即补府郭会同各地方官认真查办除已札饬传集税行鲜咸货行责成催督商渔各船务各一律于篷上大书某县某船姓名不准将字画缩小编字字号并于船旁烙号书名俾易辨认其外来船只未及书烙者亦照温州办法将该船籍贯船名就近明白书写方准出洋外合亟出示晓谕为此示仰商渔各船暨税行鲜咸货行并汛口兵役书吏人等一概遵照凡未经书篷烙号之船户务各遵照赶紧书烙其税行人等务各加紧催督现奉抚宪通札沿海水师严密稽查此后洋而遇有不书篷不烙号之船户即照匪船论若各船户抗玩不遵出洋后被舟师轮船因无书烙作匪船拿获则身家性命不保后悔莫及故此举专为保全良莠商渔起见绝非平日之挂验取费可比本府已严饬各口书吏兵役不准借此需索分文如有借此需索准赴本府衙门指控至于各乡小船户之向不领照者此次若不书篷烙号更恐出洋后误认匪船被获此等小渔船闻向不与税行等经手应责成何人催督照办本府已饬县商之抚宪委员妥筹办法如各该小渔船情愿自邀乡间绅董柱首自行书烙编号开册报官过口查验放行本府自必为之严禁需索分文亦尽可自邀绅董赴府县具禀也其各遵照毋违特示

《申报》1880年4月22日第2版第2504期

厘局告示

钦加盐运使衔总理汉镇牙厘局务湖北提补道即补府正堂李为出示剀切晓谕事照得设局抽厘虽属该商等急公好义而一文一厘无非民膏民脂缘库款空虚兵饷支绌不得已为此权宜之举借济时艰承办局务自应矢慎矢勤涓滴济公岂容稍滋弊窦任行户司事中饱本专办清洁传家廉隅自持历办各局约己奉公局规条教尔等谅有所闻平日于义利之辨尤持之最严不仅为公计尤当为子孙计总期破除情面力求整顿所有一切情弊务使剔除净尽上下一清如水断不敢稍事瞻徇有负上宪裕饷恤商委任之至意现查汉镇为南北数省通衢水陆交冲华洋杂处富商大贾辐辏于此历年完纳厘金踊跃输将责以食毛践土之义诚属无负惟合镇行栈众多人心不一其中奉公守法者固多而取巧偷漏者亦属不少上下两局司事甚多良莠不齐亦难保无受贿串通各弊现在访闻有等行栈开设上局地界者或与下局司事熟识串通货物由下局起坡瞒厘开设下局地界者与上局司事熟识串通将货由上局码头起坡瞒厘尤有洋街出货挂号妄报名色避重就轻以多报少以贵报贱甚至混冒退换借为样货种种不一并有馈送司事节礼及一切牢不可破之积弊以致收数日形减色殊于厘政大有关碍合亟出示严禁为此示仰各行栈及派查各码头司事人等知悉尔等须知上下两局原属一局通同劝贿与受同科嗣后各行栈开设何处即由何处起货不准串通移起趋避取巧洋街出货据实报验挂号领票倘仍蹈前辙及犯一切弊端一经发觉定将该行栈封闭货物充公拘案究办决不宽贷司事无论荐自何人定即送县严行惩治决不瞻徇该码头脚夫废船夫头一并从严究办尔等务各洗心自爱有则速改无则加勉勿得自取咎戾以致后悔本专办三令五申言出法随尔等幸勿以身试法是为切要凛之慎之毋违特示

《申报》1880 年 4 月 23 日第 2 版第 2505 期

资遣营勇示

统领楚军忠义营刘为牌示事照得本统领遵奉督宪李檄饬在于所部八营勇数内分撤一半其所撤弁勇等饷银米粮截至本年贰关止照章发清并各另给两个月口粮为回籍川资宪恩高厚格外体恤尔等自当同声感颂查本年头关饷银米粮业已照章发清此次裁撤弁勇应支贰关饷银除划扣米价外一律发清不许短少丝毫所给两个月口粮作为川资应查明该弁勇等入营久暂回籍程途远近酌量多寡尽数分给以示区别而昭公允除分饬各该营哨遵照外合亟牌示为此示仰各该营裁撤之弁勇长夫等知悉均限本月初五起至十一止赴各该营官处将口粮川资分别请领清讫刻即起程安静回籍倘敢私带军器逗留滋事以及本年三月二关以前历年陆续开除并犯事汰革已领清各关粮饷之弁勇等来营假冒混领造谣惑众许各该营哨官严拿

禀本统领自领军以来饷项分明军规严肃此尔等所共见共开切勿以身试法致贻后悔须至牌示者

《申报》1880 年 5 月 1 日第 2 版第 2513 期

添设义塾示

尽先补用府署松海防分府吴为出示晓谕事据保婴乡约总局职董郭学汾郑官□朱征镕沈□龄张韦承徐允临黄锡正汤桂彰等禀称窃保婴局东西两面改造楼房业已告竣除保婴乡约办公之用尚余楼房二间仿照梅花书塾章程略为变通并加西学即于局内添设养正书塾敦请本邑庠生孙承鼎学生八人于正月十六日开塾修膳自备不支局款拟具课程禀请晓谕前来除批准照办外合行出示晓谕为此示仰合邑诸色人等知悉保婴局内添设养正书塾为启迪童蒙之处如子弟情愿赴塾读书须先报由董事查明如有空额照章延纳入学闲杂之人不得窥探滋扰致妨功课其各遵照毋违特示

《申报》1880 年 5 月 1 日第 2 版第 2513 期

禁止赛会告示

宁波府正堂宗示宁郡都神会奢侈异常本非岁岁常有之事去年举行此会传动远近不但赌风因此大炽且来观者或借行奸拐或陷良为娼见诸讼牍不一而足且近来年岁不丰贸易大减若破耗物力之事亟宜禁止为此示仰本届暨各柱首人等速即停止如违定提各柱首究治尔等若能力行善事利物济人神必锡福若徒淫侈靡费谓能媚神邀福断断无此理也毋违特示

《申报》1880 年 5 月 4 日第 2 版第 2516 期

禁止彩票告示

会审分府陈为出示严禁事照得引诱赌博几为闾阎之患租界地方前有白鸽票等各色赌局名目不一历经严查禁办在案今春以来复有无赖之徒名为收拾台凳衣料等物设局刊票以为悉依吕宋国票对号诱人博彩实则赌钱愚者贪心倾囊伙买及至开彩千无一得悔莫能言此项赌局即系从前白鸽票之类现竟接踵开设日见增多几无底止殊属妄为合亟出示严禁为此示仰各该保及诸色人等一体遵照租界内凡有前项赌局务限一个月内一律闭歇别谋生业本分府念尔无知不忍不教而诛如敢逾限故违定即提案究办决不姑宽勿谓言之不预也其各凛

遵毋违特示计开查得租界内现开各处

广泰和　乐赛德　沙利　宝泰　广泰协　利记发记　全记　顺记　信记　惠丰　其余不及细查

禁私盐告示

钦加二品顶戴按察使衔署理两浙江南等处都转盐运使司尽先前候补道加五级纪录七次唐为严禁事照得商运官盐攸关国课私盐侵扰律所不容轻则徒流重则斩绞本署司久知浙东西各私枭甚多且有不知自爱之文武举监生员及殷实之户被人蛊惑在地接贩私盐一经缉拿或纠众拒捕或架捏反诬甚至抢毁盐栈种种玩法良堪痛恨若不严拿究办蒋至官引不锁现届菜市转瞬酱市正值需盐之际除通饬随时查拿讯究外本司不忍不教而诛合行剀切晓谕为此示仰贩私人等知悉尔等将本求利何业不可谋生且举监生员暨殷实之户尤当顾惜身家何苦贩私取咎自示之后应各痛改前非毋再贩私如敢不遵一经巡役拿获或被风闻指控定即照律严办断不姑息其各凛遵慎勿尝试切切特示

严禁同姓为婚示

钦命护理江苏巡抚部院谭为申明定律出示谕禁事照得定律同姓为婚者主婚与男女各杖六十离异妇女归宗财礼入官又娶同宗无服之亲及无服之妻者男女各杖一百若兄亡收嫂弟亡收弟妇者男女各绞知情不阻之亲族地保例应各杖八十煌煌禁令何等森严今本护院访闻各属乡曲愚民不谙例禁每有同姓同宗违例嫁娶之事亟应力图挽回合亟申明定律出示谕禁为此仰合属军民人等知悉尔等须知同姓同宗定律不准结婚至兄亡收嫂弟亡收弟妇更属罪犯应死自示之后凡各乡耆老十庶中识字之人务各互相告诫必使家喻户晓各守法律男女婚嫁当择异姓匹配如再狃于积习仍前违例嫁娶则是明知故犯一经发觉定即按律惩办本护院言出法随决不宽贷其各凛遵毋违特示

严禁淫戏告示

会审分府陈为出示严禁事奉苏松太道刘札开据协赈公所江浙闽广绅士谢家福等禀称

窃维移风易俗莫善于乐今时鞠部梨园摹色绘声穷极形相其移人心志尤易尤捷云云已故金匮善士余治笃行乐善晚年注意惟以禁绝淫戏乘机化导尝取近世事迹足为劝戒者编演杂剧名曰庶几堂今乐另募优童习演嗣以集资不敷将优人遣散今乐刻本亦未竣工绅等惜之已将庶几堂今乐二十八种募资刻成拟请饬发各戏园依样习熟每日夜搭演一出冀广观听有能就此字迹略加关目耸动观听者由绅等酌赏加奖至淫亵诸剧本干例禁拟请出示严禁随时查惩呈送善戏刻本请饬发各园一律遵照并取具各戏园遵禁淫戏切结以端风化而正人心等情到道饬将发去善戏刻本转给各戏园依样习演并取具禁止淫戏切结送查等因奉此除将善戏刻本分发取结外合行出示严禁为此示仰该戏园主及各优伶一体遵照务将发去善戏刻本赶紧依样习熟以三个月为限每日夜搭演一台惟淫戏即以出示之日为始不准再演倘敢故违一经察出立提园主严办决不姑宽凛之切切特示

《申报》1880 年 5 月 24 日第 2 版第 2536 期

严禁赌博告示

补用总捕府调补宁波府鄞县正堂加三级纪录六次陈为出示严禁事照得赌博大干例禁本县访闻灵桥有土庙会拦摊聚赌多至百余处乡间亦多有赌摊哄诱乡愚入局抽头渔利地保知情得规容隐凡堕其术中者小则废时失业大则荡产倾家玩法害民莫此为甚亟应严行查禁以安间阎除随时访拿并传各图保谕禁取结外合行出示严禁为此示仰合邑军民人等知悉嗣后务各安分守业毋蹈覆辙倘敢故违一经访闻或被告发定即按名差提到县照律分别严惩决不姑宽其各凛遵毋违特示

《申报》1880 年 5 月 25 日第 2 版第 2537 期

举办施医告示

钦加运同衔办理上海租界会审事务江苏即补分府陈为出示晓谕事据乡约施医局职董王宗寿郑官应周昌炽沈懋朱征镕顾涛松李朝觐王恩溥汤桂彰沈嵩龄张韦承禀称窃职等每至夏至日即就北门外大马路保安司徒庙设局施医其经费向由职董筹劝并有药业董事翁兆芳筹捐药料兹择于五月十八日开局施医期逢双日午前贫病照方给药并送医药其有重症势难就医准报局往诊并雇夫收拾沿街抛弃粥饭惟恐无知棍徒借端滋扰环求给示晓谕以全善举等情据此除批示外合行出示晓谕仰该局司事及地保人等知悉此系地方善举如有无知棍徒借端滋扰许即指名禀究决不宽贷毋违切切特示

《申报》1880 年 7 月 1 日第 2 版第 2574 期

设柜收文告示

调授江南苏州府毕为剀切晓谕事照得京控上控案内寻常人证由本籍地方官给文自行投案前奉抚宪访闻冒充上司衙门书役有前项抱文投到之人到寓恐吓勒索甚至妄称承审委员非亲即友包揽一切借端诓骗业经明定章程饬令省城待质公所置备木柜凡前项人证一经到省赴所投文入柜由委员查明暂行拨入公所居住听候审讯其有应行取保不愿住所者仍准取保住店候传已奉札发告示晓谕并通行遵办在案兹奉抚宪以各道府州上控案件较为繁多而书役之索费捃搁亦在所不免自应一体访办由署前头门设立木柜一具大书投到收文四字每日午后启柜收文一次以后凡有上司批饬亲提及京控由府就近提审各案寻常证佐由地方官给文投到者随时当堂讯明取保住店听候传质等因到府奉此除遵饬在于头门设柜收文外合行出示晓谕为此示仰合属军民人等知悉嗣后各案寻常人证由地方官给文投到者许即将文投入柜内听候讯明取保住店候审倘有冒充承审委员亲友及书役人等包揽诓骗以及需索拦阻情事准予随时指禀以凭立拿严办决不宽贷其各凛遵毋违切切特示

《申报》1880 年 7 月 20 日第 2 版第 2593 期

奉禁滥报请恤示

督办江苏忠义总局署理布政使司许署理按察使司薛钦加二品衔候补道忠为出示晓谕事准苏藩司衙门咨准江藩司咨奉署督部堂吴札开照得设局探访忠义迄今二十年之久奏至七十九案之多果系见危授命当已早邀恤典近年册报有死事地方日期先后不符者有所列衔职查无实据者并有死不同时同地而亦列为一门殉难者非举报之滥乎朝廷轸念死难员绅一经奏准即予世禄宜如何核实探访若再任其冒滥不特虚糜帑金且真正难裔转因额满见遗不得及时请领世俸其何以广皇仁而励忠节本应即予撤局停止姑念或有阐扬未尽者亟应明示限制嗣后请恤员绅无论文武衔职举贡生监及业经到省人员务须检同照札等项确据及查明中式科分入学及到省年分造具履历呈候分别咨查明确无错方准汇办其中毫无实据及该局并无真知灼见者一概不准率行转报宁缺毋滥以昭慎重札司转饬该局遵照一面移会安苏藩司一体通饬出示晓谕等因到局奉此除通札各属出示晓谕外移会查照希即通饬所属一体出示晓谕仍祈就近报明苏抚宪查考等因到司准此咨烦查照希即通饬各属一体出示晓谕并祈报明抚宪查考等因到局准此除遵照并通饬各属一体出示晓谕遵办外合行出示晓谕为此示仰苏属各府州县地方各家属人等知悉嗣后如有未经请恤员绅无论文武职衔举贡生监及业经到省人员务须检同札照等项确据及查明中式科分入学及到省年分造具履历禀请地方官

详候咨查确实方准汇办其毫无实据或以照札毁失无存为词一概不准率行具报各宜凛遵毋
违切切特谕

谕领珲春执照示

　　江海关道刘为出示晓谕事案准驻沪俄国领事聂照会华人自上海乘船至珲春须中国官
发给执照送由本领事签名盖印给执前往照验无照不令上岸请酌定照式晓示等因当经禀奉
南北洋通商大臣咨准总理衙门核复凡中国人乘船往俄界者以地方官给照为断自应照办等
因转行到道除酌定照式刊刻备用并呈报咨行外合行出示晓谕为此示仰商民人等一体遵照
嗣后如有华人由上海搭坐轮船前往俄国所属珲春等处海口贸易者即先觅殷实铺户及体面
之人作保出具切结呈道核办听候填照送请驻沪俄国领事签名盖印后由道给执均毋自误切
切特示

关防告示

　　头品顶戴兵部尚书两江总督部堂硕勇巴图鲁刘为出示晓谕以杜诈伪而严关防事照得
本部堂钦承恩命调任两江所有官亲幕友悉皆束身自爱即所用家丁亦系多年服役之人大都
老诚可靠本部堂复严加约束不准出外招摇惟是两江地辖较广且与湖南原籍一水相通往来
易于假冒长江五方杂处其中贤否不齐近来奸徒撞骗之案层见叠出不可不严密关防合亟出
示晓谕为此示仰合属军民人等知悉嗣后如有不法棍徒冒充本部堂官亲幕友差弁家丁借端
滋事或伪造名帖混用旗灯闯讨关卡希图抗完厘税不服盘查准其随时扭送所在地方官究明
详候按律惩办慎勿受其欺蒙致贻后悔其各凛遵毋违特示

禁赌告示

　　钦加二品衔安徽抚院营务处兼办保甲局尽先补用道吴为出示严禁事照得开场聚赌例
禁极严兹访闻城厢内外地方有等不法棍徒专以开赌诓诱良家子弟逞其诡计希图肥己遂致
入其彀中者倾家败产受害无穷况赌博为盗贼之根赌风日盛则盗风日长欲清盗源先除赌患
合亟出示晓谕为此示仰各色人等一体知悉自示之后务宜各安生业改过自新倘仍日事赌博

一经拿获除将赌犯按律惩办外并将窝赌之人一并治罪房屋封闭充公本总局言出法随断不稍事姑容各宜凛遵毋贻后悔切切特示

《申报》1880年11月1日第2版第2697期

冬防告示

钦命巡视各城御史为出示晓谕事照得瞬届冬令宵小易生自应严密巡防庶匪徒无从窥伺查近来京城各地面颇不安静屡有盗劫铺商等事兹届冬令尤宜加意严防除饬司坊逡巡实力稽查外合行晓谕为此示仰各城居民铺户等知悉自示之后务须谨守门户以备不虞各行店等于初更一律关闭不准留人住宿如有面生可疑来历不明之人即行就近禀明司坊拿办倘敢隐匿故违一经察出定即严惩决不宽贷切切特示

《申报》1880年11月4日第2版第2700期

冬防告示

特授江南安庆府正堂孙江防总捕府陈为出示晓谕事照得省垣城厢内外人烟稠密五方杂处良莠实属难齐不得不严加防范每年秋冬之际各巷设立栅栏二更后即行锁闭前经示谕在案仍恐更夫稀少巡逻不周或有逃荒难户外来游民难免尽系安分之人宜防鼠窃狗偷之渐惟有仍照旧章自十月朔起至来春正月底止无论铺户居民客栈均应一律轮流支更以十户为一甲每夜每户雇派一人按十日为一周或请人代为支更或本家出人应更悉听其便如今晚轮到某户不出人支更即由九户中次日禀候谕究庶几守望相助亦得各保身家合亟照章出示晓谕为此示仰城厢内外铺户居民人等知悉自示之后务各遵照旧章一体办理十家轮流支更二更栅栏上锁倘该地保更夫人等于二更后栅栏不行上锁除延医接生外仍听从游人出入许该处铺户居民禀明查街委员转禀本府等即将该处地保更夫提责惩示慎勿慢视因循其各凛遵切切特示

《申报》1880年11月8日第2版第2704期

月蚀告示

上海县莫为月食事奉本府正堂博札奉署布政使司许札开承准礼部照会精膳司案呈准祠祭司付称钦天监具题光绪六年庚辰十一月十五日己卯望月食江苏江宁府月食十四分九秒初亏亥初三刻一分食即亥正三刻十分食甚夜子初二刻十一分生光十六日子正一刻十二

分复圆丑初二刻等因到司札府转饬到县奉此除移行遵照外合行出示晓谕为此示仰合邑军民诸色人等知悉届期一体救护毋违特示

厘局告示

钦加盐运使衔总理汉镇牙厘局务湖北题补道即补府正堂李为晓谕事照得汉镇抽收厘金设有专局复分设上局原为地方辽阔商人完厘太远起见体恤可谓周至近来襄河水溜之际或因新码头水浅上局地段各行栈不能就近起货上下局所管各码头及洋街等处起卸货物自应就近在下局完厘无如奸商借以推诿弊窦渐生遇上局稽查则云已在下局完过遇下局稽查又云应在上局完厘如此影射殊为可恶前已会同查究至再至三今复会同酌定互查章程四条除谕令两局稽查司事照办外合此示仰阖镇商民知悉自示之后如查有前项偷漏情弊一经查出从重惩罚枷号示众决不稍宽切切此谕计开互查章程四条

一专局在流通巷正街添设司事一人专查由上而下陆路挑抬之货上局在新码头下首长春栈门口添设司事一人专查由下而上陆路挑抬之货后街亦各添一人往来稽查以绝绕越偷漏之弊

一上局地段向与专局分清凡长春栈以上行栈均归上局抽收近年襄河水溜或因新码头水浅不能起货辄在专局地段起货即在专局完厘起票即由专局码头司事收去上局无凭查考今议定凡上局地段行栈之货在专局码头起坡者该码头司事应收起票截去上半纸缴局核对其上半纸仍缴脚夫责令上局新设司事查明货物件数相符放行如专局地段行栈在上局地段起货亦照此办理所取起票五日互送核对

一专局之洋街码头向系查洋街司事挂号盖戳放行因每有各行号由轮船自运到汉之货卸入洋栈堆积参差丛错不能将各号码件数一时分晰预定取出亦有迳赴洋行发货预发花色不对于收关后不能照退至次日甫能退换者是以两日半后由该行号赴局领票上局地段各行店亦有上洋街起货者每遇稽查辄称已在专局完过今议定凡上局地段行店之货用验票一纸即由查津街司事照货填给挑夫责令新设司事查明货数相符收票放行五日由专局将洋街挂号簿送上局核对一次

一上局地段各店铺在专局地段行栈拆货者其货已由专局完过厘金未侵重抽应由该行店于转货时将发票报明专局盖用图记或驳或挑由上局各码头司事查验放行

禁绝传递告示

调补宁波府鄞县正堂陈为剀切晓谕事照得考试为国家抡才大典关防巡查均宜严密以昭慎重本县访得每届岁试之时沿近试院东围墙鼓楼之北及西围墙黄岳书院一带之民房为暗通传递之径闻之实堪痛恨合行出示晓谕为此示仰该处附近商民人等知悉务各扫除积弊痛改前非倘敢故犯一经本县访知或被巡查拿获非特将通同传递人等概行从严究办并将该房屋封锁入官决不少贷该商民等各有身家毋因一时通融致受无穷牵累其各凛遵毋违特示

《申报》1880 年 12 月 7 日第 2 版第 2733 期

龙门书院甄别告示

钦加布政使衔监督江南海关分巡苏松太道刘为晓谕事照得龙门书院预行七年分甄别本监督定于十一月十三日在院岁试凡投考者先期三日前一律赴院报名并开明某省某府州县举贡生监以便预备册卷由董事等先期一日送道盖印该投课诸生届期黎明齐集书院听候本监督点名给卷命题考试限本日酉刻交卷合行牌示毋违特示

《申报》1880 年 12 月 11 日第 2 版第 2737 期

关防告示

上海县水利厅赵为特再关防诈伪事照得本厅莅任以来署中向无官亲幕友所有公务一切概系亲手经理从不信任家丁至于置买各物以及日食所需俱系现钱交易毫不赊欠分文早经出示晓谕在案近日访闻竟有冒充本厅官亲家丁在外招摇撞骗深恐各铺户受其愚弄赊骗货物等情除饬差密访查拿外特再出示晓谕为此示仰城厢内外各行铺户人等知悉尔等须知本厅署中并无官亲幕友从不信任家丁所有置买各物以及日食所需俱系现钱交易毫不赊欠分文倘有冒充本厅署中之人撞骗货物许即扭送赴厅以凭从严究办决不留待质讯也各宜凛遵毋违特示

《申报》1880 年 12 月 11 日第 2 版第 2737 期

定期演炮告示

上海县正堂莫为出示晓谕事本年十一月初九日奉松江府正堂博札奉署布政使司许札奉总督部堂刘札准总统铭武等军唐提督来文称切照卑军步队各营驻札江阴靖江两岸防守

炮台现值工程报竣亟宜装子打靶以期操演精熟惟查上游丹徒泰兴江阴各口下游靖江通州常熟各口民商船只来往不时若无一定操期通行知照恐于江中安靶放弹致有疏虞当经妥筹申请饬局核议并蒙巡阅长江兵部右堂彭面商议于每月初八十八二十八等日定期打靶早以辰初开操晚以申正停操遇有中外轮船上下应即遵照局议派人登山了望竖旗鼓角为号炮台即刻停操过后偃旗再演此外一应民商船只均拟于每月逢八日期在于应行解缆地方停泊半日并由炮台按期派拨巡船两只悬插红旗分赴上下游梭巡拦截如遇有远来船只未能周知即由巡船喊截泊岸聚集多只按起放行炮台暂为停操一俟连樯过尽再行演放庶军务民商两有裨益而免疏虞除照饬炮台按期操演遵照妥慎办理并出具示谕行知上下游各州县遍帖晓谕暨申巡阅长江兵部右堂彭鉴核饬行长江各水师知照外申请鉴核通饬查照等因到本部堂准此札司即便遵照分别移行沿江沿海各营县一体出示晓谕毋违等因到司札府转饬札县即便移营遵照一体出示晓谕毋违等因到县奉此除移营遵照外合行出示晓谕为此示仰各项商船耆舵人等一体知悉嗣后长江往来船只务各遵照宪饬事宜办理切勿自误毋违特示

《申报》1880 年 12 月 19 日第 2 版第 2745 期

开仓告示

　　上海县正堂为晓谕事照得漕粮为天庚正供例应冬收冬兑况应定漕额钦蒙特恩永减一切浮资业已裁除净尽各粮户具有天良自当踊跃输将节奉大宪札饬现在京仓需米甚殷本年海运漕粮格外提前攒办务于岁内一律征完交兑除传保谕话先发易知由单按户催纳外兹择十一月二十八日开仓合行晓谕为此示仰兰邑粮户绅民人等知悉尔等速将本名下应完光绪六年分永远减定正漕务各及早全完听候掣串安业倘有顽户抗欠定干详办比追切切特示

《申报》1880 年 12 月 19 日第 2 版第 2745 期

申谕苦盖垫舱告示

　　总办江苏海运沪局为剀切晓谕事照得商船承运粮米给有苦盖垫舱银两均系照章按石核发原为保全米色郑重运务起见惟近年以来承运之船银虽照领而苦盖垫舱往往视为具文并不置备席片逐舱铺垫衬钉以致领运到津米色蒸变交兑掣肘有碍运务实匪浅鲜本届新漕海运各船应先逐舱铺垫整齐听候受兑不准稍有草率合行出示晓谕为此示仰领运各商船及耆舵人等知悉尔等船只一经挂派某县之米立即照章购办席片厚铺舱底密钉四劳仍俟米石装足再将舫面一律苦苦倘运米到津查看垫舫苦盖未能齐全致有米色霉变受

伤者除由津局责令赔补饬提该耆舵等究办外仍将所给苫盖垫舱银两照数追回决不姑宽其各凛遵毋违特示

《申报》1880年12月28日第2版第2754期

奉行学宪观风示

特授江苏松江府上海县儒学正堂符为晓事十一月初五日奉府惠博札开为观风通课事光绪六年十月二十五日奉提督学院黄札开照得本院莅任伊始所有各属文风之优劣均未能遇知合札发观风题札府即将发来课题抄发各学傅集诸生于学舍面试文艺该教官并将原卷注明廪增附字样限半月内由该府齐呈送以凭阅发毋违等因到府奉此合抄课题札饬札学即遵宪限办理毋违等因到学奉此合将题目抄黏示知为此仰在学诸生速即来学领卷课试卷面上廪增附字样诸生各自注明本学定于十二月初五日汇齐解府诸生万勿迟延切切特示计开题目

子曰君子和而不同小人同而不和子贡问曰乡人皆好之何如子曰未可也乡人皆恶之何如子曰未可也不如乡人之善者好之其不善者恶之在太戊时则有若伊陟臣扈格于上帝巫咸又王家胡安定设教苏湖间立经义治事斋以敦实学赋以及为政多适于世用为韵赋得林木似名节得林字五言八韵六朝经师宗派并所着经注经说考说文古文考证拟汇刻宋人及国朝人补代史表志序拟泰伯庙碑拟微访江苏先哲遗书启拟大秦王安敦遗使自日南微书献象牙犀角玳瑁表江防海防策两汉咏史诗不拘体韵 李广 苏武 衡青 张骞 陈汤 马援 班超 虞翻

《申报》1880年12月28日第2版第2754期

召认尸身告示

钦加三品衔调署汉阳县事兴国州正堂加三级纪录十次李为出示召认事据水保正刘正禀称十月念三一日下午伊巡至汉镇龙王庙下首蓝家巷河边瞥见水中浮一无名男尸仅身穿白布裤一条当即捞起查看身有伤痕理合报请验究等情据此除诣验将尸棺殓深埋标记并比差勒拿正凶务获详办外合行出示召认为此示仰诸色人等知悉尔等如系死者亲属即刻投保赴县具禀以凭讯明给棺领埋毋违特示已死男子约年二十余岁科头赤足身穿布裤一条十一月十七日示

《申报》1881年1月5日第2版第2762期

严禁私刻宪书告示

鄞县正堂陈为出示严禁事光绪六年十月初二日准藩经厅常移开案奉藩宪札委设局督造时宪书历年遵奉部颁样本饬匠刊刻板片校对准确刷印官书通省营销历经遵办在案兹奉颁辛巳年时宪书样本当经饬匠刊刻刷印行销惟宁郡离省较远往返为难查上届设局营销应行循章照办兹据承充匠人宁复顺禀称遵奉给发谕示承办惟查宁郡上年有不法棍徒沈阿四陈阿均张小余等贪图渔利屡造私书象吉名目通销各县纸铺现奉谕饬造办恐不畏法禀求移请示禁查拿等由过县准此合行出示严禁为此示仰合邑书坊及刻字匠纸店铺户人等知悉尔等须知翻刻宪书有干禁令自示之后毋得私行翻刻售卖渔利倘敢故违一经察出定即提案严究决不姑宽各宜凛遵毋违特示

《申报》1881 年 1 月 16 日第 2 版第 2773 期

调复告示

钦命翰林院侍讲学士提督江西学院加四级纪录十次洪为剀切晓谕事本院前试袁州创立调复一法所以不惮烦而出此者非仅仅为除弊起见也夫除弊何必调复哉正场即稽察难周复试则真伪易辨凡文理笔迹不符之卷扣除另补定例如斯何必好事多劳增此周折诚以侥幸之想与羞恶之良皆人所同有一经出图取进亲朋称贺筵宴大开忽闻除名置身何地而短见轻生之举由兹起矣历来督学使者皆恐有此等事而又无术以清正场抢冒代请之弊每遇佳卷惟恐其伪稍涉疑似便从摈弃而屈抑真才之弊抑难免矣又其甚者正场抢替过多一图所进半系膺鼎扣不胜扣只得含糊了事而寒士进身之路益塞矣故与其惩诸事后不如审诸当前与其将信将疑不如一试再试本院前在楚北试行三载人无异言后任踵之至今不变此次乘轺江右首试袁州合郡文童又具公呈以调复为请爰就旧所行者斟酌出之接试临吉等府一律调复默记各郡调复场中与正场不符必应扣除者不下数十人暗中去取泯然无迹益自信此法之善也今考试该府事同一律合先出示晓谕为此示仰阖属文童知悉所有调复章程附录于后俾众周知其各凛遵毋违特示

一调复但用水牌书各童坐号

一本院考试章程凡甲日之正场丙日出案所以不于次日即出案者因为时太迫幕及校阅不能尽心本院亲自汇总搜遗亦嫌局促现在不出图案先挂牌调复亦以甲日正场丙日挂牌为断挂牌之明日辰巳刻由廪保带同所调之童生来辕听候面试倘该童生正场考后径自回家及至牌上有名不及赶到即系自误无所怨尤

一调复试卷由本院自备

一调复之日仅准携带笔墨坐号皆在堂上卷盖号戳不准乱坐并不准另纸起草至启同伙代请传递之弊

一调复□□两□承运构成□□□□□□□□□□□□卷□多不能不由幕友分校公荐然汇总去取皆本院手定至调复之卷并不假手幕友本院亦不敢自谓去取悉当然可自信者此心无他倘有指官撞骗及捏称通线幕友家丁许即扭送提调讯究

一调复以便比较正场势不能不溢于正额调复之童须自知并非已经取进其本家亲戚亦不得即行贺喜致该童事后怀惭

一调复本日即出图案另示一日合属新进文童来辕总覆以符定制

光绪六年十二月初六示

《申报》1881年1月17日第2版第2774期

禁刊药签示

钦命二品顶戴浙江等处提刑按察使司按察使兼理全省驿传事务加三级记录十二次孙为晓谕事照得患病者须求良药延医者须访名手性命所关岂可乱投药石即有病症危险医者束手无术可施万不得已而祷祈神方者亦惟凭一片诚心并非药能为力本司访闻近来各庙僧首煽惑愚民妄刻药签惟以多取签钱为得计愚民无知深受其害实堪痛恨除札行府县照会善堂绅董按庙查考不准妄刊药签其向有药签各庙亦只准以一签一服不得并服三方以致贻误如敢故违由善堂董事呈报究治本司体恤民瘼谆谆劝谕各宜凛遵毋违特示

《申报》1881年2月25日第2版第2806期

饬筑公墙示

浙江按察使孙为晓谕事照得杭城居民屋宇鳞次栉比市尘尤甚且皆编竹为墙削松作壁最为引火一遇火灾莫可措手仓卒间又不肯拆去以遏火势每致延烧动辄数十家甚至伤人本年雨少火患尤剧本司历勘被灾处所皆系遇墙而止或拆屋而歇此中利害共见共闻至各集水龙固皆义勇然杯水车薪仅能扑灭初发之焰及将熄之烬是拆屋与施水正宜相辅而行除行府札县一体遵办劝谕严拿抢火各犯惩究并照会善堂绅董筹议外合亟示谕绅商士民等知悉示之后所有毗连屋宇分间夹壁概用砖块竹板厚涂泥灰以资障蔽并公议让地建立公墙遇有火发立将左右前后毗接房屋之编竹为墙削板作壁易致延烧者先行拆去于起造时责成保全各产主公估值摊助一半以昭平允各集水能本备有绳索钩斧及救枢义杠亦无得观望退缩如有阻挠无论绅商士庶均应查究本司体恤民瘼剖晰利弊务各互相劝勉切勿仍沿积习致贻

后悔各宜凛遵毋违特示

　　尝谓古今政体治人治法相辅而行浙江各大宪勤求吏治系念民瘼于实心实政之中握裕
国便民之道阖省绅耆士庶无不感戴颂祷矣孙稼生廉访于除暴安良恤灾捍患诸大端尤为悉
心讲究自下车伊始即督率府州县及保甲局员弁访拿恶棍缉获猾贼凡著名渠魁均发交迁善
公所衣食教诲冀具改过而迁善并复谆谆谕劝以是党羽潜散街市平安既靖打降酗酒之风亦
消穿穴逾墙之案又因省垣多祝融灾怒焉心伤照会绅董晓谕居民筹正本清源之善策他如整
顿钱法谕禁药签良法美意不可枚举是真以不忍人之心行不忍人之政者闻上年秋间耆民公
送德政牌伞廉访固辞不获民情不大可见哉书曰德惟善政政在养民诗吾乐只君子民之父母
微斯人其谁与归西子湖头一钓翁谨识

《申报》1881 年 2 月 25 日第 2 版第 2806 期

督抚会衔告示

　　两广总督部堂张广东巡抚部院裕为出示剀切晓谕事照得粤省贫民多有搭船出洋自谋
生业如果本人情愿出外并无别情原可听其自便但定章民人出洋必须自备川资者其中用意
民间未必深知今特为尔等一详言之查民人由粤出洋道途窎远盘川在所必需现在每有华商
洋船搭客至檀香山埠凡华商租船之费用即出自搭客之川资若尔等果能将应给川资备足交
清然后上船出外则抵埠后我朝设有领事官一切下情不难赴诉即佣趁营生均可自由以便不
致受制于人倘不能自备川资因向租船之华商立单借贷约期以偿在尔等以为到埠后设法图
维即可清还借项不思尔等在中国梓桑之地尚无力自备川资岂远涉外洋数万里之遥人地生
疏转能筹偿欠项势必受人挟制逼令当工写立合同分年还欠又将人作押转揭银两扣还所借
川资尔等远适异邦身难自主或听其转卖他处或被其勒当苦工虽有中国领事官无从查悉必
将异地稽留痛室家之远隔甚且终身沦落归乡国以无期去就死生皆难逆料矣是以定章民人
出洋川资必须自备者职是故也近日省城有等奸商租赁外国船只搭客出洋往往借与川资议
立期单于到埠后当工偿欠又虑稽查委员查询究出弊端则诱令搭客混认川资系由自备愚民
无识往往堕其术中该奸商等诪张狡谲各搭客因为所欺即外国洋船之船主人等亦只知其租
船搭客不知其以搭客影射招工此等奸商设陷愚民实属罪无可逭本部堂院已札饬地方官严
拿究办以警将来至华民出洋向章应由各铺户出具保结声明各搭客均系自备川资并无被人
拐骗情事并不许滥保匪人各该铺户人等如果访查明确各搭客委系自备川资情愿前往并非
被人招诱拐骗平日亦属安分之人自可仍照向章出具保结不致无端波累误受株连倘该铺户
等并未查明辄将借贷川资之搭客及不安分之匪人率行滥保一经告发或被查出定即一并查
究决不姑宽除各行查照外合就出示晓谕合省居民铺户人等一体遵照知悉其各凛遵毋违特

《申报》1881年7月15日第2版第2946期

加惠儒孀告示

宁波府正堂宗为出示晓谕事照得郡城向有感存公所赐恤儒孀儒孤感字一百二十名存字十名每名月给钱五百文本府慨念天下之最苦者莫如儒孀佣趁所不能为礼文不敢稍越窘迫颠连盖有无荆吁诉无复深知者悯此茕嫠允宜加惠以励志节而保岁寒本府劝据明义殷商认有岁捐应择贫苦尤甚者加倍给发为此示仰一切人等知悉凡在感存公所原额一百三十名之内果系贫苦尤甚即由原保人速赍执照赴感存公所凭同绅董查询明确于照内注贫苦尤甚四字自本年十月起每名给发大钱一千文各毋自误切切特示

《申报》1881年9月27日第2版第3020期

遣散营勇示

鲍爵帅今夏奉命遣撤霆军马步十三营前已陆续到楚当时拨散归农今闻鲍帅复奉有留直霆军马步十四营全行凯撤仍坐轮船赴鄂如前安顿不容稍涉逗留所有弹压料理官员均仍其旧之一旨是以汉上近出告示谕知兹特附录如左钦加提督衔记名简放奏留湖广差遣委用总镇毕伦巴图鲁刘钦加三品衔补用道候补府汉阳督捕清军府分防水利事务总察汉镇加二级随带加二级纪录十次张为出示晓谕事照得霆军留直马步十四营复经鲍爵军门遵旨全行凯撤由轮船赴汉分别遣散归农昨奉湖广督宪李湖化抚宪彭会委本镇驻汉会同本府等安为照料弹压无任登岸逗留致滋事端各等因奉此合行出示晓谕为此示仰该头目散勇人等知悉抵汉后凡籍湖北者刻日分投各回故土籍湖南四川等省者在轮换坐民船即日开行各回原籍另谋生业毋许潜住各客栈任意逗留或被地棍游痞引诱嫖赌以致囊资丧尽流落异乡自攘声名有干拿办是为至要各宜凛遵毋违特示

《申报》1881年10月25日第2版第3048期

关防告示

钦加五品衔即补县左堂特授上海水利厅加三级随带加五级寻常加三级纪录五次赵为关防诈伪事照得本厅署内并无族人及官亲幕友所有本厅或丁之子并未随侍在沪其十余岁之子孙均系在署读书从不出外即或偶出游玩派丁伴随至署中日用所需一切概系现

钱交易从不赊欠分文近日访闻有等无耻之徒假冒本厅之子或云官亲幕友家丁在外招摇撞骗向各铺户赊欠情事实属不法已极深堪痛恨除饬差密访查拿外特再出示晓谕为此示仰铺户人等知悉自示之后如有假冒前项名目之徒来店撞骗以及赊取货物等情尔等须知本厅示谕在先切勿受其愚弄如敢强赊硬欠许该铺户指名禀究决不留待候质各宜凛遵毋违特示

《申报》1881 年 11 月 13 日第 2 版第 3067 期

钦命詹事府大堂江苏提督学院黄示

为剀切晓谕事本月二十四日阅申报中列有论院试提复一则信口讥评显系童试被黜之家布散流言希图泄忿而该馆受其嘱托为之推波助澜事关文风士习不得不为该馆详悉言之照得学政全书所载童试发案日再行复试笔迹虽同而文理不通者不准入学本院再四思维与其榜上除名彰彰耳目不如先行提复再定去取较为近情江苏素称文薮兵燹以后良楛不齐果系真才将为百练钢将为万选钱其次焉者亦自具规模何忧面试本院立法之始诚恐美数太多复试不敷剔取且黜落者未免向隅于是溢取十人或二十人使额中之卷尚可充数而额外之人亦有以自遣又恐稽延时日考费既倍诸弊丛生于是定为当夜子正起阅各卷卯正悬牌午后出图之法又恐校阅太促佳卷见遣于是多延幕友并子侄辈共计十人当日未申之交分阅至子刻前后陆续竣事又恐该童等多受辛苦持不课以全篇原报中所云止作小讲乃是初试江镇时间或有之而诸卷中多有开口便错者即谓一讲不足见真才而真不才则可以立见也此后均以两长比为率至少一百六十余字多者二百余字至命题则择其略有点染者借以窥见其人胸中之书卷笔下之性灵夫以两长比之文而题目又不深不浅尚不足以鉴别真伪乎此盲人语耳至于提牌名次大约异常出色及通体妥帖者居首选其居中之若干名率系通行文字其作法尚合文理颇清而时有疵类者姑置末后复卷劣者虽牌首必黜复卷优者虽牌尾必升其正场已属将就溢取而复卷无大纰缪者酌于佾生注册余则实无可爱字句何所谓割爱乎实系应遭黜落何所谓横遭乎且本院岂不愿废提复以节劳瘁哉废提复则堂复必加严阃属新进中必有数卷文理不符者不符则必扣除扣除时必将本童原复卷传示提调官及教官廪保等以明黜革之不冤外间必播扬本童必拼命其父兄亦必羞愤其可怜必有十倍于提复者何则彼犹在未定之天而此则已成之局也彼犹有同病之人而此则独尝之苦也此本院所谓熟思审处顾他人性命而不惜自己精神也去冬以来历试各属提牌前列以覆卷大谬被黜者约共三十余人此三十余人者若无此提复一场将专凭正场乎则大千功令也将因堂复不符随进随革乎则真害人性命也旁观者其何说之辞据称百余年来联科直上者及勋高望重德名并永者并不从提复来云云无论乾嘉以来名士名臣断非今日恶劣之文童所能借口于万一即今日提复之设正使恶劣者无从侥

幸耳谁谓勋望德名必从此出哉若以勋望德名论则国初诸名公有不从科第来者矣有不从时文来者矣更何论乎提复不提复哉执此以辨何见之陋也据又称认真则正场便可截弊否则十复亦无益云云其说似也试思不认真固多试多弊果其认真独不愈试愈真乎校士者孰不自谓认真其真能认真者正复不少必如所云则县府试可不烦初复二复末复矣乡会试复试之例更可以废矣且正场截弊之法谈何容易堂号及东西号多则千余人少亦数百人顾此遗彼安能明察秋毫本院于扃门之后不准差役落号滋扰惟严督文武巡捕及亲信家丁等于各号口梭巡毋许彼此接谈毋许出号观望不可谓不认真也然不敢谓能裁弊也惟截弊甚难故以正场可取之卷较多未尽可信特先提堂面试何尝忽宽而忽严也而竟公然云已属非是此系何等语气可谓狂悖谬妄之极矣至其节节痛诋以雉经大狱为恫喝以浙省大水案为揶揄更不足辨矣昔实应朱文定公视学吾浙枷责夹带与重犯同发落新生往往当堂掌责其时亦有愧不欲生者而士林公论畏其严而卒服其公本院诸事从宽而面试被黜者乃至飞言如雨何风气刁悍一至于此无怪按临之处凡有词讼动辄投水制人也总之此事已经奏闻非奉旨停止断不为萤语所摇该馆平日议论公私参半于中朝大政且有所是非于廷臣直言且有所臧否何有于学使本院虽单寒出身视一官如寄焚香清夜临上质旁心苟无瑕即使群不逞者聚而诅咒之强有力者随而挤排之亦所不顾何有于该馆执笔之徒惟素性酷爱人才乐闻已过该馆既明目张胆不必隐姓埋名如另有剔伪求真之良法实在有利无弊至公无私自应降心采择至各学书斗与本署丁役人等果有从中索诈如所称曩年童生鲍某一事尽可据实指斥以开本院之耳目除讯明惩治外心感无既万万不至于护前若专斥提复为非法指被黜为皆冤诬慎重为害人袒横议为近理藏头露尾自居于匿名揭帖之列此端一开必至失意各生童纷纷私嘱仗执笔者以簧鼓士林于风俗人心贻害不浅本院当移咨本省各大宪转饬地方官按律惩办毋谓有恃不恐也特示　光绪七年十二月二十八日发上海县抄贴

　　向例各省考试文童于正场出图之后即行复试其有复试与正场文理不符者立予扣除另选落卷以补之所以抽枪替之弊立法可谓周密之至矣近日复定为正场之后先行悬牌提复于正额之外溢取十名或二十名俟提复后再行出图似乎多一周折且复试之时果系文理纰缪则立行黜落其咎亦由该童自取若提复溢取之数名其中或有一二名枪替者自当挑山然溢取者未必皆属枪替乃同遭摈弃若与枪替者无所区别若而人者不更难为情乎本馆所以代为设想而难已于言适有无名氏送来一稿其意亦复相同因为删节而登诸报盖亦就各省大概而论非敢有所指摘也昨忽由大英领事公廨接准会审分府陈接奉江苏学宪告示一纸到本馆详言提复之法极为详慎洋洋数千言如所谓恐佳卷见遗于是多延幕友并子侄辈共计十人当日未申之交分阅云云具见学宪鉴空衡平爱才恤士之至意学宪本有仁明之望读此示而益想见其为人示内虽谓本馆执笔之徒狂悖谬妄行将惩办而本馆心本无他亦未滋愧要知是非自有公论故此示如仅张贴本馆则虽朝夕观玩亦惟本馆人知之何如录之报中俾得咸知宪意本馆诚不

敢自信持论之是又安敢妄资宪示之非况提复一节业经奏准各省士子自当恪遵功令亦正毋烦饶舌也

《申报》1882 年 3 月 8 日第 2 版第 3195 期

示禁折柳

本年租界中之黄浦滩及往静安寺一带之马路两傍遍种树木其间名色不一惟杨柳最多清明令节裕例恒攀折杨柳或为洗眼或插门首或妇女稚子簪于发间而巡捕如见人攀莫不拘送公堂科罚陈太守以若辈犯细故而致俯伏公庭殊属不忍兹清明节在迩先行出示谕禁传免取咎告示附录于左会审分府陈示时届清明桃发柳坼租界栽种素所爱惜往岁士民每多攀折被获送案致干惩斥特此谕知勿蹈前辙如敢故违后悔莫及

《申报》1882 年 4 月 2 日第 2 版第 3200 期

分水县刘邑尊劝谕士绅客民示稿

浙江分水县刘霁轩司马廉能夙着实惠及民嗣以调署余杭县临行之际又以四事剀切晓谕亦可见其实心行政之一端兹由浙友寄来示稿一纸亟为登录如左以见良吏之苦心也示云为临别劝谕事照得本县在任新旧殉将三载平日官民尚称相得惟治此残破之区地方元气丧尽自恨无才不能补救万一抱愧良多然自问待民如同一家向以实心行实事不贻民害不取民财区区心血总民当所共知现奉大宪调署余杭县事定于十三日交卸即于十八日起身赴任官民一旦隔离似觉依依难舍合再不惮烦言将我士民切要事件择列四条剀切劝谕为此示仰合邑本地外来各士民一体知悉读书则必求上进务晨则刻苦躬耕赌博为身家之害禁绝宜严土客有宾主之情和好为贵国课宜早完莫恃强好讼省得几多烦恼大家乐业安居明知临则赠言不能强人以必从然本县一片眷命热肠实有不得已于言者凡我绅民勿以斯言为河汉也各宜勉旃望甚望甚切切特示计开

一读书宜认真也分邑士子向来一得秀才即不以读书为事毋怪科第无人兵燹后读书子弟更难多得粗知字义者先后均已入泮实以应试者寥寥考无不进其功名之易文风之坏莫此为甚良深浩叹本县两值县试录送各童均系降格相从内曾有弃置不录者并非薄视斯文阻其向上之志亦谓目前不患功名之不得而患文理之不通特恐便宜得来反为终身之害何妨迟一两年借可多读几本经书多增几分学问谚云诗书熟秀才足所望合邑生童共相劝勉此后赶紧觅从良师益友切嗟琢磨莫理外事将见人文蔚起科第联登诚于地方大有幸色焉

一荒田宜早垦也分邑定章民间新垦田地当年粮即全征本县深恤农力开垦不易故在任三年从未勒催尔等报征新垦一亩吾民当所共知惟各乡田地山塘乱后并未认真清查给据遂使争控之案迭出几难定断本县急欲通盘清理以除民累奈屡商绅董助理竟无其人是以中止本县到任至今日夜隐忧之第一事也所望绅耆父老此后会同商议赶急求禀新任设法清查免为子孙后患果系无主荒产应遵上宪札饬准令客民认垦承粮一经垦熟切勿冒主认阻致使客民空劳心力人人视为畏途是各乡荒土永无垦熟之时地方何能兴粮额何能复有主之产亦应多雇农佃赶速开垦即种蔬果亦有利息勿令久荒自误不小尔等其细思之

一赌博宜严禁也分邑民风尚朴惟赌博一事屡禁未绝节经本县严切晓谕并奉府宪刊发告示遍贴城乡官禁不为不严乃近闻城乡仍有聚赌之事不思赌之为害小则废时失业大则有身家性命之忧一入赌场奸宄混集均是强盗心肠谁肯丝毫放让此间大半务农之家一年辛苦所积无多何忍以血汗之钱化于挥霍之地若谓赌钱不输真是天下营生第一只闻倾家荡产者有之从未闻有兴家立业者即或一时赢得此等妻离子怨之钱焉能久享如果输亏势必为非作歹回不得家园见不得亲友后悔已迟自今以后务各父戒其子兄戒其弟有犯必惩实力奉行所谓官禁不如私禁之为得力也

一土客宜和睦也分邑兵燹后人民稀少田土皆荒近年商贾农工全赖客民之力不少以致地方渐有生色在客民离乡别祖远道而来分邑为衣食之地更应安分守己事事谦让须知出门求财和气为本查分邑各处客民籍贯既非一处自有贤愚不等所有江西宁波绍兴三处客民业经本县举立乡长之后颇为安静惟淳安台州两处客民虽多强悍之徒其中纯良者亦复不少屡令举充乡长至今不得其人尚望尔绅耆赶紧选举禀请新任谕充以资约束如有口角是非俾可劝息要知四海之内皆兄弟此后本地人勿以客民轻视遇事欺凌而客民亦不得恃强争占动辄聚众凶殴务宜和气一团莫分彼此是则出入相友急难相助大家均有益处其平日全赖各士绅乡长随时劝导也

《申报》1882 年 4 月 10 日第 2 版第 3208 期

毁田种桑示

钦加三品衔补用道宁波府正堂宗为示谕事照得本府在宁数年不能为民兴利除害深切疚心利害之大者莫如慈溪杜白二湖五都十万之田全赖湖水灌溉此其利也而占湖为田一遇旱年多占一亩湖田即少一亩湖水此其害也沿山沙泥日积月壅逐渐成地贪利者筑而成田成田则甚易爬平则甚难细阅湖书万历十五年以后几于无一年不断改正爬平而仍无一年不控告占垦天启六年五都里民控词曰宪德力复全湖不数年间仍行壤占今计一千余亩等语是其明证盖占垦是实事爬平是虚词何也爬盈千累百之田挑濬之经费甚巨堆积之沙泥如山湖书

中不言费自何来泥堆何处殆无其事也欲明前事请观近时同治七八年官断复湖买田之价捐
自五都湖田之粮完自五都奏明铲毁削平且藩臬宪会衔告示务与湖底一律深平泯然无迹乃
十余年来并未铲毁一坵削平半亩至今未符奏案岂尽办事绅董之过乎其事实非易易也同治
五年沈杞沈书贤洪禹钧等七十余人公禀曰今日铲除非易徒奉虚文后日阡陌渐开依然故辙
防御之疏不敌觊觎之密将何以斩不了之祸根至今日而其言益验构祸成讼捐资买废墨迹未
干不逾年遂多私种有私种遂有抢割同治六年秋间几又酿祸可为寒心沈杞等之禀请作公田
建立书院施前令之禀请开种收租储充公费本府再四筹思以为不可公田仍是种稻前之占垦
者借口后之占垦者援例非湖之利且种稻必取湖水湖田近湖占水实多亦非五都之利既不能
爬平又不可种稻因而思及田之根株虽不可骤挞而田之阡陌必应先毁计惟有毁田种桑之一
策北乡百姓向本瘠苦种桑教蚕可兴大利利一改田为地此后有欲新垦稻田者桑麻界限分明
不敢于白昼而行穿窬利二一切修闸建塘保护两湖公用有资无须民捐利三多储蚕桑利息终
归于开掘复湖之大用利四既议兴办则勘湖田之定界以免民田受累本府方将亲勘补未给之
田价以免弱户向隅本府方将筹款五都绅董之老成公正者已具有愿办公禀欲本府详请具奏
乃又有绅士陈邦瑞陈景墀叶庆增朱璜童春五人赴省具禀欲阻此举意似湖界亦不必定田价
亦不必补目前局面已甚妥当本府亟欲延见五绅乃饬据县委查禀陈叶朱四绅皆出仕在外仅
童绅一人在家并不知情五绅皆绅士之贤者显系私种图利人捏名本府日来益切踌躇欲举则
恐非众意欲废又恐贻民害为此详明晓示胪列各条咨询于众愿尔众人深体本府之反复计虑
皆为百姓利害起见无论绅宦生监耆民但有真知灼见或就近赴县城县官委员处或来府递禀
亟盼采择特示

　　一削平铲毁自属上策如能认捐经费筹划办法速望具禀

　　一不能平毁听其为目前之局面如有杜绝私□之方筹御抢割之策速望具禀

　　一既不能骤图复湖又不可听其自然如于权种桑麻之外另有善策速望具禀一兴起蚕桑
保全湖界如何不妥如何有害望速具禀一湖界前此虽印委屡勘然仅有空禀并无有形有迹之
界可遵究竟有碍无碍望速具禀

　　一原案奏明杜湖有碍水利田八百二十余亩白湖有碍水利田六十二亩零沈书贤等已给
之田价据其自禀则曰六百二十余亩外间传闻则曰五百数十亩凡未经给价之田是否每年尚
可收花究竟应否补给或本人或旁观望速具禀

　　一五都百姓公完湖田之粮每亩五文每年约三四百千文十余来亦费吾民数千事矣本府
饬据县委查禀湖田之隶慈溪者每年地漕银米只须完钱一百七八十千隶余姚者田数无多合
计不过二百千每亩五文之数实觉浮多亟应酌减或谓另有公用究竟湖上有何公用望速查明
具禀一私种之人秋收被抢枉费辛劳抢割之人徒被恶名何尝得利彼固有过矣而不早定章程
致成慢藏诲盗官亦岂能无咎故本府反躬自责亟欲采北乡之议论定北乡之利害若北乡绅宦

生监者民缄口不言官之示谕尚不若朋友私函可得回复则其非所望于诸人也

一具禀者或论一端或论全局或数人出名数十人联名或赴县或赴府均须亲身来递赴县者县官委员当面切询赴府者本府面询随到随见随见随归断不延累　光绪八年二月日示谕

《申报》1882 年 4 月 19 日第 2 版第 3217 期

饬废告示

东洋车加捐并招人投信购买车照一节工部局曾出有告示均经列报兹以车户具诉美总领事定于二十一日核断故饬知工部局于昨日十二点钟为度以前所出告示作为无用并不得收投买车照之信云

《申报》1882 年 5 月 28 日第 1 版第 3257 期

关防告示

钦加盐运使衔补用道湖北武昌府正堂加四级纪录十次严为出示晓谕事照得本衙门时有发审案件俱由本府督同委员审理亲自主裁从不假手丁书任其舞弄乃访闻近有不法之徒称系本府家丁在外招摇撞骗殊属胆大妄为目无法纪除严密查拿外合亟出示晓谕为此示仰诸色人等知悉尔等涉讼到官无论在押在保务各安分守法切勿误听匪人摇惑致干并究倘有托名本府丁役人等在外招摇讹诈奸即立时扭同禀送严究惩办决不宽贷切切特示

《申报》1882 年 6 月 7 日第 2 版第 3267 期

严禁扇刀

东洋扇刀易于佩带肇祸犯事重叠东洋亦已严禁本望海关早经严密查禁在案本无庸赘述昨在虹口捕房门前见有新贴严禁东洋扇刀告示一纸盖深虑日久生玩也爰即照录于左钦加三品顶戴办理上海租界会审事务即补府正堂陈为出示严禁事照得民间佩带利器有干禁令近来有等无知之辈私买东洋小刀随身携带其鞘形如折扇名曰扇子刀锋利异常每有误伤肇衅情事贻害匪轻合亟出示严禁为此示仰诸色人等知悉自示之后不准再将前项洋刀随身佩带倘敢抗违一经巡捕拿获送案定予重办决不姑宽各宜凛遵毋违特示

《申报》1882 年 7 月 28 日第 3 版第 3318 期

300　　　　　　　　　　　　　　　　　　　　　《申报》告示史料汇编

驱逐撤勇示

钦加同知衔署理汉阳县事准补保康县正堂加二级纪录十次陈为剀切出示驱逐以靖地方事照得汉镇水陆通衢奸匪最易混迹历奉各大宪派委文武员弁昼夜稽查并由本县会营派拨兵役分段巡缉地方尚称静谧乃自去冬山海关霆营遣勇由轮船来汉比时虽蒙各大宪饬换民船护送回籍其中或借中称候爵帅故意耽延者尚复不少现在爵帅业已因病请假回籍该遣勇等亦当各自回归不得仍前逗留又有两江爵阁督部堂左旧部将弁勇丁前往江南报效不遇盘踞汉镇者亦复不少曾奉两江督宪示谕汉镇滨江码头饬即随时勒令回籍传谕各船行遇有赴宁报效之人毋得擅行搭载等因当将奉发告示遍贴晓谕在案兹查汉镇地方遣勇仍复充斥兼之民间报发窃案层见迭出若不严行驱逐何以靖地方而安闾阎除回明各大宪会营密拿外合亟剀切示谕为此示仰各路遣勇人等知悉尔等各有身家性命究非无业游勇可比既奉遣撤为农应即回家安业不得任意逗留滋生事端倘敢不遵一经拿获到案定即尽法惩办毋谓言之不预也各宜凛遵毋违特示

《申报》1882年7月29日第9版第3319期

严申市禁

杭垣为省会之地市廛繁富水陆通衢每届大比之年生意倍形热闹而作奸犯科之徒亦较常为倍甚陈隽丞中丞自莅任后已深悉之兹因科场渐近爰先期颁发告示晓谕军民俾得知所敛迹且知杭城各项行业工匠等于科场例有当差名目勒派规费苛索津贴而书吏等朋比为奸得以假公济私分肥图利复为明白示禁严申定例以安生业而绝浮冒所有宪示备录如左兵部侍郎都察院右副都御史巡抚浙江等处地方提督军务节制水陆各镇兼管两浙盐政陈为严禁各色高抬价值横勒士子并造卖假物欺骗以肃法纪事照得向来乡试之年各色市价骤然增昂并有造卖假物欺骗士子历经饬禁在案今岁举行壬午科乡试诚恐诸色人等仍前抬价勒索欺骗合行列款出示严禁为此示仰诸色人等知悉尔等须当公平交易不得仍前昂价勒索并作假欺骗一经查出或被扭控定即严行究办无贻后悔特示计开

一浙省船埠坝夫轿夫挑夫每多择人而噬见良懦者即恃众吓勒船则过口终日搁住不盘并或强挑行李等事深为可恶今岁如敢仍前横索强挑一经访闻或被告发定即严拿重办

一乡试时市中银洋每多跌价并短串掺和小钱不特欺骗士子并且病及居民今岁乡试时银洋如敢跌价短串掺和小钱一经被控定即拿办

一乡试之年每有不肖士子乘机夹带私铸小钱来省行用而贪利钱铺买受擢和复又兑出以致挜买物件滋生事端亟应严禁嗣后士子如有私带贩卖小钱者定即拿究扣考严办

一米谷柴炭鱼肉菜蔬笔墨纸砚开动用器皿衣履什物等项每遇场期前后无不骤然增价不特欺蒙士子并且病及民间今岁乡试时本部院留心访察如敢仍蹈前辙定即饬提从严究办

一乡试之年每有造作假物以伪乱真或人参药材古玩玉器等项或行藏得用之物不坚固者登门求售骗蒙远来士子今岁如有前项欺骗之徒一经访闻定将其人治以诈骗之罪严办示警以上五条略举大概而言此外弊端尚多惟愿诸色人等恪遵法纪不得违犯自罹重罪本部院有厚望焉

再行出示严禁以除民害事照得从前办理科场有不肖丁役勾串各业行头人等勒派贴费以致百物昂贵匠作工艺人等借此垄断横行假公济私大为闾阎之害省城克复以后经各前院洞悉弊端饬司勒石通衢永禁当官名目历届科场凡采办匠工脚价无论巨细悉照民价发办毫不累及民间今届举行壬午科乡试诚恐日久玩生除派委员访查外合再出示严禁为此示仰诸色人等知悉本年举行壬午科乡试修理贡院搭盖篷厂添备动用物件以及各处采买并雇用各项工作匠人与船挑轿脚夫役等项一概照民价给足钱文并无丝毫折扣如有不肖行头勾通衙门丁役向尔等假称仍要当官等项勒派货物或派出身工贴费等项或短给价值折扣钱文许尔等将行头丁役扭送来院以凭发县从严究办并将尔等先行释放无须畏惧自示之后如甘受行头欺骗希图借差垄断一经本部院访出定即一并严办毋贻后悔凛之切切特示

《申报》1882 年 8 月 6 日第 2 版第 3327 期

观谕士子助赈示

监临兵部侍郎湖北巡抚部院彭为据禀出示晓谕事据布政使司详据武荆十一府州应壬午科乡试武昌府学优廪生陈萃礼大冶县教职朱德根江夏县学附生陈恒礼江夏县学附生任祖培孝感县学刚生李瑞人黄州府学廪生殷文黄州府学廪生姚受谦钟祥县学廪生张炳耀德安府学廪生陈培兰枝江县学增生时象晋宜城县学廪生周丕绅竹山县学廪生许廷铣鹤峰州教职杨毓瑞鹤峰州学廪生杨修龄归州学廪生周光锌归州学廪生周光第恩施县学优廪生王鹤龄荆门州学附生蔚炳等禀称乡生等近阅申报仅悉皖省之潜山太湖怀宁英山及濒巢湖各县蛟患频仍一日夜长水一丈有余为近数十年所未有之事内河一带浮出尸身板木牲畜不计其数现在水仍未退秋收失望即使疏消涸退房屋器具荡然无存此后天气渐冷衣食无措流离转徙沟壑堪虞九重之抚赈频施小民已沦肌浃髓惟是博施则尧舜犹难立达固仁人取譬现在待哺孔急此间捐款劝募多多益善少少何嫌查每届乡试有例给士子鱼肉馐果等物按名折给钱三百文于投卷时亲赴捐局请领因思人之欲善具有同心拜食物于天家苹野琼林宴乐则修儒迭进分余香于桂子义浆仁粟行善而结庆无穷以湖北乡试万千余人论之若尽人皆捐得钱三千数百串可为皖省赈捐之助然人有各愿不愿者不能强也人不尽识不识者不能劝也惟求

转详监临抚院速据禀内情词发给劝谕告示并分行各学官分别传谕应试诸生如愿将前项折给钱三百文捐助皖赈即于投卷时自行告知卷局由局给予收条为据不愿捐者仍照章给发俟卷局查算共有若干即呈送宪台解皖放赈节省者一时之口腹受惠者无尽之灾民大抵见示兴起必不乏人款可立收则救饥最速事无抑勒则口实不烦是上宪之一纸仁言如洒菩提甘露士子三场阴骘定看拾级登云谨代邻省灾民叩乞转详施行等情到司查皖省之潜太一带蛟患频仍被灾较重本省所属之罗田等处亦受其害该生等按阅申报备悉灾祲并因劝募赈捐骤难集齐拟请转劝同人将例给三场鱼肉饎果等物钱三百文捐助皖赈只以人不尽识碍难遍告禀请颁示劝谕系为救灾恤邻起见事尚可行相应据情详请速领告示劝谕等情到本部院据此查诸生所禀系为救灾恤邻起见士子读书应试受朝廷之赐食于义甚荣复能体圣主爱民之心惠及号寒啼饥之辈是荣中之德全活者多是则为作善获祥之道合行出示劝谕为此示仰各属应试诸生知悉如愿将前项折给钱文捐助赈款即于投卷时自行告知卷局给予收条为据不愿捐者仍令照章给领特示

《申报》1882 年 9 月 21 日第 3 版第 3373 期

晓谕兵民告示

浙江提督军门欧阳为出示晓谕事照得本军门恭膺简命驻节兹邦当此海隅澄清之日人物殷阜之区士旅优娴民情安谧固由该地方习俗敦庞各营训练有方渐弭鼠牙之衅亦由各前任布属章程法良意美之所致也本军门下车之始乐与军民共此清平只恐日久怠生或有不守营规借符滋事或有苟且偷安规避操演以致冒称游勇聚赌酗酒扰害闾阎各情事不能不先事预防重申禁令除通饬各营认真整饬外合行出示晓谕为此示仰军民人等一体知悉务宜各遵该营将弁约束按期操练不得出外滋生事端其居民亦宜各安本分不得与兵勇往来致启瑕隙本军门身历戎行二十余年立心则宽立法则严各宜凛遵无负谆谆告诫之意庶使营务日有起色民情益着善良本军门有厚望焉特示

《申报》1882 年 9 月 28 日第 2 版第 3380 期

办理朝鲜事宜吴军门告示

钦命帮办山东全省军务广东水师提督军门吴为晓谕事照得兵士所至乃以卫民本军门统兵三十载纪律极为肃严今闻军中勇丁间有滋事扰民此等恶习殊堪痛恨前在南阳府时勇丁滋事当经查出将该勇丁等枭斩军前并将该管哨官千总葛正明撤差参革重加棍责以示惩警本军门爱兵爱民原无畛域但其人若不自爱干犯纪律苟耳目见闻之所及无不立予创惩此

后如有勇丁滋扰民间者许被扰之家认明该勇丁所穿号衣上某营某哨某人赴辕指禀以凭究办若有良懦不敢挺身声诉者则可诣尔礼部参判金允植及鱼允中处指名控告庶不至有所蒙蔽凡尔缙绅士庶当谅区区相厚之心幸无忍苦茹毒以重予不德也切切特谕

禁烟告示

本埠重申烟禁县署传集各铺地甲谕话等情已列前报兹悉范邑尊复悬示各段戒谕谆详今将告示登录于左

私开烟馆罪有专条　着为禁令　舌敝唇焦　不期痞棍　尚敢逞刁　若非严禁　难绝根苗　张灯暗卖　勾引深宵　尔玩法者　刑祸匪遥　苟能改悔　幸及今朝　一经拿获　决不轻饶

告示照录

天津地棍之多甲于各省有所谓锅伙者有所谓混混儿者皆悯不畏死之徒聚党滋事无恶不作现于八月初三日经天津朱邑尊出示严禁此风或可稍戢谨录其示如左钦加同知衔特授直隶天津府天津县正堂兼理营务处卓异候升随带加一级纪录十次朱为出示晓谕事照得津郡民情强悍好斗成风更有等无业游民同居伙食称为锅伙把持行市扰害商民结党成群借端肇衅甚至执持军械火器恣意逞凶为害闾阎莫此为甚卷查曾蒙前督宪恒奏奉批严定条例并历经前县拿获多名讯明后照章禀请就地正法前车可鉴若辈宜如何触目惊心痛改前非勉为良善乃自本县下车以来访闻境内仍有前项匪徒且有从前曾经问拟军流徙犯逃回复行滋事者藐玩凶恶实为法所难容本县自任地方遇事无不力求整顿况匪徒滋扰关系民生岂能稍事姑容致令蔓延为害必使根株害绝除暴借可安良前经访闻紫竹林一带有匪徒滋事逞凶当经访拿前后拘获杨三王麻子即王起林隋五张均隋六卢帮子加卢长林王四等七名现在讯究惩治除密访严拿外合行出示晓谕为此示仰城乡各该地方知悉自示之后尔等即随时随处认真稽查遇有前项锅匪混混行凶滋事扰害商民者许匪指名禀请拘究一经拿获送官定即从严惩办决不姑宽惟尔等不得借端泄忿诬指平人倘敢虚捏具禀亦匪按例治罪一体凛遵毋违特示

告示照录

　　盗贼害人深堪痛恨然律有明条理应送官究办而愚俗无知往往有逞忿而任意凌虐者其间且不免有挟嫌诬害之事鄞县朱明府深悉其弊出示谕禁可谓明察矣谨录其示如左鄞县正堂朱示照得民间被窃获贼例应送县讯究计赃科罪方为正办乃近来事主失窃往往将形迹可疑之人私刑拷打或带往挟仇之家任意搜逼倘一失手非但原赃无起罪无可科而失窃之人反应照例拟抵追悔何及嗣后遇有人赃并获之件许即立时送县讯究倘仍借窃滋扰或私刑吊打审实定将借扰及私刑之事主按例严办决不稍宽切切特示

《申报》1882 年 10 月 28 日第 2 版第 3410 期

遵饬当铺让利示

　　特用府补用同知调补江苏太仓直隶州宝山县正堂王抄奉钦命江南苏州等处承宣布政使司布政使谭为出示晓谕事照得各典隆冬让利一案系光绪六年间由司详奉院宪批准照章放赎即经饬属遵办在案嗣奉督宪饬改酌宽当期案照札饬隆冬灾年毋庸再议减息等因又经转行遵办旋据该县禀以该境向来隆冬让利仅有布棉袄裤被絮四项皆系贫民御寒要具受惠实多请仍照旧让利放赎既奉督宪批司核明给示晓谕等因除转饬外合行颁示晓谕为此示仰该邑典铺军民人等一体知悉自示之后每年隆冬让利仍遵前定章程凡遇质当布棉袄布棉裤棉被棉絮四项当本在二两以内者灾荒之年之十一月初一日起歉薄之年以十二月初一日起常年即成熟之年以十二月十五日起均至年底止概行让利放赎其当本在二两以外及以他物来当者均毋庸饶让如实在瘠苦之乡于定章外再行让利一个月以示格外体恤各宜永远遵守不得阳奉阴违倘隶役人等有以让利示谕向典需索者一经访闻或被告发定即照例严办决不宽贷其各遵照毋违切切特示

《申报》1882 年 11 月 11 日第 2 版第 3424 期

添设厘卡告示照录

　　本埠里虹口地方河道开通西乡船只货物皆可由此来往现经总局添设分卡以稽偷漏于本月初一日开办兹将局宪告示及上海县谕单抄录于左以供众览总办上海筹饷贷捐局为晓谕事照得本局奉宪抽收落地厘金以充饷糈凡落地各贷不论何路来沪皆应照章缴捐违者以偷漏议罚历经办理在案兹查里虹口河道向本淤塞今已开浚直通南翔嘉定等处重载船只皆可畅行若不设卡稽查大为厘务漏卮昨已由局禀奉总局宪核准于十月初一日起添设虹口稽查货捐分卡凡来沪船只过卡一律停泊候验如装有货物由卡开明数目报由本局照章收捐掣

票回照评货上加盖棕戳放行其由沪入内者亦须呈验分运单相符始准放行一切照南北两卡
向章办理除饬保传谕通知外合亟出示晓谕为此示仰各商贩船户暨附近乡民人等知悉此系
奉宪设立稽查货捐之卡凡往来船只皆应停泊候验不得闯越漏捐倘敢有意抗违不服稽查照
章议罚如有地棍人等来卡肆扰定即送县惩办不稍宽贷各宜凛遵毋违特示九月三十日示

上海县正堂范为谕饬事准货捐局移以经征落地货捐凡由内河来沪货船经过南北两卡
查报收捐近因里虹口一带货船绕漏现拟在该处添设稽查分卡恐商贩乡民尚未周知移请饬
传该处地保随时照料等因过县准此合行谕饬为此谕仰该地保立即遵照现在里虹口添设分
卡系为稽查货船而该保务须随时照料并传谕该处乡民不准到卡滋事毋稍怠误致干查究切
切特谕右谕仰里虹口念三堡二图地保知悉九月念八日谕

《申报》1882 年 11 月 11 日第 3 版第 3424 期

创设借钱局告示

宁波府正堂宗为示谕事照得福建人之在甬江者除正商大贾外其穷苦无聊者往往以赌
为生害己害人屡经府县拿办驱逐不少姑容特念穷困人中多安分良民以营趁度日徒以资本
无出不能谋衣食或陷入匪党深为可悯现有候补主簿虞仲汶籍隶闽省经本府委令驱匪安良
该员以利济为心向同乡斗措钱数百千文禀请仿照扬州借钱局办法凡福建人之诚实营生不
吃赌饭之人具保者借给资本钱自数百文至二千文为度每日还本十文五日一缴不取分毫利
息拟其简明章程禀请出示前来除札鄞县派差弹压并委甬东巡检会同办理外合亟出示晓谕
为此示仰闽籍人等一体遵照定章办理此系济人行善之事事属创始如有应行变通者随时变
通示遵倘有不法之徒不遵定章扰乱局规滋事或烟赌之徒妄思借钱烟赌者立拿送府县重办
其各凛遵毋违特示计开

一此举设措钱四百千文专为福建人来此异乡人地生疏觅食无处资其作小本营生而设
无论何项公用概不得挪移每借钱一千文每日还本十文五日一缴以百日为期收清为止不取
分毫利息不准延期拖欠

一借钱之数自数百文起至二千文止看其生业之大小需本之多寡酌量借与不准争多论
寡

一借钱之人须要行家及妥当生意人具保先五日前来局挂号将姓名住址及作何生业保
人姓名住址说明挂号注簿候司事往查的确在本地作小本生意者方准借与若有本资及素不
安分不习正务等人概不准借

一借钱之人必须来局出具甘结不准游荡赌博吃食洋烟酗酒滋事等情及到期本钱自行
缴局不致拖欠分文不具结不借

一借钱之人一概还清后如要再借必须再托前次保家来保方准再借

一借钱之人如有逃走不带将此钱不作生意携去赌博本局祭出其钱着落保家是问仍将借户姓名送县提究

一按日收来本钱当面加一收字戳记收入账簿并立小摺一本亦加收钱戳记交借户收执

一拟逢一六日放钱二八日收钱每收放钱文定九点钟起至一点钟止不能竟日专候

一缴钱日期如遇有事或患疾病必须早一日托人来局说明再行由局遣丁查察隔日来缴不准拖欠过三日

一委员及司巡须要克己秉公不徇私情不辞劳苦常常严肃查察借钱之人如在街中庙宇赌博酗酒滋事遇见立拿送府县究办

《申报》1882 年 11 月 27 日第 3 版第 3440 期

告示照录

会审法界租事务兼管会捕局补用府即补分府随带加三级翁为严禁招摇撞骗以肃法纪事照得租界为华洋交错之地人烟稠密讼事繁兴本分府自上年春间奉宪委承办以来于今已将两稔凡遇鼠牙雀角无不随时审理一秉至公自凛冰心可盟天日乃访闻近有不肖之徒胆敢假借公堂之名在外多方撞骗甚有冒称亲族兄弟遇事招谣实堪痛恨本分府既无叔伯终鲜兄弟即宗族至戚亦无寄寓上洋岂容若辈诪张为幻肆行鬼蜮除密访查拿外诚恐租界地方未尽周知合亟出示晓谕为此示仰租界诸色人等知悉嗣后凡有赴公堂控告之事静候本分府秉公讯断曲直自明切勿轻听人言受其欺骗自示之后倘再有不法棍徒因案撞骗银洋等物许被骗之人指名禀控即当提案讯明严办如其甘心受骗隐忍不言一经察出与受同科本分府执法如山决不曲贷其各凛遵毋违特示　光绪八年十月廿八日

《申报》1882 年 12 月 11 日第 3 版第 3454 期

严办斋匪

江西省先后拿获斋匪共计数十名于十月初六日先斩七名并将首级悬各城门示众矣夫持斋结会律有明条而陷溺其中者迷而不悟其罪可诛其情亦可悯也兹将南昌县贺明府告示照录如左江西南昌县贺为出示晓谕事照得江省前有斋教会匪屡图蠢动莫不立时擒获悉正典刑可见天网恢恢疏而不漏岂容以身试法本县访闻近有不法匪徒在于城乡内外煽惑愚民胁从入会给付伪据言之实堪痛恨除移会营泛选派干役一体严密查拿尽法惩办外合行出示晓谕为此示仰合邑诸色人等知悉尔等如有被胁入会者迅即革面洗心勉为良善如有已得伪

《申报》告示史料汇编　　　　　　　　　　　　　　　　　　　　307

据者许即缴案销毁宽其既往倘敢怙恶不悛藏匿伪据则是悯不畏法一经拿获到案定即从严惩办决不宽贷毋违特示

《申报》1882 年 12 月 12 日第 2 版第 3455 期

申禁售票示

沙市禁革吕宋彩票已登前报兹将董观察续出告示录左钦加二品衔湖北分巡荆宜施兵备道管理驿传水利事务监督荆州钞关宜昌税关兼办通商事宜董为剀切出示严禁事照得吕宋票一项情近赌博奸商牟利辗转贩卖辄以发财二字歆动人心堕其术者往往倾家荡产其尤甚者小本经纪之人本足以资糊口乃以希冀意外之财卒至资木罄绝穷蹙无计悔恨交集遂萌短见奸商但求利己不顾害人动以某处得彩若干相为蛊惑不知其得彩者百无一二其因此致丧身家性命者不知凡几实大为地方之害本道昨经沙市见名铺门首黏有寄售吕宋发财票字条者多家当经传谁沙市巡检立为查禁诚恐各铺户阳奉阴违仍暗中施其售卖之计且售卖此种票张恐尚不止沙市一处除行荆州宜昌两府转饬所属严切查禁外为此出示严谕尔等商民务各安守本业自示之后如敢仍以此种票张托名寄卖希图获利致为害地方者一经查出成群告发立即拘案将买者卖者讯明均照赌博例从重惩办决不稍宽要知此种票张虽来自外洋并不在洋货之列即照各国条约税则亦无准其售卖之条况尔等公然出贴售卖尤属大干法纪尔商民慎勿以身试法自贻后悔各宜凛遵勿违特示

《申报》1882 年 12 月 27 日第 2 版第 3470 期

访拿棍徒示

江西近有一种棍徒私立名号滋生事端客腊南昌县贺明府曾经出示访拿今将告示录左南昌县贺为出示晓谕事本年十二月初五日奉按察使司刘札开照得前署司访闻省城有游手不法绰号棍徒张洪等往往三五成群遇事生风甚至交结衙蠹吓诈商民窝赌包娼酗酒滋事横行街市种种不法实为地方之害札饬严拿惩办在案兹本司到任伊始除札□建县外饬即严拿务获从重惩办等因奉此查此案先奉前署臬宪□札饬拿办等因即经饬差严拿在案今奉前因除签差严拿惩办外合行出示晓谕为此示仰合邑居民人等知悉尔等如遇后间有名棍徒吓诈扰害者许被害之人立即扭送赴县具禀以凭从严惩办其各遵照毋违特示计开

张洪混名霸王南昌人 吴秋水混名泥鳅南昌人 王仔混名五老虎南昌人 罗细耀仔混名耀佃佃南昌人 陶斌混名宋老大南昌人 张木老仔混名不怕官新建人 林老三混老飞天癫头南昌人 吴大贱混名黑煞建昌人 段细老仔混名矮鬼南昌人 邓埠头混名邓光相南昌人 魏洪

混名夜游仔新建人 潘春喜混名师爷安徽人 郑五斤仔武宁人 唐高混名满仔新建人 姜世达混名结疤仔南昌人 马辉即马老九江宁人 刘金彪金溪人 韩老满南昌人 陈丑老仔南昌人 熊九琴混名香铺家俸新人 雷老满仔南昌人 彭三元仔混名三千岁南昌人 姚大混名姚期南昌人 朱老二混名过得火南昌人 雷老二混名土雷公南昌人 万友才混名老三南昌人 赵老八混名八先先南昌人 吴先鼎混名老大南昌人 胡太混名胡单鞭南昌人 刘清混名刘公道双料严嵩武宁人 李毛仔混名棺材头南丰人 郑永罐仔武宁人 胡炳荣混名花仔名魁南昌人 徐和混名细掌仔南昌人 王志发混名花猪仔南昌人 张正其混名木老仔靖安人 唐牛仔新建人 姚苟肉南昌人 金家教花仔南昌人 陆老二直隶人 钱癫头南昌人 孙猴仔南昌人 文柄楠南昌人 魏发新建人 徐三狗南昌人 周二泼仔新建人 黄六仔南昌人 熊拐仔安义人 高毛头安义人 胡破头仔南昌人 杨传喜新建人

《申报》1883 年 2 月 14 日第 1 版第 3532 期

申禁串客示

宁郡四乡向有串客曾经宗太守拿办在案现届新正太守恐其故智复萌重出告示遍贴城乡兹将告示录左宁波府正堂示串客淫戏备极丑态引诱男妇败坏风格一概严禁有犯者无论地保图差宗房干首村民仍准捆送有连同戏具获送府县衙门者每获一名赏给一千文能获十名即赏十千文以次递加其借庙会开睹之赌棍连赌具捆送一名亦赏钱一千十名赏钱十千以次递加务各官民齐心严禁获拿为地方除害如地保屋主地主等通同徇隐者一并拿办毋违特示

《申报》1883 年 2 月 17 日第 1 版第 3535 期

晓谕各业示

本埠上年倒账甚多是以关道宪邵观察遵查定例出示严禁兹将告示抄录庶贸易中人得以周知以仰副观察谆谆告诫之意钦钦加二品衔江南分巡苏松太道邵为出示剀切谕禁事查市侩侵蚀他人银钱闭歇潜逃情同盗贼最为市廛之害例载京城钱铺藏匿现银闭门逃走立拿监禁家产查封仍照诓骗财物律计号准窃盗论罪一百念两以上充军一千两以上发黑龙江安置当差一万两以上拟绞监候均勒限追赔不完治罪各业如有做此者比照京城钱铺办理定例何等森严乃近来沪市各业纷纷倒歇所欠各款自数万至数十万不等其间实在亏本者少诈倒图吞者多若不按例严办不足以惩刁奸而安市廛除札饬县委各员实力查追照例治罪外合亟剀切严禁为此示仰各业人等知悉尔等须知银货往来全凭信义诈倒取财大干法纪自示之后

凡已倒者务将欠款赶紧全数还清不准折减图让其安分贸易者不得饰词亏本有心干没倘敢执迷不悟仍蹈前辙则国法森严断难曲贷身临三尺虽悔已迟勿谓言之不预也其各凛遵毋违特示

《申报》1883年2月28日第3版第3546期

整饬伦纪示

奉省地僻而俗靡氓之蚩蚩不知律令为何物采风者深以为忧即本馆亦屡列于报盖平县徐明府慨焉虑之谆谆告诫亦悬书读法之意也今将告示照录如左即补同知兼理事同知衔盖平县正堂加三级纪录十次徐为晓谕事照得夫妇为人伦之始闺门乃王化之源传曰女有家男有室毋相渎也本县莅任以来凡讼涉妇女有关名节者每以礼法谆谆训诫冀其以礼防闲男女远嫌庶几易俗移风共敦伦而饬纪近日仍有民人黄燿东与黄玉春涉讼媒定本族黄王氏一案只图便私不顾名义以败伦伤化之事仆仆公庭恬不为怪岂居穷乡僻壤未及周知谅由本县疏于化导深自抱愧不忍不教而诛除将此案宽予薄惩外合行示谕为此示仰合邑旗民人等知悉凡有族中少年孀居妇女非姊即嫂实在孤苦莫可度日不能守节例固不禁同族理宜共为保护毋得自相渎伦自示之后如再有犯前案等情立即从重惩办不稍宽贷各宜凛遵特示

《申报》1883年3月23日第1版第3569期

招人垦荒示

钦加二品顶戴分巡奉锦等处海防兵备道兼按察使衔督理山海钞关随带加三级续为晓谕事照得九年正月十九日奉将军爵督部堂崇札开准钦差督办宁古塔等处事宜吴咨开窃照本督办奉命筹办宁古塔等处屯垦事宜前经会同吉林将军奏明开放宁古塔珲春三姓各处边荒迭经派员招民领垦在案查宁古塔东南至三岔口东北至蜂蜜山一带距城各五百余里平原沃壤可垦之地不下数万亩前经本督办亲自履勘拨队分屯并酌量添募屯兵以广垦种三岔口至塔城一路垦地日多渐有成效惟穆楞河至蜂蜜山数百里间空旷尚多又与俄界多毗连之地自须续募屯兵节节布置闻奉省金州复州盖平一带时有东民渡海而来为谋生之计其游手好闲之徒固不可收亦有朴实农民无地可耕佣工自给者未尝无可用之人现委尽先补用副将吴永敖提举衔候选直隶州州判曲作寅前赴奉天金复盖等处沿海地方招募朴实务农之乡民二百人作为屯兵分十人为一棚每棚挑作长夫一名每名每日各给饭钱二百文由该员管带来吉再行酌给牛具籽种按月给发口粮分拨各屯领地开垦仍于冬令农

隙之际就近操演洋枪杂技亦古人寓兵于农之意除分别咨札外相应咨请贵军督部堂转饬奉锦山海道饬属示谕该民人等如愿来吉应募屯兵须由该委员等挑选精壮诚朴安分良民并令土著乡民出具切实保结以免流弊为此合应查照等因到本爵军督部堂准此除分行外合行札仰该道即饬属遵行办理等因业经本道分札所属各厅州县遵办在案现在钦差督办宁古塔等处事宜吴札派委员前来金复盖等处招募屯兵请为发给告示以便晓谕等情本道查金复盖之厅州县向有东民渡海而来在彼谋生与其佣工于暂时何如谋食于长久宁古塔新辟之处多系膏腴之地一经耕种则获利甚厚且有委员管带行走日给饭钱二百文到吉之后牛具籽种均由官给发又复月给口粮其无业良民朴实务农者亟当应募而往实于谋生之计大有裨益合亟出示晓谕为此示仰该州县地面寄居无业之贫民知悉如有愿往吉省应募者即至秀员公寓投报俟取具土著乡民切实保结随同前往切勿观望自误致贻后悔各宜遵照切切特示光绪九年二月十一日示

东北旷地自铭将军吴钦使招集流民兴办垦务以来蒸蒸然日有起色从此十年生聚十年教训不特变荒芜为沃壤而且内可为盛京之屏蔽外可杜强敌之觊觎此诚制治之良规筹边之胜算也刻下吴钦使所派吴副戎永敖寓东营之利增车店已招募六十余人曲直刺作寅亦往金州复州一带招募去矣

保全狗命示

近日租界各捕房捉狗愈严获狗亦愈多是岂狗之尽无主哉亦由蓄狗者之不善收管耳陈太守以爱物为心谆谆告诫谚云打狗要看主人面大守其知之矣兹将告示录左钦加三品衔办理上海租界事务会审分府陈为出示晓谕事照得租界巡捕房拘获在途无家收管之疯癫等犬原因每当春令毒蛰发泄之际既无人收管易于触染病疯一经噬人甚可致命在西国本有此例虽搜罗过甚未免过忍然因慎重人命不得不然岂仅为深夜狂吠不便缉捕起见耶故遇家畜而项间系有牌号者巡捕即不过问其非任意拘捉可知本分府先以此次被拘较伙曾准救生局董随时收养亦所以惜物命惟近闻局中日积月多查诸巡捕所获者类皆并无牌繁记识未必尽属无人收管若时向索回更属周折殊不思与其被获而错怪拘捉之严何惮一举之劳不系以牌乎现尚在拘除限内合亟出示晓谕为此示仰租界商民人等一体知悉尔等凡有畜犬者如染疯癫应即自行圈锁不使外出或即立时击毙免致传染酿祸其余家畜常犬应各照章击以项圈或为悬牌记识免被误获肇衅其各遵照毋违特示

永禁都神会告示

钦加三品衔浙江补用道特调宁波府正堂加三级纪录三次宗示宁郡都神会奢侈异常诲淫海赌举国若狂闻所费几及巨万向以除瘟为名自本府示禁后已历四五年从未见有瘟疫本年县差岳彪即胡阿唐乃公然违禁遍贴知单嫁名众姓以扫疫惑众意存尝试希图娼赌朋兴各衙门差役可从中渔利胆玩已极除提案惩办外合再查案示禁自后都神各社会永远禁止如果狃于积俗因夏秋病疫必欲请神出巡准由守庙僧人赴府禀请仿照城隍出巡之式于七月间出巡本府捐钱四千交快皂两班头役雇人升神出巡一日各行各业如有捐存会费另作别项济人善举永不准再蹈奢靡积习违者提案惩办毋违特示

《申报》1883 年 5 月 14 日第 2 版第 3621 期

抄录苏抚院整顿卡厘告示

照得松沪各水卡减折招徕大为厘务之蠹迭经严饬查禁在案兹据该总局开报光绪七年分经收厘金总数分别核计除附城各局外所有各水卡收数比较近年亏短益巨难保非日久玩生复萌故习所致查松沪厘捐章程屡经核减体恤商情不为不至减近之弊由于各船户之包揽若辈惟利是图锱铢必较各卡意在招徕始则通融迁就久之愈趋愈下往往一船到卡不复签查约略估计减而又减甚或十捐一二其中以上报次以细报粗尤为常例更有不肖司巡自诩熟悉商情潜赴各码头争相兜揽各卡员惑于招徕之说任其所为此中流弊何可胜言因而各船户相率趋避不由正道居奇骄横见于词色其运入内地之洋货单货不符本应扣办税单内载叙极明而各卡以免厘之故并不查验各船户遂以税单为护符任意夹带走漏尤多种种干混贻祸大局殊湛痛恨查百货厘金名虽轮于商人实则加之民间各船揽载货物应缴捐项已与水脚一并算给乃取诸商者不厌其多缴于官者务求其少是减折之弊徒为各船户中饱之资现往江涛防务及京协各饷需款浩繁朝廷轸念时难未能遽予休息等容有此漏卮上仅国帑下蚀民财除行该总局严饬所属各卡认真扦验照章核实收捐并派员周历查察外哈亟谕禁为此示仰各商贩船户人等知悉此后货船过卡务须泊候扦验将应输厘金照章核实呈缴其满载大船先自开呈舱单听候扦查毋得抗阻该各卡司巡等亦不得借端留难致滋扰累倘敢仍蹈前辙任意减折经沿途复验不符定将漏捐各货分别补罚此系严杜中饱并非额外加捐该商民船户等具有天良其各凛遵毋违特示

《申报》1883 年 5 月 23 日第 2 版第 3630 期

编查保甲示

昔胡文忠公抚鄂孜孜焉以联络绅士编查保甲为急务诚以除暴诘奸不外乎坚壁清野也近来鄂省大宪因前次武汉教匪尚有漏网者是以密札各州县一律编查保甲可谓急所先务矣兹将宜昌东湖县告示录左为出示晓谕编联十家门牌稽查匪类以靖闾阎事照得编查保甲为弭盗安良善法县属当川楚通衢五方杂处如郡城中内外及西坝地方人烟稠密匪徒最易混迹近来省垣教匪滋事虽拿获多名枭首惩办惟匪首及余党未尽残除自必分逃潜匿尤宜实力编联十家牌严密稽查以期奸匪饵从托足防患未然除刷印门牌册籍发交城乡保正按户填注分饬委员绅士督同经理外合行出示晓谕为此示仰各处军民绅商人等知悉无论居民铺户客店庵庙一律填牌注册不准遗漏一户凡户内大小丁口人人开列亦不准遗漏一人如有刁民违抗不遵编查一由首士牌甲保正指禀定即拿究编联之法每户缴门牌一张照牌填写姓名年岁事业人数张贴门首每十户填给十家牌一张亦按照填注给牌头之户张挂仍将牌填户照由保正中长注入册籍缴县以凭本县随时按户抽查凡牌内十户之中如有一户容留匪犯以及行窃聚赌私铸私宰窝顿私盐一切作奸犯科之事准牌户之九家禀控究办如扶同徇隐查出一并连坐其河下之座船既在船内贸易住家即与居民无异应由水保甲一体照章编查其余过戴船只另立章程饬水甲巡查所有门牌册籍一切纸笔费用本县捐廉办理不取民间分文倘有保甲向尔等索钱准随时喊禀立予拘案惩治其各凛遵毋违特示

《申报》1883 年 6 月 18 日第 2 版第 3656 期

晓谕店铺肩贩示

昨早英大马路两旁店铺仍未照常贸易四点钟时虹口捕房派巡捕二十名赴二马路外国坟山伺伏以防不虞现经陈太守黎邑尊会衔出示晓谕店铺及肩贩人等兹将告示照录左方以供众览钦如三品衔委办上海租界会审事务即补府正堂陈钦加同知衔署理江苏松江府上海县正堂黎为出示晓谕事照得大马路菜摊肩贩人等昨与巡捕争殴以致该处各店闭户不开维时本县因公前赴铁厂经本府驰往弹压现已会同查讯专请道宪办理合行出示晓谕为此示仰该处店铺人等知悉尔等务须照常开设各安生业毋许关闭倘有棍徒从中煽惑希图罢市挟制定行提案究办决不宽贷该肩贩人等亦当听候妥商办理不得妄滋事端自取咎戾各宜遵照毋违特示

《申报》1883 年 6 月 28 日第 3 版第 3666 期

示禁游勇

营口自前月初七日迭出盗案三起人皆疑游勇所为盖平县徐明府于十五日由道辕回卡伦半途瞥见一人状似游勇即饬队勇往拘队勇擒至与前并呈大包一个明府问曰尔为谁答曰胡营之兵也又问何往曰兄在旅顺口当差欲往省耳又问包中何物答曰我之衣也明府喝令打开见有金饰两件女衣十余件小孩衣数件明府即带回卡伦严刑讯之供出乔营胡营中多人明府即面禀道宪道宪乃面谕乔胡两营官密搜之两营奉命即闭营门逐一点名一面暗饬各哨搜得两包一人匿于某队帐后即拘法道宪转交徐明府讯鞫遂吐真情又陆续捕得十三名十六日傍晚道宪之小队查街又获一名亦革勇也兹将盖平县告示照录如左特用分府兼理事分府盖平县正堂加五级纪钱十次徐为出示晓谕严拿游勇以靖地方事照得游勇敢为非法之事恃其党类众多有类城狐社鼠为之左右容隐耳即如近日韩家学房后家夜间被抢一案获犯讯供或称盗兵或称游勇结伙十余人之多并无当地一人当未获之时俨然营兵自充商民即有被其扰累不敢控告此不独商民为然即本县拿获该勇之时若无起有赃据亦未便遽指以为盗也幸而赃贼并获该勇无可置辩尚称有胡营之勇袁营之兵肆口混供殊不知胡袁两营纪律素严营规亦整断不能任勇肆散各店扰害地面且兵勇既不穿着号衣又在小店闲住即非逃兵游勇亦系不守营规之兵在彼本营亦当斥逐而本县更恐扰害地面尤属不能姑容嗣后如有不穿号衣又无随带签牌闲居各小店者或查取现钱无论口称何营兵勇准各商民捆送来县以凭重办并将捆送之人酌量赏给盘费倘有容留不送一经犯事连容留之家一并重惩为此示仰合属兵民人等一体遵照毋违特示

《申报》1883 年 7 月 28 日第 2 版第 3696 期

晓谕土客示

本年二月间院省泾县宣城等处土客滋事一节曾经列报兹接皖友来信得悉此案经皖南道张观察亲往该处查办将唆使之人收禁宣泾两县署复出示晓谕使土客各安生业永泯诈虞告示录下为出示晓谕事照得本道奉抚部院裕札委查办泾县溪头都土客闲垦争讼一案除将两造人证行讯供拟议详办外卷查皖两招垦田亩土客不睦屡滋事端同治年间迭奉前任两江爵阁督部堂曾咨会两湖督抚大宪停止招垦不准两湖民人再来垦田并咨请彭部堂饬派水师炮船在沿江截令回籍久经先后出示遵办在案乃近年来各省客民仍有潜入宁郡开田不问田主何人亦不书立承垦字据擅自开种三两年成熟后并不交租将田出项或召佃收租搜为己有而该客民又往他处另垦新田成熟后或出顶或召佃诡谋蝉蜕狡猾如前田主永无收租之日钱粮永无复额之期土客交讼层见迭出土民或以距城太远不及禀官遽行驱逐并滋事端亟应明

晰晓谕循章示禁以息讼累为此示仰宁郡泾县各属土客人民知悉嗣后各属都荒田如客民报
垦务须切实认主纳租否则勒令退佃其或不遵旧章潜来垦种既未邀保书立承垦字据又不问
该田有主无主辄行开垦准土民禀官究治惟不得率行纠众圣逐致滋惊扰兵燹之余士民元气
未复尔田尔宅固不肯坐视荒芜而客民耕凿谋生挈家异地须知物各有主纳租完课本农家之
常岂容意存幸免自示之后倘有仍前强垦及诡言认主届期狡脱诸弊一经田主告发定当照案
惩办该土民亦不得睚眦寻衅禀宪驱逐致于查究其各凛遵毋违特示

《申报》1883 年 8 月 4 日第 2 版第 3703 期

劝民安业守分示

钦加布政使衔署江苏分巡淮扬海等处也方河漕盐驿兵备道徐为晓谕居民安业守分
勤力谋生以裕衣食以厚风俗事照得前因教匪滋事居民惊徙本道悯尔愚民被其哄吓曾经
刊布告示但治教首不问胁从颁发各州县晓谕安民并迭次札饬严禁株头无辜如有误拿板
累者一经讯明即予保释以免惊扰各在案溯查本道于同治年间转运粮饷驻扎兹予有睹此
地田土荒芜人性懒惰间阎贫苦户鲜盖藏刁徒健讼拖累无辜亦手安为干犯法纪本道心焉
伤之欲求补救之口奈无官守之责去腊摄篆重来益切痌瘝之念因思尔民之为非犯法皆由
于贫苦而贫苦则因好逸偷安不肯力作遂致饥寒交迫鼠窃狗偷毫不为怪又有一种不法之
徒不事生业专以刀笔作生教唆声两造诬扳良民肆其不噬害人肥己实生民之户蠹乃国法
所不容本道素所深恶痛恨者可怜尔等或被其簧惑或被其拖累受惑者身陷口口受累者耗
费钱财皆因不事经营不安本分之所致也前蒙爵阁督部堂左胞与为怀力图富庶颁发桑秧
教之种植本道推广宪恩复购桐棉子麻种分给尔民栽种桑可养蚕缫丝棉可纺纱织布桐可
榨油点灯麻可打绳广用皆是谋生致富之物只要用心种植不过数月辛勤便可终年温饱数
年之后获利无穷妻子常免饥寒儿孙永远守业何等快乐何乐不为但必须随时培养浇灌方
易生长若自耽安逸任听荒芜难免冻馁之苦如再结交匪类劫掠人财听信挑唆诬告月善或
聚众而朋赌或结伴以横行一旦破获审实国法岂能轻饶披枷带锁杀身吸家欲求作一农夫
而不可得彼时悔之晚矣本道念及尔等本是良民被人之愚不忍不教而诛不忍不苦口劝谕
除访出著名讼棍密饬各州县按名严拿尽法惩办外为再出示晓谕尔民尔等须知男耕女织
乃衣食之源勤俭经营乃肥家之本好人不兴词讼良民不被官刑杀人必须抵偿强盗必须斩
决诬告必须反坐好赌必至破家及早悔悟前非改邪归正各安本分戮力农桑毋得作恶为非
致干刑法畏劳好逸自取饥寒从来民生在勤十道福善尔等果能勤耕勤织自不余粮果能安
分谋生自得妻贤子孝家家殷实尽为良善之人处处丰盈共享升平之福则本道之素愿慰矣
岂不美哉倘有怙恶不悛自甘匪类者刑章具在决不姑宽尔等断不可孤负本道谆谆劝诫之

苦心勉之凛之切切无违特示

《申报》1883 年 8 月 9 日第 11 版第 3708 期

招募渔团示

　　左侯相招募沿江沿海渔户兴办团练已录前报兹特将侯相告示照录于左两江总督部堂二等格靖侯加一等轻车都尉左为出示晓谕事照得江苏沿海沿江州县渔船甚多该渔户等生长沿海一带于内洋外海风涛沙线本所熟谙而崇明士劢尤为各海口渔户争趋之所其技勇超群熟悉洋务者所在不乏从前将才如壮烈伯李公友及王提督得禄近时如贝镇锦泉辈皆出其中本爵阁部堂察看苏松常太淮扬通海所属川沙太仓镇洋宝山崇明嘉定华亭金山奉贤南汇常熟昭文上海江阴靖江通州海州海门东台盐城赣榆阜宁二十二厅州县滨临江海地方居民多以捕渔为业渔船水手不下万数千人于百人中挑选健壮三十人计可得团练勇四五千人余则编成保甲二十二厅州县每处择适中之地设一团防局惟崇明地广人多应设两团防局每月各团择练二次每月团十人操不过二三日每名每日准给予口粮钱一百文团总及教习长等按月给予薪粮牌长团勇按操期给以薪粮以资日食而示体恤甲长牌长均先行遴选赏给功牌顶戴俾□钤束操练枪炮及伏水泅水超跃蹂升等技艺其中岂独捕盗缉私裕课安商有益已哉除札江海关道苏州城守营刘参将会督印委各员确查船数认真操练外合行出示晓谕为此谕仰渔户人等一体知悉尔等须知练习水操学成技艺既可自卫身家兼可为方功地步谅必踊跃趋公及时自效应将实在丁口据实开呈听候局员饬查挑练勿庸观望各宜凛遵毋违特示　光绪九年六月二十七日

《申报》1883 年 8 月 20 日第 2 版第 3719 期

恤商裕课示

　　芜湖关协复设以来已阅六年完税固不免浮收掣票亦总须数日行旅苦之兹经张观察禀明中丞禁革签量私查于七日初一日出示晓谕亦远方服贾者所宜知也告示录左为严禁签量私查以恤商贩而裕国课事照得货船到关仍应由该商将货物船单亲投管关衙门所以杜书役之诈欺芜湖复关以来一切征税事宜悉沿承平时旧章每税一船自抄号以至给票放行经历十数层转折乃商贩报关又必投托签量而签量必先私查一遍方予进单报税初犹以客商不谙税例投托代报后竟借端罔利习成自然城索留难毫无忌惮本关道履任之始即严禁在关书役毋许索扰行商并定货船完税过关不得逾三日之限近复不时察访尚无留滞之弊惟报税先经签量私查究显违部章若不照例改归商贩自报于非正本清源之道现经本关道禀奉抚宪批准将

户工两柜移置大关亭自七月初三日起即令该商自将通船货色继联开具船口清单一纸赴柜投报由值柜司事接收报军送署请查本关道立派委员带同书签赴船签验如果签报相符即予进单应完税银亦罪商人自封投柜税票即由柜给发永禁签量税查并代纳钱粮等事又向来放关并无一定时刻现遵定例每日限定辰申二时放关二次日炮为号除札饬大江口税务委员督率可事柜书并在关书役人等一体实力奉行外合亟出示晓谕为此谕仰各商贩船户人等知悉嗣货船过船务遵示谕亲自赴柜投报在柜司事均能曲体商艰断不留难勒掯此系厘弊恤商之举该客商等勿存疑虑致受蠹役诱诈自贻伊戚倘书签人等敢再有借故苛求情事许即指名禀控以凭提讯究革决不宽贷至已税货船均应泊候放关号炮一响立即放行未放关以前不准擅开以杜混越达者以越关论凛遵毋违特示

《申报》1883 年 8 月 25 日第 2 版第 3724 期

弹压告示

广州府正堂萧南海县正堂卢番禺县正堂张为奉各大宪示照得延烧沙面洋房查外国和约内载外国民人中国官宪自必时加保护令其身家全安如敢欺凌扰害及有不法匪徒放火焚烧房屋或抢掠者地方官立即设法派拨兵役弹压查追并将焚抢匪徒按例严办此系奉旨颁行该民人等何得毫无闻见致滋重案经各文武员弁兵勇极力弹压缉拿始得解决今该轮船已将滋事之洋人交出放火匪徒亦已缉拿自应听仆地方官按约秉公会办以期相安诚恐仍有无知之人造作谣言鼓惑寻衅再滋事端亟应申行晓谕所有附近居民人等各自安业毋得再行聚众滋事倘敢听从匪徒从中鼓惑散布长红恃众寻衅定即拨派兵勇拿办决不姑宽俾各凛遵合即札饬札到该府即便遵照出示晓谕毋违等因合亟出示晓谕为此示谕合属居民人等一体遵照嗣后务须各安生业毋得再行聚众滋事倘敢听从匪徒鼓煽散布长红恃众寻衅定即派拨兵勇围拿严办决不姑宽各宜凛遵毋违特示　光绪九年八月十六日示

《申报》1883 年 9 月 26 日第 2 版第 3756 期

游程告示

九月初三日日本太政大臣及外务卿颁布往朝鲜内地游历程途界限告示兹录于下

第一条系去年七月十七日经两国全权大臣议定之续约第一款内允准今年将朝鲜仁川元山釜山三港游历程淤推广兹将所定各条列左

第二条朝鲜允以仁川之东限至安山始兴果川等处为界东北以阳川金浦为界北至江华岛为界元山巷西以德原府管下马息岭为界南以安边府古龙池院为界北以文川郡管下业加

直为界釜山港东以机张为界西以金海为界南以鸣湖为界北以梁山为界以是三港所定境界由两国官吏会勘明定四方界址立标为记

第三条来年甲申如再扩充程途之处俟届期由两国派员再译其所议约书可附录此约之内

第四条凡所定界限之内任凭日本人民随意游猎但接近居民住处及朝鲜政府所禁之地不得妄自开枪

第五条如日本人在所准界内滋事及越界等情准地方官拿交日本领事官或拿住先行知照请办均无不可惟解送之时沿途不得凌虐拘拿时刻计领事官处往复时候不得逾限

第六条凡日本人在所准界内往来如遇土人暴行情事地方官速即派员保护并严惩犯事之人

第七条日本人在于所定界内出游如遇日暮不能返寓或途中患病等事故请所在人民代雇轿马或求借宿其家务须妥为照料其轿马等费应由日本人自行给还

第八条自第四条以下各款应请朝鲜政府在所准界内乡村及沿途地方颁示人民一体遵照毋违以上各条均由两国大臣核准签名盖印者也日本全权大臣办理公使竹添进一郎朝鲜全权大臣督办交涉通商事务闵泳穆　日本明治十六年七月二十五日朝鲜开国四百九十二年癸未六月二十二日

《申报》1883 年 10 月 20 日第 2 版第 3780 期

劝捐告示

督办苏省善后总局司道为剀切示谕事案奉抚宪转准钦差察看河工仓场总督部堂游山东巡抚部院陈咨山东水灾甚重奏准劝捐助赈照直隶赈捐章程按例定银数给予封典虚衔等因并将章程札发到局奉此查山东历城等处本年猝遇水灾尽成泽国冲坍圩岸淹没田卢老弱半作波臣少壮几为饿殍一登奏牍立沛恩纶既留京饷以赈荒复截漕粮以备用惟灾区太广需款较多不得不设法筹捐借贷接济除通饬各府州县谕董劝办外合行剀切示谕为此示仰合属绅耆军民人等一体知悉当此水犹泛滥工作难施遍地灾黎莫延残喘况瞬交冬令啼饥将又号寒不闻声而亦惨安居庶能乐业尚屈指而无期在助赈之人救灾恤邻原无意于施报而停捐以后虚衔封典亦格外之宠荣既积阴功又邀例奖诚为一举两得之事深愿仁人君子彼此劝勉从速输将有厚望焉凡捐生愿捐贡监或虚衔封典各按照例定银数如径赴本局上兑立即填给司印实收或缴由该州县转解申请填给司收转发均听其便仍俟颁到部照饬换给执毋稍观望迟延切切特示

《申报》1883 年 10 月 21 日第 3 版第 3781 期

严禁盗贼告示

钦差大臣太子少保办理广东军务兵部尚书一等轻车都尉彭为严禁盗贼剀切晓谕事照得盗贼伤害行旅无分首从立即斩决律例森严乃访闻粤东各属盗贼公行结党成群以劫抢为本业谋财害命等王法如并发又有一种名曰娴崽昼则穿街撞市同游痞之形夜则升屋逾垣比穿逾之盗恃其聚散之无定竟尔出没之自由敝俗顽民按诛非枉第念人之为盗大半由贫穷失业不得已铤而走险以为救死之谋不知饥寒而死尚得保全首领至为盗贼则暗犯天诛明十国法一朝被获身首异处又且玷辱祖宗累及妻子即或幸逃法网必伏冥诛欲救死而仍不得生且较贫不得生者其死更惨是何异以漏脯救饥鸩酒止渴哉夫男儿七尺躯纵无恒产致于贫穷要皆懒惰使之未有勤俭而终饥寒者天地之大何事不可谋生陶朱之富不外于勤汝辈堂堂男子迫于贫穷岂必须作盗贼而始免饥寒乎从古豪杰之士多出于草泽之间特在乎人能勤奋自立耳尔等血肉之躯同是父母所生胡不勉为良民而甘为匪类败祖灭宗良可悲也矧以能为盗贼之人决非聋聩庸懦之辈其心思才力误用之则莫保首领正用之则并保室家果能改邪归正在粤东濒海之区商贾云屯物产丰富随地随事皆可谋生且现在各处举行团练如有材武过人悔恶从善尽可投充本团行伍下以保卫桑梓上以报効朝廷且能出人头地扬名显亲何等体面又何必犯法行险以侥幸须臾不死卒为天下大戮哉本部堂奉旨来粤办防首以保民为务不独敌于君民者本部堂将与为仇凡有害于吾民者本部堂亦必与为仇惟不忍不教而诛绝人以自新之路故特会商督部堂将军抚部院除通饬各镇道府所属一体示禁外仍复不惮烦琐苦口良言先行谆切晓谕为此示谕知悉自示之后尔等务各洗心革面安分营生毋得再蹈从前恶迹如更能自行投首力改前非并捕着名盗首来献本部堂当即拔置行间以备材勇之选若其甘心贼党怙恶不悛以习惯为不可改以文告为不足畏则本部堂现已会商将军督部堂抚部院严饬巡防密布眼线一经捕获立即就地正法枭首示众决不姑宽必搜除尽净而后已其有确知盗踪不行捕首者即与党贼无异一经发觉即并连坐决不宽贷本部堂性成强直言出法随各宜凛遵毋贻后悔切切特示 光绪九年十一月初四日示

谆谆晓谕	再示顽民	前谕文理	恐尔不明	编成四字	劝诫匪人
纠党抢劫	斩决罪名	不分首从	厥罪维均	获盗自首	可庆再生
将功赎罪	给赏荣身	何苦为盗	不学善行	改邪归正	免正典刑
倘违此谕	身首立分	良言苦口	一片婆心	天良未丧	各宜凛遵

《申报》1883年12月12日第2版第3833期

劝办赈捐告示

湖北劝办赈捐总局布政使司布政使蒯按察使司按察使黄二品顶戴督粮道素盐法武昌道武二品顶戴候补道惮盐运使衔候补道瞿为出示晓谕事案照沔阳监利等州县被水灾春麦秋禾皆未播种农民乏食遍野哀嗷不得不劝谕官商绅富集资助赈以救灾黎当经详蒙督部堂下抚部院彭奏请援照直隶助赈成案开办赈捐兹奉院札钦奉谕旨着照所请该部知道钦此行饬善后局司道会同经理等因奉此查鄂省绅富商民素称急公好义上年捐办直隶尚能集资十有余万矧兹本省告灾桑梓关情必能异常踊跃除拟定章程行饬各府州县遵照办理外合将章程抄录出示晓谕为此谕仰绅富商民等一体知悉尔等务须同纾推解之诚共効输将之义上副朝廷轸念下拯里井流离善与人同谊无可诿本司道等有厚望焉至应得奖叙准各捐生查照定章指项报捐汇案具奏用昭激劝其各凛遵毋违特示计开章程四条于后

一各府州县收捐悉用本总局印票填写所捐银数及籍贯年貌三代发交各该捐生收执询明或捐封典或捐升衔职衔详细造册齐送本总局核奖换给藩司实收汇案奏请颁发部照

一各府州县书捐之户每捐银若干两印票中即填写银若干两毫无参差惟应一律用库平足银上兑以符部章查鄂省市称通用九八五平它纹准其申作库平足银呈缴倘免临时为难且可确知定数计库平合九八五平每百两加平银三两七钱五分足色合它纹每百两加色银二两共计九八五平它纹一百两补加平色银五两七钱五分作为库平足色银一百两此系本总局秉公核定俾可捐生咸资遵守以归简易而杜弊端

一总局刊捐例于各府州县各发四本饬令存于收捐公所以期共见共闻该捐生书捐时尽可亲自翻阅例本计算捐银若干两可得何项封衔以免短绌者被驳赢余者多费

一收捐库平足色一百两随收部饭银一两五钱每名照费银三钱均随册解部又援照直隶山东章程每收捐银一百两准收银七钱五分作为办捐一切公费此外胥役人等如有丝毫需索一经告发立行提案严惩决不宽贷

《申报》1883年12月24日第2版第3845期

招商运木告示

广州府正堂萧南海县正堂卢番禺县正堂张为出示招商事照得粤省五方杂处户口殷繁本地所产谷米无多全赖商贩由海道装运来省源源接济乃不至于庚癸频呼现值筹办边防之时各路兵勇云集糈粮民食尤为目前要务必须未雨绸缪方免临时有匮乏之虞先经钦差会同督抚宪奏请在于省城设立储备局由藩运两库借垫本银派员驰赴产米各省采买谷米先行官运以为众倡仍出示由各绅民富商自行筹备凡官运商运米谷装入省城者查照护票印文验明

石数免其抽厘税至运米到省按号缴销报明总局仍由商民自行收囤业奉谕旨准行自应赶紧招商采贸运粤收屯以资储备合亟出示晓谕为此示谕各绅民富商人等一体遵照尔等即可迅速集资备具殷实铺户保结开列店号姓各年籍住明赴府具禀听候转请藩宪给发护照前赴江苏江西浙江安徽湖广福建等处产米省分采买米谷运回粤省每照一张准买米二千石榖四千石准其免抽厘税仍以三个月为期以示限制一俟运回粤省即赴官设屯米总局报明登号将照缴府转缴核销米谷仍归该商民等自行收存以期便捷而备不虞仍不得夹带违禁货物走私漏税及运赴他处影射图利致于未便切切特示

查验告示

武昌府正堂王保中总局为再行出示晓谕事照得本府去冬府试颁发信牌护照式样札饬各州县刊刷分给各生童及赶考人等只领于进省城时持照查验落寓后将信牌悬挂寓门以备稽查并出示晓谕各在案查信牌悬挂日久难免不为风雨损坏现在举行院试应即将护照悬挂寓门诚恐该生童等未能周知合再出示晓谕为此示仰应试文武生童及赶考人等一体知悉务将原领护照悬挂寓门听候铺委查验毋稍抗违切切特示

禁朝鲜商人私入川楚游历示

前有朝鲜商民至川楚售参地方官以其为属国民人并不禁阻自通商后该商仍赴川楚贸易经川东道禀请上宪应照新章办理惟尚系初次未便议罚俟一年后如再有未请护照来游者定将货物充公商民押回原籍近已札知荆宜施道照办故于观察出示晓谕兹将告示照录左方为出示晓谕事光绪九年十二月十九日奉抚部院彭札开光绪九年十二月初六日准成都将军岐四川督部堂丁咨开案据成绵道丁土彬川东道彭名泖候补道尹国珍朱在勤会详案奉将军部堂札光绪九年七月十五日准兵部火票递到礼部咨主客司案呈本部具奏续定朝鲜商民未领执照前往贸易游历章程一摺于光绪九年六月二十二日奏本日奉旨依议钦此相应刊刷本部原奏知照四川总督遵办可也计原奏一纸内开礼部谨奏为请旨事前因朝鲜商民闻有云赴甘肃省售卖参药由该省派员护送来京经臣部请将该商民解赴天津附搭轮船回国并声明嗣后已开口岸地方如遇两国民人未领执照潜往贸易比照新章交商务委员转送回国其未开口岸地方如遇商民潜往贸易作何办理之处当因朝鲜商民贸易章程系由北洋大臣议定是以请旨饬下北洋大臣酌议章程以昭画一经臣部于本年四月初十日具奏奉旨知道了钦此即经咨

行北洋大臣去后兹据覆称各国商船擅入不通商海口贸易照约应将船货入官别无将商人另
行治罪明文若朝鲜商民到内地并无执照无论贸易游历在何处省分均可照第二条私逃例交
商务委员押回本国惩办似可毋庸续议等因前来臣等公同商酌应如北洋大臣所咨拟请嗣后
未开口岸地方如遇两国商民未领执照潜往贸易游历比照新章将该商民送交就近口岸彼此
商务委员解送回国贸易船货仍照章查拿入官其已开口岸如遇商民未领执照潜往游历亦应
比照此次所定章程交就近商务委员转送回国凡系未领执照在内地贸易游历之商民如就近
并未设立商务委员即交就近海口地方官看管令其附搭轮船回国参候命下由臣部通行各直
省督抚将军等一体遵照是否有当为此谨奏请旨等因奉此除由局照刊章程通饬各属一体遵
照外职道等查近年朝鲜商民入川售卖参药纷至沓来均无执照各地方官只以藩服人民将本
求利远涉数千里未忍过于刻阻致令向隅甚且不听阻拦执意往来既无禁办明文姑照泰西一
例护送兹既奉到部颁续定章程载明嗣后未开口岸地方如遇两国商民未领执照潜往贸易游
历比照新章将该商民送交就近口岸彼此商务委员解送回国贸易船货仍照章查拿入官又凡
系未领执照在内地贸易游历之商民如就近未设委员即交就近海口地方官看管令其附搭轮
船回国等语查四川系未开口岸就近并未设立委员拟请嗣后遇有朝鲜商民未领执照潜来贸
易游历即由所在地方官派拨妥慎兵役护解至湖北宜昌关由该关委员接收看管令其附搭轮
船由江入海取道回国所带货物本宜遵照此次章程查拿入官惟念该商民远道贸易且或尚未
深悉违章之故□遽一律查拿必无以仰体国家绥柔藩服之意拟请准予通融饬令原商自将货
物携带回国断不准沿途售卖尤不准护解人役讹索以示体恤若一年以后再有不遵定章私带
货物潜来贸易者仍照章查拿入官至以上各节系指务商民已入川境办法惟与其截回于入境
之后尤不如禁止于入境之前应请宪台咨明湖北陕西两省大宪转饬交界地方官嗣后遇有朝
鲜无照商民即就地剀切晓谕禁止越境其川省与他省交界地方即由局檄饬谕禁入境以免徒
劳往返并请咨明总理各国事务衙门礼部南北洋通商大臣立案转行知照是否有当理合具文
详请核咨等情据此除分咨外相应咨明查照各属交界地方官遇有朝鲜无照商民谕禁擅入川
境以免徒劳往返施行等因到本部院准此合就札行为此仰司官吏即便遵饬查照毋违此札除
由本监督禀请院宪咨行朝鲜国驻津大臣示禁违章私入内地贸易游历并分别札行各该地方
官遵照外合行出示晓谕为此示仰朝鲜商民人等一体知悉尔等嗣后如运货入内地贸易务须
遵照章程完纳货税船钞不得任意偷漏即欲入内地游历必须请领执照该商民等须知我朝恩
准通商系体恤藩邦冀臻富强之意自应恪遵定章何可稍有违越自示之后倘敢仍蹈前辙私自
往来生经川省查获解交立予发交地方官解送回国以肃禁令而重税章本监督任军通商情殷
胞与用先谆谆告诫慎勿视为具文致贻后悔也切切特示

安民告示

两广总督张广东巡抚倪为出示晓谕事现据惠州府地方文武各官禀报归善县属稔山地方有匪徒滋事经派文武委员酌带兵勇前往查办该匪胆敢聚众拒捕伤毙官兵势甚猖獗等情并闻陆丰县后墩乡亦有拒捕伤毙丁勇之宁似此犯上不靖亦司乱民为王法所必诛该处乡民食毛践土具有天良何至作此自蹈刑诛之举必有一二积匪从中煽惑愚弄乡民本部堂院已发派大枝劲旅咨请署水师提督方军门驰往会同署陆提督蔡军门水陆并进痛加剿捕本部堂院不忍不教而诛合亟出示晓谕为此仰惠州属归善陆丰各处人民知悉尔等安分良民务各奉公守法绅士耆老务各约束子弟切勿为匪徒诱惑自作不典但能翻然改悔捆送主谋纠众首犯者虽为匪党亦当宽宥如有执迷不悟始终抗拒大兵合剿玉石俱焚悔之何及凛切告诫其各凛遵特示

《申报》1884 年 3 月 27 日第 2 版第 3932 期

劝捐告示

广东布政使司刚为剀切晓谕事照得粤省物阜民丰久称富庶其平日急公好义亦能远迈寻常咸丰年间迭次办理军需绅民皆极力捐助用能克敌致果迅奏肤功朝廷曾沛以殊恩远近咸钦其义举现值海防吃紧筹兵筹饷需用浩繁亟应设法集资以期有备无患经督抚宪专摺具奏奉旨饬部议覆准照直隶山东赈捐章程在本省开办捐输咨行遵照在案并由两院宪督同司道逮及府厅州县皆从丰各捐廉俸以为众倡即钦宪彭来粤视师并非负地方之责亦复十分慷慨助以巨资无非为绥靖边邮保护闾阎起见况本省绅商富户谊关桑梓尤难袖手旁观纵不欲借此以博取功名亦必思自卫其身家性命输将恐后谅有司心惟从前各省派捐每多从中舞弊或借端以需索或暗地以分肥或某家本属富饶受贿而密为开脱或某家原系寒素挟嫌而故事取求种种欺蒙难以枚举此次筹办捐务必须遴派廉干委员会商地方官邀同本处公正绅耆妥为经理所有前项情弊一概革除务使涓滴归公不至有丝毫浮费至捐局用项友委员薪水绅士与金饭食统于局内按照豫捐章程支销不得向捐生另行科派并由本司颁发印簿及三联印票编列字号发交各属委员如各捐户愿捐若于务于印簿内亲书籍贯三代姓名银数俟缴清银两即先给与三联印票造册汇案请奖给予贡监封典织衔实收其前此已得官阶不愿再邀奖叙及所捐银数与例定章程不符者亦当按捐数多寡分别给予匾额以昭激劝除移行饬属遵照外合亟出示晓谕为此示谕绅商富户人等一体遵照尔等须知海防要务待支孔殷果能不吝资财定当立予奖叙其在事诸委员绅士认真劝助亦当择尤详请给奖以期无负辛勤是捐费以助海防上可以仰荷褒荣下可以保卫闾里实于公私两有裨益当必能顾全大局欣然乐从也兹将所定

章程一一开列于后毋违特示计开

一照定山东赈捐章程现任候补候选各官报捐升衔按筹饷例各本职例定捐升双月银减二成作为抵销再按例银十成收捐造报其推广捐请升衔应按各职捐升双月银数不减至贡监生应照例定实银报捐不能减成

一每奖银百两外加部饭银三两每名照费银三钱均随严解部又报捐贡监每银百两另交国子监饭食银一两五钱每名照费银二钱

一分饬廉明委员前往各县劝捐由司发给印部填写捐户籍凡三代姓名银数并发三联印票编列字号票内声明收到某人捐银若干按数核奖字样一纸交捐生收执一纸备查截存票根连所捐银两一并缴司查对以昭核实

一该捐生报捐何项职衔封典贡监交齐银两先领印票候委员造册详司核明给予实收俟奉部核准即行换给执照

一各捐生有能捐至千两以上者由委员给发联票一面会县详司汇案奏奖有能捐至万两以上者详请项目具奏以示鼓励

一凡绅商富户已经得有封典职衔者如能量力捐助准其移奖予弟亲友倘有不愿奖叙及所捐银数与捐例不合者另行分别嘉奖如五十两以上由各州县给予匾额一百两以上由各府给予匾额二百两以上由各道给予匾额三百两以上由各司给予匾额若捐至五白两之数即详请院宪给予匾额

《申报》1884 年 3 月 27 日第 2 版第 3932 期

刘提督告示

　　三宣提督刘为申明大义解散胁从事照得春秋之律首严夷夏君父之仇不共戴天自法兰西窜扰东京以来有志之士同深愤激思得食其肉而寝其皮况本提督忝堂兵符谬膺重寄其能与法人并立于天壤间乎天未厌乱驰驱二载老弱苦转输少壮膏原野此正枕戈待旦之秋杖策从军之会苟尔军民人等皆能以本提督之心为心则众志可以成城小丑何难遽殄还我城邑歼彼犬羊封尸以为京观献俘以告先王岂不壮哉孰意尔等不顾利害不辨顺逆竟有受彼笼络为彼爪牙者闻之殊为骇异继而思之尔等虽愚亦有天良何至忘君国之深仇受虎狼之威胁此必法人以利谙尔以势逼尔尔等未及深思至受其欺耳本提督嫉恶虽严待尔等则甚慈不忍不教而诛用将利害顺逆一一为尔等告之法人阳托保护之名阴肆攘窃之计狎侮宫廷凌辱官长奸淫妇女焚毁田园见者伤心闻者切齿尔等甘为彼用则上无以对君父下无以对妻孥一不可也法人挫败之余屡次调兵号称数千其实不过数百黔驴之技至此已穷于是计诱尔等为之前驱枪炮刀矛尔等受之而彼不受也尔等独不为性命计二不可也法人

多行无礼不独本提督知之即欧洲诸国亦无不知之现在计不得逞不得不以曹言重利诱结尔等将来得志必至夺尔之田产占尔之妻女后虽悔之噬脐何及三不可也天朝怀远字小恩威并着尔等若不及早归顺一旦大憨就擒罪人斯得尔等不独为本国之乱民抑为天朝之贼子王法所不宥公论所不容四不可也现在本提督业将法人诱入陷阱蠢兹丑虏已在掌握之中尔等倘执迷不悟必至尽罹法网本提督不追既往之愆曲子自新之路为此晓谕尔等有能斩法将首级赍献军前者受上赏有能侦彼军情为我耳目者受中赏有能纠合队伍投营自劾者受下赏如其怙恶不悛大兵到日玉石俱焚往事非遥前车可鉴勿谓本提督言之不早也切切特示

有粤友自海防回抄寄此示并云刘提督密遣人在河内海防等处张贴此示法人见而恶之即行揭去且虑越人之为永福内应也于是河内海防等处法人一夕数惊惴惴焉有朝不保暮之虑矣本馆附识

《申报》1884 年 4 月 8 日第 2 版第 3944 期

劝捐告示

总理江西劝办直隶山东赈捐总局督粮兼巡道嵩布政使司布政使刘署按察使司按察使周署盐法兼巡道缪为劝谕士庶捐输以赈灾黎事照得山东黄河决口水灾□常小民流离昏垫惨不堪言即经仓场总督部堂游山东巡抚部院陈奏奉谕旨截留京饷漕粮以资赈需并陈明函告各省广为劝捐接济援照直隶赈捐章程例定实银请奖先后咨江移行到局当将山东赈捐附归本局劝办刊刷章程撰发告示通颁晓谕开捐在案兹奉行准直隶爵阁督院堂李咨以直隶连年被水待哺户口极繁请在于福建江西陕西等省广劝捐输设法商办均由各省派委大员开办或附局代收分饬丰收各府州县一体设法筹劝解济等因现经本局议请将直隶赈捐归并山东赈捐统收分解俾两省灾黎均沾实惠除另刊刷章程通饬各属一体设法筹劝仍在本藩司衙门原设四省捐局处所照章收兑外合行出示晓谕为此示仰通省士商军民人等知悉尔等须知直隶山东两省灾区甚广待赈孔殷务各遵照本局先今示谕事理踊跃乐输俾得大批解济毋稍吝延切切特示　光绪十年二月二十日示

《申报》1884 年 4 月 18 日第 2 版第 3954 期

袁司马谕朝鲜人民告示

照得大军东渡原以保卫尔邦军律严明秋毫无犯间有勇丁滋扰闾阎一经查出立正典刑所以肃军纪而卫良民也乃闻近有朝鲜人民穿戴中国服饰或冒充勇丁或假作商贾出入民家

肆行滋扰正在访拿间旋据巡查员弁拿送朝鲜人崔成均一名口操华言身着华服由民家走出送营惩办当经咨送亲军左营监督李讯取实供斟酌办理该犯有无犯事别情研讯之余不难立吐惟查本地民人在本国穿用中国服色者其希图滋事蒙混亦在所不免似此为鬼为蜮变诈丛生防不胜防实堪痛恨若不严拿重办何以肃军政而安善良除饬本营员弁随时访查遇有本营勇丁及冒充中国人在闾阎滋扰立拿送办外合行晓谕为此仰军民人等知悉遇有前项不法之徒仰即捆送来营定特尔等从优给赏尔等当体本营务处整肃军纪保护善良之意毋得畏缩不前甘心容忍切切毋违特谕

《申报》1884 年 4 月 21 日第 2 版第 3957 期

府试告示

上海县正堂黎为科考事光绪十年三月二十三日奉本府正堂博札奉学宪通饬考试文童等因奉经转饬在案今本府择于光绪十年四月初四日开考所有华奉娄金上南青七县文童应饬于四月初二日齐集郡城听候分场考试除出示晓谕并饬学遵照外饬即一体出示晓谕等因到县奉此合行出示晓谕为此示仰合邑与考文童知悉遵照示期齐集郡城听候府宪分场考试均毋迟延自误特示

《申报》1884 年 4 月 24 日第 3 版第 3960 期

厅官告示

钦加同知衔兼袭云骑尉补用县正堂署理上海县水利厅何为出示晓谕事照得本厅荷蒙藩宪檄委署理斯篆遵已接钤任事而署中并无官亲幕友同来诚恐不法之徒假冒官亲幕友以及家丁在外招谣撞骗良民受其欺诈等情合行晓谕为此示仰铺户及保甲人等知悉自示之后如有前项招摇撞骗情事许即指名禀厅以凭移究决不宽贷切勿受其愚惑自误切切特示

《申报》1884 年 4 月 26 日第 3 版第 3962 期

总巡告示

总巡上海城厢内外保甲事务特用直隶州正堂冯为剀切晓谕事照得上海五方杂处良莠不齐而束身自爱者固多不安本分者亦复不少本总巡奉宪檄督办城厢内外巡防保甲事务向闻有等著名痞棍以及拆梢蚁媒拐骗剪绺窃贼并外来流氓三五成群聚于茶坊并肆其名曰吃讲茶纠党串诈横行不法扰害地方并沿途假称碰撞讹诈抢帽窃物攫取妇女首节捏造谣言此等棍从迹

同匪类尤有不肖之陡聚众开设赌场抽头渔利即黄牌九掷羊押宝翻大印诸色名目不一而足堕其术中则倾家荡产失业丧身并有沿街摆设杂摊字谜抽签摇缸种种恶习殊堪痛恨本总巡职司巡察剪除强暴保闾阎良懦借以安枕本总巡为民除害起见本当按名立拿重办姑念无知不忍不教而诛合先剀切晓谕为此示仰保甲诸色人等知悉尔等若能从此敛迹改过自新尽作良善口吃讲茶等项暨永远严禁则免其已往如敢仍蹈前辙或经访闻或被告发立即指名拿究尽法重办决不姑宽并许该地保乃被欺之人捆送来局毋得畏惧以致自误倘有局差地甲容情包庇一经觉察归案惩处言出法随切勿以身尝试勿谓言之不预也其各凛遵毋违特示

《申报》1884 年 5 月 16 日第 2 版第 3982 期

严禁撞骗

杭垣前有某弁冒充官长一节宣传殆遍嗣为众乡民具控臬辕批饬杭州府查明提究等因节经列报兹闻吴春泉太守访闻省垣地方辄有外省来历不明之人冒充弁员到处撞骗受其欺者不一而足为此出示严禁遍贴城厢其告示大略云省垣开设客寓原所以安行人而便商旅然行李之往来靡定奸宄之混迹宜防访闻近有外省棍徒来历不明冒充官宦招摇撞骗情实可恶除仰县密查外为此晓谕寓主地保人等知悉倘遇有前项棍徒来历不明冒充官长寓主不准容留许即指交地保送县究办决不稍贷无违特示

《申报》1884 年 7 月 11 日第 3 版第 4038 期

星使告示

朝鲜地瘠民贫风成刁猾通商后往往有无业游民冒穿华人衣服游行廛市无恶不为本馆前已录登日报兹又得该处友人录寄陈跂南观察宪示一纸杜渐防微虑周藻密合并照录以符新闻体例为出示禁止深夜游行以便清查事照得汉城地方华人兵商集处年前风闻有本非华人冒穿华人冠服者正月间城内夜毙崔姓药局人命一案扳称凶人系华人冠服遍查无踪至今未获本月内又有崔成均剃须冒穿华人冠服衣履一案似此冒混关碍甚大除另悬赏购拿药局命案凶手及本埠华人冒穿华人舒服者并遴派差役严密迹拿咨照移会朝鲜内外衙门东防华军多派员弁缉拿务获外合行出示商民人等知悉嗣爱尔等准于每夜二更后关闭店门歇息不得往来街上闲游以便员弁差役清查倘或遇有事故二更后必须出街者宜各带随身执照遇员役街上盘查呈验放行如无执所拿交本道讯问从重科罚此专为清查冒混起见各宜凛遵毋违特示

《申报》1884 年 7 月 17 日第 10 版第 4044 期

华官告示

朝鲜自开海禁后利源由是而通即刁风亦由是而长以致命案盗案时有所闻兹又得本馆在高访事人邮示陈荄南观察缉凶赏格一通合亟照登报牍为悬赏购拏凶手及冒穿华人冠服事照得本道奉北洋大臣勒饬查办正月间夜毙汉城内大应通桥崔姓某局人命一案除照会朝鲜内外衙门及移会东防华防一体严密迹拿务获外合行出示悬赏购拿为此仰示诸色人等知尔等宜应购眼线严密访缉如能拿获某局命案正凶一人解案讯明属实赏墨洋银二百大员帮凶一人解案讯明属实赏墨洋银一百五十员知情扳终证见候拿获讯明实属此案凶手赏知情证见墨洋一百元又如有拿获本非华人冒穿华人冠服衣履者解案讯明赏墨洋五十元倘系华人知情拿获各犯除讯明后立即如数赏银外另行保举功名以昭奖励银牌候赏各宜踊跃缉拿解案讯明领赏是所厚望切切特示

《申报》1884 年 7 月 22 日第 10 版第 4049 期

重申烟禁示

宜昌友人抄来宜昌府禁烟告示一道照录如左为开列条款出示晓谕事照得洋药开禁以来原准客商通行买卖但开设烟馆大干例禁前经本府督同东明县于编查保甲条内议及示禁在案诚恐尔等视为具文漠不关心合行开列条款出示晓谕为此示仰各烟馆并入馆吸烟之人暨各房主一律知悉嗣后尔等务须遵照后开条款互相警惕永远奉行倘有违示不遵抑或阳奉阴违本府定即督同地方官随时改装易服严密查拿照章惩办决不姑宽毋遗后悔切切特示

一烟馆房屋应行入官也查开设烟馆之辈多属租典房屋房主亦无不知情之理如各房主不贪小利不兼容隐若辈无从托足是以查禁烟馆必须严办房主自今以后如有人将房屋租久开设烟馆或自行开设定将房屋封闭照例入官所得者小所失者大各房主其熟思之

一开设烟馆之人应照例定罪也查洋药客商无论烟土烟膏均准设店买卖如有开设烟馆应照开场聚赌例治罪而开场聚赌定例初犯杖一百徒三年再犯杖一百流三千里今因开设烟馆获利无多一经犯案身遭成遣实属何不偿失亟宜各谋生业毋陷于左

一入馆食烟之人应责成家长严加禁约也查定例官员及兵丁吸食洋药俱拟绞监候民人不在禁列惟在馆吸食之人拟杖一百今该民人在家吸食如能力加痛戒固属甚善倘有瘾深成疾不能遽绝各户家长豫须约束不得违例入馆吸食致干并究

一烟馆应严禁包庇也查各处开设烟馆每有衙役门丁地保从中包庇一经官为示禁若辈借端恐吓徒滋骚扰并无实济今本府督同地方官随时亲诣密拿有犯必惩并不派差查办如有

在官人役包庇需索定即从重治罪决不宽贷一人

一入烟馆吸烟之人并房主准其自首也查例内赌博中人自首者自首人免罪仍将在场财物半给自首人今开设烟馆既照聚赌例治罪所有入馆吸烟之人亦应准自首免罪仍于入官房屋变价内酌提充赏房主自首房屋免其入官

一严禁烟馆仍禁刁告也查开设烟馆与入馆食烟之人并知情房主均干例禁然应照赌博例当场见发有据者方坐以罪不许他人妄扳拖累倘有事不干己或希图讹诈或怀挟私仇出头刁告无论虚实照例立案不行以免别酿讼端

以上共计六条合并谕知

《申报》1884 年 7 月 23 日第 10 版第 4050 期

安民告示

钦加二品衔江南分巡苏松大兵备道邵为晓谕事查法越构兵中国业与法国定有和议中外商民早已共见共闻嗣因谅山一役稍有龃龉亦经彼此说开永敦和好不意近有中国匪徒借端造言生事希图摇惑人心妄缮匿名揭贴以奉命公诛为题捏造无稽之谈四处播散实属大干例禁揆度该匪等用意无非造言煽惑欲使商民搬迁乘机抢劫奉曾爵督宪谕饬晓示商民照常安居乐业无得轻听谣言惊惶迁每一面即由地方文武严密访察拿究如有匪徒滋事中外官兵合力擒捕以靖地方而固邦交等因除由道分别移行遵办外合亟出示晓谕为此示仰军民人等一体遵照各安生业毋信谣言是为至要切切光绪十年六月初十日示

《申报》1884 年 7 月 29 日第 3 版第 4056 期

营务处告示

两江总督营务处督楼统带何管带抚标沪军营萧均出示云兵勇在沪号令严明擒拿宵小保护商民如遇劫抢立正典刑倘敢拒捕格杀勿论

《申报》1884 年 8 月 2 日第 3 版第 4060 期

约束勇丁示

营带抚标沪军营记名提督军门果勇巴图鲁萧为出事晓谕事照得本军门领兵多历年所号令素尚森严兵民到处相安现年本营驻防沪上分派哨队扼扎洛城外内要隘昼夜巡逻无非□保护商民绥靖地方起见迭经传谕各勇丁恪守营规不得私行闲荡及酗酒斗殴嗜烟宿娼以

致滋生事端查上海为中外通商口岸五方虽集良莠不齐诚恐流痞妄拉名色招摇撞骗并胆敢斜党乘间肆扰闾阎遭其毒害痛深切齿历奉各上宪严饬稽查如有此等匪徒不思改邪归业有犯前项情事一经捉拿按法惩治除饬各哨弁严明训练周密逡巡外合行出示晓谕为此示仰军民人等知悉倘有勇丁违禁滋扰许商民人等来营指禀究办尔商民亦毋得挟嫌妄渎致干未便其各凛遵毋违特示　光绪十年六月初九日告示

《申报》1884 年 8 月 3 日第 3 版第 4061 期

工局告示

虹口老大桥因马车喧闹日夜不息深恐肩摩毂击易酿事端前日捕房派捕在桥巡视禁止砖瓦木料等重车在桥经过以免碰撞之虞昨捕房门首粘贴工部局谕饬倘有信函文件等要公之重车仍计经斯桥不得拦阻云

《申报》1884 年 8 月 6 日第 3 版第 4064 期

宝山县告示

补用同知调补江苏太仓直隶州宝山县正堂王为出示晓谕事近因法越之事会议未定以致谣言纷起人心甚为惶惑该镇逼近海口深恐匪徒混迹乘间滋事亟应将防卫事宜加意整顿添派壮丁协力守望以消伏莽除饬董劝办外合行出示晓谕为此示仰居民铺户人等知悉此系为保护尔等身家起见务各量力捐资交董添募壮丁以资防卫虽目前不无所费而使匪徒不敢觊觎间阎得以安谧所捐者少所益者多慎勿惜小忘害切切特示　光绪十年六月十七日

《申报》1884 年 8 月 9 日第 3 版第 4067 期

统领告示

统领两江督标亲兵庆字等营记名简放提督军门烈勇巴图鲁曹南字等营头品顶戴记名布政使世袭骑都尉果勇巴图鲁刘为出示晓谕事照得中法兵端既开各海口均已严备吴淞为长江前敌之地向有炮台以固战守本统领等现于吴淞街口起至宝山县城止沿堤筑子墙一线专为有事之时应敌用兵而设业经督率各营哨勇赶筑将近竣工查此堤系属通衢行人往来不一良几亦极难分当此军务吃紧之余诚恐奸宄窥探攒通消息不可不严加防范合行出示晓谕为此示仰商民人等知悉尔等须知事关重大以后概改由提内石路行走毋取道炮堤致于防务有碍自示以后倘有无赖之徒不服阻拦妄作践踏仰各哨勇扭送来营本统领等定行重责不贷

各宜凛遵毋违特示右仰通知

邑尊告示

　　钦加同知衔署理上海县正堂黎为出示晓谕事本年六月二十二日奉关道宪邵扎奉署南洋通商大臣曾扎准兵部火票递到总理各国事务衙门咨光绪十年五月初六日据德国巴大臣函称德国所属之拜彦国拟于宁北地方开设金银白铜珐琅等物赛奇会将所来清单十分送呈请转知华商以广招徕等语当经函询赫总税务司据覆称可将清单译汉发往南北洋各口出示晓谕华商其有欲赴是会者准其前往再议一切为妥等因前来相应抄录清单咨行贵署人臣转饬各口出示晓谕商民有无愿赴是会咨覆本衙门核示可也等因并抄粘到本爵署大臣承准此抄粘扎关饬县遵照等因奉此合行抄粘出示晓谕为此示仰各商民一体知照特示

法领事告示

　　大法钦命驻扎上海总理各口本国通商事务总领事李为出示晓谕事照得上海地方向为各国通商口岸中外商民安居乐业已历多年近因中法之事闻城庙内外租界居民人心惶惑纷纷迁徙推其迁徙之由或听传说谣言或凭华字新闻各报咸视上海为畏途相率他徙本总领事查华人捏造谣言类皆捕风捉影即各报馆言和言战歧论百出如火益炽骇人听闻不过借此多售新闻罔顾民情摇惑现在中法虽有龃龉将来亦必仍归于好本总领事前因字林西字报馆主询及法国若与中国交战上海及吴淞一带地方有众可虑当将本国于上海吴淞等处断无举动实无可虑明白覆去既经议定保全无事所有吴淞口至上海一带往来商船尽可照常生理毋庸过虑诚恐中外商民未尽周知合行出示晓谕为此示仰城厢内外租界商民人等知悉尔等务各照常安居乐业勿为谣言新闻所惑自贻伊戚特示　光绪十年七月初五日

　　右法领事告示一通其中词意未尝不以安民息事为心然其牵涉华字日报处则有不得不辩者其言捏造谣言试问去年所登法人屡败李威利授首安南果谣言乎抑实事乎近日所登基隆法人大遭挫衄华军夺得法旗一面法炮四尊果谣言乎抑实事乎本报中屡劝中朝与法示战无庸赔银皆系正论严词揆情度理并非捕风捉影殆触注人之忌而故为此毁言耶其云言战言和歧论百出试问所谓歧论者系法人有是事而报中照录乎抑报中臆说法人未尝有是事乎法人今日攻基隆明日攻马江乃不自以为骇人听闻而谓据事直书之日报转骇人听闻乎至示中安居乐业一语尤为掩耳盗铃试问今之不安者果谁扰之使不安耶况本报屡劝居民不必迁徙

而示中反云或凭华字各报咸视上海为畏途相率他徙讵公馆中人皆目不识丁者耶抑不忍舍
此区区日购报纸一观悖末称自贻伊戚如今日法人之一败于基隆再败于长门真自贻伊戚矣
窃意法人特未反已一思耳苟一思焉当将此示揭归卷藏之不暇尚敢煌煌然粘贴通衢哉呵呵
本报附识

《申报》1884 年 8 月 27 日第 3 版第 4085 期

驱船告示

吴淞口外为由海入江必经之路中法事起防务极严所有民船已奉营务处一律驱使远去
兹将告示照登于左总统江南马步水陆各军兼理营务处陈为晓谕事照得法人无礼骚扰台闽
所有海口自应严密防范本总统督率各军驻札吴淞海口保护商民遇有法舰驶近自当竭力轰
击惟吴淞为赴沪要道往来商民船只甚多自示之后凡尔商民各船不得在炮台以上张家浜以
下停泊现当未经开仗之时往来行驶尚可听其自便倘信息紧迫与法人交绥一切大小船只皆
当停止概行不准往来如有妄行开驶及停泊炮台以上张家浜以下者势难为之分别只有一概
轰击沉船毙命祸由自取毋谓言之不早也其各凛遵毋违切切特示右仰通知　光绪十年七月
十三日晓谕

《申报》1884 年 9 月 4 日第 3 版第 4093 期

募勇告示

总统陈示照得本总统现在吴淞上海地方招募精壮勇丁如有应募者即至局入册校阅技
艺编成哨队听候点验此示局设县西震昌客栈

《申报》1884 年 9 月 4 日第 4 版第 4093 期

总统告示

总统江南马步水陆各军兼理营务处陈为再行晓谕事案照本总统前因海防吃紧示谕往
来商民船只不得在炮台以上张家浜以下抛锚驻泊既可防其为法接济又可免临陴之时误遭
不测乃所以严防务而保商民也兹据叙船局委员黄牧验补局委员倪倅面禀该局船局收捐查
验均须暂时停泊方能上船查捐验票并有巡船数号长泊该段巡缉等因查该局等所禀系属因
公自应照准嗣后凡有应行报局请验船只准其照常暂时停泊一俟收捐验补领票之后耽延未
久即可开行不得借端在于段内常川驻泊至于巡船本属因公该船皆有旗帜可辨尤应照常巡

缉以重公事合亟行出示晓谕为此示仰往来商民船只一体遵照毋违特示　光绪十年七月十四日

英领事告示

大英钦命管理本国通商事务驻扎福州口领事星为据实晓明事照得本领事莅闽关口三十余年民间甘苦无不深知所以遇事推心但愿与尔居民永敦和好共享升平此意久为共鉴即本国商民在口贸易各安本分尤为人所周知乃迩日中法开战竟有谣诬本国兵船开炮暗助之语当准本国水师提督函知当下并无其事但因被焚之船将要漂至本兵船与英茶船之傍特放舢板推开并救起多人而已迭经函移列宪劝谕毋听误传各在案盖英华和好非止一日此次创伤兵丁亦异出南台医局医治共五十人皆系英国医士二人深为用心敷治再就生理而论每年英商在口贩运茶叶回往本国与英属各岛销售为数甚巨其在本口海关完税数目与各项借资谋生工艺夫脚尤指难胜屈足见英华两国有相好无相尤也迩因法船未退城厢内外搬徙纷纷观之甚为悯恻兹经查实法船初十夜均已退出海口断不复来攻击福州尔铺户居民人等从此颇可安心无虞未搬者不可再搬已搬者可速搬回各安各业幸勿蓄疑观望致负本领事一片爱怜之心嗣后路遇英人并望勿加侮慢切切　光绪十年七月十三日给

总统告示

总统江南水陆马步各军兼理海防营务处陈为晓谕事照得吴淞街市户口殷繁现在大营屯扎深恐不肖兵勇及地方痞棍滋生依端除委员团防局绅士日夜轮查外合行出示晓谕为此示仰车民人等一体知悉如有兵勇生事玩法逞刁立即由文武委员捆近大营以凭严办如有商民人等高抬市价任意卡卖及痞棍混迹即由委员曾同绅士送究尔军民人等务须各安本分恪遵军令毋违切切此示

恤赏告示

钦差会办福建海疆事宜三品卿衔日讲起居注官总理各国事务大臣翰林院侍讲学士张钦命二品顶戴詹事府少堂总理船政大臣何为晓谕事照得此次我水陆军与法船接仗各弁勇

竭力抵御临难不避其中炮阵亡者洵属忠勇可嘉即负伤获生者亦属疾痛可悯现钦奉皇太后懿旨体恤军前将士发帑备赏谨先拨款一万两分给伤亡各弁勇以宣布朝廷优待将士之至意仰防守马尾水陆各将领迅即查明册报并由本人及各家属自行具报候委员验明按名核发具领毋稍延误所有酌定银数等第合行晓谕为此示仰各将领员弁勇目舵水及伤亡家属一体遵照特示计开营官督带每员恤银五百两管驾官每员恤银四百两哨官各船大副正管轮每员恤银二百两二副三副二三管轮每员恤银一百五十两队长管队管炮每员恤银一百两船上各头目恤银五十两水陆兵勇每名恤银二十两艇船师船及船主职大者视管队小者视头目之例其舵工及小舡视水手之例所有弁勇伤重致废者视阵亡例抚恤其受伤轻者分别给资调理　光绪十年七月十八日给

《申报》1884 年 9 月 19 日第 2 版第 4108 期

严禁社教示

鄞县正堂朱为遵札严禁事光绪十年闰五月十九日奉府宪宗札开据镇海县乡举人虞景璜增生李世培附生叶兆荣曹位纶等禀称窃同治十二年间耆绅戴绍唐等以社教妇女在柴桥薛家漕地方私至观音堂为大佛教聚会之场求檄镇海县主拆毁示禁等情控奉前道宪批示左道惑人大干例禁札县查办在案前县于主并未拆毁严禁至今十余年镇邑泰海两乡社教盛行入教之人盈千累百时常聚会薛家漕观音堂男女混杂肆无忌惮甚有带发师姑合同盘踞设立教会竟有媚诱入堂村女暗诱为口甚至教人背夫逃匿口姑离居败俗伤风莫此为甚尤可骇者有郡城已故革把总龚万林之妻不识何氏带同教徒多人游僧五六人并挟王姓乐姓二人各执运宪道宪府宪官衔灯笼到薛家漕观音堂内于三月二十日扬幡挂榜悬钟给牒大开教曾哄动远近妇女通宵团聚地方不安璜等目击心伤拟即呈请禁止适穿山司主于二十一日随带弓兵前往查禁当将借借官衔灯笼收拾详缴县宪查办在案似此私立教堂匪徒愈聚愈众必子坼毁以杜匪患璜等窃议海乡自观澜书院兴课以来多士激家培养但无义塾以为养正之所环求可否将该教堂免拆改充义塾以广文教为此抄案同列名单公叩缴县查禁改充义塾等情具禀到府据此本府查宁地有社教名目前年曾经绅董获其簿据规条名摺送府本府查阅大抵文理不通之人假设名目引诱无知男女虽以供佛为名而不尽依释教以劝善为名而其言鄙浅不经或供天地君亲师牌位或供三教画像其不尽依释教者为不剃之男带发之妇可以方便自由在作俑之人冀可敛钱肥己而无知妇女以为既不出家又种福田计无便于此者故从之者尤众致有老太与太娘太太等怪名殊不知不僧不俗不释不道适成一怪诞不经旁门左道为圣世所不容其人果慕真修即当剃发披缁断绝夫妇子女为僧为尼既自知其不能矣男以孝弟尽性以忠信立身妇女则孝翁姑敬丈夫以勤俭主家常以和

顺睦亲族不幸而为媪姑尤当以节孝自励远男女之嫌人生自有堂堂正正一条大路持家在此留各在此甚至成神生天亦在此试观孝子节妇牌坊人人敬礼千古留芳岂必持斋念佛而后入天堂而远地狱哉乃竟不由正道误入旁门以致男女混杂声名恶劣不但乡里不齿子孙痛心即便菩萨见其不僧不俗亦必深恶痛绝断不以福田子之而妖言惑众左道敛钱适为王法所当诛官府所当拿办作俑与引诱之人其罪孽擢发难数矣据禀柴桥之薛漕观音堂为带发妇女盘踞自是社教一党敢捏用各官衔灯笼希冀压人尤为胆玩除札镇海县封闭驱逐外查郡城前此江东大教场之陆贤芳林吴氏造美公堂即经绅董查获簿据各摺之所当时称已闭歇近年难保不又生事又名指在城之念四间亦有分枝与此禀所指龚万林之妻总是一党合将前年绅董曷麟送美公堂簿据名摺等件一并杜发札县遵照立即饬差彻查美公堂之类应传案者传案示以本府此札勒取遵禁切结并由该县录此札缮写告示一百张分贴城乡谆切禁戒以挽颓风切切计发手折规条等因下县奉此除饬查传案谕禁外合行出示严禁为此示仰寺观及居民地保人等知悉尔等须知私立社会教堂妖言惑众人干例禁自示之后务须凛遵宪饬痛改前非各归正业慎勿听信妖言自罹法网倘敢故违一经访闻或被指发定即查拿到县从重究办决不姑宽各宜凛遵毋违特示

《申报》1884 年 9 月 22 日第 10 版第 4111 期

粤宪告示

钦命兵部尚书两广总督部堂张钦命太子少保办理广东防务彭钦命太子少保办理广东防务张钦命兵部侍郎广东巡抚部院倪为谕尔广南北洋沿海居民渔户工商人等越南西贡新加坡槟榔屿等处华人知悉去人无理扰犯中国残害生灵毁坏地方天人共愤尔等如有忠义报效者由外洋雇备船只购置军火驰赴越南闽粤海而拦截法船使其前后受敌或佯受法人雇募充当兵勇便中毁其船械焚其火药或充作工匠为之修理船只则装其机器为之带水引路则引入礁浅绝地或卖与饮食用物则置放毒物令其自毙或受雇探信则颠倒真伪误其所往或探其狡谋泄其虚实一一报知官军与有成功验明凭据除按赏格给赏外仍当会同沿海督抚大臣奏明朝廷奖以不次之官船资军火官补给价其能自率一旅口取西贡夺据河内海防等处者定有封爵之赏努力报国本部堂部院决不食言特示

《申报》1884 年 9 月 27 日第 3 版第 4116 期

鲍帅告示

鲍爵帅奉命统兵到滇会合出关叠经登报兹飞爵帅即在夔州拔营前进并不抵鄂用将告

示附左钦差会办云南军务前湖南提督军门一等子爵鲍为出示谕事照得本爵军门前奉命改道东下迅速招募勇营由湖北乘轮下驶业已咨明各省转催霆军旧部诸将星驰四川夔州府城听候委任在案今于八月初九日接奉谕旨督率所部由滇进规越南力图恢复本爵军门已奏明暂驻四川夔州府城俟各省旧部诸将调齐四川省饷项军械锅帐解到即行分途招募本拟四川全行开招惟沿途山路狭小难于扎营故先在夔六属及泸州招募勇夫万人在贵州事节县招募滇黔川楚各省勇夫一万三千余人俟战马鞍轮到齐再行出示招募马队并率川军各营取道云南克期会剿除分别再行咨催外恐旧部将领迁居异地难于周知合出示晓谕为此示仰各省霆军旧部诸将领一体知悉迅即束装勿分星夜赶至夔府限于本月到齐以凭委任各招精锐勇丁训练成军其各凛遵毋违特示

《申报》1884 年 10 月 17 日第 2 版第 4136 期

陈总统示

陈舫仙方伯奉檄驻防淞口筹防缜密号令森严□鄂声名早已藉藉人口近又恐各营规制未能划一整齐因出有简明告示粘贴营中昨经访事人抄录邮来因即附登于左

一临阵退缩者斩　一漏泄军机者斩　一造言惑众者斩　一窃拐私逃者斩

一聚众结盟者斩　一强奸妇女者斩　一抢掠民物者斩　一忤逆犯上者斩

一掺杂队伍者责　一怠惰操练者责　一贻误差事者责　一点名不到者责

一挂号违限者责　一酗酒滋事者责　一出营游荡者责　一违禁赌博者责

《申报》1884 年 10 月 20 日第 3 版第 4139 期

道宪告示

钦加二品衔分巡江南苏松太兵备道兼办两江营务处邵为出示晓谕事接英领事许来函以英国伊教士协同教习姑娘并幼女由吴淞陆路回沪途遇乡民殴辱抢去各物开单请饬委员会县究追等因当经饬据程委员会县查拿滋事华人陈德荣等四名并洋伞各件送道除饬发会审委员讯结从重发落并函复外合行出示晓谕为此示仰该处军民人等一体知悉自示之后务各安分守己如遇洋人经过各宜保护毋得借端滋扰如敢故违定行严拿从重究办慎毋尝试其各凛遵毋违特示

《申报》1884 年 10 月 24 日第 3 版第 4143 期

江督告示

　　太子少保署理两江总督部堂管理两淮盐务一等威毅伯曾为出示严禁事照得淮南引盐由江上驶凡有淹消执由地方官勘验出结详请补运本于恤商之中寓防弊之意近闻各州县于淹消之案往往以执淹为利数以出结为居奇差役门丁因之需索刁难自数十金起到数百金始得出详在商人仓猝遭灾已多折阅若又勒出重资赔累何堪况一经收费盐船即有虚捏州县断不得揭执果有盗卖无从发觉若不严行禁革流弊伊于胡底以后各州县遇有执淹之案随拨随勘不准羁延往勘果实即行出结详执川资饭食由州县自行给发严禁丁役不准需索分文该商等如有虚报情弊即行据实详揭各牧令如任丁役索费亦不准商人来辕禀控均当按律严惩以清积弊而肃盐法除分别咨行外合特出示严禁为此示仰商贩官役人等一体凛遵毋违特示

　　《申报》1884 年 10 月 28 日第 3 版第 4147 期

统领告示

　　统领老湘合字营头品顶戴记名提督军门江苏淮扬总镇章为示谕事照得本统领奉两江德督都堂曾檄饬率合字四营驰赴吴淞口驻扎以重防务等因遵经督同所部各营由沪一律移至吴淞口附近之朝家桥建垒安营以资操防而勤保卫查本军纪律素严平时约束兵丁恪守营规不准出外滋事凡遇购买食物必须交易公平特命营伍初临用布诚信合亟出示晓谕为此示仰商民人等知悉此后尔等各守生业安堵毋惊贸易公平彼此毫无欺鞠庶几兵民相安斩睦成风是则予厚望当其凛遵毋违特示右仰通知　光绪十年九月日示

　　《申报》1884 年 11 月 3 日第 3 版第 4153 期

整顿厘务示

　　钦加四品衔办理吴淞验补厘务江苏尽先补用分府倪为出示晓谕事照得本局查验通海花布各船该船等乘朝进浦止温草浜口关前一带停泊片时候货捐局查验完捐虽赴本局缴票须俟得便始来往往经其投报之时司役诣验船则业已开行无从查考似此去留难保不无走漏弊端现拟仿照钓船捐局填给出口钓船戳单或法请由货捐局通洲海门运沪花布船到一面挂号一面填给戳单饬令送本局听候查验事毕单内加盖查讫红戳缴还货捐局再给舱单放行庶免弊混即经具禀金陵厘捐总局宪兹奉批开据禀验补通海花布船只拟请仿照钓船成法由吴淞货捐局遇有花船到一面挂号一面填给戳单饬赴该局俟经查验戳记缴单再给捐票放行等惟奸商偷漏全赖实力稽查据禀各情自系确有把握仰既就近熟商货捐局认真妥办务期和衷

共济仍将办理情形禀报查考等因到局奉此本局除经仿照钓船戳单刊报一块并先印一千张备文一并移送货捐局请自十月初一日起遇有通海花布船挂号即填戳单饬令持报本局俟经查验盖戳缴还再予放行并移知宝山县查照暨谕饬经保外合亟晓谕为此示仰对渡沙船关快商贩人等知悉尔等由通海装运花布赴沪船只口抵吴淞于货捐局挂号时即领戳单并将通海原领捐厘票照呈候本局查验各官遵照办理毋得视为具文玩违干咎倘有借端需索留难等情许即禀明究办决不姑宽其各凛遵毋违特示　九月廿七日告示

《申报》1884 年 11 月 18 日第 3 版第 4168 期

方伯告示

　　总理江西牙厘省局布政使司布政使刘为出示晓谕事照得九江府城内外商民市卖零星货物向均完纳厘金现经饬据德化卡员议覆分别免抽禀经本总局核明详奉抚宪批准照办等因奉此除饬该卡员遵照办理外合行出示晓谕为此示仰商民市买零星货物过街零用者以及乡民携土布苎麻矾纸猪只杂粮零星等项来城售卖者一概免抽厘金以示体恤此外如茶叶一项由旱道运来毛茶到府城装运者又各行店售货并贩运过境暨由城发贩出运者均属行商自应一律照章完纳各该行铺不得借口混淆各卡巡丁亦不得借端讹索致干查究其各凛遵毋违特示

《申报》1884 年 11 月 25 日第 9 版第 4175 期

邑尊告示

　　钦加同知衔署江苏松江府上海县正堂黎为出示晓谕事据安仁局职董吴大渥张承济陆保康陆诵□等禀在外虹口地方因该处农民及寄□外来客籍或做小工或有推车及一切贫苦人等每交夏令患病无医药者前经在外虹口三官堂设立安仁善局延医诊视倘实在贫苦之人照方给药每年五月始并送痧暑赠药秋后停止常年设立义塾冬间散给棉衣并设粥厂来局领取办理以来贫民均沾实惠历经禀蒙给示晓谕各在案惟该处系在租界内领粥时男妇老幼人数众多嘈杂拥挤不免屡被巡捕驱逐亦属目见不但济贫反至受辱董等再四筹商议得每日改为给米大口三合小口减半逢五十两期给发不致被殴董等实为体恤贫民冬至始清明止第恐未能周知惟近因江北流民来沪投营现闻不收者多俱在虹口一带人数尤众每每滋生事端其中难免该民人等恃强阻挠滋据情事禀请给示晓谕等情到县据此除批示外合行出示晓谕为此示仰该处诸色人等知悉如有不法棍从及游勇人等恃强滋扰情事许即指名禀候提究其各凛遵毋违特示　光绪十年十月初七日示

《申报》1884 年 11 月 29 日第 3 版第 4179 期

免捐告示

吴淞沙钓船捐局抄奉督办淞沪捐厘总局司道为出示晓谕事照得抽厘助饷原属不得已之举当此筹办江海防务支应浩繁各商贩自应遵照定章核实完捐以裕饷源惟查淞沪各水卡现行捐章内有高粱子一项原因本省尚仅煮酒之用与小民日食无关历经照章收捐惟年来水旱偏灾办理赈务亦半多赖此连往接济似非昔日可比查米谷杂粮业奉吴前宪于光绪元年奏准与厘而前项高粱子现既运往各处赈穷苦小民充饥自亦同关民食与杂粮无异不仅从前诋为本省煮酒之需若仍照常抽收未免偏枯现经本局通盘计算为数本属无多自应援助停捐以示体恤而照平允除由局详明两院宪立案并通行各局卡遵照于十月初一日起一律免捐外合行出示晓谕为此示仰商贩人等一体知悉嗣后尔等贩运前项高粱子经过局卡务各遵照停泊听候查验免捐放行倘有携带别项货物仍应循照旧章报捐不得射影蒙混希图偷漏倘或借词闯越不听盘查一经查获定即从重罚办其各凛遵毋违特示

《申报》1884 年 12 月 5 日第 3 版第 4185 期

禁赌告示

特调江苏太仓直隶州实山县正堂加二级随带加三级张为出示严禁止照得赌博最易迷人一入此场往往经年累月不顾父母不恤妻拿小则废时失业大则荡产倾家迫至囊托已空必致流为匪类甚有饥寒交迫情极轻身种种为害不胜枚举是以开赌场而罪拟徒流造赌具而法应军成煌煌功令何等森严凡吾民均宜恪守兹本县莅任访闻吴淞有等不法棍徒开场聚赌情事本即严拿惩办第为民父母不忍不教而诛除密出查拿外合行出示严禁为此示仰该处居民人等知悉自示之后尔等须知刑法非轻切勿自取玷辱务各痛改前非安分生业保全身家倘敢怙恶不悛仍蹈前辙一经拿获定既照例严办决不宽贷总甲徇庇一并究惩本县言出法随慎勿以身尝试其各凛遵毋违切切特示　光绪十年十月　日

《申报》1884 年 12 月 5 日第 3 版第 4185 期

邑尊告示

特用府在任候补直隶州江苏松江府上海县正堂莫为出示晓谕事照得民间完纳钱粮向称踊跃历年以来节交冬令莫不完至八九分数疲户甚属寥寥查今年收成尚称丰稔上下两忙钱粮现在实数仅及三分固由图差地保催征不力各户亦不免有疲玩除按卯催比外合行出示晓谕为此示仰各花户及图保人等知悉尔等须知钱粮正供不容玩视况值军饷紧要之际尤宜

赶早输将以应要需自示之后图保人等务各催令各花户即将应完钱粮赶紧赴柜投收击串安业倘延至十一月十五日以后不赴柜完纳者定将该玩户摘提示惩图保人等从严惩比各宜凛遵毋违特示

宫保告示

钦命帮办福建军务太子少保前陕甘总督部堂杨为出示严禁事照得本前部堂奉旨办理福建军务统率全军按程前进所有营众人等各依大队山程水驿夜宿晓行务宜恪守营规与民无扰所需米盐等项入市购买按照市价给与现钱不得恃势横行强取民物尤不得成群结队擅入人家至于口角细故斗殴重情一律禁止除派弁密访以肃师行外合行出示严禁为此示仰随营勇夫人等知悉师出以律禁令煌煌沿途经过地方须要规行矩步如有故犯各前项一经查出法不稍宽并准被扰之家查明实系何营哨勇夫许即扭送该营官禀明情节按照军令从严究办总期秋毫不犯安堵无惊本前部堂三令五申毋谓言之不早也

《申报》1884年12月30日第10版第4210期

禁烟告示

总督淮扬等处地方提督漕运海防军务兼理粮饷吴为剀切劝谕事照得洋烟之害几遍环区欲挽颓风宜自官始官无文武无大小莫不有应治之事竭力从公犹恐弗及乃竟耽兹毒物耗敝精神废职业而不修置身家而罔恤何其惑也本部堂曩官各省每以此谆诫寅僚悔悟而断者有之陷溺而败者亦有之祸福无门端由自取清淮冠盖之盛不减都会宜有从政之选御侮之材辈出于其间倘不以才见而以瘾闻窃为诸文武羞之要知凡人得之则生不得则死者惟粟菽水火耳此等恶臭何难屏绝今与所属文武各员约无瘾者慎勿沾染有瘾者限一月内断除如或逾限不断是其人先不自爱本部堂亦无所用其姑容白简具在参革不苛其各凛遵毋违特示　光绪十年十月十九日示

《申报》1885年1月1日第9版第4212期

闽督告示

钦差帮办福建军务头品顶戴总督福建浙江等处地方兼理粮饷盐课杨为剀切晓谕以肃军令而安人心事照得法人无端肇衅已外生成始而侵我属国既且扰及中土朝廷崇尚宽大不

愿遽动十文乃注人包藏祸心百端要挟福州海口夙称天险竟敢乘沪上议和之际潜肆险谍窜入马尾焚我轮船毁我炮台碎我炮位近复滋扰台湾荼毒生灵迁徙我闾阎震惊我父老似此悖天减理以德为仇不特率上神人所共愤抑亦泰西各国所不齿凡我全闽军民尤当擐甲枕戈同仇敌忾者也本部堂恭膺简命总制此邦统率所部电击驰按临榕峤所有一切军装粮饷靡不筹备查省城自鼓山林浦以至长门金牌壶江等处沙线迂回门户重叠扼山阻水战守有资大小法船游弋海上至多不过二十余艘每船丑类至多不过一二百名众寡异形曲直异势主客异地劳逸异时谅彼海外鲸鲵女并当中华貔虎现已会同钦差大臣侯中堂左福州将军穆新授福建爵抚部院刘相度机宜严密布置一面申明纪律无论在防新旧兵勇均应恪守营规不准在外游行滋事人人以杀敌致果为心时时以亲上死长为念倘有埠造谣言摇惑人心者立即按军法处治决不姑宽果能兵民一体上下一心辅以团防骈以保甲内地华民有暗通消息者以奸细论沿海居民有潜行接济者以叛党谕庶豪杰皆思自奋奸宄无可潜踪蠢兹法夷劳师远来何能持久行将自毙眚定之功固已指日可待为此示仰省会四民暨滨海地方人等知悉尔等须知顺逆之理定于天险阻之势恃于地忠义之气激于人有此三者以御强敌何患不摧以守边关何虑不固此外通商各国相安已久各按条约仍敦友谊凡我民人毋得稍有侵犯自今以往为士者安弦诵为商者习懋迁百工胥列肆以居三农毋辍耕而叹其或迁避于外应即翻然来归慎毋误听浮言自贻伊戚斯众志既孚而干城自固矣本部堂爱民如子痛痒相关下令如山赏罚必慎用咨众庶其各凛遵特示

《申报》1885 年 1 月 2 日第 9 版第 4213 期

关防告示

上海县抄奉总督淮扬等处地方提督漕运海防军务兼理粮饷吴为关防诈伪事照得本部堂恭膺简命总督漕储下车伊始亟应严密关防本部堂历官各省事无巨细悉出亲裁豫省迤族或服官京外或家居耕读从无在外游荡之人更无撞骗生事干预词讼等弊惟查清淮为南北通衢五方杂处诚恐不肖之徒假冒本部堂亲戚本家在外招摇撞骗合亟出示晓谕为此示仰各省官民人等知悉遇有捏称本部堂亲族或托荐馆席或干预公事以及一切招摇撞骗情弊应即捆送来辕或呈送所在有司衙门以凭严究惩办如不行呈送或甘被哄骗致送银钱礼口一经察出实在一并从重究办各宜凛遵毋违特示

《申报》1885 年 1 月 15 日第 2 版第 4226 期

修塘派捐告示

上海县正堂莫为出示晓谕事本年五月初九日奉沈宪札以现在宝山等处海塘续出新工应需经费已奉奏明援案自光绪十年上忙起加展两忙每忙每亩摊徽钱五文饬即加戳带收等因前县因上忙已先启征禀请该至下忙再行带收嗣届下忙开征民间上年歉收民情竭尽又经禀请缓至冬漕带收以舒民力奉布政司谭批查此项工费待用孔殷本难再行展缓据称上年被歉过重民力拮据似系实情应准缓至本年冬漕照数带征以舒民力仰既遵照候开征冬漕即将本年上下两忙内应行带捐前项费每亩钱十文照数于串内加戳带收解司发用不准再事请缓至误工需毋违缴等因奉此兹届开征新漕除分谕册串各书加戳带收外合行出示晓谕为此示仰合邑业佃人等知悉须知修筑海塘系为保卫民生起见所有尔等应完光绪十年冬漕每亩带收钱十文务各随漕清缴毋稍观望自取追呼至折粮各图田亩无米可科应候来岁征上忙条银再行带收其各凛遵毋违特示

《申报》1885 年 1 月 18 日第 3 版第 4229 期

储宪告示

钦加按察使衔督理江苏苏松当镇太粮储道兼巡视漕河王为剀切晓谕事照得漕米为京仓正供而白米尤关天庾玉粒均不得掺入坏米致难交兑杂是赋从田出粮从租办完粮者当思践土之恩完租者应念赡家之本尤宜慎选输纳稍图报称今届光绪十年分新漕各佃户应还租籽早经本道通饬晓谕在案现值开仓之际凡属粮户应将所收租籽慎选干洁好米依限运仓完纳卷查光绪三年冬漕海运粮米抵津起剥运通霉烂甚多几至无可交兑即上年所运粮米未能一律圆绽亦经通仓驳饬风筛交兑甚为棘手总因粮户潮嫩丑米运仓挜交各州厅县又不详加剔选任令丁书率意收兑所致本年旸雨应时收成极称丰稔迭奉各大宪行准部文已将新漕按期开征力筹足额又因海氛不靖转运维艰严饬提前赶办况各属漕粮案经钦奉特恩永减待尔有业粮户至优极渥凡尔绅民业户人等应各激发天良慎选好米踊跃输完不容观望逾延且近年通仓挑选认真沪局收来不得不一律风筛合亟剀切晓谕为此示仰各处绅民业户人等知悉务各拣选干洁好米赶紧运仓完纳倘有潮嫩掺入丑米应即查明退换免致交兑为难设有不肖粮户及刁绅劣监包揽挜交恃众滋扰情事即由该州县立刻访拿到案讯明从严究惩或解省照例讯办如果州县并不亲驻仓场任听丁书率意收兑将来到津起剥米色霉变定即查明何县粮米指名从严参办决不稍从宽贷也其各凛遵毋违特示

《申报》1885 年 1 月 21 日第 3 版第 4232 期

关防告示

钦命二品顶戴署理两淮都转盐运使司盐运使兵备衔兼管下河水利广西补用道程为严密关防以肃公令事照得淮扬当南北之冲盐务实膻腥之地本署司凤权运篆将及二年今莅邗江又经廿载风俗较征其繁盛人心暂即于浇漓励我廉隅自整躬而率属膺兹剧要自剔弊以厘奸宾友尽属端人胥吏时加严束业蕹者非无里党自各守分谋生寄寓者不乏亲知亦当远嫌交谅第恐防闲稍弛难免影射借端或遇事以招摇或冒名而撞驱凡此寡廉鲜耻之辈最为坏法害政之尤本署司内矢洁清外严巡察当兹下车伊始合行颁示周知为此示仰官吏商民人等知悉勿为棍徒所惑者为浮议所摇倘敢假托声名钻营尝试一经访查确实定即按律严惩其各凛遵毋违特示　十一月二十八日示

《申报》1885 年 1 月 21 日第 9 版第 4232 期

营务所告示

为剀切晓谕事照得本营务所统领统带奉天子命留驻此邦保护国王此尔军民义同休戚一月十七日夜乱臣金玉均洪英植朴泳孝余光范徐载弼逼迁君上屠害大臣种种凶恶尔军民所愤恨亦即我将士所愤恨幸托国王宏福乱臣洪英植朴泳教就戮而金玉均朴泳孝徐光范徐载弼不久皆可次第缉获刑诛是固我将士与尔军民所同深痛快者也现天子轸念东藩特简大臣督率大兵前来协同保护国王则宫殿安即尔军民皆安为此示谕通固军民人等知悉自示以后尔等各有家务宜恪遵大义与我将士戮力同心上事国王共享升平之乐其有从前为乱臣金玉均等所胁从者但能革面洗心固依然为好百姓本营务处统领统带已代求国王当蒙加恩概不追问尔等其各凛遵毋为乱臣所愚自取罪戾切切特谕右谕通知　光绪十年十一月日

《申报》1885 年 2 月 3 日第 2 版第 4245 期

防营告示

钦差北洋大臣奏派总理亲庆各营务处会办朝鲜防务袁赏穿黄马褂统领驻防朝鲜亲庆各营提督军门果勇巴图鲁吴记名总镇都督府统带驻防朝鲜亲兵亲后营靖勇巴图鲁张为剀切晓谕事照得春秋之律首罪乱臣人臣之义有将必诛洪英植金玉均朴泳孝徐光节徐载弼等自结外兵谋图不轨劫迁君上横戮大臣叛逆显然皇威保卫藩服于十九日统师誓众期奠此邦今难已平罪人宜讨除洪英植业经就戮外金玉均朴泳孝徐光范徐载弼等尚在逃逸搜缉未获为此晓谕军民人等知悉戮奸者蒙上赏党恶者受显戮顺逆之机间不容发尔军民人等平素皆

深明大义共切君父之仇务当严缉密访以正天诛以副本营务处统领统带靖乱之心其或匿藏不首坐与同科邦有常刑法不宽贷特示右谕通知　光绪十年十一月告示

钦宪示谕

钦差会办北洋事宜大臣都察院左副都御史吴办理奉天海防大臣两淮盐运使续为出示晓谕事照得本大臣钦奉大皇帝谕旨前来朝鲜查办事件随带护从兵丁及原扎庆字等尝分驻城内均宜一体严肃业经面谕该统领及营哨各官随时约束遵守营规毋许勇丁游戏街衢借端滋事所有购买食用等物尤公平交易不得恃强相争致启口角合行出示晓谕为此示仰各营弁勇人等知悉务宜恪守军律无事不准出入该兵丁等倘敢任意在外游行或滋生事端一经查出定即严行究办决不姑宽各宜凛遵切切毋违特示右谕通知　光绪十年十一月日告示

英官告示

本埠英领事出有示谕登诸西字报云奉本国大宪札开现在法国兵船在中国海面遇有局外各商船皆须查验等因奉此合亟出示晓谕为此示仰上海各英商一体知悉无违切切特示

守府告示

调署江南提标右营上海城守分府朱为出示晓谕事照得缉盗安良实为地方首务盘奸诘冗恒赖稽察严查庶不逞之徒无从托足地方得以安谧查上海为华洋交涉之区良莠莫辨每多痞棍酗酒横行抽头聚赌且有等无业好闲之辈集众于空场挑舞石担恃勇结群沿街监扰殊属不法之极本分府新莅斯任责守故关苟容若辈施威何以安闾阎而保良善除饬目严查及随时亲访期在有犯必获外合行出示晓谕为此示仰保甲军民人等一体知悉务各涤肺洗心去邪归正深所厚望倘敢仍蹈前辙一经访拿定即移解从重惩办决不宽贷本分府言出法随尔等发肤自爱其各凛遵毋违切切特示

首府告示

苏府魁知府莅任以来整躬率物巨细不遗而尤以整顿嚣风维持善政为纲领诚哉绩着黄堂堪与龚黄媲美矣刻得访事人录寄严禁妓馆赌场烟室告示三纸谆谆劝诫宽猛兼施为政大端不外乎是因亟排印报中以供众览

照得开设妓馆诱引良家子弟为害实非浅鲜兹本府访闻苏城横街小巷每有无耻之徒在深屋密室或有外开客栈抑有冒捏公馆内藏轻年妇女哄骗卖娼老鸨往来茶坊酒肆勾引殷家子弟入其彀中甚至大则倾家丧命小则废事失业言之实堪痛恨合亟出示严禁为此示仰诸色人等知悉自示之后务各痛改前非别图正业如有前项妓馆立即饬县严拿到案妇女罪坐夫男照例从重究办房屋入官充公地保得规包庇一并革究决不宽贷凛遵

照得苏城五方杂处良莠不齐兹本府莅任伊始访闻每有无耻之徒成群结党在于城厢村镇开场聚赌抽头地保分肥包庇大为闾阎之害历经各前府屡次出示严禁此风仍未净绝大为可恨除密访查拿并行县一体严办外合亟出示晓谕为仰诸色人等知悉自示之后尔等务各力改前非别图止业倘有执迷不悟仍犯赌博一经访闻或被告发得实立拿到案照例惩办地保徇隐规庇革究不贷

照得开设烟馆久干例禁本府前守镇郡迭经查拿严办尔等谅所闻知今当莅任伊始访闻城乡各处每有外开店号挑卖烟膏内设灯床私开烟榻仍复呼朋引类肆行吸卖如此阳奉阴违实堪痛恨除严密查拿并行县一体示禁外合亟出示晓谕为此示仰军民地保及房主人等知悉自示之后凡开设烟馆者立即赶紧歇闭别图生业倘再执迷不悟一经访获定即照章惩办房屋发封充公地保规庇一并革究如有混称差役借端索扰许即捆解来府以凭从严究办本府言出法随毋谓言之不预也

《申报》1885年2月7日第2版第4249期

苏藩告示

钦命江南苏州等处承宣布政使司布政使谭为剀切晓谕事照得各属应征冬漕粮米攸关天庚正供例应年内全完不容观望蒂欠现届征收光绪十年分新漕仍由海运赴通逐交凡各属被毁仓廒尚未一律建复自应查照成案分别有仓无仓或本折兼收或全征折收各就地方情形妥为办理所有本年漕米征收折价因目下米粮市价比较上年稍为平减业经本司督饬海运省局委员查核各县旬报确访市价体察情形秉公核议酌定完本色者照案除交米一石外另交公费钱一千文其完折收者每石收制钱二千二百文亦收公费钱一千文迟至年外无分本折每石一律加收钱五百文其例定随漕费脚每石钱五十二文仍应照章照分年内外一并随征交纳除曾同详请各宪具奏并声明如有粮户抗欠以及做完米折不交公费任意取巧势必有误漕运仍

应比照抗粮例从严惩办外查苏省漕粮自家恩旨永减赋额已轻复又请裁津贴革除浮收体恤民艰已属优渥各业户素明大义者当此京仓支绌需米孔殷之际自必踊跃输将及早清完断不致稍有抗欠致误兑运特恐疲顽之户或因禁止包漕名目无所取盈或因裁革陋规无从需索因之恣恿把持相率锢抗甚至拥挤仓场捱交丑米或短欠公费倚众滋事并有刁生劣监恃符阻挠借端摆控种种恶习均难保具必无除委员密查暗访一经得实即行严惩究办外合亟剀切晓谕为此示仰阖邑绅民粮户人等知悉尔等务将本名下应完光绪十年分漕米遵照定价数目无分大小业户赶紧输将依限清完不准包揽把持任意抗欠其征收地方官尤须严禁察除积弊倘敢于定价之外私自浮收分文以及不肖生监从中唆摆捱交丑米等情一经访闻或被告发定即指名提解来省从严惩治本司言出必行断不宽恕各宜凛遵切切特示　光绪十年十一月日发上海县实贴

《申报》1885 年 2 月 10 日第 3 版第 4252 期

道宪告示

钦加二品衔监督江南海关分巡苏松太兵备道兼管铜务随带加三级邵出示晓谕事光绪十年十二月十四日接新办理造册处税务司杜送到第一百八十七号行海传单请察收转给等因到道除咨呈长江提督李暨行捕盗局并支应所转饬各轮船一体知照外诚恐往来等船未尽周知合行抄单晓谕为此示仰各商船舵各人等一体知照毋违特示计开一长江池州府东流县莲花州一名沙石梗附近江之南岸向于江水极浅时所设之小灯浮架现拟撤去改设小灯船一只上置六等白光常明灯晴时夜照二十里　十二月廿九日贴

《申报》1885 年 2 月 20 日第 4 版第 4255 期

禁猎告示

钦加府衔署理上海租界会审事务江苏即补分府黄为出示晓谕事照得租界商民打猎鸟兽以及店铺贩卖野味向于春令禁止俾资生养历奉道宪檄行本廨晓谕有案兹据工部局现居禁猎之期于中国正月二十四日即西历三月初十为始一体禁止声请晓谕前来合行出示晓谕为此示仰租界内野味铺户以及诸色人等一体遵照毋违特示

《申报》1885 年 3 月 1 日第 3 版第 4264 期

悬旗告示

钦加二品衔分巡苏松太道义办两江营务处邵为晓谕事本年正月十六日接俄国领事轰

来函法租界暂换本国旗号现奉驻京大臣谕饬于礼拜日悬示因都中法署所换俄旗系每礼拜升悬其余各日均不悬挂本埠照此而行请即示谕以安民心等因到道合行出示晓谕为此示仰商民人等一体知照毋违特示　光绪十一年正月十七日

告示照录

昨报载英总领事告示系由西报译出略而未详兹复获原睹文特再录登如左英

总领事官示奉驻京钦差札接英国电报法国照会内称刻下之意所有运往广东中国口岸米石作为军资等语英国业经照复末便允将米石一律概照军资办理等因奉此合再出示晓谕

堵口告示

浙江提督军门节制水陆诸军欧阳分巡宁绍台海防兵备道兼理营务处薛为出示晓谕事照得镇海为浙东门户前以防务紧要于口门排钉巨桩中留船路以备临警堵塞用资保卫业经示谕在案今法船临境两军开仗敌以舢板板游弋窥伺居民谣惑戒备宜严现由本军门道会商地方文武水陆各营筹维斟酌恐奸宄冒充商渔乘间混入自正月十五日开战之后已将所留船路口门堵塞今复添备钓船于小金鸡山浅水等处一律沈下以后无论商轮民船一概不能进出倘有猝然驶近口门炮台即开炮轰击水雷亦不免触发设令不自小心而致损船伤人概与炮台兵轮官弁无涉一俟法船退去仍当设法开通以便商贾往来照常行驶本军门道为保护地方及中外商民生业起见合亟出示晓谕为此示仰官商军民人等一体知悉其各遵照毋违特示

卡员告示

总办浦东严家桥等处厘捐总卡前先补用清军府遇缺前先即补县止堂蒋为剀切晓谕事照得设卡抽厘原为国家万不得已之举兵燹后之未能裁撤者良以各处协饷孔殷近又加以海防饷需更急不能不借此以资接济各商贾食毛践土宜如何激发天良输将恐后乃有等奸商罔知大义或多方绕漏百计隐藏或利诱司巡通同减折更有假冒官差公行闯越者种种弊端难以枚举本委员前办浦西虹桥厘卡六易寒暑叠经查获惩办有案嗣因奉讳回里于去秋服阕到省兹复奉檄前来斯卡会同林分县严加整顿实方办理除遴选司巡随时督饬核实稽收毋苛毋漏

外合行出示晓谕为此示仰各路商船人等知悉自示之后尔等船货到卡务须核实开报听候扦验照章完捐如有绕漏隐匿闯越等情一经查获轻则示罚重则送究倘司巡人等有敢讹诈钱文或托买物件等项情弊许该商船据实指禀定即从严究办断不徇情若该商船希图减折通行贿赂或设节规月规等项名色一经察出与受同惩噬脐莫及本委员不惮苦口告诫在先慎勿视为常谈以身尝试其各凛遵毋违特示

《申报》1885 年 3 月 28 日第 3 版第 4291 期

上海县示

特用府在任候补直隶州江苏松江府上海县正当莫为示谕事案据全盛顺成协源信局即陆杏仁禀报雇胡阿福脚划船装载信洋被搭客孙寿棠等劫去客洋等情业经会勘获犯孙寿堂等并先后起获赃洋一千五百八十三元兹据该信局等将各户原寄洋数若干并计成摊派应领洋若干开具清单秉请示谕分别给领等情除将赃洋当堂全数给发外合行抄单示谕为此示仰该信局等知悉立即遵照传谕原寄信洋各户将所领赃洋一千五百八十三元按该单开大小寄数以八零五六折算由局分别摊派各户先行收领取齐收收条呈县备查仍候追起余赃再给各该户照单领洋不得任意缠扰其各凛遵毋违特示计粘单聚丰祥发鼎生正兴等共计三十六户

《申报》1885 年 3 月 31 日第 3 版第 4294 期

镇海县示

镇海县正堂江为出示晓谕事照得海防吃紧凡尔团防练勇及沿海居民渔户人等食毛践土自必敌忾同仇为此示仰诸色人等知悉如有能斩获敌人首级一颗者赏银五十两并禀请赏给军功顶戴捉获敌人头目者分别大小加倍议赏并详谓奏奖官阶倘有接济敌船水米蔬炭及引港带路者即系叛逆照例全家坐罪遇有土匪游勇乘机抢劫许即捆送立地尽法惩治本县言出法随决不爽信毋违特示　光绪十一年正月十九日

《申报》1885 年 4 月 1 日第 2 版第 4295 期

鄂抚告示

头品顶戴兵部侍郎湖北巡抚部院彭为晓谕事照得本部院于二月十六日在考棚扃门甄别江汉书院诸生先经出示晓谕在案兹特派委二贝会同监院教官午刻过戳收卷有不呈请盖戳者一概不收本部院委员赴考棚收卷交卷以戌初为度携卷出场者一概不录合再出示晓谕

为此示仰江汉书院诸生知悉毋违特示

《申报》1885 年 4 月 1 日第 9 版第 4295 期

海运局示

江苏海运沪局示谕各州厅县解米丁书人等知悉尔等已运到沪漕粮如有尚未挂号者统限十三四两日一律赴局挂齐听候本局于十五日凭号扦验一天以前验退之米不得夹混白粮挂号至二十四日为止此系本局格外体恤毋得再延自误切切特示　光绪十一年二月日

《申报》1885 年 4 月 2 日第 3 版第 4296 期

设法却敌示

宁绍台道薛为出示晓谕事照得法人逼攻镇口两次开战挫其凶锋然敌舰尚泊游山外之金塘洋面或五或六往来飘忽扰害商民且悉日久别生诡计潜图亟应设法驱动以靖地方本道之意不论华人洋人如有能独运奇思创一精器或造水雷或用火筏或善泅水能经久涉远或善纵火能秽物扮商如沈法一铁甲船者赏银二万两沈一木质兵轮船者赏银一万两仍查明履历遵照新章准予越级保奖或船虽未沈而毁坏敌船使彼不堪复用确有证据者赏如沉船之半本道言出必行断无失信之理宁郡口号名区岂乏智巧通达之士而洋人之旅居于此经商致富者亦复不少惟愿各尽心思揣摩得法毋以空谈敷衍毋稍轻率卤莽奸兹巨寇共建殊勋是本道所深企祷者也合亟出示谕晓为此示仰员弁兵勇中外商民人等一体知悉其各乘时立名切切毋违特示

《申报》1885 年 4 月 3 日第 3 版第 4297 期

关防告示

钦加盐运使衔会办上海货捐局即补府正堂张为出示晓谕事照得本府现奉督办淞沪捐厘总局宪札委会办上海货捐局务并兼巡各水卡厘务并无戚友在外滋事所随家丁皆系多年服役之人大都老成可靠本府严加约束不准出外招摇撞骗历经本局访拿惩办在案兹本府莅局伊如不可不严密关防以杜扰累合亟出示晓谕为此示仰各商行栈人等知悉嗣后如有不法棍徒冒充本府戚友家丁借事招摇讹索准其随时扭送到局以凭从严惩办至行栈各商凡运货物务各遵章倘敢勾串隐漏查出从重究办决不宽贷其各凛遵毋违特示　光绪十一年二月十三日

《申报》1885 年 4 月 3 日第 3 版第 4297 期

闽宪告示

兼署按察司分巡甯福海防督粮兵备道刘盐运使衔福建等处都转盐运使司盐法道解为晓谕事奉钦差大臣俟中堂左札开照得行军讲武岂暇衡文论道经邦莫先养士本爵阁大臣自同治五年由闽浙总督奉命西征大纛高牙与闽人士南关叙别迄今二十年矣白头衰朽生入玉门又以法逆之乱持节南来闽人士道左将迎依依之情不异家人父子想文风士气必较当年为益盛羽书虽急犹欣重与论文兹于二月初十日饬盐粮两道赴贡院借用号舍齐集各书院举贡生监文童以及省内外读书士子局门考试文艺优等者当分鹤俸以示奖励其各勉之除牌示咨行外合行札委为此札委仰该道即便选照前因将课试事宜行知各监院一体知照禀覆查考毋违等因为此合行出示晓谕仰各书院举贡生监文童及省内外读书士子知悉尔等务须预期分赴各监院处报名于初十日黎明齐集贡院听候局门考试毋违特示　光绪十一年二月初八日

《申报》1885 年 4 月 9 日第 2 版第 4303 期

告示照录

钦命二品衔江南安徽分巡徽宁池太广兵备道督理芜湖钞开监督新关税务兼理驿传事务梁为严禁赌博烟馆娼妓以靖地方事照得赌博则废时失业烟馆则藏垢纳污至流娼土妓尤为伤风败俗均属大干例禁芜湖为通商口岸华洋辐辏之地五方杂处良莠不齐或赌博以营生或烟馆以糊口并有流娼土妓藏匿窝留最易滋生事端实为地方隐患除饬芜湖县及保甲局一体严禁查拿外合行出示严禁为此示仰地保及诸色人等知悉凡开烟馆之家二更前息灯闭门沿街赌博及流娼土妓一律驱逐出境倘敢故违定即照例从重治罪本道言出法随决不宽贷其各凛遵切切特示　光绪十一年二月十六日示

《申报》1885 年 4 月 10 日第 9 版第 4304 期

告示照录

钦加知府衔署理上海租界会审事务江苏即补分府黄为出示晓谕事照得本租界工部局董近以不敷支销议收茶馆月捐一节事属创始未免周折常念此中之各老虎灶小本经营本难一律派收先据纷纷随众具情禀请免捐前来节经本分府函商德几总领事核议现准夏总领事面商除大小茶馆业经认缴不计外其余未缴各户复经传案讯谕并饬经手查捐之人来案会同夏领事逐经查询分别核减定妥察诸原派等次无甚偏苛自应各照派定数目先将正二两个月捐款缴齐之后如果实有改少茶桌情事准各随时赴局执明应徒三月分起总计每设茶桌一张

每日捐洋银一角为准此外老虎灶一项若专卖热水而仅设茶桌两张者概免收捐以示体恤至
设有三桌者则亦须每月每桌认捐一角多再逐桌递加似此明定章程大小各无偏苛合准出示
晓谕为此示仰各该地保传谕大小茶馆以及老虎灶等一体知悉自示之后应即各安生业不得
再有借端阻扰况访查各该茶馆曾有每碗涨加茶钱一文之议则所捐尚系出自茶客更不应抗
玩如敢故违滋衅定干提处其各凛遵切切特示

《申报》1885 年 4 月 14 日第 3 版第 4308 期

学宪告示

闻广东叶学宪在惠州考试因士子啧有烦言即再为招覆扣除文彭二名旋于上月廿二日
抵省出有告示云为晓谕事照得本院莅粤以来巡试各棚无不严拿枪冒俾绝弊端抢才一秉大
公取士惟凭文艺近闻闱姓一事外间竟有谣言除严密访查所有舞弊者无论署外署中一体严
拿究办外合亟出示晓谕为此示谕合省军民人等知悉尔等须知本院盟心似水执法如山凡属
作伪之徒必不使辛脱法网尔等如有知其姓名确据者即密禀或将其人扭送赴辕以凭澈底根
究尽法惩办决不宽贷各宜凛遵毋稍观望特示

《申报》1885 年 4 月 23 日第 3 版第 4317 期

关宪告示

调署江西分巡广饶九南兵备道督理九江关税务兼管窑厂事督粮道加十级纪录十次嵩
为出示晓谕事照得九江为通商口岸每当新茶上市各茶栈向用妇女拣茶贫苦之家借资活计
为生原于民间有益惟相沿日久妇女视为利薮本署道访问近年以来往往滋生事端如某茶栈
开拣即有妇女争向领票预期住宿门外待至次晨该栈开门蜂拥而入或挤坏垣楼或打伤头面
手足或争抢板凳以至彼此斗殴拣茶妇女固有性命之忧茶栈亦不免资财耗费更有一种年轻
妇女并非家贫以拣茶为名涂脂抹粉借端勾引尤伤风化现值新茶上市非得妥立章程不足以
辑商民而全妇女兹经本道饬令茶帮董事议定同日给筹用杜争竞嗣后每一栈约可容工几人
即备筹若干根预交董事收执该董事将各栈之筹分别城厢内外按数和匀俟各茶栈开拣有期
会同保甲委员择定宽广之地置筹桶中按名给发该妇女等务宜鱼贯而准不得恃众拥挤每人
只准领筹一根不准多取如有年轻妇女涂脂抹粉不类贫苦者即扣筹不给妇女领得某栈之筹
即往某栈拣茶毋许任意争执喧嚷滋闹如未领筹不准往各栈拣茶以杜取巧除谕饬茶栈帮董
事传知各茶栈并行地方官转饬保甲委员一体遵办外合行出示晓谕为此示仰城厢内外各茶
栈及诸色人等一体知悉嗣后拣茶妇女责成各户家长严加诰试务须照示谕办理倘敢故违一

经查出定行饬县拘拿该妇女家长到案一并严惩不贷各宜凛遵毋违特示　光绪十一年三月初八日

《申报》1885 年 4 月 29 日第 2 版第 4323 期

盐局告示

钦命布政使衔两浙江南等处都转盐运使司盐运使觉罗成督销两浙纲盐总局为出示晓谕事照得现办海防用款浩繁奉户部奏准通饬各省议令商捐并加盐价以济军需当经本司局督同各甲商议定江苏五属引盐各地巡费较重商力疲乏既免商捐每斤加价钱二文浙东西纲盐各地各商情愿每斤报捐钱一文再加卖价钱一文其运销纲引盐之嘉兴秀水嘉善桐乡靖江并姚家桥各地均系私充之地恐得销路准免加价仍有嘉兴秀水嘉善桐乡各商按斤捐钱一文靖江姚家桥各商按引捐银二钱即经分别详报盐宪准行在案查每人日食盐三钱每月仅只九两今每斤加价不过一二文不致有累于民而集腋成裘于防费不无裨益凡尔绅民当思食毛践土世受国恩不可因此些微加价出头阻挠为此示仰绅民商贩酱坊人等知悉各宜激发天良恪遵功令如敢阻挠滋事定即严拿重办本司局言出法随各宜凛遵毋违切切特示　光绪十一年
　月　日示

《申报》1885 年 5 月 4 日第 3 版第 4328 期

海防劝捐告示

钦加盐运司衔补用道署理宁波府正堂陈督办宁郡厘盐局务兼海防捐输总局徐为出示晓谕事照得本府总局前奉宪饬劝办海防捐输并颁发捐例章程实收告示等件到局奉经会商择于本年二月二十三日开局劝办即经具文通饬各大宪暨分别移饬各国县照会各绅董一同劝办并将奉发告示粘贴晓谕在案查此次劝办捐输实因海防紧要饷需浩繁即就宁郡而谕约自设防至今筹拨已近二百饬万均赖大宪不遗余力顾全地方虽筹拨十分为难于地方一毫未累是以镇海开战两月民间生聚仍属相安目下省库异常支绌不得已而为此劝捐给奖之举仍不失保卫闾阎之口凡属绅商士庶尤当共体时艰极力报效且查光绪六年海防捐输成案并无给奖宁郡地方亦尚集捐数万颇资实用急公好义通省尊推现在劝办捐输所望殷富比前更亟而殷富情殷报劝当必较前愈多况多输一分捐即多请一分奖并非从前捐输无奖可比诚恐此次劝办捐输情形各捐户及捐生未能周妥用再明白晓谕刊发给贴各处以期周妥现由该地方绅士公议就郡城邑庙体仁局中作为各绅士海防筹捐公所随时可邀捐户集议劝办并经本府总局商定每月逢三六九为期约定名绅齐集本总局如有经绅劝定捐户以及未经劝定捐户均

于是日到局会同集议遵劝书捐如有捐赀欲报捐何安实职虚衔即随时径赴本总局查明捐例缴捐办理均听其便决无阻滞所有该捐户缴捐到局即照所缴洋银数目先行填发本总局印收给执再俟各捐户定以何项官阶请奖开单送局缴呈本总局原发印收一而查照来单所开请奖官阶查照奉发海防事例内载是款项下捐数核准原收库平银数填换省发实收给执按月将所收捐银造册汇详省局详报户部以凭再换部照毫无耽延其卢衔盲监对典翎枝等项部照一俟空白奉发到局即可随时换给所有本总局收银给照部饭照公费一切均系遵照宪章办理此外并无丝毫浮费尤应仰体宪意踊跃输将除将海防事例捐章一本照样刊印数百本交各县各绅以便观览外为此示仰宁属各厅县绅富殷商暨各捐户捐生人等知悉须知此次捐输既可上纾宪仅又可下遂显掳务须遵照劝输赶紧倡捐缴银请奖毋稍观望实所厚望毋违特示

宪示照录

甘泉县正堂朱为查案示禁事照得案奉府宪转奉泉宪发札告示饬禁迎神赛会并妇女入庙烧香等因奉经前县发贴禁止每遇神诞节经示禁在案兹查本月十八二十八日值三茅东岳神诞之期诚恐无业游民勾结不肖僧道借此神诞为名敛钱渔利引诱妇女烧香不仅伤风败俗且恐滋生事端除随时访查外合行示禁为此示仰各庙僧道及诸色人等知悉自示之后务当恪遵功令安分守业毋再违禁迎神赛会敛钱肥己滋扰生端倘敢藐示不遵一经察出定即照例究办邻保容隐一并究治本县言出法随毋贻后悔凛之切切特示

藩宪告示

外提调头品顶戴江南江宁等处承宣布政使司布政使梁为出示晓谕照得江南省文武闱乡试所需一切供应食用物件从前本归江宁府南捕通判经办责令各行铺分认承应均有官价流弊殊多自经兵燹市面商情迥非昔比历科均遴委大员总办供给等事所需食物等项均按市价平买惟不扰乱商民一洗旧时积弊其应用磁器粗细因省城市廛货物不全委员分赴江西等省产地采办今届举行乙酉正科乡试之期业经备案详委罗守章等总办供给等事并经严谕力加整顿诸样樽节不得稍有浮滥一应事宜先由该守等查案酌定随时禀办以一事权避免借口所有科场应需各物除磁器等项已用该守等派委员分赴江西等省产地探购以期合用外其余一切食物等项悉仍就近江省采买照市发价不准克扣短减如有不肖司事丁役假借枷价各目私图抑勒渔利情弊由江宁府上江两县暨总办委员随时严密访拿从重惩办各该行铺亦毋得

串通垄断及抬价居奇自干咎戾除分别札饬府县委员遵照办理外合先出示晓谕为此示城厢各行铺人等一体遵照毋违特示　光绪十一年三月廿五日

《申报》1885 年 5 月 13 日第 3 版第 4337 期

洋药加税示

调署江西分巡广饶九南兵备道督理九江关税务兼管管厂事督粮道加十级纪录十次嵩为出示晓谕事奉巡抚部院德照会内开光绪十一年三月初三日准总理各国事务衙门光绪十一年二月十五日本衙门会同户部具奏议复大学士左等拟加洋药税厘以济军饷折片各一件奉旨依议钦此相应刷印原奏恭录谕旨咨行查照钦遵办理可也计粘单等因到本部院准此除行牙厘局暨赣关查照妥办外相应照会查照钦遵办理仍将现办情形及一切章程与委员职名于文到五日内即详请奏咨立案部限紧迫慎勿迟延遗漏可也又黏抄原奏内开通商各口岸洋药进口以后华商贩运行销每洋药一百斤统令完纳厘税银八十六两自光绪十一年四月初一日起一律加征不准借端延宕以杜畸重畸轻之弊等因奉此查九江关征收洋药税课向章每百斤征银三十两兹奉部议加征自应遵照办理现经牙厘省局会议加收华税二十两另加厘金银三十六两以符每洋药百斤统令完纳厘税银八十六两之数详奉抚宪批准在案除札饬洋药局委员等遵照部限于本年四月初一日起照章加征以昭画一并分别移行文武各衙门一体遵照外合行出示晓谕为此示仰铺户客商人等知悉自示之后尔等贩运洋药转售赴局完厘税务遵照此次部定新章每百勉应完关税五十两另完厘金银三十六两不得仍照向章数目完纳致干查究各宜凛遵毋违特示　光绪十一年三月二十八日

《申报》1885 年 5 月 21 日第 2 版第 4345 期

不撤民团示

署理宁波府正堂陈照得去年举办团防原拟今正暂停乃强敌在门虽屡败尚未远扬守望相助势难停止除谕绅董照旧举办外为此示仰城厢各铺户勉力照章捐助切勿观望原知民力艰难然能保平安所值究多不可为小忘大也切切特示

《申报》1885 年 5 月 21 日第 2 版第 4345 期

严查客寓示

钦加五品衔江苏太仓直隶州宝山县河盐厅吴为出示严禁事照得吴淞为江海门户五方

杂处良莠不齐奸宄混迹易滋事端乃查客寓为商民寄顿之所尤宜稽察惟严不容稍懈历饬各客寓按日造送循环两簿以备查考在案兹查有不法棍徒名为客寓实则窝藏流娼贻害商民大干例禁若不严行查禁势必贻害无穷除饬地保严查禀覆外合亟出示严禁为此示仰各客寓主知悉自示之后如敢仍前容留流娼土妓定即提案究办决不姑宽毋得自贻伊戚后悔莫及其各凛遵毋违特示

芜湖县示

钦加同知衔调署芜湖县事太和县正堂卓异加一级纪录十次邹为出示严禁事照得义冢掩埋尸棺附近不准挖土及纵放牲畜践踏以免尸骸暴露本县到任当经示禁嗣奉前道宪孙面谕又经出示禁止各在案兹访问仍有等贪利无知之徒在于义冢左右挖取黄土售与烧煤之家并纵放牲畜践踏义冢实堪痛恨合再出示严禁为此示仰军民人等一体知悉自示之后尔等毋得在义冢附近挖取黄土并纵放牲畜如再故违即是冥顽不灵一经发觉定行提案从严惩办决不姑宽其各凛遵勿贻后悔切切特示 光绪十一年三月日

告示

钦加运同衔特用直隶州署江苏松江府金山县正堂加三级随带加六级纪录十次刘为河道浚通创兴集市以广招徕事照得金邑僻处海滨地非要道产出无几懋迁一途只有坐贾而无行商居民日用饮食非购诸郡城即市之邻境路既修阻难应不时民称不便当考其因金称河道浅滞所致本县忝权斯土先以水利为怀廉俸倡捐众力齐举今将洙泾本镇九年淤河一律浚深出入无须候潮舟楫随处可泊爰集绅民妥议即择本镇上塘城隍庙及东口东林寺两处每逢月之初五十五二十五等日名曰洙泾集按月三次无论布匹磁器食用诸物凡为家常所必需之件尽可满载而来互市而去每逢集期本县会饬率属督饬兵役差勇周流弹压不使宵小乘间肆窃不许童叟适市相欺合亟出示招徕为此示仰远近商贾人等知悉尔等务各取运货物按期至镇销售渐聚渐旺将见公平交易近悦远来既不须店租使费亦无敢硬买强赊本县为民兴利自当尽力除弊有厚望焉各宜遵照慎毋观望切切特示 光绪十一年四月日

告示照录

钦加二品衔江南分巡苏松太兵备道兼办两江营务处邵总办湖北鹤峰矿务江西候补道朱为晓谕事照得鹤峰矿务现奉钦差北洋大臣直隶爵阁督宪李批局中禀请变通章程办理由奉批据禀并图折均悉鹤峰铜矿质色均佳如办理不辍自可日有起色现因经费不敷变通办理以免停歇所拟章程数条均尚可行仰即照议妥办随时具报查核勿任商人亏累等因奉此查鹤峰局务开办以来各洞均经深入得矿甚佳成效已见惟款项不敷自应添筹接济变通办理庶免垂成之势辍于半途即商本亦不致虚掷此系维持矿务顾全大局之意现在非不可招致新商筹款议办但须先尽老商如老商中无人认办则当另招新股向例如此办法不得不先行示知除将详细情形并禀定章程刊报周知外为此示仰老股商人知悉该商等如有愿办之人限于一月内赴局陈明听候谕办如逾限不到即行另集新股照章办理毋得延迟贻误切切特示　光绪十一年四月十八日示

《申报》1885 年 6 月 6 日第 3 版第 4361 期

宪示照录

昨报列新关验船一则兹将邵观察告示录左方以供众览钦命二品衔监督江南海关分巡苏松太兵备道邵为出示晓谕事据海运沪局禀称沙船承运江浙两省漕粮向于冬间封关验船承运上年漕务兑运较迟现在中法和议已成海道通畅禀请暂行封关以便验船兑运等情现定于四月二十八日封关除谕饬大关及各牙行查明在浦大号沙卫船只堪以承运漕粮者现有若干先行吊照封雇并将续到沙卫船随到随封听候查验派装外合行出示晓谕为此示仰在浦及进口沙卫商船各船户人等知悉尔等如愿承运官粮速将牌照呈缴听候封雇派装漕米如有船身渗漏即行赶紧修艌其船身较小以及不堪运粮各船准即报由税行开送大关委员会同海运局员先行查验放行照常贸易以示格外体恤其各凛遵毋违特示　光绪十一年四月二十七日

《申报》1885 年 6 月 12 日第 3 版第 4367 期

道宪告示

钦加二品衔分巡江南苏松太兵备道兼办两江营务处邵为出示晓谕事本年四月二十九日奉北洋通商大臣傅相李电谕法约画押已奉旨法兵船弛查海面之禁如有法船进泊各口应照常弗禁阻止又奉南洋通商大臣爵督宪曾电谕和约既定法船惟有听其入口等因奉此除咨

行外合行出示晓谕为此示仰军民人等一体知照毋违特示　光绪十一年五月初三日

《申报》1885 年 6 月 16 日第 3 版第 4371 期

防黎告示

钦差总理营务处统领毅安春字水陆等军二品衔广东督粮道署理雷琼道王为筑寨防黎以垂久远事照得黎匪扰民为害已久兼有客奸煽诱啸聚飘忽靡常虽经防军协同团练随时堵剿而兵出贼归兵归贼出为患未有已时欲求保卫之方惟有筑寨之法乡之有寨堡犹邑之有城池查嘉道年间川省教匪纵横四出咸同年间捻匪马贼蔓延西北虽经大军剿灭拨厥成功实因南北一律广筑寨堡行前人坚壁清野之法故能制御流寇诚为意美法良筑塞之法就各州县择其最大村庄或险要处所仿照官军营垒以挖濠之土筑墙留东西两门出入墙外以竹编篱或栽刺竹寨中煤水军火均备墙垛堆放乱石门楼安置枪炮一遇有警附近小村庄杨女牛马粮物均运入塞中固守其壮丁伺隙而出兼可联络附近寨堡追击贼匪该匪进无所掠退亦受创自然计沮势涣琼属近黎州县亟应仿办筑寨以资保卫札饬各州县督率乡团绅民实力勘筑并由本道饬各防营如遇军务有暇可以就近助工外合行出示晓谕为此示仰合属乡团绅民人等知悉尔等须知御寇方能保家一劳乃可永逸会鸟为巢尚防阴雨蛰虫坏户亦御风寒如念剥休之灾同为瑾户之计众擎易举合力兴工其首先报竣寨工坚固者分别给奖倘有偷安阻挠或敷衍寨责作不如程者定行提惩责令改作本道择可劳而劳如父兄之卫子弟尔等因所利而利合乡邻共保身家庶无负惩前毖后之苦心各宜凛遵毋违特示

按王灼棠观察具经济才早历行阵旌麾所莅壁垒一新自署雷琼道篆务后励精图治整顿地方逖听之余早驰威望昨有粤友邮来筑寨防黎告示一纸因思琼属黎匪啸聚久作间阎癣疥患今观察坚壁清野之举为筹保卫所以靖萑苻而绥井里者意至美法至良已用乞附登报章将以见安良除暴贤使君具有深心不独为珠崖居民额手庆幸焉江南下吏金汝霖附志

《申报》1885 年 6 月 21 日第 2 版第 4376 期

厘局告示

办理浦东严家桥厘捐补用清军府遇缺前先即补县正堂蒋五品顶戴候补县左堂方为剀切晓谕事照得本正分各卡均设立浦东沿江入内虽处处可通舟楫要皆汊港纷歧均非大道向惟奉贤川南各厅县城乡市镇航船装运日用杂货以及土产花布等项过卡报捐并无远商巨贾往来其间盖非闵行吴淞江等处为苏浙往来官道可比故定章以一成收捐不加五厘为体恤近乡商贩起见乃有等商贩不由官道而行纡绕浦东各卡避重就轻已属非是而又奸诡百出有用

小船辗转驳运者有乘风潮公然闯越者种种绕漏实于大局有妨迭经本卡随时谕禁查获罚办无如劝惩屡施悔悟罔知三月初旬又有杜家行分卡查拿嘉善周姓航船满装南北杂货黑夜闯卡之事当经追获按照所装各货饬令照章完足十三成捐数复又议罚一倍以示警戒业经该船户如数具结呈缴由卡分别禀报批解各在案因忠该船本应由闵行等卡官道行走今其绕道浦东若赴卡报捐明知趋避自不能照寻常乡贩遵章六折抽收以遂其奸故有黑夜闯越行险偷漏之事独不思查获之后十足补捐从轻加罚一倍已较之由正道完缴一五成者六相悬绝且尚有内河淤浅驳运维艰之虑更或从重罚办是贪小而反失大矣本委员念厘卡之设本为国家万不得已之举而又念商贩趋避用心虽巧其计甚拙故于严密稽查之外不惮苦口药石再行剀切晓谕为此示仰各路商贩人等知悉尔等须知舟楫可一通之处原不禁往来然大道具在而必迂回曲折谓非趋避而何自示之后凡苏浙各帮货船务由正道而行毋再妄生希冀迂绕偷漏倘仍贪小如前弗知后改一经查出绕道则饬令十足完捐闯卡则捐罚之外定行解送总局从严究办作惩一儆百之举倘有贿通司巡与受同利本委员谆谆告诫在前慎勿轻试致悔噬脐凛之勉之特示

《申报》1885 年 6 月 23 日第 3 版第 4378 期

招考算学示

湖北布政使司删按察使司黄湖北督粮道素武昌盐盐道瞿调署江汉关武为出示考算学事照得六艺业于宾兴九数职居保民通经之士必以致用为先大而黄赤经纬验七政之推行小而制度测量定百工之规矩均非精于算学不能集事且经史之待算而明者不知凡几而积学之儒所宜从事也兹欲鼓励人才以期有用而算学尤写当务之急本司道等以楚地多材禀奉两院宪特设算学书院延聘院长置办书籍加意讲求凡有志肄业者无论举监生童名在各书院与否均可报名应课择其优等给奖有差尔多士悉心研究储为致用之资本司道有厚望焉切切特示

一现拟暂借文昌宫为算学书院每月课试一次课期定于初十日该生等于前三日报名以便备卷

一每届课期诸平等于清晨齐集书院领题

一算学甫经创始应试之人未必能多现拟暂分去取不分等第其取者列榜给奖不取者不列榜示其取数多寡以卷之优劣为准不拘额数榜取之后谒见主讲面谈以防枪替钞胥之弊

一书院购置算书齐归院长收存以备诸生检阅不得携带出门

一录取之卷存留院中以备肄业者观摩不得自行领回

一课卷限三日缴齐逾限不阅

《申报》1885 年 7 月 10 日第 10 版第 4395 期

参府告示

署理浙江提督中衡参府尽先补用协镇都督府邓为录批勒石永禁事照得本署府莅任以来查各营兵丁原系寒民学习技艺一经挑选入伍不准兼谋别业全借饷米以资养赡至马战守兵应领饷项为数微薄不得不曲加体恤原以营中一切动用设立公费照例开销不准摊派仰沐皇仁体恤兵艰无微不至兹以公费停给各标营动用之款闻有仍在各兵应支饷米项下开销而本标迭次严禁虽无此等摊派深恐日久积习相沿亟应禀请永远禁绝以示体恤惟查各营兵丁向有公帮义助原为病故者借以殡殓汰革出营亦借可肩贩营生确为美举自应照准现经本署参府再四筹议各营每月放给米票只准兑给各兵允帮义助一项其余不准摊派分文并以每月散给米票概放青钱禁止通用钱文各等情一案禀奉提宪欧阳批据禀各兵每月放给米票只准允帮义助一项其余不准摊派分文并禁止通钱概放青钱至差盘一项现因公费停给暂于各兵季饷搭钱项下开销一俟公费领出照数给还不得仍于搭钱内动支所有暂兑数目于放饷先日开列细账实贴大堂俾各兵周知禀请核示立碑永禁等情经本军门查核所禀系为体恤兵艰严禁积弊起见自应照准仰即录批移行提宁六营一体遵照并准立碑永禁此缴等因奉此除分别移行各营一体遵照外合行给示勒石永禁为此示仰六营备弁队长人等一体遵照毋违切切特示

《申报》1885 年 7 月 10 日第 10 版第 4395 期

分府告示

营口海防抚民分府兼理事府即升府正堂加十级纪录三次宝为晓谕遵行事案查前蒙军督抚民宪札饬准户部咨行筹饷章程屡经通饬晓谕买卖本土广土呈领坐票行票纳税等因在案现当查明营街除专售广土仁裕等四家并代卖本土大得福等九家业经该商等投呈领票每坐票一张捐银二十四两将铺号执事人籍贯年岁造册遵章承领坐票行票代扣零捐每个二钱自应准其自五月初一日起照常生理惟查营街零星烟馆土局尚复不少若概令领票纳捐或有资本不抵捐项又碍难勒捐如有情愿呈领坐票行票捐银者不妨投报纳捐一体生理倘无力纳捐仍复私于收买偷卖烟土者遵章自五月初一日开办之日起概不准偷买私卖烟土以杜取巧其小本营生者或商贾用均准赴领票之家售买以便代扣筹饷捐项为此示仰卖烟之家自示之后恪遵示谕除饬差约会同纳捐土局认真稽查有犯照新章重惩决不宽贷外仍按小本局贩逐家晓谕以杜影射而遵饷章各宜凛遵毋违特示

《申报》1885 年 7 月 27 日第 9 版第 4412 期

拣茶告示

钦加同知衔署理德化县正堂加十级纪录十次周为出示晓谕事案奉巡宪札开据茶帮众商程暄等禀称绿九江每逢春茶上场之际城厢妇孺纷纷而来强者争先弱者退后不依次叙拥挤难堪百弊丛生曼延日甚种种情事久在洞鉴之中今春莅新仰向体恤商家勤求民瘼躬亲庶务整顿弊端凡在治民无不衔结惟是荣迁在即在大人自必昕夕筹划以期策出万全者商等见属管窥会拟一劳永逸之法如今年领得有茶票者拣完后旋即更换新票交与原手拣茶之人留作来年拣茶之据以后尽此有票者执票往拣无票者毋容空来则人数分明不致混虽至票上应如何填写之处逐年更换以杜冒充夫茶客虽无定人而茶栈究有定所其执有茶票者仍归商等派往何栈庶井井有条永泯争竞而弊端无自一生矣倘邀始终成全永定不易之法则民间皆知所法守不致再启争端为此公恳台前俯赐鉴核赏示晓谕实为德便沾恩上叩等情前来除批前因九江各茶栈拣茶妇女往往恃众拥挤滋生事端曾经出示晓谕严禁争执在案兹据禀今年领票拣茶之人将来换给新票作为来年拣茶之据以后逐年更换无票者毋庸往拣该商等系为杜绝争竞起见所拟办法尚属可行候札饬德化县出示晓谕永为定章着即知照等因牌示外合行札饬札到该县即便遵照迅速出示药谕务使城厢拣茶妇女暨各茶栈一体周知以免争端而垂久远仍将遵办缘由具报查考毋稍违延切切此札等因到县奉此合行示谕为此示仰合邑城厢拣茶妇女人等知悉尔等今年领有茶票者拣完后即更换新票领向留作来年拣茶之据以后尽此有票者准其执票往拣如无新票毋许混入强索从此逐年更换永为定章倘有恃强抗违不将本年茶票换领新票甚至并无票据来年仍敢抢占拣板踞卧强索一经查获或被茶栈禀送定将该妇之夫拘案惩究本县言出法随决不稍事宽贷各茶业人等并即一体遵办以免争端而垂久远各宜凛遵毋违特示　五月二十六日

《申报》1885 年 7 月 27 日第 9 版第 4412 期

湖北武昌府兴国州儒学学正张百揆训导包长庚俱黄冈人捐免新生束修告示

为出示晓谕捐免束修事照得新生入学束修之礼海内皆然本届科试案发各廪保带同新生来寓公议分别上中下户各书束修数目存票验收原无苛溢数月以来未缴者固多已缴者亦不乏人讵五月初旬闻有人招朋引类聚集城隅滋生异议诸生如有隐情尽可来学面诉何用纷纷者为乃酒食游戏相征逐上下议论任雌黄义利之辩不明师生之谊何在缅杂前代西厂缇骑东林党祸未必非诸君子所激成幸逢圣世朝政清明如此恶习宜痛涤除两斋合议出示晓谕为此示仰诸新生知悉尔等束修除已收外尚欠缴九八钱一千八百串文概行捐免前届后届不得

援引为例本学安贫乐道现各有薪俸五十余金聊足自娱纵有不给尔诸生及合邑士大夫必不坐视予饥饿于此土地也自示之后其归修尔身齐尔家恪守卧碑勉图上进今秋歌鹿鸣以往明春题雁塔而来人生药事莫大于是其各凛遵毋违特示

抚恤剥船户告示

钦加按察使衔江苏通省督粮道王钦加二品氏浙江通省督粮道廖为出示晓谕事现奉直隶爵阁部堂李札开江浙漕粮前因法事未定不能克期北上录船户守候过久苦累太甚迭经天津道杨村通判通详请抚查核俱系实情饬江浙粮道每船另筹津贴银十两由南省委员自行发给如再有掺和偷盗情弊严惩不贷庶可恩威并用情法持平此因海防告惊漕运愆期不得不预筹抚恤等因由驿附奏已奉谕旨着依议行嗣后不得援以为例钦此茶录札道钦遵办理除饬津局委员于各剥船承运第三次漕米圆起请领起运水脚时按照船数发给津平足银十两由船户亲自具领毋假差役之手外合亟出示晓谕仰各剥船户人等知悉自示之后尔等挨船依期具领当思天恩浩荡各白激发天良必须到通交兑米色干洁颗粒不短以图报称倘敢仍有掺和偷盗情弊定即详请奏明加等治罪不贷各宜凛遵毋违特示

宪示照录

钦命江南苏州等处承宣布政使司布政使谭出示严禁事照得光绪六年二月本司在护抚院内访闻苏属各业户收租之时私用大斛较之漕斛尤为宽大乡民终岁勤勤盈余无几何堪受此侵削当经饬刊告示明白晓谕并令勒石永禁在案兹据青浦县附增生卫家寿等以乡僻农佃见闻较狭未易周知各业户利已熏心仍不免私用大斛较漕斛大三四升至八九升不等相率效尤几于各处如是合亟环叩恩准颁给漕斛升斗式样存县四乡善堂听民仿造永远照收其从前私用大斛一概禁除等情具禀前来除批准示禁并饬青浦县将收漕路印之斗斛发给该县乡民仿造照收外查民间私造斗斛不遵官制律有明条况苏省自减赋以来各业户早沐恩纶减轻斗则业户收租亦当体恤佃农何得私用大斛任意侵削青浦如此他处恐亦不能尽无合亟出示通饬严禁为此示仰合属业户人等一体知悉嗣后每年开傭收租均应一律以漕斛斛挡平征收不得私用大斛刻剥佃农倘敢故违再蹈前辙一经访查得实或被告发定即照例严办决不姑宽本司言出法随其各凛遵毋违切切特示　光绪十一年六月十二日示

道宪告示

　　钦加二品衔江南盐督海关分巡苏松太道兼理铜务邵为晓谕事照得每届乡试之年上海龙门蕊珠两书院肄业诸生晋省应试历经由道禀蒙督抚宪派拨兵轮载送今届乙酉正科乡试本当慎例办理惟现奉宪行兵轮专事操练奉旨不准调用当经本道商咨松沪捐厘总局暂借解饷之钧和轮船载送一次于七月初十日由沪开行业经示谕在案查该轮船之身窄狭不能多载本拟再派祥云轮船续送一次现因祥云轮船机器捐坏亟须进坞修理势难再行开往所有上海赴省应试诸生应即自行搭船前往诚恐诸生盼望官轮致有贻误除行学饬知外合行晓谕为此示仰赴考诸生一体知悉特示

　　　　　　　　　　　《申报》1885 年 9 月 4 日第 3 版第 4451 期

上海县示

　　特用府在任候补直隶州江苏松江府上海县正堂莫为出示严禁事奉苏松太道宪邵观察扎据代理英租界会审委员葛令禀称上海为通商总汇之区租界尤为繁盛商贾云集习俗侈靡茶坊烟馆鳞次栉比妇女引类呼朋趋之若鹜男女杂处昼夜嬉游相习成风毫不为怪甚有不顾廉耻冶容诲淫青年子弟一遭引诱废时失业贻害无底实于风俗人心大有关系积习既久不忍不教而诛除出示并饬差协捕访拿外禀请转行一体严禁等情到道除饬法租界委员翁丞查禁外合亟札饬一体查禁等因到县奉除饬差查禁外合行出示严禁为此示仰地甲及茶馆主伙人等知悉自示之后毋许妇女入馆吃茶如敢故违定将该馆主伙人等究办并查该妇女夫男惩责不贷切切特示　光绪十一年八月　日

　　　　　　　　　　　《申报》1885 年 9 月 15 日第 3 版第 4462 期

邑尊告示

　　特用府在任候补直隶州江苏松江府上海县正堂莫为查案示禁事照得本境棉花原由本地花营销售其外路客帮各商与行交易往往先立价单预付定银约期交花迨至花贱则行家交货花贵则将行闭歇遂致客商受累因而缠讼不休且有搀和水石妄希斤重渔利此等恶习言之实堪痛恨历经各前县示禁在案现届新花上市除谕该司年月查察外合行查案严禁为此示仰各花行客商人等知悉尔等买卖务各银货现交毋得买空卖空掺和水石并不准杂小钱如敢复蹈前辙致有闭歇吞银情事一经控告到县立提空盘之徒按律严办其所吞银货概弗予追以示警戒各宜凛遵毋贻复悔切切特示　光绪十一年八月　日

　　　　　　　　　　　《申报》1885 年 9 月 16 日第 2 版第 4463 期

谳员告示

罗少耕太守禁用白禀一事已列日前报端昨又出告示一通照录如左钦加三品衔升用道候补府正堂正任松江川沙抚民同知调办上海租界会审事宜加四级随带加七级纪录五次罗为晓谕事照得本府下车伊始亟应清厘讼狱俾民无拖累本公廨向来设有代书凡有投案控诉例应遵式具戳呈候核情察办白禀拦与概不收阅缘呈控者苟无戳保每致批准行提临时原告或不投到被告亦抗不赴审辗转查传案多久搁若不亟为清理势将日益蔓延殊非息讼安民之道盖本府办事迅速案无积压除给戳该代书等遵照向章用戳遵办外合先出示晓谕为此示仰租界地保商民诸色人等一体遵照毋违特示

《申报》1885年9月17日第3版第4464期

军门告示

管带江苏抚标沪军营记名遇缺简放提督军门萧为出示晓谕事照得上海为中外通商口岸五方杂处匪徒最易混迹迭奉上宪随时查拿在案现在沿海防务业经解严诚恐外来散勇借端逗留勾结流氓妄拉名色拐骗商民甚且三五成群日则拆梢夜则劫掠如鬼如蜮害何可言并风闻有江湖会匪巧状名目到处放飘诓诱愚民入会拜盟少年子弟轻听易信受其煽惑流为匪人贻累地方除饬本营哨弁严密逻巡外合行出示晓谕为此示仰诸色人等知悉查游勇会匪谋为不轨新章在就地正法之列尔等务各勉作善良安分营生所得有犯前项情事自取罪戾倘敢执迷滋扰一经查获或被商民举报缉拿定即送县讯明按法惩办以昭炯戒凛遵毋违切切特示光绪十一年九月日

《申报》1885年10月16日第2版第4493期

戒烟告示

扬城栖流所兼行戒烟善举兹督办委员周大令出有告示略云栖流所内戒烟局前因夏令专收患病穷民停止戒烟盖恐传染兹酷暑已过仍照定章收戒惟查得局内有烟已戒净仍未出局者致前者不去后来碍于限数不能收戒殊非善举之道自示之后不准徇情容留俾欲戒者得以取保入局切切特示

《申报》1885年10月20日第12版第4497期

关防告示

兵部侍郎兼都察院右副都御史巡抚江西等处地方兼理粮饷兼提督衔德为关防诈伪以肃功令事照得大法小廉期官箴之共守杜奸防伪实法令之宜严本部院世受国恩家传清白由部曹出守洊陟封圻服官京外历三十年两袖清风一尘不染案牍胥由手定庶务悉出亲裁幕友宾僚端方交勉仆从胥隶约束从严素无宗亲族党之往来亦少术士山人之晋接久经苞苴之弊痛斥寅缘惟懔幽独之知守严箴箴固已数十年如一日而为僚属吏民所共闻共见者也前者恭承简命来抚是邦惟江右六省通衢五方杂处且为本部院旧守之地宦辙重临难保无不法棍徒遇事生风造言煽惑或谎称旧识或谬托亲朋或指内幕以招摇妄谓钻营有路或冒家人以撞骗辄称线索可通种种妄为形同鬼蜮无知者堕其术中不特有伤夫朝廷治体亦且大系乎本部院声名言念及此殊堪痛恨除饬属严密访拿外合行出示晓谕为此示仰合省官吏军民人等一体知悉如有前项棍徒造言生事招摇撞骗立即扭禀所在有司衙门刻日锁拿解辕以凭尽法惩办首报之人定给重赏倘有官弁明知故纵包庇容隐甚至被其煽惑一经察出或被告发并即一并严惩决不宽贷地方官漫无觉察亦干参处鼎铛有耳须知令出惟行宪典无私慎勿以身尝试其各凛遵毋违特示

《申报》1885 年 10 月 21 日第 3 版第 4498 期

县示照录

青浦县正堂钱为出示晓谕事案照光绪六年奉护抚宪谭通饬业户收租一律仿照漕斛等因旋据附生卫家寿等禀奉藩宪颁发漕斛收租告示奉经谕饬城乡各董领斛仿造嗣据举人唐显德等以南乡一带农佃良莠不齐租额亦大小不等向章定成色之外米色纯洁者总以九折申收比漕斛有减无增业佃相安已久今通用漕斛则向所九折申收应请革除以昭平允又据绅士董鸿祺等以青邑行用庙斛已较松郡龙潭斛枫泾斛上海之海斛斗升递减盖随地所宜凡业户置产各以就地行用之斗斛酌定租额田价即以就地斗斛量收租米乡农认佃亦以就地斗斛承种还租业佃两便并无所谓私用大斛今公同酌拟分为三限于开栈日始或半月或二十日为一限头限内还清九折收租二限九三折作收三限九六折作顶丰租额由九三递至九六如逾限不还照额不减如此分别酌让庶可激发佃农并据城董方德泉等以青邑业户收租俱用就地通行之庙斛其大小较漕斛不甚悬殊盖业户与农佃相依为命但有怕收丑米以八九等斗升作一石者亦有设限减收一二成冀其早还者并有无力贫佃借本助种者历年以来从无佃户控业户私用大斛之案各等情先后具禀查漕斛收租诚均平齐一之意维租额重轻田价多寡均系因地制宜而卫家寿等请用漕斛究为体恤佃农各绅董请分限酌让逾限不减亦至当不易之理现届收租之际诚恐各佃相率观望除由本府宪据情转详仍俟奉到批示再行遵饬外合先出示晓谕

为此示仰合邑业佃人等一体知悉自示之后该业户等务各恪遵宪饬不得私用大斛该佃农等亦应激发天良赶耷好米还租照议折让如逾限不还依额不减倘敢借端抗霸许业户禀候提追须知粮从租出租凭佃偿业户固宜格外体恤佃户亦当及早还清佃农欠租与业户抗粮同干咎戾毋谓言之不预也其各凛遵毋违特示　十月二十九日

《申报》1885年12月16日第2版第4554期

轮船招商总局告示

为晓示事照得本局承运江浙两省漕粮上年禀定专管装运概不代办在案现值开办运漕之始本局业已遴委妥员照章认真兑收概不代办诚恐牟利之徒意在包揽托名本局致启弊端自当严密查察如果本局之人口此情弊立即撤退其非本局之人而假名本局者亦即送究决不宽恕除由本局严察外合亟出示晓谕诸色人等一体知照毋得自误切切特示

《申报》1885年12月22日第3版第4560期

轮船招商总局告示

本局轮船	江海行程	夜间挂灯	章程认真	以免来船	碰撞受惊	告尔民船
其各听间	尔等民船	亦须挂灯	彼此望见	即可避行	自昏至晓	风雨无分
灯须高挂	光须分明	无灯遭碰	性命危倾	关系匪浅	务必依遵	

《申报》1885年12月22日第3版第4560期

牙帖局示

照得兹奉抚宪示谕仿照湖北章程凡有各色牙行均于招牌上添注部帖两字以便稽查而杜蒙混等因业经将奉发告示遍贴晓谕在案兹查宪限已逾仍未据各该行一律遵办殊属违延似此因循玩视保无隐戢顶替之户混匿其间希图避捐本应按户确查仍恐善保骚扰合再出示晓谕为此示仰各色有牙帖户人等知悉自示之后各该户等务当恪遵定章均于招牌上一律添注部帖两字庶有区别倘有抗违不遵则是故意藐视不免蒙混等弊定即指名移提究办决不宽贷再查近来诸色行户往往张冠李戴十居七八除确切查明照例究办外因奉另定新章添注后仍令各该口自行出具并无顶替切结并该处牙甲出具认识保结如果保结不实或别经发觉定惟牙甲是问该牙户牙甲等务各一体遵办均毋违延切切特示　光绪十一年十一月廿五日

《申报》1886年1月5日第3版第4574期

漕督告示

总漕部堂示当勇本是良民遣归仍安民业慎勿结交匪类途中纠伙抢劫拒捕格杀勿论到官即问斩决特此通行晓谕其各凛遵切切

《申报》1886 年 1 月 8 日第 9 版第 4577 期

道宪告示

钦加二品衔监督江南海关分巡苏松太兵备道邵为晓谕事照得崇正六官塾各学生现届冬季应行考核面试兹定于本月初八日黎明各携所读各书由子董等偕各塾师带领各学生赴也是园听候本道面试为此示仰各学生等知悉届期齐赴也是园听候本道面试毋违特示　光绪十一年十二月初五日

《申报》1886 年 1 月 11 日第 3 版第 4580 期

宪示照录

直隶布政使松按察使刘会衔出示略云直隶界连东豫匪徒最易潜踪而巡防尤宜严密迭奉督宪札示安民必先弭盗弭盗必先破窝盖匪徒在境劫窃不能突如其来必借窝藏勾引之人以为托足分赃之地而窝家招引匪类潜相往来乡地邻佑耳目切近人无不识事易周知虽经颁发告示饬发粘贴晓谕军民人等有能举发窝家盗贼者许给赏银立法本属周详果能实力奉行盗贼何患不灭地方何患不清乃近年劫案频闻军民人等未闻有举发者推原其故赏因地方官接奉告示视为具文并不颁发粘贴城乡市镇不能共见周知乡保胥役大半豢贼分肥即有乡民举发无不强为拦阻而良懦乡民又恐结怨受祸遂尔群相隐忍地方官亦因捕役豢窃一经破案有千吏议又循庇不办积习相沿牢不可破以致盗不能息言之殊堪痛恨除颁发告示饬各地方官粘贴严拿外另由省委员查访如敢玩视定将该地方官详请参办附近居民知情不举一律科罪

《申报》1886 年 1 月 16 日第 12 版第 4585 期

常镇通海道示

美教士郎某欠找匠头狄万顺工料洋元狄为各债户所追向索不偿旋即肇衅其中曲折前已详录简端兹又经访事人抄录道宪告示一通爰即照登于左钦命二品衔江苏分巡常镇通海

兵备道监督镇江关陈为晓谕事中外商人交接及在中华教士劝人为善理应彼此和敬前有工匠等因工料账目擅自生事现经派员会商秉公清理分别查办为此示仰居民人等以后遇有应理事件务宜禀官候示倘仗恃众滋闹定干严拿提究其各凛遵特示

《申报》1886 年 1 月 24 日第 9 版第 4593 期

关防告示

钦命翰林院编修国史馆协修上书房行走湖北提督学院张为剀切晓谕事照得本院恭承简命视学比邦履任以来水竞自矢延请幕友必择品端学邃之人胥吏家丁不稍宽假总期风清弊绝遴选真才以仰副朝廷谆谆训勉至意惟是本院籍隶中州距此邦不远而武汉黄德等郡尤与豫境毗连且汉口樊城老河口等处地属通衢豫人贸易往来者络绎不绝良莠难齐诚恐不肖匪徒或冒充亲戚或伪作本家或捏造私书或假传关节或混迹商旅各栈或潜随按临各棚遇事生风招摇撞骗在洁己自好者揆之以理断不受其蛊惑万一有愚昧生童不知自爱冀图徼幸误被欺蒙自罹法网深堪痛惜本院只遵圣训严密关防所有族邻戚友均系在家安业并无一人随任来鄂倘有前项匪徒冒称亲友指官撞骗无论何项人等许即随时扭禀由地方官按律惩治决不姑容除札饬十府一州转饬各州县派役随时严密查拿究办外合行剀切晓谕为此示仰生童军民人等一体凛遵毋违特示

《申报》1886 年 2 月 10 日第 3 版第 4603 期

法将告示

法国越南将军华列已抵东京出有新示布告云海贼啸聚为地方害若自西二月起归顺法国将罪赦宥作良民一律看待恐远处弗及周知故立限三月准三月内投降者不问又云凡在东京有置买枪炮火药等军器亦自西二月起立限三月尽数缴出不得隐匿如过三月不缴或为人告发或由差查出即行严办不贷并将搜得军器之处所有物产一概充公

《申报》1886 年 3 月 14 日第 2 版第 4635 期

法员告示

昨日本埠法总领事出有告示略云查悉公董局一千八百八十六年二月二十六日会议并据首董三月初二日来函查明租界定章第九第十两条所有前给界内轿役扛夫人等各据现定以三月三十一日为止概不为凭

《申报》1886 年 3 月 14 日第 3 版第 4635 期

示禁溺女

海关道邵观察出有四言告示云溺女恶习自丧其天贫户生产毋隐前愆设会设局皆因保全报局自养均可领钱遭此歉岁筹办宣先如再淹溺究办必严

《申报》1886 年 3 月 21 日第 2 版第 4642 期

芜湖道告示

监督芜湖新关徽宁池太广道梁示　完过税厘洋药　包有黄表印花

华洋行栈都贴	大家一样无差	买时逐包细看	无印切莫要他	处处巡察严紧
关卡更要盘查	倘被查出私货	破财还受磨挨	更莫听人哄骗	包尔送货到家
等他钱一到手	就做眼线来拿	他得送钱奖赏	尔却带锁披枷	都是好好百姓
何苦做这生涯	安分营生贸易	省得露丑出乖	即或前经误犯	赶紧改过为佳
切莫买贩私货	免受多少波渣	听我谆谆劝诫	就是良善可嘉	如敢始终怙恶
定严惩警奸邪				

《申报》1886 年 3 月 21 日第 2 版第 4642 期

关道告示

监督芜湖新关徽宁池太广道梁示　华商店铺生理　大小一样得利

何必勾串洋人	开假洋行贸易	买他来作东家	事事要如他意	花费不少冤钱
还受许多怨气	本来是个好人	反被人说败类	看看这纪旭初	汇泰因何封闭
逃到无处安生	拿来还须受累	切莫开假洋行	说有洋人护庇	一朝闹出事来
他却安然无虑	尔就从此倾家	身名因而堕地	细想食毛践土	何忍偷瞒厘税
劝尔本分营生	乐得安眠稳睡	为此谆谆告诫	凛遵毋贻后悔	

《申报》1886 年 3 月 27 日第 2 版第 4648 期

道宪告示

钦加二品街江南分巡苏松太道兼办两江营务邵为出示晓谕事据苏属谊园董事顾蟾书管斯骏等禀称董事均隶吴籍客申多年缘见各府州县各设公所会馆以及殡房义冢生死称便独苏属无此义举每患旅亲难归寄顿而无善地者董等爰估工程具陈下情禀请县案给示在治

二十五保四图改字圩内典得池姓民地三亩有零起建殡房所议章程暨房廊式样悉照苏城昌善局举行试办统以一年为限年满迁葬董等为全乡谊起见并不在外捐募现届开工限于二月底一律工竣就近居民咸知董等自备经费第恐外来诸色人等或未周知妄加指摘有妨善举除禀请县示外禀请给示等情到道查建设殡房事系善举除批饬上海县一体示禁滋扰并饬地保随时妥为照料外合行出示晓谕为此示仰该处地甲居民诸色人等一体知悉毋许阻挠滋事如违提究不贷切切特示　光绪十二年二月十四日

　　右示由藜床旧主交来嘱登本报并云所设谊园系顾君等各出己囊并不在外募收捐款足见顾君等慷慨好施泽及泉坏因为照录于左以表钦慕之忱云本馆附志局批照录

　　沪地每有人隐戏旧帖开设牙行事为牙帖捐局访知屡经移请上海县饬差会同查缉迩日又由局中察得沪南元成顺杂货行有前项情事因将行主提案交保限缴行帖在案前日行主复投局禀称元成顺实系杂货店并非牙行况所进货物均有行家发票昨日局中批示略谓据禀一切均系一面之词殊难凭信须候查明核夺

《申报》1886年3月29日第3版第4650期

观风告示

　　宁波府正堂胡为晓谕事照得考行察艺典重周官闻俗采风诗陈太史圣世布同文之治户习椠铅名区称学道之邦里传弦诵辂车苾止甫经歌芹泮以呈材符竹分来亦愿憩棠荫而讲艺宁郡星躔牛斗海错鱼盐眺五界于金庭接四明之石室挹蛣埼凫几之秀代产名流萃月湖霞屿之英人多杰出溯自黄林避地肇启诗歌河间测天聿传理数虞监贺监并崇盛夫丽辞文靖文元实研精夫朴学典型在昔津逮于今陶染资深俊毛蔚起赋迈凌云之气毫抒画日之忱鸡树麟台久比肩之相望桂林杏苑尤偻指之难稽文物衣冠甲于两浙本府生华阳之故区饮临溪之勺水世连华阀赋列萍筵十载读书得上窥乎中秘一麾出守复承乏于明州属当鲸海销兵鹅湖起讲示期甄别兼举观风定三月十二日当堂出题给卷合先出示晓谕为此示仰贡监生童知悉诸生刻楮功深编蒲学窭丹青应手绣缎罗胸所愿汇笔偕来投卷入试欀臂矜赤猨之传张口见白凤之飞各挟言泉务探理窟用当加之月旦奖厥风流马速班迟胥齐以晷刻卢前王后可别以等差搜七尺之珊枝临渊结网集三千之银管计字酬缣全豹未窥一斑可识神驹在绊万里相期掷地铿然快睹艺林之高制夺标谁是好为翰苑之先声本府有厚望焉特示

《申报》1886年4月20日第2版第4672期

台湾征税示言

台湾改设行省所需经费甚多署台湾道陈展堂观察因详请刘爵抚在南北各要津设局抽税爵抚允之遂定于四月初一日开局顾台湾向除洋药茶叶樟脑三项外其余各货并不抽厘目今改立新章各行号不免怨咨交作云所有示言照登于左钦命布政使衔署福建台澎兵备道兼提督学政裴凌阿巴图鲁陈为出示晓谕事案照钦奉谕旨全台地方改设省经费浩繁不得不借资群力集少成多先经本道派委各员周咨博访将台地出口百货先行估计成本格外从轻酌抽出口厘金详批章程并列百货抽收数目定于本年四月初一日开办详奉爵抚宪刘饬全台税厘总局核议章程抽收出口百货厘金以齐饷需业经查照税厘总局遵办在案兹定于本年四月初一日起台南北一律启办除催全台税厘总局告示颁到另行张贴外合先出示晓谕为此示仰台南各属郊商军民人等知悉嗣后凡有贩运百货出口务须查照章程呈报由该处局卡委员验明完厘领单运行倘敢故违一经查觉定即从严究罚决不姑宽其各凛遵毋违特示　光绪十二年三月日

《申报》1886 年 5 月 26 日第 1 版第 4708 期

英公廨示

钦加三品衔升用道候补府正任川沙抚民府调办上海租界会审事宜罗为出示晓谕事照得近据石路各摊民人等禀称石路摆设各摊历年已久自郑家木桥至北共有一百余摊贫苦小民借资糊口现经巡捕一律逐去有碍穷黎生命环求照会仍安生业等情据经函致租界首领德国总领事衙门核正并又会商德国施翻译官以工部局饬捕逐摊无非清理街道起见然小民生计攸关亦应兼筹顾及因查车马拥挤日间为甚而该处摊业夜市较繁是以核拟所有石路即福建路一带自傍晚至夜十点钟止摆设各摊期于道路民生两无窒碍现准德总领事商据工部局复称所有福建路摆摊自南京路起迤南至福州路口以北为止可于午后七点钟至十点钟止准其摆摊函请晓谕至十点钟后一律全收并不准移置别处违干惩办等因前来合行出示晓谕为此示仰石路一带各摊民人知悉须知德总领事与工部局董绪恤尔等生计此后务各遵照所定地段于每日下午七点钟起至夜十点钟止摆摊十点钟后一律全收毋得逾延取咎其各凛遵切切特示　光绪十二年四月二十日

《申报》1886 年 5 月 27 日第 3 版第 4709 期

武昌府示

钦加道衔湖北武昌府正堂加十级纪录十次李为条列示禁事照得地方应禁之事甚多若

非三令五申小民仍多犯法本府愿与尔百姓同心为善故将应禁各条除刻于保甲门牌示禁外更大张告示晓谕俾知本府爱民苦心不惜此谆谆告诫焉

一禁忤逆不孝如犯重则大辟轻亦发遣

一禁开设烟馆如犯照开场聚赌例治罪房屋入官

一禁逼抢孀妇如犯重则缳首遣戍轻亦罪刖杖徒

一禁囤拐妇女如犯已奉督宪奏请通行为首拟斩立决

一禁私宰赌表如犯重者军流轻亦枷杖

一禁结盟拜会如犯为首拟绞为从军流

一禁铸贩私钱如犯罪分斩绞遣军徒流告捕者官赏银两里长知而不报满杖

一禁溺毙女孩如犯照故杀子孙例杖徒

一禁窝藏盗贼如犯重如盗匪同所轻亦军遣

一禁痞棍凶横如犯发极边充军

一禁演唱花鼓如犯重责枷号示众

一禁借命讹索如犯诬告人命照所诬之罪分别已决未决斩绞遣车流借命打抢者照白昼抢夺例拟罪仍追抢毁物件给主

以上十二条大干法纪尔军民人等务各勉为良善切勿轻蹈法网如有违犯一经本府访闻或被里绅族长甲长牌长告发定行拿案照例究办决不姑宽其各凛遵毋违特示

《申报》1886 年 5 月 28 日第 10 版第 4710 期

宪示照录

佘澄甫太守奉李傅相奏派督办东三省电线于三月二十四日由津起程乘坐温州轮船东渡月杪抵营口换车四月初六日抵奉天省城赶速布置一切择于初十日开工前进午节前大约可入吉林境矣兹将其告示录左奉派总办东三省电线运使衔直款候补道兼云骑尉佘为出示晓谕事照得本道案奉钦差北洋大臣直隶阁爵督宪李奏奉谕旨特派展办东三省陆路电线以重边防而资保卫业由津沪调集华洋员弁工匠机器料物驰抵奉省择吉开工节节前进合亟出示晓谕为此示仰沿途军民人等知悉本道历办南北各省朝鲜等处大工事必躬亲权无旁落所有沿途经过地方秋毫无犯随丁车马人夫按站发价食用各物现钱购买一草一木无须取给官民凡遇坟墓园林村镇房屋概行设法绕避总期无碍民生尔等务宜买卖公平切勿高抬市价商民各安生业本道派弁稽查如有随带人等擅离工次滋扰招摇强赊硬欠等情准即扭禀来工立予严究尔等亦知奉旨要工各宜协力保护勿稍阻挠生事自取重咎凛慎毋违切切特示

《申报》1886 年 5 月 31 日第 2 版第 4713 期

严禁烟馆

谭序初中丞移节鄂垣而后凡百庶政咸以治吴之法治之因见鸦片害人甚于鸩毒一经上瘾即已苦海永沉而各处烟寮尤易为逋逃渊薮苟非设法禁绝则不特烟祸万不能弭且匪类更易于匿迹因于本月十五日出示严禁十六日分委汉口陈司马汉阳薛邑尊胡都戎赵别驾谢少尉等文武各员及各坊委员分头查察饬令收拾无遗违则立时枷责查至马王庙正街同人泰烟寮设有烟铺数十正在大锅煮烟差役拥进前门将烟枪二三十枝束成一捆烟膏两大锅倾入阴沟饬令闭门歇业似此风行雷厉俾烟霞之窟顿化清凉中丞之善政及人夫岂浅鲜哉所有告示照录左方头品顶戴兵部侍郎右副都御史巡抚湖北武昌等处地方提督军务谭为出示严禁事照得开设烟馆为害不可胜言是以例禁极严鄂省自各衙门示禁以来通衢大街尚无显然开设惟闻偏街小巷及烟膏土店仍不免潜行私开并有外设他铺内开烟灯甚或伪将屋门反锁留人在外瞭望暗司启闭内实开灯私卖者诡计百出殊堪痛恨近来迭据巡查委员查获禀报烟馆之未能尽净可知即应再行实力严禁以期一律闭歇永除民害除饬属遵办外合行出示严禁为此示仰合属军民人等知悉自示之后尔等务必各谋正业切勿再开烟馆现尚开设者立即闭歇另图生计共为守分良民免得身罹法网倘敢明歇暗开意存尝试已饬印委各员轮流逐查一经拿获即尽法惩办并将所开烟馆房屋无论自业租业立予发封拨入善堂以充善举不准减成回赎其有一灯一榻暗中偷卖一二人换替吸食捏称亲友者尤必严拿究办至地保魔匿不报并将该保房屋一律封闭决不姑宽本部院除害务尽令在必行毋谓言之不预也各宜凛遵切切特示

《申报》1886年6月26日第2版第4739期

鄂抚告示

头品顶戴兵部侍郎右副都御史巡抚湖北武昌等处地方提督军务谭为出示严禁事据绅耆徐律修禀称湖北武汉地方良莠不齐五方杂处奸伪百出在在病民而关系名节裡祀家败人亡大为民害至惨且酷者又无过拐骗二大宗近年尝有不法匪徒见民间妇女多方术拐或先奸后拐或单人独屋强行抓拐无论孀妇处女一概恣意售卖名为贩高脚骡子如有一时难卖即有囤户窝留每每于两县交界及三不管地方混迹包卖种种恶迹不一而足假如控官彼拿此审往返案牍十关九空以致被拐之家无力再娶拐去一妇即绝一嗣此拐犯囤户之罪大矣又有一等不法匪徒见民间买卖房屋典押银钱易于掣骗勾串痞党在于省城内外汉口汉阳各处茶馆每朝早市三五成群互相串斗某处有银须勾串某人出名指某屋为饵以某人作保某人作中当用字据即用字据当用契约即用契约如无即造竟有敢用县印藩尾假红契者看人打发堕术被

骗累百盈千不知凡几迨被骗之家银屋两悬前往理问每每听得保人称保尔银出又要保尔银还不亦劳乎尔能谢保多少尔亦知保人不还钱否中人称中证媒保大贤人中为四大贤人之首尔屋不能管业缓几年自能管业尔银不能归还过几载自能归还调笑戏乐丧尽天良且出名立契之人更为渠恶既敢以假契盖县印又敢以重契粘藩尾随便行使重复典卖乃熟悉径路刑不及身者又有用阴辱拖陷软法骗者或用恐吓赌告硬法骗者亦或骗赃过多暂避难面者未能避面又复有符可恃者一问即为惯犯非辱即殴被害之家呼天无路查此等与骗痞相倚为恶之中保即系俗号股子行大凡脱骗皆出一辙间有不甘其骗控案求追而中保不到案不能问中保又服请不服传明系伙骗之人要办酒席请要送跪堂礼去来用轿方肯到堂上堂时将假契印尾重复典卖伙骗瓜分情形多方掩饰就轻被引作钱债有断无追有名无实了事讦讼数载废时失业银屋两悬数口之家仰事俯蓄一经被骗生计日窘孤寡之家一经被骗残喘难延真令富者穷而穷者死生无养而死无殁其心惨忍不堪设想此骗犯即股子行病民之恶极矣拐犯囤户前经言官奏明各大宪奉旨于安襄一带访拿以其拐一妇即绝一支裡祀正法多犯其风稍熄惟骗犯即股子行脱骗一家即绝一家生命比拐囤户各犯尤为酷毒刑不及身视为利薮尤而效之其风日炽天理何存蚁等有目睹其情者有身受其害者诚恐骗计百出民间难以周知复受其产破人亡之害为此叩赏出示严禁札饬例办等情到本部院据此查该绅耆等所禀武汉地方近有匪徒诱拐妇女名为贩高脚骡子如有一时难卖即顿囤户家留养控官则彼拿此窜又有骗痞相倚俗号股子行见民间典卖房产勾党设饵甚至捏造印契伙骗分赃种种恶习不一而足实为民生大害除批榜示并行臬司暨札饬江汉两县密访查拿外合行出示严禁为此示仰该处军民诸色人等知悉尔等须知拐卖妇女诓骗财物律法极严不容尝试自示之后务各力图正业勉为良善倘敢仍蹈前辙一经拿获或被告发定即从严惩办本部院言出法随决不姑宽其各凛遵毋违特示

《申报》1886 年 6 月 29 日第 2 版第 4742 期

江夏各乡保甲告示章程

钦加道衔特授湖北武昌府正堂加十级纪录十次李钦加四品衔准补荆门直隶州署江夏县正堂严为晓谕力行保甲事照得保甲为弭盗安良之法迭奉谕旨饬令直省实力举行经各大宪通饬钦遵转行在案省城保甲总局办理已有成效惟查江夏各乡门牌虽已举行但其中要领未能融会贯通或始以虚文塞责或终以畏难生懈行之不力皆由于知之未精兹将尔士民所未尽悉者开列十五条于后缕悉申言俾各共见共闻除刊刻订本散给各里外合行出示晓谕为此示仰绅民人等知悉两在由官捐廉于省城司门口保甲总局内设立江夏乡保甲总局遴选委员会督公正绅耆办理凡各里绅因保甲来局者本府县推诚相与殷殷延访利弊该各里绅既不荒废时日亦不糜费分文有不乐于从事者乎况其效验更自有无穷焉者大凡保全地方欲法良

而意美者无逾于此除由本府县随时随地派人密访外惟赖各该贤绅留心稽查秉公编联总期事在必行毋负本府县谆谆告诫之意其各凛遵毋违特示计刊附保甲章程十五条并造册式门牌式

一门牌册簿纸张由官捐廉不取民间分文允由各里绅保清查填注草册随时赍送县城保甲局由委员算明若干户一面加盖图记发还一面查照分别印发正册门牌仍交各里总保照章填载清楚再将门牌散给各户悬挂次将正册送局备案听候委员抽查以昭核实

一牌册填载以年长者为户首将各人年岁姓名作何生理何项功名并所住地段或己屋或赁住何人房屋于牌册内分则载清务使甲不漏户户不漏丁惟男书名妇女则但书几口十户立一牌长十牌立一甲长其不满十户或十一二户皆可以一牌长辖之不满十牌或多一二牌皆可以一甲长辖之余可类推以归画一

一乡间大姓聚族而居者除照章分立牌长甲长外另添族长一名协同办理于清查之中隐寓父兄之责尤为严密

一每户各给门牌一张门牌之尾附填里绅甲长牌升姓名及同牌各户户首若干名庶互相稽查奸徒无所匿迹而守望亦可相助矣

一发给门牌后各里屯凡有因事赴府县呈诉者务于状式之上查照所发门牌填注某里绅某甲升某牌长如无里绅甲长牌长姓名登时饬还一则借考保甲之虚实一则借寄绅长之耳目凡事属细故先投甲牌长调处若两造始终执见仍准将如何不能调处情形赴官呈诉由官审断不特是非较易明晰且讼端可以渐息矣

一造册填给门牌一年只一次极为简便今岁创办稍觉烦难若明年只须将新增户口及迁移家数添注牌册内更为容易

一保甲原为除暴安良起见尔百姓不能时见官长则疾苦之状难于上达兹举办保甲有乡绅可以代达尔等情事暴则为尔百姓除之良则为尔百姓安之官民联为一体庶使休戚相关上下无壅遏之患尔百姓即可享安居之福矣

一鸦片烟馆窝盗销赃地方受其扰害设法引诱子弟入其牢笼谁不痛恨而思禁之现在各大宪于省城设立戒烟局城厢内外各烟馆饬令具结一律闭歇而乡间为害尤深但未曾举办保甲则地方自禁而自不知畏且或因禁而兴讼累家官即示禁若辈视为虚文亦不知畏且难保无贿差包庇愈肆猖獗今既举办保甲则绅民与官共为严禁官以绅民为耳目绅民以官为父母如查有违犯之徒绅民即公同禀究官即拿案惩办若辈自无所施其伎俩是可为百姓除一至害之事也

一乡间窃盗窝户私幸赌博私贩毛钱等项本系应拿应禁之事往往有共见共闻知其为匪而莫敢明言者因未曾举办保甲则既无责成惟恐结怨成仇受其报复若此次清查之后责有专归查前项不法之徒即可邀同赴官举发如遇有不敢明禀之件准绅保赴局密呈即可严拿惩办则匪徒无所容身而百姓可以安居乐业矣

一窃盗案件往往有良民被人诬控破产倾家即有绅民公禀代为伸雪而官长不肯轻信者因未曾举办保甲以不干已而挺身出头官或多疑其包揽插讼尔百姓纵有冤屈更有何人可以代白者乎本府县甚为之悯故兴办保甲则各里绅保及牌甲各长耳目既真遇有良民被诬公同禀明立予摘除是使尔善良之民有所倚恃而不受其牵连矣

一孤老残废及寺庙庵观另行查造附于各牌之尾仍于其中派甲长牌长统辖之一本府县两派人赴浙采办蚕桑一俟保甲办理完竣即行按照牌册择给各乡里以兴民利

一此次举办保甲各里屯造册纸笔以及书写牌册往返城乡不无所需由官捐廉按照每里送钱八串文归各里绅收领开消一切惟屯与洲户口较少送钱四串文以示区别

一各里保正奔走各处往来城局口食由官捐廉按照每里给钱二串文屯与洲减半给钱一串文如有向民间索取分文一经访闻或被告发定即从重究治以杜扰累

一举保甲既详细告知尔绅民人等即当体本府县之苦心实力奉行造册则遵照册式载明实数门牌则悬挂门首其应禁各事慎毋徇隐避嫌有负委托尤勿挟仇报复致干未便如是俗美化成本府县实有厚望焉

《申报》1886年7月2日第11版第4745期

严禁私钱告示

谭序初中丞巡抚鄂省下车之始首禁烟寮雷厉风行人皆严惮其他善政尤觉罄竹难书近见市工往往掺用私钱不持累及间阎抑且于圆法大有窒碍因复出示谕禁有犯必惩所有示言照登于左头品顶戴兵部侍郎右副都御史巡抚湖北武昌等处地方提督军务谭为出示严禁事照得行使小钱大为市廛之害是以私铸掺用例禁均严鄂省往来迭经各衙门出示严禁市面钱文尚不甚杂惟本部院昨经亲行查视每百文中仍不免掺和一二薄板私钱若不乘此实力严禁务期一律尽净诚恐日久玩生难保不仍复故辙自来整顿圆法莫要于严缉私铸以清其源熔化私钱以塞其流并严惩掺用禁止私收庶可永绝根株查市廛一律行使官板制钱原期保全大钱以便使用其理易明事非难办本部院筹审已久令在必行除饬属遵办外合亟出示严禁为此示仰合省军民人等知悉自示之后尔等务各一律行使官板制钱不准再以小钱夹入如有挽用之人准即扭禀地方官衙门代为熔化提出净铜发还不取分文火工市物除向用制钱交易者仍循其旧外其从前搭用小钱购买者今即概用制钱应彼此公平定议将物价酌量减折以免向隅倘敢阳奉阴违仍前行使小钱一经发觉定即从严惩办决不姑宽各宜凛遵毋谓言之不预也切切特示

《申报》1886年7月16日第9版第4759期

局宪告示

总办湖墅厘局即补府正堂钱为出示晓谕事本月三十日奉抚宪札开前因海防需饷经费支绌不得已由局议于江干厘卡派收上塘捐以湾饷需现在海防大定允宜稍纾商力所有江干卡新添上塘捐一项应即于本年六月初一停止其余应收一切厘捐悉照旧章办理等因查江干湖墅两局未分起验以前所有出关各货除烟箱一项向归江干局起验并收纸木两宗归湖墅局起验并收外其余靛青稻油桐油烟叶绍酒夏布火炮南腿莲子南枣药材笋干水果及各染货统由江干报捐至湖墅按成补捐现既奉文停止收上塘捐自应于六月初一为始悉照旧章办理倘有无知商人再将江干初一日所填之起票来局报完验捐显系蒙混取巧本局惟有置之不问一面照旧收捐以清界限合亟示谕为此仰各行栈及行商船户人等一体知悉自六月初一日为始所运出关各货须照十年分以前起验并完勿得观望两歧转致自误经此次停收上塘捐之后尔等各宜激发天良据实报捐借充饷项以上副各大宪恤商之至意自示之后如再有奸商串同船户肆行偷漏一经查获定即照章惩办决不姑宽其各凛遵切切特示 光绪十二年六月初三日给

《申报》1886年8月5日第2版第4779期

鄂抚告示

头品顶戴兵部侍郎兼都察院右副都御史湖北巡抚部院译为出示晓谕事照得州县差役例有定额本部院访闻各属所用之差每逾例定额数甚有多至数百名者其中流弊不可胜言若不严行禁革何以符定制而靖闾阎现定令各牧令遵照赋役全书额设差役名数遴选殷实可靠之人点验着充人各给予号褂褂上载明姓名于姓名上盖用印信随身穿服俾资辨认其浮额之差及卯簿无名白役概行革退庶人数无多既易约束遇有舞弊亦易稽查未始非除弊安良之一道除饬属遵办外合亟出示晓谕为此示仰合属军民人等知悉自示之后尔等如遇官差传唤倘系身穿有印号褂者即当遵传赴案如向需索可按号褂姓名禀官讯究若身无号褂即系假差准即扭送地方官衙门以凭尽法惩办本部院系为民间力除差扰起见尔等务须共体此心各安本分不得因有此示即有意与官差为难借端滋事自干重咎本部院言出法随勿谓告诫之不早也各宜凛遵毋违特示

《申报》1886年8月7日第12版第4781期

告示照录

总办浦西虹桥厘卡江苏即补县正堂蒋为剀切谕禁事照得军兴之际需饷孔殷不得已而

有抽厘助饷之举承平后各处协饷尚繁近又加以海防库项支绌仍不得不借资商力凡尔商贩尽属食毛践土宜如何仰体时艰竭诚输纳乃逢卡报验遵奉完捐者固不乏人而趋避绕漏勾串弊混者亦事所不免至于各处航船以及信局划船道必是经弊尤丛出往往有月规节规等名目勾串司巡从中弊混大为匿捐之蠹近年奉上宪严饬整顿此风稍戢然恐日久玩生自宜随时防微以杜其渐本委前办斯差数易寒暑本年六月又奉督办松沪总局宪札饬调办以来一切悉由旧章力矢慎勤期毋苟漏除督饬司巡照章稽收外合行出示谕禁为此示仰商贩人等知悉自示之后尔等船货过卡均须从实投报听候查验核实捐收切勿绕漏自干究罚尤不得再有馈送月规节规等项名目勾串司巡妄冀弊混倘有前情一经查出与受同惩决不稍从宽贷慎勿以身尝试至悔噬脐凛遵特示

《申报》1886 年 8 月 19 日第 3 版第 4793 期

粤藩告示

钦命头品顶戴广东布政司高为关防诈伪以肃法纪事照得本司家承儒素淡泊自甘溯自通籍以来始而县令郡守洊至陈臬开藩居恒时凛冰渊内省无惭屋漏兹者恭膺简命莅任是邦矢不易乎初心冀克报乎君国惟粤东为地大物博之区藩司有用人理财之责诚恐有不法棍徒招摇撞骗情事除严密查缉外合行出示晓谕为此示谕合属官绅军民人等知悉本司事无巨细必出亲裁吏胥只奉承行仆从仅供役使如有假称本司署内亲戚故旧幕友家丁等名色或以密饬查访为由或以代为打点关说无论何项人等许即扭赴所在地方官衙门严讯惩办倘其习惯寅缘甘堕术中致被前项匪徒诈骗一经本司访闻定即一体惩处其各凛遵毋违特示

《申报》1886 年 8 月 20 日第 12 版第 4794 期

鄂抚告示

头品顶戴兵部侍郎都察院右副都御史湖北巡抚部院谭为出示晓谕事照得相验尸场乃地方官应办之事岂容借端派费累及平民本部院莅任以来访闻长乐等属凡遇相验之案必令民间预备公馆搭盖尸厂以致地保敛钱书差索费地主邻佑受累无穷甚至因此刑责拘押种种恶习殊堪痛恨查相验尸场有关罪名出入事须详慎官役原难露处但为时无多何须公馆棚厂致滋扰累应饬各牧令自行捐廉各备帐棚一具每遇相验即随带前往差令差役在空地支塔以备办公事毕仍行收回永不准再有公馆尸厂名目所带书差仵作人役由官捐给饭资不准向地主邻佑需索分文如敢阳奉阴违立即严参决不姑宽以除积习而抒民困除通饬遵办并出示勒石永远遵守外合亟出示晓谕为此示仰合境军民人等一体知悉嗣后凡遇相验之案由官自带

帐棚永禁预备公馆搭盖尸厂随从书役仵作亦由官捐给饭资不准向地主邻佑需索分文倘地保人等再敢私行索费准即禀官讯究尔等亦应谨守法度不得借词滋闹挟制官长致于重咎切切特示

照会告示汇登

钦差大臣办理通商事务太子太傅文华殿大学士兵部尚书直隶总督部堂一等肃毅伯李为照复事十二月初三日准贵监督咨呈内开华洋商人领单运洋货至口一事现拟嗣后领有税单至口即令该商将货色数目卸载何处先行报明登记将来该货售与本口居民概不征税若到口后再行运往他处即按贩运离口章程照纳内地厘税如该商将货卖给客贩而客贩并不在口售实复经转运他处销售亦按离口章程由贩货之商有纳税课现在华商至口货物复经由口贩运他处已按离口章程交税至洋商货物亦应一律办理均令自行呈报倘照隐匿察出即系漏税如此办理于本口税务始免窒碍可否之处咨请查核示复等因到本大臣准此查华洋商人领税单运洋货其原单系注明至张家口如不在本口销售复经转运他处或由客贩转运他处自应照离口章程征税经洋商领有税单过境之货仍须分别办理除饬津海关道知照外相应照复贵监督请烦查照核酌施行须至照会者右照会张家口监督　光绪七年十二月初九日印官罗鼎焜

钦命监督张家口居庸关等处荫移开以案查光绪七年咨奉钦差大臣办理通商事务直隶督李照会内开华洋商人领税单运洋货原单系注明开赴张家口者如不在张家口销售复经转运他处或有客贩转运他处自应照离口章程征税惟洋商领有税单过境之货仍须分别办理烦查照核酌施行等因在案现查华洋商人领有津海关道税单至口洋布斜纹等甚巨恐有将原货运往他处未据报明投税情事移烦出示晓谕等因合亟示谕华洋商人嗣后除洋商领有税单过境之货仍不在此列外于口单内注明张家口如不在口销售转运他处或有客贩将原货原件转运他处向应报税者务须遵照向定章程报局报税毋得隐射偷漏干究各宜遵章毋违切切特示光绪十二年六月二十九日万全县示

道宪告示

钦加二品衔江南分巡苏松太道龚为关防诈伪事照得法网极严宜家喻而户晓人心叵测须杜渐以防微上海地方华洋杂处良莠不齐时育伪托官长亲朋招摇生事设计诈骗兹本道恭膺简命调任申江职重监司政严功令事无巨细悉本亲裁从不听信人言使干公事惟曩日南北

从公往来宁沪熟悉甚多诚恐有种不肖之徒听悉本道家世交际或假充官亲幕友等项名目依草附木在外招摇撞骗尔等愚民受其播弄堕其术中尚不自觉大为地方之害亟应预为布告以杜诈伪而肃法纪除明查暗访并饬属一体密拿严办外合行剀切晓谕为此示仰道属军民商贾人等一体知悉自示之后尔等各宜安分守法如遇有冒称本道亲戚族友家丁等辈因事招摇希图撞骗许即扭送来辕或请就近地方官转解一面指名呈告以凭亲讯究办倘有受愚请托或勾串生事一经发觉立提并究按例重惩决不宽贷其各凛遵毋违特示

《申报》1886年9月29日第2版第4834期

禁抬米价

杭垣米价前日陡涨盖因秋雨稍多米贾因而居奇以致居民贫户咸有怨声吴春泉太守复任杭州深悉民隐立即颁发严谕城内外大小各店争先减价兼以秋收丰稔来货充塞现在起价之米每石仅二千七百文较前已减去三分之一告示录左钦加三品衔尽先补用道浙江杭州府正堂加六级卓异加一级纪录十二次吴为晓谕事照得为政以安民为本安民以足食为先欲保民必先足食自古皆然非始于今日也查得本年早禾登场并未受伤秋后虽雨水过多沿江低田间有淹没然高田仍属丰稔现经委员勘明杭属钱富二邑减收之田不过十之一二其余各州县均属无碍秋收何以粮价仍不平减总属市侩任意增价居奇实与民食大有关碍且查城内各米铺米价比城外湖墅米价每石贵至数百文一城之隔运费几何每石价昂数百文之多在有力之家尚不计较锱铢而贫苦小民未免更形局蹐合行出示晓谕为此示仰合城米铺人等知悉嗣后城内米价须与湖墅一律平等如每石稍加运费数十文似无不可断不准加至百文之外如再仍前任意抬价顾系市侩贪利居奇一经访闻或被告发定将该米铺司事提案严行究惩决不宽贷各宜凛遵毋违特示

《申报》1886年10月26日第2版第4861期

鄞县告示汇录

鄞县正堂朱示照得本县访闻鄞邑各乡近有无耻之徒扮做串客淫词媚态不堪言状实于风俗人心大有关碍合再出示严禁为此示仰阖邑诸色人等知悉尔等须知扮演串戏伤风败俗例禁甚严嗣后务各痛改前非勿蹈故辙倘敢故违定提为首及扮演之人从重严惩该地保容隐一并革究决不宽贷凛之慎之毋违特示

鄞县正堂朱示照得本县访闻鄞邑各乡近来仍有不法之徒潜兴庙会开场聚赌贻害地方实非浅鲜合亟出示严禁为此示仰合邑诸色人等知悉尔等须知开场聚赌大干法纪自示之后

务各凛遵禁令痛改前非倘敢故违定提为首及同赌之人从重严惩如差保容隐一并革究决不宽贷毋违特示

《申报》1886年11月23日第2版第4889期

劝捐告示

办理顺直赈捐局代理松海防分府刘上海县正堂莫为出示劝谕事本月初六日奉苏松太道龚札奉苏抚宪札准直隶爵阁督部堂李函开顺直被灾地方不下数十州县小民荡析流离不堪言状务望悯念畿辅灾区待援孔亟倡率所属广为捐募赈济等因到本部院准此除已先行捐银解济外并饬藩司饬府劝谕捐轮各在案现再派委沈道亲往苏松常镇太五府三十属广为劝谕各绅商富户竭力捐助劝谕捐输就近解直等因到道札饬会同设局劝捐等因到厅县奉此除遵饬在海防厅署设局于十一月十五日开办并请沪上绅商并各业董事查照成案议捐外合行出示晓谕为此示仰沪上各绅商富户一体遵照务念畿辅灾区待赈孔亟各发善念竭力输将多多益善送由本局掣票给执俟集有成数解直济赈事竣照章核奖各绅商以有余之财力救无限之生灵上为宗祖光荣下为子孙造福其各踊跃乐输毋稍延误切切特示

《申报》1886年12月17日第3版第4913期

天津府告示

钦加二品顶戴在任候补道直隶天津府正堂纪录八次汪为出示晓谕事案蒙藩宪批据天津县详请津邑各当铺减息可否仍照前定章程抑遵现批再行出示请即示遵缘由蒙批查津邑当铺减息司中向系先照通省大局核饬随后再由该县查照详定章程由该府转详请示历经办理有案今该县本年当铺减息前据该县详经该府转详到司当因天津县地方本年秋禾并非全境被水灾歉救光绪九年情形尚轻批饬照依该县所议并司中历办成案提前早减半月自十一月初一日起至年底止原利三分者减为二分取赎原利二分者减为一分五厘取赎来年正二两月取赎农器亦照此一律核减嗣据该县具详已遵道批出示又经批饬该府查照前批办理各在案据详前因仰天津府核明饬遵办理缴详抄发同日又蒙藩宪札饬以据天津县当商崔聚和等具呈津邑本年当铺利息请照原详章程核减取赎免予递减等情令遵即批赶紧出示晓谕具报查核各等因蒙此本府查津邑当铺减息历年均系统减两月并无递减成案是以本年十月间据天津县详请减息起止日期即经本府查照历届成案详备沈宪示遵而先行出示晓谕以恤灾民嗣于十月念二日据该县申报十月十一日蒙沈宪通行提早递减业经遵照出示将府发告示锻销复经本府另行出示更正将原贴告示揭回嗣后两奉藩宪批饬以天津县地方秋禾并非全境

被水灾歉较光绪九年情形尚轻应照该县旧章提前早减半月自十一月初一日起至年底止原利三分者减为二分原利二分者减为一分五厘来年正二两月取贿农器照此一律核减行令转饬遵照并由府出示晓谕等因均经转行该县遵办各在案兹蒙批饬前因查本年津邑当铺减息前经备案出示统减两月本属允当嗣经核县奉到减息通札出示晓谕迟延十余日之久始行申报到府而府中并未接有藩宪札文得不照县详更正以致先后纷歧前据富商王中和等以历年官项生息已有四十余万之多本年直属赈捐尤巨所有典质利息若再遂层递减必致商力不支纷纷歇业禀请恩施等情查闾阎之疾苦固应时切拯援而铺商之艰难亦应量予体恤津郡发当生息官款甚多无非办理地方义举设使商力不支款将安出累商即以累民呼吸本自相通况本年津邑秋禾被水并非全境成灾较光绪九年情形为轻九年减利成案尚系统减两月本年反加重递减亦未免轻重倒置现午既奉沈宪屡次批饬查照府县递详减息章程出示晓谕且来年正二月取赎农器亦准一律核减仍与递减名异尔实同体恤灾民实属恩至义尽自应遵办以符原案而免分歧除报明并饬县一体出示晓谕外合亟出示谕遵为此示仰津邑军民铺商人等知悉本年典质各物务须遵照宪批并历年成案自十一月初一日起至年底止原利三分者减为二分取赎原利二分者减为一分五厘取赎来年正二两月取赎农器亦照此一律核减该当商倘敢稍有背勒兹弊及无知之徒以减示晓谕在先借词强赎滋事定均从严惩办决不宽贷各宜凛遵毋违特示

《申报》1887 年 1 月 10 日第 10 版第 4937 期

鄂藩告示

　　头品顶戴湖北承宣布政使司布政使蒯为出示晓谕事案奉督抚宪札准直隶阁爵督部堂李咨附奏顺直灾广赈繁办劝捐助接济请照山东赈捐章程一律核奖一片抄录原片内开本年顺直灾区甚广待赈户口极繁冬春为日方长核计奉拨银米所短尚巨不得不仍办赈捐稍资补救各省官绅不乏好义乐善但必有以奖励冀可源源而来查直隶赈捐前按十成实银请奖虚衔封典贡监等项因十成为数过多物力艰难捐率多观望现在山东赈埸系按海防事例再减二成请奖直隶为畿辅重地灾广赈繁实赖捐款应即仰恳大恩准照山东赈捐章程一律核奖俾可设法招徕等因咨院行司正移行间又奉札准咨于本年十月十九日准兵部火票递回原片后开军机大臣奉旨着照所请户部知道钦此恭录咨行钦遵查照奉此查此次顺直拟办赈捐前于奉文后业经檄委补用知府黄守仁黼会同武昌府李守妥为劝办在案兹复奉行前因除分别移文钦遵查照外合亟出示晓谕为此示仰合属官绅士庶人等一体知悉本年顺直一带被水困苦情形为从来所未有值此天寒地冻灾民待哺嗷嗷必须广为劝助以资接济况现奉恩旨准照海防新章再减二成其有愿捐职衔封典及贡生监生等项即赴本司衙门海防捐局开具履历以凭填

给实收随册详请换给执照各该捐生其各踊跃输将毋稍观望切切特示

《申报》1887 年 1 月 14 日第 3 版第 4941 期

告示照登

钦加道衔湖北特授武昌府正堂加十级纪录十次李钦加总镇衔湖北尽先补用协镇署理武昌城守常专办保甲总局特用道湖北候补府正堂黄钦加四品衔候补值隶州江夏县正堂龙为出示晓谕事照得栖流所之设为栖流丐非寓平民为便贫穷非资强悍查武昌省城原设栖流所两处一处文昌门外一处武胜门外经前城守柏会商前武昌府聂于各所设立丐头一名由衡善敦善永安聚善四堂筹给口食不任外乞每堂月给钱一串零五十文同治十三年城守柏又于黄鹤楼下盖造房屋二处月获租钱二串文以为二所检扫并雪雨日久散给各丐粥食之资又以羡余于年终每丐给米三升钱六十文俾得安心度岁均经禀明在案立法本属甚美无如省会地方辽阔乞丐众多屋小费绌经理颇难遂至文昌门外所内丐头私增至十一名之多各立草棚栖止流丐而原建所屋尽为私充丐头平民所占而武胜门所内且复住有眷属流丐转失栖身之所况文昌门一处聚丐至百余人每丐每日输寄宿钱五文灯油钱一文于丐头今日不给明日即议加明日给后日再议加叹尔颠连何能堪此苛□该丐头等私充敛费强悍性成以致贫穷无实惠之沾而若辈得坐收其利本应根究惩治念尚别无干犯姑子宽容而草棚零落外鲜关栏出入自由毫无霸束难保无白昼藏身璜夜为匪等事非得早为之所流弊不可胜言现经筹费在汉阳平湖南门交界之观音阁及保安门外城根下另建二所所有文昌门外私搭草棚着令一律迁徙即于旧所束偏加建瓦屋一所栖止勇丐以原建之屋作为女丐之所令派女丐头一名经理其事禀准宪示酌定额数二百一十名分别长住短住发给腰牌立定章程交衡善积善敦善滋善从善益善敦义永安八堂轮流轻管由本府县及保甲总局分别禀请移行各衙门各局备案以垂久远尔乞丐等务宜各安本分各守定规毋出外滋事毋在所生端以仰副各大宪慈惠穷黎之至意倘有强横刁难不遵约束一经扭送到案立即严惩不稍宽贷切切毋违特示

《申报》1887 年 1 月 21 日第 4 版第 4948 期

鄂抚告示

头品顶戴兵部侍郎湖北巡抚部院奎为通饬严惩讼师以安闾阎事照得本部院莅任以来访闻民多好讼每阅呈词竟有事甚细微辄妆点情节架词耸听如出一辙显有讼师暗行煽惑意在拖累无辜从中渔利实为地方大害亟应查拿究办以安良善除行按察司通饬各属嗣后自理词讼及上控发审案件即应随到随讯立将曲直剖断逐件清结凡有健讼之徒诬告良民讯明后

务须按律惩办不得以到堂后即行供明尚无始终狡执为词曲予开脱如究有讼师从中播弄是非尤应查拿详办不得稍有姑容外合行出示晓谕为此谕仰军民人等知悉尔等良善之人自应各安生意不得以一朝之忿辄思兴讼如有实在冤抑自应据实具呈地方官究治不得听信讼师浮言挑唆砌词妄控牵累多人以图泄忿一经讼事牵缠废事失业审出虚诈自罹法网是尔等实受其害而讼师反渔利于中后悔亦复何及即或各州县审断稍偏亦可赴本管府道衙门呈诉钱债细故不得率行来辕渎控如有重大事宜来辕递呈须将代作呈词之人姓名住址书于呈尾如不将代作呈词之人名姓写明遽尔赴诉者不准理并追唆讼之人若无人唆讼而该民人缠讼不已则是健讼之徒已无疑义立即押发究办本部院言出法随决不宽贷各宜凛遵毋违特示

洋药新章告示

钦加二品顶戴监督江南海关分巡苏松太兵备道并管铜务加一级纪录十次龚为晓谕事光绪十二年十二月二十一日奉总理各关事务衙门札光绪十二年十二月初十日本衙门会同户部具奏洋税厘并征由各关与税司合力开办等因一摺本日奉旨依议钦此相应刷印原奏恭录谕会札阅钦遵办理并奉抄奏内开洋药进口按照新章封存海关准设具有保结之栈口趸船等处必口每箱向海关完纳正税三十两并纳厘金八十两后始准搬出拆改包装请领运货凭单运往内地如货包于运往内地之际未经拆开暨包上之海关印封记号码数均未据损私改则无须再完税捐等语又奉南北洋通商大臣暨苏抚宪转准总署来电洋药税厘并征现定新正初入为厘捐截止之期初九起一律归洋关办理各等因到道奉此除分别移行一体遵办外合亟出示晓谕为此示仰各洋药行栈船户及商贩人等一体遵照毋违特示

告示照登

江苏松江府上海县儒学正堂宣为出示晓谕事光绪十二年十二月初八日准淮安府山阳县儒学正副堂任王移开奉学宪王示据山阳县学任教谕曾培呈其尊人所着楚中草口艺一册无美不臻其运用经籍之妙尤为一时无两本院观近日文士病在空疏平日束书不观及至临惟取浮词烂调敷衍成篇以图侥幸胸中了无书味下笔安有佳文无怪白苇黄茅弥望皆是也夫书之为道其菁华可以性灵正心术至其名言俊语亦供吾笔墨挥洒之资文章渲荣之用果其殚精经典临文时触绪纷来自然指与物化运用不穷阅者惊为读书人吐属安得不刮目相待刘勰论文谓宜禀经以制式酌雅以富言苟无文行而不远学者不可不厘定本原亟思从事也楚中草

多系任君在湖北学幕校艺时所作于书试最为相宜士子观其为文即自知所致力之处更推此以观前人名作沈潜反复得心应手无不拔帜千军之理已谕该教谕饬书坊印行多册嘉惠士林并谕各属生童一体知悉等因除将字板就近发交书铺刷印外为此移请遵照宪谕一体出示等因准此合行出示晓谕为此示仰诸生童一体知悉其各遵照毋违切切特示

江苏松江府上海县儒学正堂宣为晓谕应课事光绪十二年十二月十三日奉本府正堂恩札奉提督学院王札开照得江阴南青书院专为月课通省经古而设本年正月十八二十两日先后经本院甄别在院经学古学诸生择尤住院肄业在案明年正月又届甄别之期本院仍定于正月十八日甄别在院诸生经学二十日甄别在院诸生古学以后每岁永以此二日为甄别定期庶有志肄业者得以如期与试不致有迟早无定之虑各学如有愿投考者准一律报名另册送试俟评定甲乙后再行酌数去留合行先期通饬等因到府奉此合就转饬札到该学立即遵照晓示周知并传催诸生如期早到勿致迟误等因到学奉此合行晓示为此示尔诸生一体知悉务须届期早到勿致迟误其各遵照毋违切切特示

《申报》1887 年 2 月 4 日第 9 版第 4955 期

重禁淫戏

英租界中各戏园所演戏剧淫戏居多足使见者荡心闻者倾度耳地方官以其有害风化屡次出示禁止本馆亦经著为论说以冀挽回世道人心而各戏园总以利之所在往往阳奉阴违近为英会审员蔡二源太守访闻遂拟出示重申禁令所有告示俟后照录

《申报》1887 年 2 月 27 日第 2 版第 4978 期

苏藩告示

头品顶戴江苏布政使司布政司易为晓论事案照本司衙门开办海防捐输一案前经率准部咨续经奏准将海防捐例部库并各直省普行傍展一年截至光绪十三年三月底限满停止奉经遵办在案奉抚宪札准户部咨议复海军衙门奏预筹经费并请将海防捐轮再行接展一年统归部库收捐外省不得自请接展以严限制一摺奏准饬自光绪十三年四月初一日展限之日赶统归部库收口各省即以光绪十三年三月底截止等因奉此除届时遵照停止外为此示谕官绅富商士庶人等知悉务当共体时艰及时报效照章给奖须知嗣后统归部库收捐毋自观望切切光绪十三年二月日示

《申报》1887 年 3 月 9 日第 2 版第 4988 期

鄂垣宪示汇登

湖北巡抚部院奎为晓谕事照得本部院于二月十七日在于考棚扃门甄别江汉书院诸生先经出示晓谕在案兹特派委员二员会同监院教宫午刻过戳考卷有不呈请盖戳者一概不收交卷以戌刻为度由本院委员赴考棚收卷统限二炮撤场携卷出场者一概不录合再出示晓谕为此示仰江汉书院诸生知悉切切毋违特示

总办湖北通省盐茶牙厘局安襄郧荆道盛汉黄德道严粮道布政使司删按察使司武盐道江荆宜施道张即补道恽为晓谕事照得光绪十二年七月本总局详请饬厘收钱色批示通行案奉督部堂裕批如详立案仰即刊刷告示通饬一体遵照又前抚部院谭批据详各局收纳厘捐只须官板制钱不论青红铜色以两头见平中无私铸薄钱为准不准商人掺用毛钱亦不准私巡苛选铜色等情所议尚属平允应准如详立案惟利所在人所共趋若不明示告式恐不免日久弊生应由总局颁发各局钱式各两串饬令嗣后照式收纳俾商贾司巡均有遵守等因奉此除颁发钱式饬令各该局悬挂局门照示收纳外合行出示晓谕为此示仰商贾及司巡人等一体知悉嗣后完纳厘钱悉照该局悬示钱式以官板制钱两头见平中无私铸薄钱为准商贩等不准掺用毛钱司巡等亦不得私选铜色以示划一而昭公允尔等须仰体本总局于此整饬钱法之中仍示体恤商情之意均各恪遵定式毋得再有取巧作奸如敢故违一经查出或由本局禀报定即分别严究不贷毋违特示

钦加知府衔署理汉阳督捕清军府兼办驻汉云南矿务招商转运督销局陈钦加同知衔即选县正堂总办轮船招商汉局兼办驻汉云南矿务招商转运督销局黄为出示晓谕事案奉奏派驻沪办理云南矿务招商总局江苏即补道胡文开案查云南开办矿务分别设局招商集股所有赴股各商掣与票摺收执按年给以利息禀奉云南督抚宪批准通行在案兹本总局所招股份应给息银截至光绪十二年十二月底止按年以一分宫利照给不加闰月惟所填股票息摺前因四处窎远号数间有不齐现拟于付息时换给新票新摺除刊刻申报告白声明知照远近各商来局取利换票外查汉局所招股本应付官利亟应照章发给一体将票摺于付息时收缴即由汉局缮给收条俟新票填齐持条倒换以归一律而昭大公等因奉此合行出示晓谕为此示仰股商人等知悉本局所招附股各商务将股票息摺持赴永吉泰钱庄对明号数自收银以及已付息银之日起截至光绪十二年十二月底止不加闰月按月以一分官利一律发给惟从前所填票摺即由永吉泰钱庄收缴而发给收条交执伊新票息摺填齐转发到局即行知照各商执持原条赴永吉泰钱庄倒换俾昭信实而广利源幸勿迟疑是所翘盼切切特示

《申报》1887 年 3 月 31 日第 12 版第 5010 期

宪示照录

昨报列晓谕小轮一则兹将龚仰遽观察告示照录以供众览钦加二品衔监督江南海关分巡苏松太兵备道龚为重申例禁剀切晓谕事案光绪十一年二月二十二日奉南洋通商大臣曾札准总理各国事务衙门咨小火轮船行驶内河易滋流弊上海既有华商置造小火轮船自须明定章程以示限制照录章程咨复札关遵办并蒙抄发章程内载华人制造此项小火轮船只准在通商海口行驶不准载货搭客驶入内港江河及沿海不通商地方贸易违者罚办并将船货入宫如有华洋商人暂时雇用前往内地游历者报关另给执照经过关卡停轮候验不准私带货物及违禁之件违者截留究办倘系华官雇用亦报关另给官雇执照官置之船一律办理等因奉经咨行遵办惟近来每有华洋商人所置小火轮船并不赴关领照擅自私入内河经过关卡并不停轮候验实与定章不符已有轮船照章充公在案并经本道分饬闵行黄渡两卡稽查轮船委员此后遇有华洋小火轮船经过饬令停轮照验放行如有无照闯卡以及带货搭客违章贸易者立即截留禀候究办诚恐未尽周知合再查案晓谕为此示仰官商人等一体知悉自示之后华洋各商如有制造小火轮船务遵定章请领关牌准在通商海口行驶倘有官商暂雇小火轮船前往内地游历者随时赴关报明另领雇用关照收执开行回日缴销经过内河各关卡一例停轮候验如查有带货搭客违筹贸易偷漏税厘情事即由沿途关卡将船货扣留禀道照章办理慎毋自误均各凛遵毋违特示

《申报》1887年4月25日第2版第5035期

严禁烟馆

江西德化县金雨卿明府访闻各洋烟馆窝藏匪类以致迭出盗案因会同营泛并保甲局员勇昕夕巡逻并出示严禁各烟馆限半月为度一律闭歇兹将告示录左为出示严禁事本年四月二十九日回峰几地方化湖两邑之界查该地方有不法之徒陈锡畴开设烟馆窝有盗贼朱正关系湖北武昌州人供年十九岁向在本处贸易失于去腊因小的父子不知被族人等将小的赶出逃往回峰几地方因日用无资陡起枭心于三月二十九日夜行窃忽见一大船小的比时撬舱入船比窃大皮箱二口四季衣服均在箱内共计七十八件外帽盒一个枕头一个内有洋稼伙全套小的一人窃归忽被德化县快头廖彬张彪吕先将小的槛问被伊鲸吞小的未得分文不敢妄言冤枉求作主等词现在湖邑管押在案奈因闰四月初旬又被盗贼强抢转移到县前来据此一面出示严禁查烟馆前奉上宪迭次来札毋许开设烟厂饬尔等另寻别业俾匪类不能潜藏为唐间阎合行示谕为此示仰合邑军民人等知悉无论城厢各洋烟馆限半月为度一律闭歇如果再行不遵定即签差拘拿究办或被告发决不姑宽本县言出法随各宜凛

遵毋违特示

《申报》1887年6月15日第11版第5086期

崇正黜邪示

芜湖上门外有巫妪某氏假仙姑附身为名招摇惑众复勾引地方无赖托言做庙向人勒捐从中侵蚀经钱孟超济府访闻将房屋封闭并提某氏等责惩叠纪前报兹悉钱明府又出告示一道遍贴通衢照录左方即补州署理芜湖县正堂加三级随带加一级纪录十次钱为出示严禁以杜邪教而正人心事照得隐藏图像烧香集众佯修善事煽惑人心一应左道异端均属有干例禁重则斩绞轻则军流其为崇正黜邪计者至深远矣芜邑四民本属比户善良各安恒业索隐行怪问所不取兹本县访闻有外来不法之徒假灾祥祸福之事设立斋堂名目烧香念佛惑众敛钱乡愚无知妄思邀福辗转被诱执而不悟虽尚无违悖不经之事究为人心斯道之忧除差传驱逐外合行出示严禁为此示仰合邑诸色人等知悉尔等须知左道惑众律所不宥师巫邪术有犯刑章自示之后务各涤面洗心另图别业勿再仍前故态惑众敛钱庶几免其既往子以自新如果冥顽不灵罔知悛改一经察出或被告发定即从严究办决不姑宽其各凛遵毋违特示

《申报》1887年6月15日第11版第5086期

英廨告示

会审分府蔡为出示晓谕事照得本国五月初一日即西历六月二十一号为大英大君主在位五十年之期在沪之英国官商悬灯结彩借申庆贺届时中外人民观者甚众难保无宵小混迹其间除令巡捕等人加意逡巡弹压外合行出示晓谕为此示仰铺户居民及诸色人等知悉务宜各自小心照应门户勿为匪徒乘间生事致贻后悔凡有游手好闲借端肇衅之人一经获案定予严办勿谓言之不预也凛之切切特示

《申报》1887年6月21日第3版第5092期

浮桥遵照旧章告示

宁绍台道薛为出示晓谕事据绅士知州衔江西建昌县知县董沛等联名禀称窃维东津浮桥自唐至明或用十六舟或用十八舟二十舟嘉庆年间减为十四舟设遇风潮辄至损坏道光初年仍复十六舟之旧此载在县志千余年来之旧章也近时办理桥工绅董欲将十六舟改为十二舟自知舆情不能允洽只言造填船四只排板三块禀县出示观捐问其减舟之意则谓桥下覆舟

太多皆是桥洞欠大之故职等公事公言利害甚巨不得不上改旧章细察水性详悉言之夫行舟之覆覆于风潮之为害者半覆子驾驭之不慎者亦半古人岂不知桥洞阔则舟易行而实深知桥洞之不能尽阔不可全阔且又不能永禁舟子之斗捷冒险于是苦心竭虑令东桥塊第一洞独阔王文而桥上大书对我来三字以示之又恐夜间不能尽见则悬红绿灯以远照之近时又设济生公所以救意外之失真可谓法良意美无如舟之覆者多是卤莽舵工不谙水性又不遵对我来之准的以自取其祸君子之所无可如何也此桥为鄞镇奉象四县趋群之要道行人日夜不断时届岁暮肩摩踵接桥为之低春秋报赛拥挤尤甚旧设十六舟今改十二舟则四分去一矣舟少则梁长梁长则析虚设有疏虞千万人性命所关谁任其咎桥下之水西畔最缓两旁船只丛泊污秽多抛入江中古人于置舟甚密所以激水使流以去污浊犹河工置扫之意今若减其舟而关其洞桥下水流愈缓污泥必致停滞数十年之后滩必渐涨此时西岸舟搁不能随潮升降而东岸潮来愈迅桥必因之大怀至于中间数洞为巨舰所出入排板加长则开合不便亦可深虑东畔数洞第一二排旧已加长用使桥下行舟可以出入第三四洞为江流迅急之处即令加阔亦难行舟现询江边铺户及济生公所司事皆言行舟失事向在第三四洞为多其急可知虽有阔洞岂能减杀其势或且因有阔洞而来者更多是导之覆没矣用敢沥情上诉伏乞以千余百年旧制千万人生命为重迅即札饬府县转饬该纠董一律遵照旧章仍是十六舟仍用中国树舟样不可加高桥塊不可修改一面出示晓谕以安大江以东百亿万众之心并刻石垂示久远永永遵守等情据此查是处浮桥地属要冲行人如织凡有增改必须略外详慎察阅该绅等禀词其中畅论利害甚为明晰允当大抵承办此等要务必须舆情允洽洵谋金同乃能经久无弊不宜轻改旧章借图省费遗害无穷据禀各情除批示并札行鄞县会督桥工绅董一体遵照旧章办理毋任该绅等借词支吾师心自用外惟恐居民未尽周知心怀疑虑合行出示晓谕为此示仰该处士民行旅人等一体知照毋违特示

《申报》1887 年 9 月 4 日第 2 版第 5166 期

洋药新章告示

钦加布政使衔护理浙海关监督分巡宁绍台兼管水利海防兵备道加三级纪录四次薛为出示晓谕事案查洋药并征新章商人完清税厘无论运往何处一切税捐均史输纳新章既行邻省洋乐自应准其营销浙境惟隔省印封行之本省各县各局卡未必能一无阻滞恐于商情转多不便若入境之后竟置之不查不问则影射假冒之弊又必由兹而起前经本关议于嘉湖扼要之区设立稽查洋药分卡以防偷漏而便商运现奉抚宪卫先后行准户部暨总理各国事务衙门核准照办本关遵于嘉兴府属之枫泾地方湖州府属之南浔地方设立分卡各一所合将章程开列晓示为此示仰洋药商贩人等一体知悉现定于光绪十三年八月十六日两卡一律开办嗣后凡

邻省□关印封之洋药自内地运来浙省地方销售者务须遵照章程分别先赴枫泾南浔各该分卡呈报听候查验盖戳放行一切税捐均免输纳并无丝毫使费商人贩运洋药遵守章程系其切已之事自示之后断不致再有疏忽倘仍有未经浙海关分卡查验盖戳之货在浙省地方私运者必系奸商先有私改印封凭单情弊以图绕道偷漏一经沿途各局卡查出即应扣留押回距该处较近之浙海关分卡照章分别罚办入官各宜凛遵毋致自误切切特示计开浙海关稽查洋药分卡章程

一本关设立分卡二所一在嘉兴府属枫泾地方一在湖州府属南浔地方稽查洋药专防偷漏等弊以便按照专条凡上海已完税厘之洋药运来浙省无论何处均准销售本□所派驻各分卡委员司事虽有经办之责而一切事宜仍由本关主持商贩人等如有应禀公事或来本关禀诉或就近禀诉委员转禀悉听具便

二凡商人欲自上海载运洋药不由海道运宁而自内地入浙者由江海关仿照并征新章发给准单其货主先特税厘若干在江海关完清并于报单内注明该货自内地运入浙省字样由江海关粘贴印封发给凭单方准起运

三凡商人欲运浙省洋药如系已完税厘粘贴印封搬出之后未经远离准由原商报请江海关验明实系原货亦于报单内注明该货自内地连入浙省字样由江海关照给凭单方准起运

四江海关印封洋药自上海运销浙境者均须由枫泾或由南浔行走赴卡呈报查验由卡于原贴之印封原给之凭单上加盖浙海关戳记并将该货凭单之洋文一半截留存卡其华文一半由卡批注准该货行运无论何处销售字样还该商方准起运以便沿途各局卡查验放行一切税捐均免输纳亦皆无丝毫使费

五如有未经浙海关查验盖戳截单批注之洋药在本省地方私运必系奸商先有私改印封凭单情弊始行绕道一经沿途各县各局卡查出扣留押回距该处较近之浙海关分卡查明情节由该分卡立即禀报本关或应照原定税厘之数每百斤三倍罚缴银共三百三十两后仍准盖戳放行或应将全货入官送关变价均候本关核示遵办

六凡有小轮船自上海由内河入浙应遵照光绪十一年间总理各国事务衙门札行总税务司黏抄江海关专章内开此项小轮船经过关卡停轮候验不准私带货物以及违禁之件违者截留究办倘系华官雇用或官置之轮船一律办理等语嗣后各小轮船经过本关分卡均应停泊听候查验违者截留究办

七分卡原为便商行运而设商船过卡有无洋药在船应否停泊乃商人切已之事分卡毋庸设法招徕如有洋药在船未据赴卡报验则前途各局卡自能查获送办官船及别项船只均应一律光绪年月日

另附通饬各局卡照办之例

一所有江海关八月十六日起以后所发凭单之洋药运入浙省各县各局卡查验如无浙海

关分卡戳记即应照章扣留惟凭单虽系八月十六日所给其印封亦有八月十六日以前所贴者故凭单印封月日难免不符各县各局卡只须视该货凭单记号码号验单号数是否与印封相符不必论印封月日俾免因此稽阻

一所有江海关运浙之洋药如只有印封并无凭单按照专条亦非违章各县各局卡不可因其无凭单即子扣留惟视其印封如系八月十六日起以后所贴倘无浙海关分卡戳记始应扣留其在八月十六日以前贴者准限一个月至九月十五日止无论有无分卡戳记均不应扣留俟限满仍无戳记始应扣留

一凡应查验放行之货立即查验放行凡应扣留解送之货立即扣留解送均勿稍事延搁以免借口

《申报》1887年9月25日第2版第5187期

汇录东海关道盛告示二道

为剀切晓谕事照得招商局保大轮船因雾迷在成山头触礁损坏该处本设有拯救局乃董事及居民人等并不照章保护率敢乘危捞抢县令募勇弹压复敢聚众凶殴致毙人命并窘勒县令写立印结实属胆大妄为情同化外现奉北洋大臣李山东抚宪张电谕成山居民辱官行凶此风断不可长先将荣成□李令撤任并由统领山东海防各军孙军门督率精队乘坐兵船来荣会同本道严拿务获惩办等因查成山共计三十六村其聚众行凶抢货本道派员明查暗访只有大西庄等十村其余都属安分良民兹者本道亲自到境亟应出示晓谕公别良莠而安居民凡该村民不与捞抢行凶之事者其各安居守业毋得惊慌迁徙若能确知凶手姓名及捞抢赃据者即行捆送或来营报信必当立子重赏如有藏匿□手寄顿赃物情事一经访实亦必一体严拿不稍宽贷其各凛遵切切特谕　六月廿九日

为要谕事照得荣成县东山八村乘危抢劫保大轮船并聚众拒捕勒官出结一案本道奉北洋大臣李巡抚部院张饬令会副统领海防各军孙军门于六月二十九日带领精队前来勒令缴赃交充以警刁风乃顽民悯不畏法三日之内仍不交凶缴赃殊堪痛恨访查此案实系大西庄小西庄为首抢劫拒捕东沟村亦抗不遵缴当即饬令荣成县督率勇役将此三庄所获赃物搜捕至数百挑之多其一月之内预先出售搬匿者金谓不计其数是抢劫货物已有实在赃据其余瓦房庄沟西崖侯家庄泊南崖卧龙村五村据贡生李秉京廪生鞠俊升等具结将所抢赃物变价之钱二千二百五十千缴求免搜查已经照准除饬县严缉正凶并将已获未获从犯按名分别拿讯归案办理外此案情节重大不得已遵饬示兵威现在人赃俱获本道姑念边海愚民无知一时为周仁丰王永祥等所煽惑宽其已往不复追诘该村民务当从此洗心勉为良民如果再有乘危抢劫拒捕抗官等事本道必当尽法严惩决不宽恕勿谓言之不早也凛

之毋违特示　七月初二日

《申报》1887 年 10 月 6 日第 2 版第 5198 期

芜湖道告示汇录

钦命二品衔江南安徽分巡徽宁池太广兵备道办理营务处督理芜湖钞关监督新关通商事务兼驿传事随带加三级纪录十五次双为剀切晓谕事照得今岁春雪连绵五月大水后隔两月甘霖并未下逮广济大官二圩业已漫溢民隐实在堪虞兼之豫省黄河决口下注于准此刻若不竭力维持诚恐将来民不聊生凡在无富商大贾以及诸色生意各当节俭自持幸毋挥霍至外来之人亦当由县局密派亲信人等认真巡查其烟馆妓寮更不免窝藏匪人前经本道访确著名娼寮已经次第查封逐出境外并取具地保切结存案此等苦东外人焉得而知实录今年皖省偏灾希冀尔百姓各顾身家力戒浪费起见况冬防在迩大江轮舟来往每日上下人等难以均称善良若有一二宵小混淆此地难免不别生事端除札饬芜湖县暨保甲局加派丁役梭巡外为此示仰诸色人等知悉务须各安生业幸毋自取愆尤区区好心该商贾及土客小民均当仰体本道之意是所厚望焉

又示传声警盗系为保卫吾民起见仍与历年所设支更相辅而行毋举此而废彼毋始劝而终惰各敦守望相助之义以期声势联络景象庶足以寒匪胆而杜窥伺各街巷栅栏均宜修整添设以臻周密每夜二更均须一律关闭至烟馆饭店最易藏匿匪徒亦以三更为率一律熄灯闭门居民铺户夜间有事出门各携灯笼一盏以便稽察仍遵历年冬防期限以十月十五日起至来年正月十五日止

又示芜湖复关以来泾旗太商人来此贸易生涯不为不旺其中富商大贾讲求利义二字者固不乏人而影射走私偷漏国课者在所不免即知黄裕生磁店竟至以澛港茶铺为留私之地船抵澛私下货物偷漏磁器至五担之多而本街磁器摊小本营生者亦均漏私而来现黄姓店铺已被查封示警本关道不为已甚只图该商能辨明利义二字不偷国课是幸本关道抵任已经年余风闻绸缎广货各大商均系由背路江边起岸用小担运店试思士农工商各有本业均当礼义自持该商既在芜湖开铺若竟售卖未经纳税之货问心何以自安凡在无作一切生意买卖者各当激发天良将本图利幸毋自逃法网将诸等未完税课之货物窝藏铺店希图渔利岂不知悖入悖出有一定之理该铺商及各色贸易人等经此次晓谕后当思各安本业幸毋取巧影射致于自弃倘敢不遵训诫故作国家罔法之人本关道惟有查例究惩不贷

《申报》1887 年 11 月 19 日第 2 版第 5242 期

重庆府告示

为访闻严禁事照得本督部堂访闻渝城五方杂处市痞地棍实繁有徒兵多结痞为羽翼痞每借兵为护符狼狈为奸小民侧目及至酿成事端被害之家指名具禀差役不敢拘拿即备文移提或空文回复或抗延不交地方官碍于情面率以含糊了事以致痞风日炽痞胆日张尚复成何事体亟应严行查禁以靖地方除照会重庆镇转行各营严加管束无论弁兵如有事故即行送交讯办倘敢徇纵许地方官指名禀揭参办外合亟札饬为此札仰该府即便遵照严行查禁痞棍与管兵勾结扰民如犯有事故无论兵民即行秉公严讯惩办倘管员徇纵立即禀揭听候参办该府如瞻徇不揭一经查访确实一并参处毋违此札等因奉此除通饬遵办外合行出示严禁为此示仰渝城军民人等一体知悉自示之后尔等务各痛改前非切勿以身尝试倘敢不遵仍蹈故辙本府惟有执法如山决不姑宽各宜凛遵毋违特示

《申报》1887 年 11 月 29 日第 9 版第 5252 期

照录中堂告示

钦差大臣会办海军事务督办北洋海防办理通商事宜太子太傅文华殿大学士直隶总督部堂一等肃毅伯李为出示晓谕事案准钦命总理海军事务衙门咨光绪十三年二月二十二日具奏天津等处拟试办铁路兼筹利益商贾一摺本日钦奉懿旨依议钦此咨行钦遵等因查直隶开平创造铁路现拟接至天津共二百数十里诚属益国便民之举此铁路公司与开平煤矿另是一事并非合伙当经饬据该铁路公司总办伍道廷芳等邀集众商董妥议章程呈由督办沈藩司周道等转禀到本阁爵大臣查所议章程载明该公司所办之事全照生意规矩官但维时保护随时督饬该公司认真筹办必令取信商民经久无弊据禀用拟招股份一百万两刊印章程分送各处诚恐远近未能周知怀疑观望为此示仰官绅商民人等须知铁路为东西洋各国通行之事各省出洋商民皆曾亲见其利益凡遇有铁路地方生意格外兴旺外洋绅富莫不分执铁路股票为子孙永远业产中国仿照办法事事皆从节省信实做去所有连载余利入股者照章均分断不容其稍有含混此举有关国家要政官必力为扶持行赌久远该公司应办各事悉令照西国通例由众商董公议官只防其弊不侵其权凡欲两股者切弗迟疑致失机会切切特示 光绪十三年月日

《申报》1888 年 1 月 22 日第 2 版第 5306 期

告示汇登

南汇县正堂袁为出示晓谕劝民息讼以安农业事照得本县莅任以来审理词讼类多钱

财田土细故一时不忍匍匐公堂虽经本县批呈则删去牵连断案则一堂了结所以体恤吾民者意亦良苦诚以堂上一点朱民间千点血稍不留意小民固受累无穷本县亦作孽非浅然数月以来其以细故而构讼者仍复不少尔等须知告状一事官司即能打赢而所得不偿所失始则到城控诉写状用戳便要破财嗣专人控信又须使费一经准理差役到家被告之人所用固多而原告处则要起差盘费以及酒饭等项来城听审凡讼师词证关切亲友接踵而来所有寓处杂用烟茶酒饭皆须原告供给其证见尤要格外奉承不敢简亵恐其不为力辩究之如何审断权操在官输赢未可预料审结之后书差陋规名目甚伙官虽严行禁止而尔等既惑于铁铸衙门流水官之说又谓其在山靠山在水靠水私相授受未敢缺减破产伤财莫此为甚殊不知讼之一字最易倾家尔等有田数十亩即称小康一家老弱婚丧酬应完纳钱漕无不取给于此平时克勤克俭尚虞不足稍一不忍或因细微田债或为口角争忿官司毫无把握先须破费数十千至数百千不等家有余钱探囊尚易然亦省吃俭用辛苦积来如果手头不宽不能向人借贷乡间利钱最大愈滚愈多无可设法只得卖田清还去田一亩即去一亩之租人口日重田亩日少辗转数年势将冻馁咎由自取情实堪怜夫男耕女织何等辛劳必欲因讼荡产以供衙门之用岂吾民尽愚而竟不能思前虑后耶古云气死莫告状馁死莫做贼穷死莫妄为又言忍气莫打人到老不偿命此数语者真苦海之慈航迷津之贤筏也本县不惮烦劳苦口谆劝所望尔等及早猛省勿因细故而增大累勿因小忿而酿饥寒是为至嘱另撰息讼歌一道遍传四乡俾愚民闻之了然易晓各宜凛遵毋违特示

为谆谆劝谕以冀化莠为良事照得为政以安民为本安民以除暴为先强者除而弱者安此必然之理也本县自从军以至服官宁苏历时二十余载始履高醇继任铜山凡地方之利病民情之好恶无不随地随时咨询必切访察恐遗盖人之善者即地方之利也民情之好也恶者即地方之病也民情之恶也祛其所恶则民之病渐除从其所好则民之利渐溥行之既久效有可凭自奉调任来斯深知地处海滨良莠不一善者固属居多而恶者亦复不少爰为按镇就图明察暗访半载于兹已多闻见其中生事扰害者有之负强欺翮者有之设计渔利好讼累人者又有之事实非虚姓名亦得本不难按名指拿分别惩办然以本县爱民之心思尔等失足于前或能回头于后故不忍不教而诛先与开诚除查得生员中之不安本分者姑念士为四民之首顾其廉耻暂隐姓名以观其能否改悔敛迹另行续办外合将所访著名各姓氏分图分镇剀切晓谕榜示为此示仰合邑人等知悉须知士农工商各有恒业勤能俭约不乏谋生一生不犯王章毕世可称完璧及至犯事到官照例办罪恋家室而莫顾望乡里以徒悲俯首就刑噬脐何及曷若循分守法俯仰优游其间孰得孰失不辨自明且一人犯罪一家不安设再辗转牵连一乡亦为之不安尤望父训其子兄诫其弟亲族相劝友朋相规勉为善良勿蹈故辙如其怙恶不悛则是法网自投立治以刑决不再恕至尔等积惯伎俩以为犯事到案只须供词狡赖坚不承认官即不能办罪可图侥幸漏网殊不知本县既访得实何能容尔狡赖若照所访之唆讼生事扰害闾阎者即与凶恶棍徒无异轻则永

远监禁重则斩绞军流在在皆可拟办岂必欲犯供方能治罪耶勿谓善可不为勿谓恶可以作勿谓法可以玩勿谓官可以欺要知本县来治斯土地方之病必除民情之恶必祛所以不惮谆谆告诫者正欲化顽梗为良善也苦口婆心当可与民共白但为政以宽执法尚猛三尺具在慎毋尝试尤勿以寻常告诫之视实有厚望也其各凛遵毋违特示

《申报》1888年2月3日第2版第5318期

告示照登

钦命广东承宣布政使司布政使高广东矿政局抄奉两广总督部堂张为晓谕招商集股开办云南矿厂事照得现准巡抚衔督办云南矿务唐咨开查滇省旧有铜厂三十余处年出铜斤数千万各省需用之铜悉皆取给于此军兴停办已数十年现在东川等厂现已开复而各处未开之地尚复不少是以近年京运未能足额推求其故大约有二一则商本不厚一则砂丁不足以致弃利于地实为可惜本督办前在滇省曾会同云贵督部堂岑拟定开厂章程以招集商股购买机器为两大端盖非商股不能辅工本之不足非机器不能济人力之穷乃甫经举办旋即离滇岑部堂又相继出关事竟中辍兹钦奉谕旨敕兴矿利周咨博访体察情形必须仍仿前议方能办有起色现拟招股一事则专委天顺祥商号四品衔候选同知王炽等分赴川广汉口宁波上海等处招股其招集之法则按照商规以出股之多寡管厂事之重轻周年六厘行息三年结算再分红利皆于天顺祥号凭折支取三年后即准提本其愿自携巨本来滇开办不入股分者亦听其便至机器一事拟先聘东洋矿师俟其到滇察看形势应用何物机器即行购办庶免虚糜工本业经奏请敕下出使日本大臣转饬随员候选知县于德枞代聘东洋上等矿师两人来滇办理惟现在亟须招集股分以便矿师一到即行开采免致停工相待坐废时日此系钦奉特旨专办之件期在必收成效且此次所派招股之人专系天顺祥一家为川滇两省著名殷实商号此外并无别家分招不致真伪混淆足以取信绅商请烦出示晓谕使知该商号殷实可靠俾得股分踊跃实为公便并黏抄奏稿等因到本部堂准此合行示谕为此示仰广东通省绅商富户人等知悉滇省为五宝之地古所谓金形如马碧形如鸡即指矿质璞玉两种而言是以矿利甲于天下无如遭乱以后本省物力凋残不得不借资群力现在钦派大员督办其事奏明招商集股聘用东洋矿师专派天顺祥号分赴各省招股实属筹划尽善与从前漫无把握者不同现在天顺祥商号业已来东如有愿行附股者即向该号订取股票倘不愿入股或自携巨本赴滇开办亦听其便毋稍迟疑观望致失事机是为至要切切特示

《申报》1888年2月4日第2版第5319期

南邑告示

　　南汇县袁为重申禁令剀切劝谕事照得本县莅任以来凡民间人小各案无不随到随审随结命案重件亦即登时讯详书差稍有迟玩随时堂回提比接见缙绅面谕父老以及传唤地保皆再三谆嘱总以保甲为本息讼为先犹恐智识庸愚未能遍知民隐嗣经周历各乡村庄市镇所有人情好歹风俗美恶并水利沟渠之孰通孰塞讼棍土豪之孰强孰悍均已访闻大概城中善堂如积谷育婴恤嫠普济宾兴书院亦俱会董筹商崇实黜华力求实济此本县孜孜求治之意深恐上负宪恩下辜民望谅此邦士民所共知共谅者也然近日词讼仍繁诱嫁拐骗之风未尝少减推求其故或为本县昏不知人奉职无状之所致但以百里之大四乡之广一人耳目窃恐难周全赖缙绅大夫及各乡各镇于滋扰何等唆讼技量最精何家能孝友一门何人为乡党善士诸绅董土著于斯自能目击耳闻确有实见本县自知愚暗最肯虚衷不妨各举所知互相商榷当行则行可止则止断不致施施见拒自诩才华能得去一分弊受一分益减一分浮靡得一分实惠风俗朴纯各安其业岂不乐欤今本县先将应禁应劝各层条示于后皆为南邑省事惜钱而起务望诸绅董曲体苦心遵示严禁本县公余之暇仍复周履各乡宣讲圣谕查办保甲密拿讼棍土棍并与诸绅董就近商酌公务倘有应办事宜随时在乡讯断以期不扰不累至于下乡随带人役不过十人概系优给饭食不准扰及民间即本县舟资茶饭亦俱自备誓不累人杯水惟此兢兢业业之心庶几勤以补拙南邑风气素厚耕读相安近以海上通商竞尚奢靡毗连咫尺习俗移人若不及时敦朴必致民穷财尽其患何可思议耶各宜凛遵毋违特示应禁各条详开于后

　　一严禁抢孀逼嫁犯者分别为首为从重则斩绞轻亦军流

　　一严禁拐逃并知情窝留犯者照例办罪或绞或流决不稍宽

　　一严禁蚁媒诱孀改嫁并为来历不明之妇女说合嫁卖照例办罪枷示严惩

　　一严禁台基勾引良家妇女伤人名节败坏风俗查出封屋入官从严惩办

　　一严禁窝藏盗贼及一切匪类犯者房屋发封入官人则严办

　　一严禁架唆词讼查出永远监禁

　　一严禁借尸讹诈混控多人犯者照例反坐其罪或临验时纵妇女人等在尸场滋扰定即严惩一面严提各妇女夫男枷示

　　一严禁地棍讹人以及包人讨账搬人物件犯者一经查出或被告发枷示严惩准其捆送一严禁搭台讹索架词控告希图祟人审实严惩

　　一严禁凶殴滋事犯者严行责惩

　　一严禁地棍勾结私枭抢夺以及放火故烧人房屋一经有犯讯实即禀请大宪就地正法以昭炯戒而正人心

　　一严禁贩私如窝顿串贩夹带侵销均于律禁犯者严办

一严禁赌博查出封锁房屋入官人则枷示严惩

一严禁烟馆查出将房屋发封入官人则枷责示众

一严禁演唱花鼓淫戏查出定提为首之人严究并责地保

一严禁师巫邪术凡愚夫愚妇假托鬼神附身私设香台名曰扎仙看仙煽惑愚民查出重办

一严禁贩卖私宰耕牛可以代农既食其力何忍反戕其身如有私宰贩卖查出照例枷号重责

一严禁乘危撩抢沿海滩民渔户遇有遭风船只乘间毁抢实害商旅犯者严办一严禁借产诈扰如情借傍业借悔加叹等名目稍不遂欲抢物牵牛拼死踞扰情殊可恶犯者枷示严惩

一严禁恶佃霸田霸租告发严惩枷示

一严禁赖婚另许犯者照例重办

一严禁脚夫把勒凡民问雇夫应听自便而该脚夫等把持地段多方勒索殊干例禁犯者重办

一严禁硬赊挝小凡赊欠货物应听店主自愿岂容恃横至挝用小钱又例禁极严犯者重办

一严禁书差借案需索查出严行革究

一严谕各乡各镇严办保甲互相守望各庄各村联为一气有警兜拿人赃并获送县重赏尤以先查窝家为第一查出必得公正绅董举报以免挟嫌妄控

一严谕钱粮漕白各自首先上柜完纳给串安农以免差保需索向来零星小户图省川费今日有数百文或先交地保余俟陆续缴清再行取串以免一气完纳此亦尔等之苦衷本县早经鉴及惟为尔等细思所便者小所费者多何也各图地保粮差好歹不一偶尔亏空挪移本县照册严催地保以串在手中呈缴唐塞说某户抗欠官以串票为凭一经签提到案尔等又要费许多意外之钱即与地保对清业户已受其累至平日之所费尚不在内如此寻思不如自行投柜之为省也以上严禁劝谕各条皆为挽回风俗绥靖地方起见各镇保团图甲绅者务当仰体本县苦衷一律随时劝勉倘有怙恶不悛之徒准其指控或随时捆送到案即惩不使尔等花费一文则良懦乡民受绅董之惠不浅也企于望之

《申报》1888 年 2 月 5 日第 2 版第 5320 期

告示照录

苏松太道龚为出示晓谕事光绪十三年十二月二十三日接英国总领事许来函据英商怡和行禀近来华商于乱丝头办装之际弊端滋甚请转移地方官饬令力为整顿以免商累否则西商势将裹足其弊端或用灰以光其色或挽物以重其觔或以茧壳实以豆属种种不一考查极难若非先为查出一经运往西国受亏奚可胜言即如检呈之样竟有铁丝铁屑掺和其中此项样货

虽系购自汉口然亦到处皆然以上各弊乡户庄客皆能为之年甚一年伊于胡底苟非竭力换回则茶叶之前车可鉴必致同一决裂莫可收拾等情合将原样送请查照谕知该业认真整顿以维丝市等因到道除分别移行查禁并饬丝业董事实力整顿外合行出示晓谕为此示仰商贩人等一体遵照尔等须知中外通商全凭信义一经舞弊作伪洋商受亏实甚势将裹足不前尔等贪图微利商务因此不兴自坏恒业追悔已迟本道察核所呈货样贸有弊端殊堪痛恨兹特谆谆告诫自示之后务须竭力整顿痛改前非如有阳奉阴违仍行奸计一经查出定当照例从严究办决不姑容其各凛遵毋违切切特示

《申报》1888 年 3 月 1 日第 3 版第 5338 期

告示照录

英会审员蔡太守拟禁妇女烧香及入烟馆吸烟已列前报兹悉太守又将告示底稿移请上海县法租界一体禁止所有告示照录如左钦加知府衔补用直隶州办理英美租界会审事务即补分府蔡为剀切谕禁事照得妇人入庙烧香本干例禁男友行道有别着于礼经诚以正俗以风化为先女德以廉耻为重人之异于禽兽无非礼义维持从无荡检谕闲如近日妇女之甚者上海租界地方生齿日众风气日靡寺院本属无多乃有外来僧道辄赁一廛供奉偶像托名某氏下院冀以炫人耳目俗称佛店其陋可知访闻常有妇女前往烧香甚至随众罗拜僧俗混杂哄动一堂又查烟馆时有妇女开灯吸烟男女相对一榻横陈任人指目毫不知羞初尚仅有流妓罹竟渐及良家皆由耳濡目染习俗移人世道若此良可慨然本分府痛恨颓风亟图挽救现已严饬差役协同探捕认真查拿第以相沿已久不忍不教而诛合先剀切晓谕为此示仰租界居民人等知悉尔等须知翁姑父母活佛即在家中奚必求神寺院夫妻子女天伦自有乐境何须出外嬉游自示之后毋许妇女再到佛店烧香并赴烟馆吸烟倘敢不遵除将违禁妇女惩办外并提该夫男到案一体究治本分府言出法随绝无宽假其各恪守闺训勉为贞良有厚望焉凛之慎之切切特示

《申报》1888 年 3 月 11 日第 3 版第 5347 期

宪示照录

钦加二品顶戴三品衔署理江南盐法道分巡江宁兼管水利事务江苏遇缺前先题补道一等军功随带加三级刘为出示晓谕事照得鸦片流毒甚于砒鸩乃愚夫愚妇偶因细故一时气忿遽萌短见吞服烟膏及生土自戕生命纵有灌救良方毒入肠胃往往仓卒救治莫及殊为可悯揆厥由来皆因洋药遍行于市以致民间易于购买被害无穷本道督办保甲前已刊发告示晓谕城

外贩卖洋药铺户切勿误售保全民命在案兹据廪生施作隆等联名禀称因晤施药驰救善士徐闻韶谈及目下施救吞烟者月计二三十名之多推原其故卖烟铺户多因贪图小利日久玩生且前颁示谕所禁仅在城外一隅城内售膏卖土之家尤为指不胜屈凤仰宪台凡遇民间受害各事无不严行示禁力挽赖风顷值分巡盐策而轸念民瘼之心固无异致用敢禀祈仍照前示刊发多张按户分贴庶几家喻户晓以重民命再寓申昌书局内徐闻韶施药驰救不取分文历有年所毫无倦意诚为近今不可多得之善士并祈赏给乐善不倦字样匾额以昭激劝等情到道据此除禀批牌示准照所请给予匾额外合再出示晓谕为此示仰各洋药烟膏店铺户人等知悉尔等以此为生操艺已非良谋岂可贪图小利乱卖与可款之人吞服殒命伤心害理莫此为甚然售卖烟土之家未必全无天良亦有孟浪轻售致滋贻误嗣后仿照药店卖砒霜之法凡遇购买零膏零土之人务须格外留心察言观色细加盘诘若面色有异则不必售与果属吸烟之人无款方可出卖总之尔等平时交易各宜常存仁爱好生之心利人即属利己阴德无穷否则服毒之案经官相验究诘烟膏之来历设被查出孟浪发卖必致连累后悔奚追本道为慎重民生性命起见不惮告诫谆谆慎之勿忽毋违特示　光绪十四年二月日示

《申报》1888 年 4 月 17 日第 2 版第 5384 期

告示照登

　　钦加司知衔补用直隶州署江都县正堂祥钦加四品衔即补清军府署甘泉县正堂徐为出示晓谕事案奉本府正堂陈札奉苏松太道龚移接德国总领事佛来函以德商现在采办鸭毛鹅毛桴子货内有掺杂土石鸡毛等弊请行文各该处地方官出示谕禁等因到道饬府行县遵照出示禁止等因到县奉此除移行并申报外合亟出示查禁为此示仰县境诸色人等知悉尔等售卖鸭毛鹅毛桴子等物务将土石鸡毛别除净尽毋许扰和行使致令该商亏折其各凛遵毋违特示

《申报》1888 年 7 月 16 日第 2 版第 5474 期

台藩告示

　　钦命台湾等处承宣布政使司布政使加十级记录十次邵为剀切晓谕事奉爵抚部院刘案行光绪十四年四月二十七日准礼部咨查定例各省乡试揭晓后中试士子地方远者限两月近者限一月赴学政衙门填写亲供照限解送礼部以备磨看笔迹其未经填写者不准会试至亲供不能与试卷一同解部者以试卷解到日期为始地方远者限两月近者限一月补送到部如逾限不即送部将学政照例题参议处各等语定例甚严遵行已久从未有各省中试士子不赴学政衙门填写亲供径行赴部补填者咸丰初年军兴以来士子中试后或有因贼匪滋扰道路梗阻不获

赴学政衙门填写不得已径行来京呈请在部补填亲供本部核其所呈各节系属实在情形并非该士子自误始据情奏准在案今各省军务告竣所有考试事宜自当确遵定章不容稍涉迁就相应通行各省督抚学政严饬各士子于揭晓后亲身赴学政衙门填写亲供由学政按照期限解部如逾限不到者照例题参如士子仍有不在本省填写来京后借口他故呈请在部补填者概不准行以符定制又定例新中举人有已在本省填写亲供尚未解部准其取结呈明先行会试仍由部行查该省将所填亲供送部核对如未经填写捏称已填是该举人蒙混取巧应罚停会试三科出结官照例议处近年以来外省士子竟有在本省未填亲供捏称已填经部查明后罚停三科者在该士子不谙例禁希图侥幸一时孰知查出后竟至三科不能会试后悔何及应一并由该督抚学政剀切晓谕无使该士子等仍前玩忽日误功名可也等因到本爵部院准此行司即便查照办理并移福藩司及台学道知照一面出示晓谕仍由司转饬经历官详报福建学院察照毋违等因到司奉此合行出示晓谕为此示仰合属士子知悉尔等务当恪遵定章毋得玩忽自误切切特示

《申报》1888 年 7 月 28 日第 2 版第 5486 期

免捐告示

补用府候补同知直隶州松江府上海县正堂卓异加一级随带加三级裴知府衔补用直隶州江苏即补分府办理英租界会审分府蔡办理法租界会审分府即补分府王为出示晓谕事案奉关道宪龚札开照得上海租界英法两局议加小车捐一案兹于四月二十七日接各国领袖英总领事许来函内称接准来函以工部局议加小车捐一事地方官深知小车夫无力加捐拟由官贴付英法两局共二千辆为率每辆每月钱二百五十文等因准此即经邀集各国领事官会议当因所议办法工部局先已知悉虽承贵道慨贴巨款深为感谢以事属未便业经婉辞今来函既云小车夫贫苦无力莫如劝谕工部局免再加捐以示体恤旋经行据工部局禀观此情形所有小车捐疑本年不再加收等情据此查由官贴款口属未便所有小车捐款本年不再加收等因到道除函覆并分别禀呈外札饬查照出示晓谕具报并奉关道宪札接法国领事函同前因行知查照各等因奉此查此案前经本县本分府叠次申请关道宪禀奉南北洋通商大臣曾李咨请总理衙门照会英法驻京大臣接覆并由德国驻京大臣巴转饬各国驻沪领事会同地方官再三和衷妥商庶得免加等因在案兹奉札饬除呈报外合行出示晓谕为此示仰小车夫人等知悉尔等须知英工部局法公董局议加小车捐钱业蒙各大宪以小民力有难支辗转筹商恩施格外而英法官董亦以仁慈为怀不再加捐体恤备至尔等各当安分守业毋滋事端致干查究其各遵照毋违特示

光绪十四年六月十五日

《申报》1888 年 7 月 28 日第 3 版第 5486 期

告示照录

钦加布政使衔总理抚提部院管务处督办洋务保甲总局分巡安庐滁和道丁为出示严禁事照得芜湖为通商口岸五方虽处良莠不齐乃近有外来匪徒勾同本地青皮每于轮船上下湾泊趸船时竟敢乘搭客匆忙之际或混入船舱希图撞窃或假充挑脚或冒作搭客窃取行囊种种貌法妄为大为商旅之害虽经节次拿获惩治诇怙恶不悛渐至结党成群肆无忌惮致有本月十五日北京轮船拿获窃匪一名该匪党□图伙抢未成以致伤及洋人水手之事似此目无法纪较之寻常劫盗拒捕尤觉凶暴昭著若不从严惩办何以安行旅而警强横本总管务处现奉抚宪谕饬来芜查办即经提讯该窃匪萧白春供认不讳并供伙党多名当将该犯绑赴市曹处斩枭自江干以昭炯戒除将由县访获之许金标赵大等讯取确供另再察办并饬迅缉在逃各匪悉数获究外一面分别移行添派员弁在于江干趸船各处随时严密逡巡嗣后本管务处仍不时往来江面亲自查访事出机密本可不使闻知第不忍不教而诛合先出示晓谕尔等务各洗心革面痛改前非须知安分营生亦足衣食自□何苦妄图不义之财致使身罹法网自示之后倘仍敢貌视王章复萌故智一经□案定即以军法从事本管务处言出法随决不稍予宽贷其各凛遵毋违切切特示　光绪十四年七月廿三日示

《申报》1888 年 9 月 5 日第 11 版第 5525 期

告示照登

钦加二品衔湖北汉黄德道监督江汉关税务兼办通商事宜江为出示严禁事照得案据六帮茶商宝聚公万泰恒春祥均安隆慎诚信东升美等赴关禀称缘咸宁生员刘士元前役晋昌源茶栈代售馥茂长茶庄宝魁茶三百六十四件交俄商百昌洋行每担隐在价银一两后经刘士元叠控宪辕在案迨晋昌源邀请六春茶商集公所从中调处除赔还条价外另罚充汉镇各堂善举及郑州赈捐两造乐从处息商等仰体德意爱民息讼理合联名具禀叩准销案惟商等茶业交易中外言语不通必须茶栈通事经手转售洋行恐后效尤并恳赏准立案示谕茶栈通事人等不得再蹈前辙以肃市规而杜弊端深为德便等情据此除批准销案外合行出示严禁为此示仰各茶栈通事人等一体知悉嗣后尔等代客售茶务据实报价切勿稍涉欺蒙倘有隐吞情弊一经告发定即传案究惩不贷其各凛遵毋远特示　光绪十四年七月十八日

《申报》1888 年 10 月 20 日第 3 版第 5570 期

两江总督德部堂曾告示

为剀切晓谕事照得本年江皖各处山田则亢旱成灾滨河则黄流下注荒欢情形几于耳不

忍闻目不忍睹业经本爵部堂奏蒙特恩将河运漕米征留以资赈抚又准部文捐输银两准给封兴职衔贡监翎枝奖励凡在官民同声感颂惟查苏皖灾区上下几及千里江北漕米十万石断不敷用瞬届隆冬啼号更胜思□再四惟有广为劝募以补官款之不足合行削切晓谕为此示仰绅富军民人等知悉古语云作善之家降之百祥又云何道有福尔绅富等恻隐为怀乐善好施久矣神明共鉴前次晋豫东直遇灾尚能力输巨款源源□解全活甚多此次灾更切近民更困苦尤望慨发慈祥之念踊跃输将俾沟壑灾黎咸登衽席以仰体九重好生之德本爵部堂有厚望焉所捐银两照章给奖叙尚有捐助巨款者并当随时奏请优奖以示鼓励其各黾勉幸勿观望切切特示

《申报》1888年12月15日第3版第5626期

循吏告示

署南雄直隶州兼署韶州府正堂曾为晓谕事照得本州年逾四十廿八莅仕世味饱尝宦情久淡仰承督宪不弃轻材以州属地处冲繁亟宜整顿特蒙委署敦促赴日视事以来于兹五月深惭尸位善政毫无惟耿耿此心无时不以百姓为念念盗贼为害吾民特捐廉以募勇分遗各隘巡防念痞称为害吾民设蛊桶于署前使得随时密告念讼狱为害吾民每卯收呈详加审慎绝不轻准一词念差役为害吾民应审案件亲与两造约期徒不滥出一票且念义仓有关民食筹捐几及千金为广仓廒以富桢储念考棚低窄木浸时虞急思改建念印金囊卷寒士维艰欲为筹办特捐金六百倡议捐题旬日之间三事并举凡斯之类虽不无裨于地方益于政事然要皆职所当尽分所当为将以上报督宪爱民之意下慰百姓思安之志也乃合州士庶咸许为贤造送牌伞以宠吾行早夜以思弥增愧作兹者行有日矣合再出示以劝吾民为此示仰合州人等知悉嗣后尔等务须遵照后开条款父教其子兄勉其弟朋友相规戚族相劝无作奸以犯法无背礼以为非则太和翔洽自能永保身家临川赠言情重语长幸谢故人勉事新官毋以我为念

一修身以孝悌为先也州属风气素称纯笃今则耰锄德色凉薄成风数月以来据报违训及凶殴期功尊长之案是或见之固由愚民不知礼法抑父兄之教不先致渐漓其天性也嗣后尔等务当于孝悌二字勤加奋勉庶几父慈子孝兄友弟恭祥召天和上追仁厚之俗否则伦常乖忤立见败亡事有必至理无或谬愿吾民永守斯言幸勿以迂阔而忽略之

一居家以勤俭为先也州属地方穷苦奢侈之风尚不多见惟好逸恶劳习成怠惰夫农工商贾各有恒业否则肩挑可以养活贸易亦可兴家何苦乐逸自耽纷华自务在家为不肖之子在国为游惰之民惟愿吾民早作夜思返朴归真毋放荡其身心恒量人以为出则富者可永保其富而贫者亦不至常贫

一国课宜早完也钱粮课税皆国家维正之供虽属丝毫难容蒂欠躬逢盛田赋薄徭轻尤当踊跃输将岂可稍存观望有等疲顽户口应输银米延拦不交必至青衣白牒烂其盈门始肯清缴

不知差役刁难经胥需索所失者已不止完粮之数矣助尔良民勿蹈前辙嗣后应纳清完既免追呼之迫常安耕凿之天即遇歉收无殊乐岁

一法网无自投也俗传十八地狱无限苦恼人虽不得见之而今之有粮税务必早日司衙门则固俨然地狱也收押羁监则仅存皮骨提堂对簿则痛受鞭笞其被人波累者尚曰无辜抑何不自检束甘于犯法耶嗣后吾民务宜各安本分各守法律切勿作歹为非以致身遭法纲自贻伊戚后悔何穷

一词讼宜远避也讼则终凶古垂明训无论事理曲者一经到堂或受羁押或受刑笞为亲友所共笑即事理直者一状入官书役人等重重讹诈花费实不知凡几既已废时复又失业何苦争此一息气致为终身累耶嗣后吾民果系被人欺负事真切己务宜听信本州之言速投乡族公正绅者妥为理处即使稍有吃亏总比告官便宜倘有劝尔告状者其人必是奸类慎毋过听是为至要

一诗书宜勉读也人不读书何能识字既不识字则事之利害理之曲直蒙然不知每每为人所愚实堪浩叹嗣后尔等务须严课子弟读书不必专为科名计也但求能识几字便占多少便宜富厚之家固当延师训子即居贫贱亦可以数人之作供一人之读而此一人者即转而受之于众人久之而一家之中人皆识字明理事固无难也惟愿吾民听我良言则州属风俗从此纯厚科甲鼎盛矣

一借命讹诈之习宜猛省也州属恶习每遇命案动辄罗织多人或架以主谋或诬以喝令甚有凶犯已经认供而尸亲指为顶替者有尸身仅止一二伤而泛控傍人为帮凶者有病死及自尽而捏称威逼种种诪张不堪枚举是皆误听讼棍唆使意在噬肥以致真命反难超雪天网恢恢岂无报应嗣后吾民务宜痛改前非设果被殴身死必将伤病部位凶手姓名见证何人逐一声叙报官验缉地方官自能按例究办慎毋广与株连致干反坐

以上七条仅择其大旨言之其余一切立身行事尤望吾民凛君子怀刑之惧处处留神非礼勿言非礼勿动勉作良民盖时至今日好官固不易得而州县亦实不易为贪酷者将来之参与不参尚未可知而目前却得优游自乐清廉者将夹之有无调剂亦不可知而目前却多拮据即如前署始兴尹大令兆烜其人品才识姑不具论乃十年宦海始得委署缺既著名清苦到任之后复又连办人差奉文交卸亏空公款官既因交代而革伊妻亦为贫迫三次悬梁卒之丧命是皆吾民所共知者至本州大家之后世受国恩来署南雄甫经五月调赴罗定未得羡余亦以差故赔累不赀现在交代亏空已逾八千金借非督宪殊恩先允分借廉俸几何不蹈尹令故辙耶是官且不自保更何能保我百姓耶惟愿吾民细思吾言守礼奉法互相劝勉永为太平之民无负本州谆谆告诫之意是所厚望其各勉之毋违特示

《申报》1888 年 12 月 17 日第 2 版第 5628 期

罗定州曾告示

为剀切晓谕事照得正己乃治民之本执法以除弊为先本州屡受督宪熏陶久深淬励前历府州各缺兢兢业业无敢怠荒几于民事虽无裨益亦少舛错自闻才具中下不敢炫异矜奇然亏公虐民之事不特自不肯为即他人为之亦必晓晓饶舌所可自信者不欺伪不贪功尽分所当为上体督宪爱民之心下慰百姓思安之志兹承窃檄来守是邦属目方新未周民隐然人情风土喜甘恶苦天下皆同今与尔等初相交涉所有惩劝事宜略举数端计开于后

一严密关防以杜撞骗也州县衙门钱谷兵刑动关民瘼稍一疏懈百弊丛生本州将勤补拙事必躬亲兢惕为怀权无旁落官亲幕友共盟饮水之心仆丛与台同守如山之法惟值下车伊始保无游棍奸民遇事招摇借端撞骗切勿信其蛊惑至于与受同科如有前项棍徒许尔军民人等随时扭禀以凭严办果系署中人等尤必加重严惩决不稍事回护

一经书差役毋得撞害吾民也官衙之设书役原以供书为而备差遣岂容舞文弄法借事讹诈本州与尔等首先约明自抵任之日起尔等务宜振刷精神革除陋习值班日期不准擅离承办稿件不准稽延奉票传案不准滥索酒食捏故违限不准妄锁妄带私押私拷一经带到无论票内人证曾否齐全不分早夜立即禀报听候面谕仵作验伤不准虚捏混报传供言语不准倒置含糊监羁看役不准凌虐各犯下乡夫价办公费用均准开单领发毋向百姓需索传呈违例不准勾引呈递行刑差役不准受贿弄巧衙门通弊略举数端愿尔等随时小心遇事守法倘违明谕轻则鞭笞重则杖革犯至死罪立正典刑本州言出法随尔等谅必早闻切勿尝试

一绿营兵勇宜各守营规也兵勇之设所以保卫良民断无卫民之人可作害民之事况兵即民也民即兵也切不可恃充营兵欺侮百姓尤不可挑唆营主挟制平民本州自幼随营深悉兵苦并非优于爱民刻于待兵惟尔营兵置身行伍要以远大自期所给兵饷无非出自民力即民有不是亦宜格外曲全岂可因小利微嫌动行威吓倘经告发本州但问事理之曲直谓之以法断不屈理徇情惟愿我百姓无恃本州与营兵为难尔营兵无恃护符向百姓滋事兵民和洽地方易安

一族团绅耆应赞襄教化也绅士为一方之望耆老为一乡之首族长为一族之规团长为一团之法一言一动视为楷模所谓一乡有善士胜于一邑有好官务望合州绅耆以身作则各教各族各劝各团各化各村男禁游荡女禁淫奔忍让为先耕读为本平居无事则善为教训遇有口角则立与排解勿以兴讼为能勿以强弱相角勿逞意气勿肆凶殴如有不遵一秉至公治以家法本州世居乡间深悉民间情性省分留寸隐微难宣溺习遗理转移非易惟愿绅耆人等不惮烦劳随时训导消祸患于未萌培养元气造功德于桑梓然暸同登属望真切无负苦意

一无业游民慎勿流为盗贼也人生在世不务正业势必无赖初或游手好闲聚党徒而谋饮博继则为非作歹因饥寒而起盗心或鼠窃狗偷或拦抢械劫铤而走险习为故常迨被拘拿重则高竿悬首轻亦万里充军较之务正营生者岂不相去悬绝愿尔等速谋正业肩挑可以度活小贩

亦可兴家勿以洋烟嫖赌为可乐勿以积匪猾贼为可法勿以刑法为可犯勿以横财为可务从此洗心涤虑在家可为肖子在国可为良民如敢故犯按例严办本州不惜一身愿除一盗条谕告诫断不徒托空言

一应纳粮税毋稍延玩也钱粮银米维正之供虽属丝毫不容帝欠尔等生逢盛世则薄徭轻尤应踊跃输将岂可稍存观望查州属每届征心钱粮必待官吏下乡按户征比从无纳封自行投柜于是差役肆其需索经书任意留难嗟尔小民所失已不止还粮之数何不如限筹完免受追呼夫欠人私债尚恐控追拖欠国课焉能无事本州起自田间深悉民情故特为此引劝诫切勿玩视

一讼棍主唆毋得轻信也讼则终凶古垂明训事理曲者固属难逃明罚有千反坐之条即事理直者一状到堂全家隐忧最尔民民倘有户婚田土钱债细故勿听棍徒唆讼即投族戚排解绅者调处毋逞一朝之忿致贻终年之累毋借命以讹诈毋登门而撒泼毋借奸以抄抢毋自尽以轻生本州自抵任日起即将前任差票全行吊销其命盗大案例应接缉者另票查拿以省骚扰尔等在前任控告户婚田土之案拖磨日久未经讯结两造人等当已甘苦备尝求了不得本州即查限注销必不为书差求财切勿怀疑呈催又滋浪费至本州任内准理之案成饬自行赴讯或谕原告录批约同被告投案候质决不滥出一票滥押一人其万不得已出票传讯者亦必判明日期限差缴销尔等务宜邀同确保随票投审切勿畏缩躲匿本州不惮烦劳随到随审无非为尔等保全身家各宜仰体此心勿自贻伊戚一申明上控宜自加详慎也州县为亲民之官词讼是所专责案情之是非事理之曲直虽各有见解未必从同然要不离乎情理本州任连四年苍雄五月均无一案上控是否该处人民谅我抑或果无冤屈姑不具论惟闻西江地方有等刁狡棍徒专以包扰上控为生甚至每事初呈注明除控某宪字样藐视牧令莫此为尤现与尔等约明前任上控案件尔等自愿审结者尽可约齐请讯不难一断如恃模棱批札心存役使则只得置之高阁以省烦恼至本州审断之案如有不公许尔据实上控呈明冤抑并准邀保赴案报名领取来往盘费以示大公至东安西宁两属如有赴州上控之案若不粘连县中批判无论所控何事必将原呈掷凭勿谓论之不先也

以上各条仅就大旨言之其余一切立身行事尤望吾民凛怀刑之诚严非礼之防勉作良民无负厚望本州年逾四十宦海浮沉直道而行动辄得咎每叹仕逢两汉不知几生修到民生三代不知几许优游然官犹是官民犹是民岂云今不如古要在自立而已深蒙督宪知遇许以为能破格相视敢不激发天良力图报称特恐尔等百姓以我素窃能声遂将积年新旧各案不论有无控准曾否断结忙不及待拥挤纷呈不恃有干成例抑且丛眭堪虞本州日有常课每到一处逐件清厘何必急急致滋淆乱两无裨益惟愿尔等少安无躁各自猛省官民一家互相切磋慎终于始洋溢太和其各凛遵毋违特示

《申报》1889 年 1 月 9 日第 2 版第 5651 期

铁路告示

钦加同知衔赏戴蓝翎署理通州正堂加十级纪录二次赵为出示晓谕事照得建造铁路安设轮车系蒙督宪准咨一总理衙门奏奉谕旨饬铁路公司招商集股筹办所占地亩公平给价然后开工房屋坟墓可避必避其实不可避着先给价银再议迁徙进有河道沟渠概建桥梁涵洞田亩行人均无妨碍现在注泺至津铁路已经告成附近镇店村坊生意加倍茂盛商民行旅便利良多寒苦之人谋生尤易是铁路有益无损已可料见一斑前此疑议之人至此际无不交相称善妄议悉除顷奉行知接造录路由津至通即日委员带同中外匠役履勘地亩立标洒线诚恐民间未能咸知利便致多警阻合亟明晰出示晓谕除派差协同地保妥为引寻指点外为此示仰合属新商军民人等知悉务各安堵无恐不得误听妄言警疑阻挠致干咎戾凛遵毋违切切特谕

《申报》1889 年 1 月 29 日第 2 版第 5671 期

关防告示

钦命翰林院编修提督湖北学院赵为剀切晓谕事照得本院恭承简命视学此邦履任以来冰兢自矢延请幕友必择品端学邃之人胥吏家丁从不稍为宽假总期风清弊绝遴选真才以仰副朝廷谆谆训勉至意惟是本院籍隶川东距此邦不远而宜施等郡与护巫毗连长江为属楚通衢其宜昌荆沙汉口等处川人贸易往来者络绎不绝即良莠难斋诚恐有不肖匪徒或冒充亲戚或伪认本家或捏造私营或假传关节或混迹客栈或潜随按临各棚遇事生风招摇撞骗在洁己自好者揆之以理断弗受其蛊惑万一有愚昧生童不知自受冀图侥幸致被欺嘱身罹法网深堪痛惜殊不知本院只遵圣训严密关防所有族邻亲友均系在家各安耕读并无一人随任来鄂倘有前项匪从冒称戚友指官诓骗无论何项人等许即随时扭禀由地方官按律惩诘决不姑容除札饬十府一州转饬各该州县派役随时严密查拿究办外合行剀切晓谕为此示仰生童军民人等一体怀慕毋违特示

《申报》1889 年 2 月 12 日第 3 版第 5679 期

安民告示

钦加三品顶戴特授温州府正堂福为晓谕居民事照得捻丰典铺于元旦日自不小心现遭火灾尔穷民衣物被焚本府深知尔等苦楚合先出示晓谕为此示仰诸色人等知悉尔等务先解散各归生业所有被烧衣服物件本府自当格外体恤为尔民作主决不使尔等穷民吃亏为此特

示正月初十日发陈宅门外粘贴

《申报》1889年2月22日第2版第5689期

汉阳府告示

　　钦命新开监督湖北汉阳府正堂加五级纪录二十五次逢为出示严禁事照得外洋吕宋票赌局惑诱骗钱男女受其愚弄贻害匪浅曾经钦奉谕旨严禁在案兹本府每于途次见张贴发售吕宋票招帖者仍属不少似此阳奉阴违亟应严申禁令以挽颓风查前奉章程内开主使发贴吕宋票之人照造卖赌具例发边远充军伙同代贴者照贩卖赌具例杖一百流二千里买回得彩奇照为从例杖一百徒三年窝顿容隐不首之犯分别照例革究枷示禁令何等森严乃该不肖奸民仍敢广糊招帖希冀领票辗转售卖渔利实属悯不畏法除饬差严密查拿外合行出示严禁为此示仰汉阳汉镇等处华民及保甲人等知悉须知主使发贴售卖吕宋票即与造卖并贩卖赌具无异窝顿容隐者亦均大于例议务各洗心革面改图止业毋得故违致罹法网至于收买吕宋票之人但图发非分之财罔知受局骗之害迫至倾家荡产身犯刑章清夜自思能勿后悔尤宜及早猛省毋蹈非为倘有不遵一经查拿到案定即按例分别从严惩办决不宽贷其各凛遵勿违特示

　　光绪十五年正月十三日示

《申报》1889年3月6日第2版第5701期

捐局告示

　　钦加二品顶戴劝办苏皖协赈捐输江苏候补道胡为示知事照得本道向来经收捐生履历银两均系随时造册报解详谓咨奖从无迟误公已取信于人兹奉两江爵督宪曾委办苏皖赈捐颁发买收准捐贡监封典卢衔翎枝等项业经将已收捐生履历一百八十七名详请作为第二三次捐案已奉督宪于本年正丹间将捐册咨奖由驿飞返届指邮程计早到部合亟出示榜知为此仰各捐生知悉如有欲赴户部换照者司即自持实收往换若愿花外呈领依部颁到日再行传知换照特示

《申报》1889年3月15日第3版第5710期

福建汀州府长汀县李少珊大令到任考观风告示

　　为示期观风事照得气运恒征诸文词人才必本于学术文风之优劣地气之盛衰系焉惟兹长邑凤号名区龙山檀盘踞之奇牛岭壮林峦之色翠峰之灵山端秀苍玉之古洞嵚崎访佑圣之

亭台岩名灵灵寻法林之道院泉号袈裟又况双峰则毓秀钟灵九砌则源清流洒惟此地有名山水故其人能大文章马迳抚之才识有余勋阶迭晋周兵部次忠良自勉治绩堪师革弊除残黎愧曾政刑卓异潜修嗜学罗祖尼著述清新溯彼先型久深景仰念兹继起弥切陶放为此示仰合邑贡监生童知悉本县择于二月初一日出题观风尔等届期黎明到署领题自备日卷一文一诗誊写楷书近城限即日缴卷城外五十里以内限两日缴卷五十里以外限三日缴卷各卷面请填写真名并登明爵里离城远近至于赋论古学卷不拘城乡均限初五日缴卷皆缴礼房掣取收条逾限不收收亦不列想各足三年之学何难尽一日之长抽尔秘思笔彩偕春光并丽遗予佳制墨香与淑景同新本县世年宦海大小试尚有金针七战文场南北闱磨穿口砚阿婆虽老未必手倒绷孩小妇都新好出眉修问婿此日骊珠探得舍毫效食叶之蚕他年雁场荣题得意策看花之马三生有幸斯文愿证因缘一息尚存此志不容少懈助哉多士尚其勉旃特示　正月二十一日示谕

《申报》1889 年 3 月 20 日第 3 版第 5715 期

告示照录

钦加知府衔赏换花翎即补清军府持授德化县正堂大计卓异纪录十次金为晓谕严禁事案奉宪札转准直隶江苏山东福建等省咨称德化县难民黄兴隆李显扬林瑞堂许赓飏等率领男妇多民在直隶之固安江苏之上海山东之聊城福建之南靖光泽等县抢攫滋扰押拦回籍咨饬查拿究办等因查难民出境逃荒久奉宪饬严禁迭经示谕在案访闻该封廓乡向有一等刁劣衿棍专事哄诱乡愚纠众逃荒自充头目挨户敛费借以渔利无论年丰岁歉每于秋收后将粮谷寄放生息男妇千百结队成群出外游行猎食丐得钱米则头目坐分其利此等刁顽无耻恶习实属大干法纪除饬差查拿头目究办外合行出示晓谕为此仰该乡军民人等知悉现奉各省宪行文禁阻冒荒难民到处截拦拿究尔等各有身家有房可居有土可垦务宜力穑安丰各营本业即或偶遭水淹亦宜各听天命静候水退补种共为安居乐业之良民毋得轻去乡井冒犯风霜甘为流丐自蹈法网自示之后倘再仍蹈前辙一经访拿或被邻境拦拿头目递回定即照律尽法严办决不宽贷各宜凛遵切切特示　光绪十五年三月初一日

《申报》1889 年 4 月 7 日第 3 版第 5733 期

查出暗礁警船告示

大清署理各口巡工司布为通行晓谕事照得本署巡工司前奉总税务司赫宪札行以沿海沿江建造灯塔浮桩等事或系创设或宜改移或有增添或须裁撤营造既有变更务即随时彰明出示通晓各处俾得行江海船只周知遍谕等因兹本署巡工司查瓯海关税务司所属界内松门

地方查出暗礁一段合将其情形开列于左计开一案查接准凌风巡船管驾官法移开浙江省台州府太平县松门地方在小积谷山西北偏北相距约八里又距马蹄礁南角约六里径对北江之处查出暗礁一段于朔望潮落时礁上水作浪纹该处航海诸人于礁上每设有红色警船浮一个为指明险碍之处等因兹复查大英国水师部末次所发之第一千七百五十九篇海道图内并未载列此礁为此合即遵行出示通晓各处船只其务宜留心详记以免疏虞勿忘勿忽切切特示光绪十五年三月初十日第二百二十八号示

《申报》1889 年 4 月 16 日第 6 版第 5742 期

相局告示汇录

钦加二品顶戴劝办苏皖协振捐输江苏即补道胡为出示晓议事案准督会办两江苏皖振捐核奖事宜司道咨开光绪十五年正月二十三日奉两江爵督部堂曾札关照得苏皖赈捐本爵部堂衙门于光绪十四年十月十二日接准部文开办原奏声明以六个月为限计算至光绪十五年四月十一日六个月限满应即以是日一律停止以符秦旅合行通饬札到该道即便转咨劝捐各委员遵照毋违等因奉此相应备文咨会查照遵行等因准此查本道自上年奉委开办以来业经将所收捐生履历造报五次详咨给奖在案兹奉前因合行出示晓谕为此示仰砷商人等知悉须知停捐在即凡有志切弹冠追崇报本者亟宜及早乐输报捐顶戴封典既得奖励又复助赈况今岁恭达恩科大典一轻名列成均更山观光应试幸勿观望自误切切特示　光绪十五年三月十七日

为示知事照得本道向来经收捐生履历银两均系随时造册报解详请咨奖从无迟误久已取信于人兹奉两江爵督宪会委办苏皖赈指颁发实收准捐贡监封典虚衔翎枝等项业经将已收捐生履历三百四十名谨请作为第四五次捐案已奉督宪将捐册咨奖由驿飞递屈指邮程计早到部合亟出示榜知为此事仰各捐生知悉如有欲赴户部换照者可即自持实收往换若愿在外呈领俟部颁到日再行传知换照特示

《申报》1889 年 4 月 22 日第 3 版第 5748 期

下车告示

军机处存记调署潮州府事特授罗定直隶州正堂加十级随带加三级心录十次曾为条列晓谕事照得潮府界邻八合去省于里所有吏治民生督宪在在廑怀故前岁冬间帅驾亲监驼阅轸念之深形诸言表兹复懻调本署府来守斯邦自当黾勉图功力为整饬以上慰殷殷求治至意查潮属风气二十年前官弱民强百姓罔和奉法自吴前府惩办于前方军门队办于后气象为之一新而消攻盈虚近又渐萌故态约而言之不难平民则习尚争竞强弱相角官则坐拥重禄痛养

不关而已本署府仰蒙督宪知遇一岁之内四调繁区誓必事事认真冀司稍报涓滴事若准之于理虽下愚之言照不从情苟稍十以私虽妆道之命所不受且念知府之责权在察吏诚以州县得人则百隆自蒙其福也然使宰官贤而幕友不贤则助理非人百姓必隐受其累幸官贤而兰丁书差不肖则蒙蔽肮在百姓且险受其福推之营弁兵勇精神巨室其气焰势力皆足为害吾民是当察者不独在吏而各鞠之幕友阅丁书差营弁兵勇缙绅巨室皆所当除也本署府第任一处悉心查访人情积习虽未必尽同而担去要不甚远兹当下车伊始属目方祈将举数条列于后其有地方应兴应除事宜稍宽时日择其尤者再行会商妥游又仿古人缶筒之注于头门外设立木桶另有单程悬挂准受害有查照据事直书指名丢桶以应核办所愿君子自重兴本署府互相切磋是所厚望

一本署府赋性质朴不事又饰案无大小权皆自操不持门闾不敢妄进一词亲友永不敢旁参一谨要皆准之仰例衡之于理而已惟是学问不深闻历尤浅冰湄目凛丛脞时虞所愿频攻吾短则他山有借或可少免愆尤

一州县为亲民之官以百姓之性命身家畀之一人其责亦极重矣虽缺分繁简不同而上宪扫任之专下民待治之切则一也本署府前历各任虽不敢谓有废皆兴而苟有益于百姓者莫不孳拿为之各令已贤声素着自能属尽厥职加意讲求如其因循苟且冈恤民艰于愚憨性成断不肯随同害民我辈微末小臣君恩远而宪恩近有以报宪转者即所以答君恩耿耿此衷尚祈共谅

一分府人员皆系奉宪派潮差委遇有缺出及年申例差本署府自必查照旧章察其贤否一秉大公分别请委其育才能出众办事勘慎者亦必优以相待借资臂僵尚望各安义命循分守常切不可镇营干谒妄事招摇倘有恳求当道及幕府官亲门闾为之说项者一经查出定将名字扣除永停差委本署府上承督宪破格之恩下邀百姓过情之誉公平义理刻不敢忘断不敢徇以私情致令违误事机上负委任

一幕友位处丁宾才学固贵优长品行尤当自励慨自世风日下品学兼优之士虽不乏人而鄙劣下贱滥受贿赂者不分人小高门亦正不少成因嗜好过多岁修所入不足供其挥霍或因交游太广情面所关不能不舍主助友亦有不肖居停客于束修终岁所得不足瞻其室家劣类亦只求借其幕名靠进外财甚有宾主通同舞法政以贿放互相为恶者本习府深悉其弊故署内所延之友虽皆为生平深信之人必先隆其礼貌重其修脯亦必遇事预防权皆自主查广东劣幕受贿颠倒为我督宪奏明查抄定罪充军一次为前于臬宪通行驱逐一次民怨稍纾至形同木偶之辈竟有丑声四塞犹张麻木不仁甘其衔勒贻害曷极潮属各幕是否曰圭无玷尽属嘉宾以其有关政治不得不严加访查所愿各寅僚察其贤否自为去留或慎其防闲无使外交成丰其脩礼无使借口或先事声明使其自守廉取庶几为我用而不为我累且所聘果属佳士则出入防招物讲举动时畏人言自必业受范围以明心迹修有恃幕招摇卖批贿法是皆幕中败类岂容滥竽耶　此

《申报》1889年5月3日第2版第5759期

接录潮州府曾太守下车告示

一营弁兵勇所以巡缉盗匪而保卫吾民者也潮属昔年几于无地非盗赖方车门奉办得法十余年来不遗余力始得尽起疮痍变为业士军门之有功于潮属固与吴前府并傅即尔等兵弁之劳要亦因而不没然九属之大地广民调军门之所以政无不行合无不肃者皆本此光明磊落之性故能风声远被克奏其成即本署府素荷军门称赞州以不受私十不知讳忌以

一秉公正肯为百姓办事耳兹与尔等约明无论兵民皆吾亦子本无彼此厚薄之分嗣后尔等务当仰体军门爱民之心与百姓相安无事共乐升平倘有恃势鱼肉善良目无官长刁唆是非不独法不可挠即理亦难容且本署府奉织有限而军门则为桑梓之地其望素着本署府凛遵督宪法则破除情面大公执法更有甚焉尔等各自猛省切勿尝试自于菲庚后悔无及尚祈慎之

一缙绅巨室处为绅士出即命官读书明理之人欲为天下造福必能为桑梓造福所虑富豪子弟强健家奴或逞势以欺民或恃强而虐众地方官念属世家每每从而曲护不知富家巨族邑之望也理宜善为保全面思欲保之则莫若稍绳以法使之有所畏惧自能出入循礼举动不敢为非乃可百年而不败彼护之适所以纵之耳本署府直道而行莫知顾虑固不敢枉法以徇私亦不敢违理以干誉务望各约束其子弟奴仆勿令出外生事又勿信其造言怂恿辄行肆威否则三尺具在本署府只知为民除害不遑问其阀阅也先此布告其各勉旃

一门阍丁役本以供启闭传唤之用岂容干预公牍假以权宜乃风气浇漓每有衙门事务悉为门阍把持地方官反从而听命者如其怀宝相从则其桀骜更难设想此等恶习亟宜涤除即使小有才能事无遗误而大权旁落已属不成政体况若辈惟利是图本官之声名地方之利病多置不问迨至告发批查州县又从而庇之非曰先经开除则曰并无其人含糊禀覆比比皆然我辈出身加民官须自做所望各寅僚严行管束毋稍纵容本署府未到任以前设有犯此情节各有各责即使告发亦必察其轻重妥商办法至自本署府接任之日起敢有贿诈把持虐及百姓一经访闻或被告发定不空言提办冀可骗掣百妙含冤了事兹特先事声明其各自慎可也

一书差人役古称衙蠹舞文执法靡所不工且又生斯长斯情形熟悉联群结党狼狈为奸宰官尚有去任之日而书差无暂离之时故百姓畏之甚于畏官虽公门好修行未尝无慈善之辈而习俗移人鲜不随风施虐地方官果能清勤目矢若辈尚有畏惮不敢恣其荼毒否则反为挟制内与门阍幕友官亲勾通外与讼棍连结内外相联通同舞弊官或尚在梦中直至事败若本官稍有天良尚能挽救一二然民已不堪其苦矣甚至本官串同在内此等恶习实令发指本署府年历四十无论为绅为官一遇此辈誓必彻究断无轻恕各大令固当严加束缚毋稍宽容即各书差亦

当时存竞惕勤慎奉公幸勿轻尝自罹典刑

以上八条皆指官绅通弊言之知其通弊则治民之道即可次第施行故治国本于修身整躬乃能率物欲兴民利先除吏弊且州县清勤则公正士绅武弁兵勇自必乐为相助至蠹役讼棍豪霸强徒亦必恐人告发虽逃法网自然改恶迁善不至扰害我民所谓以言教者讼以身教者从从之既久风俗转移又何患地方之奸盗命拐户婚地土钱债细故不能澈庇澄清即兹特先行详告务宜各加猛省勿蹈前非又勿以言近迂腐置若冈闻语中心病顿生惊恨其有从前误犯此弊者概置不问许以自新之路倘出示之后仍敢故违则令在必行语无虚设本署府万不以此缺稍美顿改初心委曲将就希冀久署也惟知尽职分所当为上慰宪廑下纾民困外此均非所计耳凛之慎之毋违特示

《申报》1889 年 5 月 4 日第 2 版第 5760 期

宪示照登

钦加二品衔署理广东布政使按察使司克勇巴图鲁王署理广东按察使司高廉道王为严禁事照得省城白鸽票匪业经出示严禁在案尚有一种赌局名为花会又名字花又名古人同人图每日开两次内分三十六门编为占福良贵等三十六字买者猜买一字中者每本钱一文得彩三十文每银一钱得彩三两愚夫愚妇因其一倍即可以入场而得彩有三十倍之多所以沉迷于其中而不知返而妇女被毒尤甚往往求神问卜典衣质饰甚至酿成性命之忧此等恶习实堪痛恨不知赌之一道本有输而无赢为如番摊一项虽分四面实各占两面尚且十赌九输何况于三十六字之中买一字譬如海底捞针何能得中尔等猜买者何愚之甚何不思之甚本司等目击心伤深恐尔等之日就陷溺合亟出示严禁为此示仰合省军民人等一体知悉以后如再有开设花会者或被保甲巡防拿获或被人告发立将此等匪徒照白鸽票匪一律治罪决不姑宽毋违特示

署理广东布政使按察使司王示描摹伪印大干法纪近三年来层见叠起现饬密拿到案惩治官印避邪民间风气告示年月必钤印记愚民揭去为避邪计奸民乘机作为程序伪印之多实由于此为此出示严行禁止以后示谕街保看理年上印信不准揭起倘敢故违重惩毋悔

《申报》1889 年 5 月 17 日第 2 版第 5773 期

署广东潮州府曾告示

为剀切晓谕事照得为政之道首在惩奸求治之原去其太甚本署府抵任以来勒求民迁业将潮属积习再三晓谕前后共计告示二十四条均已刷发各属一体张挂以期家晓户悉共革浇漓风闻外县奉到告示竟有未经张贴者亦有已经张贴而劫民相传府印避邪私将示上印模连

字挖去以至文义断绝殊失本署府广为劝谕一片苦心兹复询诸父老稽诸案牍体诸舆情潮属急宜查办者尚有数端除明日晓谕并通行各属外另行刷备多张交保安总局尔绅耆十庶如果关心桑梓不以所言为迂腐可诣该局领以按条解晓于无知乡愚亦当大有裨益也

一书役之设以供奔走势既不能不用弊亦未易言除潮属风气每办一案房有房费差有差费官所差遣票内少或一二名多或四五名而承差下乡各带帮役及伏头轿夫数人结队成群责令两造供张每到处非数十千文不敷支发其杀鸡宰鸭奉以酒食犹当事耳迫至到堂书吏承差门阁值堂均须讲礼俗有差一担房一头门阁值堂一捆之说甚全尚未见官家已先破百姓何辜良可哀矣本署府事惟求实查例之所以严禁书役索扰者原为爱民起见与其循例示禁徒博革弊虚名于地方毫无实惠孰若稍与通悬俾百姓隐蒙其绝而不流于刻薄也仰各属公正绅耆妥议章程呈请本管官核准立案勒碑通衢嗣后承票房差来乡传人以及奉票查断会营案件或每路一里应给差役书游兵勇工钱若干每案到堂审费若干户婚田土命盗奸拐各案只准签差几名明立定章可免格外需索如有奸书蠹役大阻门阁于定章之外多取一文妄索一物者许即赴官首控以凭尽法重惩此则家丁书役营兵无可借口所控案件又不因此延搁不审省却许多是非少出多少上控官民书差四者均便矣

一贼匪以窝家为渊薮潮属九邑地方辽阔匪徒出没无常窃劫拐掳之案层见迭出风闻各处均有土著奸民窝留匪类或称采饭主或以开烟馆为名平时垫给钱文供应匪徒挥霍迫至行窃得贼则代为销售坐地瓜分拐得人口又代为容留贩出外洋荡人家产离人骨肉戕人生命无恶不为盗贼所犯之案尚可指名控告窝匪所犯之罪多半人不得知亟宜严行查办以期拔本塞源嗣后各乡绅董以及族邻人等见有出入无常不事生产形迹可疑之家即当留心侦察务得确情实有真据或赴县密报或公同送官一经获案讯实由县立奖花红切勿挟仇诬陷致干反坐

一妖言惑众与媒合强奸者按例均拟斩决潮属近习邪教包花之事查与从前上海卖高铺相似创是说以惑人者系一老迈妇女捏称包花之神最灵天妇远隔千里魂梦可使相通精神交媾之余并庆感受身孕实则先借男子于室中将妇女用药酒迷闷肆行奸辱迫至药醒明知中彼奸计深恐有碍颜面不容于夫家不敢轻以告人其奸无自而破不知罪严首恶律最原情尔等妇女听信邪教固属知识昏愚然原其初心只图与本夫晤会并无别意至于被人串害因以失身实非意料所及似此情形核与无故犯奸者大有区别如能赴案呈首本署府惟将包花之人严拿到案立正典刑被诱妇女决不深究尔等夫家如知此事原委更必原谅妇女不至苛求慎毋隐忍不言转令元恶巨奸幸逃法网

一婚姻之礼称家有无贫富本有悬殊犒赏岂容苛索潮属风气彩舆花轿赁费极昂并有借端掯勒贫贱之家因犒赏苛索致令新娘黑夜步行婚礼为人伦之始如此草率殊不近情甚或秘期不严复为地保及强丐闲杂人等知觉借词讨赏半路阻拦欲壑未饱坚不放行此种刁风殊堪痛恨嗣后各属绅耆务宜仰体本署府革弊之心迅为妥议于公项内提费成向各户捐题大族宜

备彩与五六乘小族或三四乘以便各贫户临时借用每用一次酌定花红钱一百文以为随时修补彩兴之费所有抬夫仍由主家自雇如此则新妇可无行路之羞矣至若地保强丐以及养济院疯民流犯及一切闲杂人等讨赏钱文应听主家随意开发不准论少争多纠党联众肆行勒诈其有仍蹈前辙拦途勒索及纠众滋扰者准主家禀明地方官或巡司衙门严行拿究遇有丧事理宜矜怜尤不得强取滋闹倘敢故违定行拘案惩办以挽颓风而警恶习此示未完

《申报》1889年7月15日第2版第5832期

接录潮州府曾告示

一妇女以名节为重赌博乃淫盗之媒潮属赌博名色之多甲于通省娥场赌博尤为新奇若辈于深堂密室之中众众开场诱人赌博男女混杂良莠不分藏垢纳污弊端百出无知妇女入其局者不持钱财众诸岛有身体亦为其所污甚至赌债催迫因以轻生穷无所归流为娼妓伤风败俗实堪发指是皆为夫男者未能防范于先也嗣后如育开设娥场之人或经访闻或被告发定必严拿到案加等治罪赴赌妇女追坐夫男如无夫男照坐本妇邻保差役受贿故纵一并提案重惩法在必行慎毋自误

一女尼未受度牒照例不准授徒所以严限翎也查湖属尼庵小者容女尼十数人大者容女尼数十人皆由育婴堂幼小抱带是以从无请纶度牒之事欲由迫禁自难遏住亟宜原情议止以免丧尽廉耻秽迹昭著尔等女尼或有家族可归成有亲属可倚应当早日还俗毋再留恋迷途该庵住持不准抑勒留难从本年五月初一起至明年五月初一止嗣后明定草程每庵止许容留女尼数人最多亦不得过十人若有犯奸住持出首如不出首及数目过额者即将全庵女尼一并勒令还俗该老尼姑以后抱养育婴稚女尽可留发养带成人尽可择配在该女既蒙养育之恩一到夫家自必重报哺乳两有裨益乐何如之现在所有兵勇以及一切闲人不得恃强在庵驻扎后生恶少允不准在尼前后唱歌调戏及借事讹诈倘敢故违三尺具在决不姑宽也

一梨园乐部所以豢养闲人原属例所不禁湖属白字戏班悉用弱岁孩童充当脚色登台演剧从无二十岁以上之人若遇两班相斗则日夜曾无已时班中稍有名色之童虽步步提防犹有匪徒劫夺不如所欲白刃相加嗟彼孩童何辜若此为父兄者贪此身价竟将子弟送入戏园何忍心害理至如此极如谓家道寒贫难于养活寄诸戏馆冀可出头不知雏凤即擅新声梨园纵推独步而日暮途远惟以戏子终身为父母者更何所耶嗣后贫贱之家生有子弟或饬合耕种度活或教其小贩营生切勿误贪重金轻卖子弟学戏使其投入贱流也

一利之大者莫若蚕桑潮属土产生涯甚少除谷蔗橘三大宗外余皆些许杂粮是以穷民谋生虽远涉重洋亦所不惮惟妇人无事习懒成性蚕桑一道向不讲求岂地土之不宜抑树艺未得其法也前日本署府因公出巡每抵一处即改栽种之所宜与土色之肥瘠潮属地方沙土相杂略

少滋浆然桑柘之性无地不可培种惟视人力何如各属绅耆劝勉居民栽种桑株讲授饲蚕之法数十年后纵不能与江浙之丝帛相冲要可与广属之香顺齐美此诚潮属万年利赖也亟宜刻日试办以观厥成

以上各条不知尔等自视何如本署府则确有见闻故特不惮烦言详为开导尔等务当共体此衷互相劝勉夫天下无不可行之政亦无不可化之人惟视乎教与不教耳使惟坐拥皋比日滋滋于公私财利将民生吏治概置不问致令积习日深流弊日广徽特实有不忍抑且深以为戒本署府仰蒙督宪厚恩期以整饬地方相报虐民之政自信心无而各属情形或尚未能尽悉示中所已及者愿尔等迅速回头即示中所未及者亦愿尔等自为推广庶几型仁讲读永革嚣风自必政和年丰治臻上理矣其各凛遵毋违特示光绪十五年四月日示

《申报》1889 年 7 月 16 日第 2 版第 5833 期

宪示照登

头品顶戴兵部侍郎兼都察院右副都御史巡抚江西等处地方兼军务兼提督衔德为严拿匪犯杜绝煽惑以济伏莽而安民生事照得访闻江省地方近有外来游勇会匪私立山名堂名自号坐堂及正龙头副龙头等名目勾结党羽明目张胆混造谣言并诱贾伪印票布谓可保全身家并作当兵授职凭据撞骗钱文煽惑乡愚甚至各处饭店烟馆潜聚匪党名为设卡凡有来往散勇回乡必须向其挂号冀可勒索银钱稍不遂意抢夺逞凶肆行无忌以致行旅戒心道途不靖种种不法情形言之殊堪痛恨上年秋间高安等县拿获会匪多名讯明正法续据德兴东乡二县亦经获匪惩办近时铅山安仁等县又经密派营哨各官前往会同地方官破获匪犯解审现在吉安府属又复拿获会匪多名是该匪徒潜踪匿迹到处蔓延几致无地不有涓流不塞将成江河萌孽不除将寻斤斧若不通饬查拿务获讯明尽法惩办不任一名漏网何以绝根株而遏乱萌惟念乡愚无知被其煽惑买受伪票一经拿办同罹重辟衡情不无可矜除行司及札十四府州地方文武各员暨水陆各防营严密察拿务期有犯必获严行惩办并咨明湖口九江赣州一体查照外合行出示晓谕为此示仰合省军民诸色人等知悉尔等须知结会为匪大干宪典买受伪据即犯刑章自示之后务须父诫其子兄勉其弟凡有被其煽惑买受伪票者限一个月内赴官呈缴销毁准其照自首律免罪倘敢执迷逾限不缴则是甘心从逆一经发觉定即查办决不宽贷一面严查保甲盘诘奸宄其饭店烟馆均不准藏垢纳污容留匪类歇宿如有游勇会匪入境立即捆送地方官分别讯明重则立予严办轻亦递解回籍严行管束不准再行出外复滋事端倘敢容隐一家有犯十家连坐仍严禁差勇妄拿挟嫌诬告妄攀无辜致干反坐本部院为除莠安良绥靖地方起见尔等各有身家凡被煽惑者务宜及早猛省毋悔噬脐切切毋违特示光绪十五年六月日告示

《申报》1889 年 7 月 19 日第 3 版第 5836 期

开防告示

钦命二品衔江南安徽分巡徽宁池太广兵备道督理燕湖钞总监督新关通商事务办理管务处兼驿传事加上级组录十次成为开防诈伪事照得本开道恭膺简命补授斯缺自京只皖捧檄莅任绝少亲友相从南来延请幕友皆砥行立品之士服役兼从止供驱策奔走之劳一切公事均出本关道亲裁并非旁人所能干预诚恐上车之始有等匪徒或假装亲友或谬托相知甚至诈称本尔道亲信潜令访事之人在外招摇撞骗尔等无知受其愚弄最为可恶除随时查拿外合行出示晓谕严密开防为此示仰本关书役及所属军民诸色人等一体知悉尔等须知一切公事均出本关道亲裁慎毋轻听人言受其愚弄自贻伊戚起为至要切切特示　光绪十五年七月初十日示

《申报》1889 年 8 月 23 日第 2 版第 5871 期

示禁假冒

特授金坛县调署吴县正堂马为给示谕禁事据监生林选文呈称窃生籍隶福建世造皮丝烟为业始在湖南开设林福顺烟号嗣于苏地南濠分设林三和曾记再于上海维扬添设林裕隆号所售皮丝烟有裕顺曾记裕顺芳记裕大盛记益丰景记益丰干记修轩公记俱是祖遗之业以名字为牌记又烟纸内有培荆堂三寿朋益丰景水印暗号为记原杜假冒欺骗之弊近有无耻之徒伪造本号牌纸图印以低货混消于市主客莫辨屡来生号退换实属欺客害良细查其故专有射利之人仿造烟纸刊刻图印混消渔利奈一时碍难指实得有确证即当据实禀究惟思店货悉凭真实若容假冒不独有妨店业而日牌号可假别事亦何所不可深为可虑陈求备案示禁等情到县据此除批示备案外合行给示谕禁为此示仰该地保及店主人等知悉自示之后如有射利之人仿造前项牌号烟纸刊刻该店图印假冒混消欺骗渔利情事许即据实指名禀县以凭提案究惩地保徇隐察出并处不贷各宜凛遵毋违特示　光绪十五年四月日示

启者本号精造皮丝驰名久远前因无耻暗中假冒已加图记以别真伪近有奸诈之徒恣肆冒充伪造本号牌纸窃刊本号图章将低货任意混消殊堪发指兹特恭请宪谕示禁在案再将告示刊放包内凡官商光顾者请认明内票告示庶不致误姑苏南濠林三和老号申江法马路维扬新胜街林裕隆分号同启

《申报》1889 年 8 月 26 日第 4 版第 5874 期

署潮州府曾告示

为晓谕事照得本署府典守斯邦于兹半载所有应革之事次第举行访之与情尚无不合惟

近闻外间谣传有谓本署府过于慈祥不崇严厉者不知罪犯轻重例有明条如其非不应诛即残酷者不得淆轻为重果其法无可宥即仁慈者亦不得改重为轻地方官奉法临民亦只衡情定罪讵可预存成见任性而行且潮属自查办积匪以来有罪必诛从无少减自前而论既已猛以济宽自今观之似应宽以济猛曾子曰如得其情则哀矜而勿喜又书云与其杀不辜宁失不经本署府仰荷督宪熏陶遵循情理固不敢姑息市恩然孟浪严酷亦绝不为即谓杀一可以蔽百亦必其人有可杀之罪乃可据以上闻所虑尔等愚民以我为慈不守怀刑之戒肆行犯法自罗入辟之条深感隐忧至若地方事宜详为体察尚有数端特予开陈条揭于后尔百姓务宜互相劝勉毋得视为迂谈庶积弊可祛而淳风可复勉之慎之毋怠毋忽

一强弱之见宜代也潮属民风素称刚劲偏于好胜不甘下人其于饱族则强姓欺弱姓其于本族则强房欺弱房而所谓强者又不过恃其财之富丁之众耳不知同此覆帱何有何强弱之分使其违理背情则虽强亦弱苟能合情准理则虽弱犹强况潮属虽号富腴而近则不然大利归于轮船较之昔日富已远逊至若丁众更无足恃此间陋俗好养螟蛉无论大家小户莫不抱养他人之子以为子若存饥饫饱离之想自应难安合而观之以丁财为强不如以礼让为强也更有无耻之徒恃与巨室联姻缙绅订好因而窃其气焰借以凌人狐假虎威尤为可恶请后尔等务当爱怜亲族和睦乡邻毋恃势以横行勿逞强以欺弱取有仍蹈前辙一经访闻或被告发定必拘案究惩该士绅等日诵诗书齐民袖领尤当广为劝导共挽颓风庶讲让型仁习俗潜化矣

一烂仔之恶宜自改也工农工商各有专业苟其一无所事掉臂闲行日惟引类呼朋群居征逐即不流为盗贼亦非安分之徒潮属有所谓烂仔者不务正业招集三五十人结为党羽暗为记号各分门户恃其强众遇事生风每于酒馆戏场寻端启衅稍不合意轻则挥举重则加刃甚敢打毁房屋抢掠银钱比之盗贼害民更甚盖贼尚长入侦缉不放日画结队横行而若辈则出入自如肆无忌惮祸生不测猝不及防似此强恶虽杀之不足蔽辜惟是恶固当诛而政宜先教嗣后尔等烂仔果能回头猛省尽改前非革面洗心勉为善类即以凶横精刃改为工作耕田则既往不咎尚可稍丁姑容如其复蹈前愆不知敛迹是尔等自寻死路命与法门本署府法令森严励不轻恕现已多派□役分道巡查开札各县一体查拿从重治罪三令五申言尽于此其各凛之勿贻后悔

一上控之习宜戒也词讼之设将以鸣冤然反坐有条越诉有罪定例本极森严本署府下车之日访短民情好讼屡次示谕久已舌敝唇焦数月以来不无少戢心习俗之染迄今犹未全除每卯收呈三四十纸□等其中多系方军门办结之案谬称冤抑冀图翻案新词则或将县中批判私行删改或将案内情节故意诪张有同一案而原被之黏抄互异同一事而先后之供状不符者细访其故缘有劣生为之主使或因巨族暗地扛讼以致双幻无窃支离百出本人遵结而劣正当堂抗拒者有之本人愿息而巨族从中肯阻者有之此等嚣风实堪发指嗣后如非十分切己之事及县审并无不公者不准混呈倘有将远年已结之案露尾瞒头割抹批判肆行混浪者定即后严究治至包案之劣生扛讼之族现已查有其人本欲据实详请参革姑后缓行予以自新其所以不将

姓名指出者盖欲存其颜面也若仍不知悔改自外生成则三尺具在勿谓言之不早　此示未完

《申报》1889 年 9 月 8 日第 2 版第 5887 期

平粜告示

调署温州府永嘉县正当加三级纪录十二次宁为出示严禁事照得温属地方本年早禾收成尚称丰稔米价理应平减乃查近日而中示价转较春间加昂推原其故皆由殷户囤积店奇奸商私贩出海以致米价日见腾贵小民觅食维艰若不严加查禁民困何所氏止言亟出示谕禁为此示仰台邑商民知悉尔等须知米谷漏海有千例禁际此民食维艰更不容稍有偷漏其殷富之家如示后存积亦应及时平价出粜不得高抬自示之后倘有奸商私贩出海及囤户抬价遏粜一经察出定即提案究惩决不宽贷仍不准刁徒强赊勒买借端滋席并查究不贷凛之切切

《申报》1889 年 9 月 14 日第 2 版第 5893 期

照录长汀李邑侯告示

为剀切晓谕事照得本县为亲民之官有治民之责但治民必先教民教而不遵执法惩办不教而诛于心不忍谨拟五条仿古人敬敷五教之意为此示谕各宜凛遵毋违特示计开

一教我民宜先敦孝悌也人能孝悌其心和顺以之自修则可以希贤希圣以之处世则可以宜民宜人孔曰孝悌为仁之本孟曰尧舜之道孝悌而已是则善事父母为孝善事兄长为悌各月家喻户晓入则孝出则悌不容稍缓者也

一教我民勿拘惑风水也此地民情每惑于堪舆风水之说多生枝节以致争讼斗殴破家荡产是未受风水之利先受风水之害何愚昧至此夫为善者昌积善之家必有余庆是风水在心地不在山地也好心地自然有好山地也古语云龙穴在心不在山又曰人发风水而已风水何能发人况挟祖宗骸骨以求富贵此心已不胜诛何能受天降福哉为此当头棒喝慎勿听我藐藐惑于风水争讼机关执迷不悟自贻伊戚后悔无及矣

一教我民宜务本业勿陷溺于洋烟赌博也士农工商各执一艺仰事俯畜尽可是用何等安乐乃有不绝本业者日以洋烟为乐趣以赌博为生涯卒致形容枯槁家产灭亡流为盗贼心之忧矣脐可噬乎有则改之无则加勉易胜厚望

一教我民宜和乡党以息争讼也诗曰维桑与梓必恭敬止梓乡情谊何等深厚理宜式相好毋相尤又况讼则终凶败者固吃大亏胜者眼前耗费子孙结仇亦吃亏不小多一事不如省一事礼以和为贵讼以终为凶古语云有一刻安闲宜勤耕读非十分冤屈勿到公门让人三分即是便宜忍气一时何等安乐彼讼棍益欲放鹬蚌相持彼坐收渔人之利也可勿悟哉

一教我民宣早完钱粮以省催科也朱子治家格言云国课早完即囊橐无余自得至乐况我民食毛践土维正之供义更不容缓哉凡城乡上下忙钱粮务祈早完慎勿抗欠自取罪戾至于税契国课攸关亦宜遵例纳税印契以传子孙永守勿替若白契营业隐匿不税查出照例治罪产业充公悔无及矣

《申报》1889 年 9 月 29 日第 2 版第 5908 期

南汇县示

为出示剀切严禁事照得前月廿四日起阴雨至今未能畅晴各乡花稻正是结实之时花则间有霉烂稻则间有生芽尔农民一年辛苦工作粪本全赖秋季棉花稻谷以资得用今忽被雨零坏此上天降灾警戒人心之意上天不能说话惟有降祸使人知之今人受灾不知感悟不知怕惧则天心难回祸福莫定本县来做尔南汇的官自与尔百姓痛痒相关甘苦相同民安则官安民苦则官苦前数日亲自下乡坐一小船到处察看各绅董所禀情形均是实话已经据情禀请上宪速即委员查勘一面在城隍庙内设坛走路虔求阖署上下吃斋日夜不安忧心如火一俟水势稍退桥下可以行船本县仍复下乡到处体察本县来此三年不辞辛苦时常下乡今既遭此雨水岂能高坐衙斋不出来为尔百姓分忧断无此理前闻此闲有一极不好的风气偶遇秋收不好地方坏人邀约佃夫百人十人一起齐到有饭吃的人家叫荒索取钱文开发尔们每人数十文各自散去此等恶习不独本县不能容隐即上宪晓得亦严行拿办断不许长此刁风上天降灾明明叫众百姓改悔反要借此生事是尔百姓自取其过官亦不怜悯你们尚要拿办打了板子又要枷号游乡何苦灾上加灾自取没理本县深恐吾百姓不知理法在乡成群结党索取钱文一被指名告发即行严办凡种田之人都是安分百姓不肯扰乱来此者皆是地棍出头邀约吾种田百姓无知跟随同去一经拿办尔好人亦被受累须知每人只索得二三十文即亦不过百文试思得此百文你们就能过活了么徒然坏此声名将来各人吃苦即上宪亦责你们地方民风不好将一片可怜你们的心变为可恨你们的心了本县一片苦心苦口劝戒你听了细想即不肯与这些坏人同去要钱了各安本分受苦大家受苦不要与各班坏人一样则上天保佑你们本县保护你们灾祸可减倘若不听定要严办决不稍宽本县自到任以来统县三十六镇各镇坏人逐一拿办打得皮开血出毫不可怜凡尔等词讼本县苦口相劝从不重打恐伤你们和气所共知也乡间有识字人将此告示多说两遍与不识字的人听听则比念经拜佛胜于十倍可免各人受累特为用俗话剀切言之其各凛遵毋违特示 光绪十五年九月二十五日

《申报》1889 年 10 月 26 日第 2 版第 5935 期

平粜米价示

　　鄞县正堂徐为出示谕禁事照得本县访闻近日市肆米价骤长每石较前加至六七角之多虽因天雨过久有碍秋成然外来销售之米尚可接济以此任意增昂难免奸侩相率居奇借兹渔利言念贫民何堪食贵合行出示谕禁为此示仰城乡各米铺人等知悉尔等现售粮米务须公平定价不得格外抬高使民买食给艰有蹈垄断之咎自示之后如敢不遵定即饬提到县查明究办决不姑宽各宜凛遵毋违特示

《申报》1889 年 10 月 26 日第 3 版第 5935 期

告示照录

　　总办台湾军械所兼台澎水陆电报总局世袭骑都尉兼云骑尉浙江候补清军府张为出示晓谕事照得光绪十五年八月廿九日奉宫保爵宪刘札开据稽查办勇委员袁守禀称收买枪缴当富蒙爵抚宪札行本所续经分别之价详奉批准各在案查军器同例不准民间私藏兹蒙爵抚宪不究既往准于缴送收验给赏其隐匿不报者分别惩罚宪示煌煌当可共闻共见与其私藏禁物干犯科条何如恪守宪章荣邀赏赍特恐全台千余里荒村僻壤未能周知合行晓谕并收买价值开列于后为此示仰军民人等一体知悉尔等如有各项后膛枪并枪子者速即送交本所验收按后列价目分别给领其离台北较远者准其就近送缴营县验收照章一体领价该军民人等务须互相告诫踊跃呈缴毋得观望自误自示之后倘敢隐匿不缴一经查出定即遵照宪示从严惩办其各凛遵勿贻后悔切切特示右仰全台军民人等知悉计开

　　一卅六响枪未坏者每杆洋十元需修者六元损机簧者三元

　　一十三响云者士不用修理者洋十元需修者五元损机簧者三元

　　一哈吃开司不用修理者洋十元需修者五元损机簧者三元

　　一黎意不用修理者洋十元需修者五元损机簧者三元

　　一毛瑟不用修理者洋八元需修者四元捐机簧者二元

　　一林明敦枪不用修理者洋五元需修者二元损机簧者一元

　　一十七响不用修理者洋十元需修者五元损机簧者三元

　　一士乃打不用修理者洋五元需修者二元损机簧者一元

　　一马地尼不用修理者洋四元需修者二元损机簧者一元

　　一巴敦不用修理者洋四元需修者二元损机簧者一元一

　　以上各种枪子未曾潮坏者每千粒给洋四元　　光绪十五年九月十六日示

《申报》1889 年 10 月 26 日第 3 版第 5935 期

照录十月初十日浙江按察司廖告示

为申明定例出示晓谕事照得刁徒乘地方歉收伙众抢夺扰害挟制或因赈贷稍迟喧闹辱官者应照光棍例问拟斩立决为从绞监候饥民爬抢分别按强盗抢夺各律例拟以斩绞遣军流徒游男土匪抢劫滋事奏定章程应行就地正中功令森严岂容轻身尝试本年杭嘉湖绍各属霪雨为灾禾棉受害诚恐各该乡民借荒滋事无知犯法本司不忍不教而诛合特申明定例出示晓谕为此示仰合省军民人等知悉尔等须知水旱偏灾时所偶有捐缓赈抚朝廷本为安分贫民而设不法匪徒罪在不赦自示之后务当各安义命静候勘晰毋得轻听浮言自罹法网致贻后悔倘有匪徒从中勾结煽惑滋扰者定必严拿务获尽法惩办决不宽贷各宜凛遵毋违特示　光绪十五年十月日

《申报》1889 年 11 月 10 日第 2 版第 5950 期

照录杭州府告示

为出示谕禁事照得省城大义富三仓自光绪四年起由善堂绅士经理原存暨陆续买添谷共二十六万石有奇除八年水灾案内拨给各县散赈并历届开设粥厂动用外计截至十四年底止实存谷十九万石令本年秋间积雨成灾既筹赈务奉藩宪札饬会绅盘查并察看廒座备储赈米等因奉经本府亲临各仓查验廒数相符谷粒亦均干洁此次委员辞往嘉湖二府赈谷即于大仓动拨洵足以尽缓急而救灾荒兹本府访有不法之徒混造谣言谓仓谷系董事丁绅私自变卖颗粒无存甚至登列沪报难保非怀挟私嫌出钱买刻查丁绅公正殷实历办善举久为大宪引重且经管仓务亦非仅丁绅一人似此任意播弄淆乱是非实于时局大有关碍殊堪痛恨除饬仁钱二县访拿外合行出示谕禁为此示仰诸民人等知悉自示之后如再有此种刁徒假公济私造言污蔑一经本府访出或被受诬之人指报定即提案发县严办不贷各宜凛遵毋违特示

《申报》1889 年 11 月 23 日第 3 版第 5963 期

照录江右保甲总局告示

总办江西省城内保甲总局即补府戴许为申明条约认真查禁以靖地方事照得城内保甲之设原为绥辑地方惩创奸宄起见法良意美全在稽查认真庶不致虚应故事况当整顿冬防之际亟应重申禁令除札饬各分局一体认真查禁外合行列款出示晓谕为此示仰七门城内居民铺户人等知悉嗣后务各遵照后开条约勿贪一时之仗自贻后来之咎至烟馆痞棍尤为法所当严如有违抗不遵及仍前借端讹索滋事者许保邻人等分别具禀捆送究治其各凛遵毋违特示

一街道宜打扫洁净也省城街道业杂户口众多每见街旁巷口堆积煤渣齷齪填淤沟渠壅塞道路遇有雨淋日炙秽气熏蒸易生疾疫是不独有碍行人亦且无益居者现通饬七门城内各字段居民铺户人等赶紧将以前堆积者一律挑除净尽以后无论住家铺户均各自备箩筐一具每早将扫存粪土齷齪倾入筐内俟筐装满即挑往城外空地倾倒经□次谕饬之后如再不遵条示任意糟蹋准邻近铺户指禀分局饬派巡丁押令挑清倘各铺户当时不即阻止任听倾倒壅塞一经查出即惟该铺户是问地保徇情不阻重责示惩

一水桶宜满储清水也街坊安设水桶原以防患未然现届冬令物燥风高尤须加意防备凡尔居民铺户人等务各赶紧将各水桶内污秽淘净满储清水倘水桶有渗漏各自修补完固总期有备无患不致临时张皇切勿视为缓图是为至要

一烟馆宜限时收歇也查开设烟馆最易藏垢纳污甚至窝娼聚赌若不限时收灯稽查更虽周密所育七门城内各烟馆现限二鼓一律收灯不准留客吸食住宿如敢逾违一经查出立即责缴门牌勒令歇闭该管地保徇情容隐枷责示惩

一痞棍宜严拿惩治也查城内五方杂处痞棍最多不时酗酒打降等事为害地方甚或平空讹诈滋为民害即如前日访闻德内地段竟有痞棍十余人胆敢白日滋闹此而不加惩创何以妥辑善良除由本总局饬派差役严查拿究外特再申明禁谕凡尔居民铺户人等此后遇有前项不法棍徒讹索扰害准受害之人就近鸣经地保街邻将犯扭送分局惩治倘地邻人等坐视推诿及地保讹索阻拦查出一并责革不贷

一晒晾宜随时检点也城内居民往往拦街晒晾衣服以致与马所经动至阻候实属不成事体现谕尔街坊地保及居民人等知悉此后晒晾衣服务各紧贴屋檐让出正道不准再行横搭阻拦街心自通饬之后倘有不遵禁令之人除将衣服抛乘外定提坊保及本人一并重责示警

一小车宜僻静处停放也城内街道浅人众往来已形拥挤小车停放尤碍道途谕尔街保车夫人等此后小车只准停放空旷地面不准阻塞道路倘敢不遵除将车夫责逐外定汝该地保严治不贷

《申报》1889 年 12 月 31 日第 2 版第 6001 期

关防告示

新任皖抚沈仲复中丞下车以来整顿吏治除莠安良早已吏畏民怀颂声交作兹芜湖县王明府又奉到阅防告示粘贴通衢照登于左以见中丞之整躬率属固有超出寻常者焉芜湖县王为出示晓谕事奉府宪春札开抄奉抚宪沈为慎重关防严禁诈伪以肃功令事照得本部院起家词馆洊摧封疆代着簪缨克励敬恭之素志历官中外唯知淡泊以自甘兹恭膺简命调抚皖江自渐德薄鲜能未由化民成俗整躬率属期无负圣明特达之知杜渐防微庶卜慰士女来苏之望事

无巨细悉本亲裁案不停留从无假手二三僚幕各具端方数辈仆从只供奔走亲戚皆缙绅旧族户诵诗书子弟则约束惟严人敦礼教山人游客绝少往来术士医师总鲜交接既凛冰渊之鉴亦严稂莠之锄皖省地滨江淮界连吴楚商贾蝉联于四境梯航络绎于当涂稽辞小有未周奸宄因而混迹或谬附梓桑世谊逞其诪张或诡托瓜葛至亲巧施簧鼓或假远来仆隶或称亲信宾朋或诈号与台肆诛求于廛市或借通声气竟扰累去绅民随地招摇乘机谎骗凡兹匪僻务在必惩除饬属密防查拿外合亟出示晓谕为此合属军民人等知悉尔等须知本部院胸无成见法不容情办事一秉大公为政务求实际凡有闻见各举所知贤有司勿作夤缘之想转被欺蒙尔百姓毋存侥幸之心致遭撞骗所在院堂寺观切勿容留不论士农工商咸许呈究倘有棍徒借事招摇指名撞骗许即扭赴地方官镇提解辖尽法严惩照例究办如敢通同容隐以及保甲勾串窝连并干重究本部院言出法随慎毋轻身尝试自□法网务各凛遵特示

《申报》1890 年 1 月 1 日第 2 版第 6002 期

录浙江抚宪崧大中丞告示

为剀切晓谕事照得本年杭嘉湖三府被灾过重前经委员会勘实在情形禀报到院将该三郡有漕各州县应征本届漕白粮米奏请全行捐免以纾民力地丁钱粮为国家维正之供所有杭州嘉兴湖州各府属除被灾极重之区地丁一项请予捐免外其余成熟田亩各按收成分数核实征收不准于分数之外溢征浙东各属被灾较轻仍应剔熟征收照例办理除通饬遵办外合亟出示晓谕为此示仰业佃人等知悉尔等食毛践土当思覆载深恩须知捐免漕粮出自异常旷典体恤民隐无微不至尤宜激发天良急公奉上务将应完地丁钱粮踊跃输将万勿因循观望致干究追至赈抚一节现经分别确查酌核散放在极贫者务使同沾能自给者不容滥与倘有不法棍徒从中煽惑抗欠钱粮及聚众捣乱查赈放赈事宜一经查知定即严拿按律加等治罪本部院令出法随决不姑宽尔等皆安分良民慎勿以身尝试自贻伊戚其各凛遵毋违切切特示 光绪十五年十二月十一日给

《申报》1890 年 1 月 9 日第 2 版第 6010 期

通拿会匪告示

鄞县正堂徐为出示晓谕事本年十二月初七日奉抚宪札开案查本年七月间据钱塘县拿获会匪彭友胜一名并获白布二方上用紫色图记大书仙坛山忠义堂同心协力等字样解由杭州府讯议批饬将该犯就地正法在案兹据余杭孝丰等县会营拿获匪犯叶篙淞徐老五张木匠等多名并起获枪械伪布等件据供亦系仙坛山伙匪又经钱塘县缉获首匪陈镇即陈

宝生一犯搜出伪布上书公议天定山忠义堂等字样据供系伪天定山总办各等语本部院访闻该匪有总堂总办坐堂总理飞令大六大九小六小九等名目其所散票布有天定山仙坛山九龙山各字样□潜匿渐境多在温台宁波等处及杭湖所属之孝丰武康安吉余杭临安一带其著名匪首有湖南人吴凯谢清海广东人张清并在台湾之潘铣等犯不特乡民受其愚弄造谣惑众肆无忌惮即各营兵勇相与往来交通者亦复不少勾结蔓延形同叛逆若不严拿惩办何以肃法纪而靖闾阎况本年霪雨成灾各处饥民聚集当此冬防吃紧之时尤恐奸宄混迹煽惑滋事除通饬各营一体查拿外合行札饬札县立即遵照会同各营严拿查察遇有前项卖票匪徒立拿务获按律惩办并即出示晓谕如乡愚无知被其诱惑受买伪票者勒限一个月赴官呈缴销毁准照自首律免罪逾限不缴别经发觉定即按照奏定章程重惩不贷仍严查保甲所有烟馆饭店以及村镇伙房等类责成牌甲各长切实稽查不准容留匪类一面购线勒拿逸匪吴凯张清谢清海潘铣等务获究办毋得视为具文倘有徇从自干严谴亦不得纵令丁役安拿骚扰切切特札等因下县奉此除遵照会同各营严密查察遇有前项卖票匪徒立拿按律惩办并即购线勒缉逸匪吴凯等务获究报外合行出示晓谕为此示仰台邑诸色人等知悉尔等如有被其诱惑受买伪票者勒限一个月赴县呈缴销毁准照自首律免罪如逾限不缴别经发觉定即按照奏定章程重惩不贷烟馆客寓责成牌甲长切实稽查不准容留匪类其各凛遵毋违特示

《申报》1890 年 1 月 11 日第 2 版第 6012 期

军宪告示

镇浙将军吉军宪莅任以来军令森严营规清肃兹将告示照录如左为剀切晓谕事照得驻防设兵原以卫民令尔世居此地者使与民习久相安联为一气也尔等久经历任将军副都统教导深明大义循分守理者自不乏人然心地模糊性情卤莽者亦恐不少本爵将军曾任斯士深悉情形管兵爱民硁硁犹昔当此重莅伊始自宜先行训诫俾各遵循况尔等皆朝廷世仆受恩深重俱应激发天良奋勉差操切勿嗜酒好烟赌博游荡凡损身败行之事有则痛改无则加勉至于酗酒滋事聚赌群殴尤属大干法纪本爵将军纪律严明从不徇纵兵民共处买卖言语之间难保不小有龃龉尤宜涵容逊让不可以细微故事动辄争殴逞一时之忿好勇斗狠先自蹈犯令之愆总期兵民相安辑睦无分彼此除饬左右司八旗协领重申禁令严加查察外合行出示晓谕为此示仰八旗众兵一体知悉自示之后务须恪遵谕令自惜身家钱粮如敢故违有犯前项情节一经察出或别经发觉定即照例从严革惩决不姑宽各宜凛遵毋违特示

《申报》1890 年 1 月 12 日第 2 版第 6013 期

广东潮州府曾告示

为剀切晓谕事照有本署府抵任以来将历一年举凡地方利弊民生休戚业经逐一告诫以期损益适宜考诸古人一年报政之规自问良多惭怍然任事既久地方积弊知之益深兹胪列条款再行晓示仰合属军民人等务即凛遵毋得视为具文

一方营尘案不准牵扯混控也同治年间经前督宪瑞因潮民失教罔知法纪派方军门以本地人署潮州镇缺委办积案十以生杀之权禽奸草剃垂二十余年当时正法开犯三十余石勒缴花红数十万两事权之专毫无挠阻查办如是之久应已有匪必歼无案不结矣然所办之案如何拟结前后具办积案若干起所办各犯是何姓名曾否报部有无漏网尚待侦缉所缴花红存贮何处抑已动用作何支销均未照例造册移送府县备查事阅多年亦未划断各有专司听之可也自本府抵任以来各属民人来府具呈者不论户婚田产奸拐命盗无不指为积匪或称已奉方营勒缴花红待寓或称前在方营呈控有案迨经检查档卷均无只字可稽此等呈状或奸民张大其词以冀耸听或方营已先得花红未及购获亦未可知如何实情姑不具论惟本年迭奉恩诏三次宽免罪囚细核所控情形多在原赦之例岂能任其混牵毫无底止嗣后如有远年尘案复以方营曾经购缉为词而查无实据者概不准所有逃避外洋未经回籍人民准其亲属悬案呈报以凭核明饬遵尚自不肖勇弁及方军无赖亲族姻戚取以营案未销借端勒索准其据实指控以凭核办

一潮普营勇毋得貌法殃民也当方军门招集办案之时约束如何森严国家不惜饷糈招募士卒原为地方严守御保良弱非为巨家添爪牙肆凶暴遇有征调遣拨即统兵大员亦必与地方文武会商明确方能开差否则擅调官军与无故遣役者吏议均极严峻而况分带人员世家子弟岂得颐指气使平空差遣乎潮郡地广事察潮普营勇除调赴惠州东莞办乡外驻扎潮城者名曰五百其原议系为地方镇压之具至缉匪盗奸仍归县府专任乃方氏子弟听信无赖戚友用营勇如奴隶以给役为故常所有包收私帐争田争山以及打架争锋事难枚举均以勇丁应选流弊不可胜数而潮普营勇亦恃有护符平时凌轹乡间宣淫庵宇窝娼聚赌无所不为实属显悖营规明干法纪嗣后方氏无赖戚友如再怂使世家子弟不知守法仍以营勇为爪牙逞凶肆虐本署府定必破除情面缓照擅调官军与纵兵骚扰各例从严禀办为我潮属中国法为方氏肃家规法令所在情必难徇想当道大宪暨方军门亦必深以为然也

一分防营汛毋再违例擅受也国家定制武员营弁只有缉捕之责开无办案之权恭读本年十一月初八日上谕内叙各省提镇非分营勇干预地方公事即由督抚据实参办圣训煌煌自应一体钦遵查潮属自同治年间查办匪乡以来方军门篡镇任内每以戚友亲丁补充汛弁取其情形熟悉声气灵通一时权宜亦无不可迄今势易时移镇道府县迭有升调汛弁分防几如世袭甚至官已解任而钤记印信犹霸几家中者日久相沿竟至引为常例明目张胆收受民词居然坐堂押人推讯流弊伊于胡底此等藐无法纪骇人听闻在方军门远驻省垣或未周知嗣后分防汛弁

如敢干预如前罔知敛迹定必援例祥参据实禀办前经本府晓示在案虽云敛迹然所存余气尚复不少亟宜重申禁令以符定例倘有不肖奸民敢再串同营开借端滋扰或以词讼赴汛呈告者亦必并究不贷　此示未完

《申报》1890 年 2 月 10 日第 2 版第 6035 期

台抚告示

太子少保头品顶戴兵部侍郎兼都察院右副都御史巡抚福建台湾等处地方提督军务兼理粮饷海关学政一等男刘为示谕事据稽查委员袁守怀忠呈送各管病勇各折请给饭食等情查勇丁偶患疾病调理即可痊愈即或病至沉重台北现有官医局尽可移送就医该营哨痛痒相关所应随时查验加意体恤何以勇丁一经患病便即驱令出营致使道路流离死无棺木该管哨于心何忍现查折开病勇五十一名捷定两军多至十分之八除饬该统领查明各该管哨先行申饬外以后各营勇口患病该管哨如再不能容留任意驱逐准由该勇丁来辕控告果系管官知情驱逐者即将营官参办哨官重责一千棚头正法法不宽贷合行示谕为此示仰各营勇丁一体遵照毋违特示

《申报》1890 年 2 月 15 日第 2 版第 6040 期

告示照登

钦加四品顶戴补用同知直隶州署理南海县正堂军功随带加三级纪录二次王钦加四品衔特用直隶州正任德庆州署理番禺县正堂随带加三级纪录十次杨钦加同知衔营务处委员管带缉务营卓勇办理西关沙面河南水陆缉捕兼办团防事务补用直隶州即补县正堂李为出示晓谕事照得城厢内外及河南一带前已劝办团防所有各街正副及铺户人等均能妥协整斋恪遵办理业经本委员本县会同各绅等将缴到花名清册转呈各宪察核在案旋奉宪谕以各处所办团练悉臻妥协甚为嘉许等因惟恐日久懈生始勤终怠合亟出示晓谕为此示仰各处团总街正副董理值事铺户人等一体知悉尔等务宜益加奋勉步伍整斋以期仰副大宪除暴安良保卫地方之至意至遇有盗警一闻兵勇银鸡号召即速持械齐出奋勇兜拿一面登高鸣锣互相应援倘能上前当场拿获盗匪即由本委员本县等禀请大宪按名给予重赏如有奋勇受伤或被盗匪拒毙者亦必禀请分别从优抚恤以昭激劝尔等切勿畏难苟安退缩不前仍随时按照名册备足人数军械听候大宪示期亲临点验幸勿借故短少致干查究总期兵民联络守望相助是所厚望毋违特示

《申报》1890 年 2 月 28 日第 2 版第 6053 期

广东海防兼善后总局告示

为晓谕事照得光绪十六年正月二十日奉头品顶戴两广总督李札开案接广州口岸德国卜署领事官照会内解案准贵部堂文开现据署顺德协郑副将代理顺德县知县陶令禀称窃照粤东盗匪炽悍迥异寻常大率以香港澳门为巢穴是以河面之案层见叠出查卑县内河港汊纷歧直通外洋而于港澳洋面襟带相达一苇可达匪徒出没靡常追捕尤形棘手卑职□培抵任后会同卑职润材于水陆要隘迭饬弁兵差保加意巡防实力整顿沿海乡堡分饬举办团练互相保卫以期匪戢民安卑职等兹访闻十一月二十三日县属土名大坝头河面有贼匪假冒缉私兵勇驾驶小号轮船行劫饷渡并有拒毙水手情事当经飞饬弁兵选派干役驰往兜拿一面传主补报勘验旋据兵差禀复遵即前往围捕讵该匪向东由叠石海河面窜出外洋而逸轮船行驶迅捷以致未能就获复经勒限兵役悬立重赏购线踩缉并会营勘验各在案卑职等复查盗匪白日驾艇行劫已属胆大妄为乃敢乘坐轮船公然拦河伙劫甚至拒毙水手更属目无法纪惟寻常盗船汛弁兵役尚可瞭望围捕而轮船驾驶如飞防不胜防不特仓猝莫办抑且追捕不及况驶轮行劫商人无可逃避为害最烈若不彻查禁绝将何以戢盗风而安商旅卑职等会可筹思该盗匪劫掠为生断难集此巨款自置轮船而港澳洋人往往以小火船出租商民借获利息现经密派线人分投侦探咨得该匪轮船名碧间并查明香港有法国洋人名碧间者该洋人流寓香港向系置买旧火轮船贪图价值租给华人装运货物及包带私货往来省城外县各埠随处销售此次该匪驾驶船只适与该洋人姓名吻合其为该洋人租给盗匪行劫已无疑义合无仰恳宪恩俯赐照会香港澳门各国领事官转饬各洋人嗣后如有华人租赁小火轮无论商贾民人须请有善后局核准印照并有港澳切实铺栈相保确无假冒情事方准租给如再滥组盗匪行劫即请照会该领事官查封入官等由到本部堂据此查粤中近年盗贼猖獗皆缘河海洋面处处与港相通该匪等即恃港澳为逃薮以致劫案层见迭出往往盗逸赃销莫可追究间有查悉窝盗住址及至照会协拿该匪等辗转遁逃亦复百不获一现在该匪等因各汛弁轮扒等船分饬严缉胆敢租赁碧间轮船驶赴顺德县属大坝头河面白日行劫饷渡拒毙水手实属不法已极查外国轮船不准擅入内地条约早有明文今该碧间船不特擅入内地且为洋盗驾驶行劫为害商旅亟应分别严禁拿办除札善后局遵照嗣后遇有华商禀请租轮拖渡必由该局核给印照方准租用外应照会贵署领事官查照希即转饬贵国省港澳各商民知悉以后遇有华商租轮拖渡务令该商缴验善后局印照并取省港澳□铺切实保结方准租给若无印照及切实保结敢于图利滥租致被匪徒假冒私租驾驶行劫或擅入内地及走私违禁各项不法情事无论缉捕缉私及地方兵役一经访知拿获定将该船照例充公以儆效尤而安行旅并希见覆是荷为此照会等因敝署领事官准此足见贵部堂保卫商旅防遏盗匪法良意美钦佩实深敝署领事官亦深愿协力襄助但查港汊之敝国商民均归该处地方官管理敝署

领事官未便代立法则只可劝谕敝商民至广东阖省之敝国商民则归敝署领事官管辖复查自省至港澳水程一带均是外河商来外国轮船可以随便来往即不能责成敝商民先查明租船之华商有无印照方能租给特恐租船华商原与德国商民约明租用驶往外河彼乃隐瞒敝商驶入内河或有不法情事被地方官查获将船入官如此则敝商必受其欺吃亏匪小此种情弊亟应预防计惟有劝谕口港在澳敝国商民暨通饬粤省敝国商民以后遇有华商租赁小火轮船务宜确查其人殷实妥当与否并有当地行栈切实保结方可租给至如有华商租轮拖渡驶行内河自应遵照来文查有善后局印照方准租用相应照覆查照等由到本部堂据此除照复外合就札饬札局即便遵照并即晓谕商渡及民人等一体遵照嗣后凡未领照概不准擅雇火轮以杜诈冒切切等因奉此合行出示晓谕为此示谕各属军民人等及各渡夫知悉嗣后凡未赴本局禀准领有印照者概不准擅雇火轮以杜诈冒其各凛遵毋违特示

《申报》1890年3月1日第2版第6054期

湖州府归安县沈修圩告示

出示晓谕事照得上年秋霖为患大水成灾四乡各圩堤埂被水冲坍指不胜屈查田亩全赖堤埂保卫以御旱潦值此东作未兴乡农闲暇亟应通力合作及时修筑以固田畴除谕饬该管总役傅同保识督令修筑外合行出示晓谕为此示仰合邑各圩农佃人等知悉尔等赶将坍塌堤埂掘土兴修务须加高增厚格外坚固以冀一劳永逸如该庄左近无土可取准其来城先就安邑天宁铺善堂屋后挑掘土堆载归填筑即将农佃名姓坐落何庄何圩应修丈尺若干加高几何几人来城逐细开单由地保圩识来县报明听候掣给拼单赴上济善堂投明取土并准每名每次酌给工食钱文每船一只亦照一名核给以示体恤修筑完竣即行呈报以凭本县亲诣验收限闰二月内一律工竣不准因循观望有妨农事倘有不肖棍徒煽惑阻挠一经察出或被告发定即提案重惩差役保识人等借端需索分文许即指名呈究断不姑宽各宜凛遵毋违特示

《申报》1890年3月30日第9版第6083期

告示照登

知府用升补通州直隶州江苏松江府上海县正堂裘为出示晓谕事据沪北文昌会司董徐士琛等禀称窃生等在沪北创设惜字会请给公地崇祀文昌添设义塾兹遵谕往勘里虹口一带充公之地惟石荣春墓地一亩七分四厘九毫金称合宜拟以建宫环求出示晓谕并给谕管业等情到县据此查该处石荣春户充公基地一亩七分四厘九毫应行拨建文昌宫即中该董绘成造式送核除批示并给谕外合行出示晓谕为此示仰居民保甲人等知悉现准该董在于前项公地

建宫绘式呈送尔等不得阻挠如敢故违准即由董指禀定行提究不贷其各凛遵毋违特示光绪
十六年二月廿九日示发沪北文昌会门首实贴

《申报》1890 年 4 月 3 日第 3 版第 6087 期

台抚告示

太子少保兵部尚书衔巡抚福建台湾等处兼理海关学政一等男刘为申明剀谕事照得沿
海一带地方时有中外船只遭风搁浅向例责成就近营汛居人实力援救光绪二年五月间又经
前兼署督部堂抚部院丁妥立规条明定赏罚通饬营县勘分段落责成地甲头人以杜彼此推委
奏明举办并由总理各国事务衙门奏奉谕旨通饬沿海各省一律办理任案兹查台湾沿海居民
遇有此等危险均能认真保护着有成效仍恐日久弊生亟宜刊布章程再申告诫俾沿海民人咸
知重赏在前严刑在后相与救灾拯危勉为善良除分别咨行外合再申明剀谕为此谕仰沿海军
民人等知悉此后凡遇中外船只遭风搁浅切危险之事务必查照后开章程实力拯救本部院自
当格外奖赏倘敢阳奉阴违或乘机抢夺一经发觉定必按例严办决不姑宽其地方厅县并营汛
员弁等若不认真遵行定即按律参究尔等须知船只遭风遇险财命悬于呼吸当其呼号逼切属
有天良皆忠援手若复从而掠取是岂尚有人心方今功令严信赏必罚经此再行晓谕务当共相
劝勉切勿故伎复萌以身试法凛切凛切特示计开救护章程五条

　　一定地段以专责成也查沿海岛屿星罗犬牙交错非明定界址必致推诿兹责沿海厅县会
同营汛定明所辖界限十里为一段饬令就近公正绅耆保举地中一人其岛屿则保举耆老头目
一名列名册报以专责成凡遇中外船只漂撞礁浅一切危险本船日则高挂白旗夜则接悬两灯
以示求救在地之居民渔户人等见有此等旗灯即时首报地甲头目一面飞报文武汛宫一面酌
董夫船数目集派助救其文武泛官闻报后亦即督率兵役亲往勘验救护不得稍有迟误其往来
报信之人一切费用由失事船主给还惟官役不得勒索使费

　　一明赏罚以免推诿也查沿海文武汛官如有救船货至一万两以上中外人等救至十名以
上者一经该管上司查明申报及领事官照会关道有案藩司立即注册记功三功以上者文武汛
官详情酌记外奖五功以上分别详请提升以示优奖其地甲头目亦分别上次劳绩随时赏给顶
戴匾额以昭激劝倘文武泛官不肯认真办理照例参惩地甲头目若有救援不力甚至希冀分功
者分别轻重严究至于望见船只危险首先报知地甲头目及文武泛官自应以初报之人为首功
由失事船主给予花红大船冬至三十两中小船以十两为度

　　一定章程以免混乱也凡遇险船只其力尚可自存船主并不愿他人上船者则援救之人自
不得混行上船倘船主须人援救或系应先救船或系应先救货或系应先救人均听船主指挥不
得自行动手救起货物应奇顿何处亦由船主作主其有擅行搬取或私自藏匿者一经船主及地

甲头目指明查有确据者即行由官追究治罪倘有人出首确凿者亦赏以应赏之款诬捏者不准并行反坐

一定酬劳以资鼓励也凡救起之货须候文武汛官验报如系外国船货则并报附近领事官会同查核估价按照出力多寡难易抽拨充费多至三分之一以赏救援之人若有货无人则须禀明就近地方官及领事官秉公将货酌赏倘无货有人则须将救护无论中外之人均先行给以衣食就近送交地方以及领事官妥给船夫分别资送回籍倘系外国人无领事可交者即报明通商局资给盘川俾令自行回国其小船出力救认倘本地人无力酬谢者即就近禀明地方官小船每救人一名赏给洋十元就近由地方官先行核给按月汇报通商局发还庐捏者严究至遇风涛汹涌人力难施或在大洋为救援所不及者均宜各安天命不得任意株连

一广晓谕以资劝诫也凡海滨愚民皆缘不知救船者赏不救船之者罚是以坐视不救或致乘机抢夺此后所有沿海文武各官均宜将以上告示规条分别札行各汛严加告诫并将告示规条书写方牌遍处悬挂使一切渔户愚民皆知遇险之船救护为有功不救护为有罪庶人人有救船之念在其胸中不致视为无足轻重之举矣

《申报》1890 年 4 月 6 日第 2 版第 6090 期

告示照登

钦加同知衔署番禺县事候铺县正堂加十级纪录十次杨为出示晓谕事照得本县前任禺山瞬将三载自维薄德深愧循良惟是勤慎办公清廉矢志五夜自问时深兢业愿与吾民相安于无事决不愿其骚扰故凡地方利病所关悉心兴革此志尚未能竟兹蒙宪檄再署此邦虽云就熟驾轻敢不励精图治因查地方事务有亟应禁革严办者数端除由县会营饬差分别查拿按究外用特逐条开列于后计开

一禁械斗以挽浇风也县属民情素称纯朴近染东江风气渐习强蛮每因口角微嫌田土细故辄行纠众持械互相争斗势力不足又邀外匪扛帮枪炮连天死伤迭见迫闻县营前往弹压始行相率潜逃兵勇甫旋又复聚斗不至势穷财尽两败俱伤不肯罢手推原其故则以斗案开销悉由祖祠公项外匪招来则易遣去则难挟制由人竟成尾大不掉近两年来如棠下石牌黄村朱村龙潭大塘各起斗案均经大宪派拨兵勇认真查办所有拿获斗匪今在县中禁押者尚有六十余人应候确讯实情照例治罪其主谋肇衅各匪亦已悬赏购缉一经获案必予严惩至因斗案致家散人亡废时失业者更属不知凡几似此争强好胜贻祸无穷清夜回思当必有翻然自悔者嗣后各乡绅耆人等须知械斗上干国法下害乡闾且经前督宪张奏明严行惩办务当父训其子兄勉其弟遇事平心忍耐不可率意行横并举棠卜各村之案以为殷鉴倘真负有屈抑为该绅者所不能调停亦即具控公庭候官传讯察断设再不遵禁令复蹈前愆本县惟有禀明大宪督带重兵亲

往该乡痛加剿捕务将主谋肇衅及首从内外各匪一律歼擒并将祖祠住屋全行拆毁彼时玉石俱焚后悔亦徒嗟莫及矣

一防盗匪以卫闾阎也县属幅帧辽阔水陆纷歧且与港澳相通轮船朝发夕至盗踪飘忽抢劫频闻本县前于光绪十三年春间初莅此任因查县属盗案每月总有数起民间忧惧竟有夜不安枕之虞经即密会营员广讲眼线迭获巨盗解讯惩办并于十四年二月花县横谭渡夫伍河清被劫一案当场全获首伙江亚献等八名即行禀明大宪押赴犯事地方正法枭示自经此次惩创盗匪稍知敛迹地方渐就绥安迄今时阅两年劫案又复迭见亟宜严加防范以期有备无虞嗣后各乡绅耆人等务当遵守旧章实力举行团练联络声势遇有盗警互相救援如能拿获贼匪解县讯办定即优给花红当场格杀照律勿论倘有被贼拒伤致毙并准报明赏恤以昭激劝至外匪窥伺多由内匪勾通该绅耆等平日尤宜严察窝家捆送究办庶几盗匪无所附托不敢妄生觊觎此亦当务之急者也

一拿票匪以安民业也粤东赌博之盛甲于天下其最为害者则莫如白鸽票一项不论士农商贾老幼妇孺皆以本少利多之言被其摇动大则盈千累百小则一锱半铢苟欲猜投均可赴会日来月往朘削靡遗以民生有限之脂膏供匪徒无底之溪壑更有因此而流为匪类及自寻短见者贻祸之烈何可胜言此大宪所以奏请加重罪名严行惩治且三令五申必期禁绝而后已也现闻此项赌匪又在民间煽惑欲将白鸽票厂复行开设并敢混称打点任意招摇胆大妄为实堪痛恨嗣后县属军民人等如能拿获白鸽票匪起出赌具解县讯办即赏花红银一百大员探知踪迹报案引获即赏花红银五十大员犯到一经审明即行照数发给街邻地保如敢得规包庇并即斥革拘拿照例治罪至尔军民人等尤当凛遵禁令约束亲丁勿为利欲熏心前往投买免致为官捕获自蹈刑章是为至要

一缉拐带以拯愚蒙也粤东地处海滨久为通商口岸轮舶往来如织商贾络绎于途迩因外洋各埠举办开矿垦山等事不惜重价招致华工而内地愚民又多惑于出洋易富贸然远涉恐后争先以故奸宄之徒得以乘机煽惑无论男妇长幼辄行贩卖图财其中或以药迷或以略诱一堕其术鲜庆生还在失事之家骨肉分离宗祧断绝其情固为可悯而被拐之人漂流异域困苦终身其惨尤不可言至诱拐幼孩仍在中国属境卖为奴婢子女者各省皆所不免然亦以粤省为最多该拐匪等只知惟利是图不顾人之生死忍心害理罪不容诛光绪十二年间经前督宪张以拐卖出洋之案日见其多奏请仍复旧章就地正法此风稍为敛戢乃近两年来诱拐案件又复层见迭出匪计则变幻新奇匪踪则飘忽秘密捕拿不易防范尤难言之殊堪发指嗣后军民人等务于乡邻附近之地人众热闹之场随时留心稽察实力盘查如能拿获拐匪解县讯办即赏花红银一百大员探知消息赴县报获即赏花红银五十大员犯到一经审明立即照数发给以示鼓励至尔军民人等平日于妻孥亲属家庭居处之间尤当以匪徒诱骗之工至被拐情状之惨时常劝诫反复申明务令安分营生不可妄萌贪念则拐匪无所施其伎俩而良民亦不致误入牢笼矣以上四条

皆目前必须整顿之事亦本县迭经示谕之文所以不惮烦劳再申告诫者只以要地重临职可宜尽不得不力图补救冀转颓风以期上副列宪之裁成下跻斯民于衽席耳合行出示晓谕为此示谕县属绅耆军民人等即便一体遵照切实奉行毋负本县恋恋吾民孜孜求治之苦心倘不听教诲仍蹈前辙悯不畏法则将执法以绳决不姑息切切特示

《申报》1890 年 4 月 19 日第 2 版第 6103 期

观风告示

为观风事照得辎轩出使固将仗节以抡才牧令崇文亦贵下车而视学惟泰州名标唐代地属维扬环江海于东南特钟灵秀绕淮河于西北广毓英奇胡安定生长名区比山东为小邹鲁范文正宦游胜地任天下乃真秀才学校重兴韩相之芳型式后师儒必敬赵公之雅化宜人或开文会之堂或授春秋之业或衡文而修锁院或赡士而置学田或毁铜像而铸尊铜宏开四社或赠银杯以资膏火鼓舞群才代有名贤倡明正学单交之琴声未辍武城之弦诵如新以故士气云腾经畬雨沃自历代而簪缨继美洎圣朝而车服增荣弟子员多博士教宏于汉室孝廉船重兴贤典茂于周官亦或宴赴琼林挥毫赋日声蜚翰苑珥笔朝天科名草绿蔚湖云及第花红蒸海日所谓地灵人杰积厚流光者不綦然欤本州曲江苗裔长沙布衣当邺侯召对之年甫能拈笔值长吉赋诗之岁已解论文读书分匡壁之光访道立程门之雪始角材于郡县一扫群空继鉴战于围场再蹚额满论数莫奇于李广知音讵乏乎钟期旋以赭寇猖狂苍生涂炭请缨气状等弱冠于终军工策涕零抗少年于买傅岂但孔璋入幕章檄生风还如越石从戎枕戈待旦闻刁斗而不寐慨砚田之就荒既而鲸浪皆平鹓班共序寓白门而听鼓学厉公余面素壁以穷经心腴道味韩毛齐鲁诗辨纯疵伏孔张梅书分真伪三礼则参稽乎经曲五传以合证乎春秋至若卦象创于羲文启阴阳之秘钥象传详于周孔泄造化之真藏焦延寿率尔摛词几同小数王辅嗣毅然扫象复踏元虚用是十载精研特此群经味永以及百家众说一技微长兼收败鼓之皮不废集裘之腋岂谓亲承坠绪借学沽名要当恪守遗经以文载道既捧檄而来作牧将持衡以课诸生兹择于本月念日集赋雪之英才举观风之旧典特局试院大辟词坛刻晷度于花砖毫端花灿限时规于莲漏舌底莲翻既如同马淹迟断不至终场曳白况复枚皋敏捷更无庸继誉红惟是文尚清真诗宜雅正赋颂必期丰蔚辩论尤贯精详毋袭旧以贻羞毋好奇而诡止毋极情于哀艳习蹈齐梁毋溺志于香奁讥同温李毋桃僵而李代遽教红勒相加毋墨渍而油污遂令白圭有玷果其文成翻水书妙回波掷地而作金声随风而霏玉屑则必亲加月旦遥闻击节之声宏奖风流特重赏心之作获焦桐于爨下世有中郎觅遗珠于水中躬逢象罔赠花红而志美题绢素以旌贤从兹吐凤才高名标凤阙岂但屠龙技展价长龙门特示

右为泰州张伟堂刺史观风示刺史印兆鹿湖南人虽非科甲出身而劬学不卷凡经史词章

以及诸子百家靡不涉览十年听鼓宦况萧条而坐拥书城依然自得今此示虽不足尽刺史之才然于骈四俪六之间仍得散行气息绝无堆砌版滞之病是亦所谓见麟一角瞻凤一毛也倾佩之余爰志数语于后本馆附识

《申报》1890 年 4 月 26 日第 2 版第 6110 期

关防告示

钦命二品顶戴江南分巡苏松太兵备道兼办南洋轮船营务处聂为关防诈伪事照得法令极严宜家喻而户晓人心不古须杜渐以防微本道世受国恩家承治谱办理江南制造局务已阅大年律已必严用人维谨从无亲故朋从在外妄为生事兹者恭奉温纶补授苏松太道监司任重愈懔冰渊事必亲裁权无旁落营求关说一概屏除幕友重端正之人相知有素亲随供奔走之役约束尤严惟上海地方华洋杂处良莠不齐诚恐有不肖棍徒探悉本道家世交际或假充宫亲幕友等项名目依草附木遇事生风尔等愚民被受骗惑亟应预为布告以肃法纪而杜诪张除明查暗访并饬属一体密呈严办外合行剀切晓谕为此示仰道属宪民商贾人等一体知悉嗣后倘有冒称本道亲友家丁因事招摇希图撞骗许即扭送来辕指明呈告以凭亲讯究办如有受愚请托或勾串生事一经发觉立提并究按律重惩本道言出法随决不宽贷其各凛遵毋违特示

《申报》1890 年 4 月 26 日第 3 版第 6110 期

广东潮州府曾告示

照得本署府才识迂庸毫无长短惟不欺伪喜公平于家则愿继清白之声于官则时存死职之念此凤昔所自盟者也去岁二月蒙前督宪张委守斯土系怜尔百姓久罹水火从而拯救耳自抵任以来地方积弊生民疾苦莫不对症用药晓谕谆谆暗访明查严行禁革思欲去其旧染咸与维新借以酬知稍抒素抱现瓜期已满调守高州回首一年自问虽无善政然审士性而创蚕桑防水患而修堤岸广储仓谷清查公款约束兵差严缉盗贼遵公令而擅受风绝勤审断而讼棍技穷禁包花而妇女可免失节禁鼓会而烂崽不致横行禁奢侈而良民渐知动俭缕析条分不难悉改纵不敢谓无负职守要已既竭吾才今兹马首载途吾行有日临别赠言古人所重况与尔百姓相处期年分虽别乎官民情实同于骨肉特将尔百姓急宜猛省终身可守者再劝诫之

一士习宜图上进也潮属文风向难与省会相埒近则文人蔚起儒雅彬彬去岁己丑恩科我潮登第者六人且有兄弟同榜者双凤斋飞永传佳话可见前此之诿于风水者未必尽然本署府每于书院月课及去年岁考历观生童文艺多属上等性分苟能矢志读书功名岂可限量且本署府之属望于多士者尚不仅此诗赋文词已也读圣贤书所学何事尤愿尔等举贡生监刚经柔史

务力践而躬行敦孝崇弟本齐家而治国处为硕士出作名臣有志者事竟成尔士子正无庸多让也况潮属风气尤近于刚情既不甘下人心更狃于好胜使移其好胜之心转而向学较诸疲者反易为功昔晋有周处者负其膂力不修细行乡里患之与南山之虎长桥之蛟称为三害后感父老言射虎杀蛟从陆机游学比及期年府县交辟由是观之不独士当自修即平民亦当自奋也尔等嗣后务各廉隅自励劝习诗书毋为利欲所迷毋为纷华所役毋作奸而包讼毋犯赌而窝娼躬为子弟之先表作闾阎之式将见型仁讲让文教日益昌明说礼敦诗风俗自臻纯美矣

一兵民之见宜除也国家定制设兵以卫民即借民以养兵兵民本皆一体原无彼此之分而况桑梓同居讵容轩轾乃潮属陋习一兵之威可横行于乡曲一弁之势辄武断于闾阎甚而兵之子弟姻娅皆可窃其余韬鱼肉善良以致拜契联婚寻盟订友莫不乐与周旋冀得通其声气故有瓒缘贿赂幸补名粮不惜重资投充营伍者推原其始实缘惩办土匪之初营既任弁为心腹弁复倚兵为爪牙与有缘者暗为庇护虽盗可宽与有隙者罪轻法重虽良难保遂令民之气日馁兵之气日张此效彼尤流弊不堪盖始而弁惟图利借充兵以自肥继而营知弁肥在充兵又借委署以搜财行以暗夺之策独潮属所以有二八调汛之期也一弁终岁之所得不半年而尽归于上势又不得不另取诸民即为上者亦或故授以民事俟饱其橐而复取焉此又汛弁擅授词讼之所由来也本署府访悉其情早已分别规劝示禁即遇有兵民相诘之案亦必揆理衡情公平处断毫无兵民之见年来教令所加兵民各相安乐嗣后兵民务宜各除成见为兵者毋恃符以虐民为民者毋挟忿以犯兵庶几兵民和洽永享安乐之福尔等其各慎之

一上控宜切戒也讼则终凶古垂明训而潮民反视若寻恒前经迭次严禁并于收呈时详加审慎察其供状是否相符情节是否在理以及所黏县中批判有无割裂再四推求分别准驳不敢偶有忽略人谓本署府过于慎重而不知保全者正不少也近虽稍为敛迹而饰词耸听铺张求胜之风尚未尽除推其构讼之由无非因一朝之忿相激而成不知忍一息气免百年忧且求人不如求己官若贤明尚能剖其曲直否则是非颠倒缪輵益纷甚有欲求一批而不可得谓非求胜反累乎然此犹其小者本署府前在韶府任内见有连州李姓上控命案由署平空批移南韶林道提审两造之在押在保候讯者约二十余人困苦情形殊难缕述夫案至控奉道提被告即忧原告应喜乃竟不然因本署府昔任连州百姓信服闻吾莅韶两造约齐同来求见各诉真情哭求超生本署府碍于官事未便越俎乃商嘱曲江即今之潮阳陈令设法禀请递回原籍两造归即具结息案其情可知其累更可想矣嗣后尔百姓果有切己屈抑之事只当赴县投诉自能明其是非万勿辄行上控自罹苦恼况潮属各县经本署府再三考察才具虽有短长之分然皆洁己爱民必能了尔百姓之事倘有唆尔违断上控者是皆奸民不过欲累尔身家害尔性命而已慎勿误听甘为所惑也

《申报》1890年4月29日第2版第6113期

接录潮州府曾告示

一风水宜力辟也风水一道本属渺茫纵有书籍流传要皆后人附会借以巧窃资财实则地理本于天理天理即属人心书曰作善降之百祥作不善降之百殃炉祸吉凶亦卜诸寸心而已嗟尔潮属积习久沿人无贤愚莫不迷于风水每建一室则四邻之耳目侦察维严檐角墙眉偶或高山邻居一寸则群起相攻妄称冲煞每营一穴则前后之山场树木咸思霸占他人偶向营葬则又以骑龙断脉为词平空构讼小而纠众阻止大而械门伤生竟有数十年缠讼不休仍复执迷不悟者良可哀矣夫同此一地吉则并吉凶亦并凶即使方向果有凶煞亦营建者先自当之断无低一寸即吉高一寸即凶自我葬之即吉他人葬之则凶之理乃竟因此而争论致讼因此而破产亡家卜云其吉吉于何有悖且使其说果有可征则天下之精于风水者当无不富不贵有吉无凶何尚沿门献技借以谋食悖以此观之益可恍然矣嗣后尔等绅民务宜各安天命遇有建屋筑坟者倘无侵占情弊自当听其营造不可妄称妨碍率意阻拦尤不可误信挑唆滋讼生事则彼此相安心平而福自至矣

一婚娶宜循礼也夫妇为人伦之始婚姻乃王化之基是以问名纳采笄冠亲迎古先哲王特垂礼教虽俗尚不无小异而财礼断不相争潮属则养女之家视同奇货未求佳婿先论资财或远嫁他乡希图善价或与人作妾冀得多金甚至爱富嫌贫重婚另嫁致相雀角涉讼公庭遂令下户穷黎无力聘娶终身不偶兴叹无家也至于娶妇之家贫富既不相同奢俭自难一辙乃潮属陋习则彩与之价动需三二十金并有地方乞丐无赖匪徒借取喜钱拦途苛索致令新妇黑夜步行败俗伤风莫斯为甚本署府到任之后即经迭次严禁谕饬各乡绅老自置花轿藏之庙中以备公用并将与夫抬值花子赏封逐为议定永远遵守不准仍前勒诈以便与情他若各庵尼姑盈千累百与其宣淫寺宇不守清规孰若还俗归宗早为配偶尚不失婚姻之正悖本署府前经晓示各尼姑至本年四月一律蓄发各由父母亲族为之婚配以正人伦此实风化攸关后来者定仍执法慎毋谓本署府交即在即复行观望迟回不早自为计致干查究也

一赌博宜严禁也粤省赌风甲于天下潮属赌局又甲于省垣盖省城之赌衙门差役有规防汛兵弁有规保甲之巡查委员有规地方之劣绅士棍有规甚而承饷包收明目张胆然一经滋事或被攻发仍复执法相绳绝不稍为庇护潮属则直以衙门为标榜竟于文武各署之前平地分段棋布星罗互相招徕各收规费此界彼疆划然不紊如谓官府不知情则出入往还固目视而手指如其知而不问则有心弛禁本署府以廉耻所关初拟概行严禁惟自府而下者可得而禁之自府而外自府而上者不得而禁之也故于下车伊始即将府署前无数赌场尽行拆毁以绝根株庶几各处闻风从而敛迹俾赌匪咸知畏惧地方可获又安耳夫尔百姓亦知赌之为害足以倾家荡产丧命戕生乎无论新法极严有犯必惩枷杖军流等其轻重即使幸逃法网而千金一掷旋踵消亡受乡党之揶揄为亲朋所不齿果何所恋而顾乐此不疲悖至于青年子弟文秀书生尤当束身自

爱勿以挎蒱败德良家妇女绣阁名娃更当守女史之箴勿轻赴娥场之约自资财可保复名节能
全本署府因怜尔等愚蒙故特谆谆相劝倘其闻而不改戒之不坚吾恐患等噬脐悔之莫及凛之
慎之毋怠毋忽

一假命毋混控也夫杀人者死律有明条而诬告人罪亦干反坐煌煌律例何等森严潮属则
遇有命案无不牵连罗织或称喝令或称主谋所指控者大抵皆富厚之家冀得肆其油索真凶正
犯反多置身案外银则累百成千不惜重费案则经年匝月传审无期习俗相沿殊堪痛恨更有服
毒自尽捏报因伤亡身妄称被殴指路毙之乞丐冒认己亲将久殓之尸骸赴官请验伤痕可以不
指见证可以不凭极口呼冤诪张百出甚有无赖匪徒或与他姓有仇自将亲丁殴杀诬告行凶或
缘伤毙人命自将亲族致死冀可抵填种种弊端实难悉数不知案情虚实一经庭讯泾渭立分纵
能瞒准于一时断难脱身于日后迨至真情破露三尺难逃是害人适足以自害嗣后尔等各宜自
爱切勿再蹈恶习倘怙恶不悛明有王法暗有鬼神决不尔容至若真实命案务将伤痕部位凶手
姓名见证何人因何起衅一一从实直叙报候讯验切勿听人唆弄牵累无辜天道昭昭其各猛省
以上数条皆潮属利弊是以重申劝谕夫习俗移人贤者不免所患狃于见闻无以悟其非安于固
陋无以善其诱是在地方官之责耳本署府因念前此办理积案尔民迭遭刑杀痛小民无知犯法
罹此刑典夫杀戮之事虽属巨案然要皆起于一念之微一事之细争竞不休遂致酿成巨祸古人
所谓涓涓不竭流为江河也使当时有学道爱人之官谆谆开导或不至此本署府所由不惜屡为
告诫冀尔百姓不到为非不惟可免五刑而且蒸为善俗兹当远别用赠药言尔等务宜父诫其子
兄勉其弟互相规劝永作箴铭庶无负此苦心共享隆平之福本署府实深欣幸焉勉之毋违特示
光绪十六年闰二月　日示

《申报》1890 年 4 月 30 日第 2 版第 6114 期

简明告示

新任甘泉县舒明府深悉此地恶习浇风胜于他处下车伊始即出谕禁简明告示一道示云
一忤逆父母二抢窃财物三拐卖妇女四讹诈人财五凶恶地棍六诬告人罪七讼棍唆讼八开场
聚赌后注云以上八条为有关风俗之大者兹不惮苦口谆谆为尔等告诫尚其共相遵守毋蹈前
愆本县有厚望焉

《申报》1890 年 5 月 1 日第 2 版第 6115 期

查禁尼庵告示

宁绍台道吴为剀切出示晓谕严禁事照得从妇女以焚修俗沿愚陋禁庵堂之建造律有

明条惟既遁入空门岂容卖笑追欢乃本道访闻宁郡城厢内外尼庵僧众多有不守清规者名则托迹为尼晨钟暮鼓实则腼颜为妓酒地花天甚至窝藏棍徒挟妓聚赌无所不至其中带发修行因而混迹卖娼者亦所不免相沿已久廉耻全无且又有一种玩尼并敢招留女徒逼为娼妓磨折多方害理忍心伤风败俗纳藏污垢亵渎神明种种不法情形实堪痛恨现经本道责成鄞县移曾保甲局员一体随时严密确查均无假手差保查明后速即由县饬提照例惩办勒令还俗并将被逼女徒立时提释饬传亲属查讯发交领回择配仍弗经差保痞棍人等借端索诈骚扰违则重治其罪除札鄞县暨行宁波府饬遵外合亟剀切出示晓谕严禁为此示仰城厢内外各庵住持尼僧人等知悉自示之后尔等须知身既为尼或并未披剃愿在庵潜修者自应恪守清规毋得再蹈前辙如敢故违仍有前项情事一经查访明确或由该县及各保甲局查出定将该住持先行提案究惩并将该庵房屋田产一概入官以挽颓风而惩淫孽本道言出法随决不宽贷至居民各色人等亦宜共知自爱弗纳于邪切勿放荡为非有亏行止致于一并严究此事经饬该县局办理不准刁民控告以杜诬诈滋讼其各凛遵毋违特示　光绪十六年三月十四日给

《申报》1890 年 5 月 8 日第 2 版第 6122 期

平粜告示

福建盐法道兼署按察使司按察使龙示为发仓平粜事照得省会入春以来米价腾涌际此青黄不接小民度日维艰业蒙督宪暨藩司悯念穷黎派员前赴芜湖及暹罗等处购米存储与善后局仓谷一并减价发粜间阎借免阻饥兹复奉督宪谕将增广仓积谷平价出粜以济民食业经本道延请公正绅士克日举办并委员照料惟查省广仓谷色高低不一上等值一千五六百文中等值一千三四百文下等值一千二三百文理应按廒试碾分别减价发售足于四月初五日起在增广仓分设米谷两厂粜米粜谷悉从民备米厂先碾增三廒谷八千余石作为食米每斗减价卖城钱票钱二百八十文此项米谷专济贫民每户每日准买一斗以均限制不许多粜盘卖亦不许零买琐屑各厂先发五廒谷五千余石每部碾大秤一百觔为一石减价卖城票钱一千一百八十文此项谷石遍卖城乡居民自一石至五十石止均许买粜该两廒米谷粜完接换两廒扇碾续卖价值酌量加减另于仓前示谕周知凡来粜之人每日辰初刻起至申初刻止随带价钱口袋自赴增广仓内纳价换余缴条换票凭票支谷支米毕随发照出竹签至仓门口缴签放行不准拥挤争闹致滋事端粜谷较多者先期纳价领票次日发谷庶便预备应支倘有垄断渔利之徒包买谷石囤积居奇察出严拿究办各宜凛遵毋违特示

《申报》1890 年 5 月 31 日第 2 版第 6145 期

关防告示

头品顶戴提督浙江全省地方等处统辖水陆军务节制各镇霍隆武巴图鲁加一等寻常加二级纪录七次冯为关防诈伪以肃法纪事照得本军门家居东粤久传清白之风任历西陲早励寅丹之志兹复恭膺简命驻节斯邦念履任之方新弥抚衷而兢惕是用权无旁假事必亲裁义利之辨最严公私之界尤别梓乡虽近亲朋不许干求莲幕素端僚友咸知自爱书吏仅充缮写仆从但备传呼凡此严密关防固已无虞钻刺矣惟宁波华洋杂处水陆可通恐有不法棍徒捕风捉影或冒充官亲或假托幕友或称昔日知交或说曾经任用逢人欺诈遇事招摇不能不先事预防以期风清弊绝除严密查访外合行出示晓谕为此示仰所属军民人等知悉尔等务宜各安生业顾惜身家勿为非分之求致受无端之惑如有前项人等冒称本军门家属戚好以及署内当差人等在外招摇撞骗许即扭送来辕以凭查办倘或私相结纳朋比为奸一经访闻或被告发定即一并严究决不姑宽各宜凛遵毋违特示

《申报》1890年6月2日第2版第6147期

观风告示

署宝山县正堂陈为出示观风事照得庶政有大端先兴文教四民区正业首重儒修诚以学校树人实萃英才之薮之章华国洵为经济之源方今天子右父群贤蔚起到处经生稽古止学昌明查宝邑地接娄江潮通歇浦虽昔年之分县成今日之大邦户竟弦歌诗书启后民安朴素耕织成图银杏社高壮文亹于海曲菊花泉古助笔阵之兰绷黄陶庵气节凛然文章彪炳范兵部声华籍甚武库蜚英凡人杰之挺生胥地灵之钟毓本县家临湘水系出颍川髫岁囊萤曾攻占俾蚤年戎马遂辍简编溯自听鼓廿年犹不忘乎儒行前此权符两邑皆雅重夫斯文今者捧檄东来忝监兹士下车数日即收棫朴之材出示观感更持楩楠之士为此仰合邑生童知悉本县定于四月初十日在学海书院扃门考试尔多士下帷日久自多倚马长才面壁功深奚止雕虫小技抽秘思于一日□期笔艳江花构佳制于万言毋得文成潦草如果鸿词富丽堪邀萍绿之知定富鹤俸分颁另子花红之奖卒勿东西摭拾语致雷同以凭甲乙衡量评公月旦须自励也有厚望焉特示

《申报》1890年6月7日第3版第6152期

通饬汇刻一统舆图告示

鄞县正堂徐为出示晓谕事奉府宪胡札奉藩宪许札奉抚宪嵩行光绪十五年十月三十日接准兵部火票递到会典馆咨前事奉因到本部院准此除抄档咨行外行司查照准咨奉旨

事理即便钦遵办理并将发来画图格式附图说三纸转交书局照样刊刷若干磨对无讹送由
该司径行分送将军都统各院提镇并移行各司送各省局及各府厅州县各协营一体遵照仍
将办理情形先行禀报计粘抄咨并折暨发格去三张仍缴等因奉此当将图式三纸移准书局
判刷咨送到司解分别呈送移行外合特札饬并将格式札发到府立即移饬所属各厅县一体
遵照奏定章程将境内群峦支港大小村堡分别绘图贴说送由该府将所属厅县分司场所屯
卫营防巨山泾流大村雄镇绘具全府总图贴说同各厅县各图每图五套悉心改订送司核办
如官绅士民有家藏自绘自刻与图精审者并即访询送候转送备考务在积细准确不得草率
延误是为至要切切计发图说等因转饬下县奉此合行出示晓谕为此示仰合邑士民人等知
悉尔等如有熟悉地舆精于测绘者遵照奏定章程将境内群峦支港大小村堡悉心改订分别
绘图贴说倘有家藏自绘自刻舆图亦望呈送来县以凭考核绘画转详请奖其各遵照毋违特
示光绪十六年四月日给

《申报》1890 年 6 月 10 日第 3 版第 6155 期

关防告示

钦加同知衔正任江宁县调署松江府上海县正堂加十级纪录十次陆为关防诈伪事照得
本县现奉宪檄调署斯邑闻得境内士民风气本好惟是地滨江海市集华洋远商错居流氓四集
人颠不一诈伪易生且本县籍浙江仅隔带水更难保无刁徒假冒亲故在外招摇撞骗不知乡谊
自乡谊公事自公事曲直是非断难瞻徇本县历官江左请托不行尔等当有所闻切不可受若辈
欺蒙反致同罹法网合先申明出示晓谕为此示仰合境商民人等一体知悉尔等须知本县事必
亲裁权不旁落一切案牍无可钻营嗣后倘有前项人等在外指官说事即属诈伪匪徒尔等立刻
扭获送县以凭尽法惩办决不宽贷其各遵照毋违特示

《申报》1890 年 6 月 14 日第 2 版第 6159 期

提宪告示

头品顶戴提督浙江全省等处地方统辖水陆军务节制各镇霍隆武巴图鲁军功加一等寻
常加二级纪录七次马为出示晓谕事照得提督衙门每逢历任履新举凡署中铺垫什物向归本
标各营承办由来已久早成积习兹本军门钦承简命提衡全浙下车以来深悉营中艰苦所有应
用铺垫及奉派赴粤投接各项人等川资伙食均由本军门自行给发不准在营列款开销系为体
恤兵艰严禁摊派起见诚恐合营未及周知合行出示晓谕为此示仰各营弁兵知悉须知本军门
廉隅自守耿介为怀署中应用物件等项俱系自行随带或有在宁购买之件亦由本军门筹款给

发并未就营中开支分文倘有摊扣情事一经察出定干重惩庶几弊绝风清营伍日有起色其各遵照切切特示

关防诈伪

调署南昌府曹朋川太守秉瀅抵任以来励精图治破除情面深知省会招摇撞骗之风日炽一日特颁告示严禁并札县申禁务使若辈无从施其鬼蜮平民有所恃而无恐所有示言照录于左饮加盐运使衔赏戴花翎调署南昌府事原任九江府正堂卓异候加十级曹为关防诈伪事照得本府系出谯国家居岭南幼步琼林窃忝瀛洲之选长持玉尺曾量之闽峤之才栽桃李于公门网珊瑚于晋水文衡所自信冰清逮乎出守南康官箴恪凛旋移饶赣继调洪都嗣守浔阳重来江右怀介廉之素志淡泊自甘承清节之家风求杜绝兹奉宪檄再调南昌益当洁己奉公正躬率属事无巨细悉出亲裁政有权衡不假旁贷幕友品行端正家丁约束极严亲族同乡未来任所固己矢志冰渊绝迹包苴者矣惟省垣幅员辽阔良莠不齐现值莅任伊始民间恐未周知或有不法之徒在外招摇撞骗愚民无识堕其术中不可不防除密访查拿外合行出示晓谕为此示仰合郡军民人等知悉如有前项不法棍徒妄称本府亲友家丁名色在外招摇撞骗许诸色人等立即扭禀来府以凭饬县尽法究办倘无识之徒甘受欺骗一经查出并即治罪本府盟心似水执法如山各宜凛遵毋违特示

严禁会匪示

鄂省风俗人心日壤一日沿江一带有哥弟会匪襄河以上多恶棍横行或充巡丁以查私白日强抢或示保护以养匪明捐钱财暗使鬼蜮种种不法时有所闻兹经谭敬帅洞悉隐情大张告示予以更新之路恕其已往之愆兹将宪示抄录于后头品顶戴兵部侍郎兼都察院右都御史巡抚湖北武昌等处地方提督军务谭为严拿匪棍事照得湖北地方水陆交冲五方杂处近年以来时有教匪会匪入境潜匿煽惑愚民谋为不轨上游一带刀痞囤户或强劫民财究何以靖地方而安善良本部院嫉恶如仇除暴务尽断不容仰军民人等拓悉尔等当知各匪教会惑众谋逆法所必诛刀入党者切勿被其诱惑堕入迷途致罹重辟倘若甘心为匪怙有犯必惩尔等各宜猛省勿谓法网可幸逃也凛遵勿违特示

招考告示

　　钦加布政使衔总办江南筹防局兼管水师学堂事宜前准扬海兵备道桂为出示招考事照得本道奉南洋大臣两江爵督部堂曾札开准总理海军事务衙门咨行创设水师学堂挑选学生教以海军诸学等语南洋筹办海防自应广为造就以储他日御侮之选合亟札饬遵行等因奉此当经本道择于江宁省城仪凤门内建造水师学堂一所延募中英水师教习挑选聪颖幼童一百二十人分授驾驶管轮之学现在屋宇落成亟应招考学生以备选用除刊发简明章程俾众周知外合行出示晓谕为此示仰士民人等一体知悉无论本省外省寄居良家子弟年在十三岁以上二十岁以下资质聪颖已读两三经并曾习英文三四年情愿应考者开明籍贯年貌三代先赴江南水师学堂招考处报名听候本学堂提调示期面试如仅粗识洋文不必投考凡入选者取具本人家族甘结并绅士保结入堂试习四个月分别去留酌定班次照章给予赡银每年按季考校奖赏有差五年期满学业有成自应择优咨送海军衙门转咨北洋大臣选拔练船再加学习船课照章咨部给奖量才器使须知今日之学生即他年之将佐饮食教诲皆仰给于公家事业勋名是所望于继起毋或观望其各奋兴特示 光绪十六年八月日按水师学堂提调沈仲礼司马昨已抵沪寓后马路景行里应考者请阅后幅告白本馆附识

《申报》1890 年 10 月 11 日第 3 版第 6278 期

捐局告示

　　钦加二品顶戴按察使衔会办苏浙赈捐省沪两局江苏即补道胡为榜示事照得本道办理苏浙赈捐所收各捐生业经分次造册详送核奖在案兹奉两江爵官宪曾札发部颁第一次执照前准驳名单饬即传知各捐生换照并开单声复等因奉此除已在部换照人员不复登列外合将准驳人员榜示为此示仰各该捐生知悉凡奉准者即持收换照其奉驳之捐生或系声明前案或应补交银两亦即呈候本道转详核办毋稍观望迟延切切须至榜者计开奉驳扣照人员

　　钟全仁营守备衔捐银一百五十两请给予都司职衔该员原捐监生并营守备衔系在福建援剿经费何次案内报捐何时经部复准应令声明再行核办

　　王家达监生捐银七十二两请作贡生该员原捐监生系在浙江海塘何次案内报捐何时宁部复准应令声明再行核办

　　其余奉准人员本馆以限于篇幅不及备登

《申报》1890 年 10 月 24 日第 2 版第 6291 期

告示照登

五品衔江苏太仓州宝山县河盐厅加三级纪录十次吴为出示劝谕事照得地方河道首系农功次关商贾盖通舟楫之往来只为贸易之计而利田畴之灌溉实为衣食之源历观宪谕莫不讲水利以疏通河道为正宗河道者犹人身之有血脉也血脉不通百病交作河道之于地方亦犹是耳近年以来水旱不均各处荒灾不堪枚举其故皆由于不通河道始如其通之水则由此达彼沟浍有宣泄之区旱则把彼注兹禾苗无枯槁之患虽有水旱不足虑已今春吴淞蕰藻河蒙上宪筹款兴工重加开浚沿河一带无弗欢欣鼓舞幸民困之复苏查此河由吴淞迤西直至嘉定南翔镇蜿蜒数十里非可以他河比实宝山地方通县河中之干也有干而后有枝一县之中均沾其利谅阖境绅民早已共闻共见无不欲因此一端而曲畅旁通以尽其余利者也但本厅途过村舍时见私河小港于塞不堪废弃者多挑挖者少往往潮汛颇大泛滥横溢原隰莫辨一经久旱则又不留涓滴水涸辙堪怜其始虽以为些小沟渠无关轻重从此年深月久渐成平陆前人开之而后人废之岂不大可惜哉诚能于河道多尽一分之力即于地方多获一分之益尔等倘有如前一切正届水涸之秋农忙已歇各宜同心协力计田之多寡于就近绅董妥为商议禀明本厅以便牒县批示查勘施行幸勿迁延坐视苟安目前不为久远计也本厅有专司水利之责凡地方河道本为分内应管为此示仰合县绅董民商一体知悉趁此农隙之时易于为力毋得互相推诿有负劝谕之至意焉特示

《申报》1891 年 2 月 16 日第 3 版第 6399 期

例示汇登

钦命巡视中城本徐为严切谕晓事照得本城所属地方人烟稠密良莠不齐各种匪徒亟宜惩治以靖地方本院自到任以来访闻前门外一带地方竟有著名匪徒三五成群结伙为恶或携刀持械聚众群殴或乘间在途抢夺物件或故作圈套砌词架讼或假冒宗室借端讹诈种种不法情形实为地方之害除饬司坊官严密□查外为此示仰各处捕头人等知悉遇有此等不法匪徒立即严密锁拿禀由司坊详解本院定行从重惩办决不宽贷毋违

钦命督理街道察院宝刘为晓谕事照得正阳门外大街石路两旁土道例定车路一丈乃近来该处鱼栅摊座任意侵占官街并倾泼秽水实属有碍街面以致往来车辆多有不便为此示仰该处催铺人等知悉尔等务须常用巡查如有前项情事立即锁拿交坊申送本院究办决不宽贷各宜凛遵毋违

花爆最易引火前经提署三堂宪粘贴示谕谆谆告诫兹复由五城侍御粘贴四言告示其文曰岁暮新春风高物燥双响明灯起花大爆一概禁止不准买卖倘敢故违严惩不贷

步军统领衙门为严行谕禁事照得京城内外地方辽阔商贾云集人烟稠密宵小最易潜踪迭经本衙门饬令各旗营员弁严密查拿实力缉捕以期盗贼无处托足闾阎日臻安谧其烟馆娼赌各局邪鄙鬼祟尤为盗贼藏匿出没之所例禁极严若不勤加搜捕则奸宄丛生于地方大有关系历经饬令旗营员弁将九城内外地方烟赌各局拿获多起均已从重惩办现复奏定章程出示晓谕仍随时严饬官兵认真巡缉以靖地方而清盗源至街市匪类敲打铁柄大敲演唱高脚秧歌踢铁球舞石锁玩梧桐鸟戴壮头巾施放双响炮竹起花结伙成群殴斗寻衅并有乞丐用刀划头讹诈铺户欺压良民种种不法深堪痛恨或有不守闺范之妇女奇装异服游逛街市尤属有乖风化妇女无知例应罪坐家长若不从严禁止何以维风化而正人心倘有地方官兵及假冒名目指称年例节规向铺户索要钱文者许被之人首告以凭究治为此示仰军民人等知悉以上严禁各务宜父诫其子兄勉其弟循规蹈矩勿得干犯科条至游手好闲之宗室觉罗旗民人等间有不安本分拆毁官房木料劫人勒赎重利盘剥聚赌寻殴等事亦叠经本衙门严拿奏送宗人府刑部按律惩办在案亦当各安本分毋蹈前辙并有不法匪徒在各地方聚集多人搅扰街市及与绰号之犯附同滋扰实属目无法纪辇毂之下岂容若辈横行闾阎之害现经本衙门严饬两翼八旗巡捕营员弁兵役一体认真严密查拿如该犯等不知警惧以身试法一经拿获到官定将该犯奏明从重治罪决不宽贷勿谓言之不早也其各凛遵毋违切切

《申报》1891 年 3 月 7 日第 1 版第 6418 期

县示照登

钦加同知衔正任江宁县调署松江府上海县正堂陆为查案晓谕事案奉淞沪捐厘总局宪札开奉苏抚部院刚批局详牙捐收数日绌请分别勒限严催并呈章程请示由奉批据详已悉仰即移会苏潘司转饬所属各州厅县一体遵办等因到局奉此除分别移行查办外抄详颁示饬县遵照按户查催并确查境内如有无帖私开售帖蒙顶牙行计共若干分析造册呈送押令捐请部帖倘仍任意玩延即行由县照章严究等因业将奉发告示分帖晓谕并给谕牙承稽查在案诚恐日久玩生合亟查案示谕为此示仰诸色牙户人等一体遵照尔等须知开行必先领帖白拉例禁森严凡有欠缴捐银无帖私开及旧帖蒙顶之户赶紧备银赴局捐请部帖倘敢延玩一经查明或被告发定提究办决不宽贷各宜凛遵毋违特示

《申报》1891 年 4 月 1 日第 2 版第 6443 期

示禁登城

金陵城隍工程前经沈仲帅札委王友圭协戎督率所部亲军四营分段补修协戎自兴工

后随时亲莅城上督工不辞劳瘁各营兵丁亦均仰体宪意通力合作克日成功业于上月抄一律告竣协戎因念城隅堞口之倒塌半由于借口游玩城头私拆城砖之所致非先出示严禁恐日久玩生无赖之徒又复私拆售卖以图渔利协戎遂商同城守邱雨亭协戎会同出示严禁张贴各城门告示录左记名堪胜提镇统领督标亲军等营两江督中协镇诚勇巴图鲁王奏留两江记名简和提督军门署理江宁城守协镇继勇巴图鲁邱为先行出示晓谕事照得金陵省城城墙堞口均有损坏前奉督宪谕饬本协镇督率所部亲军营勇迅速修砌等因遵经赶紧修理堆人力尚易砖料是难本协镇不惮辛劳亲督认真举办刻已工作告竣查得损坏之由因民间游城远眺三五成群有等无赖之徒乘间私拆城砖借图渔利而所管弁兵又疏于防范以致城垣损坏日甚一日殊不知城砖原非民间所宜有一经拿获罪有应得且城垣为一方之保障自应巩固整齐民间何得私拆本署协忝膺城守责有攸归亟应申令严禁嗣后无论男妇老幼一概不准擅自登城该军民等亦须互相劝勉勿得以身试法累及家长后悔莫及除严饬弁兵各分地段认真巡防倘再有不法之徒擅自登城偷拆情事即行拿送来辕以凭移县重办如弁兵等仍前疏懈一经本协镇等密查属实定当参革以示惩警决不稍有宽贷外合先行出示晓谕为此示仰军民人等一体遵照毋蹈前辙致干咎戾本协镇等言出法随勿谓言之不预也其各凛遵毋违特示

《申报》1891 年 4 月 21 日第 1 版第 6463 期

谳员告示

租界会审分府蔡为出示晓谕事照得近来四马路一带时有少年子弟结党游行遇见年轻妇女恣意戏谑节经巡捕获案讯办查系各作坊学徒居多此固少年情性未定不思立业成家比昵匪人日夕游荡势不至辱身破家不止而亦父兄师长平时失于管教甚或曲意袒护溺爱不明遂致胆大妄为目无法纪言念及此殊堪痛恨除随时严密查拿外本分府不忍不教而诛合亟出示晓谕为此示仰租界诸色人等知悉尔等须知子弟有犯罪及父兄律载分明不容宽贷自示之后务各父训其子兄诫其弟各勤本业勉为良善为子弟者更宜涤虑洗心力图上进毋罹法网致悔噬脐本分府言出惟行殷鉴具在决不能为尔等恕也凛遵毋违切切特示

《申报》1891 年 4 月 26 日第 3 版第 6468 期

宪示照录

钦命堪胜提督军门记名简放总镇督府统领浙西缉私水陆等营兼统江苏抚标飞划水师龙为剀切晓谕事照得结帮私贩上亏国课下累民生法禁森严例所不宥兹因本统领奉委接管

盐捕各营事务职可缉捕任专稽私从前胡大辫子王均蕙等著名渠魁异常狡悍尚不能逃于法网况等乌合小丑利尽情疏一经悬赏购拿同舟皆变眼线按名搜捕又有何难但念尔等多因一时愚昧被诱胁从未必皆是处心积虑甘为枭匪者辗转思维不忍不教而诛所以指示迷途俾尔早归正路查结帮私贩之人必非老弱无能之辈既有可为之心思又有可用之膂力贸易务农皆可谋生入营食粮亦能上进奈之何作此丧心昧理违禁犯法之事试思一蹈法网桎梏图固肆于市曹身首异处父母之愁急无人奉养妻子因而失散流离无依尔虽至愚亦当如此又查私帮之内皖省之人居多尤堪痛恨我皖中俗厚风良人尚忠义是以将钟叠出群才举受国厚恩者倍于他省多多矣朝廷待皖之恩既重皖人自待者更不可轻皆当勉为善良以光梓里乃有尔等愚昧无知甘为匪类本统领籍隶寿春情切同乡能不为之愧忿耶既恨尔等玷辱口梓又悯尔等愚昧无知故予自新之路特示法外之仁许其自首免非伸得迁善为良为此特谕枭贩人等一体知悉白示谕之后皆当迅速达乡各安本业倘敢依然藐法故犯王章则是冥顽不灵甘为恶逆国法具在岂能姑息养奸本统领誓必按名搜捕不留余孽况尔等潜伏巢穴出没踪迹无不周知凭尔逃难出掌握凡此殷殷告诫实出一片至诚非比寻常虚应故事也凛之凛之特示

《申报》1891 年 6 月 16 日第 3 版第 6519 期

门禁森严

上海提右营刘仲衡参戎昨日出有六言告示云现当讹言四起

首在门防认真　每夜钟鸣十点　一律落锁闭门　居民在外贸易　各宜及早进城　切勿因循玩忽　时已半夜三更　每想对牌混进　定即赶尔出城　倘或不遵城讯　立拿送县究惩　今先示谕尔等　即宜守分安生　如有不听劝诫　国法不得徇情

《申报》1891 年 6 月 21 日第 3 版第 6524 期

宪示照登

钦命二品顶戴分巡苏松太道兼办海防营务处聂为再出示晓谕事照得匪徒到处造谣到处焚毁教堂上海一口蒙南洋大臣两江督宪刘颁示分贴晓谕并由本道一体出示谕劝及会督员弁运压保护访缉在案兹接各国租界领袖法总领事华函开近来长江一带有不法棍徒滋闹情事诚恐上海租界内冀左近地方无业流氓效尤蠢动亟应保护界内居民人等倘有匪徒乘间窃发巡捕不敷分派弹压即放信炮四响并鸣急钟速报本埠团练兵帮同竭力解散兵捕随身均带军带一闻警钟安分者务各家居切勿出外观望致遭波累现由工部同晓谕租界居民其租界以外并请一体示谕等因到道除分行上海县暨租界会审委员外为此示仰在沪诸色人等知悉

444　　　　　　　　　　　　　　　　　　　　　　　《申报》告示史料汇编

此后如有匪徒在租界滋闻一闻警信该民人务各安分家居慎勿出外前往观看致惧不测之祸自贻伊戚其各遵照切切特示

《申报》1891 年 6 月 22 日第 3 版第 6525 期

嘉善县正堂江观风告示

得士为四民之首儒修懋而后风俗敦文列四教之先学养深而后英华发是以圣门论治欣问弦诵之声太史采风不废诵吟之什一行作吏此事遂废昔人盖慨乎言之十步之内芳草岂无古语洵不子欺也魏唐贵俗文物之区建邦道锡以嘉名分土久杜为善地萃秀灵于胥麓讵无嵩岳之降生穷浩瀚于汾湖如见文澜之壮阔卞子厚学宗闻洛理奥传薪陆宣公治佐李唐谏书留草丛残书稿访吴氏之竹庄纺略书声听钱家之药圃文词典丽刘子兴冰玉之堂诗律精严冯念罗桑榆之馆陈令举不奉荆公之法项太保能弹阉厂之奸斯皆学有渊源本通经尔致用望隆乡国幸余泽之未烟每殷景仰于先贤不禁低徊于后起本县髫龄失怙敢云能读父书弱岁登科尚幸勉承先志上五色日华之赋杏骑扬鏖逊众仙霓咏之工蓬壶转棹自渐匪栎莫穷瀛海千寻愿种桃花遍放河阳十里下车伊始见猎偏欣适当岁稔时和知四境式睦姻之化差幸官开民乐与诸公结文字之绿砚田未勉于荒芜樽酒愿从而就正择五月天中节后涓上弦初八良辰礼房造册报名书院局门校士未卜其夜各争一日之长以永今朝请待万言之试鞅掌风尘之吏遑云大雅轮扶焜煌云汉之章敢不细心衡鉴揩阮籍之青眼俟季常于白眉撷文固之书华价高萍绿掬廉泉而抱注奖备花红薄分鹤俸之钱敬俟鸳针之绣愿听蚕声食叶十年之况味如新行看鹏翼摩宵万里更扶摇而上殷子鹄趺盼雨鸿裁恐未周知故兹告示

《申报》1891 年 6 月 27 日第 3 版第 6530 期

六言告示

九江府正堂鲍示　中外交涉已久　民教颇属相安　教堂并非初设　育婴同且云良穷民送婴育养　本无猜忌心肠　况乎愿否送入　系两民自主张　即如中国堂内　育婴亦有夭殇　匪人希图生事　造言有心残伤　或谓戕害婴女　或谓迷拐儿郎　无非中怀叵测借此鼓众张皇　一经激成事故　乘机抢夺远飏　及至认真查办　良民专受其殃　现饬兵差访缉　严拿安肆雌黄　尔等各安生业　不可受惑窝藏　果能密禀官长　拿获重赏非常更望明理绅士　切实开导愚氓　劝民勿听煽惑　随声附和猖狂　更劝勿往观看　有口难辩短长　各有身家性命　祸来追悔不遑　我国怀柔远人　照约本应护防　各处驻兵弹压原为保全地方　现在严办保甲　奸宄不敢诪张　从此安居乐业　慎毋疑虑惊惶　特此苦

《申报》1891 年 7 月 10 日第 2 版第 6543 期

晓谕茶娘

　　九江府鲍伯熙太守访闻宁城内外茶栈数十家用妇女拣茶实为风俗人心之害乃亲撰告示一通张贴各茶栈门前以便晓谕茶娘司事用亟照录左方钦加三品顶戴道衔署九江府正堂随带加二级鲍为剀切晓谕以端风化而励廉耻事照得廉耻之心人所同有而嫌疑之别妇女尤严故礼户外言不入内言不出又云女子出门必拥蔽其面盖所谓不见可欲使心不乱推古人之意必使男女有别然后可以保人廉耻之心也自古礼不行男女遂多荡检逾闲廉耻几所弗顾即如丸江拣茶一事青年妇女装饰整齐逐队通衢群趋茶栈不能禁人之熟视不能禁人之戏言其弊不可胜言实属不成事体试思妇女深居闺阃或为外人戏窥偶出门庭或为路人调笑虽属贫家小户亦必羞愤难容胡为一入茶栈顿尔忍辱忘羞揆厥由来乃知栈中司事不一其人老成轻佻不一其类特司事之轻佻者以妇女之妍媸逞己心之好恶妍者好之媸者恶之虽云计斤给价栈有定章以每斤四文计之一日能得几何而少艾之所得每数倍于工资甚至有以拣茶为名而亦获利者其荡检逾闲之情形可想而见妇女何知惟利是视趋之若鹜无怪其然是廉耻之亡其咎非尽在妇女实茶商有以启之男女混杂笑语喧哗习惯自然日复一日伊于胡底大为风俗之害理宜严行禁止第念业茶为商务之大宗拣茶亦小民之生计本府以为禁以法不妨先谕以情人情莫不欲富而忧贫曾不思贫富由天徒恃人力无济苟能存心端恕天必佑以富而免其贫若以拣茶之微利致使痴愚之妇女入其够中纵无别情而任其饱看任其口笑问心已属不端人家孰无妇女使有他人饱看而调笑为之父兄丈夫者怒必勃生乃己所不欲而施于人问心尤为不恕不端则不义不恕则不仁人至仁义俱无获罪于天甚大犹思求蓄而免贫恐不可得夫为茶商者多礼法之人岂肯如斯轻薄即栈中琐细之事恐亦未必尽知殊不知谚有云家奴犯法罪归家主茶栈司事之咎栈主又焉能逃其责万一酿成事端栈主亦不能置身事外也本府不忍尔等堕入迷途为此剀切晓谕凡尔茶商务宜招募老成者司事一切陋习设法挽回并谕令司事人等各宜自爱给拣茶票时只以老年贫苦之妇女入拣凡青年轻薄者概不容留或仿照大通等处通融办理送茶于妇女之家庶保全廉耻于无形则阴功匪浅行将天赐以福利市三倍而该栈司事亦各激发天良勿蹈轻薄故态存心端恕自不难转贫为富更愿凡有妇女之家务必顾惜体面宁可借针黹纺织以谋生何必令抛头露面以觅利自谕之后务各凛遵一则守廉耻为重之义毋出闺门一则扩推己及人之怀维持世道本府有厚望焉勉之慎之毋违特谕

《申报》1891 年 7 月 24 日第 2 版第 6557 期

告示汇登

总理各国事务衙门为算学录科事照得本衙门奏定章程各省学政于岁科两试时生监中有报者算学者俟届乡试之年将原卷及履历清册咨送本衙门复核录送顺天郡试统于卷面加印算学字样每二十名以上取中二名历经办理在案本届辛卯科顺天乡试各省已将报考算学各生原卷清册陆续咨送前来相应晓谕各该生等知悉务于十日内迅速取具同乡京官应结并携带贡监执照赴本衙门报到呈验以便定期录科过期概不录送该生等各宜凛遵毋得自误切切

顺天督学部院示谕正案罗试录科各生知悉尔等有应编入官号乡试者速赴本部院衙门具呈开明三代及胞伯叔兄弟现任官职姓名以凭造册移送顺天府备造册卷毋得自误致干重咎再示谕录科捐纳贡生知悉准礼部札开会议年老监生冒顶已故监生执照投卷明定章程一摺原奏内称本年乡试所有年老例贡监生录科应分别大小学府增附识认甘结呈由州县验明执照加结申送并于奏请恩赏时将原捐各照送部其并非年老生由例贡监生中试之举人于填亲俱时将执照呈缴副榜即呈地方官申详督抚咨部等因通饬在案为此示谕年老捐纳贡监生遵照即将原捐执照呈院切勿遗漏自误再示谕罗试录科各生知悉前准顺天府移开会议奉天府丞张条奏请严定投卷限期一条应如所请每逢顺天乡试于八月初一日奏定人数学臣监臣即不得再行录送以昭慎重等因为此示谕诸生即速报到投卷以凭示期考试本部院定于七月二十五日为度如过期不到概不收考各宜凛遵毋误再谕正案罗试各生知悉尔等有欠考未经补考者速赴本院报名补候示期补考倘有隐匿不报任意延玩一经查出定行照例扣除不准册送乡试再谕八旗顺天直属应试优生知悉尔等领有本学文结册卷到京者速赴本院投递以凭示期考试毋得迟误

《申报》1891年8月16日第2版第6580期

统领告示

钦命提督衔统领浙江抚标亲兵小队各营游记名简放总镇军功加一级黄为剀切晓谕各寻生业而保身命事照得士农工商谓之四民乃不谓民而名之为匪均因不务正业游手好闲遂至掳抢人财成为匪类在该匪以为得计不知得赃分用一人能有几何国法森严天心难昧一经破案莫望更生查前升任台州府刘斩杀以数千计现任海门总镇杨擒斩土匪又以一千数百名计该匪谁非性命一概治以死罪无一人得免刑诛凡为匪不法者闻之尚不寒心乎本统领甫经到温已拿获著名匪犯马亨庆吴永千等多名又擒斩著名匪首暨正端一名拿获著名匪首暨小奶一名讯明立即就地正法与暨正端首级一并枭示试问为匪之人到此身首异处平素抢劫之

财向有一文用得着否往日凶横情形至此尚凶得去否本统领饬本部营旅方将尽数搜捕以正典刑惟念该匪皆无业游民多为饥寒所迫不忍不教而诛合亟剀切晓谕为此谕仰合郡人等知悉凡尔无业游民务即各寻生业不必以身命相拼走此为匪之死路虽温郡地密人稠谋生不易但尔等年轻力壮正好志在四方方今通商各埠如上海等处贩运工作皆可以谋生计即或好勇自喜亦可以投营效力将来名成利就衣锦还乡亲戚邻里皆增光宠何必贪恋本土不肯出外以致流而为匪扰害乡曲所得不义之财用之即馨犯下杀身之祸已无可逃辱没祖宗累及妻子本乡之人曾受尔害者群欲食尔之肉即未受尔害者亦见尔被戮而快心尔亦何取乎为匪也自谕之后速宜猛省各去他乡寻业糊口勿恶劳苦而耽安逸勿染嗜好而费钱财以性命身家为重以学好上进为心苟能如此自必转祸为福若仍执迷不悟甘居匪类定行严拿正法勿贻后悔抑尤有望者大凡子弟之不法多由父兄之失教自今以往务当父诫其子兄勉其弟使各务正业以保身家为地方之良民若有不遵约束游手为匪者各族长户长着即随时呈报以凭拿办如该户族长不先自出首由营访拿到案不准取保以杜庇隐仍应治以治家不严之罪本统领此次苦口劝诫无非欲尔民勉为善良各寻生业而保身命起见慎勿以言之谆谆而听之藐藐辜负本统领一片婆心致干刑戮之惨也切切毋违特示

《申报》1891 年 9 月 6 日第 3 版第 6601 期

宪示照登

会办台北通商事务候选道庄调补台北府正堂兼办通商事务卓异候升吉为出示晓谕事本年六月十三日奉护理台湾巡抚部院沈札准英国驻扎台北兼办日德奥三国通商事务何署领事照会窃据日斯巴尼亚国教士禀称伊来台北传教系遵条约深恐台地军民人等不知天主圣教原系为善之道恳请照会地方官出示晓谕又习教之民向例地方迎神赛会之事勿与勒捐并请声明等严查该教士所传天主教与耶稣教事同一律均系劝人向善台北耶稣教传习已久民教相安遇有迎神赛会抽捐之事教民向不预闻兹据该教士所禀核与约章向例相符理合照会察照出示遍贴各内地乡庄使众周知以免怀疑生事而靖地方等因到本护院札府遵照出示分发所属晓谕具报等因奉此查日斯巴尼亚即西班牙国和约第六款天主教原系为善之道凡有传授习学者一体保护准其安分守法不得刻待禁阻又查向办章程教民遇有各项公费如差徭及一切有益等项亦应照不习教者一律应差摊派惟迎神赛会等事不得摊派各等因久经通行遵办在案兹奉前因合亟出示晓谕为此示仰合属军民诸色人等知悉尔等须知天主教与耶稣教同一劝人为善各教民果系安分守法自应一体看待毋得猜疑生端至于地方应捐善举除差徭及一切有益等项仍遵向章办理外其迎神赛会等事不得勒捐勒派以符定章而免生事务各遵照毋违特示

《申报》1891 年 9 月 11 日第 2 版第 6606 期

示禁冒充

扬城为水陆通衢五方杂处人烟稠密良莠不齐近因有人冒充保甲总局中人在外招摇撞骗为总办赵观察所访闻立出告示一通高悬街市略谓本道三莅维扬办理保甲事必亲裁权无旁落所延幕友皆系端人正士无不自爱乃近闻有人冒充本局幕友亲族并悉其口操闽音在外招摇撞骗无所不为本应提究第不忍不教而诛用先出示晓谕为此示仰郡城诸色人等知悉倘再有不肖之徒冒充本局幕友亲族在外撞骗准被害者将其扭送来局或指名控诉定即立提严究不贷

匪产充公告示

宁波府正堂胡为清查匪产充公出示晓谕示案查积贼周大娘子周阿青等并窝户钟丹庭竺性庄等在鄞江桥一带肆恶有年一则以剽劫为生涯一则以藏匪为利薮丑类互相勾结如此狼狈为奸居民受害者屈指难数光绪十五年曾据绅耆具禀批县拿办未能弋获而匪势灾张今春因复窃钟式辉家事发营员督勇往拿讵周大娘子等胆敢负隅抗拒枪伤引导毛云钢身死前据事主绅耆同禀并请整顿保甲查封匪屋房产本府痛念民生受害是以立志除匪敢切批饬鄞县会营兜拿各匪并委鄞江巡检驰往查照绅耆所请办理兹查著名各犯均已次第擒获由县分别禁押尽法严办惟匪户产业犹在原处若不扫穴犁庭仍是除恶未尽且若辈产业均由巧取豪夺而来即慨从籍没入官虽过去不为刻用准绅耆之请留作本地保甲资费除札饬徐巡检仍往督同庄保清查数目禀复外合行出示晓谕为此示仰鄞江桥一带诸色人等知悉尔等须知作贼作窝均干法纪虽可快乐一时势于难逃法网如周大娘子等恶贯满盈陷身囹圄非惟身外不保即一身亦不能自主到此均步道悔已迟然则旁观之人可不及早猛省各宜勉为良善毋惟刑章倘敢故违前车可鉴如牌保得贿包庇更当加等治罪至现在匪产庄保无不尽知若敢漏报隐匿许委员随时禀请提究本府言出法随决不轻恕其各凛遵毋违特示 光绪十七年八月初十日给

英领事示

汉口项领事近有示谕悬挂通衢晓谕行驶长江各轮船略云各船上遇有小窃以及匪徒必须查拿指交就近有英国领事处以凭讯办如缉捕不力或致漏网该船主亦有应得之咎倘力有

未逮则当随地禀知领事官饬捕协拿云

《申报》1891年9月22日第1版第6617期

右营告示

本埠新任提右营周象臣参戎于昨日出有六言告示一则其言曰上海五方杂处　首在城防认真　每夜钟鸣十下　一律落锁闭门　居民在外贸易　各宜及早进城　倘敢恃强出入　定拿送县究惩　特此示谕告诫　国法不得徇情

《申报》1891年9月23日第3版第6618期

会衔告示

钦命兵部尚书兼都察院右都御史总督湖北湖南等处地方军务兼理粮饷张头品顶戴兵部侍郎兼都察院右副都御史巡抚湖北武昌地方提督军务谭为恭录出示晓谕事照得本部堂院于光绪十七年六月十九日准兵部火票递到军机大臣字寄各区省将军督抚光绪十七年六月初六日奉上谕各省哥老会匪最为地方之害宵经降旨查拿并经各该督抚先后获案奏明惩办惟此等匪徒行踪诡秘往往与游勇地痞暗柜勾结动辄纠集党羽索机煽乱甚至造言惑众潜谋不轨近来江苏江西安徽湖北等处屡有焚毁设堂之事其拒捕逞凶抢劫衙署等案更层见迭出半由会匪从中主谋游手之徒柜率附和以致愈聚愈多动成巨案犯事以后四散逃逸真犯十不获一若不先事筹办绝其根株则涓涓不息将成江河后患何堪设想着役直省将军督抚严饬地方文武随时留心实力拿缉如有访获会匪首犯一面严行惩办一面准将出力员弁照异常劳绩随案奏请优奖但须查有确实证据不得因希图保奖安拿无辜致滋口累凡地方良民有误买匪徒保家伪票呈缴地方官者免其治罪有向充会匪自行投首密报匪首姓名因而拿获者亦一律宥其既往准予自新该将军督抚即出示晓谕俾众咸知总期严惩首要解散胁从以除奸宄而安良善慎勿养鸡成患贻害地方是为至要将此通谕知之钦此遵旨寄信前来等因准此除通饬全省地方文武水陆各防营一体钦遵实力拿缉外合亟恭录出示晓谕为此示仰军民人等知悉尔等须知放飘结会乃是头日校计籍入会之名以敛钱又借众人之势以自卫匪首自居为官长元视众人为奴仆练卒安自尊大威福自由造谣惑众屡遭拿办无事则以首享其利有事则众人受其害自有会匪以来匪首被拿治罪有限而大会散匪被诛者不知凡几是愚民无知始终皆受其愚实为悯恻此后如有误买绸布者即速呈缴地方官免其治罪其有向充会匪者自行投首密报匪首姓名得拿获者亦即宥其既往如有匪首自行悔罪举发别匪首拿获自赎者恭译谕旨之意自应一律予以处新自示之后已入会者务须力图改悔未入会者切勿再蹈迷途若必怙恶纠

结不知解散则是自食法案断难姑容务各仰体朝廷严惩渠魁宽宥齐从之至意勉为良民本部堂院有厚望焉毋违特示　光绪十七年八月十五日

芜湖道示

芜湖道彭受臣观察以芜地通商大埠良莠不齐每易酿成事端现当整顿保甲查拿匪徒之际恐愚民不察误被若辈煽惑于是大张告示揭贴通衢其言曰署理江南安徽分巡徽宁池太广兵备道监督芜湖新开办理营务处随带加三级纪录三次彭为剀切晓谕事照得安良在于除莠而除莠首重弭匪芜湖民情素称诚朴惟地居豫楚下游为就食游民所麇集因之外匪混迹折煽蔓滋出没靡常乘机扰害甚至造谣惑众巨案酿成地方受累若不痛加没除其何以戢奸宄而安闾阎况本年节奉谕旨严饬惩办匪类各处一律钦遵诚恐此拿彼窜潜匿来芜愚民无知被其鼓惑株连逮案后悔难追除著名各匪犯已经访确姓名绰号年貌派员购线严密踩缉并通饬各地方文武一律认真查拿外合行剀切示谕为此示仰军民诸色人等知悉尔等此户居民务各安守本分或子身佣工或携家就食各勤操作营生慎毋轻受引诱自罹罪网其为通同作恶固法所必诛即地棍青皮亦刑章具在如已误蹈匪类须早改过自拔能将要匪踪迹密指就获不特宽其既往定当酌予重赏从此效力积功并给奖叙顶戴决不稍吝以示鼓励如此重赏在前严刑在后自当早为猛省本道言出法随决不忍不教而诛用特谆谆告诫其各凛遵毋违特示

告示汇登

迩日宜昌府属东湖县宰及各员弁会在七月二十九日滋事匪人奈乌合之徒忽聚忽带天空海阔无处追寻因又县赏访求但不知究能获案否也兹将荆宜施道告示照录于左钦加二品衔分巡湖北荆宜施兵备道宜昌开监督方为出示晓谕事照得宜昌城外教堂猝被焚烧一案迭经奉督部堂先后派委即补府裕及本道驰赴查办除应查应办事宜一到即已会督文武赶速分别饬行外现距滋举之期已逾半月虽经县报获犯二址余名查阅供情避就居多而首要各犯尚多逍遥法外缉捕迟遥实堪痛恨一面仍饬县会营严此差捕勒限兵役无分昼夜远近迅即设法踩拿务获究报一面示谕军民人等如有确知当日打毁行凶放火攫抢众目共睹形迹昭著之匪徒暗中赴官报信拿创讯实优给赏项并不将报信之人说明免其结怨倘或空隐庇匿秋仇妄扳亦必重惩不贷凛遵切速切速特示入光绪十七年八月十八日又府舆会衔出示云署宜昌府正堂署东新县正堂许为明白晓谕事照得载值收养要孩及残废笃疾之人自奉颁条约以来各省

通行已久乃本年沿江等感忽有不逞之徒捏造见眼哉心之论散布谣言涂图煽乱业经奉旨严禁饬拿重惩一体颁行晓谕在案查宜昌本年七月二十九日变事之时共在圣母堂内护出来所养大小男女婴孩及妇娼等六十五名其婴孩讯明皆由父母送往堂内其中仅有医目者四名医一目者一名手足有病之大女孩一名经本府县逐一亲自进讯该孩十名大者已十余岁小者亦能自言据自供两系胎瞎两系害疮而瞎一系因病而瞎并皆系害□送堂其手足有病之女孩自供亦系因感而废无计谋生始行送堂均无别故是教堂为做好事收养残废驾疾之人毫无同项疑实可以□给□信但恐远道未能尚知成再有经信讹言之事用特热切宣布尔军民人等一体知悉此系本府县亲自验讯明白尔等各宜凛遵谕旨自安本业毋再妄听讹言致死煽惑之罪有负本府县殷殷告诫之至意切切特示　光绪十七年八月廿三日

《申报》1891 年 10 月 6 日第 2 版第 6631 期

宪示照登

　　厦门时有匪类散布谣言以致民心惶惑提道宪深恐酿成事故特会衔出示晓谕并严饬中军参将厦防厅督带勇丁派差协保清查客栈驱逐流娼以免匪类混迹兹录其告示云福建水师提督军门彭福建分巡兴泉永兵备道吴为出示晓谕事照得厦门为水陆通衢五方杂处良莠不齐近日又闻有游勇会匪与无业游民逗留厦门此等棍徒决非善类混入境内必生事端扰害良善但该棍徒多系外来之人本无定处或寄迹烟馆娼寮藏身客店庙宇自应着落地保及烟馆客店随时清查禀究以安地方除饬厦防厅会同中协多派兵役巡缉密查外合行出示晓谕为此示仰各保地保及烟馆客店各庙住持土娼穷户人等知悉自示之后凡有外来游勇匪类一概不准容留窝藏寄宿其客店向寓来往客商必须查明来历有保人方可暂住如行踪诡秘形迹可疑立即密报厦防厅拘案查究一经讯实由本道酌给奖赏如该客寓烟馆庙宇土娼穷户贪利私自容留向藏地保阳奉阴违稽查不力经兵勇差役查出定将容留之户及地保拘案照窝藏贼盗从严惩办决不姑宽后悔无及其各凛遵切切特示

《申报》1891 年 10 月 10 日第 3 版第 6635 期

闽督告示

　　哥匪名目由来久矣官非不认真惩办无如执迷不悟之徒仍敢以身试法尤溪等处迭行滋事此岂地方之福悖七颂臣制军知此风不可长昨剀切出示其又略曰照将哥老会匪倡立某山某水某堂名色散给飘布传授口号妄请入会之人出外有人保护有事可保身家借以敛钱惑众愚民听其诱胁向惟法称各省拿获哥匪获皆严办该能首尚不能自保安有保人本部堂前往浙

抚时曾经出示劝谕会匪自首免罪荏闽以来迭饬地方又武暨各防营认真查缉先后报获哥匪
吴门钱张康甘汶斌等核饬就地正法在案现在钦奉谕旨着历饬地方文武随时留心实力查缉
如有诱获会匪首犯一面窃行惩办一面推将出力员弁照异常劳绩窃案奏请优奖凡地方良民
有误真匪徒保家伪票呈缴地方官者免其治罪其有向充会匪自行投自密报匪徒姓名因而拿
获亦一律宥其既在准予自新务即出示晓谕俾众咸知等因钦此亟应钦遵头切示称为此示仰
军民各色人等一体知悉等当知为闻三面县巡朝延宽大之恩亟宜涤虑浣心勿为匪徒虺惑如
有已入匪党者无论被胁引诱均准缴票免罪所缴伪票或由绅族转呈或赴营县自买均窃具俟
若会匪中能指出匪首踪此密报当县拿获有确实证据者不独免罪并予以重赏由地方官当面
给领决不食言自示之后矜备仰体皇仁从此改邪为正倘再执迷不悟收受鹤票不行呈缴即属
甘心从匪一经访获身首异处国法具在不能稍从宽宥各宜凛凛切切特示

《申报》1891 年 10 月 11 日第 2 版第 6636 期

告示照登

  钦加总镇衔补用协镇江南提标里河水师右营上海参将府周钦如四品衔升用直隶州正
任南汇县调署上海县正堂卓异加一级袁为出示谕禁事据同仁辅元堂职重范凤藻曹基善呈
称切照前因小车入城路石因之损坏有人实多受害呈蒙前升宪莫详请道宪移行关局各处此
后饷鞘入城概照向章仍用夫挑不准夫头省费雇用小车以免民间有所借口丹蒙会营出示严
禁在案业经晓谕均各不敢进城无如已越数年所悬告示雨淋日炙至令剥落无存缘是现在西
南各门仍有硬行推进城门兵丁亦以现无禁示莫可如何以致迩来路石日有损坏由堂时经修
换若不亟请禁止则七门皆可任意推入势必如前有未禁时之络绎不绝而路石之损坏行人之
受害仍复不免吁请会营出示晓谕等情据此查小车入城最易损坏街道历经各前县会同雨参
府出示严禁在案兹因日久玩生复萌故智实属不知禁令除饬城门兵役随时拦阻外合行出示
严禁为此示仰各车夫夫头保甲人等知悉自示之后所有小车一概不准入城其饷鞘银两该夫
头仍当遵照向章雇用散夫扛挑不得用车装运倘敢不遵拦阻硬行推入一经兵役拿获解送来
营县定即从严惩办各宜凛遵毋违特示

《申报》1891 年 12 月 24 日第 3 版第 6710 期

关防告示

  署理宁波府鄞县正堂加六级纪录十二次杨为严设关防以肃考校事照得国家选士首重
真才士子进身先由小试始基不慎大节终乖鄞邑为江浙名区人文渊薮诚恐不肖匪徒在外招

摇撞骗或诈称桑梓之亲或妄托葭莩之戚或谬诩家通孔李或诓言诮为雷陈造语欺诳借端煽
惑本县操励冰霜家传清白权无旁落不开请托之门事必亲裁素绝钻营之弊兹当举行县试用
揭王章如有前项匪人招摇撞骗逞魑魅之技肆鬼蜮之谋必当务竭根株尽法惩办除密访严拿
外合行出示晓谕为此示仰与考文童知悉各宜互矢战兢共深策励才高筒马汝毋生躁妄之心
识炳然犀我自操公平之选凛之特示　光绪十七年十一月廿五日给

《申报》1891 年 12 月 28 日第 3 版第 6714 期

苏藩告示

钦命江南苏州等处永宣布政使司布政使邓为剀切示谕事照得各属应征漕粮未颗粒均
开天庾正供例应岁内全完不容观望蒂欠兹届征收光绪十七年冬漕各厅被毁仓愰未尽建复
自应照案分别有仓无仓本折兼收或全收折色各就地方情形妥为办理所有本年折收价值现
经本司察酌情形秉公核定完本色者除交米一石外另交公费钱一千文完折绒色旨每石收制
钱二千四百文亦收公费钱一千文迟至年外无分本折每石一律加收钱五百文惯例定随济费
脚每石钱五十二文仍应照章无分年内外一并随正交纳除会同详请各院宪具奏并声明如有
粮户抗欠以用仅完未折不交公费任意取巧势必有认漕连仍应比照抗粮例从轻惩亦外查苏
省漕粮自家恩旨永减赋额复又议裁津贴革除浮收体邮民艰已属优渥各业户斗声明大义当
比京仓需米孔殷之际自必踊跃输将及早清完种不致相抗欠致误兑运特恐疲顽之户或因禁
止包漕名为无所取盈或因裁革陋规无从书索因之忿恚把持相率锢抗甚至拥挤仓阳税交丑
米或短交公曹脚为倚众滋事并有刁生劣监恃符阻挠借端捏控种种恶习均难保其必外除委
员密查暗访一经得实即行严拿惩办外合亟剀切晓谕为此示仰各厅绅民粮户人等一体知悉
尔等务将本名下想完光绪十七年分漕米遵照定价数巨无分大小户一律柱紧输将依限清完
不准包揽把将任意抗欠其经征地方官尤须严禁胥差痛除浮收积弊倘有不得生监需索规费
揉交丑米短欠公买脚钱文一经访闻或被告发定即指名提省惩办本司言出必行断不姑宽其
各凛遵切切特示

《申报》1892 年 1 月 7 日第 2 版第 6724 期

告示照录

头品顶戴湖北武昌等处承宣布政使司布政使克勇巴图鲁士为劝谕商民捐资集股创办
自来水以利民用以弭火患事照得民间日用所需水火为急本有相济之功实有相制之义适所
利而用之其利当薄不思患而防之为害尤烈查鄂省汉口地方华洋杂处人烟稠密乃天下一大

市镇固因得水之和每致受火之灾远年无可追溯即近年来火灾迭见或数十家或数百家千余家不等其所以动辄蔓延不可收拾者良因街道狭窄房屋比每当火起仓猝之间人声鼎沸搬连什物填满街衢难有泉河积水挹注维艰虽有太平桶缸杯车何补虽有洋龙水龙又为人多拥挤欲进不能即选道来救火因风炽势成燎原不可向迩无从扑灭受害之故大抵知斯欲补其偏而救其弊非自来水不能为功沪上香港两处自创办以来四季无瘟症火灾亦稀少即其明征且该两处水咸而涩必取水于数里之外水喉长创办稍难汉镇江河环逃水皆淡而可食水喉短筹费较易若择适中之高处地方设立机器总厂然后干别支分每街设水喉隔若干家设水柜每家设水管以供日用其不用者亦听如此布置既可免提汲之劳一遇火警即取水柜源源贯注立时可熄况汉上多食江水富者雇工肩挑贫者须易以钱而水皆浑浊泌澄以矾矾性塞涩食多反致生病一食自来水既可省费又免成疾诚一举而数善皆备两院宪疴瘝念切亟欲举行惟事当创办之初不得不为集腋之举合行出示劝谕为此示仰商民绅耆人等一体知悉毋惜目前小费宜作久远良图或集散股合办或按房租摊捐预出用水之资可精救火之具各该商民何乐不为其应如何筹捐鸠工购料收支银钱经手一切皆听商民自办官不与闻祇须会议章程禀官查严仔案权必归一事在必行莫之为而为为所为宜勇因所和而利之其利孔长当共勉之切切特示　光绪十七年十二月二十七日示

《申报》1892 年 2 月 12 日第 3 版第 6753 期

宪示照登

福建臬司张笏臣爵廉访去年署任藩司适逢弧诞既而正任潘邠卿方伯到任廉访即回任柏台其祝嘏及接篆盛仪本馆均经登报嗣是即拟泚豪伸纸历记新猷而鸿雁频来终未传及兹益闻录载有告示一道因照录之曰福建按察使司世袭子爵张为晓谕事照得顶戴有关名器在国家开设捐例原以广草莽登庸之路非授刁徒以护身之符乃自流品混杂良莠不齐捐纳从九职衔监生等项一邑之中何啻盈千累百其间顶戴荣身安分守己者固不乏人而刁狡者捐纳微阶滥厕缙绅之列隐效市侩之为欺压乡愚唆讼滋事靡恶不作且难保无假冒情事本司前在延平府任内曾经禀请通饬示禁查办在案现在禁行日久故智复萌实为地方之害自应重申告诫以遏刁风业经由司会详督宪批行通饬各属嗣后凡有关涉词讼除已仕人员并正途举贡生外其捐职军功贡监各项均令随带照收临讯缴验一经审虚立予扣留详革究处倘无照收即以假冒论分别控情之曲直曲者按照现犯情节严加拟办即所控理直除案情予以照例究断外仍治本人以假冒之罪本司不忍不教而诛合行颁示晓谕为此示仰捐职军功贡监各项人等知悉须知身列衣冠为乡间所矜式行同败类犯法律之纠绳至于假冒功名更属大干禁令毋蹈前辙致犯刑章其各凛遵勿贻后悔切切特示

《申报》1892 年 2 月 19 日第 2 版第 6760 期

告示照录

钦加三品衔赏戴花翎江西九江府正堂加五级随带加六级纪录二十次崇为出示谕禁事
照得持齐茹素本无补夫躬修而立会传徒殊有干于例禁上年秋间沿江各省因哥老会蠢动经
先后拿获会首要匪多名讯明悉予正法惩办不为不严凡被诱从者触目惊心自必咸知警畏痛
加改悔但该会党羽甚多根株未能尽绝嗣泰州查获周锦春一犯据供苏浙及江省广信府等处
又有倡立瑶池会名目纠人入会供佛吃斋升刊刻悖逆经本役人持诵禀奉制宪咨饬访拿业经
本府分行所属各县查明境内现在尚无习染前项邪说及入会吃斋情事由府汇核禀复在案惟
各匪类设会聚党无非煽惑人心自为敛费起见而无知愚民被其勾诱即已身罹法网情殊可悯
因思浔郡五方杂处为长江入省门户该会匪等行踪诡秘来往靡常自应严行查禁以期戢匪安
良本府嫉恶如仇爱民若子于改过自新者固不绳其已往之罪而未经染犯者更切谆谆告诫炎
怀除督率各县及保甲委绅随时密访查拿匪首究办外合亟出示谕禁为此示仰合郡诸色人等
知悉尔等须知诵佛吃斋非人生所宜务听纠入会尤国法所不容在尔士农工商各有恒业均当
勤慎经营即该无艺游民亦宜安守本分图谋生理慎勿听信匪徒串引私入各项邪会结党妄为
或授受不法经卷礼佛茹素自示之后倘敢故违一经访闻或被告发定即拘案严办决不稍宽其
父兄牌甲人等例有禁约稽查之责如或知情徇隐并予究惩不贷本府言出法随尔等切勿以身
尝试致贻后悔各宜凛遵毋违特示　光绪十八年正月初十日

东湖县示

东湖县正堂许示为再申厉禁悬赏严缉事照得本年匪徒布散流言以致各处民教不安前
奉督抚宪大张告示有能拿获私造揭帖鼓惑愚民者立将本犯讯实就地正法其出力拿获匪徒
之人准给奖赏银一百两遍贴晓谕在案乃十二月廿二日又有棍徒胆敢在领事府署墙上私贴
揭帖语言荒谬实属故违禁令悯不畏法除会营派差勒限严缉务获惩办外合再出示严拿为此
示仰保甲军民人等一体知悉有能确知此次私造揭帖之人姓名住址赴县密报提案讯实即予
赏银一百两惟不得挟私妄报致干并究毋违特示

谳员告示

钦加知府衔补用直隶川办理上海英美租界会审事务即补分府加一级纪录二次蔡为出

示谕禁事奉道宪札准英总领事韩照会奉本国财政大臣札谕近年有不肖华商定购无牌洋布捏造有名各行牌子私行戳盖以期将下等货物充作有名各行上等真货诳骗买客等因查凡在中国常时运售洋布等货之洋行均自行设立牌子系为华商使于凭诺该货真实起见如老公茂行枪勇义记洋行双龙等牌子由该行运来加盖此等牌子之布均属一律无差好货故得有坚实耐久之名比来加盖出名牌子之货价值较昂乃有巧诈华商于英美等国定购无牌下等贱货一面转造假牌俟运到上海之后或在上海或在内地私盖假戳当作各行真正高货出卖非惟与各行声名有碍致买客亦受其欺以高价买贱负本总领事官思此流弊若不设法除去诚恐两国商务不免受亏合亟照请出示严禁如有盖用假牌冒充各行真货及将假牌私行收存等事一经查出即行从重究办如敢故违决不姑宽照请查照施行等因准此合即转饬札到该廨即便相究并出示谕禁毋违特札等因奉此除随时密查外合行出示谕禁为此示仰该商贩人等一体知悉嗣后切勿私造假牌盖用冒充倘有前情一经查出或被告发定即提案从重究办毋违特示光绪十八年二月初四日发贴洋货公所

《申报》1892 年 3 月 3 日第 3 版第 6773 期

创设柴业公所告示

　　署理宁波府鄞县正堂杨为给示晓谕事案奉府宪批发奉化等县柴商杨宝山等禀举慈溪职监费辅溢为突商司事等情事奉批此项柴业公所司事已据举人邹宸笙禀退饬县知照在案据禀公请慈邑职监费辅溢接充事本可行推查现禀列名柴商即系去年五月间来县递禀与张如丰等争设公所之人其中有无怀挟私见此争彼夺情事仰县立即访查明确禀覆察夺粘抄条规是否允洽期存查核等因奉经饬据该柴商等以公举慈邑职监费辅溢接充司事断无怀挟私见及此争彼夺情事呈叩详请给谕等情到县复又据情详奉府宪批准在卷兹据柴商杨宝山等以蒙恩详府给谕接充呈叩给示晓谕以安商业而全善举等情前来卷查是案前据宁海象山奉化等县柴商呈称柴船来宁舵水人等常虞失足落水小本船主抚恤无资尤有无理尸亲借端滋扰于同治五年间邀各柴行共议愿于货钱内除行用外内外河柴钱每千抽公串钱六文存放柴行以防不虞呈蒙镇邑晓示至今遵行无异鄞县行家以无案可称素规推诿不得不由鄞设立公所按月查算公叩示晓遵办等情并据柴行协顺等呈奉道宪批饬传集讯详在案兹据前情除批示外今将所开条规出示晓谕为此示仰宁台各县柴商及柴行人等知悉尔等须知收取公串备恤失事系为地方善举各柴行务宜照章抽存归公济用不准仍前侵蚀推诿经办司事亦宜约束妥慎办理核实支用不得稍有私徇致干查究每届年终仍将一切收支实数开单呈县以凭转报并着将列款榜示公所咸使周知以昭清白而服众心各宜凛遵毋违特示计开条规

　　一柴客售出柴钱每千除行用六十文外另抽公串钱六文交行暂收限十日一期由公所司

帐向行核收其软硬柴炭均每千除行用六十文不得每千除钱九十文以昭划一如有隐弊察出禀究

一柴船到埠面定价目行家客人对客三面定价然后发柴上河扬付客人柴钱仍照旧章付现不得以九八扣算洋价每元照甬江时价抬钱二十文视咸货行传单为式不得意外高抬

一柴船舵工水手失足落水每人给棺殓钱十六千文抚恤钱十千文病故在外给资棺殓另给盘柩钱二千文由公所领给

一柴船舵工水手被盗身亡殓资照失足落水例抚恤倍给或身受重伤给医药钱四千文俱向公所领给如有意外需索由公所禀究

一柴船进行由公所挂号验看铃记以防隐漏

一设立公所克成善举刊勒石碑以垂久远

《申报》1892年3月8日第3版第6778期

告示照登

赏戴花翎特授九江江防军捕府兼办机关报务发审纪录十一次王总办九东电报局兼理常关会办洋务赏戴花翎荓用直隶州止堂候补督粮府盛为剀切晓谕事照得浔郡为华洋杂处租界一带地方系归洋人经管向来者扫洁净往来行人不得任意践踏除洋人派有巡捕逐日查看外即本分府办派差役照看遇有口角之事随时劝息以免衅端现值考试阖邑士子云集难保不在租界往来浔郡人才辈出读书者深明大义断不与人相争诚恐跟随之人未必周知仍须随时约束无事之日宜留在歇家照料勿令其在租界内游手好闲致与洋人巡捕龃龉不合转起争端有伤和好本分府除逐日亲历巡查并严饬差役防范外为此示仰军民人等知悉尔等租界往来亦宜照常安静不得以考试之时纠众多人致滋纷扰一经查出决不姑宽尔等素为良民定知安分守法各宜凛遵毋违特示　光绪十八年正月廿九日

《申报》1892年3月9日第2版第6779期

申禁考寓开赌告示

宁波府正堂明为出示严禁事照得考寓禁赌业经三令五申现值考试正士子云集之时诚恐不法之徒藐视禁令或开场聚赌或窝顿流娼并访闻宁郡城厢一俟考试将届经惯行之赌棍聚众设局影戏考寓引诱入赌名曰花宠种种不法非特误人功名抑且倾家荡产贻害非浅亟应一体严行禁止除密访查拿外合亟出示严禁为此示仰城厢军民人等知悉尔等务须凛遵节次小谕各守法纪切勿设局诳骗干犯刑章倘或不遵禁令仍敢聚赌窝娼一经访闻或被告发定即

按名提究照例从重究办勿谓言之不预也其各凛遵毋违切切特示

《申报》1892 年 3 月 14 日第 2 版第 6784 期

告示照登

代理宁波分府杨为出示谕禁事照得宁郡乃通商码头良莠不齐近有一种不法棍徒借赌博以营生常抽头而渔利出同鸨妇雇用娼妓或摆酒而设烟或藏垢而纳污喧聚一室引人入胜年轻子弟无不随其术中以致小则失业大则倾家败坏风俗莫此为甚本分府莅任伊始自应一律查禁至本署书役人等亦当奉公守法不得出外招摇酗酒滋事除传保谕禁外合再出示严禁为此示仰合郡诸色人等及本署书役知悉自示之后尔等务各安分守业痛改前非如再有前项情事一经访问或被告官定即按名揭穿决不宽贷其各凛遵毋违特示　光绪十八年二月十二日给

《申报》1892 年 3 月 20 日第 2 版第 6790 期

关防告示

钦命二品衔江南安徽分巡徽宁池太广兵备道督理芜湖钞关监督新关办理营务处兼驿传事加三级纪录十次杨为关防诈伪事照得本关道基承阀阅业绍旗常早捷乡闱久供京职数高会之达笫世受国恩读祖父之传经躬承家学清白凛四知之诚恪恭严三惑之防曾权皖鄂醯纲诸繁整饬继篆金焦榷务益矢廉隅今方叠荷惊纶重膺豸节始领符于瓯海复移檄于襄垣接篆理繁下车按俗公文案牍事事悉本亲裁工户关征在在各分官守戚党咸居梓里儿曹谨守芸窗幕友原本襄猷类皆公正家丁只容服役不假事权惟皖南地接长江疆连五郡本南北冲繁之境为华洋贸易之区过客纷驰行商辏集不免贤愚混杂保无宵小招摇成矫装衙署宾朋或假冒家乡族戚或亡称探访事件或矜夸请托人情总之诳骗多端诡诈原难逆亿凡此诪张为幻防察亟应严明除通饬各府转饬各属一体严密惩办外合亟关防示谕为此示仰合属军民在关吏役往来商贾人等知悉如自前项匪徒敢行撞骗近即扭禀本关道亲提究办远则捆送地方官按律重惩慎毋信彼甘言致遭欺罔堕其诡计同蹈愆尤本关道言出法随各宜凛遵毋违切切特示按此示虽系例举却也翻陈出新言皆有物盖观察乃前任漕帅杨简侯公之哲嗣公讳能格自号玉堂种竹生以京卿权任方面功勋政绩彪炳寰区尤以六书盛传于世至今海内谈书家尤啧啧溯之不去口观察家学渊源一行作吏无怪察吏安民俱能洞中窍要我侪小民受惠岂有涯哉

《申报》1892 年 3 月 27 日第 2 版第 6797 期

告示照登

钦命简放提镇者理江西九江总镇统领新劲选锋等营何为剀切声明以警流亡而昭激劝事照得浔郡地方华洋杂处港汊纷歧实为匪徒渊薮是以良口有风鹤之虞莠顽效萑苻之聚本镇下车伊始虽经拿获要匪多名解省尽法惩办在案而漏网潜谋尚复不少迭经本镇密饬在营将备及各防勇汛兵认真搜捕觅线兜缉务期净绝根株不使地方稍育余孽第访闻有销差勇丁不能归楚另寻生计妄图逗留此间或邀众设赌或诱妇为娼或明开烟馆或暗藏匪类甚至煽动乡愚无恶不作蛊惑营勇无非不为种种害端均属大干法纪罔识忌惮若一律不教而诛其罪固无可逃其情殊觉可悯姑尽本镇寓爱于威之道合先出示晓谕为此示仰军民人等暨销差勇丁一体知悉尔等亟应剔除积习顾惜性命各安本分各回原籍庶惊窜之狐想亦终归正果而钝顽之铁或当剑出偏锋倘敢仍蹈故辙不速趋避在境隐匿搂乱军民除一面照会德化县即将挨近营盘之茅舍比邻炮台之草房迅为拆毁永远封禁起造并密饬得力巡查随时查探真情立拿到案按照游勇例禁从重究治决不宽贷致令效尤几多养成痈患凡在营汛兵勇亦当各知自爱恪守营规练习技艺不得同流合污干罹军法本镇待人甚恐执法如山原为整肃戎行绥靖地方起见尔等慎勿观望以身尝试也各宜凛遵毋违特示　光绪十八年二月廿七日

《申报》1892 年 4 月 6 日第 9 版第 6807 期

六言告示

德化县正堂罗示　从前呼名哥老　立意何尝不好　大家结拜兄弟　敌忾胆壮气雄军务平定以来　入会就不相同　尽是一班无赖　到处勾引人从　头目党羽不一　混名绰号留通　更有散卖票布　愚民多受欺蒙　随同为匪作歹　每多抢劫行凶　现奉宪谕严拿兵差购线追踪　张标陈斌吕先　也在头目之中　一经拿获止法　岂能稍事姑容　未能尽绝根株　查拿决不稍松　可叹本性好人　无非受人骗哄　无论士农工商　出外总要稳重如有买过票布　赶紧来案直供　呈缴票市悔过　族邻具保开笼　其已毁布改过　亦须到案直供　取具的保释放　归家安分务农　倘经悔过之后　外有匪徒讦攻　尚可行文免拿断不罪及尔躬　志在除莠安良　唤醒尔等痴聋　本忍不教而诛　持此告诫重重

县正堂罗会同儒学正堂张副堂刘示

化邑华洋杂处　良莠本属难稽　加以府试伊迩　考童云集如泥　最好会友以文　切

勿跑东跑西　赌钱以及闹娼　均非尔等所宜　更须束身自爱　闲是闲非莫为　不可自恃人众　干预事情供题　纵有不平之事　尽可具禀陈之　考试遵期听点　鱼贯偕行莫离　更有一件要事　临场攻讦休提　新章例禁森严　幸勿致悔噬脐　尔等潜修砥砺　诸凡慎重自持　浔郡代有伟人　先哲历堪表仪　所虑贤愚不一　以及利令智迷　一经有违功令　厥罪断离从轻　拟此简明晓谕　尚其凛之毋违

《申报》1892 年 4 月 21 日第 3 版第 6822 期

告示照登

　　赏戴花翎特授九江江防军捕府兼办新关洋务发审记录十一次王赏戴花翎总办九江电报局兼理常开会办洋务升用直隶州正堂候补督粮府盛为剀切晓谕事照得浔郡为华洋杂处租界一带地方系归洋人管理向来打扫洁净往来行人不得任意践踏除洋人派有巡捕逐日查看外即本分府亦派差役照看遇有口角之事随时劝息以免衅端现值府试五邑士子云集难保不在租界往来浔郡人才辈出诸童深明大义断不与人相争诚恐跟随之人未必周知仍须时加约束平日宜留在寓家照料勿令其在租界内游手好闲致与洋人巡捕龃龉不合转起争端有伤和好本分府除逐日亲历巡查并严饬差役防范外为此示仰军民人等知悉尔等租界行人亦宜照常安静不得以考试之时纠聚多人致滋纷扰一经查出决不姑宽尔等素为良民定知安分守法各宜凛遵毋违特示

《申报》1892 年 4 月 26 日第 3 版第 6827 期

告示照录

　　头品顶戴湖北武昌府等处承宣布政使司克勇巴图鲁王为申明定例剀切出示晓谕事照得民间买房船业产应于成交后执契赴地方官投税黏尾推收过割原以严欺隐而昭信守故定例不赶官纳税请黏可颁契尾者即行治罪并追契价一半入官仍令补纳止税不过割者按亩科罪田概入官功令何等森严编氓即应遵守且经各前丞访知楚北地方匿契漏税积习已久申明定例迭颁示谕尤当洗心革面痛改前非乃自本司莅任以来访查民间置买产业仍有始终匿契不税或串通卖主仅书典当沽契规避置买之名冀免纳税或将契约交于包揽之手串通税书仅只印约投税并不请黏司尾甚或重复典当假造约据以致真伪莫辨讦讼不休百弊丛生实堪痛恨若不大加厘剔其何以重赋税而杜弊端除另租地方官随时认真查办外合亟申明定例剀切出示仰合属业户人等知悉尔等务遵定例各将现立新契暨从前未税旧约无论年岁远近价值大小限一月内一律赍赴地方官报名纳税每契一纸请黏司尾一张并即开明粮额户柱随时

推收过割此示之后倘敢仍前玩违或有乡保包揽务纠把持匿契不税一经访闻或被告发定即一并拿案照例从严惩办并追契价业产入官决不再事姑容其各凛遵毋违特示

经厅告示

宁波府经厅汪为出示严禁事照得衙门重地理宜严肃岂容闲杂人等肆行无忌擅自出入乃近因本署内外屋宇待修本厅现假崇教寺为公馆以致闲杂人等任意作践堆放杂物豢养猪羊甚至偷窃砖瓦毁坏窗格该处地保既不拦阻又不禀究一味宽容废弛殊属不成事体除饬差密访查拿外合先出示严禁为此示仰该处地保及左近居民人等知悉嗣后如有前项情事一经察觉定即严拿究办如役保徇隐不报一并口革不贷各宜凛遵毋违切切特示

督宪告示

头品顶戴兵部尚书两江总督部堂硕勇巴图鲁刘为再行申明定例出示严禁事照得纠抢妇女逼孀夺醮亲属凡人各有定罪即翁姑本夫名分虽尊而至于诲淫不屈虐杀其身罪亦甚重本部堂前任两江见各属禀报抢孀逼醮之案层见迭出甚有夫病方危而妻已议定身价妇志难夺而翁转诬以奸私又有翁姑本夫勒妇卖奸不从拨毒致毙本妇非舍生无以自全并有求死而仍不免受辱者至亲之人毒于虺蝎伦常之地同于陷阱风俗浇漓至于斯极深堪痛愍当即申明定例出示严禁在案乃日久玩生近来各属地方仍复有此恶习亟应力加整顿再行申明定例出示严禁以肃纪网而维风化定例开列于后

一聚众伙谋抢夺路行妇女一经抢夺出门即属已成审实不分得财与未得财为首者斩立决为从者皆绞监候知情故买者减正犯罪一等如未抢获者首犯役监候为从实发极边烟瘴充军拒捕杀人者无论已成未成下物杀人之犯斩决枭示帮殴成伤各犯均绞监候

一孀妇自愿守志母家夫有强夺抢嫁以致孀妇不甘失节因而自尽者不论已未被污祖父母父母夫之祖父母父母杖一百徒三年期亲尊长杖一百流二千里功服杖一百流二千五百里总麻杖一百流三千里总麻卑幼发边远充军功服发极边充军期亲绞监候娶主知情同抢以为从论各减亲属罪一等

一妇女令媳卖奸不从折磨殴逼致媳情急自尽者绞监候若抑媳同陷邪淫致媳情急自尽者改发各省驻防为奴

一尊长故杀卑幼案内如有与人通奸因媳碍眼抑令同陷邪淫不从商谋致死灭口者俱照

平人谋杀之例分别首从拟以斩绞监候

一本夫抑勒卖奸故杀者以凡论又故杀人者斩监候

以上各条立法何等森严除通饬地方官随时访拿照例惩办如敢希图省事迁就稍涉轻纵定立予撤任特参外为此示仰合属军民人等一体知悉自示之后尔等各宜触目惊心痛加改悔除此恶习倘敢轻身尝试一经访实或被告发定即照例治罪决不宽贷至翁姑之于媳夫之于妻名分恩义既尊且至如若忍心无耻勒令卖奸而又惨毒至死者尤为天理所不容神人所共愤本部堂整顿风化执法不得不严以后惟育择尤立正典刑以期力挽浇漓其各凛遵毋违特示

《申报》1892年5月13日第2版第6844期

关防告示

头品顶戴兵部侍郎都察院右副都御史福建台湾巡抚部院兼管海关提督学政邵为严禁招摇撞骗及钻营幸进以端士习而肃功令事照得考试乃朝廷抡才巨典理宜慎密考校本部院凭文录取一秉至公断不许以伪杂真混淆黑白惟是台地五方杂处奸良不一每有生童平日学业未成妄希幸进百计钻营因之不法棍徒假名官幕乘机撞骗取财而各学胥斗跟人通司招摇事或难免除行府并通饬各学严密查拿晓谕外合行出示严禁为此示仰合属士民及赴考生童知悉尔等务须恪守学规力求上进如有棍徒以及各学胥斗跟人在外勾引不肖生童通同招摇撞骗立即赴辕首禀以凭拿究审实定将出首之人量予奖拔倘或受其诱惑妄冀侥幸一经察出定即严拿一并治罪各宜自爱慎勿求荣反辱自贻伊戚凛之特示

《申报》1892年5月28日第2版第6859期

鄞县告示

鄞县正堂杨为出示晓谕事照得本县署内日用什物均系给发现钱按照市价售买诚恐在署人多有等不知谨饬之人或指称官用或妄充幕友向各店铺购买物件赊欠价值不可不防其渐合亟出示晓谕为此示仰各色店铺人等知悉尔等经营为业冀觅蝇头慎勿图贪生理轻信赊欠致被亏欠自贻后悔其各遵照毋违特示

《申报》1892年6月6日第9版第6868期

告示照录

汉阳县正堂陈为照案出示严禁事案奉前督部堂札开照得武汉地方滨临大江湖河港汉

《申报》告示史料汇编

分歧向来大小渡口每有勒索多装致为商旅之害饬令严禁历经遵奉在案兹值夏汛泛涨访闻江汉渡划仍不免勒索多装并查得各码头每有匪徒混迹其中大小划间有不法者名为揽载客货实为暗图窃取或任意索诈生事实堪痛恨除督饬保甲认真严密查拿外合亟照案出示严禁为此示仰汉阳汉镇各码头各驳船及保甲人等知悉尔等装运往来客货务官各存天良原装原卸毋得再做夹舱柜子口窃取客货勾串黑货架子私买私卖亦不得把持多装勒索自示之后倘敢仍蹈前辙一经获查或被告发定即拘案究治决不姑宽其各凛遵毋违特示

又将各号摆江大小渡划装人取钱数目照录于下计开头号摆江装人二十个二号摆江装人十六三号摆江装人十二二人所驾头号划船大者装八人一人所驾码头号划船装六人一人所驾二号划船装四人一人所驾小棚席船大小不一或装三人或装二人以上各船如由武汉对岸每人取钱五文如由汉口至省由省至汉每人六文内河过渡每人二文至若汛水或由龟山毛或武圣庙或渠稼嘴每人四文如行独雇资无论晴雨夜晚准照号水装取勿许勒索其余无舵小舟不准摆渡免致疏虞运者查究不贷

《申报》1892 年 6 月 13 日第 9 版第 6875 期

捕蝗告示

钦命二品衔江南安徽分巡徽宁池太广兵备道办理营务处兼驿传事随带加三级纪录十次杨为刊示晓谕事案照去秋大江南北飞蝗停落生子在地掘挖未尽之处现在多已出上一经长翅飞腾蝗复生子子复成蝻生生不已贻害何堪设想所有目前已出蝗种固当认真扑灭即去年无蝗之处亦防今年有蝗阑入应先讲求捕治之法以免临时束手无措兹本道就成法之中缩为去蝻而蝗挖子章程十六条合行刊示晓谕为此示仰该处诸色人等一体知悉尔等有能识字之人务须将后开章程熟读讲解遍告乡农人等互相传说各就地方情形留心防备仿照办理俾得立消巨患是为至要所有章程开列于左计开

一河湖沟塘水边有草处所水不常满忽涨忽落则鱼虾之子夏日蒸变为蝻数日生翅即为飞宜将此草铲尽曝干烧毁以免后患

一蝗初生名蝻小如蚁又如蚕色微黄数日即如蝇色黑群行并跳又数日即长翅能飞色黄为蝗稻麦经其缘啮即坏然出土初生不过片席之地扑捕易灭至能跳跃蔓延渐广一经飞腾更虽收拾盖蝗能飞即生子夏日所生之子十八日或二十日即又成蝻蝻又成蝗循处无穷

一蝗初生在麦田中者应用旧鞋底皮或用新旧牛皮切作鞋底钉于本棍之上蹲地打之可以应手而毙若在空地上或用布围或用席闱以连枷即农家打麦之物更番击之可以即尽或纵鸭数百食之亦顷刻而尽一蝻既稍长大如蝇群行能跳则应于可开沟处先开一丈许长沟深四五尺阔三四尺开出之土堆于对面沟边以为后来填压之用次集多人无论老幼皆执扫帚或

竹枝柳枝三面围喊每五十人或三十人鸣一锣蝻闻人声锣声惊跳欲遁人即趁势将蝻驱之沟边执帚者扫执枝者扑执锣者将锣大击不止蝻即全入沟中用干草燃火投入烧之再移开出之土填入压之其驱之也宜徐不可急急则旁出沟所沟边不可立人立人则蝻见惊避又蝻生十余日生半翅时其行如水之流将食相麦矣编竹为栅堵其两旁而于两旁之中埋一大缸向其来路蝻行自入缸中不能复出以袋收之烧之埋之

一捕蝗分队之法每队少壮五十人领以老成能事者四五人先探明何处有蝻立一长竿布旗以表之谓之一围他处亦然次第表毕即令五十人如前法驱捕一日令其捕十围纵不能尽所余不过十之一二即为害亦不大矣又日间扑之如或散去至夜仍聚一处次日再扑即尽矣

一蝻性向阳晨东午南暮西凡沟捕蝻及田中捕蝻者俱须按时刻顺蝻所向驱之方易力否则不顺必至旁出法宜用旗三五面竖立蝻回之方将蝻俱赶赴有旗一方去庶不致错驱而易成功

一蝻性又向火凡开沟捕蝻者最宜夜间用柴烧炎沟边蝻见火光必来人即从后遂入沟内以火烧之田中捕归者亦宜夜间用柴烧火田畔埋缸于前俟蝻来赴从后遂之亦易为力

一蝻生翅成蝗相率群飞法宜看蝗在何地应以何法治之假如蝗在稻田或麦田中则每日五更必聚折麦稍上露侵体里不能飞跳此时捕之最易为力宜即以手掳之或用箕箕绰之裘入袋内以水煮之蒸之或开地坑以火烧之在空地上则须于可开坑处先开一极深且长且阔之坑次用门板等类或做布障如八字摆列坑之两旁再用干柴置火坑内后用多人持物高声呐喊如捕蝻之法驱蝗入坑坑已有火则翅被火烧不能飞出如有出者用扫帚扫入之再用柴薪盖而烧之在空中飞腾则应用绰鱼之海兜或缝布圈竹做成海兜装一长柄从空中兜之装袋煮烧埋坑之后用土坚筑防其穴地复出

一蝗早晨沾露不飞日午交媾不飞日暮群聚不飞每日此三时最可捕蝗人当于此三时竭力捕之若辰巳时未申时皆是蝗飞难捕之时人可于此数时休息养力

一蝗见树木成林或旌旃森列则每翔而不集故农家或用红白衣裙门帘包袱被单褥单遮阳天幔之类结于长竿聚集多人成群结队执而驱之蝗可不下又蝗畏金声亦畏炮声农人能用鸟铁铳装入火药加以稻谷米麦之类击其前行则随后者亦畏而他去每水一桶入麻油五六两用竹线带漉于稻麦梢上蝗即不食又稻草灰及石灰等分为细末或洒或筛于稻麦梢上蝗亦不食菉豆豇豆豌豆脂麻大蔴薯蓣芋头及水中菱茨蝻皆不食

一开沟挖坑扑打掩捕之处有伤民种植优给价值俾免争执顾惜

一捕蝗不如捕蝻捕蝻不如挖子蝗过之处必有遗子在地洞如蜂窝或土微高起留心寻觅必得其所更得优给工价搜刨自力即以数石粟易一石子犹不足惜惟口子有难易则授粟有等差总以厚给俾民乐趋为要

一州县一身岂能一时遍及四境自宜檄委佐贰学职资其路费派定地段分任其事出力称

职者甲请擢用不力贻误者记过候罚二里设一公局城中设一总局或给置收买或督率起夫各就近处之局办理慎选本地实能使司其事厚给薪水以赡其身稽其出入以杜虐蚀察其实否以明赏罚虚冒作弊从重惩处实能出力旌以区额或给顶戴

一民多愚顽明知为害不浅无不偷安目前全赖有人倡率兴办凡地方绅衿士民董保人等皆有应捕之责务须慷慨出头劝导□治敢有阻扰禀官究办其寻常词讼理曲有过之人听听亲或本人具认集夫挖子去蝗捕蝻目赎果能实在出力准地方官宽予免究

一捕蝻捕蝗挖子收买在在非钱不行官既一时无可挪支用更无从设措推有就地劝捐殷富或量民力筹借由官核明造报请发公款远总不使实用悬□滋累以免无款观望贻留大患右谕通知　光绪十八年四月　日告示

观风告示

鄞县正堂杨为采期观风事照得地灵人杰又章标海国之奇霞蔚云蒸珠玉发山川之秀淮兹鄞邑实号大邦代擅科名俗彰俊雅南金东箭群推干国之材威凤祥麟宜表应时之瑞当兹圣世治化文明人握蛇珠家传骏誉博士三日艳称桃李之华君子大千允任栋梁之选此书升论秀所应早予以裁成而名世齐会将见益臻夫美盛也况乎四皓得一七术用三梅子真之潇洒出尘负秘监之风流绝俗阁名天一有珠林玉府之称楼号抱经呈赤水活光之耀万民则一斗经术谢山为一代宗工凡此前征聿昭令望钦承趋步当式嘉休乎本者县籍着滇池官游浙永幸叨世荫忝作宰官虽蟾窟分香未撷一枝之秀而雁山服政曾膺白里之封偶识一丁粗知六甲今持宪檄来□鄮山愿为多士执鞭漫笑□官学步兹定于本月十七日举行观风故事闲庭花落锦幄云披快联文字之欢且趁簿书之暇尔诸生其各抒文藻并奋笔花宋艳班香好逞雕龙之技马迟枚速共校吐凤之奇崇宽窃毕标新领异或接规模于史趙经艺修明或追名德于杨屠风声绍武庶见日湖月湖之表兰江宪江之间烟景增理星文焕采看此日试评月旦占玉堂金马之才卜他年翔步大衢腾风虎云龙之会相期无负各宜勉旃特示

告示例登

宁波府正堂胡示串客扮演淫戏最为地方之害历经前府拿办犯者丝毫不贷近闻此风复萌合再出示告诫此后城厢各处不准复演丑态责成庄保柱首密将姓名开载如能现获捆送更当从优赏赉倘敢知情容隐一体严惩毋骇本府令出惟行决不稍为延挨各宜凛遵猛省免致后

悔毋违特示

　　宁波水利分府庄为出示晓谕严禁事照得宁群城厢内外人烟稠密本分府下车伊始即苦心察访惟河道有关水利急宜疏通具间高低宽窄虽各不同其局而宽者不至停积之患其低而窄者难免淤塞之虞访闻河干居民或搭盖逐屋堆积雾埃河水为之停流致成臭气熏蒸此即倾倒垃圾之所由来因思河水一端所甚大论汲饮则有系民生论地理则有关风论通塞又有系合郡水源若不严行禁止任其堆积恐效尤者接踵则将来为患更不堪胜言矣且现值灾夏酷热之候污秽之物臭气上冲居民及行路者一经感触疾病堪虞尔等须体上天好生之德勿以本分府之言为河汉虽该居民等积习相沿以带水一河为归蓄垃圾之所不知堆积秽气有妨民疾壅塞官河有干例禁国法人情均有未便本分府职司水利谆谆劝诫除一面照会河道局认真挑浚并饬差保随时劝谕禁止外合行出示晓谕为此仰近河居民铺户人等知悉尔等俱系良民当知本分府清理河道全念民生起见各宜咸喻此意互相劝诫庶几源洁流清不独水利深有裨益即尔等居民亦大有便焉倘敢故违定即提究勿谓言之不预也其各凛遵毋违特示

《申报》1892 年 6 月 25 日第 2 版第 6887 期

严禁窝赌窝贼示

　　鄞县正堂杨为严禁窝赌窝贼以清盗源而安闾阎事照得盗贼赌传同为地方之害而盗匪之得以潜踪匿迹乘机窃发者实缘不法之徒为之容留博徒之所以呼雉喝卢夜以继书者亦因渔利之辈开场设局则窝贼窝赌其情尤重厥罪匪轻本邑地方窃案迭出赌风甚炽若不先清其源何以弭盗贼而戢赌风除严密查拿外合亟出示严禁为此示仰合邑军民人等知悉尔等须知窝留窃匪开场诱赌虽获一时之利实为犯科之尤自示之后务各痛改前非善谋生业毋食非义之财勿作犯科之事倘敢不遵禁令仍蹈窝贼销赃抽头放赌许房族邻右人密禀提究或即捆送来县以凭尽法惩治地保如敢得贿包庇或徇情容隐并究不贷其各凛遵毋贻后悔切切特示

《申报》1892 年 7 月 20 日第 3 版第 6912 期

鄞县告示

　　鄞县正堂杨为出示谕禁事照得宁郡城厢内外每有散故马匹无人看管任其行走以致当街旋转有碍行人又有年轻子弟性喜骑马亦难免伤人滋事查本邑营马固多而民间喂养人骑坐者亦复不少合行出示谕禁为此示仰马夫人等知悉自示之后尔等如有喂养马匹务须妥为

看守不得散放街道致碍行人其有赁人骑坐者亦不得听其无故驰骤伤人滋事倘取故违查提
究惩其各凛遵切切特示

《申报》1892 年 8 月 14 日第 3 版第 6937 期

关防告示

钦加同知衔署松江府娄县正堂夏为关防诈伪事照得曰清曰慎曰勤官箴宜勗有猷有为
有守法令须严本县浙水庸儒父山旧族溯清芬于累叶勉绍家修膺拔萃而登科幸承廷试骊珠
偶得忝居弁冕之荣鹓序随班乃荷丝纶之锡分符花县捧檄苏垣屡邀大府垂青共谅中怀坦白
固已指冰玉而盟心领薄书而鞅掌矣兹蒙宪委权篆是邦六事以廉为本倍凛虔共五刑有服惟
明勤求治理将整纲而饬纪先杜渐以防微科条则罄竹难书要使风清秕莠期会则及瓜而代惟
求泽及闾阎所以延幕友则悉属端方用家丁则必严抉择况本县事皆由于亲理言无假于旁参
绝瓜葛之攀援漫说谊联乐梓鲜李桃之投赠何缘谬托葭莩至于仆从人仅供指臂之使承书胥
吏只勤手腕之钞孰敢寅缘自干于咎宜加约束预惕以威他如购食货于市廛价值则蚨飞现给
壮观瞻于衙署租资则鹤俸频分恐乘社鼠之奸早杜城狐之弊凡兹告诫不惮殷勤只以本县原
籍嘉禾距娄不远恐有不法棍徒或假托年家故旧术逞诪张或妄称宗党姻亲计图影射虽无庸
于过虑宜先事而预防除随时访拿外合亟出示晓谕为此示仰阖邑诸色人等知悉自示之后务
各防党簧之播弄庶免所愚慎勿昧鱼目之混淆自贻伊戚如有曰充官亲幕友家丁人等在外招
摇撞骗者许即随时鸣保送究其各凛遵毋违特示

《申报》1892 年 9 月 5 日第 2 版第 6959 期

严禁抢火告示

宁波府鄞县正堂杨为出示谕禁事照得城厢内外迭遭火警自系铺户居民疏于防检荧荧之
火遂致燎原当此时届冬令风高物燥尤宜小心火烛免罹祸害惟是地方不法之徒往往乘机抢夺
其间难保无恶棍放火图抢情事查定例凶恶棍徒纠众商谋放火故烧官民房屋已经烧毁抢夺财
物者照强盗律不分首从拟斩立决尚未抢掠财物者为首拟斩监候从枷号充军如谋财放火随
时救熄尚未烧毁为首拟斩监候为从商谋下手燃火者杖一百流三千里又因失火而乘机抢夺但
经得财为首之犯杖一百流二千里为从杖一百徒三年律法何等森严岂容轻身尝试除随时访拿
有犯必获尽法惩办外合亟出示谕禁为此示仰居民铺户及诸色人等知悉尔等须知图财放火罪
于骈首乘机抢掠亦犯徒流自示之后务各安分守法勉为善良凡尔铺户居民亦宜随时检点勿使
失火延烧自贻伊戚殃及邻居倘有恶徒仍敢因失火而乘机抢夺及放火故烧图抢者一经拿获到

县定即从重惩办决不稍宽各宜凛遵毋违特示　光绪十八年九月初十日给

《申报》1892 年 11 月 6 日第 2 版第 7021 期

劝捐告示

　　钦命二品顶戴江南分巡苏松太兵备道兼办海防营务处聂为出示晓谕事本年九月初八日准驻沪劝办山东赈捐江苏前先即补道李移奉山东巡抚部院福札开据赈捐总局司道详称窃查前奉抚院札饬派委江苏候补道李道振玉会同驻沪劝捐江西候补道冯道芳植劝办山东四成赈捐当经由局移知在案现在东省沿河州县又遭水患灾区甚广小民待赈孔殷亟应广劝捐输以资接济查李道振玉需次苏省有年情形熟悉且系办捐熟手拟请饬令该道在沪另设一局按照冯道前办折减章程广为收捐是局分而事仍一律捐生亦无从趋避并查有分省补用知县包家吉堪以派为该局提调以资得力现经由局饬刊木质关防一颗文曰驻沪劝办山东赈捐南局关防详请批示札饬冯道李道包令遵照等情到本部院据此除批准照办并分别咨行外札委该道遵照妥为劝办等因并准山东赈捐总局司道专弁移送关防实收捐章齐交敝道督同提调包令点收应用等因各到道奉准此遵即租赁上海城外法租界大马路地方设局于九月初六日开办妥为筹劝除禀报山东抚院暨移东省赈捐总局并出示晓谕外移请一体出示俾各捐生有所遵循等因到道准此合亟出示晓谕为此示仰各捐生人等一体知悉踊跃输将以济赈需毋稍观望切切特示　光绪十八年九月十五日示

　　驻沪劝办山东赈捐二品衔江苏前先即补道李为出示晓谕事奉山东巡抚部院福札开本年东省沿河州县又遭水患灾区甚广小民待赈孔殷饬派本道驻沪设局广为劝捐解济照章准给京外文武职衔升衔封典贡监生并援新章准给翎枝按月册报等因又准山东赈捐总局司道移送关防实收捐章请即应用等因各到道奉准此除择赁上海城外法租界大马路地方设局开办并呈报咨明外合行出示晓谕为此示仰绅商士庶一体知悉须念东省迭遭水患小民荡析泐勤转瞬隆冬饥寒交迫若不亟为拯救势将转于沟壑所冀各绅商等同仁一视悯此嗷鸿一以邀餐锡之荣一以救灾黎之命凡有志顾扬者开具三代履历指请何项备齐捐款赴局上兑听候照章核明先给实收一面按次造册呈请奏咨给奖俟颁照到日再行示谕换领执照务期踊跃捐输万勿迁延观望切切特示光绪十八年九月初六日示

《申报》1892 年 11 月 8 日第 2 版第 7023 期

告示照录

　　观办顺直赈捐沪局二品顶戴奏补江南盐巡道胡二品顶戴江苏候补道沈二品顶戴遇缺

即选道严二品顶戴直隶候补道沈为出示晓谕事照得本道等奉直隶阁爵宪李两江督宪刘札以本年顺直各属因伏雨过多河水漫溢洼区尽淹被灾州县共有三十余处之多收成大半失望积水骤难涸复补种晚禾已属无及小民荡析流离深堪悯恻灾象之重实与十六年情形相同现虽查办急抚惟约计冬春二赈为日甚长兼以永定大清南北运潴龙潮白等河漫口林立必须迅筹堵合方免久淹为患工抚两项非有巨款源源解济断难措手业经奏准按照十六年推广章程开办赈捐札饬本道等会同筹劝并饬无论本省外省有可设法之处亦须随地分委广劝无分畛域总期多多益善有裨赈需等因奉此本道等查近年各省水旱偏灾开办赈捐至再至三久已搜罗殆尽势成弩末惟畿辅为首善之区工抚系目前急务二者均关大局况时届冬令北方亿万生灵饥寒交迫待哺嗷嗷尤堪悯恻本道等职可捐务轸念生民能不设法多集捐款以全民命除委员分行广劝外合行出示晓谕为此示仰绅商士民人等知悉务宜各念救炎恤邻之义勉矢急公好善之诚如乐输将可至本局上兑凡贡生监生十成贡生监生翎枝升衔职衔封典均可报捐其推广之盐运职衔副将参将职衔亦准由贡监径捐又被议人员亦准捐复原衔翎枝此系朝廷破格恩施尤不可不及时自效凡有捐助棉衣一千套者当照章汇案奏请建坊如折价交本局代制亦听其便倘有捐助巨款至万金以上者本道等当详请项目奏给奖叙本道等为顺直赈需急迫不惮谆谆劝导所望官商士庶共体时难争先推解上纾君相之忧劳下拯生民之疾苦踊跃输将多多益善毋得稍存观望切切特示

《申报》1892 年 12 月 22 日第 3 版第 7067 期

告示照登

钦加二品衔督查保甲七城街圃兼办山东赈捐总局湖南即补道唐为出示晓谕事案准善后总局司道咨奉抚宪吴札准山东抚宪福咨开东省沿河州县本年又遭水患灾区甚广亟应广劝捐输以资接济饬即遵照奏定章程设局开办等因奉此兹于九月二十二日在省城设立总局通行各州县并委行劝员绅办理在案查湘省好善之笃甲于天下故勋业之盛亦甲于天下今闻青齐重遭水灾自必踊跃输将以救此子遗恃恐城乡僻壤未能周知合亟出示晓谕为此示仰诸色人等知悉凡加衔请封翎枝贡监建坊以及专折请奖请开复原官各项皆可按月详请奏咨解囊以救民生定臻厚报策名而登仕版更庆显扬为善者昌天道诚不远也特示

《申报》1892 年 12 月 24 日第 3 版第 7069 期

告示汇登

特授镇江府正堂王同知衔丹徒县正堂王为晓谕报开塘渠事照得历年所开塘渠四乡仍

未周遍现有外乡善士捐送工资拟即就工加赈每方津贴六十文将来毋庸归还所集之资以三十万土方为限各乡壮丁如有情愿开塘者仍照旧例赴塘工局自行报名候局司查明填给执照凡领工之户春赈以前未能完工及工程尺寸不符原估数目者春赈均应扣给不愿领开者听特示

特授镇江府正堂王同知衔丹徒县正堂王为晓谕事照得山区沟渠水利本以备水旱而资蓄然尔农民等不于农隙讲求甚至侵占河身争些须私利以致荒歉屡遭尔等身尝冻馁咎由自取姑念乡愚不复查究兹特派员会董赴乡一律勘估择工巨费多尔等无力能任者为筹款捞浚其余支沟小港均属有益田畴责由各村各段自行开挖此为得沾水利各村大众利益之举断不能因一人一家或有不便听其中阻为此将开工以前应行事宜条列于后晓谕通知仰即恪遵倘敢玩误阻挠除捉办外定行扣除春赈切切毋违特示计开

一理水线以泄积潦凡旧有沟影中间迷失者必须一律疏通两岸居民不得借词阻挠

一两岸碍工树木在未开工前一律砍伐将根株挖除净尽如迟将树木充公树主惩办

一河道宽容以旧有之两塝为凭两岸逼河太近故冢有碍开挖堆土者由保先行查明呈报有主者自迁无主者代为拾迁编理义冢一两岸房屋侵占原河道有碍工作者应着拆让

一凡迁坟挪屋等项有应行酌办者由该户求本邨公正耆老向局商议如有妇女无赖敢向局董及监工司事滋闹定行提办

一两岸出土自离口五丈起至十丈止遇有田亩不得阻挠

一各段责成里连地保查明近工祠堂庙宇以便住宿泥夫

《申报》1893年1月11日第2版第7087期

告示照登

署南海县正堂潘为出示晓谕事现奉本府宪札奉藩宪递奉广东巡抚部院刚批据三水县具禀遵札查明渡船开行向不封舱夜行经过河面险僻间有对舱以防贼匪假扮搭客为内应此次黄怀养车渡于六月廿六日五更开行自系因夜行封舱驶至中途仓猝遇变不及咨放禀复察核等由奉批查此次黄怀养车渡遇风复溺遇救得生者二十余人舱内淹毙者十人渡船夜行经过险僻河面既系封舱防贼除船主舵工水手外所有搭客均应封在舱内何以仅封十人以致同遭淹毙就事论事所查殊未确切仰按察使饬再查明的确实情具复察核仍候督部堂批示缴又奉两广总督部堂李批渡船防盗封舱似亦近理惟查后沥车渡失事时封舱淹毙十人在舱外遇救得生二十余人可见搭客之惨遭淹毙原不尽皆封锁而闭于舱内者逃救俱穷杜丧多命实为可惨风水之失不能保其必无据禀渡船开行向不封舱应否明定章程以防不虞仰善后局会同藩臬两司妥为核议通行遵照仍饬候抚部院批示缴等因到局奉此札司札府妥拟禀覆查各属

承充渡船向章必须出具夜泊晓行不敢违禁夜驶如遇风浪险恶即行停泊不敢冒险前进切结
方准给帖输摆尚有违禁夜行等弊查出即行革究正所以防盗贼而重人命也黄怀养车渡于六
月廿六日五更开行以致封舱遭风溺毙多命□系违禁夜行冒险前进实属咎有应得自应照章
即行革究饬县另召详充以为玩视民命者戒至渡船封舱与否向无定章虽该渡夫等欲借此为
防盗然稍有不慎覆溺堪虞究不若申明旧章不许违禁夜行较为慎密是否有当合将遵议缘由
禀复察核等由到司据此查该府所议尚属妥协除呈报两院宪察核外行府札县即便遵□出示
晓谕嗣后渡船务须晓行夜泊毋许违禁夜行以符定章而杜流弊倘敢阳奉阴违查出即行革究
毋违等因奉此合行出示晓谕为此示谕各处渡夫知悉嗣后各渡船务须遵照定章晓行夜泊不
得违禁夜行如遇风浪险恶即行停泊不得冒险前进倘各渡如敢仍违禁夜行一经查出或被告
发定即将该渡夫斥革拘案讯究决不宽贷此系现奉大宪饬行严禁各宜凛遵毋违特示

《申报》1893 年 1 月 13 日第 2 版第 7089 期

鄞县告示

为出示晓谕事准迁善公所委员移奉道宪吴札开照得案据宁郡绅董张善仿等禀称郡城
设立迁善公所工将告成□先迳员管理并请酌拨业捐一成以资经费等情前来查前项工程既
将告竣自应遴员管理查该员堪以派委兼办除将请拨药捐一节慷情事请抚宪核示并分别移
行查照外合亟札委札到立即迁照会同绅董将该以所事宜妥为商办认真管理勿稍懈忽仍将
到所及开办日期报呈毋违计粘钞禀稿等因奉此敝分府于十月二十日到所会同绅董妥为商
办一俟经费筹定全工告成另行择日开办并将到所日期分别申移外再公所系属创办应请给
示实贴晓谕等因过县准此合行出示晓谕为此示仰该处居民及地保人等知悉尔等须知公所
重地毋许擅入窥探及在门外喧哗滋闹倘敢抗违定即立提到县从重究惩不稍宽贷各宜凛遵
毋违特示

《申报》1893 年 1 月 19 日第 2 版第 7095 期

浚河告示

钦加运同衔补用直隶州特授江苏松江府上海县正堂黄为出示晓谕事奉道宪札据绅士
王恩溥林立瀚等禀上海城厢河道壅淤潮汛不通秽垢日积非特天气日暖蒸疠堪虞即目前居
民病汲瞻顾旁皇大有不可终日之势环请挑浚等情除照请萧军门派勇开挑外札饬会同水利
局勘办等因奉经移会集议兴浚在案目下兴工在即所有傍河居民铺户搭盖河面木板水搁自
应一律拆除其有各处占碍之工亦当拆卸照旧收进以便兴办至营勇起运河泥因已筑坝驳船

装运不便惟有暂于附近隙地堆积俟开坝后再行用船运出浦江以期迅速完工同沾水利实于地方大有裨益除饬各地甲照料外合行出示晓谕为此示仰居民铺户保甲人等一体知悉自示之后速将前项盖河木板水搁及各处占碍之工刻日拆除并将附近隙地暂堆河泥毋稍延玩阻挠有误要工致于查究其各凛遵毋违特示

浚河告示

本报以疏浚城河堆积污泥殊多不便遂建逐段筑坝之议今读黄大令告示业已变通办理期于毫发无憾亦可见其从善如流矣告示录下钦加运同衔补用直隶州特授上海县正堂黄为再行晓谕事照得挑浚城厢各河前因筑坝驳船不能放入拟将挑起河泥暂堆空地俟工竣开坝放船装运业经晓谕在案嗣因天气渐热查看各河附近空地无多若待工竣装运恐于居民有碍复经本县会营妥议已蒙杨萧两军门俯顺舆情先从小东外十六铺小南门外薛家浜两处河口挑起由水关直至西门分段筑坝逐渐前进挑浚一段随开坝放船出泥凡遇有河道过窄之处船不能运空地不多暂就两岸堆积限定数日亦必挑运净尽断不致久延合再示谕为此示仰傍河居民铺户保甲人等知悉此次河工既奉道宪商请两军门派勇开挑复为设法随即运淀体恤备至所有过窄之处暂就两岸空地堆积数日尔等切弗阻挠致碍工程如敢故违定即提究再小东门外小南门外两处现在业已开工凡一切小船及柴草等船一概禁止不准行泊其各遵照毋违特示

录科告示

钦加运同衔补用隶州调补松江府上海县正堂黄为出示庆谕事光绪十九年三月廿七日奉本府正堂恩札奉布政使司邓札准江藩司咨奉两江总督部堂刘札开光绪十九年三月十三日准兵部火票递到国子监知照恩科乡试查本监条例内载恭遇恩科乡试贡监生有自上科乡试后逗留京师未及回籍起文者如上科之前一科曾投有本籍文结应过顺天乡试上科仍在京乡试者及上一年新捐贡监未及回籍起文者俱准其取具同乡六品以上京官印结一体录送其依亲觅馆离本籍窎远者准其取具所在地方官印文收考等语本监遵例于本年正月廿六日具奏奉旨依议钦此钦遵在案此次各省应试顺天贡监生应一体遵照查与本监所奏相符者毋庸本籍文结外其余仍查照本监单开录科定例规条办理相应咨行转饬各州县晓谕诸生及早取具文结赍带部监二照赴监投验毋得迟延自误可也等因并抄单到本部堂准此抄单札司移会苏安两藩司转饬所属一体遵照办理仍报明抚部学院查考等因到司奉此除通行江淮等属出

示晓谕并呈报外抄粘咨烦饬属一体出示晓谕遵办等因到司抄粘札府转饬到县奉此合就抄粘晓谕为此示仰合邑贡监各生一体遵照毋违特示计开光绪十九年癸巳恩科各省贡监生愿应顺天乡试者如辛卯科投有本籍文结应过顺天乡试者或己丑科投有本籍文结辛卯科仍在京乡试者均应准其取具同乡六品以上京官印结收考其己丑科虽投有本籍文结辛卯科并未在京乡试此次仍须取具本籍文结方准收录

一本年新捐贡监准取结收考恭遇恩科水年之上一年捐纳之贡监逗留京师未及回籍者亦准其取具同乡六品以上京官印结一体收录

一各省督抚学政顺天奉天府尹府丞咨送游幕无论正途俊秀均准咨送收考恭遇恩科乡试其有在外觅馆贡监去本籍窎远者均准其所在地方正印官文结声明觅馆字样亦准收考

一正途俊秀贡监生定例亲子亲孙胞侄胞兄弟俱准由随任文申送其京官无论品级俱用堂印外官自府州县以上等官准其直达本监其佐贰杂职俱由所任地方正印官加结代转方准收考今遇恩科乡试其有依亲贡监本籍窎远者均准其取具所在地方正印官文结声明依亲字样亦准收考

一凡曾经在监肄业之贡监生期满告假在三年以内者准取具亲供同考五人互结呈明原肄业之堂师由该堂助教等官移付收考仍令该生加具同乡六品以上京官印结三年以外仍取本籍文结收录一应编入官卷之直省贡监生均须文结内详细注明祖父胞伯叔胞兄弟何项官职申送收考

一各直省贡监生赴北闱乡试者文结内均须将曾否拦选就职捐纳议叙于文内一并声明其由捐纳者注明捐纳年月由廪增附生加捐贡监者注明入学年月由该出文官验明部监监照贡单取具里邻甘结粘连钤印造具清册佣载籍贯履历三代分晰官民字号付本人亲赍赴监验明文照方准收考如文照不符及文结单照内托裱挖补印信模糊单照不全者概不收录

一嘉庆十二年连政使副使阁条奏清查冒籍一案业经奉旨严禁通行各省在案今恭遇恩科凡直省贡监无不踊跃观光自应严饬各该地方官于该生起文时详细查明于印甘各结内务须声明实系土著并非冒籍字样方准申送未经注明者概不收录

一本监定例于七月廿一日停止考录逾限概不收考勿得自误 江苏安徽六月十一日考到十五日录科 浙江江西六月廿一日考到廿六日录科

《申报》1893 年 5 月 27 日第 2 版第 7218 期

闽督告示

为晓谕事照得闽省上游自洪山桥起至延建邵一带水路设有炮船陆路设有勇营月饷皆取给厘金原为护商裕税起见往来商旅以茶叶为大宗该商等挟重资就远道疏失堪虞历经示

谕责成水陆弁勇按段护送在案兹查本年茶市将兴仍恐日久玩生奉行不力特再出示晓谕为此示仰各炮船勇营及各商人等知悉凡系重本营生务须妥雇船夫连帮就道并于首经之处水路报知炮船陆路报知防营各按所管河面地段节节护送逐程交替晚间宜择人烟稠密村庄市镇及有炮船勇营处所停泊住宿借资防守次晨起程照前护送各炮船勇营务须随报随派认真防护不准留难阻滞亦不准需索赏号规费如有前项情弊一经察出或被告发官即撤参勇即严办决不姑宽其客商人等亦须安分往来不得逞刁挟制尤不得贪赶程途孤帮野宿自取疏虞各宜凛遵切切特示

《申报》1893 年 5 月 30 日第 2 版第 7221 期

领单告示

安徽土乐改章办理情形叠志报章所有行店均须领单一节皖南提调吴春农太守体恤商情恐各处未及汇齐请领因禀请藩宪子限一月一面出示申明必须领单之大旨劝谕各行店务各踊跃遵行兹将示文照列于下办理皖南土乐税厘总卡提调补用府即补清单府吴为出示晓谕事照得本总卡奉督办土乐总局布政司德札委办理皖南土乐提调在芜湖设立总卡并于徽宁二府设立分卡专司稽收土乐落地税银并发章程告示等因到卡奉此本总卡遵于四月初一日在芜湖设卡照章稽收并饬徽宁分卡委员前往各该处设卡开办在案查奉发章程内开行户例取股实保结项单承充每奉缴单费库平银三十两随收公费一成专款批解一年一换先饬卡员分赴各该处催令各行领单开设如有无单私开查出勒闭定章极严诚恐各商未得周知合亟出示晓谕为此示仰行户商贩人等知悉尔等务各遵照宪章于限一月赴卡请领倘逾限不领即行禀请封闭勿谓言之不预也各宜凛遵毋得观望自误切切特示

《申报》1893 年 6 月 11 日第 1 版第 7233 期

臬宪四言告示

江苏按察使司陈示　近闻拐匪　结党来苏　窝藏僻地　间泊河渠　踪迹诡秘　潜行街衢　城厢内外　随处堪虞　闷香迷药　邪术皆具　引诱子女　诳骗男妇　以手拍摸　神即迷糊　身随以去　心不自主　例载诱拐　罪应绞诛　迷窃得财　强盗无殊　国法三尺　岂能或疏　爰告我民　互相招呼　营兵差役　一体防捕　若见拐匪　立即拘拿　查出窝顿　禀请究处　除暴安良　断不宽恕　嗟尔匪类　亟早悔悟　敛迹改行　莫膺我诛　凛之慎之　毋违特谕

《申报》1893 年 6 月 27 日第 3 版第 7249 期

告示照录

　　钦加运同衔补用直隶州特授江苏松江府上海县正堂黄为遵札示谕事本年五月初四日奉布政使司邓札开奉总督部堂刘札开准贵州抚部院崧咨据矿务局会同善后局司道详奉牌行准两江督部堂刘咨开前事缘由檄行该局查明现在办法会同议详以凭咨复计抄一件内开据苏沪各官硝铺候选从九品吴谢昌禀称兹有商人直隶候补知县程宝灾在贵州禀准转运硝斤到沪销售各等情据此除批查程宝灾领运黔硝到沪销售现已据苏藩司苏松太道详报咨询贵州矿务局查复核办惟硝磺两项军火攸关例禁甚严前台湾刘爵部院奏请将台产硫磺发给执照由商贩运出口承销只准于通商口岸设局内地各州县地方不准设局分销分销铺商如购台磺仍应查照向章禀请由司缮照详请挂验给发购买曾经饬据该司道曾同议详咨复台湾抚部院查照饬遵在案当此伏莽未靖凡关涉军火禁物尤未便稍涉大意黔硝运沪销售既与台磺情事相同自应查照台磺章程只准在通商口岸设局不准于内地各府州县分设子局随便连销并不得售给无文批之人以杜流弊各等因奉此查硝商直隶候补知县程宝灾于光绪十五年十一月禀请试办铜仁镇远都匀思州四府硝斤运各省经本总局照章批准嗣于十六十七两年该商两次报办起运净硝二万四千斤分赴上海浙江共填大票十二张每张载明二千斤均经先后详奉前宪台批准分咨江浙各省饬属遵办在案至该商运硝到沪自应查照苏沪硝商向章一律办理何得擅准由商民人等缴价领硝赴各府属分设子局自行售卖并自刊护照联票随时填用违章图售实属牟利妄为兹奉前因自应严饬该商自刊护照联票撤回销毁不准于内地各府州县分设子局并不得售给无文批之人以符定章而杜流弊除札该商遵照外再查黔省开办硝斤因商贩难于凑集现只随时采购以供本省制造军火暨由官局分售各属配制鞭炮铺商之用其发商领硝各省之处已暂行停办理合详请查核咨复等情据此咨复查照等因到本部堂准此札司知照等因到司奉此札县出示查禁并谕该商程宝灾知照毋违等因到县奉此除谕饬遵照外合行示禁为此示仰贩运黔硝台磺徐硝各职商及保甲人等知悉尔等嗣后承运硝磺遵照苏沪向章不得售给无文批之人以及自刻联票护照致滋流弊仍将硝磺到境日期报明本县衙门查考各宜遵照毋违特示　光绪十九年六月日

《申报》1893 年 7 月 16 日第 3 版第 7268 期

火车增价告示

　　总办全台制造轮船铁路等事奏留委用道蒋为出示晓谕事本年五月十二日奉巡抚部院邵札开照得台湾建造铁路一面工作一面带载客货脚价从廉核定用广招徕现在车路造抵新行已由本部院奏准暂行停工从此专顾经商客货转输益期利便查此项造路工用不下百数

十万将来养路所需经费尤属不资非子母通权不足以顾官本而资经久应自六月初一日为始所有各处客货票价一律按照原定数目加倍核收除分行司局外合行札局即便出示晓谕并通饬各票房遵照办理仍将加价日期暨各处新定票价具报备查并分别移行查照毋违此札等因奉此总局遵即定于六月初一日起所有各处火车搭载客货票价一律改照新章按原定价目加倍征收惟官车向给双票现在价仍倍收只给一票盖用官车字样以示区别其残疾之人及小孩仍照新定价目减半折收除议饬沿途各票房遵照办理外合行出示晓谕为此谕仰搭火车客商军民诸色人等一体遵照毋违此谕再各种青菜每百斤照新章半担折收以示体恤

《申报》1893 年 8 月 8 日第 2 版第 7291 期

道宪批示

监生简春华前在川东道署具禀请立洋纱公司代客买卖抽取中用众称不便事遂中止近见道宪复有批示云昨据棉花帮以商行交困为词有将洋棉纱并归该行买卖之语当饬府县议覆在案现在刘麟玉复请酌提洋纱公用以复保甲等情前案可行与否仰该县随府传集八省首士查照先后各节并案妥速议覆来道勿违特示

《申报》1893 年 8 月 29 日第 3 版第 7312 期

示谕难民

李传相为万家生佛于津沽被水而后当饬筹赈局司道立派委员分往各州县查勘灾情分别赈抚无奈勘灾须辨重轻尤须较量缓急不容倒置故有后先灾民迫不及待于七月下浣陆续有大张庄被灾妇孺三百余口北淀韩得庄难民男妇一百余名口宜兴埠贺家庄又四百余名口扶老携幼匍匐来津投跪道辕乞赈道宪方勉夫谕饬回乡并听候赈抚随由筹赈局又出四言告示张贴城乡以免空劳往返告示列后河水漫溢哀我黎民委员四出察看灾情分别轻重赈抚兼行若来城市难以栖身尔等男妇各守乡村听候查放切勿进城慎毋贻误枉费投奔剀切布示迨迩咸遵

《申报》1893 年 9 月 17 日第 2 版第 7331 期

告示照登

钦加五品衔代理德化县正堂加三级纪录十二次薛为出示严禁事照得浔郡为数省通衢商贾云集上下轮船到埠停泊正值忙乱之际原不许闲杂人等上船兹本县访闻城外各客栈每

遇轮船到埠不待搭就跳板辄先乘划上船争接各商阻挠行囊争殴滋事失落客物甚至预着栈伙搭轮前赴汉口芜湖一带招接良莠不齐混杂其间致令扒手冒充栈伙以接客为名乘间捞摸拐骗种种恶习实为商旅之害亟应严行禁止除饬河保并巡勇人等在码头巡查外合行示禁为此示仰各客栈人等知悉尔等须知客商投寓应听自便嗣后轮船到埠不准栈伙乘划上船以及拦路纷纷接客自示之后倘敢故违一经访闻或被告发定即立拘该栈主到案分别从严惩办本县言出法随决不宽贷各宜凛遵毋违特示

《申报》1893 年 10 月 16 日第 3 版第 7360 期

海运告示

总办江苏海运沪局为出示晓谕事奉粮道宪吴札开照得各属征运白粮粳糯米石为天庾玉粒例应慎选圆洁好米加意奋办备用加重宽大麻袋按石装储缚紧袋口加贴印花金派诚实丁属剥运赴沪交兑历经通饬遵照在案卷查同治十一年分各属白粮麻袋疏薄不堪沪局监兑委员并不详加查验到津交兑米粒狼藉致形短缺殊非汉重白粮之道今届光绪十九年分冬漕提前赶办前项麻袋务须加厚坚密不得虚应故事致运沪兑装时验不合式有干驳换除通饬各属遵照慎选奋办备用紧密双套加重宽大麻袋照例装盛袋口用绳缚紧粘贴印花运沪交兑外合并饬行札局遵照严督监兑各员于各属白粮交兑时详加查验如不合式即令押回易换毋稍迁就等因到局奉此除移行监兑委员详加查验认真挑选不得迁就外合行出示晓谕为此示仰各属解米丁书人等知悉尔等管解白粮赴沪交兑所装麻袋应即拣选上等阔厚麻袋置造按石装储紧缚袋口粘贴印花一经到浦报局请验倘查有布稀袋小及袋口不贴印花用绳紧缚定行押令易换二面立提玩误丁胥从严惩办决不宽贷其各凛遵毋违特示

《申报》1894 年 1 月 20 日第 2 版第 7455 期

禁赌告示

城厢内外保甲总巡叶临恭司马于初三日晓谕各地甲责令初四日传谕各赌摊一律停止已见昨报兹悉司马令地甲传谕后又恐各赌徒阳奉阴违特出四言告示一道发给各地甲高贴通衢其示曰　岁早务闲　游手无事　街面赌摊　引诱童稚　茶馆开局　流氓麕聚　再不敛迹　立提究治

《申报》1894 年 2 月 11 日第 9 版第 7472 期

示禁冒牌

钦加运同衔特用府补用直隶州调补松江府上海县正堂黄为出示严禁事奉江海关道聂札奉南洋通商大臣刘札准兵部火票递到总理各国事务衙门咨光绪十九年十二月初三日接准美国田使照会称兹有冒充本国洋布牌号花样一事在中国地方所织之布若冒用外国牌号不惟有碍于买主且有碍外国织布局附送天津告示底闻此冒充洋布牌号之事不但天津有之在各口岸亦无不然请即行知各省晓谕各该地方不准冒充外洋各货牌号等因前来查美使附来津海关道告示系春华泰恒泰和永顺成永顺合等四号仅用人头花样已由津海关道传讯确凿出示禁止各口有无此等情弊固应查禁且中国织局创办有成亦宜严为防范以免洋商借端诬指致碍织局生理相应咨行贵大臣转饬各关道出示晓谕遇有前项情弊一律查禁可也等因到本大臣承准此除分别咨行外札关遵照办理仍报明抚部院查考等因到县奉此除分别移会行查外合行出禁为此示仰合境该洋货各行业等主伙知悉嗣后运售本货不准冒用洋商牌号混淆如敢故违一经察出定即立提究惩决不稍宽其各凛遵毋违特示

《申报》1894 年 4 月 21 日第 3 版第 7541 期

训术司示

为剀切晓谕事案奉县正堂黄札开饬查阴阳生并土役等有无事故务须严加管束倘有不法情事仰即呈送查核等因本训术任以来洁己奉公并不倚托于人至于亲族早已回避非惟弗用亦且请托不行而所用之差役均给腰牌为凭向不准在外需索以杜混淆乃访开有前任革汰差役胆敢持旧论票在外借端滋扰冒充在学当差更有无耻之徒妄称宗族冒充书役四处招摇索诈等情实属藐法之极深堪痛恨若不严行申禁实为地方之害现本训术亲饬查拿申解究办尔等速宜革面洗心乘邪归正另谋生业毋得轻身营试自取咎尤后悔莫及合行示谕为此示仰各诸色人等知悉倘有不法之徒前来索诈准即扭送来学以凭详县严行惩办决不姑宽其各凛遵毋违切切特示

《申报》1894 年 4 月 30 日第 3 版第 7550 期

藩宪告示

外提调二品顶戴按察使衔署江南江宁等处承宣布政使司江南盐巡道胡为出示晓谕事照得江南省文武闱乡试所需一切供应食用物件从前本归江宁府南捕通判经办责令各行铺分认承应均有官价流弊殊多自经兵燹市面商情回非昔比历科均遴委大员总办供给等事所

需食物等项均按市价平买绝不扰累商民一洗旧时积弊今届举行甲午正科文闱乡试所需一切食用各项无论在地采买出外购办概行照市发价所需工匠夫役亦不准减价勒差如有不肖司事丁役假借官价名目私图抑勒延欠或从中克扣渔利以及影射漏捐种种情弊一经访闻或被告发定即从重惩办除分别移行外合特出示晓谕为此示仰各色人等一体遵照务各奉公守法毋得自蹈愆尤该行铺人等如有串通垄断控价居奇亦难轻恕其各凛遵毋违特示此示于昨日揭贴上海县署头门

《申报》1894 年 6 月 11 日第 4 版第 7592 期

示禁驰马

扬城街道宽窄不齐热闹之区街道愈狭盖两旁多有古董玉玩等摊也近有一种纨绔少年专于闹市策马驰骋扬鞭得意顾盼自雄间有不系响铃者尤易碰撞近为保甲总局朱观察所睹回局后立出告示一通略云扬郡街道窄狭近有身骑怒马者往来冲突行人闪避稍迟即有践踏之患杭省朱宦一事岂无所闻逞一时驰骋之豪卒致伤命获罪何不惜身家乃尔本道近于街市见有骑马者直撞横冲肆无忌惮察其形状似皆乡宦子弟因欲留其体面故不忍当都遽加呵责合先示禁以杜其妄行之渐为此示仰诸色人等知悉自示之后毋再无故驰马倘敢不遵无论军民宦裔立即提案禀请大宪照例严惩尔等须知律载无故驰马伤命虽系误伤亦应科以军流之罪其各凛遵幸勿以身尝试

《申报》1894 年 6 月 19 日第 3 版第 7600 期

总领事示

钦加二品衔军机处存记分省先用道驻笞新加坡兼辖海门等处总领事府黄为出示晓谕事案奉钦差出使英法义比国大臣薛奏请豁除海禁保护洋客一折奉朱批该衙门议奏钦此嗣经总理各国事务衙门议复请如该大臣所奏敕下刑部将私出外境之例拟酌删改并由沿海各直省督抚出示晓谕州县乡村申明新章既定旧章已除除伪冒洋商包揽货税及有不法重情者仍应查究外其余良善商民无论在洋久暂婚娶生息一概准由出使大臣或领事官给与护照任其回国治生置产与内地人民一律看待并听其随时经商出洋毋得仍前借端讹索违者按律惩治等语光绪十九年八月初四日奉朱批依议钦此等因札到本总领事业经照钞原奏恭录谕旨刊布晓谕在案兹复奉钦差出使大臣薛札开本大臣承准总理衙门咨开刑部遵议此案一折光绪十九年十二月初十日奉上谕刑部奏遵议出使大臣薛福成奏请申明新章豁除海禁一折据称内地人民流寓各国其有确守华风情愿归里者应由各出使大臣覆给护照令其回国并由沿

海各督抚督饬地方官严禁胥吏人等侵扰诈索等语着依议行等因钦此札行钦遵查照等因奉此本总领事查海禁旧例业已删除迭奉恩旨查明良善发给护照在沿海各省均已陆续见有将军督抚大宪告示自应钦遵办理以昭保护本总领事现已拟定护照格式将总理衙门原奏并恭录上谕刊入照内其回华商民人等姓名籍贯年岁事业职衔随带眷属寓居地方一一详细注入此项护照分作三等红边者为一等以备上等绅商领取紫边者为二等以备各色商贾领取蓝边者为三等以备各项工役人等领取嗣后回华人等欲领执照者即到领事府先领格纸一张照式填并取备本处铺户保结盖入图章由领事处查明实系良善即准发给无论寓居英国属地以及何兰法兰西西班牙暹罗巫来由各属地方均可到本总领事署领取其附近槟榔屿各地亦可在槟榔屿领事署领取所有已领护照之人回华之后如尚有从前侵扰诈索各种弊端即可禀请地方官究治亦可禀请本领事转禀督抚各大宪查办所有豁除海禁保护洋客发给护照一案合行晓谕南洋各地寓居华人遵照办理禀明钦差出使大臣咨呈总理衙门转咨各省督抚宪查核并照会槟榔屿客张副领事遵照外为此晓谕华商民人等一体知悉可也特谕

《申报》1894 年 6 月 23 日第 9 版第 7604 期

禁造伪药

　　金陵人性刚劲一言不合辄以性命相拼服毒轻生事所恒有历年经善士徐君精制良药拯人于危急之中都人士方交口颂之几致口碑载道日前忽见总办制造局郭月楼徐仲虎二观察会衔告示一纸始知徐州一带竟有私造伪药致人于死者使含冤有屈者一死于烟膏再死于药粉岂不大可痛哉其示略谓据委办救吞生烟局徐丞郁禀称蒙仁宪会同前淮扬海兵备道宪桂署江南盐巡道宪吴先后筹款于省城内外设局施救委职经办十余年每年活人四五百无不感恩戴德惟所有诸药购自外洋制法未谙局宪徐精于化学传授制药之方由斯撙节经费不少救人尤觉应手桂宪绾徐道篆时捐廉委职制药发徐属施救近有土客来自徐郡传说有人冒称卑局派往发卖救吞生烟药粉瓶式方纸悉如卑局之式惟药色黑味劣以之救人有服后吐血不止者有痛不可忍辗转而死者有一吐即愈愈后复痛旬日者咸误谓卑局近来药之害人职闻之骇异当托友向购伪药一瓶详加察验与所传无异窃念桂宪委职制药交由徐州府县转发并未赴乡分售即偶有来局购用者均系零购一二瓶又职另制此药系寄上海协赈公所助赈亦在申昌零售均未有贩至他处分售者足见各处兜售之药为冒托无疑查此种伪药每服三钱足害一人每斤可害五十人若不早请禁止贻害无穷转与宪台好善之心大相径庭为此沥情上渎伏乞恩准咨请徐州道宪札饬府县出示查禁并请给示悬挂城内外局中俾求药者知有区别等情据此除批具禀已悉该丞经办救吞生烟善举有年不辞劳瘁所请禁售伪药系为慎重民命实求是起见殊堪嘉尚仰候咨请徐州道台转饬示禁外为此示仰诸色人等知悉凡有吞服生烟须向该

局求救即使路远不及往请须购药存备不虞者亦须认明该局真药切勿为匪徒所惑购买伪药转滋贻误是所切要惟既仿照伪药在徐属销售难保不各处兜销仍仰该丞留心察访一经知觉随时禀局以凭究办毋稍宽纵

《申报》1894 年 7 月 7 日第 2 版第 7618 期

清道示言

城内居民往往任意将秽物倾弃街头以致行人触秽染病虽有打扫夫按段收拾亦不免日久玩生兹者清道局委员安大使出有六言告示云 谕尔各段扫夫 街道理应清洁 现值炎暑熏蒸 秽物更忌堆积 垃圾砖片瓦堆 不得随手抛撒 菜根豆壳瓜皮 践履尤虞倾跌 如有懒惰等情 察出定干枷责 各宜凛遵毋违 慎勿仍蹈故辙

《申报》1894 年 7 月 24 日第 3 版第 7635 期

译英总领事示

迩因中日战事已成驻沪英总领事出有告示云为晓谕事照得本总领事奉大英国钦差大臣札因中日两国有交战事英国定为局外之国为此晓谕英国人等照不准帮助别国之例小心遵守不能在两国兵船或陆路军营襄助相应谕知各人咸宜恪守毋违特示 西历一千八百九十四年八月六号谕

《申报》1894 年 8 月 8 日第 3 版第 7650 期

译河泊司示

中日两国既以兵戎相见上海河泊司毕出有告示一道其文曰为晓谕事照得本河泊司奉总理衙门札凡上海引港人等此后不准再引日本船只至他日和局告成时为止所有册内列名之各引港人如敢不遵此谕当将姓名斥革以后永远不准注册引港相应谕知各引港人各宜凛遵毋违特示西历一千八百九十四年八月六号谕

《申报》1894 年 8 月 8 日第 3 版第 7650 期

晓谕船户

上海县黄大令出有六言告示一道其文曰示谕浦江渡船不准装年偷渡倘敢贪利装载立

提重责不恕现当秋汛潮涨搭客以少为度如其多载失事立即并提重处

《申报》1894 年 10 月 6 日第 3 版第 7709 期

告示照登

钦加五品衔代理英美租界会审分府宋为出示晓谕事迭奉道宪刘札开据英总领事韩来函以九月十五七八日为西商赛船之期是日午后至晚吴淞港新闸至外大桥一带华船均宜避让以免碰撞之虞请札饬查禁示谕等因到道札饬出示晓谕一面谕饬船牙及该处地保前诣港口遇有商船随时传谕拦阻免致碰撞滋事等因到廨奉此除谕饬船牙并传谕该地保外合行出示晓谕为此示仰各该船户人等知悉务于本月十五七八日自午后至晚上一律避让切勿在于吴淞港新闸至外大桥一带行驶停泊以免碰撞各宜凛遵毋违切切特示

《申报》1894 年 10 月 11 日第 3 版第 7714 期

告示汇登

署理江苏按察使司按察使韩廉访出有四言告示颁发来沪张贴县署头门其文曰 苏省流氓 大为民累 无行无业 不伦不类 烟馆赌场 成群结队 穿黑衫裤 形同魑魅 松三把辫 自觉俏媚 街市横行 人皆远避 抢夺拐骗 悯不知畏 轻则偷窃 入人家内 重则强劫 得财而溃 此患不除 隐忧方大 现已通饬 牧令丞猝 一体严拿 重治其罪 省垣重地 岂容此辈 立拿到案 刑则加倍 言出法随 毋贻后悔

钦命二品顶戴署理江南分巡苏松太兵备道刘为出示晓谕事照得现届冬令天气渐寒各乞丐夜间或坐卧檐下或竟至露宿饥寒交迫实为可悯业经前升道在南门外搭盖瓦屋作为楼流所准老弱乞丐前往住宿夜间给粥一碗本年仍旧照办兹派委试用从九高彦和经理弹压定于十月初一日开厂所有城内无归宿之乞丐夜间应一律前往厂所栖止不准再在城内沿街露宿如敢不遵必系不安本分之人逗留城内欲图为匪一经察出定即严究除札上海县及总巡并各巡员外合行出示晓谕为此示仰乞丐人等一体知悉务各届期前往毋再逗留城内致干严究切切特示

《申报》1894 年 11 月 1 日第 4 版第 7735 期

告示照登

大清钦加运同衔特用府补用直隶州松江府上海县正堂黄为出示晓谕事照得朝鲜为我

《申报》告示史料汇编 483

国藩封久资屏蔽凡彼来往各埠商民地方官应行保护近因倭奴犯顺寓沪朝鲜人民日多大都散住各处当此外患凭陵正海疆多事之秋尤宜妥为稽查以资保护案奉道宪谕饬设法安置现由职员萧延琪出资于英租界棋盘街地方设一公所名曰柔远居凡朝鲜来沪商民悉令居住此寓同在一处并由驻沪朝鲜李董事常川在寓督率一切专稽出入一面编注名册由县按名给予护照以示区别至朝鲜人在沪本寓客栈亦须各出房租其柔远居一切饭食房金仍照客栈章程收取不稍加增其住寓各商人均当循照公寓条规听董约率前已照会李董照办在案兹查柔远居业已安设齐备除论职员萧延琪遵照外合行出示晓谕为此示仰驻沪朝鲜商民人等一体知悉各商等务于十一月初一日一律迁移柔远居内居住毋得仍前散处以致漫无稽考此系我朝怀柔远人保护属国商民之意各商民务各遵照毋稍观望迁延是为至要切切特示

《申报》1894 年 11 月 29 日第 4 版第 7763 期

告示例登

苏松太道刘康侯观察出示约束营勇大旨谓水陆各营勇丁驻沪防堵无非保护商民起见可冀闾阎又安乃近来访闻有等陆营勇丁常在十六铺一带厅聚其间酗酒滋事强赊硬买稍不遂意毁物殴人商民受累不浅殊堪痛恨除札知各营统带哨官严行查禁纪律严明各营勇非正事不能出外闲游即使因公外出亦宜报明营官给发腰牌挂注号簿以资稽考限持回销不准稍有滋事外为此示仰商民人等如遇前项勇丁酗酒滋事许尔送县禀控立予约究禀明本道移送本营官从严革究照例惩办决不宽贷

《申报》1894 年 11 月 30 日第 3 版第 7764 期

救吞生烟告示

钦加三品衔特用道代理江南江宁府正堂加二级纪录三次唐为严禁示谕事据救吞生烟局职董徐郁禀称窃维服烟轻生多因一时之忿其间言语容止洵与寻常有异如□售□烟土烟膏之家察其形迹可疑□非吸烟之人而无用旧烟盒以及无灰盘诘再三不轻售予未始不可消其忿念而使之不至轻生此事曾经升署巡道前府宪□□前办□外保甲总局署盐巡道刘先后刊示晓谕洋药烟膏各铺户如遇有买零膏零土之人务须各照药店卖砒章程格外留心察言观色毋得□浪□费一再申明在案职董受业于乌程陈务坪夫子门下稍知救治之法自奉前淮扬海兵备道宪桂督办金陵机器局郭前署盐巡道宪吴先后谕饬城内外设局施救经理十载有兹每遇有人延救无论夜深雨雪无不立刻登门施治诚以人命危在呼吸倘因迟救莫及于心何安惟辰烟之人最忌胡乱行动则毒入脾经又忌扛抬来局以致受风毒散光绪十三年冬并蒙曾

484　　　　　　　　　　　　　　　　　　　　　　　　　《申报》告示史料汇编

忠囊公于总督任内查悉前情刊示并附方药通行剀切谕禁一时人知扛抬来局在所不救咸各凛遵现在事隔有年扛抬来局者间或有之而孟浪寿士与膏之家则指不胜屈幸值维新伊始凡属部民无不延颈以企郅治职董为郑重人命起见既欲其生又虑其死禀乞再行示谕通衢俾洋药烟膏等铺咸晓然于毒物之不可轻售一切服烟人家咸凛然于扛抬来局之不可救互相劝勉等情到府据此查鸦片流毒甚于砒鸩生烟烟灰其性尤烈愚民因忿吞严最易戕害生命而吞烟之后一经播亏尤难救治光绪十三年间曾据职员叶琪等禀经孙前府饬县示禁售烟各铺留心盘诘不准任意发售在案近日服烟自尽案件层见迭出虽系愚民短见究由各烟铺违禁轻售以致购取良便遂药人命殊不知此等命案向应追究□药之人酌量科罪因案牵累后悔何及兹核该职董所禀系为保全人命起见应准照办合行严切示谕为此示仰居民铺户人等一体知悉尔等卖烟各户嗣后遇有并未带灰换买烟膏及偶买零土者务须察言观色诘问来历或有保人方准卖给不准任意发售致令服毒酿命有干提究尔等居民有吞服洋烟即由该家属随时信知该董徐郁亲往救治该董意在行善并不索取分文切不可将服烟之人胡乱行动及扛抬赴局致令毒发莫救是为至要其各遵照毋违特示右谕通知　光绪二十年十一月 日示

《申报》1894 年 12 月 31 日第 9 版第 7795 期

宪示照登

布政司衔总理两江营务处前淮扬海兵备道桂亭观察出有四言告示曰　谕尔乡人　生计艰辛　胼胝卒岁　琐屑经营　诚恐游勇　借诱饥民　在乡肆扰　攘夺横行　柴薪蔬菜硬取强争　小民柔懦　何以聊生　兹谕尔等　毋畏凶横　倘敢不法　捆送来城　立予惩办　保卫农氓　本处执法　决不容情　又示曰　倭寇犯顺　整顿边防　筹饷募勇　保卫海缴　同仇敌忾　忠义堂堂　谕尔兵勇　遵照定章　务守营规　操练精强　军犯宜凛毋得妄干　本道委弁　巡查周详　执法不贷　慎之勿忘

《申报》1895 年 1 月 6 日第 3 版第 7801 期

宪示照登

帮办军务大臣头品顶戴兵部尚书兼都察院右副都御史湖南巡抚部院吴为出示晓谕事本大臣奉命统率湘军五十余营训练三月之久现由山海关拔队东征正二两月中必当与日本兵营决一胜负本大臣讲求枪炮准□十五六年所练兵勇均以精枪快炮为前队堂堂之阵正正之旗能进不能退能胜不能败湘中子弟忠义奋发合数万人为一心日本以久顿之兵师老而劳岂能当此生九军乎惟本大臣以仁义之师行忠胜之德素以不嗜杀人为贵念尔日本民人各有父母妻子岂

愿以血肉之躯当吾枪炮之火迫于将令远涉重洋暴师在外值此冰天雪地之中饥寒亦所不免死生在于呼吸之间昼夜无休息之候父母愁痛而不知妻子号泣而不闻战胜则将之功战败则兵之祸拼千万人之性命以博大鸟圭介之喜快念日本之贤士大夫未必以黩武穷兵为得计本大臣欲救两国民人之命自当开诚布公剀切晓谕两军交战之时凡尔日本兵官逃生无路但见本大臣所设投诚免死牌即缴出枪刀跪伏牌下本大臣专派仁慈廉干之贤收尔入营一日两餐与中国民人一律看待亦不派做苦工事平之后即遣轮船送尔归国本大臣出此告示天地鬼神所共鉴决不食言致伤阴德若竟迷而不悟拼死拒敌试选精兵利器与本大臣接战三次胜负不难立见迫至该兵三战三北之时本大臣自有七纵七擒之计请鉴前车毋贻后悔切切特示

《申报》1895 年 1 月 31 日第 3 版第 7826 期

严禁佛店

沪上佛店之为害地方实为人所共知自韩古农廉访接署苏臬后特刊告示禁止实力奉行殊为地方一大善政无如言者谆谆听者藐藐僧之狡狯者竟敢挽著名绅董至衙署具保以故垃圾桥南首之寿圣庵南香粉弄之五台山三马路之瑞莲庵上林里之行宫等处得以依旧开张且他店闭歇后寿圣庵等之香烟更甚于从前而曾经闭歇之各家以为寿圣庵等大店可开吾等小店岂独不准开张耶嗣后遂有劳合路之观音庵六马路之瘟部大堂二家重复开张噫佛法无边官法岂真退处于无权耶殊令人欲索解人而不得矣廉访深知前事特发五百里排单严催地方官于文到十日内务将沪上佛店押闭净尽不得徇情且须将所刊告示勒石永禁如有刁绅劣衿出为佛店担保准其据情禀复想经此次严催后当无复有人敢与诸佛店作大护法矣为地方除一害即为地方兴一利上体宪意下恤民情实力奉行毋怠毋忽不禁深有望于贤父母

《申报》1895 年 2 月 13 日第 3 版第 7839 期

宪示照登

江苏松江府上海县黄抄奉姑苏海防营务处二品顶戴按察使衔署理江苏等处提刑按察使司韩为剀切晓谕事照得附过太湖江浙交界及沿江沿海各厅县属地方往往有结党贩私聚众博赌之徒屡经官兵惩创尚未绝其根株皆因半属无知未忍一概严诛现当海防戒严攘外须先安内贩私聚赌实为地方隐患已饬文武营汛加派兵役兜拿并谕绅耆团防查究窝留城乡上下协力捕除谅无敢仍肆鸱张本署司因念其中不少年精力壮勇敢有为者无非军营裁撤之余无业可图无籍可归以致流入下品取图衣饰不知身已犯法日久则欲罢不能其情转觉可悯现在招募防营正尔等除故从新之路业经禀准札委孔游击德障沈游击子元吴都司广升分赴各

路各招五百人为一营成军管带于本省要隘分扎防堵尔等须知军事方兴之日为武士进身之时古来名将每多崛起草莽郎从前荡平爱逆时有能自拔立功者莫不破格录用况尔等所为本非大恶能及时自效不特赦其已往其有勇敢可拔者必加以不次升迁本署司曾办巡防久统防军爱兵如子嫉恶如仇此次招募办防为阃等所计甚深各宜激发天良共归正道与其以身试法孰若化莠为良其游手好闲敦若讲求技勇不独名正理顺而且立功保奖成败荣辱全在今时其各反复深思自图归正如其始终执迷仍有聚众贩私开赌等事则随地兵勇屯素不难按名弋获一经到案无分首从立置重与以为怙恶者戒合行剀切晓谕为此示仰该处诸色人等一体遵照务各自办美恶改过从新一俟管带官到地招收速自投报入伍听候点验编营毋得执迷不悟倘敢故违惟有尽法惩治噬脐莫及营汛兵役如敢庇留徇隐保甲围董不行查究潜匿窝顿者发觉一体治罪并各凛遵毋违切切特示

《申报》1895年2月19日第3版第7840期

劝捐例示

钦加运同衔办理江窨筹饷劝捐沪局法租界会审并会捕局特用府补用同知直隶州遇缺即补县正堂葛为出示劝谕事奉江宾筹饷劝捐总局宪札开前奉行准部恣恭缘谕旨饬令就地筹款以供海上用兵之需钦遵筹议章程督抚宪具奏奉部复准照行在于江宁省城设立筹饷劝捐局抄章通行劝办在案兹值倭氛日逼海防戒严所有奉调北上以及本省新募售有各军饷械一切需款甚巨江宁各局本属支绌惟赖各处广为劝捐以资接济查上海为各国通商总汇之区富商云集向多急公好义之人近年筹赈案内劝捐著有成效夫邻境偏灾于该商等并无休戚相关之谊尚且情殷救恤慷慨输捐况以今日南洋吃紧万分凡吴淞以内炮台兵舰水陆兵勇近又添募五营军饷枪械均由宁省供应无非为保卫商民而设律以敌忾同仇之义更当奋发急公查有该令堪以派办分设沪局札发捐章饬即遵照该局收集自行到局报捐及外来捐照章核奖先行填给实收随时将捐钦及副收奖册批解总局核办等因奉此兹择法租界大马路设局开办除禀报移知外合行出示劝谕为此示仰绅商人等一体知悉须知军情日聚防务戒严开办捐输为裕饷足兵之计务各踊跃输将多多益善即至本局上兑立时填给实收查照新海防例分别请奖实官花样其贡监虚衔封典翎枝并准援照常例给奖如有捐银至一万两以上者当由上宪专折奏请特恩优奖以昭激劝尔等食毛践土休戚相关输捐助饷既尽急公之忱可博弹冠之庆两有裨益务期曲体特艰争先推解俾得源源报解借济饷输是所厚望切切特示　光绪二十一年正月二十二日

《申报》1895年2月20日第3版第7841期

告示照录

钦加运同衔特用府特授江苏松江府上每县正堂黄为岁考事奉本府正堂恩札奉督学部院龙札开照得该属童生业经通饬取考在案今本阁部院试毕太仓即按临该属岁试定限三月初三日齐集松江听候示期考试等因转行到县奉此合行出示晓谕为此示仰合邑与考生童人等知悉遵照示集松江听候学宪按临考试毋稍违延切切特示

《申报》1895 年 3 月 26 日第 3 版第 7875 期

告示照登

总办江宁筹饷劝捐沪局二品顶戴遇缺即选道严三品衔留直补用府正堂施为出示晓谕事案准江宁筹饷劝捐总局咨开窃照倭氛不靖海防戒严增兵必先筹饷业经本司道等遵奉两江督宪札饬在于金陵中正街设立总局开办筹饷捐输委员分投劝办旋以南洋奉调北上及本省添防各军饷项供亿浩繁全赖捐输接济又经详请署督宪张分别咨行推广劝办在案查闽粤厦门及上海宁波等处皆南洋通商要津中外巨贾辐辏若于各该处分途劝办必能速集巨款兹酌拨空白实收四百张捐章二十本咨请查收委员分途往劝一有成数即批解拨济紧要军需等因到局准此查此项新海防捐凡报捐各项实官双月三班及分缺先分缺间本班尽先各项花样四品以上按筹饷例四成实银上兑五品以下按筹饷例三成实银上兑外加部饭照费其新海防遇缺先一项因班次较优仍照八成银数上兑其余报捐虚衔升衔封典贡监等项一律统按三成实银收捐至道府两项前次钦奉特旨停捐现经部议凡现任应升人员如道员为知府升阶知府为郎中同知等官升阶均准分别报捐又捐银至一万两以上准其项目奏请破格优奖实于色慎重名器之中仍寓推广捐输之意现值倭人肇衅要挟多端各绅民食毛践土当必义忿同深且此项饷捐可以指捐实官非仅顶戴荣身可比一经上兑批解接济饷需俾添防各军士饱马腾同仇敌忾地方赖以安全未始非旅居绅民之福除闽粤厦门宁波等处派员分往劝办外合行出示晓谕为此示仰士民人等一体知悉倘有报效情殷力图上进者望即开明详细履历并指捐何项连同正项饭照银两赴新关后源通官银号或赴盆汤弄丝业会馆或赴六马路仁济善堂分别上兑即当填发实收先行交执一面造册咨送宁局立即按月报部给照事关济饷要需幸勿意存观望自误功名切切毋违特示 光绪二十一年二月初十日示

《申报》1895 年 3 月 27 日第 2 版第 7876 期

经厅告示

特授宁波府经厅兼司狱刑厅加一级纪大功三次程为出示晓谕重甲禁令事照得衙门重地理宜严肃岂容闲杂人等肆行无忌查接管卷内近因本署内外屋宇待修暂行封锁以致闲杂人等任意作践堆放杂物豢养猪羊甚至偷窃砖瓦毁坏窗槅该处地保既不拦阻又不禀报一味宽容殊属不成事体业经前厅示禁在案兹恐复蹈前辙除饬差密访查拿外合再出示重禁为此示仰该处地保及左近居民人等知悉嗣后如有前项情事一经察觉立即按名拘拿究办如役保徇隐不报一并责革不贷各宜凛遵毋违特示

《申报》1895 年 4 月 23 日第 3 版第 7903 期

汉口捐示

军舆以来以筹饷为至急之务各省大宪画昕宵不遗余力武汉为财赋之区不乏陈财仗义之士委办汉牙厘局余观察□康近奉上宪札委劝谕汉黄德三府绅富乐输以济饷项四月廿一日出示通衢晓谕居民人等告示录下赏戴花翎筹办汉黄德捐务汉镇牙厘总局湖北补用道即补府正堂余为出示晓谕事照得本总局筹办汉黄德三府属捐务前将现行事便通行晓谕在案兹查本年三月内先后续奉藩宪札饬内开各州县质当资本利息相同应仿照典当每家捐银二百两毋庸奖叙仍一律按实存本提出一月息钱助充军饷合升银数准给实官虚衔封典等项又翎枝一项郑工事例花翎三品以上捐银二百两四品以下捐银一千两蓝翎捐银五百两应各核减二成收捐又抬枪为行军利器应令绅富捐银官为制造名为火器新捐准其请奖实官及各项花样选补章程均照新海防便办理各等因奉此除移行各州县会同遵照办理外合并案晓谕为此示仰商富人等知悉迅即查照胶项条款赶紧捐纳或就近呈几各州县衙门填给印票前来汉镇本总局分别虞给实收或俟各州县劝定报明后由各捐生自行来局上捐均听其便至汉镇地方商富均应径赴本总局报捐以归简便当此海氛日棘库帑奇绌尔等食毛践土仰沐朝廷厚泽深仁务各好义急公共□报效毋得饰词推诿致负本总局谆谆劝谕至意再典质各当每家捐银二百两土药行店每家缴银三百两均系部定章程不准稍有推诿早经藩宪晓谕在案迄今呈缴寥寥殊属有意违抗统一月内各赴地方官衙门缴清解由本总局弹收转解毋再玩延致干提究切切特示

《申报》1895 年 5 月 29 日第 9 版第 7939 期

告示照登

钦命帮办台湾防务闽粤南澳总镇依博德恩巴图鲁刘为开诚布公激励军民共守危疆事

照得倭逆要盟全台竟割此诚亘古异变为人所不忍见所不忍闻更何怪我台民发指眦裂誓与土地存亡抗不奉诏而为自主之国本帮办则以越南为鉴迄今思之无日不抚膺痛哭追悔无穷不料防守台南未尝建树离奇之变合见两端何以天无厌乱之心而使民遭非常之劫自问年将六十万死不辞独不忍苍生无罪行将变夏为夷嗟乎积怨同深自可挽回造化厚德戴福谅能默转气机愿各众志成城制梃胜敌在我坚心似石弃职如遗所有旗后凤恒地方业经布置倭如有意任往试之刻顺舆情移驻南郡查安平海口天险生成此外要隘纵多不难补其罅漏惟军民共守气味最贵相投淮楚同依援助岂容稍异本帮办亦犹人也无尺寸长有忠义气任劳任怨无诈无虞短愿人攻虽将弁不妨面告事如未合即绅民急宜指陈一切莫以颇有虚声便为足恃更莫以稍尊官制遇事推崇从此有济时艰庶可稍酬众望若因力微勇怯语不由衷在上天断不佑子若因饷绌吝筹故为挠阻本帮办亦难恕尔总之如何战事一担肩膺凡百军需绅民力任誓帅慷慨定能上感天心惨淡经营何患待亡倭逆合行剀切晓谕为此示仰军民人等须知同心戮力自可转危为安达变通权无用尚拘小节不以斯言为河汉仰各凛遵于毋违昨有人以告示一通见示谓系得自闽海关传来用亟照登然确否则不敢知也

《申报》1895年6月25日第3版第7966期

除害告示

特授九江府正堂随带加二级纪录十次尹为严禁教唆词讼以除民害事查例载积惯讼棍串通胥吏播弄乡愚恐吓诈财一经审实即依棍徒生事扰害例问发极边烟瘴充军又教唆词讼诬告之案如原告之人并未起意诬告系教唆之人起意主令者以主唆之人为首听从诬告之人为从如本人起意欲告而教唆之人从旁怂恿者依律与犯人同罪有赃者计赃从其重者论各等语是教唆词讼例禁森严诬告情虚法所必警乃有等无赖之徒惯逞刀笔播弄乡愚偶遇民间雀角或户婚田土细故彼即簧鼓其舌主唆兴讼长篇累牍多系任意捏砌列款粘单尽属捕风捉影择肥而噬有挟求串党诈财无所不至迨经审实听唆者坐诬辱身被告者株连破产害民莫此为甚是以惩办唆讼之罪亦必从严本府莅任斯邦志期除害饬县密访查拿外合行出示严禁为此示仰合属军民人等知悉嗣后尔等如有户婚田土钱债细枚应投公亲理处切勿听彼讼棍主唆遽行兴讼即或负屈含冤必须控官究理亦当遵例向代书处据实直陈不可听信教唆捏砌重情混控以致审实坐诬其平日以刀笔营生者亦各即早回头洗心涤面另谋正业自示之后如再不知改悔仍蹈前辙一经访闻或被告发定即严拿到案按律从严究办本府为息讼安民起见言出法随决不稍从宽贷各宜凛遵毋违特示

《申报》1895年7月7日第3版第7978期

告示照录

特授九江府正堂随带加二级纪录十次尹为关防诈伪事照得本府籍隶肥源系延关尹绍家声于古甫诗咏清风守正学于彦明门曾立雪夙承庭训勤慎自持滥窃科名冰渊益凛廿八载扈曹观政愧无裕国宏谟九重天螭诏颁恩谬领专城巨任一麾出守缅怀虎渡于当年五缄兴歌弥切鹈俦于此日识庐山之真面爽抑螺青指江水以盟心清分鸭绿眷言祖德聿传提举于斯邦愿畏民岩窃顾勤劳□厥职持己固无他术惟守以约而率以廉临民讵有别图亦使以义而养以惠事兼巨细悉出亲裁教判宽严罔参偏见市恩不市奚庸慧苡以增嫌倩托胥捐畴敢包苴之逞技凡宾从皆莲帷之彦俱能自懔操修即纪纲乏蘧使之贤亦尚同遵约束若故乡戚族咸高仕隐之风即偶顺道往来仅叙晤言之雅缁流羽士素勘班荆墨客山人未容投刺原无所虑其诈伪亦奚必示以禁防但浔江为皖楚冲途□□萃集租界更华彝杂处良莠丛生难保无不法之徒托名射利更恐有作奸之辈遇事生端肆彼诪张懵兹愚鲁自当宣示以肃关防除札饬各县严密访拿外合行出示晓谕为此示仰合郡士商军民人等知悉自示之后尔等务宜各安恒业勿听谰言倘遇棍徒冒充亲友或妄称线索在外招摇或诡托机关于中撞骗或本衙之吏役扰害闾阎或在署之家丁玩违法纪尔等或指名禀究或捆送到官立予严惩毫无姑息如无知识甘受欺朦与受同科例章具在决不宽贷各宜凛遵毋违特示

《申报》1895 年 7 月 29 日第 9 版第 8000 期

告示照录

金陵访事人云天气炎热人家每喜食瓜往往弃掷瓜皮阅时腐烂街头巷口秽气熏蒸府检厅闻之即出简明告示曰时当夏令瘟疫遍行大街小巷理宜洁清瓜皮秽物不准留存打扫干净以免浊腥沿街店口各宜凛遵饬谕丐甲时刻逡巡自示之后毋得因循倘敢违犯严加责惩

每当夏令无赖子弟多喜在文德桥下水嬉袒裼裸裎以游以泳见有妇女行经岸上即故意植立水际恶语讥嘲荼引河泊厅金少尹恶之缮发简明告示分贴河之两岸其文曰秦淮河畔居民两岸夏日纳凉妇女无限近有愚男不顾体面下河沐浴赤身可憾况复水深沉溺有患似此恶习早禁在案倘敢再犯立拿重办

《申报》1895 年 8 月 23 日第 3 版第 8025 期

告示照登

金陵访事人云迩者时疫大作城厢内外百数十处皆彩台高矗延僧建醮讽经水西门内糯

米巷中其台高至数仞某日被众挤拥忽地倾颓以致人众受伤大半绝膑断胻江宁县翁大令闻而甚恶以日下盂兰盆会期渐近恐民间援照俗例建搭高台滋生事端不可收拾因先行出示禁止曰为出示晓谕事照得民间风俗因有时疫消灾建醮延僧诵经往往搭盖冲天高台招引游人观望不独易肇事端且无根脚高台仅凭数木支持一经人众拥挤势必倾猗卸塌前日糯米巷曾经倒台伤人可为明证转瞬七月又值盂兰会期施放经焰尤为众多宜择店面宽敞之处摆设经坛不准再搭高台致贻意外之虞合行出示晓谕为此谕仰合邑店铺居民人等一体遵照凡遇建醮诵经不得搭盖高台如敢故违定干查究切切特示

《申报》1895 年 9 月 5 日第 3 版第 8038 期

告示三则

皖省滨临大江地方寥落易于藏奸自保甲总局吴士青观察接办以来专以除暴安良为事盖观察仕皖有年民情深悉出有告示数起节录其二意赅辞简足化愚顽并道宪联仙蘅观察因川省闹教出示通衢谆谆开导地方赖以安靖故录之以觇其吏治也

保甲总局示照得烟馆生理事业本非正经现查城厢内外烟户六百有零其中良莠不等保无窝藏匪心迭经前办示谕不啻三令五申诚恐日久生玩合再告诫谆谆此后尔等烟户概限二更息灯毋许窝藏扒匪寄宿一切闲人闭歇准就别业不准顶替新增委员督同地保查察务须认真倘敢故违前令提案惩办非轻并将房屋封锁决不瞻面徇情本道实事求是其各一体凛遵

又四言告示云　省会地面　杂处五方　保甲立法　除暴安良　地痞光棍
为害实繁　终日游荡　酒次茶坊　强赊硬欠　动辄逞强　欺骗讹诈　恶等虎狼
或窝赌博　或架土娼　种种不法　罪恶昭彰　若不拿办　闾阎何堪　为此晓谕
布告城厢　访获拿案　定按刑章　其各改悔　勉尔慎旃

钦加盐运使衔督办安徽全省洋务总局署理安庐滁和道联为剀切晓谕事案奉抚宪札迭准南洋大臣署两江总督部堂张咨转准总理衙门电咨自川省焚毁教堂之案起闻长江一带亦有闹教之谣准美国田使函请饬属加意保护行令本局札饬凡有教堂各州县一体妥为防范毋任滋事并出示谕禁等因除分别移行遵照外合亟剀切晓谕为此示仰军民人等知悉尔等须知泰西各国在内地设堂传教系为条约所准行其教士平日亦皆恪守教规并不强人入教尔等当亦共见共闻此次川省教案实由匪徒煽惑而成现在查拿滋事之人致居民转受惊恐彼闹事者应亦自有悔心尔等务宜各守本分切勿轻听浮言随同附和以致累及身家追悔无及倘有不法

之徒造言惑众希图借端生事定即立提到案尽法惩办勿谓言之不预也其各凛遵毋违特示云

《申报》1895 年 9 月 8 日第 3 版第 8041 期

告示照登

皖省北门外寒坛钵出一命案两纪报章刻下尚无尸属认领经吴云涛大令诣验后随即限差严拿务获一面出示召属认领其示列左钦加四品衔赏戴花翎补用府在任候补直隶州特授怀宁县正堂加十级纪录十次吴为出示召属认领事据古塘保地保江士进禀报六月初十日下午有保民江明德投称伊赴田割稻见一无名男尸伤卧田间不知被何人因何戮毙往看属实查尸傍遗有伞扇等件遍询无人出认报乞验缉到县据经诣验填格尸饬棺殓浮厝标记取具供结附卷除限差严拿逃凶务获外合亟出示召属为此出示晓谕仰诸色人等查照后开尸身年貌服色传谕尸属赶紧来县禀明候饬认领归葬毋违特示后计开已死无名男尸年二十余岁身穿白布褂蓝布裤尸傍遗有白布袋一口蓝布袋一口伞一把扇插一个内盛油纸扇一柄折断扁担一条板篮一个尖刀一把白布鞋一双断镯一支蓝布印花包袱一个伞袋一个　光绪二十一年七月十五日示

《申报》1895 年 9 月 22 日第 2 版第 8055 期

告示照录

金陵访事人云中协口协戎兼统鹤字等营恐勇丁不遵约束兼有各路散勇在省逗留因之出示通衢其文曰照得协本镇奉督宪面谕现在驻省操练各营兵勇为数甚多居民铺户最易交涉兼值海疆大定各路遣撤纷纷金陵为东南冲要尤虑散勇逗留扰民极因选派干弁严密巡查无论何营兵勇如有在外滋事即行查拿以及游勇扰民一并拿解详请核办等因奉此兹查有守备衔蓝翎把总伍长林堪以委办城南一带总查除札委遵照并分别各行外合亟出示晓谕为此示仰各营兵勇人等知悉务须各守营规不得在外游荡滋事即或购买食用物件亦必公平交易毋得恃强挟众恣意逞刁各路散勇倘有在此间留滞者尤应早还乡里各归本业不得潜混滋事自蹈法网自此示后倘仍置若罔闻一并查获定即归案详请督宪严加惩办决不宽徇凛之慎之毋违特示

《申报》1895 年 10 月 12 日第 2 版第 8075 期

告示照登

钦命记名堪胜提督军门前任广东阳江总镇署理江西九江总镇统领选锋新劲飞虎炮队

等营宋钦命二品顶戴分巡广饶九南兵备道督理九江开税务兼管窑厂事办理通商事宜营务处军功加三级纪录十次诚为恭录晓谕事光绪二十一年七月初四日奉署理两江总督部堂南洋通商大臣张札开本年六月廿四日接京来电本日内阁抄上谕自泰西各国通商以来洋人侨居内地中外相安朝廷一视同仁迭谕疆臣时加保护乃近日四川等省城有焚毁教堂之案同时煽惑蔓延数州县顷又接福建报称古田县匪徒杀伤洋人多名甚至戕及妇孺凶暴情形殊堪痛恨四川案已获犯讯办福建一案首要各犯尚在缉拿着庆裕边宝泉督饬营县速即拿获毋任漏网此等不逞之徒造言惑众所在多有是在地方官随时防范消患未萌何得玩泄因循以致酿成巨案着各直省将军督抚等通饬所属凡有教堂处所务须实力保护并劝谕居民勿听谰言妄生疑忌倘敢借端滋事定当执法严办该地方官办理乖方亦当从重惩处略不宽解将此通谕知之钦此等因札行镇道奉此查匪徒造言惑众最为地方之害迭经本镇道转饬所属严拿惩办昨奉南洋商宪江西抚宪分别刊发保护教堂告示亦经饬属张贴晓谕随时保护各在案钦奉前因除转饬所属各州县会同营讯认真防范一面严密访拿造言惑众匪徒从重惩办外合行恭录晓谕为此示仰合属军民人等一体遵照尔等须知耶稣天主等教皆以劝人行善为本其大旨与儒释道同是以条约准行中外相安日久况习教与否仍听百姓自便传教士并不从而抑勒理宜共敦睦谊各保身家何得轻听浮言寻衅生事自示之后务须父诫其子兄勉其弟各安本分共作长民如有不法之徒捏造谣言希图煽惑尔等一经知觉即赴地方有司衙门呈告以凭立拿究办倘或妄生疑意借端滋事定当一并严拿到案尽法惩治决不稍宽追悔莫及各自凛遵毋违特示

《申报》1895年11月9日第2版第8103期

关防告示

钦命督理江苏苏松常镇太粮储道兼巡视漕河陆为关防诈伪以肃功令事照得班条理务为治之恒规禁暴除奸安人之要典本道抱质迂谨□涉诗书遭际清时忝窃重禄溯自筮仕以来屡膺繁剧虽断断小宰无他庸能而乱羊必去拙者之政差可自经凡我父老子弟当亦闻知兹承恩命进管粮储不次之擢愧于非分毕力飞挽岂云报称矧行部所至皆吾旧游抚兹资旗竹弥用自恧是以夙夜兢兢益慎厥职事无大细必躬必亲更复慎选幕僚严束臧甬奔奏御侮咸得其人冀与吾民共安清净惟念省会之地五方杂居且距里籍带水可通开埠以后华洋并处恐有织儿猥子奸胥猾吏冒充亲旧伪托宾佐假借声势恐喝里闾省察偶疑贻害匪浅除随时访拿外合先出示晓谕为此示仰各属军民人等知悉如有前项情弊许即解送来辕听候惩办决不轻贷教令既出各宜凛遵慎勿容隐自干悉墨毋违特示

《申报》1895年12月13日第3版第8137期

禁钱出口

制钱短缺各处皆然登之报章几罄南山之竹矣昨日又得宁波采访友人邮筒内有宁绍台道吴观察告示云照得甬江市面行用洋圆其价值之上落由于钱数之多寡近闻郡城洋价每圆仅易制钱九百数十文推原其故皆由罔利之徒盈千累万运载出口以致钱日少而价日短若不严行禁止不足以安市廛除照会本关税务司随时查验扣留并饬南北号绅董严行查禁暨谕常关书吏示禁外合亟出示谕禁为此示仰宁郡商民人等知悉自示之后如再有运钱出口者一经扣留立即饬县提案究办本道言出法随决不宽贷其各凛遵毋违特示

《申报》1895 年 12 月 29 日第 1 版第 8153 期

遵札出示

署两江总督张香帅前总制湖广时曾就鄂省设局鼓铸大小银圆业已分咨各省一律行用日来转运至沪沪之操业者不肯行使意图抑勒居奇江海关道黄观察闻而恶之札饬英谳员屠兴别驾出示谕禁别驾遂饬吏缮成告示张挂通衢

《申报》1895 年 12 月 30 日第 3 版第 8154 期

告示照登

钦加知府衔赏换花翎补用府在任候补直隶州兼袭云骑尉调补宁波府鄞县正堂加六级随带加二级纪录十二次杨为出示晓谕事本年十月初八日奉本府宪程札开本年十月初一日奉巡道宪吴批该县详覆职训张锡藩等禀称换给官秤一案应请先行试办半年再行勒石示禁请赐示遵由奉批如详办理仰宁波府速饬该县出示晓谕可也此缴等因奉此查是案前据该县并详到府当经批示在案兹奉前因札县立即遵照出示晓谕等四并奉府宪批同前由下县奉此查本年五月间据职训张锡藩举人倪廷翰童赓年郭谦益职员葛文潮优附生张祖衔等以宁郡城厢市尘除店铺例用柜秤外惟行贩肩卖鲜腌果蔬等物秤由买主自带名曰家秤每斤至三四十两之重现职等捐集秤资制就官秤数千杆请一律换给出示晓谕等情具禀并据该职训张锡藩等呈奉巡道宪吴前府宪钱札县酌核具覆饬遵当经本县禀奉批示照办各在案嗣奉前府宪钱转奉巡道宪吴批发行贩陈廷奎等禀请概用官秤勒石示禁等情词饬县查议具覆等因正在核议间据职训张锡藩等禀称前拟改用十五两三钱官秤因零畸琐碎恐滋弊窦今订就十六两定秤数千杆以本年十二月初一日起令各持电秤至仁安公所换给并令各肩贩自携十六两官秤再随时校对叩请出示晓谕等情前来本县当查该职训张锡藩等集资购备官秤请

令一律换给实为地方善举初拟以十五两三钱为一斤本属零畸琐碎易滋纠葛现改定每斤十六两更为周妥至四乡本用官秤毋庸置议外其城厢东至买席桥南至下家桥西至西成桥北至白沙等处向用重秤之家应自本年十二月初一日为始自行持赵仁安公所一律缴换俟试办半年之后再行勒石示禁蒙道府宪批札前因除将本县衙门大小厨房饬令一律换给以示表率外合行出示晓谕为此示仰宁郡城厢内外居民及肩贩人等一体知悉尔等须知行用重秤既伤忠厚亦干例禁现经职训张锡藩等集资购备官秤系为矜恤贫贩挽回浇风起见均应力祛刻薄勉为善良自示之后务须依期各持重秤赴仁安公所缴换行用各肩贩等当知给有官秤不准再行同价居奇以昭公道倘有地方刁徒以及书差人等借端讹诈情事一经访闻或被告发定即立提到县从重究办决不宽贷各宜凛遵毋违特示　光绪二十一年十一月初六日给

《申报》1896年1月5日第3版第8160期

宪示照登

江海关道黄幼农观察俯念时艰洋元跌落太甚大与市面攸关因特出示谕禁大旨谓沪上为各国通商荟萃之区货物往来总汇之地市面贸易皆赖洋元最广而洋价之上落随制钱之多寡以资转移向来作价公平乃迩来银钱一元仅兑制钱九百五十文为从来所未有总因奸匪私铸销毁或有囤积居奇所致以故洋价日渐跌落贫苦小民隐受其累此等奸匪不顾损人只图利己实堪痛恨若不设法禁止何以整市面而便民生除函致税务司暂停运钱出口执照并谕上海县札谕钱业董事议定洋元公平估价此后不准肆意再行短小外为此示仰商民人等知悉尔等须知钱为国宝私贩销毁例禁极严自示以后勿得再蹈故辙身犯刑章再有囤积居奇贩运出口者一经察出轻即扣留入官重即照例严办至湖北省新造银元前奉南洋大臣张奏奉谕旨准行税厘并收颁发告示分贴晓谕在案查鄂局所铸银元银色分两与英洋无异既准持纳国课各庄铺自应一律通行以平市价不得借端阻用如敢任意低昂以及熔毁情事定即查拿究办决不宽贷勿谓言之不预也

《申报》1896年1月7日第3版第8162期

告示照登

四品衔调办上海英美租界会审事务屠抄奉钦命二品衔江南分巡苏松太兵备道黄为出示谕禁事照得上海为各国通商荟萃之处行用洋元最广而洋价之上落随制钱之多寡为转移近来钱价日短每洋一元仅易制钱九百五十文为从来所未有由于奸商贩运出口过多更难保无暗中销毁渔利之事似此钱少价昂穷苦小民隐受其累若不设法禁止何以整市面而便民生

除函致税务司暂停制钱出口运照并札饬上海县转谕钱业董事务将钱洋公平作价不准肆意再短外合亟出示晓谕为此示仰商民人等知悉尔等须知钱为国宝私贩私毁例禁极严即囤积居奇损人利己亦为法所必禁自示之后切勿复循故辙自蹈刑章倘敢仍将大宗制钱贩运出口一经发觉或查有囤积私毁情事轻则扣留重则按例严办决不宽宥至湖北银圆前奉南洋大臣张奏准税厘并收须发告示分贴晓谕在案查鄂局所铸银圆成色分两与英洋毫无参差既准持纳国课各店铺自应一律流通以平市价倘敢任意低昂或竟销毁一经访闻并提究惩不贷勿谓言之不预也均各凛遵毋违特示

《申报》1896年1月17日第3版第8172期

告示照登

钦加连同衔特授上海县正堂黄为出示晓谕事本年十月十五日奉苏州布政使邓札准直隶筹账总局咨案奉直隶督宪王札准户部咨明议覆奏直隶被灾请开办推广赈捐一折光绪廿一年六月二十日具奏本日奉旨依议钦此钦遵抄折咨直转行到局查此次奏准开办顺直推广赈捐衔封贡监等项应按筹例以三成实银核收其应试监生仍收十成实银至由道员报捐二品顶戴及由贡监报捐盐运使衔并由武监生武生报捐副将参将等衔均以五成实银上兑仍照旧章无论远近省分统由直隶刊刻正副实收盖用天津道印分寄各省广为劝办随时填按次将捐生履历造具清册同截下副实收存根并所收捐款及饭照等费银两一并解送津局汇案造册详咨核奖颁照咨烦广为筹劝源源解济等因到司准此合发实收并简明捐章札饬札县遵照前颁章程竭力广为劝募解济等因下县奉此合行出示劝谕为此示仰合邑绅商富户人等知悉尔等须知此次顺直等省被灾较重饥民待赈孔殷务当解囊相助以资解济为要何项职衔者即行照章备具银两开明三代履历连同饭照等费刻日一并赴县报捐以便先行填给实收仍俟事竣汇案详请颁换部照给执其各踊跃输将切勿迁移观望是为至要切切

《申报》1896年1月19日第3版第8174期

告示照登

特授九江府正堂随带加二级纪录十次尹为出示谕禁事照得民间完缴钱粮均须制钱交纳市廛日货贸易尤赖以资行用必使钱价持平方能商民互有裨益浔郡为通商码头水陆要道平日之价值固无一定而从未有钱昂银贱至此时之甚者推原其故各省之私毁私铸日多圆法益见其坏则制钱之匮缺更甚巨商大贾则虑藏以遂龙断之谋挹彼注兹则贩运以求蝇头之利于是各埠俱已示禁不准运钱出境来源既梗去路未防以致缺钱日甚钱价日昂实与国计民生

两有关碍若不严行禁止殊无以慰商情而惬民志除谕饬各钱业议平市价设法运钱来郡俾通周转并移行局卡暨札饬该县严密访缉如有私运出境以及私毁私铸之人立即拿获究办仍由县一体示禁外合亟出示晓谕为此示仰合郡商民人等知悉自示之后尔等不准仍前贩运制钱出境即有要用须带钱出外者至多不得过五十串如逾此数一经拿获即以私贩论定将其钱充公仍从重惩办决不宽贷各宜凛遵毋违特示

钦加同知衔赏戴花翎署德化县正堂加十级纪录十次庆为出示严行禁止事照得官板制钱乃为国家至宝务须街市流通岂容藏匿贩运今闻化邑市镇钱钞日缺兼有搀和沙壳行使推原其故皆由外来不法奸商贪图渔利任意贩运以致市面萧索钱价日涨私钱因此混杂实为闾阎之害若不即行示禁曷足以儆效尤而安地方除饬差严密查拿外合行出示严禁为此示仰合邑钱业以及诸色铺户商贾人等知悉尔等须知钱钞为街市行用之物奸商贩运律禁森严岂能稍有过犯自示之后遇有客商来浔贩钱一概不准兑给务使奸徒无利可图街市钱钞日形畅旺间阎得以又安倘有不法铺户仍敢贪图微利擅自兑易贩运出境一经查实或被告发定即拘案从严究办本县令出法随尔等勿稍尝试各宜凛遵毋违特示

《申报》1896 年 1 月 20 日第 3 版第 8175 期

告示照登

钦加同知衔赏戴花翎特授龙泉县正堂加十级纪录十次任为出示晓谕事照得近年哥老会匪勾结为患虽到处蔓延乘机思逞然一经官兵剿捕无不披靡就戮在该匪等孽由自作死不足惜而愚民听信伪言买受票布初本图保身家卒亦难全首领殊堪悯恻本县莅任此邦曾奉各宪密交名单谆谕严拿上年滋事匪党除随时严密查拿并将黄三祥一犯悬立重赏购线搜捕务期弋获禀办外合行出示晓谕为此示仰合邑诸色人等知悉尔等须知会匪滋事之案数年之中江西一省不下十起并无受会匪庇护之家只有凭票布定罪之犯盖会匪皆乌合之众一遇兵役剿办立即鼠鼠奔散匪首不能自保安能保及党与迫至擒获到案供出姓名或被起出票簿即按名缉捕尔时黑白难分百口莫辩就使幸而脱逃永为天下罪人而家亦从此破覆试问买票保身究竟有何效验自示之后尔等务各恪遵禁令安分守业慎勿听信伪言买受票记自害身家如从前被愚买受票记即自赴县首缴准予立案宽其既往若以后本县拿获匪犯供出姓名固不追究即别县获匪供指移缉本县亦当查案移覆免究如畏来县拖累即将票记缴由族长保甲局绅汇齐呈缴亦准立案宽免倘敢执迷不悟即属甘心从逆一经查出或被控指定即跟迹严拿务获惩办其各凛遵毋贻后悔切切特示

《申报》1896 年 1 月 25 日第 3 版第 8180 期

县示照登

蒲肇河为娄青上三邑管辖前议兴修水利由上青二县尊会勘妥洽刻已兴工屡列报章兹上海县发出告示一道遍贴通衢示云钦加运同衔特用府江苏松江府上海县王堂黄为出示晓谕事照得蒲汇塘肇家浜两大干河关系娄青上三邑农商水利上承太湖泖淀诸水实为苏松各郡宣泄要区因潮沙易积淤塞日甚现奉府宪札饬定于今冬筹款举办业经督同各绅董公同妥议均愿循照上届光绪六年成案按亩捐雇夫开浚业将援案办理情形并堵坝日期先后禀报各大宪在案查前项开河工费上届按亩捐钱六十六文系按通邑额田内扣除李新二泾十五图又除去详定顶浚三林塘杨淄溇二河二十四保内三区三等二十五保个图分外此次因念农力维艰是以会商各绅董照上届酌减六文每亩捐钱六十文即于本年冬漕内随正带捐以示体恤除详报上宪查考并谕户册各书遵办外合及出示晓谕为此示仰合邑耆农花户人等一体知悉尔等各将应捐蒲肇工费每亩六十文随同正漕一并完纳以便归还借领库款其二十六三十等保无漕图分仍由明年上忙内带收各宜遵照毋违切切特示　光绪二十一年十二月发里虹口实贴

《申报》1896 年 1 月 26 日第 3 版第 8181 期

告示照登

四川总督部堂鹿为晓谕事照得资州绅士周维纶等前次在京呈请开办四川矿务当经户部奏奉谕旨饬令本部堂查明周维纶等是否可靠如众论不洽即行设法招商奏明办理等因咨行到川查矿产为自然之利果能开采于国计商情均有裨益本部堂必当力任至所推许熟习矿务之人本部堂曾在陕西任内历试竟无一验当经复奏据实陈明并派员前赴宁雅宁各属踏勘矿苗果有可开先行由官筹款试办如获利益再行妥筹招商以期有益于公无损于商乃现在周维纶等竟刊刻申报声称集股百万意图招揽渔利诚恐不知原委易受其欺合行晓谕为此示仰绅民人等知悉川省矿务应候本部堂遵照部议派员试办采验矿苗果旺再由本部堂酌定章程招商办理此时并无委绅集股等事本部堂为力求稳慎恐累吾民起见用特明白示谕毋违特示

《申报》1896 年 1 月 27 日第 3 版第 8182 期

再禁贩钱

江西采访友人云钱价日涨一日银价日贱一日究不知何所底止署藩司翁小山方伯戚焉忧之复大张告示再行严禁其文曰照得前因省城钱价日昂民生日困当经谕饬示禁贩运

制钱出境迄今日久钱价仍复腾贵现当丁漕畅旺之时各州县运钱来省买银上库口集日多省中钱价何致日贵一日访闻有外省奸商潜来买钱勾通本地市侩由河下将钱过拨串同船户肆意夹带毫无顾忌殊堪痛恨合亟严申禁令除通饬省河及吴城上卡并姑塘湖口二套口各卡员督役认真查察如有私运钱文出境数在五十千以上者悉数起获充公禀候酌赏司巡以励勤劳如军民水手人等有能查出赴卡报信者起获时以三成充赏七成充公仍究明是否客商自贩抑系船户代为私运解省从重加等治罪以为违例私贩不遵禁令者戒其客商船户携带川资数在五十千以下者该司巡不得借端诬指扰累行旅并饬南新两县传谕钱业首事整顿市规平定钱价查拿积蓄居奇贪利售卖及私毁私铸之人严行究办外为此示仰钱业行商军民人等一体恪遵嗣后倘有违犯立即拿办本署司令出法随决不宽贷慎勿轻于尝试凛之特示

开河县示

本邑开浚蒲肇两河屡纪报牍兹悉黄大令与同仁辅元堂董事曹君寄耘议定俟该河工毕后尚有支河两道一为李泾河一为北新泾河亦宜一律开通以便水利昨日发出六言告示一道具文曰该处李泾河照章堵坝开挑　出土必须十丈　不准贪近弃倒　沿河竹树茭铺　以及草根芦茅　凡于有碍施工　概先伐除宜早　一俟丈估分段　应各派夫早到　黎明一律上工　宽深不能缺少　倘敢草率偷减　夫保枷责不饶　河底通开水线　可验河身平凹　运土抛弃沿岸　仍富押令搬好　凡尔地保夫头　传谕一体遵照　其北新泾河道　亦有六言告示其文与上相同故不赘录

告示照登

特授九江府正堂随带加二级纪录十次尹为遵札出示晓谕事案奉学宪札开照得控案例应遵用状式及代书戳记乃江西赴学院控告呈词不惟不遵用状式且匿名揭帖层见迭出现届按试该府合行札饬为此札仰该府于本院将次按临时出示晓谕凡有关学校者须赴府代书遵用状式盖用代书戳记其不关学校者不准妄渎即责成该代书预备状呈号簿一本注明具控事由其红呈除禀报节孝及年例改名准用外该代书亦逐一登号凡请寿匾及不用状式之红白呈词概不准挂号于放告时由内巡捕官按照号簿核对明白禀请本院升堂呈报如代书刁难需索及将不用状式呈词妄收者查出定行提革毋违此札等因奉此除饬府代书遵办外合行出示晓

500　　　　　　　　　　　　　　　　　　　《申报》告示史料汇编

谕为此示仰合郡生童军民人等知悉尔等于学宪按临时除系举报节孝准用红呈外其控关学校案件必须先赴府代书遵用状式盖用代书戳记俟登号送簿后听候学宪升堂放告呈报若不关学校者不准妄渎该代书亦不准留难需索并干重究各宜凛遵毋违特示

《申报》1896 年 4 月 17 日第 2 版第 8259 期

示谕撤勇

扬州采访友人云刻下军务弭平各处防营大都皆汰弱留强纷纷遣撤其间安分回籍者固不乏人然多不免半途逗留游荡滋事两江总督刘岘帅回任后深以此事为念因于上月杪颁发告示来扬札饬地方官悬挂通衢俾若辈触目警心知所畏惧其示文云两江总督部堂刘为晓谕事照得游勇滋事军法不容本部堂回任以来访闻张前署部堂遣散各营其间安分回里归农者固有而逗留各处游荡滋事者亦复不少本应饬拿严惩惟不教而诛良有不忍为此示仰各游勇一体赶即回里毋再逗留游荡自示之后倘敢不遵一经犯法定即饬提从重严惩其各凛遵毋贻后悔特示

《申报》1896 年 4 月 21 日第 3 版第 8263 期

告示照登

江苏松江府海防分府叶上海县正堂黄为出示晓谕事奉苏松太道宪黄札开光绪二十一年十二月二十八日准湖南振捐总局咨开案照湖南本年雨泽稀少长沙衡州宝农各府属秋收歉薄穷民难于得食不免荡析离居业经前抚宪吴奏请截留漕折银三万两复蒙前抚宪吴抚宪陈先后奏请发照顺直章程开办赈捐现奉户部议准核覆在案应即设法劝办惟湘省本非富饶之区加以灾区既广民力益艰不得不求助他邦以集厚资而济赈抚咨请垂念湘省数百万生灵晒晒望赈饬属广为劝办一俟捐有成数随时咨解来浙以便核收汇奖等因到道除将实收分致劝募外合将实收捐章札发查收设局劝募一俟捐有成数随时解道核转等因到厅县奉此除遵饬在海防厅署东侧土地祠内设局会同劝办外合行出示晓谕为此示仰合邑绅商士庶人等一体知悉凡有志显扬情殷报效者开具三代履历报捐职衔封典贡监及推广升衔顶戴等项备齐捐银赴局按照顺直赈捐章程上兑以便随时核明例银填给实收一面汇案详请奏咨给奖毋稍观望切切特示

《申报》1896 年 5 月 6 日第 3 版第 8278 期

总巡局示

保甲总巡钟明府昨日发出简明告示遍贴通衢示曰裘衣尿布横街拦路来往行人深恨痛

恶严行禁止家家户户倘敢故违重责不顾又曰上海地方本属要冲流氓地棍往往行凶图讹拐
骗心毒计工抽头聚赌贻害无穷拆梢打降遇事生风稍不遂意刀械相从调戏妇女拦路西东攫
取簪珥生事凭空抢孀逼嫁法更难容种种败类罪恶相同严拿密访根究行踪刑惩枷责执法秉
公从今改过无害尔躬谆谆告诫颁示一通

《申报》1896 年 5 月 13 日第 3 版第 8285 期

保甲会示

署江西臬司裕竹邨廉访会同督办城内外保甲涂观察专管城内保甲张观察专管城外保
甲黄观察帮办保甲卢观察大张告示曰为严切晓谕事照得江省人烟稠密良莠不齐现当各省
撤散营勇之际尤易混杂滋事亟应严密稽查以清奸慝而靖闾阎合行严切晓谕为此示仰省城
内外客栈饭店人等一体知悉如有外来游勇以及来历不明形迹可疑之人一概不准留歇其余
客商亦须询明来历清白方准留宿倘敢故违一经察出定将该店主从重责惩决不姑宽其各凛
遵毋违特示

《申报》1896 年 5 月 18 日第 1 版第 8290 期

宪示照登

本县黄大令昨日发贴苏臬司吴廉访颁发通饬告示一道照录于左钦命二品顶戴江南江
苏等处提刑按察使司总理驿务吴为出示晓谕事照得山东安徽以及徐淮海一带时有游民假
以逃荒为由越境滋扰甚至邪教会匪混迹其间或勒索米钱或肆行劫掠或恃众争斗酿命或以
邪术暗算财物种种不法殊堪痛恨业经陈前升司通饬查拿示禁在案现在此等匪徒犹未敛迹
乡曲小民仍遭其害若不覆加惩治必致养痈为患除分饬地方官严拿究办外合亟出示晓谕为
此示仰军民人等知悉嗣后如有匪徒纠约强壮男丁数十人以上入室攫抢百人以上恃众勒索
任意骚扰以及邪术暗算财物许村众地保人等协拿送究从严惩办如敢恃众拒捕确有实据准
予格杀弗论其有实在灾区难民前来求食并不强索滋事所在乡保即行报官截留资遣回籍以
静闾阎而安善良其各凛遵毋违特示

《申报》1896 年 5 月 18 日第 3 版第 8290 期

府示照登

上海县黄大令接奉松江府陈太守颁发告示一道发贴通衢其文曰署理松江府正堂加五

级纪录十二次陈为出示晓谕事照得财赋首重农田而农田必资水利松郡地势沿海河道潮汐往来年久易至淤塞是在地方官及时疏治以期年谷顺成松属所辖河道是否一律深通有无日渐淤塞未经挑治之处除通饬各厅县刻日查明详晰议妥具报察核外合行出示晓谕为此示仰各属乡图绅董知悉尔等须知兴办水利为地方第一要政自示以后迅即查明何处干河应开何处支河应挑约估需费若干妥议章程禀由该管地方官履勘丈明速行报府由本府酌核详办如有刁绅劣监从中阻挠以及借工私肥等弊一经访闻或被告发定即从严惩办不贷其各凛遵毋违特示

《申报》1896 年 5 月 19 日第 3 版第 8291 期

告示照登

督办湖口厘局补用府正堂加十级纪录十次联特授江西九江府正堂加二级纪录十次尹钦加同知衔赏戴花翎调署德化县正任星子县正堂加十级纪录十次庆为会衔出示晓谕事案奉总理江西牙厘局布政使司翁札开照得江省去岁夏秋雨泽稀少农田歉收谷价腾贵贫民生计维艰亟须筹款采买谷米减价平粜以济民食当经遴委员绅于省城内外抽收各行铺门厘惟据称按月抽收旷日持久转虑缓不济急乃改为总捐一次按照一年房租抽捐二成房东房客各半均由房客先行垫缴但该灾较广省会劝捐之款只足接济本地贫民此外被灾之区值此青黄不接未免困苦流离各府市镇应一体筹捐平粜仿照省城成例一律抽收总捐房租一次俾穷黎不致失所除通行外饬即会督地方绅商在于九江城内外各帮行栈铺户按照省会劝捐成例各照一年房租抽收二成房东房客各半作为总捐一次先由房客一并垫缴所收银钱由局另填收票盖用关防口给各户收执限一个月内捐缴齐全造册报解以为采买谷米之用事关平粜要公慎勿稍事耽延切速切速此札等因奉此本储县复查此次奉文饬收房租总捐以办平粜系奉牙厘总局宪专札饬令会同办理迥非寻常饬捐公事可比凡属商民自当仰体宪意各按一年房租捐缴二成房东房客各半先由房客遵限清缴以凭造册批解俾襄善举除委员设局暨督饬绅商查办外合亟会衔出示晓谕为此示仰合郡行栈铺户商民以及管业人等一体遵照毋违特示光绪二十二年四月十一日

《申报》1896 年 5 月 30 日第 3 版第 8302 期

府示照登

上海县抄奉署理江苏松江府正堂加五级纪录十二次陈为愿通民情博探舆论事照得本署府久供京职初任地方吏治未谙情形非熟倘见开之恒隔恐施措之难宜查松郡湖海要街江

浙接壤俗素俭约士盘秀文齦风会于近今已迫殊乎畴昔人情浮动习尚侈奢各属既民教纷纭濒海更中西狎处凡兹时事皆伏隐虞补救维持道宜备豫本署府爱民若子嫉恶如仇幕友亲朋均不寄以耳目家人吏役从未假似事权治求因地制宜事当集思广益各邑公止绅工耆老士庶既为生长之区必多确整之见河道有无淤塞学校有无颓圮匪有无潜藏狱讼有无冤滥有何善政当亟行有何恶俗应速禁各有知灼见希速据实条陈勿侈高远浮谈勿挟爱憎私见着为论说悉许封口递陈倦于文词亦希面来告语本署府为口郡求治起见将以虚心探取实力举行毋闭尔音勿孤我望特示

《申报》1896 年 5 月 31 日第 2 版第 8303 期

宪示照登

钦命二品顶戴安徽等处提刑按察使司按察使赵为治盗新章极严特行明白晓谕事照得明火持杖抢劫财物的口做强盗罪应处斩又有本是行窃被事主喊追临时行强的又有伙抢妇女的拦路抢夺的都与强盗一样也是斩罪这样重罪人就皆不敢犯为什么犯的还是不少总因做强盗的另有一种心思以为犯了法未必就被拿着即便被官拿了去他会熬刑不认就是认了解府解道他会翻哄往返耽延他却偷活了许久等到绑他去杀事隔多时看的人都不知道是犯了什么法所以坏人都不知道怕惧如今经抚台奏明请旨改定新章州县及办理营务处遇着盗案准其调兵追拿不破案不放手拿着强盗问明白了不要解上省来就在本地正法此后也不能翻哄也没有耽搁只要拿着不过几天就要杀的这却比从前利害多了本司想人情总是贪生哪有不怕杀的强盗因恐他们不知道祈章的利害仍前做案子白送性命为此特将新改的章程明白晓谕总要不知怕惧的人晓得利害及早回头总要不做强盗及抢窃的事方能保全生命你们有识字的常将本司的告示大家传说务要周知倘或做强盗不知改悔如今拿的又紧杀的又快一定是不能多活的了到了那时莫说长没有劝人的苦心只有杀人的辣手切切凛遵特示 光绪二十二年四月二十六日示

《申报》1896 年 6 年 22 日第 9 版第 8325 期

告示照登

苏臬宪吴札发保护教堂告示到县黄大令饬差发贴城关各要道一面仍着随时妥为照料不准一切人等借端滋扰兹将告示照录于下钦命二品顶戴江南江苏等处提刑按察使司按察使总理驿传事务吴为剀切晓谕事照得泰西教士在中国设堂传教历年已久各省所在多有叠奉谕旨饬令地方官实力保护仰见朝廷宵旰忧劳深望民教各民猜嫌中外益敦辑睦经督抚宪

先后钦遵刊示张贴众目昭彰宜如何敬谨遵守无如闹教之风根沿不已即就苏省而论十七年间丹阳江阴金匮如皋等县连出重案本年四月又有江阴民人桓启佑等盗取孩尸移埋教士竹园致酿闹原欲破匪人之伎俩警我民之聋聩知流言之不足凭信与刑章在不可轻犯日久相安岂不甚善乃近来省城内外复有不法之徒造言惑众闻之实堪痛恨尔等须知天主耶稣等教外洋各国通行不过劝人为善与中华释道二教大致相同其跋涉数万里靡费资财招人入教无非希图推广之意从教与否听人自便并不相强假使果有种种雅说岂能尽掩天下人之耳目而谓能流传如此之久且远乎从前洋人罕入内地民间少见多怪犹可言也今既通商开埠风气一新虽极乡僻之区时有洋人游历尔等亦既见惯岂可任听儿童围随嘲谑转使匪徒乘机播弄捏造不根之谈多方煽惑试思各省闹教之案何一不从谣言而起尤其谣言何一不是虚诬迫激成衅端彼造言生事者早已远扬而上着之民不难按图以索谁非父母遗体乃因误信谣言横罗法网兴念及此能无恻然本司上体国家柔远之意下与我民休戚相关既有风闻不辞苦口除饬县密拿匪徒究治外合亟出示晓谕为此仰诸色人等一体知悉嗣后务须父诫其子兄诫其弟各安本分毋听谣传尤不得随声附和以身尝试倘仍有莠民势还不悟致滋事端惟有执法严惩决不宽贷凛之勉之切切特示

《申报》1896 年 8 月 25 日第 2 版第 8389 期

示禁小钱

昨日上海县县丞刘耀庭二尹发出严禁小钱告示一道略谓奉县正堂札开迭奉上宪札饬严禁市面各店铺搀和小钱挪用硬搭一经察出立提究惩在案迩来日久玩生查各店铺仍旧掺和私钱挪用实系有违宪禁且与生意有碍自此次示禁之后尔等各店铺如有用下砂壳私钱随时剔出汇齐亲赍缴县秤收给价当将此项私钱解局销毁市面贸易均须行用制钱如敢仍蹈前辙查出定提解县严究不贷

《申报》1898 年 8 月 28 日第 3 版第 8392 期

税司告示

各省举办邮政局系由各海关税司主政浙省经李税司出示晓谕各信局领取凭照用将原示照录于后钦加四品衔杭州海关署税务司李为晓谕事照得邮政官局已奉总署奏准所有章程载明凡寄送内地书信即用已设之民局代递或民局将信件交邮政局转寄或邮政局交民局转寄其内地寄费由民局自定自取与邮政局无涉凡民局开在设有邮政局处所者应赴关挂号领取执据为凭概免另纳挂号规费等因为此谕令各信局人等知悉凡尔民局均可于八月十五

日以前赴关挂号领凭惟挂号时须将局设何处开自何年店东姓名籍贯何处设有分局何处有
何字号代办递寄何处寄费若干需时几何详细报明以便代寄所有挂号之事无非为慎重邮政
起见并无他意并不收取丝毫规费尔等信局当遵照办理可也切切特谕

《申报》1896 年 9 月 6 日第 1 版第 8401 期

告示照登

　　钦加盐运使衔在任候选道江苏松江府上海县正堂黄总办严家桥厘局田陈为会衔出
示谕禁事照得浦东各乡所产棉花皆系运赴上海销售向俱遵章按货报捐上年十月间奉宪
饬棉花改办产地统捐商贩运花每有绕漏访闻距严家桥正卡三四里之朱家湾蚬子滩地方
竟有不法匪徒胆敢纠聚多人在该处包揽见有经过赴沪棉花船只勾串中途起岸挑赴董家
渡南码头过渡漏捐并查距周浦塘分卡四五里之曹家浜及中西河各地方有等不肖航船勾
通客贩暗中偷驳绕运当经严拿示禁在案兹届本年新花上市商贩畅运之时若不重申禁令
诚恐日久玩生该匪徒等复萌故智仍有包揽挑运偷驳情事除严密查拿外合亟出示谕禁为
此示仰乡民商贩船户人等一体知悉嗣复凡有贩运棉花船只经过朱家湾蚬子滩地方不准
中途起岸挑运该董家渡南码头各渡船遇有肩挑棉花如实系乡民零售准其过渡若肩挑成
群担数较多即系绕漏不准装载其曹家渡中西河地方各航船务须各安本分毋得为客商装
运偷驳如敢故违一经查获定将该挑夫人等一并严惩所获棉花照章从重罚办决不姑宽其
各凛遵毋违特示

《申报》1896 年 9 月 15 日第 3 版第 8410 期

告示照登

　　江苏松江府上海县儒学正堂宣为示谕周知事本年八月十四日奉署府宪陈札开照得郡
城新创融斋书院当经本府禀奉抚宪命题开课甄别评定甲乙录取榜示按名加奖并将课卷固
封饬发等因奉经转发监院华亭学何教谕按名散给以资奖励在案并奉苏抚部院赵批开据禀
已悉世教衰微为善多阻全赖学道者勉力维持一命之微有济匹夫之贱与责故融斋先生讲学
特拈出葩经风雨如晦鸡鸣不已二句为处逆境者即圣人与易之心也至吾人用功以把持念头
为第一义朱子谓通书说个几字尽有警发人处近则公私邪正远则废兴存亡能于此处勘破斡
转甚易尧舜危微精一中庸戒惧慎独胥是道也持此为学则源头清矣鲁论二十篇始以有朋终
以知人无非为育才起见人才者国家之种子也及时下种必有发生之日为天地立心为生民立
命成德达材所谓锡类也士子草茅伏处正易所谓潜龙必有确乎不拔之操将来庶望有成即现

在盗贼饵人外族制人亦无非利之一字蛊人心术故弃金重炊二事虽古人小节而贱货轻利之风已足廉顽立懦若处士不讲气节不励廉隅则视诵读为牟利之具借仕宦入罔利之途学愈博害愈大矣此本部院命题之意也统阅课卷能见到发挥者甚多该郡人文蔚盛固属可嘉而正学流传尤为难得当此邪说争鸣流俗波靡但望一二有心世道者砥节励行诱人于善乡里薰德必多兴起士气立则生民有望浇风化则劫运可消安见融斋书院之设不与胡安定教授二斋并传乎该守不存五日京兆之见振民育德已得先务尤必刻刻廉勤自治夙夜兢惕密微基治则以身作教人之感孚更深凡粲然观听彪然简牍者皆其浅焉者也本部院德薄能鲜心伤末俗叹狂澜之既倒冀颓厦之共支贤太守其亦有意乎所送试卷已评定甲乙列榜封发仰即查收晓谕缴等因到府合行通饬札到该学即便遵照传谕诸生知悉务各潜心实学辨别义理之界以励正学而副宪怀毋违等因到学奉此除传谕应课诸生知悉外合行出示晓谕俾得周知为此示仰诸生一体知悉其各孜孜修学味道研几庶聆嘉声而响和振微言之未绝是所厚望特示　光绪二十二年八月十五日示

《申报》1896 年 9 月 25 日第 3 版第 8420 期

行钞告示

　　重庆采访友人云重庆府王太守巴县国大令抄奉督宪札发告示内开为示谕事照得川省近年制钱缺乏私铸充斥以致圆法大坏民生日困当经通饬严禁私钱嗣因体察民间仍有钱荒之害是以兴设官钱局创行官票先于省城试办然后推行内属远及通省现察所行官票省城业已畅销成属州县亦俱办有端倪访诸舆论悉俱称便亟应通行各属以均利益而广销路惟当此创办之初诚恐行使官票之利未能家喻户晓不免心怀疑虑除檄藩司盐道及官运总局分饬照办外合行摘录章程出示晓谕俾众周知为此示仰合省诸色人等知悉尔等详玩后开章程即知举办官票全为便民起见抑且有利无害行之日久将见用钱不如用票则钱价不期平而自平矣其各一体遵行切勿怀疑观望是为至要勿违特示

　　节录推广钱票章程如左

　　一官票省城营销无多亟应推行外属以广销路今拟饬令成属州县盐商承领官票若干张代为行使果能营销随时请领按月禀报

　　一各属之平大小不一价值各异今拟每票一张作九七平纹银八钱银钱互易皆以八钱为准

　　一官票必须代筹销路今拟饬令各州县征收地丁津帖捐输搭收官票一成

　　一当商通民缓急遇有以票赎当者均须一律收用其典当衣物有愿用票者亦即量给

　　一各行赴省买卖每多携带银两今拟劝令一体用票带票进省赴官钱局或代销钱店随时取换银钱与带银无异

一盐店代销之票任便民间掉换均须以银换票按照九七平合算不得以钱易票以免清数之烦

一省外盐店每日售钱无多诚恐当冲之处大差过境周转不开无钱应付应由该盐店禀请就近地方官设法通融若猝不及办应赴前途取用不得抑勒该盐店亦不得借此推诿

一内属官票现用成都府印如推行外属拟请改用司印以符体制

《申报》1896 年 10 月 4 日第 2 版第 8429 期

宪示照录

上海县黄爱棠大令接奉藩宪札文饬发裁汰陆汛水兵截止饷项通饬晓谕告示数十道因即饬差分贴通衢示文照录如左头品顶戴江南苏州等处承宣布政使司邓为通行晓谕事照得苏省经制水陵各营奉议裁汰陆防分拨零星汛兵及留配轮船兵丁并里河水师桨兵均一律以四月杪截止饷项嗣两江总督部堂刘札以此项所裁水陆兵下饷项以四月底截止无资回里应准展至六月底截饷即以此两月饷银作为川资回籍以示体恤其余各营应裁之兵现在多有请给恩饷及归农银两者应即查照此案办理一律加展两月以六月底为截止饷项日期札司遵照等因当查苏省定章年额支发各兵饷米水师各营与陆防之抚标左右练营提标松五营每年全支镇江营九成给费均十二个月其余各陆营每年支放十个月凡遇夏秋季各给两月今裁兵饷项一律以六月底为截止日期其全年支领者仍发夏季三个月饷米数无出入惟向支十个月者以六月底为截止则照章夏季该支两个月若加展两月连同四月分则夏季共须三个月较向章增出一个月是否补足概发夏季三个月全饷米即经由司具详请示兹奉两江总督部堂刘排单批开据详已悉此次裁减各营兵将裁饷日期加展两月以六月底截止作为恩饷原为体恤各该兵丁起见所有苏属向来夏季只支给两月饷项各营应裁兵丁自应补足一月饷米一律以六月底为截止日期以昭公允其余留营兵丁仍照向章办理惟此等裁除兵丁以六月底截止饷项应由司示谕各处俾众周知以免有欺蚀之弊仰即遵照办理并即移会江藩司道照仍报明抚部院并候批示缴又奉苏抚部院赵批开据详已悉仰候督部堂核示遵行录缴等因各到司奉此除排单呈缴并咨呈提督军门转饬各营遵办暨移宁知照外合亟遵批通行晓谕为此示仰苏省水陆各营兵丁一体知悉尔等须知此次奉裁各兵丁应领饷米本定四月底住支现经由司详奉督部堂批准一律展至六月底截止饷项无论水师陆防概将夏季发给三个月全饷米折即以此两月饷项作为川资系属格外体恤所有此项饷米均由各本营官赴司领回按名如数给发尔等务即妥速回籍各安农业循守本分毋得逗留在外游荡生事致干究办不贷至其余留营兵丁支饷仍照向章办理其各遵照毋违切切特示

《申报》1896 年 10 月 6 日第 3 版第 8431 期

开河出示

开浚浦东三林塘杨淄溇河工局总董秦月汀封翁会同周孝廉景溪汤上舍颖斋等于昨日缮具公函备柬恭请上海县黄大令订期莅勘以便筑坝开工大令乃订于本月二十二日晨渡浦勘验当即函覆封翁一面立出六言告示着于昨日先赴河干遍贴今将示言照录于左三林杨淄两河业已定期开挑两岸树笆竹根以及蒲苇芦茅应各芟伐尽净俾便运土登高岸滩停厝棺柩地保代移埋好市河跨搭水阁驳占有碍水道亟宜一律拆除不准容情取巧

《申报》1896 年 10 月 27 日第 3 版第 8453 期

告示照登

钦加总镇衔江南提右营参府廖为出示晓谕事照得缉盗安良系为地方首务查奸诘宄全赖稽察巡防本营所辖境内为五方丛杂之区宵小易于混迹现届冬令尤应严密巡防庶奸宄无从托足以安闾阎除本参府随时亲历稽查并行水陆汛弁一体认真巡防外合行出示晓谕为此示仰门丁及诸色人等一体知悉自示之后务须实力稽查如有形迹可疑之人任意混入立拿究办夜间落锁之后如无对牌一概不准开放尔居民等在外营生亦须及早进城切勿迟延自误其各凛遵毋违特示

《申报》1896 年 11 月 8 日第 3 版第 8464 期

日官告示

前日日本友人来信云台湾各处土民时或乘机举事以致日人寝不安枕几于风鹤皆惊日前台北县知事橘口氏出有告示云为剀切教谕事照得本县所辖之干溪以上逼近番界一带地方常有土匪啸聚每乘官军回防之后出掳平民杀戮抢劫骚扰地方本应严行一律剿办以警凶顽姑念该匪因一时蒙昧或为匪首所逼胁从煽诱以致陷于不义揆厥情由尚属可原兹本国兵刑所加止在匪首其余误入匪党或属胁从之辈若能知悔归顺着从敛直以广皇仁更或有能捕拿匪首立功来降者不特宥其前愆并且另有重赏为此示仰该党类知悉尔等须知潜伏山林终非长策务期于一个月内洗心革面相率投诚则各安其旧业乐其室家毋负政府逾格生成之至意如再冥顽不悟一经逾限定派大兵一律剿灭彼时悔之无及各宜凛遵切切特示

《申报》1896 年 11 月 22 日第 1 版第 8478 期

告示照登

办理上海筹饷货捐总局为出示晓谕事奉松沪厘捐总局札奉南洋大臣刘札据镇江关吕道禀称切照土货报单奉准华商请领一案业经职道详送章程单照式奉宪台批饬照办并饬斟酌包面加盖戳记兹与税务司酌定由关办棕戳方圆各一四边系华文镇江海关四字中间嵌一洋文活字码逐月更换作为暗记上月用方戳下月用圆戳间月换用凡有华洋商运来之报单土货逐件验毕即于包口骑缝处盖戳听商起栈迨该商报运出口时查对戳记便知该货何月运到验明方准出口至该货到镇后限内如有受潮等必须风晒扦手事又纷繁实难逐件眼同启包惟有俟风晒后由关再于包面加戳已于八月二十五日开办并检单照式详呈漕督抚宪行各司关道局及各府州县惟开办以来仅据源茂等行请单四十余张据禀从前洋货入内地亦准华商照洋商一律请单分运各华商均恐中途被人借端留难是以迄今无华商出名请单其实内地之洋货均系华商出费托洋商出名请单由华商自运以期遇事洋商出头保护今土货出内地又准华商照洋商一律请单并蒙察悉情弊严饬沿途各关局不准留难商情均深感戴惟开办之初仍多疑惧是以先请数十单到各关局尝试果能照洋商立即验放自必华商日有起色倘有借端留难则尝试者先亏血本势必仍托洋商请单在各关局自必恤商所可虑者系巡役扦手等人谆请仰乞宪恩垂念商艰再赐移行各关局先行出示严禁巡役等人借端留难悬挂关局门前照货相符立即验放如果货多于照即系船户夹带应将所多之货提出充公不得扣留照内之货查有留难等情或经商人指控立即从严惩办俾巡役等各知畏法华商有恃无恐不致多向洋商买单自失利权等语职道伏查所禀系为思患预防起见华商之能否挽回利权在此举与其出事后再办巡役商本已亏似不若先由各关局出示严禁各挂门前预消隐患是否有当禀候核示移行遵办实为公便等情到本大臣据此除批查单办土货该道与税司酌定之包面加盖戳记办法尚属妥协至总署特准华商一律请单办货原系力杜洋商包揽之弊沿途关局若遇华商单货借端留难何异为丛殴爵与定章之意岂非大相刺谬自应通行严禁如敢故违惟商指控予以严惩不贷关卡积弊之深必须法立而后知畏非仅榜示所能禁也仰候咨请漕部堂经关部及行宁苏沪三厘局徐洲道一律通饬严切谕禁以恤商艰而杜流弊缴印发并分咨漕督部堂经关部查照道饬严禁外札局严饬各局卡一律禁止倘再故违定即撤究毋违等因到局奉此札局一体遵照严切谕禁毋稍误切切等因到局奉此合亟出示晓谕为此示仰各商人等一律知悉凡遇华商所请土货报单运货过卡如果单货相符立即放行如货多于单即系船户夹带应将所多之货提出倘有巡役扦手借端留难许即指控立即严惩不贷切切特示

《申报》1896 年 11 月 24 日第 3 版第 8480 期

告示照登

松江府上海县正堂黄江苏布政司理问厅傅为示禁事照得民间所用时宪书向例由厅遵办钤盖钦天监印信发售便民历经循办在案兹查光绪二十三年分时宪书业已造就循例在省城元妙观内设局发售因念边城书铺较多距省稍远故设分局就近办理外合行出示谕知为此示仰城厢内外及乡镇各书坊纸铺知悉尔等应售新书均赴城隍庙内时宪书分局批发市卖倘有刊刻私板以及贩卖石印并外铺伪造各私书情事一经本县查获定行提案按律惩办决不姑宽毋违特示

《申报》1896 年 11 月 25 日第 3 版第 8481 期

告示照登

钦加盐运使衔在任候选道江苏松江府上海县正堂黄为出示晓谕事本年九月初七日奉署府宪陈札开光绪二十二年九月初五日奉监督江南海关分巡道黄札开查职员王燕安等禀购小轮行驶松江往来淞沪拟归新关稽查一案当经本道详奉南洋督宪刘批开查前准总署电杭沪华轮由南黄浦行走不在现订关章之内应照华商向章遇卡抽厘庶免牵混等因当以不在现订关章内之华轮即系不归关辖须归局管应照章遇卡抽厘以昭划一由电饬遵在案此次行驶松江小轮事同一律自应照电饬办理仰即饬令该商遵章照办并移商务局遵照缴等因到道奉此除谕饬该商遵办并分别移行外合就抄详札饬等因到府奉此合亟抄黏转饬札县遵照出示晓谕等因下县等奉此合行出示晓谕为此示仰商民船户人等一体遵照毋违特示

《申报》1896 年 11 月 26 日第 3 版第 8482 期

宪示照登

前日上海县黄爱棠大令接奉兼署江苏臬司陆春江廉访颁行告示即饬粘贴通衢其文曰钦命督理江苏苏松常镇太粮储道兼巡视漕河陆为剀切晓谕事照得赋由田出粮从租办业户应完漕米即在佃户应还租籽之中各佃丰衣足食皆从田出饮水思源何肯拖欠各业户食毛践土世受国恩岂敢故延致亏正赋查本年自夏徂秋旸雨应时迨届收获登场又复天时晴霁秋成丰稔米色必臻干洁前奉大部奏请将光绪廿二年分新漕竭力筹办足额等因自应按例开征力图足额尤应提前赶办俾免贻误业经饬属遵办在案凡尔绅民业户人等当思漕粮为天庾正供不能短缺迟误况盛世滋生早沐永不加赋之诏减赋案内又钦奉特恩永减赋额圣恩高厚耀古烁今尤应激发天良趁此新谷登场慎选干洁好米争先扫数完纳现值开仓伊迩正业佃完租办

赋之时合亟剀切出示晓谕为此示仰该处绅民业佃人等知悉凡佃户应完租籽赶紧清完不准拖欠业户应纳漕粮及早输纳切弗迟误如敢观望甚或借词展缓则国课攸关功令具在本道不能为尔等曲贷也其各凛遵毋违特示　光绪二十二年十月廿四日

《申报》1896年12月2日第3版第8488期

告示照录

前日本县黄爱棠大令发出四言告示一通云冬令风燥各宜谨慎柴房炉灶照料当心水缸多备挑满勿吝洋油性烈勿用最稳售油之铺收藏宜谨五箱为度不准多存凡尔居民卧即熄灯门户照察处处留神有备无患古训甚明铺户居民一体凛遵

《申报》1896年12月11日第3版第8497期

告示照登

钦加同知衔署理德化县正堂加十级纪录十次梁为出示严禁事案奉巡宪诚札开照得窝娼聚赌大为风俗人心之害是以例禁极严乃近闻城厢内外有等不法棍徒或窝顿娼妓或开场诱赌以致愚民被其煽惑小则废时失业大则荡产倾家久之遂流为匪类且宿娼争风往往酿成事端而赌输债逼尤易斗殴凶闹若不严行驱逐拿禁何以安闾阎而维风化饬即示禁等因到县奉此查聚赌窝娼大为风俗人心之患例禁极严岂容干犯奉札前因除会同保甲委员查明城内外娼妓赌场一并驱逐封闭并饬差随时查拿外合行出示严禁为此示仰城厢内外及客栈人等一体知悉尔等嗣后务须各谋正业痛改前非切勿误入迷途窝娼淫赌致罹法网自示之后倘敢仍蹈前辙则是甘入下流一经查获除提本人惩办外定将栈户房屋封闭入官从重治罪以示惩警本县言出法随决不稍为宽贷其各凛遵毋违特示

署理德化县事大挑补用县正堂加十级纪录十次梁为晓谕事光绪廿二年十月廿三日奉府宪尹札开照得考试为甄拔人才而设凡应考童生皆系读书士子畴不青眼相待在该童等平日受父师之训俱当砥砺躬修以图上进方为有志之士乃查浔属各邑士习不端每于考试时自恃人众往往借端生事滋闹行凶或因口角而聚众斗殴或借买物而肆行劫夺甚至娼寮妓馆逐队荡游衙署公堂任意喧闹似此不安本分实属有玷斯文迭经各前府暨本府于开考时出示晓谕谆谆告诫并预为札饬各学传知各廪生及送考父师等认真约束各童于抵郡后各在本寓温习文字不许成群结党出外开游滋生事端倘各童等抗违不遵定惟廪保及其父师是问各在案讵料本届府试时各童生之逞凶滋扰者层见叠出如西门口首饰店塔公祠鞋店并茶店肉铺水果摊清汤担以及道署后镇署前住家者经该童生滋闹殴打不一而足甚至乘隙攘取鞋物士风

之坏士品之污至此已极更有瑞昌县童生徐式商徐炜等因被偷窃棉被等件邀同共寓之廪生童生等赴该典史衙门公禀请缉因未能将贼立时弋获该童等竟敢纠集多人至该典史署中辱骂罗鸣辄将公案等件一并捽毁尤属目无法纪言之殊堪痛恨除将徐式商等一案饬县集讯究办并确查前向首饰店鞋店滋扰各童生分别扣考拘惩暨行各县各学外饬即出示晓谕等因到县奉此合亟出示晓谕为此示仰阖邑应试生童知悉尔等须知士先器识务各父诫其子兄勉其弟平日认真教训业师则于门徒加意命题廪保则于所保先行叮嘱于来郡应考时恪遵法度不得再蹈前辙自示之后仍有借端生事者除将本童从严究办外一面查出认保何人立时详请斥革并究该童之父师一并惩治决不宽宥其各凛遵毋违特示光绪廿二年十一月初七日示

特授九江府正堂随带加二级纪录十次尹为出示晓谕访拿究办事照得匿名揭帖有干例禁即捏造寻常谬妄言词无关国家事务者亦律当绞候为从者流三千里虽实亦坐如有能将捏造之人并揭帖捉获送官者赏给银两是朝廷立法何等森严岂容故犯乃查浔郡近年人心不古俗敝民刁往往因挟有仇怨即造言生事私贴匿名揭帖以图泄忿甚至考试之时亦敢故为辈语捏造诗词贴诸墙壁妄肆毁谤不但变乱黑白颠倒是非且多污秽任情坏人名节伤风败俗莫此为甚其居心险诈既必遭夫冥课而任意诪张尤颐干夫国法言念及此实堪痛恨实堪发指本府出守是邦有维持风化之责有整顿地方之任断不容此等不法之徒肆意妄言以无为有凭空讪谤蔑视王章除饬县并派差严密访拿究办外合亟出示晓谕为此示仰阖郡军民人等知悉尔等应知匿名揭帖罪应绞流国法极严万难宽宥自示之后务各安分守法不得再蹈前辙致罹法网设有故违一经查获定行按律惩办决不宽容其有能将捏造匿名揭帖之人出首者立即拘案研讯的确除该犯照例治罪外将举发者从优给赏但不许挟嫌妄指若所告不实亦必反坐以诬告之罪似此恶俗实由本府所深恶而痛绝志在严办以挽积习法随言出万不稍贷其各凛遵毋违特示

《申报》1896年12月25日第2版第8511期

示安民教

江西访事友人云江西各属近年天主耶稣二教渐次增多民教时有龃龉殊非地方幸事兹德静山中丞查悉情形颁发告示其文曰为出示剀切晓谕以安民教而杜猜嫌事照得中国自开海禁与各国通商以来外国耶稣天主等教因而流入腹地民间多有入教以坚为善之必然教虽外国之教民仍中国之民一切户婚田土鼠牙雀角仍听地方官为之审理教堂志在劝善向不干预词讼而教民意在向善亦不得借教横行今本部院访闻贵溪等县入教之民为最多诚恐不明此义特教妄为以致酿成事端除通饬各该县认真查察严密防范外合行出示剀切晓谕为此示仰该处民教人等一体知悉耶稣天主等教均属劝人为善既日入教更应孜孜向善固不得借教

欺人而未经入教之民亦不得因其入教稍涉歧视自示之后无论民教均应各安本分营生毋得心怀嫌隙互相猜疑致滋事端倘敢故违一经访闻或被告发定即拘案照例严办断不能因已入教稍涉宽纵本部院为期民教相安起见故不惮烦言谆谆告诫该民教等应共体此意各守本分慎勿言谆听藐致于法究本部院实有厚望焉其各凛遵毋违特示

《申报》1897 年 1 月 5 日第 1 版第 8522 期

告示照登

九江采访友人邮寄整顿保甲告示一通除莠安良诚善政也为录其文曰钦加同知衔办理浔城内外保甲总局补用县正堂加三级纪录十次吴钦加同知衔署德化县事大挑补用县正堂朋十级纪录十次梁为出示严查保甲以靖地方事将得安良莫先于弭盗弭盗首善夫保甲盖保甲之设所以澄本清源安靖地方之良法也查化邑数省通衢幅员辽阔华洋杂处良莠不齐难保无匪徒混迹历奉各人宪颁发章程选经各前县出示严禁不啻三令五申唇焦害脱果能实力奉行不惟外来匪徒无虞潜踪即本地奸民亦难托足无如地方居民日久玩生视保甲为故套并不实力奉行言之殊堪痛恨现值冬防吃紧之际宵小易于窃发又奉道府宪分派委员严密稽查乃盗贼竟敢肆行无忌近来偷窃捞摸案件层见迭出种种不法实为地方之害若不会同重申禁令严查保甲不足以清盗源而安闾阎除会督城内外保甲徭役昼夜轮流严密稽查有犯必获外合亟会同出示晓谕为此示仰合邑军民客商铺户诸色人等知悉尔等须知清查保甲最为地方受益之事嗣后务须查照各前县颁发章程协力同心互相稽查遇有外来匪徒面生可疑之人立即询明分别驱逐送究不得窝留容隐自贻祸累至饭铺客栈烟馆以及庵堂寺观最易藏奸尤应设法随时严密稽查烟馆定二更息灯额栈饭铺责成设立循环号簿将来往客商行踪生业年贯一律问明登□簿内按日呈缴查核庵堂寺观不准容留匪类所有街巷栅栏务须修整齐全雇募更夫每夜击柝巡逻依时启闭不准昏夜私行如延接医生稳婆及有紧要公事说明来历仍准开栅放行毋诈留难阻滞倘有牌甲栅夫人等借端需索挟嫌报复许即投保公同禀究本局县为绥靖地方起见凡我子民各宜守望相助实力奉行倘敢仍前虚应故事一经访闻察出或被告发定行拘案严究决不宽贷其各凛遵毋违特示　光绪二十二年十一月二十七日

《申报》1897 年 1 月 9 日第 1 版第 8526 期

告示照登

九江访事友人来函云学宪不日按临士子云集府尊尹西庚太守委府经历黄藻宾参军及蔡次眉二尹林辅臣少尹赴姑县迎接府学刘程二广文出示学宫照墙文曰本年冬月十五日奉

府宪尹札开照得考试为抡才大典膺衡鉴者志在拔取真才固实事以求是务期弊绝风清以宏作育而与考之童生于云程发轫之初尤当恪遵功令循规蹈矩不越范围方不愧平日养气读书现奉学宪案临考试五色士子旋将云集为此札饬该学务期遵照传齐廪生面加谆谕不应保者不准舰保其所认保者务于点名时当堂识认唱保以杜雇请枪代等弊先行传谕各童生均当照依榜次鱼贯而入站立月台之下静候点名给卷不准越次拥进大声喧哗凡送考者不准混入辕门各童生其非应考之期宜在考寓温习功课切勿结党成群游荡街市甚至强贾什物滋生事端倘于洋街教堂等处经过俱宜安守本分谨慎持躬并切嘱伊等父师同为训试先事查禁俾不致蹈覆辙倘再有犯除本童照例扣考外尚须究办等因奉此为此出示晓谕仰五邑廪保并送考父师及应试童生知悉务期一体遵照认真奉行毋得违犯致干未便各宜凛遵毋违特示

《申报》1897 年 1 月 14 日第 2 版第 8531 期

告示照登

钦加二品衔署江海关道正任常镇通海道吕记名简放清查上宝滩地江苏即补府许为晓谕事照清查滩地一案迭经上海县明白示谕兹本府奉督宪刘札来沪会同本道挨户清查认真办理业经设局开办禀奉批示在案所有章程合行条例晓谕为此示仰地保业户人等知悉尔等须知此次清出公地召变银两经前督宪张奏奉大部发抵要款断难稍事含糊自示之后务各恪遵毋得抗违致干咎戾切切特示计开章程

一涨溢地亩坐落何图即由何图地保册书据实开报听候查丈倘敢挟同隐占蒙混一经查出或被告发定即加等严办决不宽贷

一丈过地亩各户执业方单或花息单均应即将捡齐呈验如业户远在他处准奉明酌量展限倘敢借延即将该地充公如以别户单据蒙混影射查出从重究办

一呈验方单花息单务须开写四至坐落同送听检明盖戳当面发还不稍留难倘丁役人等敢于需索准即喊禀立予革究决不姑宽

一光绪四年新修户部则例载明江苏新涨滩地无论子母相生

一概归公等语则子母相生之地例不准业户霸占惟念小民无知若不姑予通融不足以示体恤如能照时值缴价准先尽买倘出价无多自应另召以示区别

一民间侵占官地及业已造成房屋者此次清查之后召变有人即照租界向章程令买户酌量贴费以示体恤但不准借此刁难

一赴局报买地亩缴清价银立即准给方单道契执业不取分文费用倘敢借端需索准即禀究

《申报》1897 年 1 月 16 日第 3 版第 8533 期

宪示抄登

侯官县正堂李抄奉福建省会善后总局兼办营务处布政使司黄署按察司周督粮道唐盐法道余会衔出示为晓谕事案照闽省设局试铸小银圆行用一案奉督宪边委浙江候补知府孙守葆瑸办理业经移行遵照兹据孙守具禀近有不法奸徒私设炉厂伪造假银甚有私将银边锉鑢减轻分两暗串钱样店私相交易掺和小银钱蒙混市面尤其谬者私用药水暗蚀好银以低色灌入真板种种贻害非特不便通行实于钱法中之私铸私毁例禁攸干非重申告诫严行示禁悬赏购拿倘有确实证据准饬本局立予赏格按数给领其有钱店扶同作弊一体拿办不足以昭炯戒并请将厂铸小银圆示谕各当铺一律遵行等情前来查前准商人孙利用设局开铸小银圆案内曾以违禁私铸以伪乱真法在必究随案饬由地方官随时查访严拿究办并刊告示分发各府州县转发实贴晓谕在案现既改归官办奉委孙守认真经理岂容渔利棍徒私行制造并将银边鑢锉用药水暗蚀好银有碍圆法合应出示严禁并饬由福州府督同闽侯两县认真访查严拿究办一面示谕各当商将官铸小银圆一体行用以期疏通徐分饬遵照外合行出示晓谕为此示仰所属军民人等一体遵照毋违特示

《申报》1897 年 1 月 27 日第 1 版 第 8544 期

告示照登

钦命二品顶戴江南分巡苏松太兵备道兼办机器制造局刘为出示谕禁事本年十二月十八日接美总领事佑来函据本国林教士禀中东战纪本末暨文学兴国策计订十本倩图书集成局刊印行世曾登告白无论何人不得翻印如违禀究兹尚有中东战纪本末续编两本一并行世近闻有书贾翻刻冀图渔利请饬查示禁等由到道除函复并分行外合行出示谕禁为此示仰书贾坊铺人等一体知悉尔等须知教士所著前项书籍煞费经营始能成编行世既曾登明告白不准翻印尔等何得取巧翻刻希图渔利自示之后切勿再将前书翻印出售致干究罚切切特示
光绪二十二年十二月廿四日示

《申报》1897 年 2 月 9 日第 3 版 第 8552 期

告示照登

钦加盐运使衔在任候选道特用府江苏松江府上海县正堂黄为出示严禁事奉署府宪陈札开照得本署府以一切匪棍扰累地方当经二次开单发示札饬照单分贴在案兹复访得该县尚有不法棍徒并前示已揭名而怙恶不悛者尚多合再开单札饬札县遵照先将来札所开棍匪

姓名出示遍贴城乡严禁如再有怙恶不改者即行严拿到案加等惩办等因到县奉此除严密访查外合行出示严禁为此示仰后开有名各棍匪知悉尔等须知借端索扰欺压平民大干法纪前有恶棍张桂卿一犯已奉前道宪吕札县拿获禀奉大宪批饬就地正法现在又奉府宪查禁期在有犯必惩自示之后务各以张桂卿之事为前车之鉴从此涤面洗心痛除恶习去邪归正勉作良民本县尚可宽其既往免予深究倘敢怙恶不悛仍蹈故辙一经访实或被告发定即按名严拿到案从重加等惩办尔等勿再以身试法致蹈后车之覆其各凛遵毋违特示计开革保顾鉴范厚齐爱林小麻子小板阿木皆住闵行顾尤为赌中老桌曹毛毛罗毛毛罗金发曹高头住十七图专打降逼醮王琴由丁桂香陆景怡潘和尚四人在三林塘严家桥杨泾等处横行范高头吴汝霖周世荣陆阿八在浦东洋泾镇等处横行范尤善为坏媒翁少真杨师太湾曦棍土宝宝住陆家行凶恶不法包正甫洋泾镇讼棍周阿新潘金泉赵阿掌梁木千以上数人不知其住址皆惯为蚁棍姚杏山庄桂斋庄桂千二图积棍沈荣昌四马路文宜书局擅卖淫书急宜烧毁杨树浦至浦东塘桥等处时有强奸劫掠等项急宜捕究洋场台基佛店最坏风俗急宜禁究虹口沈家湾洋泾镇杨树浦塘桥陈家行塘湾闵行杨泾严家桥等处为聚赌之地以上系初次奉访各犯姓名黄庆云在黄家码头内街开台基夜住居有七八处四大姐即黄庆云之妻绰号水仙人惯开台基庆阿姐惯做蚁媒丁咸贞即丁惠南号白面王住十六铺张义芳即麻皮桂华住廿三铺鞋子阿福皮匠阿三不知住处金兰波号小军师住小东门外陈阿林不知住处李如林号人牌关二住新码头三太烟馆计木林号小千岁与李如林同居计南全号中千岁骆云山号骆云大哥不知住处李东升号卖鱼升不知住处沈菊森号长脚阿菊在滩船埠当差薛伯全号平青王顾庆林号小顾军师周竹亭号船匠王周和号江北大将军以上五人均在廿三铺周阿新三林庄人惯做蚁媒与抢孀逼醮等事梁木千赵阿掌王晓山不知住处皆诱拐孀妇淫恶不堪以上系第二次奉访各犯姓名王宝宝沈鲁鲁顾裕堂奚四福顾阿根王晓山梁木千以上系第三次奉访各犯姓名

《申报》1897年2月28日第3版第8571期

四言韵示

　　江海关道刘康侯观察自接任后访悉沪上有开设台基等事实属有关风化故面谕总巡钟寿伯明府转谕各分局一体严拿钟明府奉谕之下拟就赏格遍贴通衢本报前已纪之矣昨日上海县黄爱棠大令又出有四言告示一道照录于左其文曰

上海淫风	台基为最	恶妇奸妪	深房暗昧	勾引妇女	恣行淫欲	败节丧身
良家受害	贪利忘耻	天理何在	迭经示禁	听者如聩	王法难容	恶积必败
现奉道宪	严行禁诫	特悬赏格	密拿不懈	本县执法	断难轻贷	拟定新章
有犯加倍	监禁牢狱	用示大戒	房主邻甲	首报免罪	倘敢容隐	牵连莫悔

房屋入官　恶习自改　人家妇女　严加教海　在室习勤　出偕老辈　勿使独行
致遭无赖　颓风立挽　知耻为贵

《申报》1897 年 3 月 16 日第 3 版第 8587 期

告示照登

　　昨报纪暂停鼓铸一节兹接局中来函悉现在从速鼓铸并无暂停之事并抄来告示一道照录于左钦命二品顶戴江南分巡苏松太兵备道兼办制造局刘为出示晓谕事照得上海前因钱价日昂商民交困业经本道拟请筹款铸钱勉救市面禀奉两院宪批准督饬王直牧世绥设局开办在案兹据王直牧禀称开办铸钱一切现俱就绪著有成效一经各炉开齐出钱日多陆续拨解发给转展行至沪市即在目前禀请出示晓谕俾得通用等情到道合行出示晓谕为此示仰商贾及诸色人等一体知悉嗣后如遇新出制钱务各照常行用不得借词折减并准一体完粮纳税其各遵照毋违特示　光绪二十三年三月二十五日示

《申报》1897 年 4 月 29 日第 3 版第 8631 期

县示照登

　　特授上海县堂黄为出示严禁事据内河船牙陈瑞生锡金帮船户顾长兴等呈称窃官牙专司经管内河各帮船户安分停泊毋许滋事身顾长兴等前因锡金两邑米船来申虽经锡金公所董事派人经理船户前因不安本分争档滋事深恐肇祸曾于前年七月初三日环求示禁即蒙批候出示严禁并移水利局随时派丁稽查等谕自奉示禁并移局查禁后彼等敛迹多时颇称安静船商感戴孰料码头告示已雨淋风残致不知法度者又敢恃强插档以致生衅屡次理遏不听近竟有划子船韩和尚妻女棍杏妹遇有争端彼即佯为解劝勒诈分肥渔利逞强欺弱各船户殊难安业并至公所借灯为名吵扰求请移局示禁押逐女棍等情到县据此除批示并分移水利巡防局随时查明送究外合行出示严禁为此示仰该锡金两帮粮食船户人等知悉此后尔等船只抵埠只准先后挨顺停泊各安本分不准再有纠众争档恃强逞凶滋生事端以及勾串女棍拆梢索诈倘敢故违除由局派丁随时查禁外并许该公所司事人等随时指名送县严究决不宽贷各宜凛遵毋违特示

《申报》1897 年 5 月 4 日第 3 版第 8636 期

局示汇登

　　首夏初交天渐炎热道途积秽臭气熏蒸居民触之易致疫疠日前办理城厢内外保甲总巡

钟受百明府出有四言告示遍贴通衢其文曰　夏令已届　最嫌秽恶　避勿触受　以免疾作　晓谕粪担　加盖从速　缝口封固　臭不外着　懒用真盖　用板假托　一经查出　将桶敲破　限令四月　各自改拆　违则严惩　桶毁身辱

明府又以鼠窃宜防特颁四言告示曰

城厢内外　窃贼潜生　居民铺户　夜宜警醒　严饬捕甲　巡缉无停　遇有窃案　血比正身　更栅二夫　并处重刑　窝赃窝贼　地保查明　容隐连坐　决不徇情　自示之后　各宜留心

《申报》1897 年 5 月 9 日第 2 版第 8641 期

告示照登

钦加四品衔办理英美租界会审事务兼办洋务局提调正任江宁南捕分府屠为出示晓谕事奉关道宪剑刘札据民贩王金裕徐良英等三十二名联名来辕具禀以市面出售百货被用重秤致受暗亏禀求示禁等情到道查私造斛斗秤尺不平在市行使律有治罪明文讵容违犯据禀前情除出示谕禁外合抄示稿札饬遵照一体晓谕查禁等因下廨奉此并据王金裕等联名具禀前来合行出示谕禁为此示仰军民人等一体知悉嗣后凡遇卖买货物务以曹砝十六两为一斤毋得再用私造重秤该民贩等亦不得抬价居奇总期彼此公平交易各勿相欺倘敢有意抗违致启争端察出定于究办不贷其各凛遵切切特示

《申报》1897 年 5 月 24 日第 3 版第 8656 期

示加车捐

江海关道刘康侯观察出有六言告示悬挂法界捕房门外其文曰租界小车加捐前经议停三月现将期满开办英法租界一律于六月初二日为始每辆加捐钱二百文特此先期晓谕务各遵照完纳倘有不愿照捐不准推入租界无照擅入租界照章重罚示戒如敢仍前纠闹定行拿办不贷至于小车主顾亦应各行资助酌加车资数文俾得借资贴补从此安分营生勿许再违抗谕

《申报》1897 年 6 月 17 日第 2 版第 8680 期

宪示录登

湖北访事友人函寄鄂藩王芍棠方伯告示一通爰照录之为出示劝谕广修塘堰以防旱荒而资灌溉事照得鄂省于九州属荆川曰江汉浸曰颖湛本泽国也自夏书沟洫之制久湮周官潴

蓄之法复废近来种田之家惟视天之晴雨为田之燥润偶逢阴雨连绵则苦于积雨之太多而消纳无处或值天气干旱又苦于蓄水之不足而灌溉无从致岁收往往歉薄推原其故皆由于水道之淤塞与塘堰之不修其为害于农民者遂至此而已极小民生计几何何能堪此洊饥也现在施宜郧各郡哀鸿载道闻之伤心睹之惨目在已被灾者固当急为补牢之方在未被灾者尤当引为覆辙之鉴若不通力合作力图补救何以弭后患而重民生除水道淤塞各处民力所难疏浚者报经本司札饬地方官随时察勘妥筹办理外合行出示劝谕为此示仰合省绅耆军民业户人等知悉自示之后凡有田各户务期各就各区会同妥商酌定田若干亩分修塘堰几处一律挑筑深广多为积水并宜一律坚固以免渗漏其应需费用或由田主独出或令佃户分认各就地方情形商酌匀派次第举行冀昭平允虽创行之初未免劳费而多一蓄水之方即少一旱荒之苦所费少而所偿实多各人自为身家何所庸其推诿绅耆本一乡之望更宜督率业佃人等赶紧举办以为之倡如果办有成效各地方官就近察访许其择优禀请奖励以示激劝访闻此邦旧俗春祈秋报迎神赛会演戏打醮踵事增华大众聚资不吝千金一掷倘移此巨费为之权舆则不劳而事集尤可化无益为有益之事力事尽则天变自弭地利兴则民生日富康乐之庥早为吾民庆之其各转相传谕克期举行以毋负本司之厚望焉切切特示

《申报》1897 年 7 月 27 日第 2 版第 8720 期

告示照登

汉口访事友人来函云有友人自巴河抄寄告示一则云办理下巴河厘金分局试用府经历张为晓谕事案照本委员四月十七日奉督部堂兼署巡抚部院张札委前来巴河办理厘金事务业于五月初一日据办一切均照向章而行窃查厘金之设原为助饷之需有分抽分有厘抽厘本无丝毫松动加之前年东洋不靖饷用支绌按分湖北全疆每年摊派百二十万两尔商民食毛践土无论货多货少总当应完则完以体上宪之心以济国家之困乃足称皇上好百姓也再考外洋立国之道全倚通商而征商之例值百抽五值千抽五十此系极轻之税若烟酒等物值百抽三十五十值千抽三百五百苟遇水旱干戈大故议院与商部大臣会议百货厘金加抽一部两部不等该商民习以为常并不见怪我国家深仁厚泽湖北厘金大致值千抽十二文较之外洋极轻之税反轻四倍有余乃商民竟不知足恒有绕越偷漏等弊岂外洋尽义民而中国尽愚民哉良以开导无人知识不远所谓受恩不知恩是也昨有高永昌之行船装载陈恒春洋布等件闯越下卡抗不请验巡役喊问答以空船扬帆而去岂知空船而不查看将有交带私货借口坐船而闯越者矣流弊可胜言哉想高永昌今既如此其玩法舞弊必不正一次本镇船户甚多今于高永昌而不戒饬将来玩法舞弊必不止高永昌一人本委员特将该船户送司惩办因铺绅再三恳情未加深究合行示谕为此示仰行商船户知悉嗣后凡有应完货物由陆路来去者自行赴局完纳由水路

来去者先将货船报卡完纳清楚然后取货然后放行本委员奉宪命而来征商之中隐寓恤商之意固不敢损下以益上亦不敢枉法以徇私尔商民本有天良务祈行守行规客守客体以勉为皇上最好百姓倘或贪图小利越犯厘章本委派有多人一经查出轻则送司重则送县慎勿自贻后悔其各凛遵毋违特示

示安民教

江西采访友人云南昌县孟子卿明府新建县文芝坞明府严禁闹教早经三令五申某日复出示剀切晓谕略曰案奉饶九道宪谕以接准法国高领事函嘱转饬速张告示不准殴抢天主教人饬即出示晓谕严禁民教滋事等因奉此查无知乡愚动与天主教人为难借端殴抢滋事殊堪痛恨奉谕前因合亟剀切示禁为此示仰合邑军民诸色人等知悉天主教流入中华由来已久准其设堂传教载在条约奉旨允行教堂之设无非劝人为善习教与否悉听自便并不相强尔等居乡共安耕凿以无事为福宜如何仰体国家柔远之怀共敦和辑至于习教之人同为中国子民历奉谕旨有不得因其习教而有所歧视等谕尔等尤不得稍存畛域意气相争自示之后务各父诫其子兄勉其弟恪遵约章永敦和好毋得寻衅殴抢滋生事端倘敢玩违一经访闻或被告发定即拘案讯明究办决不稍宽其各凛遵毋违特示

告示汇录

江西每届乡试招摇撞骗十倍于小考即剪绺掏摸亦十倍于小考抚宪德静山中丞洞悉情弊出示严禁曰本年乡试场期伊迩各属士子渐次云集恐有不法棍徒乘机撞骗剪绺掏摸买卖人等因士子人地生疏食物等项高抬价值大为士子之害除饬地方文武各官密访查拿外合行出示严禁为此示仰委查街道员弁及地保巡役巡丁人等知悉务须昼夜逡巡严加查察如有前项不法匪徒务即拿赴地方官究办勿稍宽纵各项商贾人等一切买卖务宜公平交易不得抬价居奇士子等亦不得短价勒买滋生事端兵役如敢借端滋扰查出定即一并重究其各凛遵毋违特示

南昌县孟子卿明府新建县文芝坞明府亦出示剀切晓谕曰现届乡试各属士子云集省城素有不法之徒招摇撞骗致令士子堕其术中并有店户于中给用钱票情事除饬差严密查拿外合行剀切晓谕为此仰省城诸色人等知悉须知招摇撞骗大干法纪各店铺于中给用钱票亦有应得之罪自示之后各安分守法自保身家倘有不法之徒仍蹈前辙一经访获定即从严究办本

县言出法随决不姑宽该士子亦当自爱毋被煽诱堕其术中以致求荣反辱后悔无及各宜凛遵毋违特示

抚宪德静山中丞上月查案大张告示谕令会试举人依期起文赴京曰查定例会试举人江西限于十月如期起送如司府稽延违限听礼部查参又举人会试俱照旧例申送藩司由司核明详院请咨发司转给其应造各册送院咨部等因各在案今查光绪二十四年戊戌科会试各省应试举人应照例详查造册并给发文批令其亲赍赴部投文日期自戊戌年二月初一日起至三月初一日止本部据文查照合例准其会试相应行文各省督抚转饬所属照例办理其文批务勒限各府州县逐名给发各该举人亲赍赴部会试毋得迟延违限等因亦在案查江西前因军务未靖道路多阻故以前各科会试举人有径赴本衙门请给咨批系属因时变通明岁值戊戌科会试之期地方久已平静水脚银两亦复旧章各该举人请咨自应遵照定例届期由县起具文结详由府司详请缮给咨批饬发亲赍赴部会试以符定例合行出示晓谕为此示仰阖省应试举人一体知悉务须遵照定例办理倘再违例来辕禀请缮发给批定即驳回各宜凛遵毋违特示

《申报》1897年8月14日第2版第8738期

告示照登

署理江西九江府事兼办湖口厘局补用府正堂加二级纪录六次联为严拿盗贼以静闾阎事照得缉匪所以保善弭盗方能安良九江系冲要之区五方杂处良莠不齐宵小最易混迹全赖缉捕认真地方借以绥靖本府下车以来闻本郡城厢内外被窃之案层见叠出积日累月从未有破获一案者推原其故皆由于捕役等窝留豢养坐地分赃以致鼠窃狗偷明目张胆肆意横行言之殊堪痛恨若不力加整顿何以惩奸宄而安善良除饬县将督缉坊捕等立限严比并饬保甲局委员一体严密查拿外合行出示晓谕为此仰合属军民人等知悉凡尔商民务当力行保甲加意防范夜则轮流值更昼则守望相助稽查宵小勿令潜踪其无业穷民均当各图正务安分谋生万不可流为匪徒致罹法网若夫烟馆酒肆旅店客栈均不准容留匪人倘敢故违照窝盗例一并治罪至于督缉坊捕等捕贼是其专责若不惩以严刑若辈焉知顾忌嗣后城厢内外以及各乡倘有窝盗之案即将该督缉坊捕等轮流责比立限严追务期贼赃两获刻期破案拿获贼犯到案尤当尽法惩治并将窝顿之家按律究办房屋入官自此次严示之后该捕役等倘敢仍前瞻玩延不破案定即提府比追从重究处本府言出法随决不宽贷幸勿以身尝试也凛之慎之毋违特示

《申报》1897年9月5日第3版第8760期

告示照登

署理江西九江府事兼办湖口厘局补用府正堂加二级纪录六次联为出示严禁私宰耕牛以利农功而全物命事照得民间耕牛代人力作辛苦非常迨至田地成熟之后人获米食牛反草瞰固已有功于世应能取怜于人不图其力既尽其身遂杀残忍不仁莫此为甚是以例禁森严岂容以身尝试兹本府下车之始访闻郡城内外均有不法之徒任意私宰竟敢在大街之上公然肩挑出售并敢设立汤锅沿街煮卖实属藐法已极除饬县查拿究办外合行出示严禁为此示仰阖属军民人等知悉尔等须知贸易途多尽可另谋生业何必为此残忍之事既坏心术又干法纪以后务宜痛改前非慎勿依旧犯禁私宰自罹法网自示之后倘敢不遵一经访闻或被告发定即按律从严治罪如有病毙之牛本生报县验明批令准其开剥倘乡约衙役门丁敢借端索诈亦必严行究惩本府言出法随断不稍从宽贷各宜凛遵毋违特示

又禁止捕捉虾蟆以保禾稼事照得虾蟆化生池塘伏处田亩攫虫蝗以为食守禾稼而不伤故俗有护谷神之称向俱禁止捕捉近闻有等嗜利之徒竟敢违禁窃捉剥皮售卖殊堪痛恨除饬县差查拿惩治外合行出示严禁为此示仰合属军民人等一体知悉尔等须知虾蟆能食虫蝗有功禾稼务各另谋生业勿再捕捉倘民不遵仍蹈前辙一经拿获定即枷号示众决不宽贷各宜凛遵毋违特示

《申报》1897 年 9 月 6 日第 2 版第 8761 期

告示照登

英美租界会审分府张为剀切晓谕事照得本分府书香继世忠厚传家矢勤慎以从公凤清廉以自励当此下车伊始求治维殷深虑闻见未周不惮周谘而博访尤恐弊端纷起益宜杜渐而防微所有呈词白禀准于晚堂发落时先收至若紧急情事仍准随时由值日差传呈立即升堂讯问庶免羁候之劳聊示体恤之意倘或托友具函封呈禀件定即将禀掷还仍令自行投递盖是非有一定之经查察有难逃之鉴若其理绌虽请托亦属费词果是情真则局外何劳说项撞骗由此生招摇由此始尔等徒受其愚无济于事情既可悯咎更难辞本分府力除积弊不事私情事无小大必待亲裁而后行心无倚偏只凭曲直以为断除关防示谕外合再剀切晓谕为此示仰所属商民人等一体知悉嗣后如有词投诉务宜恪守成规痛改积习勿妄用夫营谋致有干于究办本分府澄心如水不为已甚以示威执法如山断不姑容而养患咸宜凛遵毋违特示

《申报》1897 年 11 月 7 日第 3 版第 8823 期

德员告示

德人占据胶州湾一事本报已屡纪之且屡谕之矣初六日得烟台采访友人邮来德员出告示照录之日管驾东方海面德国兵船水师提督棣为出示晓谕事照得本大臣遵奉本国大皇帝谕旨领兵上岸将胶州湾一地并海岸左近群岛等处全行经守钦遵照办所应经守界址开列于左计开四边直线自海岸起由东山至离胶州湾水涨时水面十八里之处从此往北大坡屯儿税卡绊线后至胶州河大古河二河汇流之处在东至海岸及劳山湾中央之处东边一线自北边至劳湾中央之处往南自关帝庙岛岸以及炸连等处南边一线自炸连岛至笛罗山岛之南自北至海岸西边二处相连之处以上等处该归德国经守兹由山东省有德国教士被杀之事应向中国昭雪按本国所欲昭雪当将该地为质合行出示晓谕为此示仰青岛口等处地方各色商民人等知悉尔等仍照当安分营生不得轻听匪徒谣言煽惑查德国与中国睦谊素敦前中日失和之时德国为急力救援以示邻好之心现兵上岸并非与中国为仇尔等不必猜疑且德国官员自应保护良民俾得承平无事所有滋事匪徒必照中国例律严办倘有凶徒敢将该处德人谋害者即归德国军法严加办理是以本大臣再三劝勉尔等须知凡德国不得抗拒倘不自量力故意抗违不但无益徒白招祸但德兵经守之处中国一切官员仍以循分供职认真办理向后如有禀札之事不便自言之案该员等应同德国巡抚住军门衙门总兵蔡关该上办至要买地卖地等事非德国巡抚允准不可凡此务宜凛遵切切特示大德国一千八百九十七年十一月十四日大清国光绪二十三年十一月二十一日

《申报》1897 年 12 月 2 日第 1 版第 8848 期

告示照登

钦命头品顶戴提督军门镇守江西九江总镇统领选锋新劲炮队等营法克精阿巴图□□□剀切晓谕严拿究办事照得规条整肃乃讲求营伍之常巡缉慎勤实保卫地方之要本镇自去秋莅任以来曾将各营兵勇□□□不啻三令五申差幸众志相安辖境尚称静谧惟现在制兵练勇均已陆续裁汰九江地属冲繁居楚皖之中极人烟之盛往来行旅络绎于途诚恐良莠不齐奸匪因而混迹值此时交冬令本镇业已通饬所属员弁分投设卡昼夜逡巡所有查获不安本分之已革勇丁吕广先一名现经送县惩办递解回籍严加管束此外倘有不肖之徒无故滋生事端以及已裁已革兵勇胆敢逗留境内勾结外来痞棍乘机煽惑或借阴谋一经查觉或被告发定按军法从事除派委干弁严密查拿外合行出示晓谕为此示仰所属各营兵勇一体知悉尔等务各恪遵纪律慎重操防其既经裁革兵勇亦须知城厢内外俱已编查保甲设立栅栏饭店烟馆不时查禁慎毋以身试法至俟破案之日逃不及逃匿无可匿几于尸首异处不将悔悟已迟乎自今

以后如有农可归者速即归农安业有籍可回者即速回籍谋生倘仍游手好闲不知自爱本镇言出法随决不为尔宽贷也其各凛遵毋贻伊戚切切特示

《申报》1897年12月10日第9版第8856期

收词谕示

镇江访事友递来常镇通海道常久山观察示谕一道云照得军民人等遇有宛抑之事例应先赴地方衙门呈控如不为准理或审断不公方许来道呈明听候核实查办兹本道莅任除代书二名给戳承充并照章放告外合亟列示谕为此示仰属军民人等知悉嗣后尔等如有控诉事件务遵后开各条赴代书处据实缮词按照告期当堂呈候核收批发倘敢违例越诉或将已结案听信讼棍教唆来辕翻供一经察出定即押发回籍分别照例严办该代书亦当安分守法据情缮为不得增减情节致干并究不贷其各凛遵毋违

一地方公事实在有关利弊兴革者推用联名白禀其词讼事件擅用白禀拦奥投递者不收

一呈词禀帖夹送名片书函者不收

一呈内应将曾在本府厅县控告几次如何批示曾否提讯分别声名并抄原案呈核违者不收

一绅士妇女照例列抱违者不收

一妇女因事不令亲属到官倚恃女流出头唆控除原呈掷还外仍发回籍究办

一代书依口直叙不得增减情节如自带来稿者韵明做词人姓名住址年貌作何生业一律填注违者不收

《申报》1897年12月13日第9版第8860期

告示照登

赏戴花翎补用府调署德化县正堂加十级纪录十次阳为严禁讼棍教唆以清讼源事照得理枉申冤固牧令斯民之任而安民息讼实保安郅治之方故古来良吏不难听讼而难于使民无讼若欲民间无讼必先严禁讼棍然后可以劝诫黎庶尔小民若无大冤大枉之事切勿投诸讼师砌词诬告须知诬告理应反坐教唆一体重惩方今上宪秉政严明扬清激浊无非为消邪慝于无形而跻吾民于无讼也本县下车伊始访闻德化民情今非昔比而安分守己者固不乏人逞刁健讼者亦复不少推原其故皆由讼棍刁唆乘机播弄或惩恶原告书吏之司托或朦骗被告情面之可求或云某处寅缘可入或谓某人贿路可通一经教唆成讼原被足入陷阱若辈身游世外夫良民之受害惟被诬为最惨奸徒之害人惟唆讼为至毒故有夙昔之微嫌辄架大题而具控偶挟一

时之小忿遽装切肤之鸣冤及至到官之后满纸冤情皆为乌有一经对簿盈篇肤愬尽属子虚且
使两造为鹬蚌之争讼棍转收渔翁之利愚民身罹法网奸徒反得磐石之安嗟嗟小民谁无细故
相争谁无片言相激设使里有端人俗敦古道则地方乡约即可据理而解纷族长士绅亦得平情
而息事何至涉讼公庭徒烦票差而迭出累月经年莫不旷时以失业兴言及此痛恨何穷除密访
查拿外合亟出示严禁为此示仰合邑军民人等知悉务宜各安生业共保身家事不得已总以百
忍为高情或难甘亦必三思而动勿矜情而好胜勿构结以凌人勿听旁言变乱黑白擅起不测之
风波勿信邪慝颠倒是非妄行涛张之为幻至于唆讼之辈亦须及时猛省趁早回头把守良心凛
遵国法倘敢视示禁为具文仍蹈前辙一经访闻或被告发立即严拿到案审出真情定行照例惩
办本县为保爱良民起见自当言出法随决不稍为宽贷其各凛遵毋违特示

《申报》1897 年 12 月 13 日第 9 版第 8860 期

告示照登

军机处存记花翎补用直隶州正堂办理英美租界会审分府张为出示严禁事据英捕房麦
总巡函称查沪上丝纱各厂甚多需用女工尤伙路途来往时有无业流氓成群结队拦路调笑情
事实堪痛恨并有造屋泥水匠人打桩吆喝哄唱淫词俚曲厌人听闻此二则殊与风化攸关请即
出示严行禁止等情据此合行出示严禁为此示仰诸色人等一体知悉自示之后毋得故违致干
提究其各凛遵毋违切切特示

《申报》1897 年 12 月 22 日第 3 版第 8868 期

告示汇登

赏戴花翎特用府正任贵溪县调署德化县正堂加十级纪录十次杨为出示严禁以靖道路
而安行旅事兹准德安转准前途各县抄接准湖南醴陵县移开照得萍乡醴陵为江楚接壤通衢
大道行旅往来络绎不绝良莠难齐近来出有一种强盗名曰红线客惯用迷药闷香乘人昏蒙之
际盗窃人财易如探囊取物为害实深本年三月间龙南县曾出巨案前月又在湖南湘潭地方破
获前项盗犯三名经县频出贼党甚多蔓延遍地行旅艰难闻之莫不寒心此等匪类其心最毒其
害最惨若不先事查拿究办不足以弭盗踪希即移会前途各县知照会同营讯并保甲局一体查
拿务期净绝根株万勿漏网等情到县准此查用药迷人盗窃财物一经破获到奏按照强盗律拟
罪该匪徒等何竟如此胆大不畏法令敢在各处道途辄用闷香迷药盗窃人财实属藐法已极除
申府宪札饬各属并请移会前途各县暨会同营讯保甲局及札行各巡检一体认真查拿以期有
犯务获照例惩办外合亟出示严禁为此示仰匪类游民人等知悉尔等须知用药迷取人财例禁

何等森严有犯必惩岂不顾及性命自示之后各宜改过自新勉为良善倘再怙恶不悛一经查拿到案立即照例严办往来客商饬须加意严防谨慎小心如起前项匪类必先留心觉察鸣同地保街邻搜查迷药确据扭获送县地保牌甲亦应随时留意切勿稍涉怠意较滋疏虞本县为弭盗安良起见务绝盗根以靖道路其各凛遵毋违特示

　　赏戴花翎特用府正任贵溪县调署德化县正堂加十级纪录十次杨为出示严禁事照得差役诈□□军遣假差吓诈例禁森严一经有犯定即查拿究办不容以身试法兹访闻有等不法之徒胆敢假名坊捕快役于每年岁闻腊底勾串乞丐流氓名曰牵猴子在于郡城内外大街各店铺捏伊偷窃物件卖在该店指为私买贼赃用言恐吓该商民等无不畏惧惊惶无措即被索诈钱□若辈得钱到手遂可冰销无事如不给他钱文该棍徒等又敢滋闹恫吓害不胜言此等恶习由来已久本县关心民瘼即应出示严禁以安商□□会同保甲局委员认真查拿外合亟出示严禁为此示仰诸色人等知悉尔等须知恐吓诈财大干例禁自示之后即应各安本分勉为良善倘有仍蹈前辙则是怙恶不悛定即拘案治罪即如坊捕差役若不奉票起赃而敢借端诈扰许被诈之店铺来□喊禀立即照例严办本县为安□□起见决不稍为宽贷其各凛遵毋违特示　光绪二十三年十二月

　　德化县示　访闻近来棍徒　谣言散布市廛　虽不惑人听闻　自应防范未然
　　现奉各宪面谕　严拿毋许迁延　会同保甲总局　一体密查惟专　谕尔诸民人等
　　慎勿轻信混传　若辈好事之徒　尔无再蹈前愆　须知造谣罪重　按例分别斩遣
　　合行剀切晓谕　勿谓言之不先

《申报》1898 年 1 月 28 日第 9 版第 8901 期

告示照登

　　钦加盐运使衔在任候选道江苏松江府上海县正堂黄钦加同知衔办理城厢内外保甲总巡兼清道事宜江苏即补县正堂戴为出示严禁事照得本委现奉苏松太道蔡札委总办上海城厢内外巡防保中兼清道事宜职有专司责无旁贷自应认真稽查庶足以卫闾阎而安良善查上海水陆通衢五方杂处人烟稠密良莠不齐较他处为最流氓盗贼几成渊数聚赌抽头竟成锢习客栈日有循环号簿逐日清查烟间息灯夜有定章时刻立法不为不密无如日久玩生阳奉阴违其最可恶者开台基吃讲茶流氓拆梢弹唱淫词败坏风俗莫此为甚历经本县出示严禁拿办在案无奈锢习太深人心不古旋禁旋犯罔知禁令言之实堪痛恨兹本委视事伊始不忍不教而诛除督率各局严密逡巡拿获惩办外特列简明数条会同剀切严禁合行出示晓谕仰城厢内外居民铺户及诸色人等一体知悉尔等务宜各安本分正业营生恪遵后开各条勉为良善未犯者束身自爱已犯者改过自新共乐盛朝熙熙之民岂不懿欤自示之后倘敢仍蹈前辙或经查拿或被

告发定即提案讯明由本委照律详办决不宽恕本局巡役及地甲人等如有在外徇隐包庇借端需索等事一经查出立即严惩本县委一秉至公言出法随切勿以身尝试其各凛遵切切特示计开

一禁赌博开场聚赌固属大干例禁借地赌博抽头尤为贪利忘害使与赌者倾家荡产无以为生渐渐流为匪类地甲巡役随时稽查如不遵禁赴局禀知以凭拿办房屋充公

一禁台基引诱妇女失节败名虔婆之恶摧发难数地甲巡役随时查实密报严拿照例科罪房屋充公地保巡役贿纵即行重惩

一禁流氓张桂卿无恶不作明正典刑尔等以为前车之戒痛改前非毋罹法如桔有拆梢不法等事一经拿案从重治罪

一禁讲茶愚民细故动辄茶馆评理流氓讼棍乘衅滋闹小则讹诈大则斗殴酿成巨祸如弹唱淫词尤易坏人心术务须一律禁止倘有不遵拿案重办

一禁烟间窝藏匪类烟间最易招集歹人向章以二鼓即应闭门若夜不息灯火阑可虑容留来历不明之人不免生事自后以亥刻为止一律息灯如不遵禁或留烟客栖止一并拿办

一禁打架行凶城厢内外大街小巷居民铺户以及外来游民遇有口角细故等事该地保街坊随时开导解散免致行凶酿成大事倘有流氓从中挑唆寻衅许即扭拿送局讯究至于小窃潜踪各处行窃为害民间该捕役务将正贼真赃立时拿案立予犒赏毋得贿纵干究

一禁客栈容留歹人客商投寓自应穷诘来历倘形迹可疑之人不许容留住宿各客栈设立循环号簿按日将寓中客人久暂行止登记送局查核光绪二十四年三月十三日示

《申报》1898年4月5日第3版第8968期

剀切示谕

广州访事友云粤省城内大佛寺设立昭信股票局门悬告示一道其文曰为剀切晓谕事光绪二十四年正月十七日准户部电开黄思永奏筹借华款一折已奉谕旨准行先造部票一百万张名昭信股票颁发中外每票库平银一百两银元亦准析只交周年五厘行息二十年本利清还在京自王公以下在自督抚将军以及文武候补候选官员均领票缴银为商民倡其商民愿借银者责成各省督抚将军将部定章程先行出示并派员剀切晓谕量力出借万勿迟误希即照办并转传各处又于正月二十三日准户部电昭信股票造成需时有缴款者应由地方官先付用印实收俟股票颁发再行换给又于正月三十日准户部电昭信股票准由地丁盐课厘金拨还章程奏后电知各等因查广东股富各绅商素称急公好义历办捐借各皆踊跃即前次息借商款至今按期清还本利并未失信此次股票系奉旨饬办事在必行凡我官绅身受国恩理应报效其士庶商贾人等食毛践土亦当仰体时难竭力筹借以资集腋而济要需除札司局派员会绅分投劝办并

报部定章程续行刊发外合行出示晓谕为此示仰合省绅商民人等一体知悉务须互相传劝踊跃缴款其愿作借款者执票为凭照章行息逐年清还如愿将股票作为捐款无论实职虚衔封典或奖或移均应照行仍听候奏明办理我朝二百余年深仁厚泽久已沦浃人心尔等尊君亲上之忱亦可大见矣各宜钦遵速行毋违特示

《申报》1898 年 4 月 11 日第 2 版 第 8974 期

示谕投税

江西访事人云税银与屯余等项名曰杂款其别于正款者原寓用其一缓其二之意也自咸丰间军兴以来税项几同正款有司催税较严日前南昌县孟子卿明府出有告示一道其文曰民间置买田房产业例应随时投税如隐匿一年以上即照契价罚半充公并按亩科以应得之罪功令森严岂容干犯迭经各前县暨本县申明例禁出示晓谕在案兹经随时调核税契红簿遵示投税者仍属寥寥推原其故皆由业户吝惜小费任意宕延希图匿漏殊不思白契管业有干例禁或因词讼到官不惟讼不能伸并先治其匿税之罪与其隐匿而犯刑章何如纳税而安生业除谕饬册书及各地保查催投税外合行出示晓谕为此示仰合邑业户人等知悉尔等凡有置买产业未税白契无论年分远近统限一月内概行检呈补税其有误托他人未经投税者亦即赶紧取回自行呈缴税银以凭黏给契尾本县自当宽其既往不加深究倘经此次示谕之后敢再执迷不悟仍前隐匿一经查觉或被告发无论绅民定即拘传到案照例究罚决不宽贷至该业户等执契赴柜投税均系随时粘尾印给如有册书延搁许即据实呈明以凭提究各宜凛遵毋违特示

《申报》1898 年 4 月 19 日第 9 版 第 8982 期

示查匪类

粤东访事友人来函云月前某日由外洋缉获军火多船省中大宪恐有匪徒潜谋不轨爰即会衔出示一体严查其告示云为剀切晓谕事现本督部堂与本将军面晤商及海面缉获洋枪及弹铅多件难保非济贼滋扰情事况当岁考文武童试在迩其士子云集不下数万之多亦难保无匪徒混迹其中借端起事除已饬各营并城厢内外严加防守认真稽查外其旗营地面亦应一体严查如有匪徒冒为士子迁居旗内准其防勇到营密拿以便严行究办安靖地方等语理合出示严谕为此示谕旗营城上城门以及处官堆栅栏值班官兵务须日则常川防守严密稽查夜则勤加击柝认真巡缉遇有抢窃情事一面将栅栏关闭一面通知□近各处帮同缉拿无使一名漏网至八旗地面各民户最易窝藏匪徒务须随时按户清查如有来历不明迹形可疑者无论与旗户

同居或自行居住立时驱逐不准稍为容留以免滋生事端倘有怠惰疏防情事一经查出或别经发觉不惟将该班领堆兵等责革定将管辖各官一并参处本将军副都统言出法随断不姑宽其各凛遵勿违特示

《申报》1898年5月24日第2版第9017期

宪示照登

为出示晓谕事照得本大臣奉命督办铁路奏明在上海设立总公司并以次添设天津汉口淞沪各分局联合绅商委用员董分职任事皆选端人举凡用人筹款购料考工诸大端事关紧要悉出亲裁从无倚托亲故辗转荐引者得以参与谋议干涉要工惟沪上为中外错居之地官商萃集之区又与本大臣原籍相距密迩品类不齐人情变幻往往依草附木枝节丛生海市蜃楼凭空结撰诚恐华洋绅商或以求差谋事而来或以借款售料而至情形未熟轻听游词致被勾牵受其惑误除饬地方官随时拿办外合行出示晓谕为此示仰中外商民人等一体知照特示

《申报》1898年5月24日第3版第9017期

宁波停办屋捐告示

浙江宁波府正堂程为出示晓谕事照得本年四月初四日奉藩宪恽札开光绪二十四年闰三月二十九日奉抚宪行准户部勘电铺税药牙奏准照陕省一律暂缓开办等因行司转饬知照等因奉此查各属铺税业经通饬各府委员查办于本年四月初一日起收捐在案兹奉前因自应暂停如有已收之捐即行照数发还不得丝毫扣留除通饬遵照外合就排递飞饬札府即便移行所属各厅县一体遵照办理仍将奉文停办日期具文报查毋违等因奉此查各属铺税前奉宪饬当经分行各县委员查办在案兹奉前因除移行各厅县一律停办外合亟出示晓谕为此示仰各业铺户及房主人等知悉尔等须知劝办铺税原属不得已之举现值米珠薪桂时事多艰大宪轸念民依奏准停办所以为小民计者至周且备凡我良民务宜仰体苦心各安生业勤俭度日是本府所厚望焉切切特示　光绪二十四年四月初八日

《申报》1898年6月2日第2版第9026期

示禁抢米

芜湖访事人云自内地各县禁米出境后各处匪徒即因而抢劫米船为患商旅前经邓中丞访闻飞饬各县一律弛禁照常流通并经督宪电饬芜关暂禁轮船运米出口内地民情遂即

安谧兹者中丞仍恐弛禁之后匪徒伺隙生心因饬沈臬两宪会派候补州县人员带领炮船分诣大通芜湖裕溪金柱等处通江要隘稽查弹压芜湖为米市荟萃之区大宪尤为郑重添委钞关税务委员张筱衫大令会同芜湖县认真办理大令除曾县出示招徕商贾照常贸易外又移会泥汊裕溪金柱青弋新河等处关卡一体严为保护是以迩来芜地米市散而复集河下米船依然如林之列惟乡民肩挑入市零售者仍然寥落如晨星盖值乡间农忙无暇碾米出售以致数米而炊者殊觉杀□踌躇幸近来屡有江西米估载米来售故市面仍得照常支持零购每右约制钱四千二三百文至四千五六百文以视往年则已倍蓰兹将张大令会县示稿照录于左钦加同知衔赏戴蓝翎直隶州用芜湖钞关税务即补县正堂张特用清军府芜湖县正堂吴为会衔出示谕禁事现奉藩宪于示宪赵会札以近来匪徒纠合乡民阻米截抢业奉抚宪出示严禁惩办凡在内地行运者一概不准阻挠并饬本委会县在通江各处货力稽查遇有米船□洋会同地方官阻止不准就地居民干预等因奉此合亟会衔出示谕禁为此示仰军民诸色人等一体知悉尔等须知前奉抚宪告示嗣又奉藩臬二宪告示均系何等森严一经聚众抢米即按律严办照土匪章程就地正法况日前宣城县业已办过有案尔等应亦闻知切勿妄听匪徒煽惑借口阻米纠众拦抢自干重辟处死须知内地米船一律通行毫无禁阻惟贩运出洋自有本委县查阻更不□尔等事件自示之后尔等各有身家务各父诫其子兄勉其弟户尊房长亦应严加管束俾得勉为善良各安本业免蹈杀身之祸如敢故违惟有遵照抚藩臬宪告示从严惩办本委县决不曲为宽贷也其各凛遵毋违特示

《申报》1898年6月16日第2版第9040期

院示照登

上海县黄黁充按奉江苏巡抚奎中丞饬发告示照录于左为出示剀切晓谕事照得食为民天不可一日缺乏本邵院前因苏省米少价昂民情艰苦奏请停止米捐一面饬属严禁出洋开仓平粜并筹拨巨款遴派委员分赴湘皖江西各省采运接济原冀市价稍于以苏民困乃近闻各处米价有增无减人心惶惶推其故虽因上年秋收歉薄且有奸商偷漏外溢实亦人心叵测各不相顾大户坚守盖藏米愈少而愈贵夫居同乡井谊贵有无相通况当饥馑荐臻积粟适以贾祸各省抢米之案可为殷鉴此固罪在乱民亦为富不仁者激之使变追悔于后何如图慎于先除通行各府州遵照外合亟出示晓谕为此示仰各属富绅军民人等一体知悉尔等须知济贫即所以保富从来遏籴不祥断无九家饿殍而一家独安温饱之理自示之后凡盖藏大户务将朱谷源源出粜以济民困倘有不顾大局仍前闭藏则将来祸由自取勿谓官长言之不预也至奸商私运出海铺户囤积居奇本部院前已通饬查禁不啻三令五申如再有故犯立予分别重办不稍宽饶凛之特示

《申报》1898年7月21日第3版第9075期

府示照登

松江府张子虞太守发到六言告示道上海县黄大令即饬悬贴通衢兹特抄录于左

照得近因来贵	平粜创自官绅	各处均已举办	□为体恤穷民	所有行店囤户
亦以接济乡邻	米源来往无阻	大家可继饔飧	尔等待食各家	切须安分营生
不可听信匪类	借端聚众横行	倘敢强借强抢	定即照例严惩	首从分别斩遣
格杀概予勿论	尔等各有身家	听我劝谕谆谆	毋得自罹刑辟	望各守法凛遵

《申报》1898年8月7日第3版第9092期

宪示照登

上海县奉到两江督宪刘岘帅颁到告示数道发贴头门照录于下头品顶戴兵部尚书两江总督部堂刘为出示晓谕事照得刁徒聚众滋事律有治罪专条逞凶拒捕抗官尤属大干法纪昨据上海道禀沪城本邦水木工匠因食力艰难欲加工价并不听由首事禀官办理辄勒令同业停工聚众把持与外邦工匠争斗流氓痞棍亦附和其间迨经营县前往弹压犹敢藐法拒捕致伤哨官勇役多人并敢拥至县署任意滋闹逼令将拘押之犯释回种种胆大妄为实属形同化外据称工匠等滋闹之后复有剃发匠及小船邦船户纱厂工人亦借口加价先后滋闹似此相率效尤肆无忌惮藐法已极若不严加惩创不足以昭炯戒除饬上海道遵照嗣后再有此等聚众滋闹之事立即督饬营县率同兵役严行捕拿如敢抗拒准其照律格杀勿论一面即将此次纠众滋事拒抗官役首要各犯严行查拿务期速获究明尽法严办外合行出示晓谕为此示仰各色工匠人等一体知悉尔等须知安分营生方为善良之民如有苦累只须赴官禀明断无不为持平办理若只图逞强聚众把持抗拒官长哄闹衙署国法断不能容当场被兵捕格杀获案身受刑章均是自作之孽其各猛省思之毋违特示

《申报》1898年8月22日第3版第9107期

示禁冒教

镇江访事人来函云常镇通海道长久山观察于月之初六日发出告示一纸其文曰为严禁冒充教民扰害地方事照得天主福音教堂原为劝人行善而设本道深知其教规严肃善气迎人乃访闻近日各属有等不法棍徒冒充教民或酗酒赌博或挺身健讼或彼此寻衅聚众斗殴甚至无故生事扰害闾阎群势汹汹人言藉藉在该棍徒等干犯刑章固属罪由自取而各教堂诚心劝善忽被该棍徒等败其声名此不但各堂司铎心中不乐即本道亦代为不平除函致天主福音堂

一体查禁并行道属各府厅州县随时严拿究办外合行示禁为此示仰合属军民人等知悉尔等须知真心奉教之人断不可在外滋事所有在外滋事决非真心奉教之人现经各堂司铎面称此等棍徒按照堂中规矩必不收留应请地方官严行拿办本道心存恻隐不忍不教而诛姑予先行示禁自示之后该棍徒等务须痛改前非勉为良善倘敢仍蹈故辙则是冥顽不灵不足爱惜一经访闻或被告发定即严拿到案尽法处治决不宽贷其各凛遵毋违特示

《申报》1898 年 9 月 25 日第 9 版第 9141 期

示安僧尼

昨日上海县黄大令接到苏垣藩臬两宪会衔告示当即颁贴通衢云钦命头品顶戴江南苏州等处承宣布政使司布政使聂二品顶戴署理江南提刑按察使司按察使遇缺题奏道朱为剀切晓谕事照得本年五月廿二日恭奉谕旨民间祠庙其有不在祀典者着地方官晓谕改为学堂以节糜费而隆教育本司于七月初八日奉到行知当即通饬各属一体钦遵办理并严禁滋扰在案查此举因各处愿学之人无诵习之所斟酌改作非驱逐僧道也近据各县绅士面称外间先睹报馆所刻谕旨竟有流氓痞棍乘机索诈百般恫吓省城内外纷扰相同地保又不明白开导弹压遂使日夜惊惶不堪其扰各僧道不明公事莫辨是非或出钱洋求为缓颊或将产业寄诸别户仓皇情状殊可悯矜不知僧道虽身托方外同为朝廷赤子岂容该流氓痞棍索诈滋扰若不严拿殊属不成事体除通饬各州厅县拿办外亟应明白晓谕以安人心为此示仰各府州厅县方外人等一体知悉经此次示谕之后凡庵观寺院之僧道等详候各该州厅县查明具报将来如何改作学堂大宪自有权衡必饬地方官妥为筹办毋存纳贿之心希冀含糊倘有书差痞棍人等怙恶如故准被扰之人径赴有司衙门控诉不可受其愚弄自贻伊戚本司嫉恶如仇遇有借端滋扰靡不立时提办所以肃功令而安闾阎言出法随勿再尝试切切特示

《申报》1898 年 10 月 1 日第 3 版第 9147 期

示禁立会

海县王欣甫大令现接江苏臬宪朱廉访颁到告示一道当即照录发贴通衢其文曰为出示晓谕事案奉两江督宪刘札开光绪二十四年八月二十八日奉电传慈禧端佑康颐昭豫庄诚寿恭钦献崇熙皇太后懿晋联名结会本干例禁乃近来风气往往私立会名官宦乡绅罔顾名义甘心附和名为向人劝善实贴结党营私有害于民世道人心实非浅鲜着各省督抚严行查禁拿获在会人等分别首从按律治罪其设会房屋封禁入官该督抚务当实心查办毋得阳奉阴违庶使奸宄寒心而愚民知所警戒将此能谕知之钦此除分行外合行恭录札饬札司即

使移行所属一体钦遵口速出示晓谕严行查禁毋稍违延仍将遵办情形具复查考切切此札
并奉抚宪札开前由各等因奉此本署司查匪徒潜谋纠结拜会联盟最为地方之害故例禁极
严近来世风不古竟有奸民从中煽惑借保护为我设会树党实属目无法纪若不严行可禁何
以息邪说而正人心除通饬各属严拿究办外合亟出示晓谕为此示仰军民诸色人等知悉务
各安分守业勉为善类倘取罔顾名义甘心附和结会树党一经查获定行分别首从尽法惩办
所有设会房屋封禁入官慎勿为莠言所惑自罹法网各该县亦须约束书差人等毋借查禁为
名扰累良善其各凛遵切切特示

《申报》1898 年 11 月 2 日第 3 版第 9178 期

告示照登

镇江访事人云镇江府谭少柳太守出有告示一道照登于左照得江安各省新铸大小银元
原因制诸日少商民困苦借冀流通而资补救前奉各宪节次通饬概照外洋银元一律行用不准
抗阻抑劲历经前府出示宪县分贴晓谕在案兹据保申局委员刘禀称钱铺收换小角龙元往往
借称成色低故每角必扣二厘用出时则又称行规而无扣似此盘剥病民口口口利不特有违宪
谕抑且商民受累非浅除饬县一体严禁外合再查案谕禁为此示仰合属居民铺户人等一体知
悉尔等须知新口大小龙洋其银色轻重大小与外洋所造银元丝毫无异自示之后无论大洋小
角务各按照市价公平出入交易倘敢仍蹈故辙口意勒扣低压准即被扣之人当场投保指控听
俟提案从严惩办决不姑宽其各凛遵毋违特示

《申报》1898 年 11 月 19 日第 9 版第 9196 期

告示照登

钦加四品衔补用直隶州调署上海县正堂王为录批示谕事照得本县因米价突然飞涨大
碍民食访有奸商违禁装运米粮出口情事当经通禀各宪并查提私运米粮出口之商贩讯明详
办在案前奉藩宪批据禀米业裕昌等户禀称苏省米业报运天津等处必由沪关出海此地事同
一律请援照售运等情究竟苏省米业是何牌号共运若干在何处所报仰即查明刻日据实禀复
察办毋迟此缴等因又奉臬宪批据各奸商偷运米粮出洋以致两日之内米价涨至一元之多目
前新谷登市尚如此腾贵来岁青黄不接之际何堪设想禁令未弛偷运已萌所请重申禁令之外
实于大局有裨已由司札饬沿海各州县一律严禁矣仰即遵照办理如有奸商违禁贩运出洋立
即扣留将船米充公商贩治罪并饬令各米铺毋得抑勒居奇以安市面等因并奉关道宪蔡批查
此案前据米商裕昌等来辕具禀业经明晰批驳行县饬遵并分饬各口委员暨函致新关税务司

一体认真严禁等因到县奉此查此案业经出示严禁兹奉前因合再录批示谕为此示仰米铺人等知悉务各守分安业并将米价减平经此次示谕之后如有奸商违禁私运米粮出口米铺乘时居奇抬价致妨民食定即提案从严照例详办决不姑宽本县言出法随切勿以身尝试凛之慎之切切特示

《申报》1898年11月23日第3版第9200期

严禁贩米出洋示

上海县王欣甫大令接得苏藩宪聂方伯颁到告示一通因即发贴通衢其文曰头品顶戴江南苏州等处承宣布政使司布政使聂为出示严禁事照得本年十月十四日奉总督部堂刘批太仓州等二十九州县会禀严禁米谷出口以全漕运由奉批据禀已悉查米粮为民食所关前于秋稼登场之时因恐奸商复萌故智私行偷运出海即经本部堂颁发告示通饬严行查禁现在浙宁广潮及天津等处米商购米又经分别定有三联印单由院给发印照随时咨会采运章程以资稽考各在案是以后各沿海关口地方凡遇有无印单印照贩运出海米粮船只即系奸商私运应即随时扣留查究不准任其出口至别项出口商船亦应认真稽查除食米之外如有带运米谷粮食亦应究办内地则仍听照旧流通以济民食不准留难阻滞仰苏藩司饬属分行遵照所请委员分赴无锡常熟镇沪严查之处即由该司遵照办理仍候抚部院批示缴又先于十月十三日奉苏抚部院德批开查奸商贩米出口有碍本省民食本年春夏间覆辙可鉴本部院前已札司通饬各属一律照案严禁毋稍疏纵在案据禀前情仰苏藩司出示通颁各属一体晓谕并令沿江沿海各州县认真查禁出口如违扣留究办其内地各处米谷仍准照常流通贩运以顾民食切切缴等因各到司奉此并据该州县等会禀前来查苏属米粮市价连年昂贵有增无减不惟州县办漕为难闾阎亦尽受其累推原其故并非年谷不登皆由奸商贩运出口收囤居奇以致内地存米缺乏民不敷食即如本年夏间米价飞涨每石须洋六元有奇上海地方竟涨至七八元不等民心惶惑几肇事端乡愚聚众抢米之案层见迭出当经本司通饬各州县将存仓谷石举办平粜一面分派委员赴江西湖南等处采办米石运回粜卖以靖人心刻下新谷登场秋收尚称丰稔米粮价值正宜大减乃近数日间仍然腾贵市价并不能平据禀仍有奸商牙侩偷运出口囤积居奇希图渔利自应严行查禁以裕民食况本年冬漕除拨赈外全数起运加以各属平粜谷米均须买补还仓需用甚巨如果内地存米缺乏来年青黄不接前车可鉴为患更何堪设想除严饬沿江海各厅县认真查禁出口如违扣留究办并移行各关卡一体查禁一面由司委员分赴无锡常熟上海镇江各米行及出口处所会同印官严查外合行遵批出示晓谕为此示仰各米行商贩人等知悉自示之后尔等务将现囤米石公平交易不准任意高抬捁不出粜尤不得贩米出口及改包分运粜卖倘敢阳奉阴违及无印单印照将米粮偷运出海定即查拿从严惩办并将船米概行充公决不宽贷其各

《申报》1898年12月15日第3版第9222期

示禁溺女

江西访事人云南昌府江切吾太守自莅任以来整顿育婴公局杜绝一切积弊昔之岁报毙婴一千数百口者至今已寥寥无几矣尚恐乡愚无知或有溺女之事爰再出示严禁语取粗俗盖欲使妇人易于洞明也其文曰府属溺女之风向称最盛前经本府撰就浅明告示严禁在案访闻乡愚狃于恶习溺毙者仍复不少忍心害理实堪痛恨若不再行严禁何保以全婴命除饬县随时查究外合再出示严禁为此示仰阖邑军民人等知悉本府痛恨这样恶习又因尔等看惯子溺女的事不晓得明犯国法暗损阴德一时糊涂不忍遽治尔等之罪先曾苦口劝戒原望尔等改悔乃竟敢仍旧溺毙此等不肖百姓本应拿办今姑再行劝谕若再不听本府教导定即饬县拘拿到案问罪至于稳婆原是用他接生并非要他送死倘敢见死不救甚至帮同下手这样狠心格外可恨本府更要拿来加等治罪若说尔等家道贫苦现有育婴会绅首按月给钱替尔养活尔等听本府的话既得钱文又有亲生女儿将来长大同男子一样孝敬有何不好若不听本府的话不但不得钱还要拿到衙门里治罪有何好处尔等做丈夫的做首士的与平日好善的人都要把本府前次同这回告示常常说与妇人们听自然不会犯法至于绅富本异齐民更应益充善念多出银钱随地设立育婴会遇便拯救庶几广积阴德不负一乡之望本府痌瘝念切不惮苦口再三劝戒尔军民人等具各凛遵毋得再犯自取罪戾是为至要切切特示

《申报》1899年1月26日第9版第9264期

酌定冬漕折价示

钦加四品衔补用直隶州调署江苏松江府上海县正堂王为明白晓谕事案奉藩宪札饬征收光绪二十四年分冬漕折价现奉奏定章程完折色者石收钱三千二百五十文另加公费钱一千文完本色者每米一石亦收公费钱一千文迟至年外无分本折一律加钱五百文其例定随漕脚费每石钱五十二文照章一并征收并奉颁告发告示饬即遍贴晓催令各粮户无分大小户一律赶速完纳等因奉此将发到宪示遍贴城乡晓谕一面示期启微在案兹查本年漕粮按照应完永减定有闰科则一律于易知由单内分晰刊载填明户名额数按图着保俟户分给所有柜收查口票费等钱久已革除诚恐不肖差保复萌故智用特遵照通饬将上中下不等则田每亩应完米合钱数按照定价逐条科算准确明白晓示为此示仰合邑粮业地保人等知悉尔等各自查明管业田地科则高下遵照后开细数将本名下应完漕粮赶紧扫数清完听候掣串安业此外并无

柜收查号票费等钱至呈缴折色或钱或洋悉听民便洋价仍照上届详准章程按照钱市开报随时增减逐日划一条示倘有经胥差保人等巧立名目暗地需索准即指名禀控或经本县访闻定即严提究办决不姑宽要知方裁浮费无非体恤吾民尔等既沾实惠务各激发天良输将恐后倘敢色揽刁抗贻误运限无论衿民务必从严详办不稍宽恕其各凛遵毋违特示

六言韵示

昨日上海县王大令以时当岁杪盗贼繁兴因颁发六言告示云

现在时届岁阑	正虑盗贼频兴	更有流氓光蛋	到处聚众横行	民团自相保卫
一体实力检巡	如遇匪徒到境	立时驱逐不停	倘敢逗留滋扰	会营协拿送惩
一经提讯得实	本县赏罚分明	各宜踊跃从公	慎勿视为具文	

示禁纵火

去腊本城段董投县署禀称近有匪徒纵火劫财求严密查拿从重惩警县主王大令遂于除夕颁发六言告示饬地甲遍贴通衢其文曰

匪徒纵火图财	向照强盗惩办	一经当场获到	不分首从皆斩	兹特申示定例
俾免追悔恨晚	商民雇夫巡逻	合力昼夜防范	局勇县役地甲	分段协力勿懒
民夫不得多事	勇役不得阻难	由县移会局廨	务令声气联贯	总期有犯必获
以弭地方巨患				

示禁抢醮

上海县主王欣甫大令接奉松江府濮紫泉太守颁发告示一通爰即饬吏照录遍贴通衢俾民间触目警心罔敢违犯亦整饬风化之道也其文曰为严禁抢孀逼醮申明定例剀切晓谕事照得妇女以名节为重风化实世道所关是以孀妇守志例得旌表所以彰名节维世道也松属各县向有抢孀逼醮恶习迭经谭前藩宪丁前抚宪应前臬宪通饬严禁此风稍息本府下车以后访闻各属抢孀逼醮之事积久玩生旧习渐炽推原其故皆由一种蚁媒俗呼为白蚂蚁者图利勾引用言煽惑以致愚民不知利害逼醮抢孀毫不为怪遂使穷詹自愿守志之妇或因邻佑亲族欲得媒

金多方煽惑甚至抢夺强嫁孀妇因而失节其不甘失节亦有因而自尽者似此伤风败俗在主婚
者固丧尽天良而媒说者尤罪魁祸首即如娄县孀妇夏沈氏被夫兄夏纪昌强嫁一案若无全节
堂董事控告查追几夺夏沈氏之志言之实堪痛恨除通饬各属将蚁媒严密查拿遇案严惩外合
行申明定例出示严禁为此示仰合郡军民人等一体知悉尔等须知聚众伙谋抢夺妇女或卖或
自为妻妾及被奸污者并于素无瓜葛之家入室抢夺一经抢获出门即属已成审实不分得财与
未得财为首斩立决为从绞监候知情故买者减正犯罪一等如图抢入室未将妇女抢获者首犯
绞监候为从情实发极边烟瘴充军其贪图聘礼谋占资财期功卑幼用强抢卖伯叔母姑等尊严
者斩监候期功卑幼抢卖兄妾胞姊及缌麻卑幼抢卖尊属尊长并疏远无服亲族抢卖尊长卑幼
者均绞监候如尊属尊长图财强卖卑幼系期功杖一百流三千里系缌麻发附近充军如妇女不
甘失节因而自尽者期功以下卑幼及疏远亲族仍照本例分别斩绞监候缌麻尊属尊长亦绞监
候期功尊属尊长发近边充军娶主知情同抢及用财谋买者各减正犯罪一等其孀妇自愿守志
夫家母家强嫁被污祖父母父母及夫之祖父母父母以及期功尊属尊长卑幼均须分别拟罪若
孀妇不甘失节因而自尽者不论已未被污祖父母父母夫之祖父母父母皆须问拟城旦期亲尊
属尊长杖一百流二千里功服杖一百流二千五百里缌麻杖一百流三千里缌麻卑幼发边远充
军功服发极边充军期亲绞监候娶主知情同抢以为从论各减亲属罪一等国法何等森严岂容
轻犯况节妇守节其情可悯其志可嘉理应格外保全表其贞操借励薄俗经此次示谕以后亟宜
痛除恶习勿蹈刑章倘再故违一经访闻或被告发定即饬县严拿到案照例治罪亲族保甲知情
隐匿并于严究决不姑宽其各凛遵毋违切切特示

《申报》1899 年 2 月 19 日第 3 版第 9282 期

告示照登

特授江西九江府正堂纪录五次孙为关访诈伪事照得立法必探其原制治当求其本惟整
躬以率物乃弊绝而风清本府籍隶京畿世传清白起家门荫历职农曹六计尚廉遂膺上考一麾
出守钦荷圣恩所期利国利民敢不正人正己聘延幕友首重廉名随带家丁但供服役本欲尽心
报主岂肯假手于人至于亲族无多不过家人团聚并未与闻公事安得有犯关防惟浔郡为水陆
通衢租界更华洋杂处难保无各色人等冒充戚好借事招摇贻害地方殊堪痛恨除严密查拿并
饬所属各县一体访究外为此示仰本城及所属地方遇有此种棍徒无论军民人等均当捆送有
司衙门从重究办倘有无知愚民受其欺骗知而不举或串通容隐一经发觉定必治以应得之罪
本府言出法随慎勿以身尝试其各凛遵毋违特示

《申报》1899 年 2 月 21 日第 9 版第 9284 期

示警淫邪

前日上海县王欣甫大令既刑讯淫凶不法优伶高彩云旋复发出简明告示云

人生为女	应守闺训	无论贫富	总要归正	唱戏优人	艺居何等	如何不法
敢作非分	聚党招摇	百般勾引	奸人妇女	淫行以逞	体面之家	含羞隐忍
贫贱小户	哄吓更甚	此等恶习	廉耻丧尽	败俗伤风	人所共愤	若谓租界
可以乱混	岂知邪淫	中外同恨	高彩云案	昨经会讯	奸夫淫妇	严责关禁
事之始末	谅已共听	此后尔等	当为引证	妇女优伶	各宜猛省	再滋不法
按律严警	不顾身家	也有性命	言出法随	其各遵凛		

《申报》1899 年 5 月 17 日第 3 版第 9370 期

示拿凶棍

镇江访事人云近来各洋行细崽往往结党成群在小街三元巷各妓馆借端滋闹甚至有持刀戳伤妓女情事常镇通海道长久山观察有鉴于此发出告示张贴通衢其文曰为剀切示禁事照得本道前因访有洋行细崽朱兴邦即朱四花子等各有王爷菩萨将军等项绰号时常呼朋引类问柳寻花或借端诈扰或无故滋闹甚至地痞借其声势持刀逞凶戳伤妇女中情事即经出示严禁并分致税务司英领领事查明着交移行营县局所一体查拿已将朱兴邦郭三等拿获发县讯究惩办在案兹本道访闻西城外地方仍有细崽马夫水手多人逐日成群结党横行街市甚至闯入良家肆意凶闹且有青皮流氓假冒若辈名目屡次生事扰害实属不法已极若不拿获严惩何足以警强暴而安善良除函致英美领事暨镇关税务司谕饬洋商及在关洋人务将所用华人严加管束如再在外滋事即行交出送究并札饬丹徒县保甲局暨弹压公所一体严拿究办外合行再剀切示禁为此示仰镇郡军民诸色人等知悉尔等须知凶恶棍徒罪名甚众害人适以自害岂可轻身尝试自示之后尔等务宜改邪归正安分谋生慎勿相率效尤自贻后悔倘再怙恶不悛仍蹈前辙许被扰之人来辕指名喊控以凭立饬拿获尽法惩办该原告应随时投案备质一讯即释决不稍事羁累倘敢挟嫌妄告审实反坐其各凛遵毋违特示

《申报》1899 年 5 月 22 日第 9 版第 9375 期

示办团练

上海县王欣甫大令接奉松江府濮太守颁发告示因即发贴通衢其文曰为剀切出示晓谕事光绪二十五年五月十七日奉总督部堂刘排单札开光绪二十五年五月初二日奉上谕

前经通谕各省举行团练据陆续覆奏昨复谕令按季奏报兹将朝廷所以迭次谆谆必须举办团练之故特行晓谕团练之设原以清内匪为主并非欲随时征调远出御敌从前曾国藩所行团练章程颇为详备只须官督民办选择公正绅者各就地方情形认真训练果能众志成城自足以保卫乡里况近来各省抢劫之案层见迭出是守望相助之法更不容缓至于一切经费断不准勒派民间所需器械不特无取外洋新式即寻常洋枪子药亦无所用之现在内地通行之土枪土药用以缉盗何患无功恐各督抚或有误会谕旨转致徒涉铺张毫无实际自此次申谕之后务即发饬各属晓谕乡民俾知自卫身家必须办有成效庶足以慰朝廷诘奸禁暴之心勿仍以文牍通行敷衍塞责也将此通谕知之钦此等因承准此查近来迭奉谕旨饬令举办团练均经恭录严饬认真办理务收实效各属禀复有以征调为虑者亦经本部堂明晰批示举行团练所以自保身家断不征调毋得观望迟回各在案兹又钦奉明谕各该州县务当仰体圣主保卫闾阎谆谆告诫之至意各就地方情形将团练事宜迅速办齐要以技艺纯熟声势联络足以除暴安良为主并非旗帜鲜明徒饰外观即谓能举其事该管道府有督率之责耳目最近各属勤惰当必确有见闻如能实事求是成效昭著即行禀请保奖其有敷衍塞责甚至勒派需索借端扰民者亦即据实揭参似此分别劝惩庶足以励贤良而警玩忽如或视为具文不肯破除情面一味见好属僚本部堂亦不能为该道府稍宽其责也合行恭录札饬札府钦遵转饬所属一体切实办理并剀切出示晓谕俾众周知等因奉此查团练一事本属以民卫民曾于上年蒙总督部堂刘奏准变通章程量给奖恤以资鼓励本府上年莅任之初首先查案分饬各属会商公正绅董各就地方情形认真举办本年四月间又经专札严饬各属认真整顿各在案兹又钦奉上谕所以为闾阎谋保卫清奸宄者无非为民生筹万全而又以不烦征调为言不涉铺张为戒洋洋圣谟无微不至同居率土共有天良读之能不感奋况松属抢劫之案层见迭出盐枭赌匪又复出没无常在绅富之家固各有资财之虑即贫穷之户亦岂无波累之虞与其追悔于临时何如绸缪于未雨与其苟安以贻患何如联络以成城此理甚明尽人能晓然必富者出资贫者出力贫富相卫事方有济乃各属所办团练尚少成效总由督率之官长与经理之绅董不肯吃辛苦耐烦劳但存敷衍之意遂无着实之效其愚民甚以征调为虑望而生畏又安期其群策群力哉曾文正公在籍团练之法团为上练次之章程具在可法可师而就现在情形谕之尤以贤有司为亟盖有司贤则总团得其人总团得其人则分团得其人即一邑之团练亦无不得其人盗匪何从阑入内奸何从混迹民之福绅之福亦即官之福也本府乐观厥成实深殷盼除分行各属一体钦遵外合特剀切示谕为此示仰合属绅耆士民人等知悉尔等须知迭奉谕旨饬办团练原系以民卫民为民生计并非随时征调出外御敌凡属绅耆应各将此事宣讲附近无识民人一律周知仍随同地方有司勤勤恳恳将团练事宜各就情形认真办齐毋生推诿之心毋存畏难之见毋以彼此分畛域毋以旗帜饰外观总以官民一心地方靖绥为主必使民间有各卫身家之念则随在自同收指臂之功所有富者出资贫者出力旧章尤当善为体会不得稍涉

抑勒扰累是则本府所厚望焉其各凛遵毋违切切特示

禁请财神

　　钦命直隶按察使司按察使廷为出示晓谕事照得本省各处匪徒往往结伙成群掳捉人家子弟关禁勒赎名曰请财神又名卖绑票毒害良民言之实堪痛恨此等匪徒既系愚顽又为穷苦所迫以为捉人勒赎并非强盗可比得财又有把握因之不必凶暴者始能为此即游手好闲之人亦能为之推原其故多系乡间无赖之徒素知某家有钱某人最为紧要勾引匪棍内外接应及将人捉去后必经多人辗转说合人赃两交即算无事事主因人已回家钱已花去欲行补报又恐官不为严拿究办该匪势必怀恨寻仇每每但求日后无事隐忍不言以致恶风日炽匪胆愈张查上年奉有刑部奏定章程凡捉人勒赎之案照旧例罪名一概加重并有照强盗律拟斩拟枭斩立决绞立决者原期挽回风气化莠为良第虽有严章岂能家喻户晓本司不忍不教而诛用特刊发告示明白宣谕俾匪徒触目惊心咸知改悔而事主知有重典敢于报官除通饬各该地方官认真查拿务获严办外合行出示晓谕为此示仰合省军民各项人等知悉尔等要知捉人勒赎新定刑章至严至重以后凡有蓄意捉人勒赎者务须立除恶念勿得以身试法致贻后悔嗣后该乡长牌保人等如有知此等匪人踪迹者准其密报地方官拿案问实立加奖赏倘诬指良民照诬告例反坐如事主报案地方官不予认真拿办准该事主来司申诉本司必为严饬查拿立办决罪不任匪人漏网事主受累总之捉人勒赎分赃形同强盗罪无可宽地方官除暴安良是其专责尤在时时劝导使梗顽者潜移默化共为口盛世良民本司实有厚望焉切切特示

严禁赌博

　　南昌访事友来函云省垣保甲总局李大守宗言最恶赌博禁之甚严偶经过华陀庙左近诸赌棍正欲趋避某署差头止之曰是不必虑如强项当毁其轿太守遥闻大怒即饬拘拿无如亲随较少未及拿获即面禀臬宪转饬县署立获某差头重惩以儆效尤又某署执事头在南营坊聚赌亦经太守面禀臬辕饬县拿获到案重治翌日太守复出简明告示曰赌博干禁例有明文屡经晓谕三令五申无如痞棍置若罔闻仍施伎俩诱骗愚民似此顽梗痛恨实深特再出示使其自新倘敢复犯定即拿讯严刑惩创决不从轻

示禁苛索

代理浙江宁波府鄞县正堂李为照案出示申禁事光绪二十五年八月初四日奉府宪庄札奉道宪李批发举人邵丙镛控公泰典伙苛索挂失重利等情词奉批饬宁波府衙门迅饬鄞县确切查明彻究惩办一面勒令将告示按典实贴取结存案如再隐匿严予提究毋任胆徇违延切切抄粘附卷等因转行下县奉查是案节经前县出示申禁一再发帖通衢及各典门首俾众周知在案奉札前因并据举人邵丙镛具禀前来除批示外合再出示申禁为此示仰合邑典铺质户人等一体知悉嗣后当赎务各遵照定章不论月建大小总以对月计算如上月初十日赴当至下月初九日取赎则付一月利息若至初十日取赎过期一日须加一月之利或不及一月向赎者亦须付一月利息凡挂失票只准照当本每千取钱十文以资伙友津贴毋得意外苛索至各典出入如系市面通用洋元无论当赎均照市价不得任意增减挑剔贴水其洋果属夹铜烂板毛木轻油亦准随时退换不许赎当之人借口挪用自示之后倘敢阳奉阴违以及赎当之人借端滋扰准各典随时据实禀县以便分别提案严办其各遵照毋违切切特示

《申报》1899 年 10 月 9 日第 2 版第 9514 期

示禁匪徒

松江访事友来函云松郡迩年以来光蛋土棍到处横行讹诈拆梢无恶不作更有一种无类少年强操皖南北口音欺凌懦善以猎衣食居民皆惧结仇怨隐忍不言新任华亭县王纬辰大令下车伊始即刊刷告示张贴城乡各地俾若号知所警戒诚为治之要务也其文曰钦加同知衔在任候补直隶州调授江苏松江府华亭县正堂加三级纪录三次王为此切谕禁事照得本县访闻县境浦南北一带近来每有外来光蛋与本地土棍互相勾串狼狈为奸或身带刀械遇事生风或连结枪船掳人勒赎或开场聚赌陷诱乡愚或逼醮抢孀扰害良善种种不法大干刑章本县已访有著名光蛋土棍多名本应立于拿办姑念莅任伊始不忍不教而诛合先出示剀切谕禁为此示仰合境军民人等知悉自示之后该光蛋土棍等果能洗心涤虑痛改前非匿迹潜踪各安本分自当网宽一面予以自新如怙恶不悛藐视禁令一经严拿到案或被保甲人等捆送定即尽法惩办决不稍从姑息本县前任丰赣两邑严办匪棍尔等当有见闻慎勿以身试法贻悔噬脐其各凛遵毋违特示

《申报》1899 年 10 月 30 日第 9 版第 9535 期

局示照登

时届冬令宵小最易潜踪本邑各巡防局委员每晚必督率勇丁出外巡行务使宠吠无惊

间阎得以安枕日前高昌庙巡防局员马参军更颁给六言告示遍贴通衢其文曰照得时届冬月防范尤宜谨饬局厂地广人稠良莠须当分别本委亲督稽查巡缉何等严密烟间酒馆茶寮宵小易于混迹时逢戌亥之交务各炉停灯灭如有阳奉阴违或敢窝留小窃一经查出情形定即严提惩责

示禁贩钱

天津口闻报登直隶藩司廷方伯臬司廷廉访会衔告示一纸特照录之曰为严禁私贩制钱出城事照得省城商贾辐凑货物云屯全赖制钱以资周转近来银价日落现钱日绌以致百物昂贵商旅兵民同受其害近闻有渔利之徒借赴别处籴粮为名收买大批制钱贩运出城且由火事捆载而往者任意取携络绎不绝漏卮之大无过于此省垣为根本之地钱币乃日用所需若再听日源源运往必致市面日益萧条商民生计愈蹙亟应严行禁止以裕货源而利民用除札首县多派干役严密巡查外合行出示晓谕为此示仰四城商贾及诸色人等知悉自示之后不许贩运制钱出城各钱行铺户如遇有人持银交易兑取大宗现钱须问明来历或令找出保人实非贩运出城方许给付不得贪图微利率行兑换倘有奸商奸户玩视禁令仍敢贩运大宗现钱者一经拿获或经人告发定将所运之钱赏给拿获告发之人并严惩办其贪利卖给现钱之人并行究办不贷各宜凛遵毋违特示

示禁赌博

江西访事人云新建县江云卿明府严禁赌博每有拿获皆枷号头门示众以昭惩警复念地方辽阔未易周知爰缮发告示三百余张遍贴各乡镇且一律用朱笔点句俾农工商贾之稍能识字者即可照读其文曰钦加知府衔赏换花翎在任升用直隶州调署新建县事上高县正堂江为严禁赌博以靖地方而正风俗事照得勤俭为民生之计而赌博乃荡产之端呼卢喝雉富者因而破家角胜争赢贫者遂以失业彼其纵赌之始未尝不乘兴以往妄想赢钱殊不思开赌一场赢者十之一二输者十之八九即有侥幸而赢不过偶然之事久之亦同归于尽乃竟昏旦俱忘沉溺不返甚至先祖之余资轻于一掷累年之积蓄败于崇朝脱衣剥裤而不知羞卖产典金而不知惜堂上之旨甘有缺谁为供养之人室中之琴瑟不调忍听勃溪之语往来故旧大半寒心借贷亲朋岂能缓颊言念及此不特可限亦大可悯也更有一等游手好闲之徒惯设赌局引诱良家子弟一入彀中便售其诈骗之计迫至倾囊倒箧冻馁交加非戕命殒身即流为贼盗贻害地方败坏风俗

莫此为甚本县莅任伊始不忍不教而诛合行剀切布陈出示晓谕为此仰合邑军民人等知悉尔等或托市廛之内或居村野之中当各努力经营安心耕□勿以祖遗之资而弃诸泥沙勿以血汗之功而消诸游荡从此通昼通夜不耗无用之精神立功立名勉惜有穷之岁月自示之后倘有怙恶不悛仍蹈故辙及开场聚赌煽惑愚民者此种鲜廉寡耻梗顽不化之人断难姑宥一被访闻或经告发定即严拿究办地保邻佑徇隐不报一并惩治慎勿视为具文轻为尝试噬脐莫及特示

《申报》1899 年 11 月 17 日第 9 版第 9553 期

禁赌告示

松江采访友人云前者提辕巡街弁李君至西门外狱庙缉捕赌徒突被赌徒所窘旋由娄县主屈吉士大令提图差地保讯惩并将各赌徒按名拿案日内府尊濮紫泉太守复出示曰钦加三品衔特用道江苏松江府正堂加胡级纪录六次濮为出示严禁事照得赌博一项大干禁令其为害地方小则哄诱乡愚破财倾产大则招引匪类混迹潜踪是欲靖地方必须严惩赌博松郡赌风素炽西门外一带本府于本年春间曾经剀切示禁且密饬该管地方官随时严拿现闻西门外及城内各地方尚有开场聚赌以及地摊掷骰等项小赌显系地痞棍徒勾结差保人等得规包庇以致若辈恃有护符肆无忌惮言之可恨已极除饬华娄两县严密查拿并密访著名赌棍札饬拿办外合特出示严禁为此示仰诸色人等知悉尔等须知赌博例禁极严经此次示谕以后再敢有犯则是怙恶不悛无论何项赌博立即饬县从严究办并根究包庇之人从严惩警一面将聚赌之房屋发封入官地保徇隐不报定即并惩不贷决不稍宽其各凛遵毋违切切特示阅日屈大令复会同华亭县王纬辰大令缮就告示饬四城地保张挂于人烟稠密之处俾刘盘龙一流人触目警心不敢再蹈前辙其文曰华亭县正堂王娄县正堂屈为出示严禁事照得赌博为耗财之其盗贼之源为害最烈例禁甚严松郡城乡此风颇炽迭经严拿惩办匪徒稍知敛迹第恐日久玩生不免又萌故态查城内普照寺后小仓桥弄内观音桥并西门外花园浜钱泾桥左近东狱庙妙严寺后和尚坟东门外华阳桥等处以及城乡市镇烟馆茶馆酒肆素为赌棍聚集之所除随时密拿严办外合亟出示严禁为此示仰诸色人等知悉嗣后尔等务当共凛刑章各安本分慎勿开场聚赌自罹法网兼破身家致贻后悔至城乡市镇烟馆茶馆酒肆并不准希图抽头设摊诱赌倘敢故违一经访闻或被告发定即照例严办决不姑宽保甲人等得规包庇察出并干究处其各凛遵毋违特示

《申报》1899 年 11 月 19 日第 9 版第 9555 期

示禁登城

新任上海县主蓝云峰大令以城垣新经修葺恐有无知顽童往来作践特出六言告示分贴

各城门今特照录于左其文曰照得城垣重地理宜防守严密前因年久损坏业经修葺完结乃有无知顽童辄敢上城扒城不独任意作践抑且时虞倾跌童稚不知利害父兄理应戒饬倘敢仍蹈前辙定提父兄究责门兵防守人等并着随时拦截为此简明示谕务各一体知悉

《申报》1899 年 12 月 3 日第 3 版 9570 期

禁米出口

昨上海县蓝云峰大令抄奉江苏抚宪鹿大中丞禁米出口告示发贴通衢示中略谓照得苏属本年秋收尚称中稔乃新米上市之后粮价不见平减反加昂贵显有牟利奸商私运出口情事若不从严查禁不特办运新漕为难亦于民食大有妨碍除已通行饬禁外合再出示晓谕为此示仰滨江沿海各州厅县军民人等知悉自示之后倘再有人私运米粮载出海口无论船只大小装米多少无论军民人等均准一律截留就近报明所在衙门查办所获米石一半给赏一半充公断不宽贷该商等毋得轻身试法自贻伊戚此专指出洋而言内地流通不在禁止之内毋违切切特示

《申报》1899 年 12 月 7 日第 3 版第 9574 期

法员告示

大法钦命驻札上海副领事代理总领事盖为出示晓谕事照得公董局于西历本年十一月初三初八两日即光绪二十五年十月初一初六等日会议本国租界应免应收各捐定自一千九百年正月初一日起所有界内向收之路灯垃圾捐项一并捐免是以议定房捐一项洋商照房租每百两抽收五两华人照房租每百两抽收十两其地捐一项仍照一千八百九十七年三月十五日由租界各地主公举诸人集议占定地价每百两抽收五两等情本代总领事除查照本租界章程第九第十等款批准照办外合行示谕为此出示晓谕仰本租界华洋商民人等知悉所有尔等应出房地等捐自一千九百年正月初一日为始务各遵照公董局定章备缴毋违特示

《申报》1899 年 12 月 11 日第 3 版第 9577 期

告示照登

九江访事友来函云钦加提举衔总查保甲委员候补县正堂史钦加同知衔德化县正堂应为出示严拿事照得浔郡为七省通衢行商坐贾络绎于途岂容无赖游民混迹其间致多扰害兹本委员县访闻城厢内外有安徽人李金标湖北人夏鸿轩张凤轩朱桂心河南人王四子九江人

郑河清范内兰陈景和老罗并教习拳棒之郑从云游手好闲成群结队横行街市为害闾阎实堪痛恨深派差严密查拿究惩外合行出示严禁为此示仰城厢内外诸色人等知悉尔等须知安分守己方称善良党恶为匪大干法纪自示之后凡属无业之徒赶速各谋正业有家之辈务须自保身家勿恃强而多事街衢勿妄为而自惟法网倘敢故违一经发觉本委员本县执法如出定即按名签差拘拿到案从严惩治不贷特示

《申报》1900 年 5 月 28 日第 9 版第 9738 期

上海京江公所代工部局拟撰告示稿

洋泾浜北工部局为晓谕事照得北地京津一带拳匪扰乱警信传来以致上海租界人心浮动纷纷迁去徒自惊慌殊于市面有碍业经本局遵奉南洋大臣与各国总领事订定约章互相保护华洋一体但期合力维持况南方系完善之区与北地情形迥异上海为各国通商口岸即为商务根本重地尤宜加意安全断不至如天津戒严有不准擅出租界派作苦工等事南北判若书壤其理自可共明本局现与各会馆总董妥议办法各省商民同居上海租界应照约一概保护设或遇有危险可往所属会馆暂住本局当即派兵防守并代筹饭食以备急需如果会馆厦屋无多不敷存顿又实系万不得已而势必迁移者准由本局发给照会听其自便为此剀切示谕凡在界内居人各有身家须知各安生计妄动究非善策勿再轻信谣传惊疑自扰本局和衷共济亦深望人心坚定借以挽回市面也其各遵照无违特示

《申报》1900 年 7 月 31 日第 3 版第 9802 期

摘录光绪十七年京都同德堂药局禀升任上海县袁海观观察准给告示

为此示仰诸色人等知悉尔等须知该职设立药局系悯人一吸洋烟戒除无方即贻终身之累特施良药俾其自新至施送疹气丸等件亦以时届夏令疾病繁滋不惜重资以广拯济毋得索扰有阻善举自示之后倘有无知之徒无端滋扰以及强讨恶索假冒等情许由该职指名禀究以凭从严惩治决不姑宽其各凛遵毋违特示

《申报》1901 年 1 月 25 日第 6 版第 9980 期

刘幼吾司马署湖南桂阳州临武县时劝民种植告示

为出示晓谕劝民种植以开利源而广国课事本年八月奉各大宪札开钦奉上谕饬部议覆

唐沽镇一摺内称照得富国之本首在足民生物之功资乎因利今世变益急财用内匮各省官员未闻以何地可兴何利何处可植何种以致我中国膏腴至广生产繁多旷废弃置不知因地兴利殊堪浩叹诚量各省士性所宜广植物产其已备者扩而充之未备者购种植之使无旷土无游民则不但地方富庶且鲜贼盗劫抢之事所有应植各种条列开后请饬责成地方官详查土宜速为劝导购种俾物产加多税课自旺足民足国之道无善于此饬即查照办理等因奉此查树艺一事前于上年三月间奉抚宪刊刷简明告示及本县出示迭次遍贴劝谕在案兹奉前因须知中华得天地正气土膏本厚物产最多虽一切信用各物不及外洋精巧而味正质坚实为外洋所不逮无如中华人民多安游惰在有业之户山地多废置而不种无业之民又苦力不能施无怪生齿日繁财用日匮能安贫者则穷愁坐叹至若无赖之辈则不免鼠窃狗偷甚至结党成群伙为匪盗害难尽言若临邑地方山多田少旷废之地尤多问其不种之由皆以偷窃为虑不知无业之民既无田地耕种且不学习工艺焉能禁其不盗不偷及至犯案官为收管惩办而前者既除后者继起况漏网者不知凡几竭胜诛求欲求救时良策惟有亟讲树艺之一法今本县与阖邑绅民富户约凡有山土之家速购各种产物以植之或已之荒土太多不能遍种即租给他人而薄取其值或公立一会招股集赀开土试崩不数年物产繁盛大利即兴无业游民且因此而得食盗贼将不期而自无尤为利中之利矣惟小民只可与之乐成难与谋始尚赖地方有识绅者先为倡率勿苟安积习勿吝惜资财勿轻听浮言勿见小欲速则事无不成利无不开矣如恐种植被窃则严立团规呈县核定有犯送惩或请差拘欲兴利必先除害本县自当竭力维持为尔等赞成也尚其勉之实有厚望所有应种各项条列如左以俾周知毋违特示

一曰蚕桑中国产丝之区以浙江为最浙江以太湖为最盖湖水澄清性肥而暖故以水灌桑则叶茂以桑饲蚕则丝韧以一太湖例之鄱阳巢湖洞庭大明洪泽昆明各省之湖诚能推广此意遍植蚕桑则所出丝茧皆能光白柔韧远胜日本意大利诸国而收大利此言近湖之地宜蚕如此又曰高原宜山蚕下阴宜泽蚕北方养蚕晚南方养蚕早宜蚕之处不独近湖地方明矣现闻各府州县遍兴蚕利又购广种浙种各蚕之生发取丝获利不可胜计临邑亟宜仿办趁此冬季多栽桑袄来春可望长发除蚕予已经本县于今春购种分给外候再加购分给可也此示未毕明日续登

《申报》1901 年 12 月 2 日第 9 版第 10283 期

续录刘幼吾司马署湖南桂阳州临武县时劝民种植告示

二曰葡萄外国葡萄酒居货物之大税居国谋之大余宗其者察各省土性多宜葡萄苟能广种购机器以酿酒则酒产自丰酒销日旺而酒税大胆国用矣临武向有葡萄一种土性最宜惟宜高搭棚架俾藤广舒屉则县粒更当壮大冬季宜荫粪次春长发必肥结子更多

三曰种棉中国棉花向推顺天平谷绵长白色足与美国南海岛种相匹洋棉价贵每百斤须三十三元华棉价贱至贵不过十七八元故华棉营销外洋以之纺纱织布转运中国销售尚有大利今江苏两湖产棉不旺如于土脉松厚由陆高燥之地广为播种岁入不可胜计临邑土性相宜亟宜推广以增其利

四曰种蔗甘蔗为中国独有之利西人试种爱尔兰之地而不合土宜且枯瘦芜糖中国除丝茶之外惟蔗糖味甘为西人所最嗜虽法人之罗馥糖美国之枫脂糖不足比也惟不用机器提制色不光洁若令江西浙江江苏安徽湖南素种蔗之地广植丰收购机制造则岁入之数无算临邑土亦宜蔗若将山陆之地开辟栽种取汁熬糖将来营销即地方之大利幸勿小视之

五曰种竹竹之为物可制器可造纸获利较他产尤速中国除山陕直诸省不能种植外余皆可种产纸之区向以浙江之绍兴安徽之宣城宁国为最惟春煮烘焙仍嫌锤炼未精若用洋机制造和以菅麻加其坚韧则成纸速而销场广每年洋纸有数百万之利中国亦可抵制矣即竹竿竹器出口之价亦可岁增临邑土宜种竹向有纸厂只知造粗纸故利微倘能兼造细料各纸则价倍工巧可以大开利源

六曰种樟樟脑为制炸药所必需其涨力可增至五千倍日本与台湾所产最旺中国江西安徽广西湖南等省苟能广植十余年间即可熬脑每十斤可值洋银五元其利什百于他产按樟树湖南处处皆有即临邑亦多此树最易生发且可用以制器如能广植而得熬制之法将来利息又何可量

七曰种橡西人岁剥橡树皮熬胶以制器物续剥续长获利无穷以之为物广狭屈伸各适其用中国各省皆有西人名曰胶树今宜多购橡子教民播种数年即可剥皮营销外国攘夺意大利及旧金山所产之利按橡树即名骨皮树临邑亦有其树最贱民间以不能作柴火故不栽种惟衙署及广宇最多今裱画店所用构浆及写字贴金者皆取此物之汁

八曰种烟与加非树烟性能涤秽化痰中国关东烟叶味较香厚第不善收储又不知卷作纸烟致巨利为西人所夺今各省择其隙地广种烟子取叶收储地窖中一二年后退其火性购机制成纸卷富可行销外洋银非一物始于阿非利加洲西人日用必需销路大广市中设加非之馆通商口岸华人俱好嗜之与纸烟同今各省添种加非之树其利较种茶尤厚按今都州烟叶并不亚于关东临邑亦有种者宜速推广之亦是地方之大利

九曰种茶中国红茶营销外洋各省皆有庄口外洋所出者仅印度爪哇锡兰三处然西人喜用中国之茶不喜用印度等处之茶是茶之一宗惟中国所产最佳美查湘中土产向以茶为大宗近年所出虽多惜焙制不得其法西人恶其烟薰之气以致印度等茶反行竞利销行不可不竭力讲究以挽利权此言做茶之法制造宜精也若临邑亦金一乡所出之县瀹而饮之其香味极厚不减安化佳品一乡可种自必处处皆宜宜速购其子与兜加广多种以开莫人利源

十曰白蜡中国视为贵货西人亦向我中国购买其价值较他物尤厚湘中出蜡之处获重利

者不可胜计临邑向有贩蜡之户惟宜广购蜡树多放蜂各项虫以大其利此临邑土产土性易生价值甚贵当急将此二物各家布种数年后行见生发不穷获利无算又如各色杂树茶本果木尤宜多栽皆是生财之道美处殊难尽言语云人杰地灵全在有心人好为培植也孰谓瘠苦之区不可转肥为美乎

《申报》1901 年 12 月 3 日第 9 版第 10284 期

赛会告示

钦加二品衔赏戴花翎江西分巡广饶九南兵备道督理九江关税务兼管窑厂事兼办通商事宜加五级纪录五次瑞为出示晓谕事光绪二十九年闰五月初四日准监督江南海关道袁咨开奉南洋通商大臣魏札开光绪二十九年四月十五日外务部咨准军机处抄交出使法国大臣孙咨开赛会华商亲来者少请饬下商务大臣各直省督抚劝谕筹办以扩利源一片光绪二十九年三月二十八日奉朱批外务部知道钦此相应恭录谕旨刷印原奏咨行钦遵办理到本大臣准此查以物赴赛原考究利用广销商家必须携货亲往考察乃可获收赴会实益自应由各关谆切晓谕劝导抄单札关分移沿江各关一体遵照办理等因到关奉此除出示晓谕并分移外合就抄粘移会查照一体晓谕劝导等因准此合行出示晓谕为此示仰各业商人一体知悉尔等须知以物赴会原为考究利用期广销路必须携货亲往考察乃可获收赴会实益毋违特示　闰五月十二日示

《申报》1903 年 7 月 21 日第 9 版第 10866 期

江西九江府警察总局简明告示

照得市廛局面理应一律整齐柜台移进柱内业经再三示知况当举行警察清道先重始基无如各存观望彼此间有参差谕尔门限为度过此再令拆移其有改修合度务应效法所为招牌平悬檐下不得露立道衢庶便行旅来往免致拥挤堪虞兼之巡兵站街瞭逻一望无遗凡此重申告诫要使尔民相宜自兹示谕以后各当恪守良规禁止谣言妄作信口捏造是非倘复因循不改定即严惩无疑幸勿自蹈咎戾本局旨出法随

《申报》1903 年 9 月 24 日第 9 版第 10931 期

商部告示

为出示晓谕事照得本部振兴商务要在通上下之情遇有商人役战禀牍或面陈商情无不

推诚相待本部设有接待所一处各业商人赴部求见允导至司务厅聪明果系诚实商人即由司务厅延入接待所随时接见务使官商联络弊绝风清惟当开办之初各商人等未必周知更恐有本部差役需索阻遇之弊合行出示仰各商人等知悉嗣后呈递禀件除京外有职官员须取具同乡京官印结旗负须取具本旗佐领图片外各商人等如朱能取有结片但具殷实铺户保结盖有该号图章本部即可接收如遇面陈之事亦即分则传询倘本部差役人等有需索阻遏情事准该商人径至司务应投诉讯明严行惩办尔商人等须知本部要在保商力除官商隔阂之习慎毋长难疑阻致负本部保护维持之至意特示

《申报》1903 年 12 月 6 日第 9 版第 11004 期

郑重告示

前日上海县主汪瑶庭大令发出兴商告示黏附华商公司奖励章程饬南市十六铺地甲糊裱张挂龙德桥左近俾众周知昨日复传谕地甲裘镇小心看守取具收管切结存案备查盖以昭郑重也

《申报》1904 年 2 月 5 日第 3 版第 11065 期

战时禁货告示

天津访事人云日前天津特出示谕其文曰为出示晓谕事光绪三十年正月二十一日蒙督宪袁札开为通通事光绪三十年正月十六日准外务部铣电开俄使照称俄国政府认为战时禁货分列如下一手执及炮队各军器二铁甲三火器四炸爆各料及器具五炮与工程队及军队中辎重之应用各物六带刺铁线七扁艇及浮桥八军队备用之物及号衣九驶海船只若迟挂带局外商旗前往敌国海口有军务之意者十船只各式汽机十一各式锅炉十二石煤十三石脑由十四酒精十五电信德律风及铁路各物料十六粮食饮料十七米石十八马匹及他项牲口十九海陆各战应用各物等因俄国所认战事禁货大致详备末条海陆各战应用各物所包尤广希转电通饬严切申禁毋稍疏忽等因到本大臣准此查中国现守局外中立业经颁发条规通行遵照在案兹准前因应即一体严切申禁不得将所开前项各物件运售战国军用除分行外合行札饬札到该府即便遵照办理此札等因蒙此合亟出示严禁为此示仰合郡诸色人等知悉自示之后尔等务各遵照不得将所开各物件运售战国军用致于严究切切特示

《申报》1904 年 3 月 29 日第 2 版第 11115 期

续录蜀中保商告示

一保全商利凡商货俱有公平一定行市价值乃巧奸商因自己难以周转竟违行市私自减价售卖害及同行随之跌价亦有独自囤货居奇抑勒昂售者俱非公平之道嗣后各行市价务须公平一律不得任意低昂倘经本局查有不公不平之处于商有碍者立召众商评议惩咎以保商利

一酌助商力重庆常销各货已成行市其有市上所无之货及新出之货或有货有店尚未成行者如欲贩运或欲立行而商人无此力量嗣后准赴局呈明听候验货考察资本倘其货实佳宜于营销或合股运贩或订立公司均可由局酌出官本官商合办其立行者官为订立行规照上条订正商规之法办理

一限定商权未设商务官局以前官商之气不通商人有事自行定议今既设立官局凡于商人有关利害之事无不管理嗣后遇事应通知官局局员商同定议不得由商私自议办以免违碍如有未经官局议定者无论商人所议是否可行一概作废再如自出心裁创造物件向来所无者亦由局核验明确方准专利倘其物件或重庆或别处已有人制造即不得以创造论不能准其专利

一考验商货商人贩货工人制货务宜精益求精如通行之货人所同用只准改好加长不得减工省料以图贱价营销尤不得掺杂别样恶物于货内以假混真以新充旧肆行欺骗以免商人吃亏嗣后货色由局随时查验应改好者令其改好禁止掺杂如于货内验有别样恶物立召通行看明重罚以警

一流通商币重庆银根极紧固因商情疲困滞销及倒骗害人种种情由以致借贷通挪诸难应手亦实因市面银锭太少不能周转之故今铸用银圆由省运来是为商人添出银币也又拟再由省将铸就铜圆运来是又为商人添出钱币也银钱愈多则市面愈宽故银圆铜圆必应畅行方能于商有益嗣后各行商人于银圆铜圆一律通用亦不得专用银锭不用银圆铜圆倘有心违抗定行重办

一申明商政本局虽系官办一切皆系商事并非衙门及别项官局可比商人到局随时接见但商人繁多若纷纷来局亦属应接不暇兹酌定嗣后每逢三六九日期各行商人来见者如通行之事行首前来一铺之事管事前来带同禀见当面剖陈官商同议应准者仍候查明方能胎准应驳者亦查明照驳大公无私决不偏袒抑勒倘有以奸诈之事来局禀陈希图朦混者立交地方官惩办不贷其有要事万难刻延者准随时禀陈现在甫经开局商情未能周知以上晓示各条仍俟妥定章程再行逐一举办如有未善之处及商人无有妥善办法亦望从速见告以资采提

《申报》1904年4月26日第2版第11142期

严杜招摇

芜湖访事人云前月某武职大员署前某客栈寓有太平县人李某携带川资二百余金旋与大员之孙某甲交游意以为近水楼台易于得月恳谋录入高等学堂甲许之越数日伪缮堂中教习某君八行书称需规费若干李一一遵从由是晨夕与共寻花问柳约阅一旬甲忽踪迹杳然李心窃疑之将伪信送往学堂请验堂中执事某君向李究问尽悉前情立即知会某大员某大员急向某君缓颊并将规费如数还李李遂无言而去本月初高等学堂及学务处连出两示严禁此项事情爰为之照录如下高等学堂示云为出示晓谕事照得本处学堂自明年为始将本籍学额补足二百名另设客籍四十名定于光绪三十一年正月二十日考试业将考试日期刷印告示分送各州县张贴在案本学堂评定试卷均系延请通儒校阅凭文去取并须呈送各大宪审瑄不容有所请托亦别无操衣各项费用即该生等赍投公文向不准号房人等需索分文诚恐远道投考诸生未悉堂章严肃致为不法之徒所惑冒称本学堂执事人员在外招摇撞骗受累非轻除由本学堂随时查察外合行出示晓谕仰各属投考学生一体知悉须知本学堂为国家造士首重品行凭文甄录弊绝风清请各安分自爱如有前项棍徒在外招摇以及需索规费等情查出立即饬县究办决不宽贷既而安徽全省学务处布政司联方伯按察司濮廉访会衔出示晓谕曰照得本处招考出洋学生就所停膏火银两选送学习完全师范科六人实业科六人定于十二月初十日考试业将酌定格式考试日期示谕在案查此次考选游学岁靡公家巨款原期造洋人才为他日归国效用地步必须品行端谨中国经史确有根底者方为合格本处校阅试卷均延聘通才悉心评定一秉至公果系文理优通不难共见共闻自无所用其请托即该生等赍投公文亦不许号房人等需索分文诚恐有不法之徒冒称本处执事人员在外招谣撞骗亟应先期出示严禁周知合行出示晓谕此示仰各属投考学生一体知悉如有前项棍徒借端招揽以及投文时需索规费情事许即扭送来处定行发县严惩决不姑宽该生等亦务须安分自爱听候甄录毋得妄事揣测致贻后悔其各凛遵切切特示

《申报》1905 年 1 月 28 日第 2 版第 11413 期

谕禁仿造钱帖

英美等国会审廨员黄司马于昨晨发告示一道照录于下光绪三十年十二月二十七日奉道宪袁札开据吉林派办钱帖委员蓝翎佐领海兴笔帖式恩权禀称职等奉吉林将军札派赴沪缩印甲辰年字样六等帖料业已印齐前曾禀请免票已蒙发下正拟起程间于本月二十一日据彩文书局声称有大马路南望平街北口文海刻字铺冒刻吉林永卫官帖图书之事职等闻言随往该铺探询据该执事周姓声称本月初旬有一北地人自言戴姓手持吉林永卫官帖局十吊钱

票一纸向小号照式订刻图书一分又欲倩小号代缩帖纸留下定洋三十元如是而去职等向其
索看图书样式又云当日虽将定钱留下因此人形迹可疑恐有假冒未与刻成仅有原留式样在
此职等覆视帖样确系吉林十吊成帖因语该铺人等此帖仍存尔处勿与那人拿去免得再生枝
节职等虽然如此吩咐恐其阳奉阴违难杜他日奸谋复萌倘将假票造成恐吉林士民吃亏非浅
禀恳行县缮发告示饬差晓谕上海印书局刻字铺一体周知俾免后日再有造假之谋等情到道
查吉省委员来沪采购纸料迭奉各宪函札当经由道出示严禁仿造并分行一体查禁在案兹据
前情并札上海县遵办外札饬遵照出示晓谕饬差查禁等因到廨奉此除饬差查禁外合行出示
晓谕为此示仰印书局刻字铺一体遵照尔等毋得仿造前项吉林钱帖倘敢故违一经查出定提
重究不贷其各遵凛毋违特示

《申报》1905 年 3 月 11 日第 10 版第 11455 期

劝兴树艺九江

江西农工商矿总局司道通饬各属广劝种树以厚民生略谓耕种勤而后田原之产富树艺广
而后山泽之利兴江西土沃民稠凡于谷类相宜之地尚不致久听荒芜唯崇山瘠壤沙碛湖滨废弃
不治者各属仍复不少虽迭经颁发章程饬催种植而言谆听藐旷土依然坐窒生机殊堪痛恨合再
逆饬并撰告示广行晓谕各府厅州县城乡绅民人等须知南山檀柘鄠杜竹林陆海之饶为天下最
史记请千石枣栗千亩栀茜千树橘漆千畦姜韭找富皆与千户侯等故树艺之利实比田谷加倍况
现在国家振兴农业果能有利必兴定见有劳必录本局前曾刊发定章内载凡种植果木五百株以
上杂色竹木千株以上者委员查实详请抚宪准给为首劝导绅士匾额一方为首出力农人各州县
揭榜披红礼请宠劳若成效逾格者并禀请奖给顶戴似此破格优崇尔等获利扬名亦更何乐而不
为务相劝勉广栽树木培护成林倘有匪棍流氓敢肆戕害就近禀各地方官严加究罚不贷

《申报》1905 年 4 月 4 日第 4 版第 11479 期

屠谳员谕令呈明缴存款项单据告示

为出示晓谕事本分府下车伊始所接黄前分府移交案中缴存未领银洋各款以及契券等
项恐有匿漏未交兹值交接之际一时无从查悉业已禀奉道宪批饬示谕查案人等将已结之案
有应领款项单据令即具呈请领其未结各奏内有缴存款项单据者亦限日呈明备查庶庭免日
久难稽纠葛不了等因奉此合行出示晓谕为此示仰在案原被人等一体遵照如有于前任内缴
存应领款项单据者统限于日内分别呈明听候查核饬遵以免日久难稽毋违切切特示

《申报》1905 年 4 月 13 日第 4 版第 11488 期

示禁伪造铜元京师

工巡局拟定禁止伪造铜元告示俟回明那大金吾标准后即日张贴其示略云查京城钱法极坏现经顺天府暨各衙门设法严查并设立铜元公估官局以期平钱价便商民寓杜绝私铸小钱之积弊乃访闻近有伪造夹铅铜元掺杂其中蒙混使用等情匪徒玩法渔利实堪痛恨合亟出示晓谕仰铺户军民人等知悉设立铜元公估官局原为维持圆法取便商民如有匪徒胆敢设炉私铸夹铅铜元贩运使用以伪乱真不法情事有能知其踪迹即行告知巡局获案讯明加等治罪勿得徇情隐讳致干究办不贷凛之

《申报》1905 年 4 月 13 日第 10 版第 11488 期

龙门考期告示

本县汪大令昨日发出示谕一道照录于后为出示晓谕事奉府宪田札奉关道宪袁歌电开龙门学校改期考选十二日考官送学生二十日考绅送学生现到者寥寥闻各县尚未奉转行之文殊恐缓不及事合再酌展以二十六日为最后之补考务于二十五日午前投到切勿迟误乞飞饬所属晓谕周知切要又于初六日奉道宪袁微电开歌电想已达龙门定期四月初旬开校各属定送学生万难再事延误望遵照发电飞饬所属速即保送务于二十五日午前到沪投文迟干未便各等因由府转饬示谕等因到县奉此合行出示晓谕为此示仰本邑应考各学生一体周知毋违特示

《申报》1905 年 4 月 19 日第 18 版第 11494 期

余令颁发浅明告示杭州

余杭县方佩兰大令莅任后编成白话告示发贴城乡以期实行爰为照录于后本县定于初八日放告 先有几句话 对你们说 头一层呈子要说实话 不可诬告人 不但一概全虚才算诬 十件事九件是实 一件是虚 也叫做诬 大清律例上说的有 诬告人家 轻罪加二等 重罪加三等 本县是一定要照着这样办的 这不是格外从严是有个应办的道理 譬如那人本来无罪 你去告他 到了官问不出来 那人受了冤枉 就是问出来了 那人已受了拖累 你这诬告的人到没事情 自然落得告人 地方上词讼自然多了 就是本县要办诬告的意思以后递呈子 要具一个诬告坐罪的结随着呈子进来 没有结的不收 第二层 呈子前头有功名称功名 没有功名就称民人 不准加上教民客民字样 这也不是格外新法 实在是保护教民客民的道理现在人家都说教民欺负平民 客民欺负土民 其实本县晓得 并不尽然 但是呈子上 写了个教民客民字样 人家眼睛就看不惯了 将来就是有理的官司 断了你赢了 他们就会说 你们倚着强势欺压

他了 仇恨自然加深 彼此所以不和 如果与他们一样官司赢了 他们也没有闲话好说 岂不是好 第三层捐功名的人 要把执照夹在呈子内递进 以免有功名的冒充 这是体你们有功名的显体面的意思 本县当堂收呈 只一看即刻亲手交还本人 又不怕失落 又不怕经党差的手 留难讹诈 尽可放心 本县是怎么说怎么做的 没有一句欺人的因为迁覆审怕他离远了 不得已把他押一押 这一押百姓就吃了苦了 本县晓得这个苦处 所以要你们具个妥保就可以交保免得受押 这是本县爱惜你们的意思 你们是自然乐得遵的 第五层是免跪审 从来案子难结多半因中证不齐 那中证何以不到 多半是怕跪堂 所以正经体面人 不肯替人做中证 那些讼棍 偏喜欢出头 以上堂为能 于是乎讼事就多了 而且难结 本县定一个规矩 除了命盗奸拐痞棍娼优 那些人照旧跪着 以外不论有无功名 一概站着听审 但是两造 不准在堂上争执无理 本县顾你们的体面你们也要自爱体面才好 以上五层都要遵照毋违切切特示

《申报》1905 年 5 月 18 日第 17 版第 11523 期

八省土膏统捐告示

　　为□衔出示晓谕事案准钦命会同户部办理财政事宜王大臣咨开已将四川云贵土药运销下游八省者奏精开办统捐奉旨允准通行遵办在案查原奏以湖北宜昌设总局湖南洪江广西梧州各设分局征收土税膏捐悉照宜昌现行章程交纳税捐之外听其所之膏捐一项无论轮船民船运载均应预征落地膏捐嗣经会同商酌于现行章程之外增订新章十二条并将总局暂设湖北省城据情奏报宜洪梧各局征收章程均仍其旧开办以后宜洪经收两湖梧州经收两广本省销售土药各暂用本省税票印花为免纷扰惟只准在两湖两广□本境营销不准出境致有掺越其报运出境之土照收税捐如由轮船载运必须预征膏捐照章完纳后均由总局另颁执照印花听其指运何省概不重征并在赣皖苏闽入境扼要之区添设查验缉私局查明各局填给出境土药执照已将税捐并交者盖戳放行倘单货不符及印花有揭换形迹随时电禀总局核夺如无总局印花照章全数充公其在各关仅报完子口税者由各查验局按照四省现行章程补交膏捐加贴总局膏捐印花方准在各省落地销售查各局历年报运过境土药除赣皖外苏闽已觉寥寥该商贩等于八省之外平时未设坐号断无运往营销之理诚恐因筹办统捐遂报运八省之外希冀过境减收其弊不可不防嗣后凡经过宜洪梧土药概收税捐删除过境名目任其报运何省以杜取巧现经奏明由总局包定小轮数只专送土药按程远近酌收水脚议明宜昌送至九江常德遂至湘泽沿途不准搭客载货放空上驶以期迅速兹择定六月初一日三局一律开办其以前报运过境土药尚在两湖两广境内者即责令各局剔除已完过境税外照现行章程补足落地税捐加贴总局印花听其指运已出境者免予补收予限一月由各省查验局押令出境如逾限在三日内准予报明补贴印花方准落地营销倘七月二十日以后过境土药尚在赣皖境内逗留又不

报明补捐即作为私土充公除先期深员分赴各省严密访查外合亟会冲出示晓谕为此示谕贩运土药行商人等知悉自示之后务宜遵章报完税捐毋得自行遵误至楚粤已设各局如于现行章程之外因开办统捐另立名目浮收杂款及各省新设验缉私局司巡人等有私索查费留难阻滞者均准随时赴总局指控定当严查究办以杂商业特示

《申报》1905 年 7 月 8 日第 9 版第 11574 期

警察定章告示照录

昨日上海县兼警察总办汪大令会同总巡朱明府发出警察定章告示一道照录于下

一各店铺柜台栏杆一切器具物资永不准装置门外

一竹木缶石有碍行人之物不准任意抛置门外

一城内街道狭窄对街屋檐咫尺之近凡遇失慎每易延及自后翎造房屋须照旧址收进木尺二尺以防不虞

一房屋年久失修势将坍倒者房主实时翻造以免压倒伤人之险

一街弄里巷行人来往络绎不绝非空地市场可比不准摆摊设担摊晒一切货物及拦街晒晾妇女污秽衣件

一集款修茸街道所以利便行人免高低不平踏滑倾仆之苦店铺居民理应随时爱护不负兴修之苦心乃鲜鱼菜蔬水果剃发面饭粥等店将水任意倾发以致新砌之街仍复冲刷成潭随时随毁即责令各店内做一倒水阴沟不准倒出门外并不准将粪桶洗衣等水随手倾倒

一垃圾准上午十点钟以前倾倒不得逾时并晨秋间不准将西瓜皮芦菜壳随处糟蹋

一翻造房屋必有破砖碎瓦泥灰石片等物此项并非垃圾即责令造屋之家随时雇人挑除

一城内泥墩甚多墩旁即系街路自后不准在泥墩上倾倒垃圾瓦砾等物免致继长增高坍卸碍路

一小便处所已次第安设无论何人不得随地溲溺

一小便处所不得倾倒垃圾及大便糟蹋

一本地乞丐及江湖流丐向由各店铺出资归丐头收发其数甚巨自后无论朔望当日均不准入城沿街索讨即责令丐头在各城门外守住

《申报》1905 年 10 月 4 日第 9 版第 11662 期

上海道严禁暴动告示

为严禁事公堂一案正与各国领事筹商办法尔等忽然暴动突出意料之外当经本道会同

绅董亲往弹压解散如再聚众滋闹即是目无法纪非我安分良民本道有地方之责惟有严拿按律究治其各凛遵毋违特示

《申报》1905 年 12 月 19 日第 2 版第 11738 期

上海道安民告示

为出示晓谕事此次英陪审官嗾捕哄闹公堂一案送经本道照会各国领事理论并将案情详禀南洋大匪及外务部与驻京英公使交涉现在案虽未结然各领事中亦颇有能主持公道者且更换副领事及革惩西捕头顷由英公使转商并外务部办理非仓猝数日间所能即定曾经本道送谕商董暂行分告今晨忽闻英界有罢市之举然尔等诚亦激于公忿惟案尚未定自应静候外务部磋商核办若因罢市而复酿成别项暴动不特本道一片血心付诸流水即尔等合群爱国之热诚亦将不能人人体谅有理转为无理且恐有无赖匪徒借此滋闹重为尔等之累本道待罪此间奉职无状自问于政治不能有所裨益然平日办事未尝有一语欺吾又老子弟当为尔等所共谅自示之后其各仍案生业并相戒勿听无稽之言勿为非理之举以顾大局面保团体倘再有无赖匪徒寻衅生事是为破坏国民主体之蟊贼本道惟有执法严惩其各凛遵毋违切切特示

《申报》1905 年 12 月 19 日第 2 版第 11738 期

关司马安民告示

凡我同胞　均属文明　公堂一事　上宪调停　如果野蛮　转为人轻　各家小孩　父母宜禁　务宜守分　切勿自惊　谆谆告诫　望为切听

《申报》1905 年 12 月 19 日第 3 版第 11738 期

上海道严禁匪徒借端煽惑告示

为出示严禁事照得日昨匪徒借哄闹公堂一案托名公愤强迫各店关门殊属目无法纪查哄闹公堂之案西道业经据约力争英总领事自有公道办法尔等何得暴动明系匪徒借端煽惑扰乱市面本道身任地方第一安静为主不忍尔等无知良民为人所惑致罹重咎今特再行示谕尔等务须各安生业恪守王章毋得轻听浮言自取罪戾倘匪徒仍敢聚众滋事则是甘为乱民本道惟有按律严拿惩办勿谓言之不早也切切特示

《申报》1905 年 12 月 20 日第 2 版第 11739 期

上海道格杀莠民勿论告示

匪徒借名滋事　送经出示严禁　顷闻早市已开　现又勒闭生衅　势与强盗相同
王法断难容忍　委员带差协捕　分段周游巡警　倘敢抢劫拒捕　照例格杀勿论

《申报》1905 年 12 月 20 日第 2 版第 11739 期

上海道告示

为出示晓谕事照得东西各国实业教育之发达皆借开会演说为联合研究之资上海交通较便近日文明输入风气渐开商界学界时有在租界内仿开演说谈话恳亲欢迎等会言论自由固东西各国之公例本道随时访察因其论说大抵本于各国政学家之学说敷陈国民公理并无妨害治安此次英租界罢市之前夕闻有人偏发罢市传单本道当即传谕商会绅董赶发传单劝息切勿罢市次晨市面如常忽有流氓聚众胁迫煽惑暴动检阅原单虽无煽乱字样而罢市非商民公意暴动适因罢市而成根究发单之人遍采多数之论佥谓出于戈忠严承业所立之公忠演说会则是人言啧啧未必无因此等无意识之举动大失文明开会之本旨恶莠乱苗尤足妨碍国民实业教育前途此次所发罢市传单如果出于戈严之手自应传案讯明究惩除分行县廯传提并先将该会停闭外合行出示晓谕凡尔军民人等当互相告勉求为文明国民以后遇有开会听人演说务须分别是非毋得轻听莠言自贻伊戚切切特示

《申报》1905 年 12 月 30 日第 2 版第 11749 期

谳员关司马告示

示谕事照得此次罢市肇衅界内华人因此损失身命财产自应切实调查合行示谕为此示仰租界内诸色华人一体知悉尔等于此次罢市如有损失人命财产一切情事限于三日内确实呈报毋稍虚饰捏报致干咎戾切切特示

《申报》1906 年 1 月 4 日第 2 版第 11754 期

江督周玉帅仍准演说告示

照得开会演说所以讨论政治研究教育考求实业联合群对于国家则代表舆论对于则社会发明公理东西各国大概皆然党派不无同异意识各有浅深虽言论体裁听其自便而苟有扰乱公共之利益妨碍行政之机关则官府有权钤制而解散之意甚善也沪上为华洋绉谷之地文

明输入风气渐开商学两界中人时有开会演说之事本大臣察其议论均尚和平足觇吾民之进步顾有无赖之辈托名公义而阴便私图愚民无知受其簧惑大之足以煽乱酿祸小之足以伤风败俗实为社会之蟊贼国家之罪人如此次罢市传单闻系出于公忠演说会戈忠严承业之手以一二人之私见扰乱全体之治安似此情形良堪痛恨经饬沪道出示将该会停闭并访拿惩办在案本大臣体察民志既不认为因噎废食之举亦不能不为惩前毖后之谋特再出示剀切劝导自示之后凡尔绅商士庶于学务商务以及地方应兴应革之事仍准有品望之人各抒意见演说义理以期开通民智殚洽见闻如右诐词邪说妨损治安淆惑民听干犯法纪者本大臣惟有执法严惩决不宽贷以遏乱萌而防流弊除饬沪道转行县廨随时查察外合亟出示晓谕其各凛遵毋违

《申报》1906年1月12日第4版第11762期

绅士反对常德开埠告示

常德自开商埠一节迭纪前报兹悉岳常澧道韩古农观察于日前颁贴告示略谓常德为西路第一繁盛码头近来外国领事洋商前来游历靡不留意于此非早自开埠不足以挽回利权是以前升抚端于去岁奏准自开商埠原奏指定东门外皇经阁以善卷村外洲地为预作扩充地步此次莅常委员集绅覆议皇经阁止长堤一线地势逼窄必推及南门一带有碍华人商务且华洋杂处纠葛愈多不如仍从南岸办起本道熟权利害拟就善卷村老堤外加宽二十丈修砌石岸以作关基挑取界外之土填筑界内之堤河身疏宽将来即有水患不致漫溢如遇华洋商人租地只准循关岸接修不得逾二十丈定限之外已绘图贴说禀详抚宪先行咨明外务部立案至善卷村外洲地经前署武陵县余令查明系新淤无主官荒不准盗卖此次来洲复勘见界石林立不胜诧异就地访查金称土人王佩三串通陈景泰洋纱店主勾引宁波人王姓屯买实属荒谬已极除饬武陵县严密查拿追价给领外为此出示晓谕云云闻此示贴出后即有该处绅商纷纷窃议以为南岸修砌石岸将来水势泛溢郡城受害不浅越日又有留学生多人邀同八省三堂董事在育婴堂会议拟俟观察返常后当与力争并须公禀省城洋务局务须改易地段

《申报》1906年3月1日第3版第11804期

附脑务总局告示

为出示晓谕事照得福建全省脑务已与日本领事议还本利番银一十六万元由司道库筹付清款收回归官自办业经兼署闽浙总督部堂崇咨明外务部核准有案现经官商筹集成本设局妥议集股开办一面通饬查禁私灶详明督宪批准在案已于光绪三十二年三月廿一日在省垣南台设立总局启用关防并委熟悉脑务之候补知县罗令为提调坐办经理局务派员分赴各

属会同地方官查明产植樟树最多之处设灶购树熬脑凡有私灶限至本年三月底为止一律封禁违即查照私造军火例分别严拿治罪并将已购之树及熬成之脑充公究罚该民人等如有熟悉熬脑技艺愿领执照设灶自熬者亦准来局执明领照开办惟所出之樟树并脑油概缴附近分局议价公平收买倘有搀伪偷运情事查出即行送县重办至各分局运脑来省其担数斤两均填明运单之内沿途经过厘卡关津照单验明完课放行设有单货不符即行扣留禀办诚恐民间未能周知合行出示晓谕为此示仰合省军民人等知悉自示之后尔等须知全闽脑务经官设局开办民间不得设灶私熬偷运亦不得将樟脑并脑油擅卖他人致于严究其各凛遵毋违特示

《申报》1906 年 5 月 7 日第 4 版第 11871 期

镇道开办妓捐告示

署镇道兼警察督办陶观察于十四日出一告示曰为给发女间取缔规则印单事查各国妓女取缔规则凡为妓女者须得亲父亲母承诺登录名簿受警察官之监察又须有市区町村长证明承诺者之印鉴书所有本身来历事由年岁籍贯及营业期限住址均应逐条详注以备查考所以防密暗卖淫之流弊维风化而顺人情用意最为委曲中国向无取缔规则柔香腻粉半慨飘零落混粘茵毫无把握言之实堪悯恻本督办改良警政期尽保安义务急应大加整理曲予矜全业经饬据警政科科长酌定取缔简章核准颁发在案合亟出示晓谕尔等充当妓女务须开明本身姓名住址年岁籍贯迅赴警察总局报名注册领牌分别认缴头二三等牌费再由总局按名稽考来历事由照章填写允许印单交该妓女自行收执以便查察保护此项印单限四月底即行停止倘不报名注册领牌私寻衫扇实缘暗辟琵琶门巷则是素乱法纪自外生成一经查实即照犯奸律讯办其各凛遵

《申报》1906 年 5 月 15 日第 10 版第 11879 期

土膏改征统税告示

钦命户部右侍郎兼管钱法堂事务督办各省土膏统税事宜柯为示谕事照得各省土膏税捐现经财政处户部奏明推广办法一律改为统税奉旨允准通行遵办嗣后无论何省所产何省所销均由第一关局一道收清黏给印花执照听其运销何省不复加征以昭划一奏派大员会同各省地方官设局办理外合将财政处户部奏定章程摘要示知其各遵照毋违特示后附章程十九条冗以长不及备载

《申报》1906 年 6 月 15 日第 18 版第 11910 期

上海县告示

为剀切示谕事据学务公所职董姚文枬顾言呈称窃奉前抚宪批准学务处遵议推广蒙学办法六条第四条内开初等学堂经费如赛会演戏等项无益之费皆准酌量充用等因又奉府宪戚剀切申明通行在案查上海地方僧道斋醮尤以夏秋之交为最如中元盂兰盆会载入邑乘风俗一门铺户居民醵资互赛谊富商业穷夸斗靡动费巨尤若移为学务之用颇有可观现值为期甚近拟请府准出示晓谕并照会总工程局商务总会分别设法劝导必有裨益等情到县据此查本邑夏秋之间铺户居民或借庙宇或在公所设坛建醮夜则举赛盂兰盆会增灯彩游行街市锣鼓喧哗耗费巨资实属有损无益自应劝导将此项糜费捐助学堂之用以宏教清除分别照会劝办外合行剀切示谕为此示仰合邑商绅暨军民人等一体知悉嗣后信道斋醮及盂兰盆会务即从此禁止如向来提有公款即行照章捐助学务公用化无益为有益毋再狃于积习致干提究其各凛遵毋违切切特示

《申报》1906 年 8 月 1 日第 17 版第 11957 期

县示开办平粜

上海县汪大令昨日发出开办平粜告示一道照录如下为出示晓谕事照得近来米少价长大江南北每有棍徒抢米肇事暴动颇烈均奉大宪严拿从重惩办查沪地米价日昂深恐小民粒食维艰亟应筹款购米减价平粜恤贫民而保治安前经本县商请总工程局暨商务总会先后函复请动义捐一款以补平粜亏耗等因前来即经本县禀请道宪电禀南洋督宪电饬准予动用兹准总工程局函称会同筹议垫款先向香港购办米石陆续运沪于城内外分设平粜局七处定于二十日开办函请示谕到县合行出示晓谕为此示仰居民人等一体知悉须知筹款购米减价平粜系为体恤贫民而设勿得拥挤喧哗倘借端滋扰以及阻挠情事立即提案严究决不姑宽各宜凛遵毋违切切特示

《申报》1906 年 8 月 6 日第 17 版第 11962 期

上海县告示

为出示晓谕事案据乡口唐锡瑞周希濂刘增祥秦锡田钱椒赵履福汤学钊张鸿祈等禀称查浦东三林塘港杨绺溜港迤北至龙华嘴处浦西之龙华港梅里嘴张家塘华泾港南及周家嘴一带均有新涨滩地现值各乡兴办蒙学经费难筹拟将此项滩地拨作蒙学公产议章绘图求请查丈给照等情到县即经分谕各保确查去后兹据该乡董唐锡瑞等以各图地保不谙丈法禀请

谕派亭者会丈请求出示晓谕前来除谕派亭者会同各图地保逐一查丈外合行出示晓谕为此示仰该处乡民人等一体知悉须知查丈沿浦涨滩拨充学堂□边系为本地开办蒙学培植本地人才之用并非与民争利稍涉怀疑借端阻扰致干提究其各遵照毋违特示

《申报》1906 年 8 月 22 日第 17 版第 11977 期

苏抚严拿匪盗告示

苏省地方不靖匪徒肆扰横行本院到任之始业已告诫谆谆营县合力严拿期在剪草除根迭次札饬晓谕不啻三令五申乃闻各厅州县不免盗劫频仍半系监臬帮匪半系散勇流氓依然肆无顾忌为害行旅居民咎在地文武缉捕未能认真现复责成营县齐振刷精神惟尔居民人等团练亦须合群人人各有身家人人各亲邻但使守望相助匪警自然无闻严禁土棍勾引严禁地痞窝屯若能拿获匪犯讯实国法立伸倘敢逞凶拒捕格杀准予勿论还当分别论功赏给功牌洋银尔等毋或疑虑亦毋视为空文为此简明示谕其各一体凛遵

《申报》1906 年 9 月 11 日第 9 版第 11996 期

饬吊销售药告示

沪北文明戒烟社前经周某禀准英公廨出有示谕开张以来生涯颇盛兹沪道瑞观察以该社所售丸药掺有吗啡迭经被控有案爰特札饬廨员关司马将示谕吊销谕传停售以免流毒无穷

《申报》1906 年 9 月 18 日第 17 版第 12003 期

土税分局告示

上药统税驻沪缉私分局昨日发贴告示略谓各该土业商民人等嗣后凡有已贴本省印花尚未补足统税一百十五两之土以及已贴外省印花运来本省销售之土现均早逾一月期限应悉查照新章全数完缴统税不准剔除原捐数目以杜弊混

《申报》1906 年 9 月 28 日第 17 版第 12013 期

译学馆招考新班告示

为出示招考事本馆自开办以来迭次考取学生人馆肄业渐次有成兹再添招新班分习各

国文字以宏造就业经咨呈学部核准在案合行揭示仰愿学诸生遵照后开各章于八月初五日起来馆报名至九月初十日截止听候示期考试此示计开

一此次投考诸生以年在十六岁以上二十二岁以下性行纯谨体质坚实文理明畅中学具有根底者为合格报名时须取具印结图片无印结图片者概不收考

一报名时各带本生四寸照相片一张纸背亲笔注明年貌籍贯三代寓所交本馆存查无照相片者概不收考取录入馆后如面貌与投考时所交相片不符者随时查出立即开除其学费概不退还

一考试分为二场首场试国文一篇历史二问舆地二问算学二问二场复试国文一篇历史一问舆地一问

一考取入馆须邀请同乡京官一人作为保证同至本馆当面填写愿书

一复试揭榜后二日之内各赴本馆量取操衣学衣长短并缴操衣靴帽学衣共费洋二十四元以便本馆赶紧制办（不缴者即作为不愿学之据立予开除以后遇应行添制学衣操衣之时一律缴费）开学前三日先缴第一学期学费一月之后举行甄别考试不及格者即行开除除收一月膳费扣清外余均退还其自行告退者学费概不退给

一此次考取各生均不寄宿每日午膳由馆中备办第一期每人照章收学费四十五元以后每学期收三十五元除舆地图课本外所需纸笔书籍概行自备

一本馆现有之三年生为甲级二年生为乙级一年生为丙级此次所取各生为丁级分习各国文字其普通科学均一律肄习五年毕业除原设正额现归甲乙丙三级学生分补外其余一切应遵规章与各级学生一律

一本馆详章分别悬示馆中学生到馆一律遵守

《申报》1906年10月1日第9版第12016期

上海道告示

晓谕事案准新关税务司函称机器棉纱出口光绪十七年总税务司奉总理衙门札饬照上海机器局布一律办理查上海机器局布定光绪八年奉前北洋大臣李奏定如由沪运入内地及分运通商各口转入内地均在新关完一半税每担税银七钱概免沿途内地税厘今本口常关棉纱出口定章不一小轮只完常税每担二钱并不完捐北海沙卫等船完税外另完每三担一包之产地捐银一两四钱又每包出口捐钱六百文通州崇明海门三处等船完税外完出口捐钱六百文如改归一律无论常关洋关均照光绪十七年定章完纳每担七钱正税概免重征不惟于税课有益于商人亦足以示大公出口棉纱一捐即可撤除等因本道当以小轮既按内地章程在常关完税出口独不照完内地之捐殊非公充自应准如所请以昭划一即经详蒙两院宪奏奉谕旨户

部税务处议奏钦此钦遵在案兹于八月初十日奉税务处电谕钞关棉纱出口应实行加税自本年第四结即八月十四日起照所拟办法办理本处会同户部议复不日出奏等因目应遵办所有本口机器棉纱一项除由民船装运内地向不报完常税者仍照旧章完厘其余中小轮船沙卫各船通州海门三处民船凡属报运常关口均自本年八月十四日起遵照新章完纳税银七钱沿途概不重征出口捐即于是日撤除以归一律合行出示晓谕为此仰商民人等一体知悉毋违特示

《申报》1906 年 10 月 2 日第 9 版第 12017 期

沪道申请撤销亚支奶告示

道宪前移商会查验亚支奶文明戒烟等有无毒质害人一节刻由商会据实查复瑞观察以前项各种戒烟丸既经化学师验过非掺吗啡即和烟灰烟膏土皮均系不肖之徒争制伪药罔利互相攻诘侧轧居心实不可问本应一律严禁惟戒烟丸诏书甫下正薄海口士争相濯磨之际似不宜骤禁致遏新机拟请听其自销由戒烟者自行择良购买所有江督等前给亚支奶告示应即一并撤销业已具文申覆江督请为酌核办理云按戒烟药之害烈于吸烟前既吊销文明社执照者今又撤销亚支奶告示严而不厉办法至为适宜

《申报》1906 年 10 月 16 日第 17 版第 12031 期

上海道提右营会衔示文

为出示晓谕事照得提右营所辖城壕地面周围九里之遥因年来商务日繁行旅益众原派巡警军往来侦察人数较少殊嫌地广兵单未足以资捍卫且老北门至小东门及老北门至四明公所迤南对岸一带均紧临法界宵小伺隙而动尤有此拿彼窜之虞兹本道本参府会同筹商就巡警军中再挑选强壮者多名于本月初五日起查照警章派令站壕认真巡逻分班轮替画夜不息风雨无间遇有形迹可疑来历不明之人务必严加盘诘或有匪徒拆梢打降拦路抢夺更当并力兜拿随时解送来辕听候发县讯究所派巡勇如有违章需索诈扰情事一经察出或被告发定予革惩不贷总期保全治安地方日臻繁盛合行会衔出示晓谕为此示仰军民人等一体知悉其各遵照毋违切切特示

《申报》1906 年 10 月 27 日第 17 版第 12042 期

上海县告示

为出示晓谕事奉关道宪瑞札开本年八月十二日淮江苏商办铁路公司王张移开苏省铁

路沪嘉一线由上海取道松江以达于浙查铁路占地甚广所经上海华亭娄县青浦各县凡路工所需之地自应遵照部定章程分为数等听公司平价购买（中略）等因到县奉此除分谕税承及各册书遵办外合行出示晓谕为此示仰各该业户人等一体知悉凡路线所经地内如有民间转相买卖办粮过户概不给发印契须俟公司购买齐全再行照常交易以免受亏倘有奸商图得善价预购转售蒙混倒填察出定予究治其各凛遵毋违切切特示

《申报》1906 年 10 月 27 日第 17 版第 12042 期

上海县告示

为出示严禁事准总办安徽全省铁路李京堂照会内开照得安徽开办劝股票原期诚信无伪以广招徕近闻有人伪造本公司劝股票在无锡苏州一带兜售实属贻害大局败坏公益亟应悬赏严密访拿以惩奸狡而维商务（中略）倘能拿获假造票件讯明应即赏洋一百元知风报信赏洋五十元等因到县准此合行出示严禁自示之后务将伪票悉数销毁不得再行售卖致干重究倘能查获假票一经讯明确凿即行照格给赏决不稽延其各凛遵毋违

《申报》1906 年 11 月 8 日第 17 版第 12054 期

川汉铁路招股彩票总局告示

为出示晓谕事照得本总局奉宫保督宪谕示湖北奏办川汉铁路招股以来购买路股者尚形踊跃盖以目今路线除粤汉而外以川汉为最优之利益集资固易招徕而大利务期普及兹特变通招股章程仿照签捐办法奏设彩票每年分为四会每会设票六万张每张售银十元按照五成发彩中彩之票一律照发现银其未中之票不拘定某次某号凑足拾条即由本局换给川汉铁路五元股票一张并当月照六厘起息作为铁路股本利益丰厚可以永保俾各省各埠绅商士庶购销本局招股彩票者均可同沾路股特别之利惟路股章程只收中国股本不收外洋路股其愿购销彩票以期得彩者亦听其便兹于本年拾月开办拾二月初拾日开彩合行出示晓谕为此示仰购票各色人等知悉凡领销川汉铁路招股彩票者均按照章程办理毋违

《申报》1906 年 11 月 9 日第 17 版第 12055 期

湖南学务处告示

湘省自将禹之谟拿获监禁后开会演说之风现已稍息日前学务处又闻有设立德育会聚众演说之事出示禁止其文云照得开会演说显背钦章迭经本处示禁兹访闻近有私立德育会

名目于每星期在曾文正公祠开会演说刻有简章到处布发所议条件与德育并无关系无非希冀借德育之美名以耸听闻诚恐各学生受其煽惑用特严行禁止除饬该祠看役禀报查拿外合亟示仰各学生均各安心向学毋得为其所惑自甘咎戾切切特示（车）记者按立宪国未有侵人立会自由者而此事竟出现于中国而被禁者乃为德育会咄咄怪事

《申报》1906 年 11 月 17 日第 4 版第 12063 期

苏州督练公所告诫征兵告示

照得练兵所以卫民而非所以殃民当兹时局艰危财政窘绌一丝一粟皆民膏血朝廷不惜岁糜巨款编练新军诚以借各地方人民之力练各地方之兵而兵即所以为保护各地方人民生命财产之用以故征兵令下商学界各竭热诚发扬倡导鼓舞其乡里子弟踊跃从军以尽国民天职凡尔在任兵士上顾朝廷优待之隆下维商学界期望之殷宜如何奋号天良冀不负此重任其对于地方人民情关桑梓尤宜有相敬相爱之意乃苏省自开办征兵以来颇为官民所诟病本公所以风气未开征兵宜在萌芽时代不欲挫抑其机该兵士等多出身良家受教稍深宜能悛改虽被新旧界之攻讦本公所概引咎自责不惜再三宽宥但随时诚饬将校于管理教育遇事改良所以然者非心有所顾忌盖军人道德名誉为重不愿以少数不肖者之所为折辱吾兵士等之全体也尔兵士等绝不自爱转为得计躬蹈非违几于习惯成性夫以苏省之财养苏省之兵今乃以苏省之兵扰苏省之民尔兵士等抚心自问卫民之义谓何道德安在名誉安在本公所岂能长此姑息为地方人民祸乎兹特与尔等约此后务各恪循规则爱护乡里培养道德尊重名誉至军队各项事件本公所自当格外体恤办理倘敢再有恃众骄暴违犯风纪致生以上诸情事者无论在内在外不拘罪过之大小定按军律从严惩治本公所告诫谆谆至于再三尔兵士等当知所以自惕矣除将此次二标一营为首滋事之人查究外合行剀切晓谕为此示仰尔兵士等一体知悉其各凛遵

《申报》1906 年 12 月 3 日第 3 版第 12079 期

上海县告示

奉府宪戚札奉两江督练公所宪札开照得江南创练新军凡应征入伍者或出身庠序或籍隶绅商教育经年已具军人资格凡与民间交易概以和平为宗旨所有典商各铺不许私当军衣并不准无业游民私穿军服业经本公所通行出示晓谕在案近又风闻各地方往往有不肖棍徒穿着军服冒充征兵私改当票钱数辄向该典商任意滋扰殊与军人名誉大有妨害合再札府即便遵照通行各县一体出示严禁倘有冒称军人骚扰典商如有前项情事者即由地方官按律究

办如果查系征兵应即解送本公所惩办以肃军纪等因到府饬县遵照办理等因奉此合行出示严禁仰各典商及军民人等知悉自示之后如有不肖棍徒穿着军服冒充征兵私改当票钱数辄向典商任意滋扰者许该典商禀县提办不稍宽贷其各凛遵毋违切切特示

《申报》1906 年 12 月 3 日第 9 版第 12079 期

湖南学务处告示

为查禁会议保释要犯禹之谟事日前本报纪湖南学界中人开会演说拟将禹之谟保释现此事已为学务处访闻又特出示严禁兹将示又照录如下为出示严禁事照得开会演说显违钦章迭经本处出示严禁在案不啻三令五申昨访闻又有留学生及民办学堂中之不肖办事人在天心阁开会演说大众声言禹之谟被冤情由并刻有书本逢人辄口意在曲求开释查该犯为畅远盐行讼案率众滋闹挟制官长塞署哄堂之犯前在省城屡次聚众开会演说语多不经意在破坏学界煽惑人心实属不法已极业经讯办永禁在案是该犯咎由自取情真罪当毫无疑义兹该生等未悉底蕴辄敢恃众演说实属胆大妄为本处不忍不教而诛除咨警务局严密查拿外合将禹之谟罪状明白宣示为此示仰各学堂学生一体知悉自示之后当各安本分毋得听人煽惑如再有前项情事则是怙恶不悛自甘比匪本处决难宽容自当严密查拿尽法惩治为学界除害其各凛遵切切特示按该学务处始则查拿德育会继又干涉保释禹之谟若惟恐湖南民气发舒有大不利者呜呼湖南之士民呜呼学务处

《申报》1906 年 12 月 13 日第 4 版第 12089 期

催复禁止租界烟馆告示

本埠自奉禁烟之令道宪瑞观察即出示着将城厢内外烟馆于六个月内一律闭歇惟致各国领事禁止租界烟馆之照会至今尚未见复故于前日将禁烟馆告示抄录札饬公共公廨关太守着即照会领袖比总领事速将此事见复以便实力施行太守已遵照矣

《申报》1907 年 1 月 1 日第 17 版第 12108 期

上海县告示

准奏办苏省铁路总公司移开窃照本公司于沪嘉一线先行测勘迭经备文移请妥为保护在案现在自上海至嘉兴之枫泾镇测勘已毕一路均称安谧具征保护得力惟路线经过之地所有树立标帜钉立木桩不可稍有移动诚恐乡愚无知贪利窃取则贻误路工实非浅鲜移请出示

晓谕俾众咸知一面签差谕保一体沿途保护以免误工而重路政等因到县准此合行出示晓谕该处乡民保甲人等一体知悉自示之后不准将该公司钉定木桩私行移动倘敢故违定提严办其各凛遵毋违特示

《申报》1907 年 1 月 1 日第 17 版第 12108 期

收回禁租房屋之告示

日前赵次帅因收回禁止外人租房告示事发出示谕一道略谓本总局正月初九日出示晓谕凡民人租房与外人者来局报告许可等语系属临时命令现在本总局对于人民租赁房屋业已另定统一办法除出示晓谕外嗣后租赁房屋即照新章遵办以归划一

《申报》1907 年 4 月 18 日第 11 版第 12208 期

巡官亦出例行告示

巡警中区正巡官程昨发示谕一道略云近有匪棍冒充本巡官亲族在外招摇撞骗谎诱钱财愚民无知往往被其煽惑但本局所用之人皆供奔走之役并不假以事权即办理笔札幕友人等均各洁身自爱从不干预闲事尔等不可轻信诳言希图侥幸一经查出与受同科

《申报》1907 年 4 月 27 日第 19 版第 12217 期

巡局禁烟告示

城内中区巡警局巡官程明府昨日发出禁烟示谕文曰本年迭奉道宪札饬暨上海县李移开均称实行禁烟期限已近务将烟禁一切事宜妥筹办理等因到局奉此查烟禁自应凛遵道宪示谕扣至本年五月十二日为六个月限满之期一律闭歇除将各烟馆查明造具清册外合行出示晓谕为此示仰城内各烟馆知悉现在限期将届所有烟馆一业务宜趁早改图另谋生理至各烟馆房主亦应嘱令各烟馆主于禁限内赶紧迁闭毋得借词延误如敢故违自应遵照宪饬定将该店封闭充公并行拘局重究

《申报》1907 年 5 月 28 日第 19 版第 12248 期

监狱禁烟韵示

上海县捕厅赵敬臣少尉昨发六言禁烟告示分贴内外监狱其文曰

照得洋烟流毒	害人实属非轻	明诏限年禁绝	宪饬烟间闭停	所谓雷厉风行
务必革除净尽	况属监狱重地	更当格外严禁	如有故违私吃	立即严究不轻
深望谨守王章	务各革面洗心	看役如敢私授	一并尽法以惩	一概禁卒人等
切勿试法沾唇	本厅随时察访	故先剀切示明	是今出示之后	务宜各自凛遵

《申报》1907 年 7 月 21 日第 19 版第 12302 期

皖抚恩忠悯公告示

出示晓谕事案据五品衔候选县丞韩凤栖禀称窃职商以鸦片之流毒积二百余年神州滋蔓不可图除昔林文忠公具特达之见秉高人之识创立药方流传海内而终以未获廓清为憾迄今各大宪体念民艰保强种族查订戒烟章程事未颁行已有成议斯诚足继文忠公之遗志庇亿兆姓以洪福也然戒烟非难戒烟之药实难戒烟之药非难戒烟之良药实难求其克瘾至捷除瘾自然环球奇方百出当推尔藤医员亚支奶药丸为最优自上海席裕麒经理以来颇着成效前经西医用化学化验毫无流弊并禀请商部暨两江督宪给示保护以杜假冒悬挂斗首以昭信允在案迩来销路渐旺推广渐远分售之处不一而足间有奸商伪造亚支奶牌记假托席裕麒名号鱼目混珠药既失真瘾即虽断甚至和掺吗啡灰渣者有之不徒难以断瘾亦且有碍卫生职商所以在皖省县下坡开设分销专售席裕麒经理尔藤亚支奶药丸于每瓶上加锦记分销四字戳记开通觉路砥柱中流所愿渡普天下迷津之筏亦仰副各大宪望治之心但恐狡狯之徒摹访戳记实碍商情只得抄粘督宪印示沥恳鉴情赏准给示以杜假冒而昭信允等情到本部院据此当经饬据怀宁县查明所售尔藤亚支奶戒烟药丸凡并无为造确系为人除害起见除批示外合行给示以杜假冒为此示给诸色人等知悉该职商专售席裕麒亚支奶戒烟药丸为人除害并无为造情事毋违特示

《申报》1907 年 8 月 25 日第 22 版第 12337 期

督办安徽商务总局沈告示

出示晓谕事据职商庄国铮禀称窃洋烟一物流毒无穷现奉谕旨严行禁戒仰见体念民觐保强种族然戒烟非难戒烟之良药实难求其克瘾至捷除瘾自然环海奇方百出当推尔藤医员亚支奶药丸为最优自上海席裕麒经理以来颇着成效前经西医用化学化验毫无流弊并禀请商部暨各宪给示在案职商在池州府之大通镇肩任分售前项亚支奶药丸扫除烟氛尤以此药为推广戒烟之首区若不禀请给示实不足以坚同胞戒烟之信心浚其源而不清其流犹恐真假难分使戒烟者阻塞自新之路职商为公益起见诚恐假冒招牌及地方棍徒阻挠是以抄示叩恳

给示悬挂门首并札池州府铜陵县一体给示以维商业而广招徕等情到局据此除挂示并札饬外合亟出示晓谕为此示仰诸色人等一体遵照如有假冒招牌以伪乱真及地方棍徒肆行阻挠许该即指名呈请地方官提案究办其各凛遵毋违特示右谕通知光绪三十三年六月十七日示实贴大通和悦洲四官殿对巷公馆门首

《申报》1907年9月25日第6版第12450期

巡警总局告示

苏松太道巡警总办会衔出示云照得上海华界推广巡警奉经江督端苏抚陈会同奏蒙俞允札饬本督办总办会商筹办在案查上年北市上海设立马路工巡总局当于闸北地方分别勘定应筑马路界线绘图兴工禀奉两院宪批示遵行在案现在马路工巡局奉文改为上海巡警总局凡上海华界巡警均须次第扩充以期保卫地方借昭周密是上海城内以及浦东北市现已安设巡警各地方所有整饬街道马路等事自应均归本总局管辖治理以一事权查巡警定章凡管理界内商民人如为有建造房屋以及旧屋翻新并各项工程关系道路者均须先行报明呈送图样听候勘定给发单照始准兴工以昭划一而免歧异为此合行出示晓谕绅商业户人等一体知悉自示之后无论城厢内外以及浦东等处凡有建造房屋以及旧屋翻新并各项工程关系道路者务须遵照定章先行来局报明一面呈送图样听候本局核定给照遵行不得擅自故违致干究罚切切特示

《申报》1907年9月25日第19版第12450期

附姜军门约束军士告示

照得本军门恭奉恩命督师南下所部将士弁勇人等屡经严切告诫凡遇沿途经过处所以及驻扎地方如与商民买卖来往务须按照市价公平交易毋许丝毫克短致启争端尤须恪守军律肃静无哗戏会集场以及窝娼聚赌处所均责成该稽查官严密查察有犯必惩本军门治军有年受国厚恩以至今日此番由北而南原为绥靖地方起见诚恐该商民有所口虑尤虑该军士等少犯军规殊失本军门爱民整军之本意特此剀切晓谕为此示仰该商民人等务须各安生理无稍惊惶该军士等亦须谨遵教诫属守长官约束如敢故违准商民等立时喊控则当按照军律从严惩治决不宽贷本军门言出法随勿谓言之不预也

《申报》1908年3月4日第4版第12601期

部颁白话告示

皖抚接陆军部咨开今年皖鄂地方举行大操恐该处居民人等轻听谣言妄生疑惑甚至迁避他往阻梗市面殊于军民两有妨碍现已刊印白话告示三百张专弁赍送请烦发给安庆府属各县地方张贴以免惊扰刻冯梦帅已转札各属张贴矣

《申报》1908 年 6 月 30 日 第 11 版 第 12719 期

禁种罂粟六言告示

江督端午帅札饬财政局略谓本部堂禁种罂粟限自本年秋季起一律改种别项植物劝惩兼施特出六言简明告示分发各州厅县张贴晓谕令将各稿抄发札到该局即便遵照饬匠刊刷斗方告示四千张并排印咨札一百件限五日内呈送来辕以凭印发示稿录左

鸦片流毒日久　累我国弱民贫　朝廷颁下禁令　大部向定章程　递年限制栽种　意在拔蒂除根　但虑户名亩数　年年查勘难停　既恐虚应故事　又恐扰累农氓　因思此等毒物　除害不必留情　江南不准栽种　一年勒限禁清　秋间派员四出　会同州县查明　见有烟苗即拔　改种别物谋生　若至来春花发　定即拘案罚惩　明秋一年限满　再种即是刁民　出亩查充公产　执法断不放轻　倘能今秋不种　查有的确证凭　分别亩数给赏　银牌匾额悬门　并准择优酌奖　给予顶戴功名　如此劝惩互用　荣辱听尔自寻　此事虽严不刻　我民应谅苦心　立法必当于理　其各一体凛遵

《申报》1908 年 8 月 10 日 第 10 版 第 12760 期

铁路穿城之告示

农工商矿局近发告示一道略谓七月十五日准浙江铁路公司移开光绪三十三年三月二十四日承准前抚院张照开准邮传部咨本部具奏遵议浙江铁路支线入城一折奉旨知道钦此恭录谕旨钞奏咨行一体钦遵办理等因查第一段江墅工程行将蒇事而城内车站前因未奉核准明文未便兴办兹经大部议准以关内外京汉两路直置车站惟事体重大关系全浙上民观听且难保无不法痞棍无知愚民借端造谣生事应讲严切示谕并迅赐通饬府县一体晓谕保护等因到本部院准此除札杭府遵照前次抄发奏案饬令仁钱二县克日出示晓谕随时妥为保护报明藩臬二司杭嘉湖道备案并行商务局等因承准此旋据两首县出示外查本公司原定路线系由望江门入城行羊市街达东园迤西涡宝善桥经太仓前贡院后出北关水门草坝而抵湖墅既顾西湖又顾湖墅且迁徙庐墓视现在所行城东之线较为希简有假商力以挠之者本公司遵

旨商办岂肯强拂商情幸商情惭亦开悟始拟改由清泰望江两门上下之间出入比前抚院奏奉
谕旨允准而城东路已筑成无可更易不得已而思其次止能从事于城站矣城站购地久而始定
现拟凛遵奏案就城东已筑之路分枝出入清泰望江两门上下之间即日兴工移请查案出示晓
谕以免阻挠而重路政等由过局准此查铁路公司建筑入城支路系奏奉谕允现拟在清泰望江
两门上下之间治平道路筑站设轨开辟便门已将兴丁尔等居民自应照常安业不得听信无稽
之语造谣生事扰害工作合行出示晓谕为此示仰诸色人等知悉自示之后如有不法棍徒违犯
前项情事准由该公司扭送地方官从严惩办其各凛遵毋违

《申报》1908 年 8 月 24 日第 12 版第 12774 期

长洲县赵大令六言告示

奉旨设咨议局	定限一年告成	现当创办伊始	诚恐宗旨未明	秩序偶有紊乱
难免拟阻横生	是用剀切晓谕	普告绅商士民	须知此局之设	专为采取舆论
欲找兴闻政事	利弊随时指陈	异时规划大备	朝野共享升平	今从调查入首
预备选举先声	广求合乎资格	缀其旧闻人名	责成区图各董	担任按期造呈
调查各员协助	一气联络可成	将来选举议员	另有投票章程	冀除旧时隔阂
期于上下一心	建言操之于下	取决断自朝廷	权限务宜分守	一律照章奉行
特此明白宣示	务各一体凛遵			

《申报》1908 年 11 月 1 日第 18 版第 12842 期

英租界第二期禁闭烟馆告示

公共工部局发贴告示略谓议闭烟馆一事前于西历本年三月间按照付捐人年会所
议第六款即定于西历七月一号以前闭歇界内烟馆四分之一所有当众挑取办法当经晓
谕并已于西历六月十八号早将应闭各烟馆之住处路名门牌号数详细出示一律遵闭在
案现在本局业于西历十月三号仍照原议办法将第二次应闭四分中第二之一分当众挑
出议定华历十二月初九日即西历十二月三十一号一律如前闭歇届计限期将届合亟仍
将十月三号当众挑出应闭各烟馆之住处路名暨门牌号数逐一开列于后明白晓谕俾众
周知为此示仰各烟馆人等一体知悉遵照勿违按第二期应闭各烟馆居址路名门牌号数
已见前报兹不备录

《申报》1908 年 11 月 9 日第 19 版第 12850 期

城内防贼

西四区警局六言告示云　照得本区辽阔　窃贼易于容身　现念冬防日渐

加派长警逡巡　无论大街小巷　查察一认真　如遇形迹不正　有犯必获严惩

凡在居住辖境　门户各宜小心　倘待偷去报告　恐其不及追人　日夜若自注意

何至被窃衣衫　嗣后勿疏防范　为此示明凛遵

《申报》1908 年 11 月 10 日第 19 版

张贴粤督招股告示

租界河南路安和祥号门首昨日悬有两广总督张制军示验一道捕房总巡捕罗斯以此项告示未经领袖领事及工部局盖印有违租界定章即饬中西包探将告示取入捕房听候核夺示文附录如左为晓谕事照得通商惠工实为古今不易之要政银行航业又为环球莫大之利权粤省地处海疆互市最早旅居外洋者尤以粤民为盛而实业未臻发达尚少扩充良由工艺素鲜讲求航业未能振举又无银行为转输之地实于生计营业有亏且航业未与外埠侨民声气隔阂若自置轮船分驶各埠则客货往来联络交通获益匪浅查东西各国轮船通行工场遍立银行所在多有故商务日臻繁盛中国民物殷阜货殖富饶及时振兴犹未为晓兹据省城七十二行及香港华商佛山陈村梧洲各行商董等联合外省南北洋各埠华商担任集股创设中国商务轮船有限公司举办轮船工艺燕梳及积聚银行每股收银五元择定省城十八甫富善街设立公司行商办事之所拟订招股节略由各行商公举朱文博左庆欣麦晓屏卢赞华李煜纷黎自扬何炳枢叶礼常八员担任财政认真筹办禀请出示晓谕俾众周知等情前来查核所陈各节均属要务众商愿力宏大志甚可嘉公举担任财政之朱文博等八员又皆身家殷实众情素孚当必能协力经营成此巨举本部堂乐为提倡愿观厥成举凡绅商士民皆宜踊跃赞助有志入股招股者可到公司取阅章程随时附股代招将见众志成城轮船获交通之益百工居肆间阎广生殖之源为民兴利即为国家圆强以仰副朝廷振兴商务之至意合行出示晓谕为此仰诸色人等一体遵照毋违特示

《申报》1909 年 3 月 18 日第 19 版第 12972 期

上海初选监督李令告示

二月廿五日奉府宪戚札开二月十五日奉筹办处宪批本府禀选举诉讼须亲目前来呈诉邮禀概不准行乞赐核示由奉批据禀已悉所陈讼诉冒控各节实与宪政前途大有关碍应准如所请由该府速即出示晓谕选举人务须亲自呈诉不得托人代诉并不准用邮递禀请以免弊端

等因到府奉此除出示晓谕外合亟转饬札到该县立即遵照宪批迅速出示晓谕俾共周知毋违切切此札等因到县奉此合行出示晓谕为此示仰选举人等一体遵照宪饬办理毋违

《申报》1909 年 3 月 23 日第 18 版第 12977 期

关防告示之严厉

新任上海县田大令出示云照得官员莅任关防诈伪几成例言然而有名无实其官样文章谁不曰事必躬亲御下惟严又谁不曰倘有招摇撞骗准予捆送无如徒托空言他日之权柄下移索诈扰害者如故也流弊百出身名败裂者如故也在官员作孽自受固不足惜而民间受累已不堪言状矣本县服官稍久略知利弊今奉宪檄调补斯邑地居繁要防弊尤难下车伊始一切未敢自信不得不先行通告此后无论署中外人如有自称本县亲故幕友家丁胥役不论真假在外招摇撞骗或借口请托或倚势横行者被害之人如虑本县回护不肯捆送来署尽可将此等人扭交就近衙门局所捕房惩办本县不但不为庇护尤当感激万分若尔等犹虑多事招怨不妨将实在被诈及其招摇情形密函递县俾本县自知过咎切实处置总之本县天性爽直事无大小不徇人情不辞劳怨而又喜闻己过勉冀不扰闾阎当兹视事之初合亟开诚以告合邑绅商士民尚其鉴之又出条示云本署家丁勇役如有在外招摇白吃诈扰强赊硬买情事被害之人务将其捆送来署或就近扭交捕房局所惩办切勿畏事隐忍特示

《申报》1909 年 6 月 16 日第 19 版第 13061 期

押交私匿告示

本县田大令昨发谕单云为押交事案奉道宪批发浙宁水木工业公所董事蔡同荣等联名禀控陈仁甫及已斥殿丁王金水串同余阿富将公所告示揭匿解廨斥罚挟嫌抵制环求札提严惩等情奉批陈仁甫于送廨责罚后胆敢揭除所给公所示谕主张开会抵制殊属貌玩仰县移询提案讯究具报等因奉经提讯陈仁甫供自知悔误情愿将告示送到公所服礼以后不敢再往争吵当经谕令赶紧将告示送回具结去后兹据蔡同荣等以陈仁甫等保出后仍然凶横迄不将告示送还持禀赴各小木作处硬盖图章王金水依然盘踞鲁班殿内横行无忌求提复讯严究前来除批示外合饬押交为此仰原役林荣遵速押令陈仁甫余阿富将私匿告示赶紧送交浙宁水木工业事务处限三日取结呈县核夺至王金水既经讯明斥退何以仍行盘踞鲁班殿内并即查明押回不准再往均毋违延

《申报》1909 年 11 月 1 日第 19 版第 13199 期

工部局告示录要

前日英美工部局发出告示两道兹特照录如左

一禁闭末次烟馆照得议闭烟馆一事前于西历上年按照付捐人年会所议第六款即定于西历六月三十号闭歇界内烟馆四分之一十二月三十一号再闭歇四分之第二分本年六月三十号再闭四分中之第三分所有当众挑取办法当经晓谕并已分别将三次应闭各烟馆之住处路名牌号数目详细出示一律闭歇在案现本局议将界内烟馆末一分于西历十二月三十一号即华历十一月十九日一律闭歇界内一切烟馆从此净尽合即先行明白晓谕该烟馆各户知悉届期一律闭歇宜各遵照毋违

一禁止冒充暗捕照得近有无赖匪徒冒充不穿号衣暗捕向铺户居民索诈银钱等事为此仰各色人等知悉凡此项无号衣暗差当差时各备有镌刻铜牌一块如有人欲阅即应取出证明为何项差或问有实系华捕恣意妄为倚借势力假公济私向平民索诈等举动实属荒谬之极殊难姑容非有铺户人等帮同稽查捕房官员无从阻止为此晓谕诸色人等一体知悉遇有此项案件应立即报明就近捕房或径往四马路总巡捕房帮巡官员处控告所控一切本局自必按照原控详细听断事若有凭即当尽法惩办不贷

《申报》1909 年 12 月 16 日第 19 版第 13244 期

广肇罗道关防告示

广肇罗道易顺鼎日前履新时关防告示骈四绲六翔实典雅颇辈一时声誉词云照得广州于古号南海为山川传大之区肇处在粤称西江亦风物清嘉之地覆清献李文溪之亮节着美于前朝张忠武苏高要之遗徽流芳于近代名贤辈出善俗相承官于斯土抑何幸也本道幼承庭训世受国恩赖贤王虎旅神威五六龄幸逃贼难当先帝龙飞初纪十八岁已举孝廉甲午冬墨经从戎阻和议而渡台者四次庚子秋麻鞋诣阙留行在而转饷者两年早险阻艰难之备尝置祸福死生于不顾虽龙州三月服官之日无多而凤扬九重报国之心何已兹者起从废籍来□名邦欲稍展平生胞与之怀庶仰酬罔国君亲之德卅一属忝膺表率何处何能五十年虚度光阴可忍可痛言念疮痍之满目史如病痕之在身必先去壅而求通方可兴利而除弊内外之关防宜□曰官税曰书差曰仆实招摇必禁岂肯容十百虎狼上下之节目宜疏或僚及或绅士或军民咨访能周庶可得二三麟凤为此示叩合属各色人等一体知悉本道愿闻已过求通民情不要钱不怕死本武穆称心之一言在知人在安民是文命服膺之二语帅以正孰敢不正当勉从身教以垂型人既端所取必端愿同顾名而思义下车问民疾日以范文正忧乐为怀阙节不到阎罗有包孝肃神明在上特示

《申报》1910 年 1 月 27 日第 12 版第 13284 期

仁钱两县告示

日店打枪赌彩本属有违约章正在照会交涉民人不用张皇查得前夜滋扰其中杂有流氓只知一味混闹事后相率逃亡自应访拿究办方与治安无妨良民当守律法勿得借端逞狂倘敢造谣生事国法不容轻尝谕尔各色人等一体凛遵毋忘

《申报》1910 年 3 月 31 日第 5 版第 13340 期

禁赌告示

一路巡警分局游巡官出示云照得赌之为害一言难尽小则废时失业大则倾家荡产此理甚明人孰不知无如近来时局人心锢蔽沉溺于赌者所在皆是世风日下于此可见一斑任凭示谕谆切查禁森严初不之信亦不肯遵捉将官里严刑重罚受侮不少而顾安之若素一犯再犯我国人格抑何如是之卑耶查其平日亦颇自矜门阀自高身价自称通品自号体面一流及入赌场甘与流氓为伍比匪为偶而不辞甚且有高大门庭呼朋引类自行设局聚赌抽头渔利亦不知自居于何等一经败露或则胆大玩法拒捕逞凶或则曲意求全托人说项种种怪状不一而足如本月本城王翼之及徐阿根家均聚赌至数十人派警查拿到门竟敢恃众抵抗殴伤巡士撕毁警服揪落辫发咬破指头旁观多人复从而袒庇之幸长警等按理直争未得全行免脱带局审讯又复函件纷来不求尽法严治反欲代为缓颊当以此风不竞不知将来伊于胡底故未肯徇情故纵养痈贻患除将聚赌之家从重惩罚外其余犯赌庇赌者均一一分别严办以靖地方而安闾阎本委为维持风气劝导人心起见不敢稍辞劳怨亦不敢苟顺私情以后如有犯者地方达人请毋轻为关说事在有闻必查有犯必惩或可稍挽颓风于万一各长警等亦各勉尽厥职切勿稍有顾忌无论何项人等犯者即属不法均当一体严密查拿务获究办

《申报》1910 年 4 月 7 日第 20 版第 13347 期

申明调查户口之浅言

江督张制军以各属调查户口时起风潮都因乡愚未明底蕴所致爰出白话告示分发各属张贴其文如下照得调查户口系奉旨饬办之事专为保卫百姓起见从前办保甲查门牌与此相仿不过门牌久成具文现在既要调查不得不认真办理即如查问年岁又问一家男几口女几口本是从前查门牌的旧法凡乡间读书年长之人必是知道的朝廷与地方官要保护这地方先要晓得这地方有多少人口也是一定的道理既不是为抽丁更不是为抽捐大众都可放心不料江苏各州县近日有人乱造谣言说调查户口八字是要摄人灵魂此种荒唐奇怪的

话尔等何以公然相信无论八字叫人知道也决不会送命况且调查户口只问年岁决不问八字至于铁路打桩要用灵魂更是荒唐绝伦的话可怜尔等不读书不识字以致受人之愚大抵造谣言的都是匪人原想趁此闹事抢劫得财尔等跟着胡闹等到拿人问罪悔之晚矣本部堂深悯尔等愚昧无知误信谣言反致身家不保是以谆谆告诫不惮苦口尔等此后须要安分守法听凭调查才无祸患此次各属所用调查员多本县本乡明白之人由地方官发给费用断不扰累民间如有跟随人役或有需索以及冒充调查员想来需索的尔等尽可赴县申诉或通知公正绅及本地读书人必能为尔等理直如尔等凭空滋闹无故犯法便怨不得地方官了凛遵特示

《申报》1910 年 6 月 14 日第 18 版第 13415 期

戏拟运动学堂招考告示

为出示招考事某月日奉独显凡开现准腐购入部咨称官以运动而来人才由运动而出方今仕途拥挤人浮于位疏通实属不易调剂亦觉为准体察情形惟有淘汰之一法善于运动者占优胜不善运动者归劣败此必然之势也查近来运动之术层出不穷内外文武人员当亦略知梗概惟技以练而后熟学以专而后精不能恃片善寸长可操必胜故运动之成败视乎造诣之浅深本部开得候补候选各员竟有连年未获一差未署一缺此则不学无术有以致之蹉跎名伤良堪浩歎倘不提倡教育何以广造就而保功名兹拟在京建设运动学堂一区定某月开办堂内不分班数教授一切运动术以三年为毕业之期暂招学员一千名凡京外未有差缺人员均胥于考取后入学肄业除在京由本部招考外现属大省考送三十名中省考送二十名限于某月日以前将学员名册试卷相片咨送到部相应将考选办法咨行贵独部堂转饬遵照办理等因前来准此合行札饬札到该提学司即便遵照办理毋违等因奉此查京师运动学堂专为栽培未有差缺人员而设兹奉前因亟应照章办理现定某日在本司衙门考试取录三十名详由独显咨送到部肄业凡未有差缺人员欲入运动学堂肄业者迅将履历相片缴呈特别运动会报名注册届期应考幸毋观望特示

《申报》1910 年 7 月 8 日第 12 版第 13439 期

戏拟严禁断指告示

为出示严禁事照得孝子以保身为大志士以杀身成仁既处常得变之不同亦为死为生之各异是盖皆尽于正未尝稍激于偏也即至□□节烈巾帼贞操断臂明心割鼻誓志当其义气磅礴无非出于至诚故论者嘉其志之贞而怜其事之惨可知非有万不得已者在则不宜戏为尝试

惊世骇俗以博一时之虚名也乃近来啮指之痛不闻有孝思之人断指之奇每见有血书之疏如湖南粟代表断之以拒疑湖南李议员断之以乞赈实行流血主义以为下手工夫不借屈指之劳方谓反掌之易其热诚非不可无也其苦心非不可取也然而此非麻鸡之指爪办处能搔此非吕祖之指头黄金可点有之固不足为重无之亦岂足动人转嫌指握之不牢反觉指挥之未便岂真一指之动全体究非一发之牵全身由此看来免枉却无名之指矣（未完）

《申报》1910 年 8 月 4 日第 12 版第 13466 期

戏拟严禁断指告示（续）

况以粟代表矫揉做作饰智惊愚不过割破指皮并非斫断指骨以致贻讥万国腾笑五洲虽胜于不拔一毛难免乎□其一指是亦可晒之甚矣不知染指于鼎人心之□同然掬指于舟人情之所不愿皮肉有干连之处痛痒有相关之时何必立异鸣高逆情干誉以若所为求若所欲夫固有所不取也方今疮痍未补心腹为灾已□肉之难医况咽喉之被割正当养培元气珍惜千金之躯抖擞精神勉学万人之敌将以手援天下掌握乾坤倘十指之不全是一身之已废且恐流风所染弊害益深不早防闲患伊胡底为此示谕尔军民人等知悉须知举动不可躁率身体不可毁□指不若人臂将何使嗣后各宜珍重不得再有断指之事以挽浇风如敢抗违即照采生折割律减等治罪各宜凛遵勿违切切特示

《申报》1910 年 8 月 5 日第 12 版第 13467 期

刘道台关防告示

沪道刘观察昨日出示云照得本道世受国恩家承治谱自起官翰林及在北洋襄理政务罔不廉隅自励迨奉简放常镇通海道监督镇江关务事无巨细悉本亲裁关说营求破除情面昭人耳目已有明征溯自从政十余年来不论大小公事无不手自裁核事事以勤慎自矢今者调任沪关政事尤为繁剧仔肩愈重防闲愈严亲族往来品行夙称公正幕僚佐理取友务必端方即下至仆从人等亦必慎选老成专供奔走之役严加约束惟上海五方杂处江海卫衢又与本道原籍接近诚恐有不肖之徒诪张为幻或伪托至亲近族或假称世谊年家以及书差兵弁家丁向各处招摇撞骗情事见闻有所未周弊窦因之而起除严密访查拿究外合行出示晓谕为此示仰道属官商军民人等一体知悉如遇有前项不肖之徒在外任意招摇及一切妨害商民之事概准受害之人指名禀究一经查实即当提案从严惩办倘有受愚请托或勾串生事亦必立提并究按律重惩决不宽贷

《申报》1910 年 11 月 13 日第 19 版第 13567 期

时宪书由官专利之告示

上海县田大令昨接署理苏州布政司理间厅朱司马告示数张当即饬役粘贴新旧各城门略谓照得民用时宪新书向由本厅造办钤盖钦天监印信设局发售历经遵办在案讵有无知之徒每每私造销售其中悖谬甚多殊属大干例禁现由本厅详奉藩宪札饬各属一体查禁嗣后如有书铺纸店仍前藐玩胆敢贩运私造定即严拿究办各宜凛遵

《申报》1910 年 12 月 13 日第 19 版第 13597 期

上海县令之更正告示

上海县田大令出示云案奉抚宪程札据杨绅廷栋略称查见上海县出有截止报买沙滩示谕一道内有自示之后遇有新涨滩地遵照咨议局第三届第二年度常会期内议决公布由自治公所查报承领作为公产等语查滩地由自治公所查报承领系咨议局第一届第一年度常会期内议决呈奉核准公布施行之案原札声叙极为明晰今上海县误认为本年议决案于截止期限易淆观听前在会议厅奉发阅批苏藩司关于此案之详文指定以宣统元年十月二十四日瑞升部院公布之日为截止报买之期应请札饬上海县另行出示更正以符原案等情到本部院据此查此案前据藩司酌定限期具详到院当经批饬以上届议决公布之日起所有新滩概归自治公所承领加上年公布之后有报买者一概撤销在案合就札县即便遵照出示更正以符原案并将出过示式通送查考毋违等因到县奉此除通报各宪并移会丈局查照外合行出示更正为此示仰阖邑业佃人等一体知悉凡有以前报买新涨滩地自应遵照宣统元年十月二十四日咨议局议决公布之日为截止报买之期以后概归自治公所承领作为公产如上年公布之后有报买者概撤销不准援子母相生旧例希图蒙混其各凛遵

《申报》1911 年 1 月 15 日第 19 版第 13630 期

招填烟册之告示

上海县田大令昨发六言告示谕令各铺地甲及各图地保等掮牌鸣锣传谕各烟民其文云照得禁烟功令吸户注册报名先给小票记数后发执照为凭有照方能挑膏无照私吸严惩本月十五日起公所给照纷纷截止二十四止十日必须完竣吸户随带小票照费明定章程速赴公所换照各宜依限遵行甲保掮牌传谕切勿自误因循

《申报》1911 年 1 月 23 日第 18 版第 13638 期

洋商董事出告示禁止棉花掺水和子

议禁掺和棉花总会昨将告示章程八十份送请商务总会分送买卖棉花各商号一体知照商会以棉花掺水和子有碍土货销场前奉农工商部札饬整顿即经通行有案今该总会议章禁止诚为华洋商家交益之事固应广为宣布惟来件系告示体裁断无洋商董事出示晓谕我乡民店户之理商会未便分送然不将该件宣布则乡民店户又不知有新定之章程特将前情备函连同该件送请各报馆登报一以纠正□失一使我华商及乡民知有此项章程力行整顿其心亦良苦矣告示章程录左上海禁止掺和棉花总会董事为出示晓谕事照得现届收售棉花之季其生棉掺和各弊日甚一日以致积成极重恶习是以各出口货家及各洋商棉花厂互相联合已于中历本年五月十二日成立禁止掺和棉花总会专为竭力除去掺水及掺杂物各弊实系由本会定立章程函请领事公会转请上海道宪札行产棉各厅县官员出示严禁掺和各弊如违定行从重惩罚外为此示仰种棉乡民花贩人等及收买零棉店户一体知悉自示之后万不可于生棉中掺水及掺入棉子与各项种子若敢仍旧掺和必致惩罚大受亏损深望关系中国生棉之商客有查出各项积弊者速报本会以便查究切切特示　定立章程开列于下

一本会现定生棉湿气分数仅准每百分中有十二分为限若逾此限至十五分为上限者即令卖主补偿所逾之数若十五分以上者本会之人断不收买亦将不许其出口并经道宪允准即将其棉扣留俟湿气数目减至十五分上限以下始准销售

一掺棉子及掺各项种子之生棉若查出所掺有逾百分之二者经道宪允准亦行扣留俟卖主将棉子各种子剔除清净始准销售若掺和不及百分之二者必须卖主照生棉之轻重扣除其分两

一本会查上海市面所到之生棉若非奸商过手其雪常自含之湿气仅有百分中之十零五厘时毫无棉子及各种子在内如此则本会所定之章程万不能令正直商人受亏反令其实得莫大之益盖伊等出售未经掺和之棉必能得最高之价较次货为多也且现时有巨数之棉不合运往欧美之用故棉花出洋生意最在危难若将棉业改良自必此项生意日见推广矣　右仰知悉西历一千九百十一年月日宣统三年月日告示发实贴

《申报》1911 年 7 月 11 日第 18 版第 13801 期

退还洋商董事之告示

崇通海棉花公所函复议禁掺和棉花总会董事云承送到告示章程五百份属敝公所分送买卖棉花各行号晓谕种棉乡民花贩人等及收买零棉店户一体知悉等云足征贵总会热心公益挽回权利之至意钦佩莫名但敝帮各行号远在通崇海来件系告示体裁断无洋商董事可出

示晓谕我内地乡民店户之理敝公所不独未便分送即分送亦不能实贴晓谕用敢将原来告示五百份退还再敝公所又有陈者今春提议禁止掺和棉花一事蒙贵商董相邀预议敝公所即推代表刘君一山到会并呈有意见书以议禁掺和棉花弊病极表同情惟烘验潮子必须立有分数标准定有升降赏罚方可折服人心当时承诸君赞成此说今章程中既无彼此联合之名义又无升降赏罚之明条而烘折标准又非会同妥议订定是以敝帮各行号均不能承认此项章程总之生意乃交往之道宜彼此顾全从根本解决则事易集若只从一方面计恐难收速效也愚昧之言尚望采择棉业幸甚中外幸甚

《申报》1911 年 7 月 13 日第 18 版第 13803 期

沪道安定人心之告示

为出示晓谕事照得鄂军兵变武昌失守业奉谕旨饬派陆军两镇及加派兵轮并长江水师迅速赴鄂剿办转瞬大兵云集指日平定此外各省各埠曾经本道分电确询实系如常安静本埠华洋各界又经本道通饬营警暨照会领袖总领事法总领事分谕捕房一律认真防范可保无虞万不可轻听谣言互相摇惑本道如得外埠确信必随时登报宣布以安众心合亟出示晓谕仰诸色人等一体知悉务望各安生业不必稍有惊疑是为至要

《申报》1911 年 10 月 15 日第 18 版第 13896 期

戏拟某道告示

为出示晓谕事照得三十六着走为上着革职可怕革命更可怕本道服官斯土与居民休戚相关革军一到尔等皆得逃生本道何忍独死昨又接奉邮传大臣盛湖广总督瑞澄札开清政府危在旦夕仰各司道督率居民迅将脚底抹油预备逃走等因到道奉此夙夜忧惕衣不解带常怀剃刀以备闻警割须先去以为民望所有内眷现在确已离署迁避租界彰彰在人耳目当为吾民所共信乃闻有人造谣煽惑居民挺住不迁以期为难本道殊堪痛恨除严密访拿外合亟晓谕尔等居民务速连夜迁出勿遗一草一木为革命军资如违定干未便本道言出脚随勿谓逃之不预也切切特示

《申报》1911 年 11 月 1 日第 26 版第 13913 期

警务长之告示

自治公所警务长穆杍斋君除通饬长警一体实力逡巡保卫地方以保公安外并又撰发四

言简明告示张贴通衢其文曰　城外巡警　共有六百　弹压匪徒　均有枪弹　抢物放火
准予格杀　通告居民　切弗自乱

《申报》1911 年 11 月 4 日第 18 版第 13916 期

某道台搬家告示

为出示晓谕事据上房夫人姨太太小姐等公禀称现因各省民国军起事所到之处专与官
府衙门为难焚烧之事屡有所闻本道衙门不得不先事预防今由上房总管当家娘姨等公同集
议拟将上房靠东之墙挖一犬洞将贵重物件衣箱行李由墙洞内搬出其夫人小姐等亦由墙洞
扒出免致居民看见效尤等因所议尚属可行自应照准除批示外合行出示晓谕为此示仰邻近
居民一体知悉尔等不得自由搬家本道搬运时不许声张致干例禁切切特示

《申报》1911 年 11 月 13 日第 24 版第 13925 期

工部局之告示

昨日傍晚英美工部局总巡捕房门前发现告示一道其文如下为晓谕事照得近来四方政
变上海城内与本界接壤各处现时情事本局时常防范保卫界内治安所有界内向来一切办法
关于界内铺户住家各华人毫无更改若无会审公堂所出妥卖牌票不准提人除以本局西捕担
任施行外会审公堂不将牌票传单出给即由界外所出牌票传单须照常送与会审公堂嗣后亦
有本局西捕照以上办法担任施行无论何人擅行尝试扰害恐吓界内住家居户或欲勒诈财物
等弊该华人应投附近捕房报明详细情形即由捕房将扰害人等提拘将案解与会审公堂查究
惩办华人居民一概不得身带利器行走如大小洋枪扎刀棍上有皮包者皆作凶器论如犯此者
提拘扣留为此仰住户人等一体知悉所有界内居家华人如被告必须先在会审公堂讯阻否则
无论何项人等径行提租界外乃为犯法如此项举动一经查出或被告发定予提究致干罪戾决
不姑容勿谓言之不先也其各凛遵毋违切切特示

《申报》1911 年 11 月 17 日第 21 版第 13929 期

禁止私运米粮之告示

上海县民政长吴怀疚为禁止私运米粮出示晓谕云照得米粮交易虽贵流通私运出洋向
干禁例非调查全省米粮实数确有盈余自未便轻言弛禁连年各省水旱频仍食粮昂贵近自民
军光复交通无阻价格稍平若不先事预防难保无私运出洋情事恐明年青黄不接之秋军糈不

继民食维艰亦不堪设想者亟应严为查禁除禀请苏都督饬属一体查禁并请民政司长函致税
务司严查暨照会南北商会米业董事等一体查照外为此示仰诸色人等知悉自示之后务各顾
全大局毋得私运出洋仅图私利如敢故违一经察出或被告发除将米充公外并严行议罚勿谓
言之不预也本民政长为维持治安起见其各凛遵毋违切切

《申报》1911 年 12 月 10 日第 18 版第 13944（重号）期

密查招摇撞骗之告示

沪军政府因近来时有北伐联军总部总理兼江宁都督程告示四处张贴查联军中并无其
人江宁亦未举都督必系歹人借此影戳招摇撞骗特派员密查务获究办

《申报》1911 年 12 月 24 日第 18 版第 13957 期

闺中禁剪发辫告示

河东府狮吼同盟会总督示照得鄙夫剪辫近已相习成风言之殊堪痛恨查辫发一物虽属
满清制度实为闺人所利用当其流连酒色深夜不归即可寻到安乐窝中一把辫子用代绳索不
愁中途逃逸其利用一闺中一语不合时起反目少妇瘦足伶原非男人之敌幸有辫发可拘为最
后之胜利其利用二有此二利安可任其擅行剪去况割辫之后出入香闺顽固党见之必诬为与
佛门弟子暗参次喜禅为此不得不严申禁令遏绝源流自出示之日起如有不遵闺令以身试法
者立提到案每晚罚作苦工三小时以示惩警绝不宽贷其各凛遵毋违切切特示实贴床横头

《申报》1912 年 2 月 3 日第 8 版第 13996 期

剪辫数目告示

顷见某镇有剪辫六言告示一道措辞颇为特色兹照原文稍易数字录出以供案鉴

一条满洲辫子　二百余年受累　三日两朝梳头　四季衣衫油垢　伍君首先发起
陆续剪除豚尾　七发不用添麻　八月武昌起义　九九归原剪脱　十分称心如意

《申报》1912 年 2 月 26 日第 8 版第 13412 期

闺中禁嫖六言告示

河东府狮吼同盟会以沪上妓院

林立男子大半	沉溺其间实属	有干闺律特出	六言韵示如左	照得寻花问柳
最干本会闺条	不独有碍交通	抑且易起风潮	金钱固宜保守	身躯尤属紧要
何苦厌故喜新	妻在家中难熬	际兹女权发达	岂容男子逍遥	为此出示严禁
务须一体遵照	倘再深宵不归	顶砖跪床不饶	并仰戚友人等	切勿妄拉皮条

《申报》1912年4月16日第10版第14062期

自由神告示

为通告事照得自由二字为最宝贵之名词寓无穷之幸福人间天上不可或无在昔满清专政钳制滋多一闻自由掩耳而走或加诛抑以期消灭今则中华一带民国新立还汝自由无稍靳惜本神闻之良所欣慰但细为窥察其中深明旨趣者固不乏人而误会理义者亦复不少长此不改恐积非成是怨谤斯兴借名者获利而去而自由二字反为代人丛怨之府殊非本神提倡自由之初意也今略举数事为误会者陈之一人有财产生命第二耗力殚精乃能有此所有之权最为宝贵间有恃彼威力如取如携重宝兼金视同己有是曰抢劫自由二人之生命厥为天赋苟非疾病不易死亡今则利器日精动多危险或托仇见杀或过误被轰血肉之躯将同蝼蚁是曰戕杀自由三夫妻居室人之大伦文明结婚礼所不禁间有年龄尚待学识未成假托美名以偿私愿腐败物议糟粕良规花方蓓蕾迎风先开絮匪飘零沾泥转乐是曰肉欲自由四真是灼非本由公论惟口与舌无上尊严间有黑白未分鼓簧偏纵任情快意绝少衡心是曰言论自由凡兹四派误会良多倘再假名以行殊属不成事体为此通告世间诸色人等按照右列等弊有则改之无则加勉竞求实际毋尚虚名以成真自由之世界本神有厚望焉

《申报》1912年5月18日第9版第14094期

钟逵令鬼民以钱赎命告示

森罗殿行走候补判官终南山进士钟逵为加恩鬼民以钱赎命特行出示晓谕事照得本官奉阎罗王命令于端午前后十日例有食鬼之举由来已久凡烟鬼酒鬼色鬼赌鬼等均在不赦之列讵至今日此等鬼怪日见其多本官虽磨快牙齿放大肚皮亦觉嚼不胜嚼咽不胜咽每至腹胀欲裂痛苦难堪虽用各种消化之药终苦一时不能泻尽且是等鬼物皆带有毒质如烟鬼带有吗啡质色鬼带有杨梅毒酒鬼带有发酵质赌鬼带有水银质食之均能致病本官上年有未食尽之鬼均用腌猪法腌之今岁如欲下酒旧存腌鬼尚多故特加恩尔等用折钱赎命法凡求本官免食者即日来衙报名注册不论男妇老小每名缴赎命费洋十元当书收条为凭限至阴历端午日止节后本官亲至各处搜查如不能缴出收条者即为隐匿不报有违功令之罪鬼本官即张开血盆

大口将该鬼连头带脑吞入腹中以昭炯戒要知本官此举为体恤尔等生命起见尔等所费有限而借此可免血肉模糊之惨何惮而不为况近来鬼国正苦经济困难尔等如能急公奉上既免性命之忧且得爱国之名一举两得莫善乎此特将此意通谕诸色鬼等一体知悉其各凛遵毋违切切特示

《申报》1912 年 5 月 21 日第 10 版第 14097 期

再拟河东府狮吼同盟会禁止男子嫖妓告示

照得国家虽建共和闺门仍须专制搂腰敲腿新法可参顶砖滚灯旧律具在乃近来男子大抵阳奉阴违不守规则宿娼狎妓毫无顾忌花天酒地销财产于无形纸醉金迷戕身躯而不觉温柔乡里彻夜缠绵绮谷从中终年征逐甚至厌故喜新置家庭于不顾盟山誓海视妻子若路人本会员独处闺房每对月而挥泪夜眠孤榻怛抚衾而兴悲言念及此痛恨何极际斯女权伸张岂容男子写意用特重申告诫严行禁止倘敢再涉花丛轻于尝试定即大发雌威重加惩治此示

《申报》1912 年 6 月 26 日第 10 版第 14132 期

糊涂督劝嫖告示

糊涂督为出示晓谕事照得嫖赌烟酒四项嫖为上着烟酒要紧而嫖赌更要紧本督任事之初即秉平等主义共和国中官民既属一体本督何忍独乐昨又接奉风流部长札开目今民国大定正可及时行乐仰各处民督民长随时教导居民迅在民国律例未定期内任情嫖赌不加限制等因到院奉此夙夜冶游以身作则每日至妓院碰和吃酒以为先导所有手下军兵亦令至花烟馆终日消闲作乐现在均各匪勉从公不敢少懒身染杨梅彰彰在人耳目当为吾民所共信乃闻有人造谣煽惑居民私相梗阻使成道学以期为难本督殊堪痛恨除严密访拿外合亟晓谕尔等居民务速同奋嫖兴勿使每妓每宵有所空过如违定干未便本督言出法随勿谓言之不预也切切特示

《申报》1912 年 7 月 23 日第 10 版第 14159 期

保妓告示

糊涂督为出示晓谕事照得本督莅事以来爱妓如子嫉善如仇提倡嫖风不遗余力尔等国民当已共谕斯旨今据元绪公等禀请援照成案完纳妓捐以助军饷并请给示保护禁革各衙门陋规等情急公好义殊堪嘉尚除咨行香国府通行查禁并由局妥定规章发给各妓馆张

贴遵守外所有游客人等或朋侪雅集偶为风月之清谈或旅邸愁生聊借弦歌以遣兴琼筵飞羽香窟销金寻芳买笑之余不得摧花斫树更有青皮地棍各署蠹役本无买笑之资妄结追欢之队稍不遂意即启衅端甚至挟嫌报复殴毁物件时有所闻合应严行示禁为此示仰商民诸色人等一体知悉自示之后如敢恃强胡闹蹂躏花丛本督惟有执法严惩不贷其各凛遵毋违切切特示

《申报》1912 年 8 月 21 日第 9 版第 14188 期

豆腐司攫取告示

沪上各豆腐司务因勒加工资罢工已经各店主禀请地方官给示禁阻此项告示业已发出前日各同业在法租界一百八十八号茶馆内集议张挂讵被豆腐司沈阿炳攫取逃至新闸被控拿获昨解公堂请究判解送法公堂讯办

《申报》1912 年 8 月 27 日第 7 版第 14194 期

代拟皖省某警长开办公娼告示

为出示晓谕事照得管仲霸齐女间遍设伊藤兴日艺妓陡增凡娼寮荟萃之地商业即因之发达市面亦由之繁盛若京津若沪汉类皆万花如海胡帝胡天马龙车水熙攘通衢凡游斯土者皆有宾至如归之乐我皖地滨大江民风朴僿自去秋光复后商情困苦实业凋敝若不亟予维持恐致一蹶不振维持方法虽非一端而提倡淫风实为入手办法本厅有鉴于此特步糊涂都督之后尘愿作风流广大之教主拟就试办公娼章程指定地点规定夜度资等次价目呈请督署批准立案即日开办为此示仰嫖界诸色人等知悉其各善体本厅护花如命之苦心随时冶游大肆挥霍俾省垣市面借以振兴飘泊花枝得图温饱将来丑业扩张蒸蒸日上得媲美于京津沪汉本厅实有厚望焉如或牢握悭囊或虐待妓女以打鸭惊鸳之手段演焚琴煮鹤之惨剧实为有意破坏扰乱治安本厅惟有执法严惩不贷其各凛遵毋违切切特示

《申报》1912 年 12 月 19 日第 10 版第 14306 期

拟镇扰使伥告示

为晓谕事照得放火杀人军队视为天职奸淫抢掠兵士借以消闲本军借驱除乱党之名行各饱私囊之计大军所至秋毫必犯当为天下所共悉今值肃清伊始士卒燕安犹恐殷富商民名媛闺阁城中潜匿尚有孑遗为特连队入城痛加淫掠尔等应念本军克复之劳须享完全之福凡

遇本军出行淫掠者不得稍有抗拒且所掠各赃仍应责令各业主负送以昭诚敬而尽义务如敢故违准即格杀勿论切切特示

《申报》1913 年 9 月 10 日第 13 版第 14582 期

张勋之告示

张勋现出示云照得宁垣光复渐有秩序本都督屡派妥员在各要塞认真逡巡惟恐有无知兵丁扰害居民总以保卫地方为宗旨现据稽查委员报告前来谓宁垣商民多有迁徙出城当经派人探访方知为乱党鼓吹以外国交涉为借词耸动煽惑岂不知迭奉大总统命令优待人慎固邦交民国成立以来屡与各国领事会议均系和平解决且有约章可守并未有芥蒂焉能遽起交涉而商民被人愚弄遂致惊惶迁徙何不详察之甚也本都督有鉴于此合再出示明白晓谕为此示仰合城商民知悉不得听信谣言纷纷移居离家失业流离道左自滋苦累悔恨何及况甫经克复宁城居民已被乱党蹂躏不堪本都督正廷设法抚绥办理善后并调查所失物件交存商会以便失主呈领如惊慌无措难免匪徒从中扰害并将抢掠之物趁势出城更致无可搜查为害实非浅鲜务要各安生业毋惊毋恐现已派人四门严守无论军民人等概不准迁移惑众如违严办不贷切切凛遵

张勋昨日出示遍贴南京城中其措词谓本都督赋性憨直自信无他前年驻师江宁与该处绅民相处日久情谊甚洽今闻叛军造乱本都督念我江宁父老子弟重罹水火奉命南征苦战旬余坚城始下当其攻城之日告诫军士已不啻三令五申乃城复之后卒以军队旁午秩序紊乱市居民惨遭抢掠比者间井萧条人民憔悴本都督自惭凉德不能弭变于临时昕夕旁皇拊心扼腕迭经电请大总统轸念遗黎速筹巨款维市面而拯流离借赎奉职无状之愆而为亡羊补牢之计本省绅耆及沪上诸公悯此奇灾亦深以已饥已溺为怀亟筹义赈本都督忝驻此邦责任更无旁贷现在一面严切约束兵士一面设法抚恤吾民尚期共谅此心毋相疑虑庶几挽回劫运同获宁此邦人士幸共图之

《申报》1913 年 9 月 16 日第 2 版第 14588 期

警厅长劝诫剪辫之告示

江苏淞沪警察厅昨日发贴示告云奉江苏沪海道尹杨饬开（文见十二日本报兹从略）等因奉此除通饬各警署切实遵办外合亟示仰地方各色人等一体遵照自经此次示告之后凡车马夫役之未剪发者限定本月之内一律剪除发辫逾限不剪者禁止营业其他商民人等须知中国发辫久贻世界之讥现在国进文明百度维新何必留此特别形装以为社会污点所望父诚

其子兄勉其弟务使克期一律剪除俾得风俗整齐本厅有厚望也

《申报》1914 年 7 月 14 日第 10 版第 14880 期

禁卖芦粟之客气告示

淞沪第一区警察署董署长出示云照得街衢系聚之众区而清洁实卫生之本近查有小贩之徒售卖芦粟满街散置糟蹋不堪抛茎投渣不遑收拾言利则不逮夫蝇头言害则更甚于蕉壳败弃横陈触目无殊荆棘通衢不洁暑天易酿时殃本署因慎重卫生起见为此示仰该小贩人等知悉嗣后不得再售芦粟致秽街头倘敢故违定行究办决不姑宽切切勿违特示

《申报》1914 年 7 月 30 日第 10 版第 14896 期

让屋筑路之严厉告示

小东门内大街让屋筑路一事业由工巡捐局长朱寿丞君准予通融饬知各店商随筑随迁经纪前报昨复由上海镇守使会同沪海道尹出示云为晓谕事照筹小东门大街南首房屋迁建浜基一事前据工巡捐总局绘图通详到署当即批准照办并以街道放宽交通利便商业自然发达况系从前商定有案不准少数铺户阻扰有害路政经本使本道饬知工巡捐总局传知此旨剀切晓谕各等因在案查规划路政振兴市面为工巡捐总局应行之职务况此案既经前市政厅完全准备断不容该业主等借词阻扰有碍进行除详巡按使备案外合函出示晓谕为此示仰该处业主租户一体遵照迅速动工拆让毋再借端抗延自贻伊戚至迁让之时各该业主铺户等不无损失尽可条具意见禀由工巡捐总局会同上海县知事妥核办理凛之切特示

《申报》1914 年 8 月 2 日第 10 版第 14899 期

禁赌告示两则

淞沪警厅徐厅长第七旅王参军海军稽查员路庆祺等昨日会衔出示云为出示严禁事顷奉上海镇守使面谕以高昌庙一带五方杂处军民工商良莠不齐近有无知之徒日以赌博为事查赌博一端为害非轻不但有干例禁而且易潜匪类况制造局为军厂重要之地现当欧战剧烈一际恐有匪徒乘机扰乱军警有保卫人民治安之责权限所在职任攸归不得不详为告诫除饬各探员及岗警严密查禁外为此示仰各军民工商人等一体遵照切勿再蹈前辙如敢抗违一经查觉严惩不贷

又江苏淞沪警察第一区警署董署长昨出示谕云照得赌博一事大干例禁虽属游戏之举

实系耗财之媒甚至倾家败产流为匪徒良家子弟偶一效尤恒至迷途不返抱玷终身其患何堪设想查南市一带多系公止商民无不深明斯意本署长为力图治安保护财产起见恐有无知愚民覆辙重循既与个人有害公共尤属不安为此特示禁止仰商民人等一体知悉自示之后凡麻雀骨牌骰子纸牌等赌具一概不准使弄以革浇风而重正业倘敢故违定行捕拿按律究办

《申报》1914 年 8 月 17 日第 11 版第 14914 期

征收营产租款之告示

清理江苏全省水陆台营官地总局长孔庆塘昨将征收营产租款告示张贴通衢略录如下案查前提右营营产所有租款亟应征收合行出示晓谕为此示仰该处营佃一体知悉尔等所有应完租款统限十日清完发给租票收执至以前所欠租款亦于十日清交倘敢玩延定行移县提办毋违切切此示

《申报》1914 年 11 月 24 日第 11 版第 15013 期

整顿洋货落地税之告示

江苏财政厅蒋厅长昨将整顿税章并征收洋货落地税告示颁发到沪张贴通衢其文如下照得洋货运销内地或报子口或纳厘税本听商人自便凡领有子口单者沿途经过局所照约验放不再重征俟抵单填指销地方将单抵销后责成受货之华商补完落地一税如无子口单仍照内地捐单征收历办已久现奉财政部饬整顿洋货落地税以裕税源业经本厅派员专办在沪设立总局各埠酌设分局议章定期开办所有纸烟一项亦在洋货之内且品属消耗尤当一律征税除详报财政部巡按使外合行开列章程示谕商民人等一体遵照完纳毋稍隐漏致干惩罚

《申报》1914 年 12 月 3 日第 10 版第 15022 期

玄坛告示

天国财政部总长赵为出示晓谕事照得贪贼口贿法律有所不容进赍招财岂能求之即应本总长自蒙玉皇大帝任命掌管天库以来洁身自爱正直无私每岁下地调查一草一木誓不取扰民间使富使贫自有权衡在握乃尔等人民不体此意放炮燃鞭焚香点烛跪拜交作鱼肉纷陈欲得余之欢心为运动发财之计岂知本总长非下界刮地皮者可比况清白传家那得随身金穴国帑库款何可擅用私拿尔等向我求财我财又向谁乞点金乏术可愧可惭无知妄求可哂可恨兹本月初五日又逢巡阅之期届时恐仍沿故习为此出示禁止仰尔人民一体知悉为恶是贫之

门为善是富之本只要公修公德婆修婆德自然有富有贵多福多财不必向余□渎也其各凛遵毋违切切特示

《申报》1915年2月18日第14版第15091期

戏拟捣鬼告示

为出示晓谕事案准酆都城鬼王牒开据鬼门关内鬼头鬼脑等禀称小鬼等向在阴阳界内开设各种鬼店或卖鬼把戏玩具或卖鬼馒头或做鬼戏取价极廉久为阳间一般冒失鬼所欢迎祸缘大头鬼偶施鬼计希图一网打尽独享人间利益以致激动公愤不向鬼店交易生意现在竟致鬼不上门长此以往直将沦入饿鬼道中为此不得已迫请俯赐设法维持等语牒转前来准此查引鬼入门匪伊朝夕久已与鬼为邻无怪鬼域为患本大人畏鬼性成奉牒前因自应为渊驱鱼顾全鬼谊为此出示晓谕尔等凡有日用需要物件务向鬼店购买倘敢过门不入有意屏除一经察出定即按名拘罚不宽贷除一面牒请鬼王转饬各该鬼店门首雇用红头鬼沿路硬拉买主外其各体凛遵毋违切切此示

《申报》1915年3月3日第14版第15104期

江海关预防行船危险之告示

江海关税务司出示云为再行摘示晓谕事照得浦江之中各国轮船不绝是以大小民船夜行其间最宜谨慎以防危险本关因此曾于民国二年四月间商订章程五条其第四一条内载明凡有华船行驶上海或吴淞港内又或上海吴淞中间水道须自入日起至出日止应在该船帆篷遮掩不到之处悬挂白灯一盏该灯光须常明不得或暗或灭并能照耀周围一英里之远方为合式他如各舢板与无桅小船亦应在该船尾用一木杆至少在离船身高有三尺之上挂一白灯俾人瞭见至如夹板船与洋式船仍应循照万国所订免碰章程办理等语业经迭次饬知并将章程刊印单张分发俾各遵照在案乃现据太古怡和招商局各轮船公司报告以各华船夜行浦江仍不遵章悬挂白灯黑暗之间设有不测各将谁任请为核示等情查核所报尔各大小民船如因未遵定章悬挂白灯而遇大轮碰撞之祸是咎由自取一切损失无从索赔试一设想岂不可怕已极合再摘示晓谕为此示仰行驶浦江大小各华船人等一体遵照毋再违抗致干究罚

《申报》1915年3月24日第10版第15125期

交涉解决后之安民告示

上海县沈知事接冯宣武将军齐巡按使会衔示谕数道当即饬吏分投粘贴兹特照录于下为示谕事现在中日交涉迭奉□府来电业已和平结束订立条文俟双方签字后即可宣布彼此顾全友谊不肯稍损邦交我政府维持大局之心当为国人所共谕诚恐军民人等不知原委误信谣传或以爱国之热忱激成无识之举动转致横生枝节妨害治安为此晓谕知悉自示之后务须恪守法律各安生业毋得自相惊扰别酿事端倘有奸徒莠民借词煽惑淆乱听闻定当查究严惩各宜凛遵毋忽此示

《申报》1915 年 5 月 28 日第 10 版第 15190 期

照顾行旅之白话告示

淞沪警厅徐厅长以本埠为华洋互市之区人烟稠密旅客行商经过者每多被窃匪暗窃银钱衣物报缉后又不能立时破案实属有害行旅爰特撰发白话告示分饬各区署张贴通衢其示云为布告事照得这上海地方关系几省的交通要道行商旅客来往的是很多的乃近来有种窃贼借拉黄包车为由每每偷窃乘客的行李物件这等案件日见其多虽然失主一经报告本厅无不立时追缉但使原物追回旅客耽误行期已经受累不浅总不如小心防备使其无从偷窃的好本厅查此等偷窃的手段不外趁乘客坐车进行的时候预先串通他人在车后将物件窃去最可恶的有一般车夫并不有执照任意兜揽生意到了途中交界的地方又倒换车辆乘这个时候七手八脚将乘客的行李物件攫取偷窃还有乘机偷窃银洋要物弃车逃走的奇奇怪怪无所不有稍懂事的客人尚晓得记明车号或扭住车夫鸣交岗警或有初出门的客商竟有因失物无多忍气吞声自认晦气的本厅有保护地方的责任断不容有这等恶风气所以屡次尽法惩办又派有侦探在外面查缉这个事体惟上海地方甚大诚恐有查案不周的时候为此做出白话告示俾一般往来旅客多晓得各人自己留心不致疏忽最要紧的就是雇车的时候须要看明有无目的地点执照上车之后要记得这车上的号数号衣上公司的名称其次中途不许车夫换车必不得已也要叫他走到有巡警或巡捕的地方再可更换随身所带行李银钱要物总要放在面前既不可脱手又不可放在身后车篷上致失落之后车夫推诿说背后不能看见一般旅客只要人人留心这班坏人也就没法可想了以上是旅客所应该晓得的至于车夫人等现在你们的弊病本厅是查得清清楚楚嗣后再有乘机偷窃客人行李或致坐车客人有失物等事是所拉的车夫没有不串通的定要从严惩办就是逃走了也要勒令公司中大小包头交出到案如果公司不交除拿他的车子充公赔偿外还要禁止通行你们想想有侥幸的道理吗自经此次布告之后总望旅客人人注意车夫革面洗心如仍有这种事体不惜

以身试法本厅惟有严厉执行那就后悔已经迟了

《申报》1915年5月30日第10版第15192期

严禁各关卡需索留难之告示

上海税务总公所接江苏财政厅胡厅长颁发示谕云为出示严禁事案奉江苏巡按使饬开案照商船装载客货凡已纳统捐或货物税常关税项以及洋货土货各项单照只须查验毋庸起捐者该船一到关卡即应随时查验如果单货相符立即放行倘敢需索留难经控告查实或别行发觉均应照章严惩历经分饬查禁在案乃本使访闻各关卡司巡仍不免有需索商船照票费情事甚至索取赠特如船户纳费从丰即将单票盖戳放行并不赴船扦查其中有无夹带单外之货以及货名数量是否相符概不过问稍不遂意辄将船只扣留任意留难此风以淮河各关卡为最甚长江及海口各处多复相类苏属各税所近年来竟亦沾染此习言之实堪痛恨若不分别严查重申厉禁何以恤商艰而维权政除分饬各常关监督切实办理外合行饬仰该厅长即便遵照转行所属各厘税局所按照指饬事理严查惩办一面由该厅长出示申禁俾众周知仍随时密饬厘税总稽查认真查办等因奉此查各局所需索票费留难商船最为恶习迭经严禁在案奉饬前因合行出示重申厉禁为此示仰商船人等一体知悉嗣后各局所如有前项需索留难情事准受害商人指名禀控一经查实定即从严惩办法不宽贷该商人等亦不得挟嫌诬控致干反坐其各凛遵切切特示

《申报》1915年7月19日第10版第15242期

维持电灯公司营业之告示

上海县知事公署昨发示谕云据内地电灯公司经理陆伯鸿禀称窃公司承办电灯专以售卖电机发出之电气为营业欲求营业发达则凡售出之电气不得不以收入之价值互相比较查开办以来按月收数与发出之电相较悬殊阴受其亏莫名究竟迨至触电碰线之事发生逐段调查始知铺户中有私装私接私加电光及擅动火表者大则危险之祸患立生小则暗受之亏耗益甚上年查见私装各弊因于收条背面刊附通告数则以示取缔讵知仍有前项情事兹因公司董事会以电机时有损坏电力不敷支配乃为维持营业起见拟派人按户彻查一清积弊诚恐用户不悉缘由致启冲突一经查出抗不甘服办理为难不得已迫求钧署俯赐鉴核酌量办法剀切晓谕俾各用户知电气之不可私用偶一违犯难逃法网而公司亦有遵循再此事关系司法机关而查灯时与警察有密切关系并乞钧署分咨上海地方审检两厅暨淞沪警察厅出示禁止俾警浇风而安商业实为公便等因据此除批准示禁并分咨外合行出示晓谕为此示仰合邑居户商铺一体知悉须知电灯公司清查各用户私

用电气系为防止危害维持业务起见凡装置电灯各户如有私装私接及私加灯光擅动火表诸弊经该公司查出准即报由警区送请法庭依法处分自示之后各用户毋再明知故犯致干咎戾其各遵照毋违切切特示

《申报》1915 年 7 月 22 日第 10 版第 15245 期

谕迁房屋之告示

上海工巡捐局朱局长日前规划老北门内穿心街东段一带路线曾经出示晓谕关于路线各房主居户克日迁移以便兴工乃日久仍有未遵者昨特发出示谕云为出示严催事案据公民吴云龙曹尧卿夏静卿毛作霖张宗启谢翰生庄裕林等禀称愿将穿心街东段自福佑路至侯家路面北一带房屋援案迁建浜基请即派员规划路线俾得早日动工等情当经饬据工程处测勘规定绘印图样钉立木桩标记并示谕南首一带业主住户遵照克日迁移在案迄今日久尚未动工迁让除谕饬地甲挨户督催外合再出示谕催仰该处业主住户一体遵照克日来局取阅图样一律师工以凭派匠翻砌切切此示

《申报》1915 年 7 月 23 日第 10 版第 15246 期

办理冬防之简示

淞沪警厅昨出冬防简示一通照录如下　照得冬防吃紧　宵小最易丛生
本厅责在保卫　防范格外认真　谕尔商民人等　门户各自当心　火烛务须谨慎
以期公共安宁　倘或有疏防范　须知贻误匪轻　为此出示晓谕　其各一体遵行

《申报》1915 年 12 月 20 日第 10 版第 15396 期

捕房发贴交涉员告示

外交部特派交涉员兼沪海道尹周金篯君曾于肇和出事后将告示多道送请□□领袖领事签字发交公共捕房张贴及至昨日始发贴通衢其文如下为出示晓谕事现准松沪谨军使电开上海制造局安谧无恙军警布置严密匪徒一律击散肇和轮船业经收回现正搜捕余孽地方悉保无虞等因查此事变起仓猝惟军警早有所闻预防镇压水陆各处现已并臻宁缉南市一带交通稍有未便因军警正在搜查余孽之故诚恐华界租界居民商旅未悉真相惶惑不解亟应出示晓谕为此示仰居民商旅人等一体知悉其各照常安业毋滋自扰切切此示

《申报》1915 年 12 月 20 日第 10 版第 15396 期

灶君饬知投稿人员告示

为饬知事照得本司命时值岁暮例须公出节近年关应行入奏凡尔投稿人员笔墨生涯借博酬金之计文章游戏聊助消遣之资寒畯事业何容责备近来返驾东厨访闻有颠倒是非附会其说或谓呈请缓免观见因避道路之难行或谓封赠特别头衔加赏僚来以动位并有捏词灶婆公告妄肆流言著成倒灶小说漫然毁谤登载叛章成何事体自示之后务各痛改前非不予深究倘有再犯本司命言出法随幸勿轻身尝试也为此仰投稿人员一体凛遵毋违特示发投稿部实贴

《申报》1916 年 2 月 10 日第 14 版第 15441 期

准给保护商标之告示

沪海道公署昨日牌示商人泰康祥记唐子祥云照得该商以案经注册请求给示保护以防假冒商号影射商标等情据经批县查复注册属实所请给示保护自应照准仰该商来署领示张贴可也

《申报》1916 年 5 月 21 日第 11 版第 15542 期

省公署颁发禁烟告示

上海县公署昨奉江苏省公署颁发禁烟示谕数十道当即分贴通衢其文如下照得本省长自莅苏以来首以厉行烟禁为当务之急良以烟毒流行亡国若待十年届满始谋所以禁绝之方必难克期奏效业于三年冬间严令各县切实搜查至四年春季全省烟苗一律禁绝彼时洋员会勘已达镇江忽因印花土合同问题遂致停止改由部员会同本省特派员分路履勘实已一律肃清选据报告省案现查印土会同至明年四月一日为限俟限满后此项合同即归无效无论何种烟土概行禁运倘有奸商贪利偷运以及私行贩卖一经查获定即严拿到案尽法惩治决不宽贷本省长为廓清烟毒起见业已电达大总统及国务院各部处将合同限满即行禁运不再展限办法切实声明均经复电照办在案合亟严中禁令剀切晓谕须知合同限满万无再行展限之理各该商民人等务宜涤除旧染咸与维新倘再贪利私运即是干犯法纪除通令各属地方官遵照办理并令将禁烟事宜积极进行外仰全省商民人等一体遵照特此布告

《申报》1916 年 10 月 13 日第 11 版第 15687 期

水警分署之冬防告示

驻沪水警第三分署昨日布告云为布告事案奉厅颁冬防办法第十四条载冬防期内各乡镇禁止演戏禁止聚赌水道内除航轮及邮政信船外一律禁止夜行本管区域以内难民船只禁阻入境各城水关及各处水道栅栏在锁闭时间除因公奉差出入外禁止开行又按第十四条应由各专分署长先期布告并随时察酌情形出示禁阻各等语句为预防地方危害保护人民安宁起见自应认真遵办以期巩固冬防除分令各属随时查禁外合亟布告一体知照特此布告

《申报》1916 年 12 月 17 日第 11 版第 15752 期

整顿风俗之白话告示

上海县公署昨日发出布告云案奉省长公署令准内务部咨开以民国成立以来礼教废弛纪纲失坠拟具整顿风俗四端一早婚一丧礼一缠足一赌博请饬属分别晓谕并饬编成白话文告以期周知等因除令行各市乡经董劝导外兹经本公署将整顿四端文理编成白话附黏于后仰各色人等一体遵照切切特此布告

（一）婚之不宜也古时男子三十而娶女子二十而嫁其用意最深即如现在欧美各国男女婚嫁皆有法定年限如行之过早大则有害身体小则有害学业而且生子多夭弱尔等各宜注意不可行之太早也

（一）丧礼之废弛也中国向来以礼治国无礼则人禽无别今日国体虽然变更人群犹昔况且三年之丧行之已久此礼不能骤改近日竟有主短丧之人一切俱用西俗觉得事鬼多诬甚至衰麻不着岂非有昧本原这皆是风俗日坏人情日薄的缘故更有一种人惑于风水停丧不葬皆非所宜地方官有维持风化的责任此种短丧及停丧不葬的坏风俗自应禁止

（一）缠足之习未革也查缠足陋习早经劝禁但是通都大邑虽然渐渐的少僻远乡村仍多拘守不改要知此种陋习每贻笑外人且留民国污点纵或年长者已成习惯年少者悉令解除为家长者各宜遵照

（一）赌博之宜禁也查赌博害处自古到今人人多晓得的大半是迷而不悟在平民因此失业遂至流为盗贼青年之人尤不能与之为缘况与政治风化上影响最大晚清时代此风最甚民国以来曾奉教令申禁今图社会改良自应先当禁赌兹特重申禁令须知刑章具在何等森严你等有业有家勿轻尝试

《申报》1918 年 1 月 4 日第 11 版第 16126 期

张署员之六言告示

淞沪警察第一区一分驻所署员张际平昨因取缔南码头一带小贩摊头除令岗警传谕设在街旁不准侵越道路外深恐若辈未尽周知又撰六言告示张贴通衢照录如下

照得繁道设摊　殊属妨碍交通　小贩依摊营生　未便驱除尽净　现准阔宽马路
沿边稍予紧靠　务须无碍交通　切勿侵占街中　为此简明布告　其各遵照毋违

《申报》1918 年 4 月 10 日第 10 版第 16215 期

三十年前之告示

（老申报）光绪十四年二月十四日本报载有约束僧尼示一则录之如下钦加同知衔特授浙江嘉兴府秀水县正堂加六级纪录十二次朱为出示严禁事照得僧尼为出家之人理应恪守清规以绝欲戒贪为先务力访闻县属各庵观寺院僧则吸烟嗜酒尼则冶容诲淫甚至每逢新正邀集棍徒在庙开场聚赌男女杂处僧俗不分其间奸盗邪淫尤所不免在寂灭门行苟且事借清净地结欢喜缘种种罪孽固为国法所不容亦实佛法所难宥若不严切查禁何以整风俗而遏奸邪除札饬僧会司确查首报并由本县密访拿办外合亟出示严禁为此示仰合邑庵观寺院僧尼人等知悉尔等须知僧尼有犯奸赌例应加等治罪自示之后务须各安本分恪守清规倘再有开场聚赌抽头渔利或借烧香为名引诱妇女入庙犯奸反僧尼容留少年子弟奸宿者一经访闻定即严拿到案僧尼按例治罪庙宇发封充公本县言出法随慎勿玩忽贻悔切切特示

《申报》1918 年 10 月 12 日第 14 版第 16400 期

县警察所之禁赌告示

上海县警察所主任警佐熊育衡昨日发出六言告示云

照得聚众赌博　最为废时失业　或则倾家荡产　或则流为盗贼　更有抽头牟利
实属大犯法律　近闻管辖各乡　竟有此等恶习　为此剀切告诫　一律从严禁绝
倘敢尝试故违　定行拘送惩罚

《申报》1921 年 3 月 2 日第 11 版第 17248 期

禁止顽童掷石击火车之布告

上海县知事公署昨发布告云为布告事案奉沪海道道尹公署第一七七号训令内开案奉

督军省长公署第三四〇六号训令内开据沪宁铁路管理局呈称案据洋总管克礼柯函称本路上下行列车往来沪宁时有沿路顽童向列车掷石击碎车窗历据车务总管报告转陈在案查此项掷石击车之举初犹偶一遇之近则日多一日或各列车连日被击或数列车同日被击不独击碎玻璃口置糜费甚或因而伤人发生交涉尤可虑者石块遗弃轨上车行易致出轨危险更不可思议应转请陈本省军民长官迅赐饬属严加查禁以维路政等情据此查七年九月间职局曾奉交通部电令以各路列车经过各处村庄每有无知乡民抛碍掷石妨碍安宁应由各该路就近函商各地方官编拟简明告示严切告诫乡民并责成各村村正地保约束村众禁止向车掷石如有故违即惟该村正等是问以祛恶习而利行车等因业经遵照办理上年六月复据洋总管呈请以沿路乡民用石掷击火车电杆伤人毁物尤以常镇一段为甚因特专函无锡武进丹徒各县知事请饬所属各乡镇探警图保人等加意查禁并会同本车守路警协缉人犯务获严办以儆效尤各在案不意此风迄未稍息据陈前情谨将本年四月间洋总管迭次报告掷石案件汇列一表附文呈请拟恳会令自沪至宁沿路各县知事重申禁令并责成该乡探警图保等协缉掷石顽童到案严办或责成各该父兄家长等严加约束以儆效尤而维路政实为公便等情前来合行令仰该道尹严饬沿路知事遵照办理事关路政毋任疏忽并仰查考具报切切此令等因奉此除分行外合行令仰该知事即便遵照办理事关路政毋稍疏忽并将遵办情形具报查考切切此令等因奉此除分令各警区各经董派警随时协缉掷石顽童严办外合行布告仰诸色人等一体遵照务各父诫其子兄勉其弟从严约束各顽童不得再有向火车抛掷砖石情事如敢任听子弟为非定惟该父兄家长是问各宜凛遵特此布告

《申报》1922 年 6 月 15 日第 15 版 第 17711 期

宝山县知事禁种烟苗之告示

宝山县知事冯成日前会同省委王下乡查勘烟苗尚无发见惟恐尚有人私种特发六言告示禁止其文如下

照得禁种烟苗	告诫三令五申	现奉委员莅查	会同遍历乡村	严谕董保劝诫
幸尚一律肃清	际此下种之期	诚恐萌蘖发生	谕尔居民人等	毋得妄起贪心
倘敢遗留寸卉	定以严法相惩			

《申报》1923 年 2 月 23 日第 15 版 第 17956 期

海关税司准充扛夫头目之告示

江海关税务司昨发告示云照得本关码头扛夫头目前经批准张秀芳接充所有扛夫均归

约束管理一切扛货等事凡遇各商报验货物除只准照章每件收取扛力钱每大件八十文每小件六十文外不得私自多索分文以及有得贿先扛种种情弊致干咎戾为此谕仰各商暨夫头扛夫人等一体凛遵毋违特谕

常之英又一告示

淞沪警厅长常之英昨令各区署云、为通令切遵事、照得鸦片肇祸、辱国病民、吾国夙受此害、至为酷烈、是以严定刑章、祛此巨患、本厅长素抱增进社会幸福之旨、对此毒品、疾之如仇、下车以来、首申斯禁、并严令各属、认真查拿、令行禁止、廓清可期、讵料竟有奸徒窜入华界、迭据密探报告、并由区所觉察先后破获机关、已达十有余起、若辈只知嗜利、罔顾害人、胆大恶极、殊堪痛恨、业经严办在案、但此等案件、由该署所觉察者固属不鲜、经由本厅查获为数亦多、各该署所职司查禁、如能考察周密、何至得有匪赃、兹特严加告诫、对于辖境务必切实查究、如再有不法棍徒、意存尝试、应即立时查抄本厅长亦躬自密查、随时考察、嗣后各该区内、如有售土机关、漫不加察、不速加抄获者、定将该管警区撤差示警、设有明知故纵、受贿包庇情事、一经查明、即行送交法庭、按律惩办、决不姑宽、除分行外、合行令仰局署队所、一律凛遵勿违、此令

驻淞要塞司令之禁烟告示

江苏淞路要塞司令丁筠卿昨发出禁烟布告云为布告事照得洋药一项种吸贩运蔓延既广流毒日深愚民只知获利之丰劣商希图营私之益人心陷溺每况愈下须知国有常刑焉敢甘犯厉禁本司令驻防此地深痛恶绝兹奉总司令官转督办省长训令内开执政电令禁烟一事关系至为重要政府谆谆告诫不啻三令五申应责成各省区军民长官督饬所属从严查禁务当切实考查勿任稍涉疏懈等因奉此仰见国家除恶务本恶莠乱苗之至意除遵令遴委稽查认真侦察外特此布告如有私行种吸贩运等事一经查获当即按律严办其各凛遵毋违切切此布司令丁缙

北工巡局取缔摆摊之告示

沪北工巡捐局昨发布告云照得沪北站本经营各种货摊前经本局指定长安路·裕通

路·华康路·太阳庙路·民德路·观音堂路·满洲路·百禄路·八处为准许摆摊地点此外不准沿途随意任摆业经布告有案乃日久玩生既不请领执照又不设在指定地点本道尹兼管局务后目睹各项货摊竟敢于繁盛道路任意杂陈妨碍交通败坏路政亟应认真取缔为此出示布告仰各货拟之未领照者速即来局补领执照并须执照自行张贴铁片木牌置于摊面显而易见之处俾便稽查一面已由局派员另行觅勘空地重定摆摊场所应俟确定后再行布告一律遵照移入排列营业届时无照货摊非但不准入场且须罚办本道尹于整饬路政之中仍寓体恤小本营生之意其速遵行毋贻后悔切切此布

《申报》1926 年 5 月 5 日第 14 版第 19098 期

何应钦之四言告示

国民革命军第一路总指挥何应钦将四言告示令饬淞沪警察厅长吴忠信转饬所属一体张贴文云

革命军兴	为民请命	转战一年	东南悉定	奉鲁匪军	余逆未靖	掳掠奸淫
荼毒日甚	军阀万恶	天人共愤	完成北伐	大功斯竟	本军纪律	素极严峻
三民主义	将士共信	买卖平允	不索供应	辎重行李	出资催运	从未拉夫
为民诉病	所经各地	早有定论	军民合作	各尽责任	摧彼凶顽	百战百胜
封建势力	一扫而尽	农工商学	同登席衽			

《申报》1927 年 5 月 21 日第 10 版第 19465 期

工部局告示

为告示事、照得本局现与法租界当局完全同意合作、决意禁止将民众主要食品操纵渔利、特将所定办法刊布如左

㈠自本年十一月十日（星期一）起、批发商人将进口食米售与零售商人、每包（出栈总重量二二四磅）（按即速袋之毛重量）之售价不得过国币一五八九五元、零售商人出售之价目每石（足重一六〇市斤）（按即将重量）不得过国币一三〇元

㈡无论何人出售进口食米、倘超过本告示㈠节所定价目、本局当将其所领准在公共租界内售卖食品之执照吊销、并不予保护、或并驱逐出境

㈢任何批发或另售商人、倘拒绝出售该商所存进口食米、亦当将其所领准在公共租界内售卖食品之执照吊销、并不予保护、或将驱逐出境、该商所存之米、当由本局收买、每石给价至多国币一二〇元（视米之等级质量而定）

㊃非先领得本局警务处特别许可证、不得将任何质量或任何数量之半、运出公共租界、（运至法租界者除外）除食户向零售商人所购数量经随时核准之米、得在公共租界内运带、无庸请领许可证外、未领许可证之米、并不得在公共租界内移运、搬运量数较多食米之许可证、仅给与经承认之商人、违犯本告示所定办法而擅运之米、一经查获、当由巡捕当场没收、不予给偿、特此告示、公历一九四一年十一月九日

《申报》1941 年 11 月 10 日第 7 版第 24309 期

日总领事馆告示

依照昭和十七年第二号馆令取缔牟取不法利润规则第二条规定、关于物品零售价格、自九月一日起照下开规定实施、物品零售业者、贩卖价格不得超过本年五月二十六日至二十八日之平均价格、但有特别情形、经得本总领事馆许可者、不在此限、日总领事馆当局并发表谈话、切望各业者及消费者力面鉴于目前物价对策之重要性、率先协力当局措置云、

《申报》1942 年 9 月 1 日第 4 版第 24589 期

告示

四月十二日起、上海地区实施民间防空训练、达续四日、前期训练（十二日十三日）之开始及终结时间、根据各指导监督机关之规定、后期训练（十四日、十五日）于警报发出后开始实施、其终结（中止）以特别命令行之

《申报》1943 年 4 月 10 日第 4 版第 24787 期

广播无线电监督处告示

日陆海军最高指挥官，曾于去年十二月十八日颁发布告，并发表谈话，凡列入禁止使用之收音机须加改造，或由当局收买之，广播无线电监督处顷又发出告示如次：

㊀依据昭和十七年十二月十八日由日本陆海军最高指挥官布告及谈话，凡向上海区禁制收音机许可委员会申请要求许可"甲"号禁制收音机（指七灯以上者）之使用持有及转证者，现经审查结果，认为不能核准者，则由日本军部予以收买，持有上项收音机者，须依照下开要点，将其收音机提供之㊀日期 民国三十二年七月十九日二十日

二十一日共三天，每日上午九时至下午五时㈡地点四川路一三三号广播大楼收买所（电话一一六二二）㈢携带物件：甲·前无线电收音机登记证（即巡捕房或警察局之登记证）。乙·"甲"号禁制收音机登记证如尚未登记或遗失者应印重新登记，务须携带图章为要）丙·收音机

㈡同时申请要求许可"乙"号禁制收音机（可收五五〇——五〇〇周率以外之周波者）及"丙"号禁制收音机（内部装置可随时改装为发报用或通话用者）之使用持有及口护者·若经审查认为不许可者，须于本月卅一日前将该机送往指定改造所有以改造为要。如不明指定改造所之地址者，可向下列电话询问㈠监督处一九八七一，㈡收买所一一六二二，㈢中国广播协会四〇九四九得有上海区禁制收音机许可委员会所给"甲"号禁制收音机之使用，持有及转让许可证而已在本处登记者，务将其登记说连同许可证在第一项规定期间内，送往收买所以备查阅（收音机不必携带）。㈣凡违反上开各项者，依照军法严惩不贷。

《申报》1943 年 7 月 12 日第 3 版第 24880 期

公共租界工部局上海特别市政府法租界公董局联合告示

为联合告示事本埠当道现闻有不良分子正在计划于本年八月一日左右将物价大加增涨各当道深觉不容不竭尽所能以保障本大都市人民之生计兹特严肃宣　公共租界工部局总董岗崎胜男告任何人士商行合伙公司会社等等倘未先得该管当上海特别市市长陈公博道核准而擅将物价提高当予立即控究特此告示　法租界总领事马杰礼西历一九四三年七月二十八日

《申报》1943 年 7 月 29 日第 2 版 第 24897 期

三市区当局会衔告示全文

为联合告示事，本埠当道，现闻有不良分子，正在计划于本年八月一日左右，将物价大加增涨，各当道深觉不容不竭尽所能，以保障大都布人民之生计，兹特严肃宣告，任何人士·商行·合伙·公司·会社等等，倘未先得该管当道核准而擅将物价提高，当予立即控究，特此告示。

《申报》1943 年 7 月 29 日第 3 版第 24897 期

告示

关于防空警报灯火管制，以往每次演飞，业经迭发警告或唤起注意。然今次警戒警备之际，仍有多数人士加以忽视，不表关心，实滋遗憾。此种行为在防空并公益上实难许容，上海居民务须愈益严格遵守规程，善自戒肃，同时宜家互传相互唤起注意，自警团员亦应积极引起附近居民注意，双管并进，虽一屋一室，亦不得有误（附）今后对于管制不良者，将采取中止配电或其他适宜处置。

《申报》1943 年 9 月 21 日第 3 版第 24951 期

告示

上海陆军防空司令部告示第二二号上海海军防空司令部告示第二二号兹修正第二十一号告示中规定如次：○第一号表关于街路灯类实施程度之栏中"甲"项，修正为"街路面每一○○平方米限五支光以内，但一灯不得超过五支光。○第二号表普通屋内灯类实施程度之栏中"第一项"修正如次："第二项"削除，"第三项"改为"第二项。""第一项"遮光，或予隐蔽，使从光体直接发射之光线，不向开口部分。室之广度、每三平方米限一○支光以内，但一灯不得超过七十五支光。昭和十九年五月十六日 上海陆军防空司令部 上海海军防空司令部

《申报》1944 年 5 月 17 日第 2 版第 25184 期

告示

兹规定交通遮断地域之通行办法如左报发出后，及恐怖事件发生时之交通遮断地域，以左列各项人员为限，始准通行。甲·穿着制服或持有身份证明书之陆海军军人军属等。乙·穿着制服之领事馆警察署，第一第二警察局及江海关港口警察署之职员。丙·持有上海海军特别陆战队上海警备队及上海宪兵队所发给之「交通遮断地域通行许可证明书」者。凡一般居民请领「交通遮断地域通行许可证明书」，应填具申请书，附同照片二张，转经第一或第二警察局申请之，经严格选择后，凡认为在防空上或警备上确有必要者，始予发给之。

《申报》1944 年 6 月 29 日第 3 版第 25227 期

保护工厂颁发告示

上海特别市警察局，对于本市公私工厂，前已令饬各分局派警妥为保护，顷悉警局复于昨日颁发保护工厂告示，张贴各工厂。兹将原文录后：奉中央命令，特别保护本市工厂，任何人不得滋扰破坏，如违严惩不贷。

《申报》1945年8月19日第2版第25641期